Gisela Anger, Dr. Harry Christ, Anja Huth, Ilse Kiel, Ann-Kathrin Melching, Janna Müller, Hartmut Müller

Herausgeber: Andreas Blank, Dr. Harry Christ, Dr. Karl-Heinrich Schneider

Personalwirtschaft

Fachschule für Wirtschaft

5. Auflage

Bestellnummer 1671

Bildungsverlag EINS

Haben Sie Anregungen oder Kritikpunkte zu diesem Produkt?
Dann senden Sie eine E-Mail an 1671_005@bv-1.de
Autoren und Verlag freuen sich auf Ihre Rückmeldung.

Die in diesem Werk aufgeführten Internetadressen sind auf dem Stand zum Zeitpunkt der Drucklegung. Die ständige Aktualität der Adressen kann von Seiten des Verlages nicht gewährleistet werden. Darüber hinaus übernimmt der Verlag keine Verantwortung für die Inhalte dieser Seiten.

www.bildungsverlag1.de

Bildungsverlag EINS GmbH
Hansestraße 115, 51149 Köln

ISBN 978-3-8237-**1671**-6

Vorwort zur Fachbuchreihe

Berufliches Handeln unterliegt in zunehmendem Maße dem Prozess gesellschaftlicher und technologischer Entwicklungen. Lebenslanges Lernen ist dabei eine Grundvoraussetzung für die Entwicklung einer modernen Industriegesellschaft. Neben der beruflichen Erstausbildung gewinnt daher zunehmend die **berufliche Weiterbildung** an Bedeutung.

Für die Fachschule für Wirtschaft ist ein **Konzept** entwickelt worden, das nicht nur dem wachsenden Weiterbildungsbedarf im postsekundären Bereich Rechnung trägt, sondern darüber hinaus auf die Veränderungen im Bildungs- und Beschäftigungssystem reagiert. Das Lernen in komplexen Handlungssituationen und die Vermittlung umfassender beruflicher Handlungskompetenz stehen dabei im Mittelpunkt.

Entsprechend den curricularen Zielsetzungen der Fachschule für Wirtschaft bringt der Bildungsverlag EINS für diesen Bildungsgang eine **eigens konzipierte Lehrbuchreihe** heraus. Inhalt, Struktur und Intention der Werke folgen den Anforderungen des Lehrplanes für die Fachschule für Wirtschaft in Nordrhein-Westfalen. Sie berücksichtigen eine **erwachsenengerechte Didaktik und Methodik** und stellen den **praxisbezogenen Fall in den Mittelpunkt** der Erarbeitung. Ziel der Buchreihe ist die **Erweiterung beruflicher Handlungskompetenz**, d. h., die Fähigkeit und Bereitschaft, in beruflichen und außerberuflichen Situationen problemorientiert und sachgerecht, durchdacht sowie in gesellschaftlicher Verantwortung zu handeln.

Aus diesem Verständnis heraus wurde die Buchreihe so konzipiert, dass alle Inhalte der **Lernfelder** in den fachsystematisch strukturierten Büchern enthalten sind. Sie ermöglichen den Studierenden so eine Erarbeitung schulischer Lernsituationen im Rückgriff auf die Buchreihe. Die Studierenden können ihr vorhandenes Wissen auf neue Situationen übertragen, ihre **Fachkompetenz** vertiefen und die **Methodenkompetenz** erweitern.

Die Herausgeber

Vorwort zur Personalwirtschaftslehre

Das vorliegende Buch umfasst die aktuellen personalwirtschaftlich relevanten Inhalte. Den personalwirtschaftlichen Rahmenbedingungen folgen die Funktionen, beginnend mit der Personalbestandsanalyse und endend mit dem Personalabbau. Den 14 Kapiteln ist jeweils eine für den Inhalt typische Situation vorangestellt. Die inhaltlich-systematischen Sachverhalte der Personalwirtschaft bilden den Schwerpunkt des Buches. Allerdings sind in diesen Ausführungen neben zahlreichen Beispielen auch Konkretisierungen zu den Situationen aufgenommen, sodass Verbindungen zwischen inhaltlich-systematischer Darstellung und Situation deutlich werden. Diese Verbindungen sollen der Motivation und dem Transfer dienen. Wenn der Leser das vorzieht: Er kann sich auch auf die inhaltlich-systematischen Ausführungen beschränken. Obwohl heute zunehmend in der Literatur personalwirtschaftliche Erörterungen als Human Ressources Management bezeichnet werden, wird in diesem Buch weiterhin von Personalwirtschaft gesprochen, zumal die Richtlinien für den Unterricht diesen Begriff beibehalten haben.

Den Kapiteln sind Aufgaben, methodische Empfehlungen bzw. Anregungen sowie Literaturangaben angefügt. Die methodischen Empfehlungen und Anregungen können zu berufsübergreifenden Qualifikationen verhelfen. Sie sind einem Kapitel zugeordnet, in dem die betreffenden Methoden und Anregungen Verwendung finden.

Situationen und Konkretisierungen sind durch das Zeichen kenntlich gemacht.

Fachliche und didaktisch-methodische Anregungen werden dankbar entgegengenommen.

Die Verfasser

Inhaltsverzeichnis

Verzeichnis der methodischen Empfehlungen

1 Grundlagen und Rahmenbedingungen der Personalwirtschaft verstehen

Personalwirtschaftliches Handeln vollzieht sich innerhalb des betrieblichen bzw. unternehmerischen Bezugssystems. Dabei bilden Zielsetzung, Planung und Organisationssystem die entscheidenden Elemente.

Eine mittelständische Unternehmung im Lebensmittelsektor, die E. Fries KG, kann auf eine erfolgreiche Entwicklung zurückblicken. Die Anzahl der Marktsektoren konnte erweitert und das Absatzgebiet kontinuierlich vergrößert werden. Entsprechend wuchs die Anzahl der Mitarbeiter auf inzwischen 250 Beschäftigte.

Die personalwirtschaftlichen Aufgaben wurden bisher folgendermaßen gelöst: Dem Leiter des Rechnungswesens oblagen die personalwirtschaftlichen Führungsaufgaben mit. Er verantwortete Einstellungen und Entlassungen sowie die Bezahlung. Ihm unterstanden zwei Mitarbeiter, die den gesamten personalwirtschaftlichen Schriftverkehr einschließlich Abrechnungen und Belegverwaltung bewältigten.

Studenten, die besonders an personalwirtschaftlichen Fragestellungen interessiert sind, schlugen der Unternehmensleitung eine Personalbefragung vor. Diese sollte sich mit dem Thema „Die Entwicklung von Corporate Identity in mittelständischen Unternehmen" befassen und über den Grad der Zufriedenheit der Mitarbeiter Auskünfte geben.

Die Ergebnisse waren für alle Beteiligten überraschend. Während die Gesamteinstellung zum Unternehmen, die Zufriedenheit mit der Bezahlung sowie mit dem Führungsstil in den Fachabteilungen recht positiv ausfielen, war eine gewisse Unzufriedenheit im personalwirtschaftlichen Bereich unverkennbar. An erster Stelle standen Klagen über eine unklare Kommunikations- und Kompetenzstruktur in diesem Bereich. Außerdem vermissten gerade die aus anderen Unternehmungen übergewechselten Mitarbeiter ausreichende und rechtzeitige Informationen. Ein Teil der Mitarbeiter beklagte das fehlende Weiterbildungskonzept.

Sie sind der Projektleiter der Befragung und werden um eine erste Stellungnahme gebeten. Dabei sollten Sie auf einen Vergleich zwischen generell im Bereich der Personalwirtschaft möglicher und speziell hier vorgefundener struktureller Schwächen eingehen und erste Empfehlungen geben.

1.1 Der Bedeutungswandel der Personalwirtschaft im Rahmen des Wandels unternehmungsspezifischer und gesamtgesellschaftlicher Strukturen

Mit dem Wandel von Strukturen in der Gesamtwirtschaft und in der Unternehmung vollzieht sich auch ein Wandel im personalwirtschaftlichen Aufgabenfeld.

1.1.1 Der Wandel unternehmungsspezifischer und gesamtgesellschaftlicher Strukturen

Sachziel der Personalwirtschaft

Die vornehmliche Aufgabe der Personalwirtschaft einer Unternehmung lässt sich als Sachziel verhältnismäßig einfach formulieren: Die Personalwirtschaft hat dafür zu sorgen, dass eine ausreichende **Anzahl** von Mitarbeitern zum bedarfgerechten **Zeitpunkt** mit bedarfgerechten **Qualifikationen** zu bezahlbaren Bedingungen für einen angemessenen **Zeitraum** an einem bestimmten **Ort** zur Verfügung steht.

Inwieweit das Sachziel optimal zu erreichen ist, hängt von sehr vielen und sehr unterschiedlichen **Bedingungen** ab, an erster Stelle von der Professionalität der Personalverantwortlichen. Die oben formulierte Aufgabe hat bei genauer Betrachtung aber recht viele **Nuancen:**

Vielfältige Aspekte

- Liegt beispielsweise immer genau fest, wann die Mitarbeiter benötigt werden? Der Personalbedarf ist ja in erster Linie produktionsorientiert, d.h. er kann sich je nach Auftragslage verändern.

- Welche Qualifikationen sind bedarfsgerecht? Ist beispielsweise der Maschinenpark als Folge neuer Erfindungen zu verändern, treten Qualifikationsanforderungen auf den Plan, die man bis dahin vielleicht noch gar nicht kannte?

- Ist das Produkt- oder Serviceangebot noch bedarfsgerecht? Erfordern z. B. Umstrukturierungen Neueinstellungen?

- Bleiben die Produktions- und Vertriebsstätten am bisherigen Standort? Unter Umständen werden Standortänderungen oder Auslagerungen einzelner betrieblicher Funktionen schon bald notwendig, und zwar mit der Folge, dass Arbeitskräfte woanders benötigt werden.

- Sind die Entgeltforderungen noch marktgerecht? Beispielweise ist daran zu denken, dass Mitarbeiter kündigen, weil sie woanders besser bezahlt werden.

- Für welchen Zeitraum kann man vernünftigerweise planen? Eine veränderte EU-Richtlinie, beispielsweise zum Umweltschutz, kann einen erhöhten Personalbedarf zur Folge haben.

Alle Aufgaben der Personalwirtschaft sind, wie skizzenhaft zu zeigen war, Teilgebiete der gesamtunternehmerischen Entscheidungen, die untereinander vernetzt sind.

Um die Komplexität der Personalwirtschaft noch aus einem anderen Gesichtspunkt zu betrachten, sollen einige langfristige Bestimmungsfaktoren aufgeführt werden:

Faktoren, die den Wandel personalwirtschaftlicher Aufgabenerfüllung bestimmen				
den Mitarbeiter unmittelbar betreffend	technische Veränderungen	Marktveränderungen	veränderte Rechtsgrundlagen	neue demografische Daten
Beispiel – lebenslanges Lernen – Informationstechnologie (IT) – höhere Formalbildung – Freizeitentwicklung/ -gestaltung	Beispiel – IT-Einsatz in Produktion, Logistik, Vertrieb, Beschaffung; Kommunikationsstrukturen	Beispiel – europäischer Markt – Weltmarkt – veränderte Wirtschaftsmentalität	Beispiel – individuelles Arbeitsrecht – kollektives Arbeitsrecht – Recht der EU	Beispiel – Verschiebung der Altersstruktur – Zuwanderungen – Abwanderungen

Abb. 1-1

◆ Bestimmungsfaktoren, die den Mitarbeiter unmittelbar betreffen

Unmittelbar den Mitarbeiter betreffende Faktoren

Frühere Generationen lernten für ein Berufsleben. Die jüngere Generation weiß längst, dass der Lernprozess das ganze Leben begleitet. Entsprechend kürzer sind auch die Phasen, für die beruflich geplant wird. Wer fähige Mitarbeiter einstellt, sollte Perspektiven für deren mittelfristige Planungen anbieten.

In einem Zeitalter der permanenten technischen Erneuerungen im häuslichen Bereich gehören Personalcomputer und Spielcomputer zu den originären Spiel- und Werkzeugen. Diese als „Digital Natives" bezeichnete Generation ist seit ihrer Kindheit an ein verändertes Kommunikationsverhalten gewöhnt. Diese Tatsache wird auf die Anforderungen in der Unternehmung übertragen.

Die in den Betrieben tätigen Mitarbeiter umfassen etwa 40 Jahrgänge. Das ältere Drittel verfügt nur zu einem kleinen Anteil über eine gehobene Schulbildung. Insgesamt lässt sich aus höherwertig eingestuften Bildungsabschlüssen nicht auf höhere Intelligenz der betreffenden Mitarbeiter schließen. Allerdings kann ins Gewicht fallen, dass ein anderes Qualifikationsprofil vorliegt, z. B. Sprachkenntnisse und IT-Kenntnisse vorhanden sind.

Erwartungen im Hinblick auf Freizeitgestaltung sind individuell geprägt. Dazu gehören Gleitzeitregelungen sowie Teilzeitarbeit und evtl. auch Arbeit zu Hause, um sich Spielräume zu schaffen.

Der Wunsch nach vermehrter und rechtzeitiger Information in der E. Fries KG entspricht der Haltung selbstsicherer und verantwortlich denkender Mitarbeiter. Weiterbildung wird von den Mitarbeitern als notwendig erachtet.

◆ Technische Veränderungen als Bestimmungsfaktoren

Bestimmungsfaktor Technik

Die Arbeitswelt gestaltet sich schon seit Einzug der Computer ständig neu, aber die neuen Wellen führen inzwischen zu tief greifenden Veränderungen, z. B. in der Produktionsstruktur, in der Vertriebsstruktur, in der Logistik oder – alle Bereiche betreffend – in der Kommunikationsstruktur. Als Metapher für das Ausmaß der Veränderungen wird man zu Recht sagen können, dass „kein Stein auf dem anderen" bleibt. Es ist zu beobachten, wie innerhalb eines Jahrzehnts eine hochwertige Facharbeit – z. B. die eines Drehers – durch eine hochwertige Werkzeugmaschine – z. B. mit CNC-Technik (Computerized Numerial Control) – ersetzt wird. Wenn dann noch mittels CIM (Computer Integrated Manufactoring) eine vollständige Vernetzung von Konstruktion, Arbeitsvorbereitung, Fertigung, Einkauf, Vertrieb und Logistik erfolgt, hat der so gestaltete Betriebsablauf eine neue Grundlegung erfahren. Für den kaufmännischen Bereich lässt sich die Datenintegration (z. B. SAP) nennen. Solche Veränderungen haben auf personalwirtschaftliche Entscheidungen naturgemäß eine große Auswirkung, wobei Qualifizierungsmaßnahmen und Freisetzungen den größten Raum einnehmen. Auswirkungen auf die Gesamtstruktur der Belegschaft sind insofern eingeschlossen, als ungelernte Arbeitnehmer ihre Beschäftigungsmöglichkeiten verlieren und Neueinstellungen nur in Betracht kommen, wenn eine ausreichende Qualifikation vorliegt.

◆ Marktveränderungen als Bestimmungsfaktoren

Bestimmungsfaktor Markt

Weltweite Kommunikationsnetze wie das Internet, ausgebaute Verkehrsmittel sowie eine weltoffene Wirtschaftsmentalität tragen dazu bei, dass sich Regionalmärkte in Weltmärkte umwandeln. Über europäische und atlantische Allianzen hinaus haben sich die Verbindungen zu asiatischen Wirtschaftsmächten ständig erweitert. Die Folgen für den europäischen Wirtschaftsraum sind u. a. veränderte Produktions-, Beschaffungs- und Absatzstrukturen.

◆ Veränderte Rechtsgrundlagen als Bestimmungsfaktoren

Rechtsgrundlagen

Neue gesetzliche Regelungen oder neue höchstrichterliche Entscheidungen nehmen auf die Personalwirtschaft unmittelbaren Einfluss, wenn sie sich auf individuelles Arbeitsrecht, kollektives Arbeitsrecht oder auf Sozialrecht beziehen.

◆ Bevölkerungsveränderungen als Bestimmungsfaktoren

Demografische Daten

Demografische Daten, vornehmlich Geburtenraten, Lebensalter und Zuwanderungen, stellen Einflussgrößen für das personalwirtschaftliche Bedingungsfeld dar. Die Stärke der Jahrgänge hat beispielsweise unmittelbar Einfluss auf die Besetzung von Ausbildungsplätzen. Wenn eine Bevölkerung dank des medizinischen Fortschritts erheblich älter wird als früher, entstehen Arbeitsplätze im Pflege- und Betreuungsbereich, und zwar in erheblichen Größenordnungen. Der hier und in anderen volkswirtschaftlichen Sektoren steigende Arbeitskräftebedarf gleicht einen sinkenden Arbeitskräftebedarf, etwa innerhalb der allgemeinen Sachbearbeitung im Kaufmännischen, quantitativ teilweise aus. Diese für die Zeit um die Jahrhundertwende zutreffende Lage kann sich natürlich ändern und z. B. in eine heftige Konkurrenz um Arbeitskräfte verwandeln.

1.1.2 Von der Personalverwaltung zur Personalführung

Solange Einstellungen, Einsatz und Bezahlung sowie Beendigung von Arbeitsverhältnissen praktisch die personalwirtschaftlichen Aufgaben umfassen, spricht man von Personalverwaltung.

In der als Beispiel angeführten E. Fries KG obliegt die Leitungsfunktion dem Abteilungsleiter Rechnungswesen. Für den notwendigen Schriftverkehr einschließlich der Entgeltabrechnungen sind zwei auf diese Arbeiten spezialisierte Mitarbeiter tätig. In kleineren Unternehmen werden Personalleitungsaufgaben vielfach von der Unternehmensleitung mitgeleistet, während der Schriftverkehr im Sekretariat und die Abrechnungen im Rechnungswesen erledigt werden.

Die Unzufriedenheit der Belegschaft hängt sicher damit zusammen, dass kein Vorgesetzter als Ansprechpartner zur Verfügung steht, der seine Arbeit auf Personalfragen konzentrieren kann.

Personalwirtschaft

Ist eine gewisse Schwelle der Mitarbeiteranzahl überschritten, so liegt darin ein Anstoß, die Personalverwaltung zu einer modernen Personalwirtschaft zu entwickeln. Das Gleiche gilt, wenn sich die Erwartungen der hochqualifizierten und entsprechend sensibilisierten Belegschaft dahingehend entwickeln. Neue personalwirtschaftliche Aufgaben wie Personalführung und Weiterbildung werden aufgenommen. Aber auch die bisherigen Personalverwaltungsaufgaben stehen dann in einem neuen Kontext. Beispielsweise müssen Mitarbeiter, die sich in Weiterbildungsmaßnahmen bewähren und danach am Arbeitsplatz bessere Leistungen erbringen, im Entgeltsystem berücksichtigt werden. Ein weiteres Beispiel: Mitarbeiter, die an Weiterbildungsmaßnahmen erfolgreich teilgenommen haben, sind sozusagen „Träger" von Bildungskapital. In schwierigen Zeiten wird man sich von solchen Leistungsträgern nur ungern trennen.

1.2 Die Funktionen einer modernen Personalwirtschaft

Die Aufgaben, die eine moderne Personalwirtschaft zu leisten hat, sind vielfältig. Eine sinnvolle funktionale Gliederung des gesamten Handlungsfeldes lässt sich anhand der folgenden Fragestellungen ausweisen (Curriculum der Fachschule für Wirtschaft, NW 2002). Diese Bausteine bilden im Prinzip die Kapitel des vorliegenden Werkes.

Funktionen der Personalwirtschaft im Überblick

- **Personalbestandsanalyse**
  Wie viele Mitarbeiter stehen jetzt und in absehbarer Zeit zur Verfügung? Über welche Qualifikationen verfügen sie?

- **Personalbedarfsermittlung**
  Wie viele Mitarbeiter werden jetzt und in absehbarer Zeit gebraucht? Über welche Qualifikationen müssen sie verfügen?

- **Personalbeschaffung**
  Welche Aufgaben sind zu erfüllen, um die benötigten Mitarbeiter zu gewinnen? Dabei sind interne und externe Maßnahmen zu berücksichtigen.

- **Personalauswahl und Personaleinstellung**
  Wie wird der „richtige" Mitarbeiter ausgesucht und welche Arbeiten sind bei der Einstellung zu leisten?

- **Personaleinführung und Personaleinarbeitung**
  Wie erfolgt sinnvollerweise die Einführung eines Mitarbeiters? Welche Gesichtspunkte sind für die Einarbeitung eines Mitarbeiters von Bedeutung?

- **Quantitativer und qualitativer Personaleinsatz**
  Welche Rahmenbedingungen sind für den quantitativen und den qualitativen Personaleinsatz zu berücksichtigen? Welche Gesichtspunkte gelten für spezielle Arbeitnehmergruppen?

- **Gestaltung von Arbeitsplatz und Arbeitsumgebung**
  Wie müssen Arbeitsplatz und Arbeitsumgebung gestaltet werden, um die als notwendig erachteten wirtschaftlichen und sozialen Ziele zu erreichen?

- **Gestaltung der monetären und sonstigen betrieblichen Leistungen an die Mitarbeiter**
  Nach welchen Bestimmungsgrößen und Verfahren werden monetäre und sonstige betriebliche Leistungen an die Mitarbeiter geleistet?

- **Personalführung**
  Nach welchem Menschenbild, welchen Modellen und Verfahren werden Führungsgrundsätze im Betrieb realisiert?

- **Personalbeurteilung**
  Nach welchen grundsätzlichen Erwägungen, zu welchen Anlässen und mittels welcher Formen wird Personalbeurteilung durchgeführt? Grenzen und Probleme werden bei diesem Thema besonders ausführlich erörtert.

- **Personalausbildung**
  In welchem Rahmen, mit welchen Zielen und mit welchen Mitteln wird der zukünftige Mitarbeiter im Betrieb ausgebildet?

- **Personalentwicklung**
  Welche Wege sind denkbar, um Qualifikationen, Kompetenzen und Potenziale der Mitarbeiter für gegenwärtige und zukünftige Anforderungen zu entwickeln?

- **Personalabbau**
  Wie kann in Situationen der Unterbeschäftigung oder Neuausrichtung Personal unter Berücksichtigung sozialer Gesichtspunkte abgebaut werden?

- **Zusammenarbeit zwischen Personalwirtschaft und Mitarbeitervertretung**
  Dieses wichtige Handlungsfeld wird nicht gesondert ausgewiesen, weil es nicht in sich abgeschlossen ist, sondern als Prinzip in allen Handlungsfeldern realisiert werden soll.

1.3 Zielsetzungen der Personalwirtschaft

1.3.1 Zielsetzungen der Unternehmungen

In jeder Unternehmung werden zwei Arten von Zielen angestrebt:

Abb. 1-2

Sachziele

Das **Sachziel** der Unternehmung besteht darin, am Markt verwertbare Waren oder Dienstleistungen bereitzustellen. Der Handel beispielsweise kauft Waren ein, lagert sie, wirbt für sie und verkauft sie. Die sachliche Aufgabe des Handels besteht also darin, einen Umsatz von Handelswaren zu erzielen. Um dieses Ziel zu erreichen, wird die Aufgabe in die oben grob skizzierten Teilaufgaben zerlegt. Die Teilaufgaben werden im Rahmen des Geschäftsprozesses erfüllt und sind miteinander vernetzt (vgl. Abb. 1-1).

Für alle Arten von Unternehmungen kommen die indirekten Aufgaben hinzu. Als die wichtigsten sollen Personalwirtschaft, Finanzwirtschaft, Rechnungswesen und Datenverarbeitung genannt werden. Diese Verwaltungs-Teilaufgaben werden jeweils für alle anderen Teilaufgaben sowie für sich selber nötig. Die Personalwirtschaft als Beispiel sorgt für Mitarbeiter, die die Teilaufgaben Beschaffung, Lagerung, Werbung, Absatz, Finanzwirtschaft, Rechnungswesen, Datenverarbeitung und Personalwirtschaft lösen.

Die Sachziele von Unternehmungen sind gewöhnlich keine Globalziele. In der Praxis werden sie durch Unterziele ausdifferenziert.

Beispiel Ein Warenhaus teilt das Ziel „Warenverkauf" z. B. nach Güterarten auf: Möbel, Spielwaren, Bekleidung, Lederwaren, Schmuck, Elektroartikel, Sportartikel, Lebensmittel usw.

Wie leicht einzusehen ist, müssen die aus dem Globalziel abgeleiteten Unterziele in weitere Unterziele zergliedert werden, sodass dadurch letztlich komplexe Zielsysteme entstehen. Erst dadurch entsteht die notwendige Transparenz für die zu leistenden Aufgaben im gesamten Unternehmen.

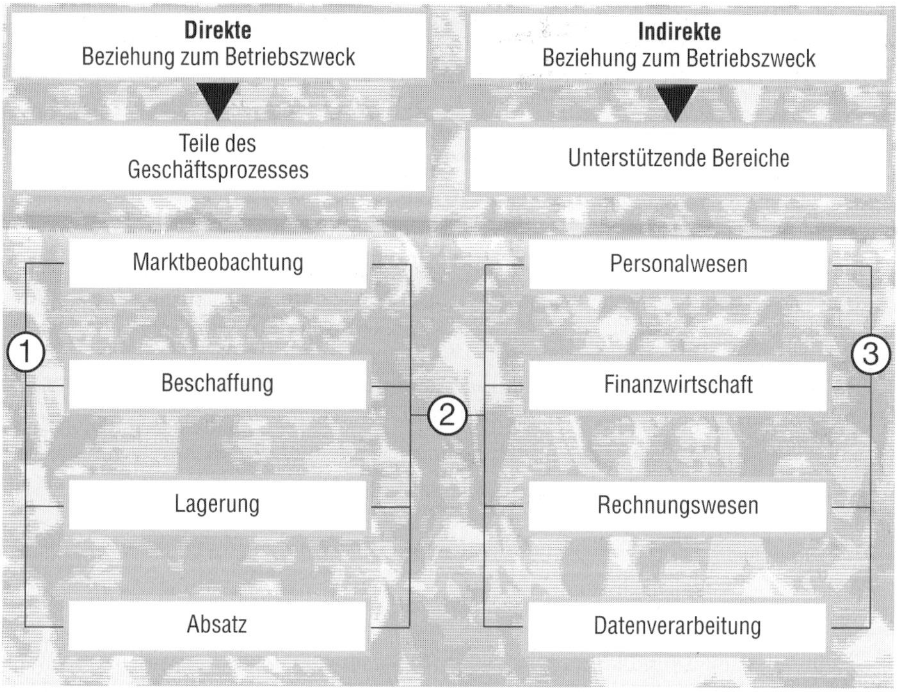

Abb.1-3: Schematische Darstellung der Gliederung von Teilaufgaben nach ihrer Zwecksetzung im Handelsbetrieb

① Die Glieder der Leistungskette wirken zusammen und stehen deshalb untereinander in enger Beziehung.

② Der Betriebsprozess kann nur ablaufen, wenn die Aufgaben der unterstützenden Bereiche für jeden einzelnen Prozessabschnitt erfüllt werden.

③ Unterstützende Bereiche stehen untereinander in Verbindung.

Formalziele

Formalziele der Unternehmung bestimmen, „wie" die Sachziele verwirklicht werden sollen. In marktwirtschaftlichen Systemen geht man vielfach von der vereinfachenden Annahme aus, dass der entscheidende Gesichtspunkt wirtschaftlichen Handelns das formale Ziel der Gewinnmaximierung ist. Andererseits ist bekannt, dass öffentliche Versorgungsbetriebe nach dem Prinzip der Kostendeckung handeln.

Wirtschaftliches (= ökonomisches) Handeln hat unterschiedliche Ausprägungen. Messbar sind beispielsweise Produktivität, Wirtschaftlichkeit und Rentabilität.

Aus gesellschaftspolitischer Verantwortung haben sich auch weitere Formalziele prinzipielle Geltung verschafft. Als Beispiele sind der verantwortliche Umgang mit den weltweit begrenzten Ressourcen sowie der Umweltschutz zu nennen.

Ebenfalls aus gesellschaftspolitischer Verantwortung, jetzt aber speziell auf die Menschen ausgerichtet, ist als Ziel der Gefahrenschutz für die Mitarbeiter zu nennen.

Innerhalb der Formalziele, die eine Unternehmung anstrebt, gibt es insofern Prioritäten, als Gewinnerzielung bzw. Kostendeckung unabdingbare Ziele darstellen. Eine Unternehmung, die längerfristig ihre Kosten nicht decken kann, verliert damit ihre Existenzfähigkeit. Eine Unternehmung, die keinen Gewinn erzielt, verliert für die Kapitalgeber das Interesse. Die in dieser Unternehmung gebundenen finanziellen bzw. realen Mittel werden auf Dauer Gewinn bringenderen Verwendungen zugeführt.

Erwartungen an die Unternehmung

Die Unternehmen stehen in einer gesamtgesellschaftlichen Verflechtung und Verantwortung. Die Ansprüche der verschiedenen Interessengruppen an die Unternehmung sind demgemäß vielfältig, aber natürlich nicht widerspruchslos. Die Mitarbeiter erwarten u. a. ein gesichertes Einkommen und gute Arbeitsbedingungen; Manager sind vielleicht eher an hohem Einkommen, Selbstverwirklichung und Sozialprestige interessiert. Wer Kapital investiert hat, erwartet angemessene Rentabilität und Sicherheit. Kunden wollen gute Ware zu günstigen Bedingungen, während Lieferanten am meisten an gesicherten Liefermöglichkeiten zu für sie günstigen Bedingungen interessiert sind. Der Staat erwartet die Einhaltung von Vorschriften und pünktlichen Steuerzahlungen, die Gewerkschaften die Durchsetzung ihrer Forderungen. Die Industrie- und Handelskammer setzt qualifizierte Berufsausbildung durch, weitere Institutionen haben ihre spezifischen Ansprüche.

Wenn das Unternehmen seinen im Sachziel verankerten Hauptzweck nicht erfüllt und das Formalziel Gewinnmaximierung bzw. Kostendeckung vernachlässigt, kann es die vielfältigen Erwartungen nicht erfüllen.

Sachziele		**Formalziele**
Was soll erreicht werden?		Wie – nach welchen Prinzipien – sollen die Sachziele erreicht werden?
● Geschäftsprozess	● Unterstützende Unternehmensbereiche	
Beispiel Handel: Marktbeobachtung Beschaffung Lagerung Absatz	Beispiele: Personalwirtschaft Finanzwirtschaft Rechnungswesen Datenverarbeitung	Beispiele: Gewinnmaximierung Kostendeckung Erhöhung der Produktivität Ressourcenschonung Umweltschutz

Abb. 1-4: Unternehmensziele

1.3.2 Wirtschaftliche Formalziele der Personalwirtschaft

Ziele, die für die Unternehmung aufgestellt sind, gelten selbstverständlich für alle Teilaufgaben der Unternehmung und so auch für die Teilaufgabe Personalwirtschaft. Die zukunftsorientierte Sicherung der Unternehmung ist durch Erhaltung und Verbesserung der Wirtschaftlichkeit, der Produktivität und der Rentabilität zu erzielen.

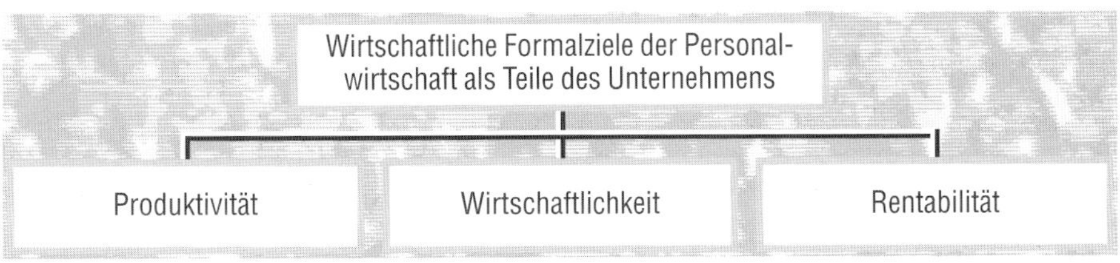

Abb. 1-5

Wirtschaftliche Formalziele

◆ **Produktivität**

Mit Produktivität meint man das Verhältnis von Ertrag zu Aufwand. Der Ertrag lässt sich z. B. an einem Arbeitstag durch die Menge der produzierten Sachgüter ausdrücken. Diesem Ertrag muss man die auf einen Arbeitstag bezogene Menge der eingesetzten produktiven Faktoren, also Arbeit, Boden und Kapital, gegenüberstellen. Das Verhältnis gibt Aufschluss über die Produktivität.

$$\textit{Produktivität} = \frac{\textit{Ertrag}}{\textit{Faktoreinsatzmenge}} \textit{ bezogen auf eine Zeiteinheit (z. B. 1 Tag)}$$

Die so ermittelte Produktivität ist die Produktivität aller Produktionsfaktoren. Von besonderem Interesse ist es, die Produktivität der menschlichen Arbeitsleistung zu bestimmen.

In diesem Fall lautet das Verhältnis:

$$\textit{Produktivität der menschlichen Arbeit} = \frac{\textit{Produktionsleistung (z. B. Stück)}}{\textit{Einsatz menschlicher Arbeit (z. B. Arbeitsstunden)}}$$

◆ **Wirtschaftlichkeit**

Will man beurteilen, ob ein Betrieb wirtschaftlich arbeitet bzw. ob eine Rationalisierungsmaßnahme, wie z. B. die personelle Reduktion einer Abteilung, zur Steigerung der Wirtschaftlichkeit beigetragen hat, so setzt man den zur Produktion eines bestimmten Ertrages tatsächlich notwendig gewordenen Ist-Aufwand ins Verhältnis zum geplanten Soll-Aufwand.

$$\textit{Wirtschaftlichkeit} = \frac{\textit{Ist-Aufwand}}{\textit{Soll-Aufwand}} \textit{ bezogen auf einen bestimmten Ertrag}$$

Die Beurteilung der Wirtschaftlichkeit erfolgt unabhängig von Einflüssen des Marktes, die den Erfolg (Gewinn oder Verlust) des Betriebes maßgeblich mitbestimmen.[1]

◆ **Rentabilität**

Zur Beurteilung einer Rationalisierungsmaßnahme reicht es nicht aus, ihren Einfluss auf Produktivität und Wirtschaftlichkeit zu bestimmen. Bestimmte Maßnahmen können sowohl zur Produktivität als auch zu Wirtschaftlichkeit beitragen, und trotzdem wird man sie nur dann durchführen, wenn sie eine positive Auswirkung auf die Rentabilität haben, d. h. wenn sich das Verhältnis von Gewinn zum eingesetzten Kapital positiv entwickelt. Üblicherweise wird die Rentabilität in Prozent ausgedrückt.

$$\textit{Rentabilität} = \frac{\textit{Gewinn x 100}}{\textit{Kapital}} \textit{ bezogen auf eine Rechnungsperiode}$$

Das Erreichen wirtschaftlicher Formalziele steht in engem Zusammenhang mit dem personalwirtschaftlichen Handlungsfeld.

Realisation

Die fortschreitende Substitution von Arbeit durch Kapital führt zur Freisetzung von Mitarbeitern. Andererseits hat die ständige Vermehrung leistungsfähiger Maschinen und Geräte eine permanente Steigerung der Arbeitsproduktivität zur Folge.

---

[1] *Alternativ wird die Kennziffer Wirtschaftlichkeit auch als Leistung durch Kosten definiert (vgl. Hopfenbeck, W.: Allgemeine Betriebswirtschaftslehre, Landsberg am Lech, 2002, S. 814).*

Der Leistungsbeitrag der Mitarbeiter soll durch personalwirtschaftliche Aktivitäten erhöht werden. Das ist grundsätzlich auf zwei Wegen möglich, nämlich erstens durch erhöhte **Bereitschaft der Mitarbeiter zur verbesserten Leistungsabgabe** und zweitens durch **Vermeidung von Minderleistungen**.

Ansatzpunkte für eine verbesserte Leistungsabgabe sind (vgl. Jung, H.: Personalwirtschaft, München/Wien 2011, S. 13) u.a. sparsamer Verbrauch von Werkstoffen, Hilfsstoffen und Energie; Schonung und Pflege betrieblicher Einrichtungen; Termineinhaltung; Kooperationsbereitschaft zwischen Mitarbeitern und Arbeitsgruppen; pünktliche und hilfsbereite Weitergabe von Informationen; Weiterbildung; Verbesserungsvorschläge.

Minderleistungen werden vermieden, wenn folgende Erscheinungen wegfallen: unberechtigte Fehlzeiten, Leerlauf und Unpünktlichkeit; Gefährdung von Personen und Sachen; Materialverschwendung; Diebstahl; mangelhafte Arbeitsdisziplin; unangebrachte Konflikte sowie Mobbing.

Der Mitarbeiter als Humankapital

Wirtschaftliche Formalziele bedürfen im personalwirtschaftlichen Handlungsfeld allerdings auch einer besonderen Betrachtung. Beispielsweise sind „Investitionen in das Humankapital" insofern mit anderen Investitionen unvergleichbar, als der Mitarbeiter sich nur so lange in das „Ziel- und Zweckgefüge Unternehmung" einbringen muss, als er Mitarbeiter dieser Unternehmung ist. Verlässt er die Unternehmung, nimmt er das in ihn angelegte Bildungskapital mit.

Ökonomische Berechnungen verlieren bei personalwirtschaftlichen Entscheidungen vor allem deshalb ihre Verlässlichkeit, weil der Mitarbeiter von seinem Willen und seinem Wollen bestimmt ist und sich keineswegs immer messbar verhält. Ob beispielsweise eine finanzielle Zuwendung zu einer höheren Leistung führt, ist völlig offen (in Anlehnung an die Zwei-Faktoren-Theorie von Herzberg).

1.3.3 Soziale Formalziele der Personalwirtschaft

Soziale Formalziele

Nach allgemeiner Lebenserfahrung trägt der fachlich gut ausgebildete, mit seiner Arbeit zufriedene und mit der Unternehmung verbundene Mitarbeiter am meisten zum Erreichen des Gesamtzieles der Unternehmung bei.

Abb. 1-6

Eine gute fachliche Ausbildung gilt als Grundvoraussetzung für eine gute Leistung. Naturgemäß handelt es sich dabei längst nicht mehr um einen **Stand,** den es zu erreichen gilt, sondern um einen **Prozess,** der ständig in Gang gehalten werden muss. Dass dafür Mittel bereitgestellt werden, ist selbstverständlich und in gewisser Hinsicht sekundär. Entscheidend ist, dass die Mitarbeiter motiviert sind, sich selbst in den Lernprozess einzubringen. Ein soziales Ziel der Personalwirtschaft kann demnach heißen, Mitarbeiter zu **durchgängiger Lernbereitschaft zu motivieren.**

Zufriedenheit mit den Bedingungen des Arbeitsplatzes umfasst eine Fülle von Einzelaspekten, die auch für den einzelnen Mitarbeiter sicher jeweils eine unterschiedliche Rangordnung haben. Deshalb ist die Reihenfolge der beispielhaft aufgeführten Faktoren nahezu unbedeutend:

Bedingungen von Zufriedenheit

- Die Anforderungen am Arbeitsplatz sollten den Mitarbeiter ausfüllen und nicht mit Überforderungen und Unterforderungen verbunden sein.
- Die Entlohnung muss als gerecht empfunden werden.
- Die Beschäftigung muss gesichert sein.
- Der Arbeitsplatz muss vor Gefährdung für die Gesundheit geschützt und gesichert sein.
- Der Führungsstil muss den vorliegenden Situationen entsprechen und als angemessen empfunden werden.
- Bildungs- und Aufstiegsmöglichkeiten muss es geben.
- Der Mitarbeiter muss das Gefühl haben, in seiner Personenwürde geschützt zu sein.

Identifikationen

Arbeitszufriedenheit und **Identifikation mit der Unternehmung** hängen naturgemäß eng zusammen. Der Mitarbeiter wird sich mit der Unternehmung besonders dann leicht identifizieren können,

- wenn er sich als Mensch ernstgenommen fühlt,
- wenn er als Mitarbeiter eine Rolle spielen kann, die seinen Fähigkeiten entspricht,
- wenn er seine persönliche Existenz durch die Unternehmung gesichert sieht,
- wenn er von dem Unternehmenszweck als „Business Mission“[1] überzeugt bzw. sogar begeistert ist.

> „Wenn ich hingegen meinen Leuten die Liebe zur Seefahrt mitteile und so ein jeder den Drang dazu in sich verspürt, weil ihn ein Gewicht im Herzen zum Meere zieht, so wirst du bald sehen, wie sie sich verschiedene Tätigkeiten suchen, die ihren tausend besonderen Eigenschaften entsprechen. Der eine wird Segel weben, der andere im Walde den Baum mit dem Blitzstrahl seiner Axt fällen. Wieder ein anderer wird Nägel schmieden, und irgendwo wird es Männer geben, die die Sterne beobachten, um das Steuern zu erlernen. Und doch werden sie alle eine Einheit bilden. Denn ein Schiff erschaffen, heißt nicht die Segel hissen, die Nägel schmieden, die Sterne lesen, sondern die Freude am Meer wachrufen – die ein und dieselbe ist – und wo sie herrscht, gibt es keine Gegensätze mehr, sondern nur Gemeinsamkeit der Liebe.“[2]
>
> „Ich habe dir stets gesagt: Die Zukunft begründen heißt, zunächst und ausschließlich, die Gegenwart denken. Ebenso heißt das Schiff erschaffen ausschließlich, den Drang nach dem Meer erschaffen.“[3]

Umweltbewusstsein

Hinzu kommen spezielle Faktoren. Beispielsweise bedeutet es für den umweltbewussten Mitarbeiter viel, wenn in „seiner“ Unternehmung auf Umweltschutz besonders geachtet wird.

Für viele Mitarbeiter ist auch das Sachziel der Unternehmung und die damit zusammenhängende gesellschaftliche Anerkennung von großer Wichtigkeit.

---

[1] *Vgl. Blank, Rösener: Marketing, 5. Auflage, Troisdorf, 2009.*

[2] *Saint-Exupéry, de, Antoine: Die Stadt in der Wüste, übers v. Oswald von Nostitz, Düsseldorf, 1956, S. 182.*

[3] *Ebenda, S. 315.*

Zusammenfassung

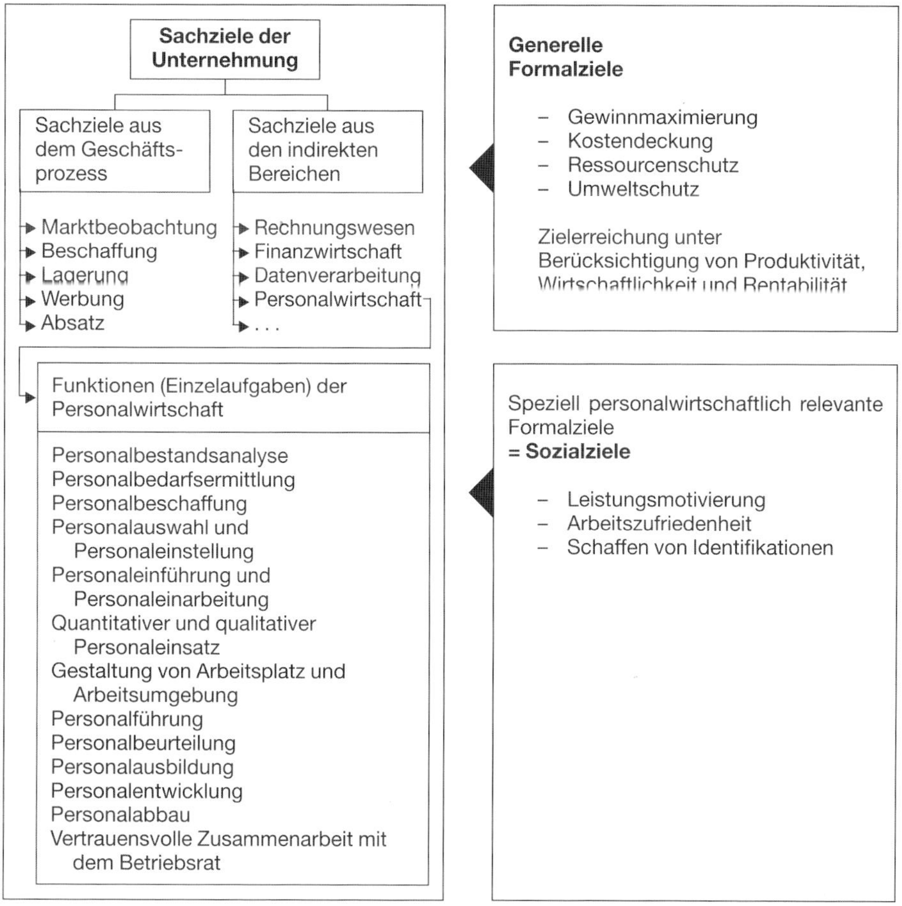

Abb. 1-7: Zielzusammenhänge

1.3.4 Die Träger personalwirtschaftlicher Zielerreichung

Jeder ist Träger

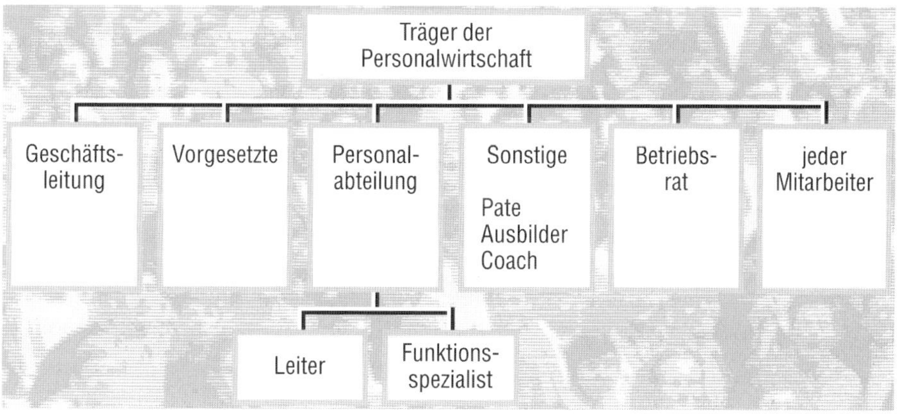

Abb. 1-8

Träger personalwirtschaftlicher Aktivitäten

- Als wichtigster Träger personalwirtschaftlicher Entscheidungen ist die **Geschäftsleitung** anzusehen. Sie trifft die grundlegenden Entscheidungen und entwickelt das personalpolitische Zielsystem der Unternehmung.
- Jeder Mitarbeiter mit Führungsverantwortung ist in seiner Eigenschaft als **Vorgesetzter** mit personalwirtschaftlichen Aufgaben betraut. Er erfüllt personalverwaltende Teilfunktionen, z. B. die Überwachung der Arbeitszeiten, aber vor allem führt und motiviert er die Mitarbeiter.

  Da der Vorgesetzte innerhalb der Hierarchie aber gleichzeitig auch weisungsgebunden ist, muss er die ihn erreichenden Weisungen verstehen und einordnen können. Sofern es sich dabei um personalwirtschaftliche Belange handelt, steht er im Spannungsfeld zwischen den Erwartungen des Unternehmens und den Ansprüchen der Mitarbeiter (Sandwich-Situation).

  Die Auffassung, dass jeder Vorgesetzte für die Entwicklung der ihm unterstellten, weisungsgebundenen Mitarbeiter zu sorgen hat, setzt sich in letzter Zeit immer mehr durch. Dabei übernimmt der Personalbereich eine beratende Funktion und achtet auf die Einhaltung der Unternehmensrichtlinien.

- Die **Leitung der Personalabteilung** befasst sich mit der Planung und Verwaltung im personalwirtschaftlichen Handlungsfeld.
- Der in der Personalabteilung tätige Mitarbeiter kann als **Funktionsspezialist** eingestuft werden. Seine Tätigkeit ist durch eine Fülle personalwirtschaftlicher Problemstellungen gekennzeichnet, ob es sich dabei um Serviceleistungen oder um Beratungen bzw. auch Entscheidungen handelt.
- Das Geschehen in der Unternehmung hält über Geschäftsführungsposition, Vorgesetztenposition und Spezialistentätigkeit hinaus noch weitere personalwirtschaftliche Aufgaben bereit:
  - Im Rahmen der Personaleinarbeitung werden **Paten** bestellt, die dem neuen Mitarbeiter in allen wesentlichen Fragen zur Seite stehen sollen.
  - Bei der Personalausbildung sind **Ausbilder und Ausbildungsbeauftragte** erforderlich, die die Ausbildung durchführen.
  - In speziellen Situationen werden Berater benötigt, die die Aufgabe eines **Coaches** übernehmen können.

- Der **Betriebsrat** hat bei vielen Personalentscheidungen ein Mitwirkungs- und Mitbestimmungsrecht. Insofern ist bei Verwaltungseinrichtungen auch der Personalrat Träger personalwirtschaftlicher Zielerreichung.
- Letzten Endes kann sich auch **jeder Mitarbeiter** als personalwirtschaftlicher Fachmann bzw. personalwirtschaftliche Fachfrau in eigener Sache verstehen. Die eigene Entlohnung, die eigene Weiterbildung, der persönliche betriebliche Einsatz sowie die eigene Entwicklung sind Handlungsfelder, die den einzelnen Mitarbeiter an erster Stelle betreffen. Er muss auch dafür sorgen, dass er im eigenen Unternehmen und ebenso auf dem Arbeitsmarkt interessant bleibt (Employability). Auch Aufgaben der Personaladministration übernehmen viele Mitarbeiter für sich selbst, wenn ihnen im Intranet die Möglichkeit gegeben wird, ihre persönlichen Daten zu aktualisieren, ihre Urlaubs- und Arbeitszeitkonten zu pflegen und online Anträge auszustellen. Die gesetzlichen Vorgaben sind im System hinterlegt, um Missbrauch vorzubeugen. Die Kontrollfunktion muss unternehmensintern geregelt sein.

1.4 Die Aufgabenverteilung der Personalwirtschaft

Inhalte der Organisation

In den bisherigen Ausführungen wurde erörtert, welche Aufgaben der Personalwirtschaft in einer Unternehmung insgesamt zufallen. Weiterhin wurde geklärt, welche allgemeinen und speziellen Prinzipien der personalwirtschaftlichen Arbeit zugrunde liegen. Offen sind dagegen noch Inhalte, die die in der Unternehmung realisierte oder vorgesehene Organisation betreffen. Unter **Organisation** ist die personalunabhängig entworfene bzw. zu entwerfende Arbeitsstruktur zu verstehen. Diese Arbeitsstruktur betrifft

- den **Aufbau der organisatorischen Einheiten**, also der Abteilungen, Gruppen und Stellen,
- die **Verteilung der Zuständigkeiten** auf personelle Aufgabenträger,
- die **arbeitsorganisatorischen Regelungen**, die die Zusammenarbeit der Aufgabenträger in zeitlicher und räumlicher Hinsicht beinhalten.

Aus diesem die Organisation betreffenden Komplex wenden wir uns im folgenden Abschnitt den Fragen zu:

Organisatorische Einheiten

- Welche organisatorischen Einheiten sind für die Bewältigung personalwirtschaftlicher Arbeiten vorzusehen?
- Wo sind diese Einheiten im hierarchischen Aufbau der Unternehmung angesiedelt?

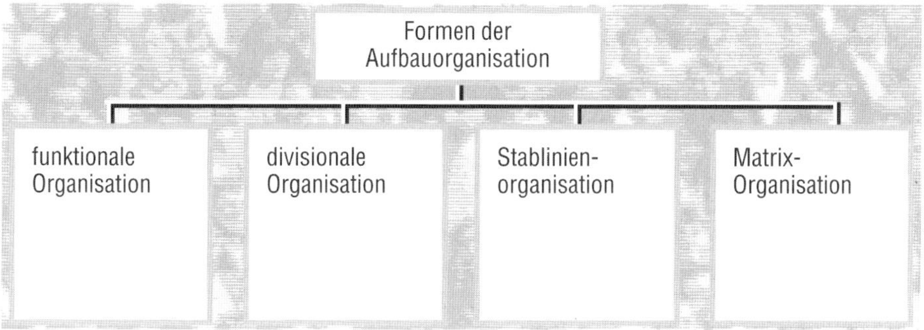

Abb. 1-9

1.4.1 Funktionale Organisation

Personalwirtschaftliche Aufgaben in einer eigenen Abteilung

Eine **funktionale,** d.h. **aufgabenbezogene, Organisation** liegt dann vor, wenn die Teilaufgaben der Unternehmung, also die Teilaufgaben der Leistungskette und die der Verwaltung, jeweils in einer festumrissenen organisatorischen Einheit bearbeitet werden, d.h. praktisch in einer Abteilung. Die Personalabteilung hat also alle Einzelaufgaben von der Personalbestandsanalyse bis zum Personalabbau für das gesamte Unter-nehmen zu erledigen. Eine solche Organisation schließt selbstverständlich ein, dass zwischen den Abteilungen eine Fülle von Beziehungen besteht, wobei diese Beziehungen auch arbeitsorganisatorisch festgelegt sind. Für die Personalwirtschaft liegen die Beziehungen auf der Hand, denn Einstellungen, Beförderungen, Zulagen, Entlassungen und vieles andere mehr können gar nicht ohne Mitwirkung der Fachabteilungen optimal geregelt werden. Wichtig ist aber zu betonen, dass bei der funktionalen Organisation der Abteilungsleiter, hier also der Personalleiter, die Entscheidungs- und Anordnungsbefugnis für alle Arbeiten behält.

Der Vorteil einer funktionalen Organisation besteht darin, dass die Einzelaufgaben auf die Personalsachbearbeiter verteilt werden können, sodass rationelles Arbeiten möglich ist.

Allerdings hat die Belegschaft je nach Anliegen unterschiedliche Ansprechpartner in der Personalabteilung. Ein weiterer Nachteil ist darin zu sehen, dass jede Spezialisierung auch wieder Koordinationsaufgaben erfordert.

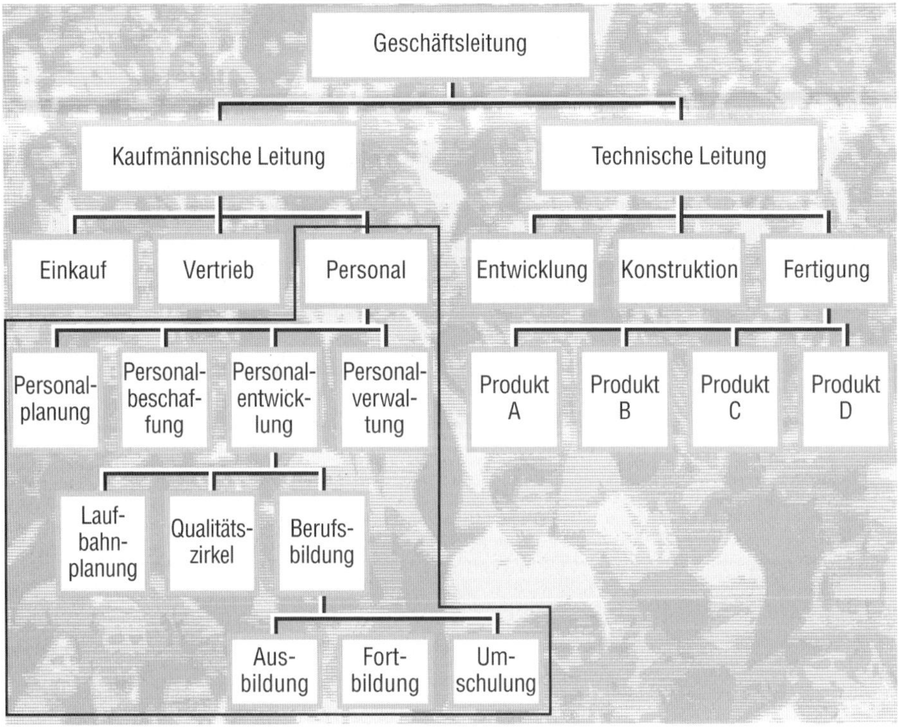

Abb. 1-10: Struktur einer funktionalen Organisation, beispielhaft für Personalentwicklung differenziert dargestellt

Wenn in der E. Fries KG die personalwirtschaftlichen Aufgaben aus dem Rechnungswesen herausgenommen und in einer eigenen Abteilung bearbeitet werden, entspräche das der funktionalen Organisation. Als zusätzliche Planstelle wäre die Leiterstelle der Personalabteilung zu schaffen. Die zwei bisherigen Planstellen für personalwirtschaftliche Aufgaben bleiben erhalten und sind lediglich jetzt der neuen Personalabteilung zuzuordnen.

1.4.2 Divisionale Organisation

Personalwirtschaftliche Aufgaben zentral und dezentral organisiert

Wird für personalwirtschaftliche Aufgaben die **divisionale Organisation** eingeführt, unterteilt man die Aufgaben in dezentral zu lösende und zentral zu lösende Aufgaben. Den Werken, Werksteilen oder Sparten werden die vor Ort wichtigsten Personalarbeiten übertragen, sehr häufig Entlohnung und Einstellung. Sparten sind Teile der Unternehmung, die aus ihrer Eigenart heraus (Produktion, Warenart) eine relativ große Selbstständigkeit verlangen. Für die dort geleisteten personalwirtschaftlichen Aufgaben ist der Werks- oder Spartenleiter verantwortlich, wiewohl natürlich in Abstimmung mit der zentralen Personalabteilung gehandelt wird.

Personalwirtschaftliche Aufgaben, die für alle Mitarbeiter der Unternehmung bedeutsam sind, gehören zu den zentralen Aufgaben, die demgemäß auch in einer zentralen Personalabteilung abgewickelt werden. Das zentrale Tarifwesen, das Bildungswesen, das Sozialwesen und das Gesundheitswesen sind Beispiele dafür. Hinzu kommt aus nahe liegenden Gründen das Personalwesen für die Führungskräfte. Die somit verbleibende Teilzentralisierung muss als eine berechtigte Ergänzung der reinen Divisionsorganisation aufgefasst werden.

Die Beziehung zur Arbeitnehmervertretung schließt sich organisatorisch vielfach der Stufung an. Die zentrale Personalabteilung kooperiert mit dem Gesamtbetriebsrat, während die Werke oder Sparten mit dem Werks- oder Spartenbetriebsrat zusammenarbeiten.

Der Vorteil einer divisionalen Gliederung liegt in der größeren Nähe zu einzelnen Mitarbeitern, soweit es um die „täglichen" Aufgaben geht.

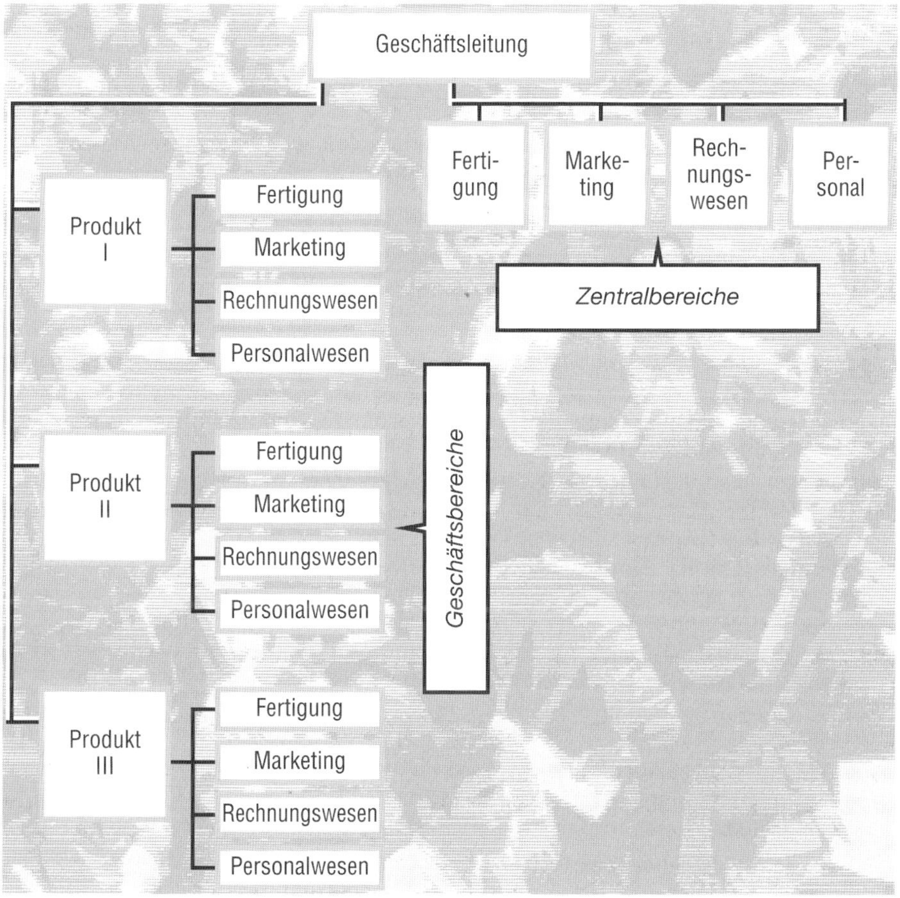

Abb. 1-11: Struktur einer divisionalen Organisation

1.4.3 Das Personalreferentensystem als angewandte Divisionalorganisation

Personalreferentensystem ist angewandte Divisionalorganisation

Die Einführung des bereits erwähnten Personalreferentensystems hat mehrere Gründe. Die Hauptursache liegt darin, die Nachteile der Spezialisierung aufzuheben. Durch Spezialisierung sind im Allgemeinen die Arbeiten rationeller zu erledigen. Der Sachbearbeiter ist routiniert und erwirbt zusätzliche Spezialkenntnisse. Umgekehrt hat die Belegschaft das Problem, auf viele verschiedene Ansprechpartner angewiesen zu sein.

Dem Personalreferenten wird eine bestimmte Zielgruppe zur Betreuung übertragen. Das können beispielsweise die Mitarbeiter in einem bestimmten Werksbereich sein, die ausländischen Mitarbeiter, die Mitarbeiter im Außendienst oder Mitarbeiter mit bestimmten Vertragsformen. Dazu zählen z. B. Mitarbeiter, deren befristete Beschäftigung im Rahmen von Arbeitsbeschaffungsmaßnahmen der Arbeitsverwaltung gefördert wird. Verantwortlich und auch häufig dem Personalreferenten gegenüber weisungsbefugt bleibt das Management vor Ort.

Der Vorteil für die jeweilige Zielgruppe liegt darin, in allen personalwirtschaftlichen Fragen einen Ansprechpartner zu haben und zu dem „eigenen" Ansprechpartner ein Vertrauensverhältnis entwickeln zu können.

Die Aufgabe der Personalreferenten ist schon wegen der notwendigen Vielseitigkeit nicht als leicht einzustufen, von kommunikativen Kompetenzen, die zu entwickeln sind, einmal abgesehen. In Sachfragen, die wiederum die eigene Kompetenz überschreiten, ist man als Personalreferent natürlich gehalten, sich angemessen zu informieren. Eine gewisse Einschränkung des Personalreferentensystems wird darin gesehen, dass der „Allrounder" möglicherweise nicht genügend rationell an seine Aufgaben geht.

1.4.4 Matrix-Organisation

Aufgabenkoordination auf zwei Ebenen

Die Matrix-Organisation soll Koordinationsaufgaben auf zwei Ebenen leisten. Beispielsweise sieht die funktionale Organisation aller fünf Werke eines großen Unternehmens die Aufteilung in Forschung/Produktentwicklung, Produktion, Vertrieb, Einkauf/Logistik, Finanzwirtschaft/Rechnungswesen und Personalwesen vor. Jetzt ergibt sich die betriebswirtschaftliche Notwendigkeit, z. B. Forschung/Produktentwicklung, Vertrieb und Personalwesen für alle fünf Werke zu koordinieren. Im Rahmen der Matrix-Organisation haben dann beispielsweise die Leiter der Personalabteilungen in allen fünf Werken nicht nur ihrem Betriebsleiter gegenüber Berichtspflicht, sondern auch dem zentralen Fachvorgesetzten, der für die Personalwirtschaft der gesamten Unternehmung verantwortlich ist. Unterschiedlich geregelt ist bei dieser Aufteilung von Verantwortungen, ob der Leiter der Personalwirtschaft grundsätzlich den Weisungen „seines" Betriebsleiters untersteht oder ob der Fachvorgesetzte Weisungsbefugnis hat. Praktiziert werden auch Aufteilungen nach sachlichen Gesichtspunkten.

Bei der Matrix-Organisation in Reinform gibt es demnach für jede Entscheidung eine Doppelverantwortung mit dem Zwang zur Einigung. Damit soll sowohl das einseitige Funktionsdenken als auch ein übertriebener Spartenegoismus vermieden werden. Nicht zu übersehen ist allerdings, dass diese Organisationsform auch ein hohes Maß an Konfliktpotenzial in sich birgt, da die Koordination naturgemäß nicht immer reibungslos verläuft.

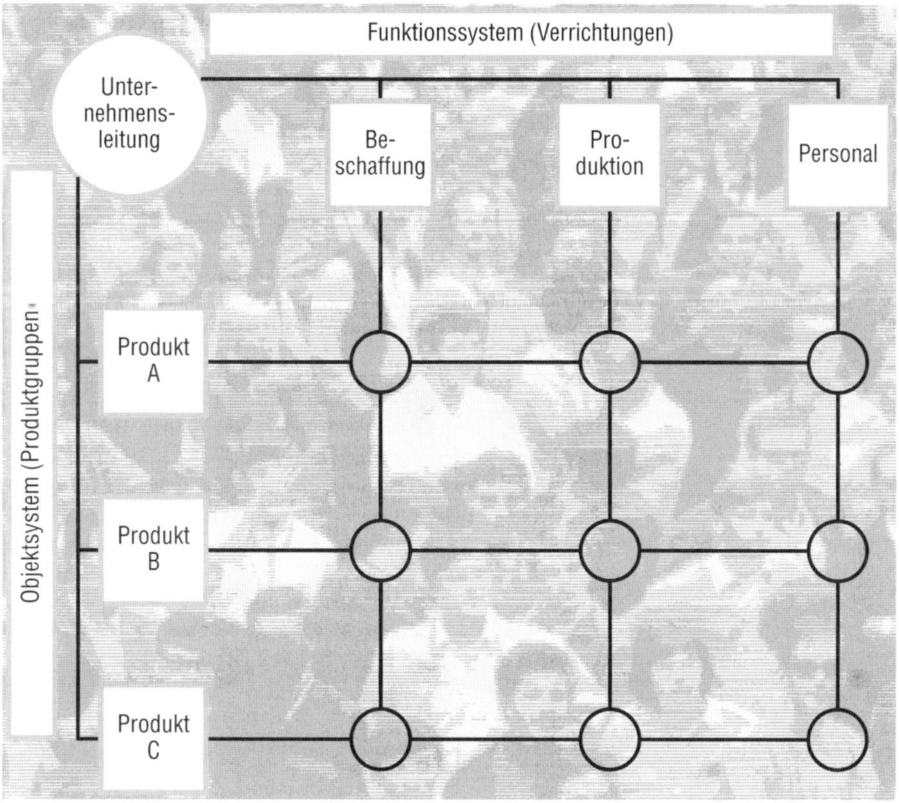

Abb. 1-12: Struktur einer Matrix-Organisation

1.4.5 Weitere Formen der Organisation

Personalwirtschaftliche Aufgaben werden nicht nur nach dem Gesichtpunkt der zentralen oder dezentralen Bearbeitung aufgeteilt.

Als Beispiele für andere bzw. ergänzende Organisationsformen sind zu nennen:

- Bei grundsätzlich eingeführter funktionaler Organisation werden z.B. das Sozialwesen und das Gesundheitswesen aus der Personalabteilung herausgenommen und als eigene Abteilung geführt, weil diese Aufgaben sehr speziell sind und auch professioneller Kenntnisse bedürfen. **Ausgliederung i.e.S.**

- Zur Beratung von Führungskräften oder zur Bearbeitung spezieller Komplexe werden Stabsstellen als Dauerstellen eingerichtet. Die Mitglieder haben dort auch ihre Planstelle. Stabsstellen stehen außerhalb der „Linie“, d.h., sie gehören nicht in die normale betriebliche Linienhierarchie und haben auch keine Anordnungsbefugnis, weil sie nicht für die Realisation ihrer Beratungsergebnisse verantwortlich sind. **Stabsstellen**

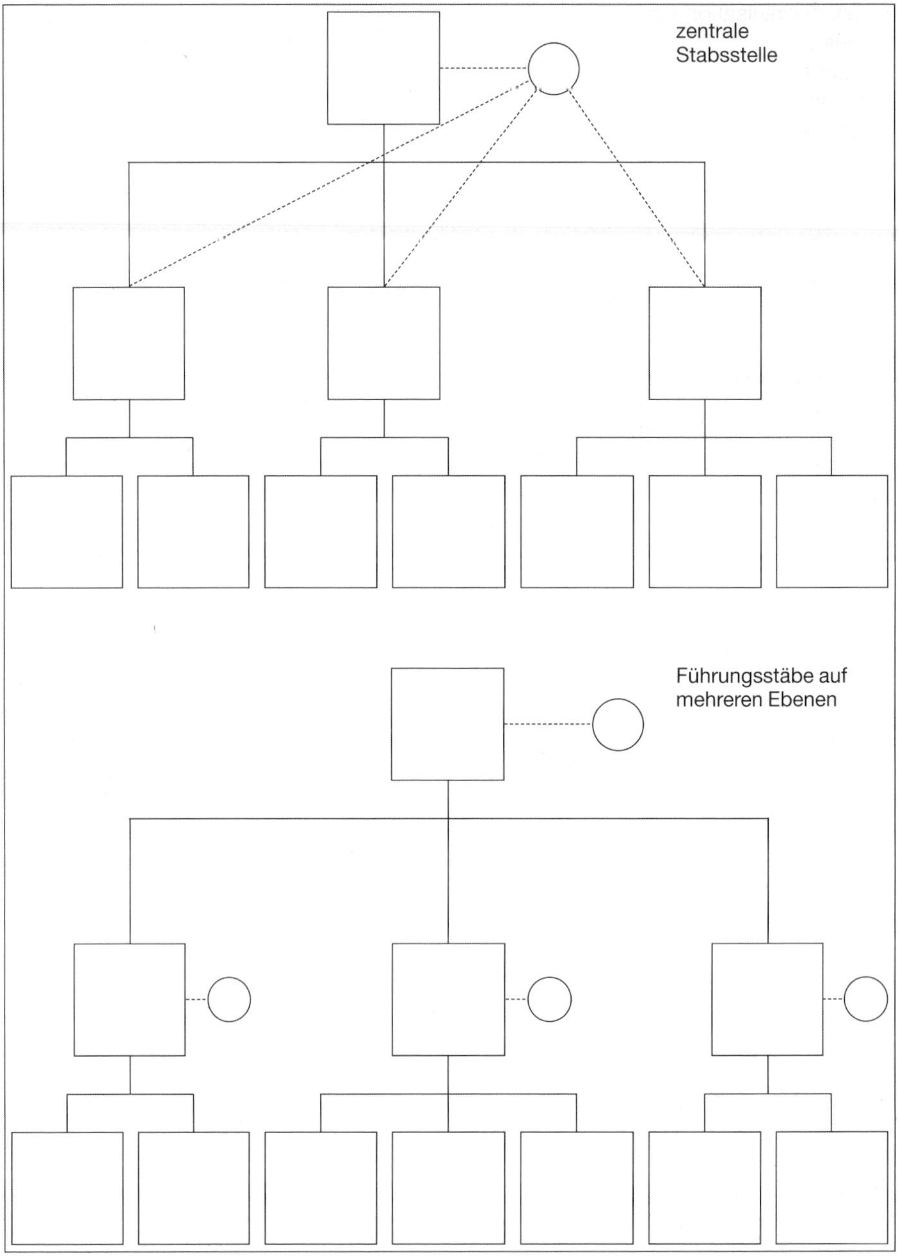

Abb. 1-13: Organisationsformen von Stabsstellen.

(Quelle: REFA-Verband für Arbeitsstudien und Betriebsorganisation e. V. (Hrsg.): Methodenlehre des Arbeitsstudiums, Teil 1: Grundlagen, München, 1984, S. 63)

Projekte

- Für ein zeitlich begrenztes Projekt wird eine Projektgruppe eingerichtet. Mitarbeiter aus verschiedenen Spezialbereichen und aus unterschiedlichen Hierarchiestufen werden z. B. mit 10 Prozent ihrer Arbeitszeit wöchentlich einmal zusammengezogen oder auch für einen begrenzten Zeitraum von ihrer üblichen Tätigkeit freigestellt.

- Teamorganisation bzw. Teammanagement sieht vor, dass Aufgabenlösungen durch eine Gruppe von Mitarbeitern erfolgen. Dabei ist es gleich, ob die Aufgaben eher den Sachzielen oder den Formalzielen zugerechnet werden bzw. ob es sich mehr um verantwortliche Entscheidungen, um Planungen oder Ausführungen handelt. Im Unterschied zur Projektarbeit handelt es sich nicht um etwas Besonderes, in gewisser Weise Einmaliges, sondern um die ganz normalen Aufgaben. Gegenüber einer Aufgabenlösung traditioneller Art, bei der ein Mitarbeiter bzw. ein Vorgesetzter mit einer Aufgabe befasst ist, erfolgt die Aufgabenlösung im Team eben durch mehrere Personen. Teams können aus Mitgliedern einer Abteilung zusammengesetzt sein, sie können sich aber auch hierarchieübergreifend zusammensetzen.

  Teamlösungen werden Einzellösungen vorgezogen, weil sie Leistungs- und Kreativpotenziale freisetzen und ausgewogen sind. Natürlich hat Teamarbeit auch ihren Preis. Vom Zeitbedarf einmal abgesehen, müssen die Teammitglieder eine innere Bereitschaft mitbringen, weil sie sich in ganz anderer Weise als bisher öffnen und offenbaren müssen, z.B. hinsichtlich ihrer Schwächen. Voraussetzung ist ferner die Kommunikationsfähigkeit der Teammitglieder. Es nützt nicht viel, von Szenariotechnik (Ausbreiten aller Fakten zur Simulation unterschiedlicher Entwicklungsverläufe) oder Feedback-Veranstaltungen zu sprechen, wenn Kommunikationsfähigkeit und Kommunikationsbereitschaft noch schwach ausgebildet sind, aber andererseits ist der Prozess zur Verbesserung der Teamfähigkeit an vielen Stellen voll im Gange.

Team-organisation

1.4.6 Ausgliederung/Outsourcing

Ausgliederung/ Outsourcing

Viele Unternehmen konzentrieren sich neuerdings häufig auf ihre Kerngeschäfte und gliedern alle Bereiche aus, die nicht direkt zum Kerngeschäft gehören. Dies gilt sowohl für ganze Abteilungen als auch für Teilbereiche. So kann beispielsweise der gesamte Personalbereich ausgegliedert werden oder es werden Teilbereiche ausgegliedert wie

- Personalbeschaffung und Personalauswahl,
- Personalabrechnung,
- Weiterbildung.

Die Ausgliederung, auch als **Outsourcing** bezeichnet, ist mit bestimmten Erwartungen verbunden. Einerseits rechnet die Unternehmensleitung mit niedrigeren Kosten, andererseits mit einer größeren Professionalität. Es ist anzumerken, dass praktisch jede Teilfunktion ausgliederungsfähig und deshalb dem Wettbewerb von außen ausgesetzt ist. Innerhalb eines Unternehmens kann auch das Personalwesen als Service Center geführt werden, das seine Dienstleistungen im Unternehmen nach aufwandsabhängigen Verrechnungssätzen anbietet. Wenn alle Unternehmensbereiche in Profit Center gegliedert sind, erhält auch der Personalbereich eine Vorgabe, Gewinn zu erzielen, und tritt in Konkurrenz zu externen Anbietern.

1.5 Die Eingliederung der Personalwirtschaft in die Unternehmenshierarchie

Personalwirtschaft im Weisungssystem der Unternehmung

Gleichzeitig mit der Aufbauorganisation, also mit der Festlegung der organisatorischen Einheiten, erfolgen Festlegungen darüber, welche Stelleninhaber wem gegenüber weisungsgebunden bzw. weisungsberechtigt sind. Das so entstehende Weisungssystem wird als Unternehmenshierarchie bezeichnet.

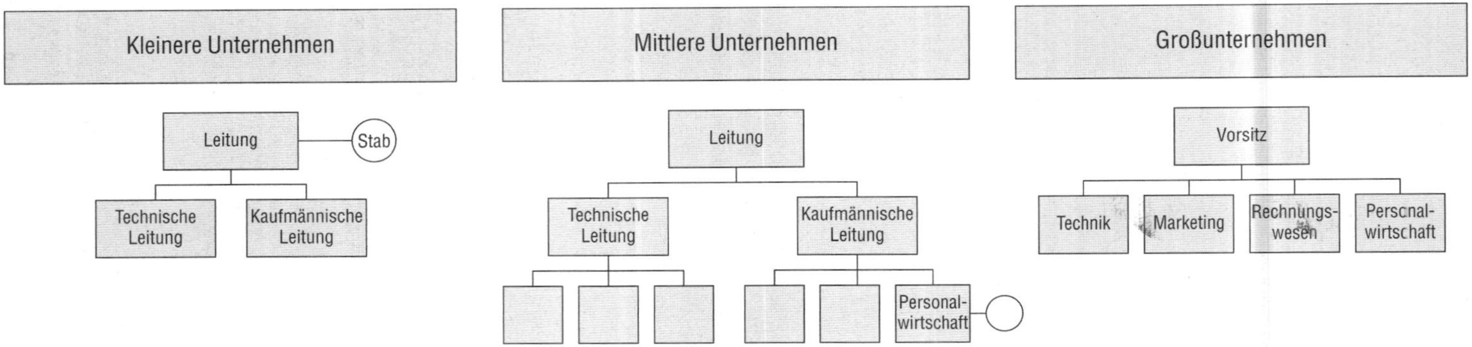

Kleinere Unternehmen	Mittlere Unternehmen	Großunternehmen
Größe: bis ca. 250 Mitarbeiter	ca. 250 bis 1 000 Mitarbeiter	ab 1 000 Mitarbeiter
• keine eigenständige personalwirtschaftliche Abteilung • Funktionswahrnehmung durch eine **Stelle** innerhalb der kaufmännischen Leitung **oder** • durch eine Stabsstelle (der Leitung direkt zugeordnet)	• eigenständige Personalabteilung (i.d.R. auf der 3. Ebene) • Unterstellung unter die kaufmännische Leitung • evtl. ergänzende Stabsstellen (z.B. Arbeitsrecht)	• Einordnung auf Vorstandsebene (Arbeitsdirektor) • **gesetzliche Pflicht:** ab 2 000 Mitarbeiter nach MitbestG von 1976 ab 1 000 Mitarbeiter nach Montan-MitbestG • Personalwirtschaft ist gegenüber den anderen Ressorts gleichberechtigt

Abb. 1-14: Eingliederung der Personalwirtschaft in die Unternehmenshierarchie

Die aufbauorganisatorische Eingliederung der mit personalwirtschaftlichen Aufgaben betrauten Abteilungen bzw. Unterabteilungen (Gruppen) sind ein Spiegelbild der Stellung, die die Personalwirtschaft in der Unternehmenshierarchie einnimmt. Wenn beispielsweise ein Vorstandsmitglied speziell für die Personalwirtschaft zuständig ist und diese Abteilung auch leitet, ist die Personalwirtschaft den anderen von Vorstandsmitgliedern geleiteten Ressorts gleichrangig. Die Regelung, dass ein Arbeitsdirektor als Vorstandsmitglied tätig ist, gilt nach dem Mitbestimmungsgesetz von 1976 ab 2 000 Mitarbeitern und nach dem Montan-Mitbestimmungsgesetz ab 1 000 Mitarbeitern generell.

Ist dagegen für die personalwirtschaftlichen Aufgaben z.B. nur eine Unterabteilung innerhalb einer kaufmännischen Abteilung, etwa Rechnungswesen, zuständig, dann ist damit gleichzeitig auch die Ranghöhe des zuständigen Gruppenleiters im hierarchischen Aufbau der Unternehmung festgelegt.

Die Stellung des Personalleiters in der Hierarchie

Für die Durchsetzung personalwirtschaftlicher Belange ist die **Stellung der die Personalwirtschaft repräsentierenden Personen** von erheblicher Bedeutung. Selbst wenn personalwirtschaftliche Grundsätze vom Vorstand der Unternehmung beschlossen werden, die personalwirtschaftliche Einheit aber erst an dritter oder vierter Stelle in der Betriebshierarchie steht, ist diese Tatsache für die Durchsetzung wichtig. Personalleiter in untergeordneten Hierarchiestufen müssen sich nämlich häufiger mit zweitbesten Lösungen zufriedengeben, weil Vorgesetzte ihre fachbezogenen Urteile aufgrund ihrer Stellung leichter durchsetzen können.

Die Befragung in der E. Fries KG hat die nachteiligen Folgen einer „Miterledigung" personalwirtschaftlicher Aufgaben durch den Leiter des Rechnungswesens deutlich werden lassen. Wenn die Unternehmung sich dazu entschließt, eine Planstelle für einen Leiter des Personalwesens zu schaffen, werden sich Klagen über unklare Kompetenzstrukturen in Zukunft erübrigen. Mit Sicherheit werden dann auch weitere personalwirtschaftliche Aufgaben anders angegangen.

Kooperation mit den Fachabteilungen

Die Bedeutung der Stellung in der Hierarchie wird relativiert, weil viele personalwirtschaftliche Entscheidungen nur in **Kooperation zwischen Fachabteilungen und Personalwirtschaft** getroffen werden können. In anderem Zusammenhang wurden Einstellungen, Beförderungen, Zulagen usw. bereits als Beispiele für kooperative Entscheidungen erwähnt. Wenn es um personenbezogene Entscheidungen geht, werden häufig Formulierungen wie „im Einvernehmen mit ...", „nach Rücksprache mit ...", „nach Abstimmung mit ..." gewählt. Hierdurch wird der **Schnittstellencharakter** personalwirtschaftlicher Entscheidungen besonders deutlich.

1.6 Änderung traditioneller Organisationsstrukturen

Traditionelle Organisationsstrukturen

Die in industriellen Unternehmungen fast ein Jahrhundert lang praktizierte Arbeitszerlegung und Arbeitszusammenführung wurde von einer Organisationsstruktur begleitet, die durch zwei wesentliche Merkmale gekennzeichnet ist:

1. Das eingeführte Führungs- und Weisungssystem hatte eine klare **Struktur von oben nach unten** (Linie).

2. Es bestand eine **Vielzahl von abgegrenzten Führungs- bzw. Hierarchiestufen.**

Gründe für die Notwendigkeit neuer Führungsstrukturen

Spätestens seit dem neuen Jahrtausend stehen die Unternehmen weltweit vor großen organisatorischen Herausforderungen. Die Gründe dafür sind in drei miteinander vernetzten Aspekten zu sehen.

◆ Veränderung der Wettbewerbssituation

Die Globalisierung der Märkte erfordert Kenntnisse und Einsichten, über die der einzelne Verantwortliche nicht mehr verfügen kann. Das betrifft insbesondere die gegenseitigen Abhängigkeiten von Marktdaten, aber auch das Zusammenprallen weltweit unterschiedlicher Wirtschaftsmentalitäten. Die Notwendigkeit, in fernöstlichen Ländern verwurzelte Produktions- und Marktstrategien zu erkennen und sich möglicherweise antizipatorisch zu verhalten, ist dabei nur das bekannteste Beispiel. Hinzu kommen Gesichtspunkte wie verkürzte Produktionszyklen und beschleunigte Prozesse, Entwicklung zum Käufermarkt, Ressourcenverknappung, Globalisierung der Ressourenbeschaffung sowie die demografische Entwicklung.

◆ Innovationspotenziale der IT-Technologie

Die IT-Technologie bestimmt vermehrt die Produktionsabläufe, verbindet früher getrennte betriebliche Teilbereiche und ändert die Kommunikationsstrukturen erheblich. Selbst Kommunikation im Team ist inzwischen technisch vollendet möglich, ohne dass sich jemand vom Arbeitsplatz wegbewegt. Die Versorgung mit Daten ist, wenn technisch keine Zugriffseinschränkungen vorgesehen werden, fast universal. Neben neuen Produkten entstehen insbesonders neue Formen der Arbeitsorganisation und Arbeitsteilung sowie neue Formen der Unternehmens-Kooperation in Form von virtuellen Unternehmen.

◆ Wertewandel in Arbeitswelt und Gesellschaft

Insgesamt lässt sich ein tief greifender Wertewandel feststellen, der insbesondere durch eine veränderte Einstellung zur Umwelt, verändertes Käuferverhalten sowie durch veränderte Ansprüche an den Arbeitsplatz gekennzeichnet ist.

Die Mitarbeiter werden zunehmend selbstständiger und selbstbewusster. Ihre Denk- und Verhaltensstile werden im gesellschaftlichen Leben, in der Schule und im politischen Bereich zunehmend offener und demokratischer.

◆ Internationalisierung

Durch die zunehmende Verstärkung der Internationalisierung von Unternehmen (vgl. Festing, M.; Dowling, P. J.; Weber, W.; Engle, A. D.: Internationales Personalmanagement, Wiesbaden, 2011, S. 6) durch grenzüberschreitende Kooperationen, Auslandsniederlassungen der Tochtergesellschaften oder Beschaffung, Produktion und Absatz im Ausland wird es immer wichtiger, über Ländergrenzen hinaus zu planen und zu arbeiten (ebd., S. 15). Das gilt auch für eine Personalabteilung, denn in einem Multinationalen Unternehmen (MNE: Multinational Enterprise) treffen Menschen mit unterschiedlichen nationalen Hintergründen aufeinander: Mitarbeiter aus dem Land der Tochtergesellschaft, Mitarbeiter aus dem Land der Muttergesellschaft und Mitarbeiter aus dritten Ländern.

Beispiel Ein internationaler Konzern, ansässig in der Schweiz, könnte folgende Mitarbeiterkonstellation aufweisen:
- Mitarbeiter aus dem Land der Muttergesellschaft: ein Schweizer
- Mitarbeiter aus dem Land einer Tochtergesellschaft: ein Deutscher
- Mitarbeiter aus einem dritten Land: Migrant, vor 20 Jahren in die Schweiz eingewandert, ein Italiener

Bei unzureichender Berücksichtigung und Begleitung kann es zwischen alten und neuen Mitarbeitern zu Spannungen und Konflikten führen, was beispielsweise durch ein gutes Diversity-Management verhindert werden kann. Beim Diversity-Management handelt es sich um ein Managementkonzept, das insbesondere im Zeitalter der Internationalisierung und Globalisierung gewährleisten kann, dass Vielfalt unter den Menschen in einem Unternehmen (bzgl. Alter, Geschlecht, Religion, Herkunft, Behinderung, sexueller Orientierung) nicht mehr als Problem betrachtet, sondern als Chance und Ressource bewusst integriert und für Unternehmensziele instrumentalisiert wird (vgl. Franken, S. 317).

Die verstärkte Einführung von Projekt- und Teamstrukturen mit gleichzeitigem Abbau uneffizient gewordener Hierarchiestufungen ist die organisatorische Antwort auf die oben dargestellten Entwicklungen.

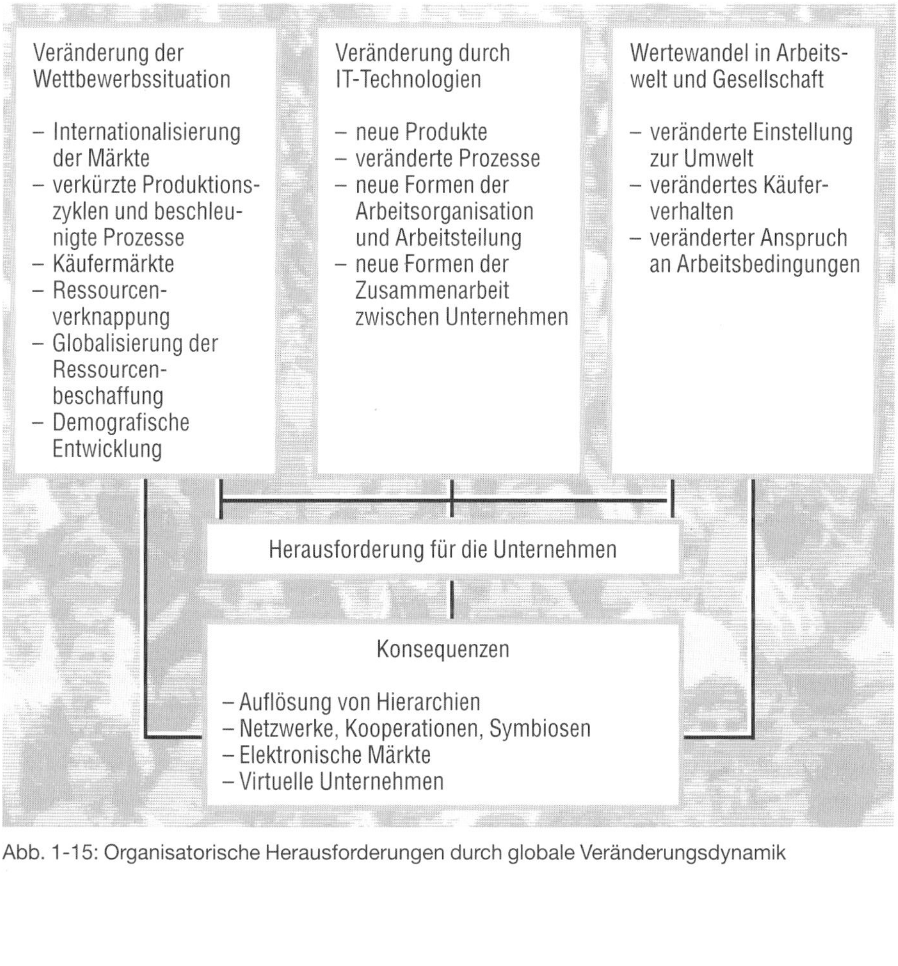

Abb. 1-15: Organisatorische Herausforderungen durch globale Veränderungsdynamik

1.7 Virtuelle Organisation – eine innovative Antwort auf neue Herausforderungen

Prognose oder Vision für personalwirtschaftliche Aufgabenorganisation

Die klassische Definition der Organisation, die Grenzen und damit ein „Innen“ und ein „Außen“ kannte, gilt heute vielfach nicht mehr – jedenfalls nicht mehr uneingeschränkt. Organisationen beginnen sich zu virtualisieren – in mehrfacher Hinsicht: **strukturell, räumlich, zeitlich**. Was ist ein Unternehmen? Wer gehört zum Unternehmen – wer ist Externer? Diese und andere Fragen sind heute oft nur schwer zu beantworten.

Virtualisierungen entstehen **strukturell**

- entlang der Wertschöpfungskette, indem durch Kombination von Kernkompetenzen Leistungsverbünde entstehen,
- durch Auflösung der Unternehmung in „Selbstständige“, die sich aufgabenorientiert ständig rekombinieren und
- durch Projekt-/Teamorganisation als einer Rekombination innerhalb des Unternehmens.

Räumliche und **zeitliche** Virtualisierungen können den strukturellen Ansatz jeweils ergänzen.

Die Virtualisierung von Unternehmen ist zu einer der aktuell wichtigsten Herausforderungen an das Management geworden. Und zu einer Herausforderung an die Arbeitnehmer, denn mit einer Virtualisierung des Unternehmens einher geht eine Virtualisierung der Arbeit.

A Aufgaben

◆ Wiederholungsaufgaben

1. Technische Erfindungen, Marktbewegungen, demografische Entwicklungen und veränderte Bildungsstrukturen nehmen Einfluss auf die Gestaltung personalwirtschaftlicher Entscheidungen. Begründen Sie diese Aussage.

2. Die Unterscheidung zwischen Sachzielen und Formalzielen der Unternehmung hat – wie für alle Teilaufgaben der Unternehmung – auch für die Personalwirtschaft eine große Bedeutung. Inwieweit bestimmen Formalziele personalwirtschaftliche Entscheidungen?

3. Finden Sie anhand einer Internet-Recherche Beispiele für virtuelle Unternehmensorganisationen heraus. Stellen Sie Art, Vorzüge und Problemfelder der virtuellen Zusammenarbeit dar. Überlegen Sie, welche besonderen Anforderungen an die Mitarbeiter hiermit verbunden sind.

4. Nehmen Sie zu folgender Aussage Stellung:
   Das Personalreferentensystem bietet jungen Personalwirten besondere Chancen.

◆ Situationsaufgabe

Das Dürener Industrieunternehmen Großmann KG steht vor größeren Umstrukturierungsproblemen. Es handelt sich um ein landesweit operierendes Unternehmen mit ca. 5 000 Mitarbeitern. Aufgrund von Unternehmenszukäufen betätigt man sich mittlerweile in fünf verschiedenen Geschäftsfeldern mit vier Produktionsstandorten (Münster, Aachen, Heinsberg und Düren). Neben dem Stammfertigungsprogramm „motorbetriebene Gartengeräte" handelt es sich dabei um Einbauküchen (Heinsberg), Teppichböden (Münster), Autositze (Aachen) sowie um Zubehör von Gartenbedarf (Düren).

Die erweiterte Geschäftsleitung besteht neben dem Geschäftsführer, Herrn Bieler, dem alle Werksleiter direkt unterstehen, aus folgenden Personen: Herr Adam (Technik), Frau Ehrlicher (Marketing), Herr Pilcher (Finanzen), Herr Bertram (Rechnungswesen/Controlling) sowie Frau Freitag (Personal). Von diesem Team wird das gesamte Leistungsprogramm gesteuert. Hinzu kommt noch Herr Zillig als Spezialist für Planungsfragen. Er bereitet alle Planungsdaten für Herrn Bieler vor. Bezüglich Forschungs- und Entwicklungsfragen lässt Herr Adam sich von Herrn Meyer beraten.

Der Personalbereich gliedert sich in zwei Bereiche, und zwar zum einen in „Personalwesen", wozu Personalbeschaffung, Sozialwesen sowie Administration/Abrechnung gerechnet werden. Der andere Bereich wird mit „Bildungswesen" bezeichnet. Dazu gehören technische Ausbildung, kaufmännische Ausbildung, Weiterbildung sowie Management Development. Ergänzt wird diese Organisationsstruktur durch ein Referat für Grundsatzfragen mit der Untergliederung „Information" und „Personalorganisation".

Vorgesehen ist eine Straffung der Gesamtorganisation, die mit folgenden Zielen verbunden ist:

1. Das Unternehmen soll schlanker werden.
2. Die Effizienz soll gesteigert werden.

Demzufolge hat man bereits beschlossen, die Leitungsaufgaben zu dezentralisieren, allerdings soll es dann nur noch jeweils eine kaufmännische und eine technische Leitung geben. Alle **Personalangelegenheiten** fallen dann jeweils in den Zuständigkeitsbereich der kaufmännischen Leitung mit Ausnahme von „Grundsatzfragen" sowie „Personalplanung/Personalentwicklung", die als Zentralreferat dem Geschäftsleiter, Herrn Bieler, direkt zugeordnet werden. Das „operative" Personalgeschäft soll künftig vor Ort von Personalreferenten durchgeführt werden, die unmittelbar dem jeweiligen Personalleiter unterstehen.

Aufgabenstellung

1. Benennen Sie die **ursprüngliche** Organisation und stellen Sie diese in einem Organigramm dar.

2. Charakterisieren Sie die angestrebte **neue** Organisationsstruktur und erläutern Sie, inwiefern sie zur Erreichung der gesteckten Ziele beitragen kann.

3. Analysieren Sie kritisch die Auswirkung der geplanten Umorganisation auf den Personalbereich. Erläutern Sie die zu erwartenden Vorzüge, aber auch die Probleme, mit denen sich die Personalspezialisten künftig auseinander setzen müssen.

B Methodische Empfehlungen

◆ Methodische Vorgehensweise zur Erschließung und Beurteilung eines Textes

Ein vorgegebener Text lässt sich im Allgemeinen recht gut verstehen und beurteilen, wenn man ihn durch systematische Fragen „entschlüsselt“.
Der folgende Fragenkatalog kann dabei Hilfestellung leisten:

1. Inhaltliche Erschließung und Beurteilung
   - Was wird in dem Text ausgesagt? Welche Kerninformation wird vermittelt?
   - Welche ergänzenden (sekundären) Informationen enthält der Text?
   - Sind Kerninformation und ergänzende Informationen richtig gewichtet?
   - Ist der gedankliche Aufbau folgerichtig?
   - Sind die Aussagen sachlogisch verbunden? Sind Zusammenhänge erkennbar?
   - Sind die Schlussfolgerungen zutreffend?
   - Passen die Ausführungen zur Überschrift/zum Thema?
   - Sind die inhaltlichen Aussagen zutreffend?

2. Sprache
   - Sind Aussagen und Sätze vom sprachlichen Standpunkt aus logisch?
   - Ist die sprachliche Gestaltung adressatengerecht?
   - Sind die im Text vorkommenden Begriffe eindeutig und verständlich? Unter Umständen ist es nützlich, nach ähnlichen, übergeordneten, nachgeordneten oder nebengeordneten Begriffen zu fragen.

3. Vollständigkeit
   - Sind die Ausführungen vollständig?
   - Sind Inhalte erkennbar, die in dem vorliegenden Text enthalten sein müssten, aber nicht enthalten sind?
   - Welche Mutmaßungen gibt es dafür, dass erwartbare Inhalte fehlen? Lassen sich Gründe dafür erkennen?

4. Klarheit
   - Sind die Gedanken klar ausgedrückt?
   - Sind Zusammenhänge verschleiert?

5. Zweck und Urheber
   - An wen ist der Text gerichtet (Werbung, Anweisungen, Übermittlung von Unternehmensgrundsätzen an die Mitarbeiter usw.)?
   - Ist der Text auf einen bestimmten Zweck ausgerichtet? Wenn ja: Welche Zwecke werden verfolgt? Ist erkennbar, wer diese Zwecke verfolgt?
   - Stehen hinter dem Text erkennbare oder vermutbare Interessen?

6. Kontext
   - Steht der Text in einem bestimmten Kontext, der evtl. einen neuen Zugang vermittelt?

Beispiele Eine Anzeige erfolgt als Chiffre-Anzeige. Fragen, die sich aufdrängen: Will man telefonische Rückfragen vermeiden? Hat das Unternehmen nach innen oder nach außen etwas geheimzuhalten? Warum sonst erfolgt keine offene Anzeige?

Ein Text wird auch nach Erscheinungsjahr, Verlag, Umfang etc. beurteilt.

7. Äußere Struktur/Layout
   - Ist der Text leserfreundlich gestaltet (Überschriften, Absätze, Fettdrucke, Schriftarten, Marginalien etc.)?
   - Entspricht die äußere Struktur dem Inhalt?

8. Bewertung
   - Wie ist der Text inhaltlich zu bewerten?
   - Entspricht der Text seiner Zwecksetzung?
   - Ist die äußere und innere Gestaltung des Textes optimal?

9. Erschließungstechniken
   - Welche Techniken des aktiven Lesens sind anzuwenden, um den Text besser aufzunehmen (Kennzeichnung durch Symbole, Markierungen, Marginalien, Farben etc.)?
   - Welche weiteren Techniken sind zur Texterschließung geeignet (Schaubilder, Skizzen, Begriffsbäume etc.)?

C Literatur

Albach, H. (Hrsg.): Personalmanagement 2003, Wiesbaden, 2003.

Drumm, H. J.: Personalwirtschaftslehre, Berlin/Heidelberg, 2008.

Festing, M.; Dowling, P. J.; Weber, W.; Engele, A. D.: Internationales Personalmanagement, Wiesbaden, 2011.

Franken, S.: Verhaltensorientierte Führung. Handeln, Lernen und Diversity in Unternehmen, Wiesbaden, 2010.

Hentze, J., Kammel, A.: Personalwirtschaftslehre 1, Bern, Stuttgart, 2001.

Herzberger, F.; Mausner, B.; Snyderman, B.: The Motivation to Work, New York, 1959.

Hopfenbeck, W.: Allgemeine Betriebswirtschaftslehre und Managementlehre, Landsberg am Lech, 2002.

Jung, H.: Personalwirtschaft, München, Wien, 2008.

REFA (Hrsg.): Methodenlehre des Arbeitsstudiums, Teil 1: Grundlagen, München, 1984.

Scholz, C.: Personalmanagement, München, 2011.

Schreyögg, G.: Organisation, Grundlagen moderner Organisationsgestaltung – Mit Fallstudien, Wiesbaden, 2003.

Staehle, W. H.: Management, München, 1999.

Wunderer, R.; Dick, P.: Personalmanagement – Quo Vadis, Neuwied, 2006.

2 Den eigenen Personalbestand analysieren

Wie viele Mitarbeiter welcher Qualifikation stehen zurzeit an bestimmten Orten zur Verfügung bzw. werden in absehbarer Zeit dort zur Verfügung stehen?

Die Konzernleitung eines größeren Industrieunternehmens, der Brandsicherungs-Technik AG (BST), hat Sie mit der Personalleitung eines der zum Unternehmen gehörenden Werkes beauftragt. Sie haben bisher eine Personalreferentenfunktion in der Zentrale ausgeübt und stehen nun vor der Situation, sich innerhalb kurzer Zeit in das Aufgabengebiet der neuen Stelle in der Feuerlöschgeräte GmbH, Bielefeld, einzuarbeiten. Aufgrund personeller Engpässe steht der bisherige Personalleiter nicht mehr für eine Einarbeitung zur Verfügung. Sie können allenfalls auf die Hilfestellung der beiden Personalassistenten zurückgreifen. Ihre erste Aufgabe besteht nun darin, sich einen Überblick über die vorhandene personelle Situation in dem Werk zu verschaffen. Gleichzeitig haben Sie als Vorgabe der Konzernleitung zu beachten, dass bis zum Ende des kommenden Jahres 30 Stellen im Werk abzubauen sind. Dies ergibt sich aus der Entscheidung, dass die Fertigung eines bestimmten Produktes eingestellt wird sowie zusätzlich die übrigen Bereiche des Werkes organisatorisch gestrafft werden sollen.

2.1 Funktion und Zielsetzung der Personalbestandsanalyse

Ein Personalleiter hat grundsätzlich dafür zu sorgen, dass ein Unternehmen rechtzeitig mit geeigneten Mitarbeitern so versorgt wird, dass die Unternehmenszielsetzungen erfüllt werden können. In der Regel misst sich Erfolg dabei am Gewinn, den das Unternehmen bzw. der Unternehmensteil durch die Vermarktung seiner Leistung erzielt. Allerdings hat die Personalleitung zu beachten, dass im Zusammenhang mit den Unternehmenszielsetzungen vielfältige Interessen stehen, die es zu berücksichtigen und auszugleichen gilt. Hierbei spielen beispielsweise die Bedürfnisse der Mitarbeiter eine besondere Rolle, denn unzufriedene Mitarbeiter werden nie die bestmögliche Leistung im Sinne der Unternehmensleitung erbringen.

Überblick über die personelle Situation

Um personalwirtschaftliche Aufgaben wahrzunehmen, die im Sinne einer **gestaltungsorientierten Personalwirtschaft** über rein verwaltende Tätigkeiten hinausgehen, werden **Informationen** über den vorhandenen Gestaltungsspielraum benötigt. Die Informationen lassen sich im Rahmen einer **Personalbestandsanalyse** gewinnen. Wenn sich beispielsweise eine neue Führungskraft in die personelle Situation eines Betriebes einarbeiten will, können folgende Fragen mithilfe einer Personalbestandsanalyse beantwortet werden:

- Welche Funktionsbereiche gibt es allgemein in dem Betrieb?
- Welche Aufgaben sind im Rahmen der Funktionen zurzeit zu erfüllen?
- Wie sind die Aufgaben auf die vorhandenen Mitarbeiter verteilt?
- Inwieweit entspricht die Arbeitsverteilung den aktuellen sachlichen Erfordernissen?
- Über welche Mitarbeiterpotenziale verfügt das Unternehmen im Einzelnen und wie sind sie bisher genutzt?

- Inwieweit sind kurzfristig personelle Engpässe zu erwarten?
- Wie stellt sich die Gehaltsstruktur im Unternehmen dar?
- Welche sozialen Strukturen, insbesondere Führungsstrukturen, sind erkennbar?

quantitative und qualitative Gesichtspunkte

Die Fragestellungen zeigen, dass neben **quantitativen** Gesichtspunkten (z. B. Mitarbeiterzahlenverhältnisse) insbesondere die **qualitativen** Aspekte (z. B. die Qualifikationsstruktur) bedeutsam sind. Die Beantwortung dieser Fragen führt bei kurzfristiger Betrachtung zum erforderlichen Handlungsbedarf und zeigt außerdem unter mittel- bis langfristiger Perspektive den möglichen Gestaltungsspielraum auf.

Als neuer Personalleiter des Zweigwerkes Bielefeld müssen Sie möglichst schnell in Erfahrung bringen, ob bestimmte Positionen eventuell nicht bzw. unzureichend besetzt sind, um unverzüglich geeignete Personalbeschaffungsmaßnahmen einleiten zu können. Neben der Behebung akuter personeller Engpässe werden Sie sich aber auch für die Qualifikationen der vorhandenen Mitarbeiter interessieren, um rechtzeitig Fördermaßnahmen bzw. Umbesetzungen planen zu können. Dabei werden Sie gleichzeitig den von der Konzernleitung geforderten Personalabbau ins Kalkül ziehen und u. a. prüfen, ob bestimmte Mitarbeiter künftig in anderen Unternehmensbereichen einsetzbar sind und welche zusätzlichen Maßnahmen (z. B. spezielle Schulungen) dafür gegebenenfalls einzuleiten sind.

Instrumente

Mit welchen Instrumenten können geeignete Informationen über die quantitative und qualitative Personalstruktur gewonnen werden? Dazu bieten sich zunächst **Stellenplan** und **Stellenbeschreibungen** als Basis für einen Überblick über das Aufgabenfeld und seine personelle Besetzung an. Verschiedenste Arten von Personalstatistiken geben eine **Darstellung der Personalsituation** in quantitativer Hinsicht. Mitarbeiterqualifikationen sowie eventuelle Potenziale spiegeln sich in unterschiedlichen **Darstellungen zur qualitativen Personalsituation** wider. Hierbei können Personalinformationssysteme wertvolle Hilfen bieten. Die Zusammenhänge ergeben sich aus der nachfolgenden Struktur.

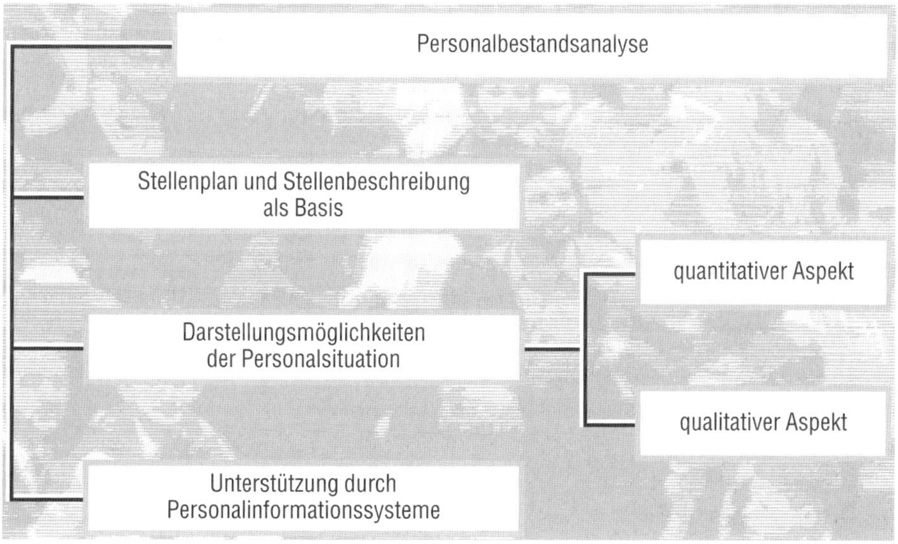

Abb. 2-1

2.2 Stellenplan und Stellenbeschreibung als Grundlage der Personalbestandsanalyse

Organisationsplan

Der erste Anhaltspunkt für die Analyse der Aufgabenverteilung in einem Unternehmen ergibt sich aus dem Organisationsplan, auch **Organigramm** genannt. Dieser Plan zeigt nur die **grobe Struktur** der Organisation auf.

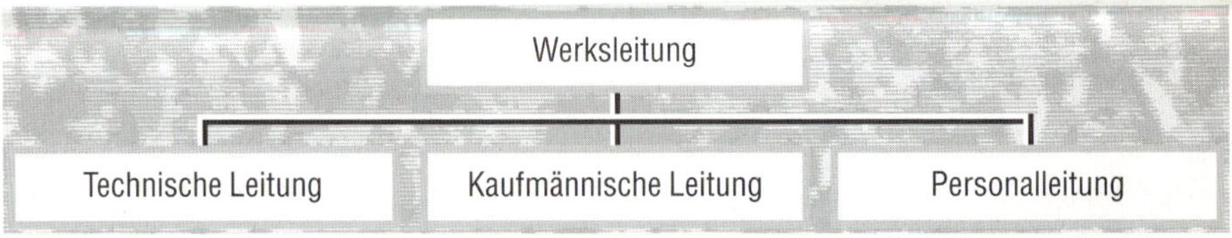

Abb. 2-2

Stellenplan/ Stelle

Das heißt, im Wesentlichen wird nur der Zusammenhang größerer organisatorischer Einheiten verdeutlicht. Dabei kommt es in erster Linie darauf an, die betrieblichen Funktionen in ihrer hierarchischen Gliederung transparent zu machen. Der **Stellenplan** beinhaltet **alle** Stellen der gesamten Organisationseinheit, wobei unter **Stelle** die Zusammenfassung verschiedener Teilaufgaben zu einem von einer Person zu erledigenden Arbeitsbereich verstanden wird. Enthält der Plan über die Kenntlichmachung aller Stellen nach Anzahl und Bezeichnung auch noch Angaben darüber, ob und von welchen Personen die Stellen besetzt sind, spricht man vom **Stellenbesetzungsplan.** Ein genaueres Bild von den klar voneinander abgegrenzten Aufgabenbereichen erhält man aber erst durch Analyse der einzelnen **Stellenbeschreibungen**, die die Kernaufgaben, Kompetenzen und Verantwortlichkeiten der jeweiligen Stelle umschreiben.

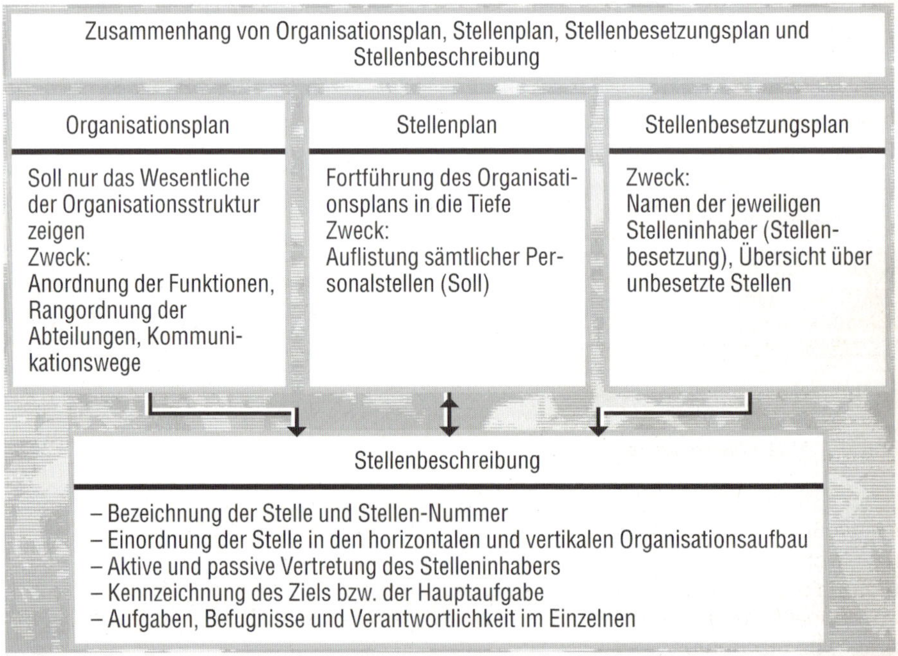

Abb. 2-3: Der Zusammenhang von Organisationsplan, Stellenplan, Stellenbesetzungsplan und Stellenbeschreibung. (Quelle: RKW-Rationalisierungs-Kuratorium der Deutschen Wirtschaft (Hrsg.): RKW-Handbuch Personalplanung, Neuwied, 1990, S. 361)

2.2.1 Aufbau und Funktionen des Stellenplanes

Darstellungsformen

Stellenpläne können in unterschiedlicher Form dargestellt werden. Bei kleineren Organisationseinheiten bietet die grafische Darstellung der Über- und Unterordnungsverhältnisse, wie in der nachfolgenden Abbildung 2-4 gezeigt, die gewünschte Übersicht.

Abb. 2-4: Stellenplan einer Personalabteilung

Bei größeren Organisationseinheiten ist die tabellarische Form zweckmäßiger. Sie bietet gleichzeitig noch den Vorteil, zusätzliche Informationen aufzunehmen. Folgende Möglichkeiten sind beispielsweise denkbar: Zusammenfassung des Aufgabengebietes, Gehaltsgruppe, Ausbildungsanforderungen, besondere Kenntnisse und Fertigkeiten, Berufserfahrung.

Inhalte des Stellenbesetzungsplans

Zusätzliche Informationen über die Stellensituation erhält die Personalleitung mithilfe des **Stellenbesetzungsplans**. Neben der Namensangabe des jeweiligen Stelleninhabers kann dieser Plan noch folgende Zusatzangaben enthalten:

- Geburtsjahr des Stelleninhabers
- Eintrittsjahr in den Betrieb
- Zeitpunkt der Stellenbesetzung
- Tarifgruppe bzw. Gehalt des Stelleninhabers
- Vollmachten

Neben der für die Personalplanung wichtigen Angabe, ob eine bestimmte Stelle überhaupt besetzt ist, liefert der Stellenbesetzungsplan mit den Geburtsdaten z. B. wichtige Anhaltspunkte für die **Personalentwicklungsplanung**. Ebenso lässt sich das **Gehaltsgefüge** im betrachteten Unternehmensbereich schnell überschauen. Bei Abweichungen zwischen dem für die Stelle maximal vorgesehenen Gehalt laut Stellenplan und dem tatsächlich gezahlten Entgelt laut Stellenbesetzungsplan sind die zur Verfügung stehenden Spielräume für die künftige Entgeltpolitik zu erkennen.

Informationen zur speziellen Potenzialeinschätzung der Stelleninhaber sowie zu alternativen Einsatzmöglichkeiten werden in der Regel nicht im Stellenbesetzungsplan, sondern in **Laufbahnplänen** festgehalten. Diese gelten als wichtige Instrumente einer langfristigen Personalentwicklungspolitik.

2.2.2 Die Stellenbeschreibung

◆ Aufbau und Inhalt

Elemente der Stellenbeschreibung

Für genauere Informationen über eine einzelne Stelle benötigt man die Stellenbeschreibung. Mit diesem Instrument erhält der Leser einen sofortigen Einblick in die Aufgaben, Kompetenzen und Anforderungen, die mit einem Arbeitsplatz verbunden sind. Zu beachten ist, dass sich Stellenbeschreibungen nicht auf Mitarbeiter, sondern ausschließlich auf Arbeitsplätze beziehen. Als wesentliche Elemente sollte eine Stellenbeschreibung Informationen zum **Instanzenbild, Aufgabenbild** sowie zum **Leistungsbild** enthalten.

Im **Instanzenbild** wird dargestellt, wie die Stelle in die Unternehmenshierarchie eingeordnet ist. Dazu gehören neben der Stellenbezeichnung vor allem Angaben über Über- und Unterstellungsverhältnisse, Regelung der aktiven und passiven Stellvertretung, Zusammenarbeit mit anderen Stellen sowie besondere Vollmachten des Stelleninhabers.

Im **Aufgabenbild** als Kern einer Stellenbeschreibung sollten Funktion und Zweck der Stelle (manchmal auch Ziel der Stelle genannt) kurz und knapp umrissen sein, ergänzt durch die wesentlichen Hauptaufgaben, die mit dem Arbeitsplatz verbunden sind.

Das **Leistungsbild** als dritter Bereich einer Stellenbeschreibung bezieht sich auf die Anforderungen, die an den Stelleninhaber zu stellen sind. Damit sind in erster Linie erforderliche Ausbildungen, Berufserfahrung sowie spezielle Kenntnisse gemeint. Darüber hinaus können Ergänzungen zu Persönlichkeitsanforderungen (z. B. Führungsfähigkeit) und Leistungsstandards im Leistungsbild verankert werden.

Die nachfolgende Abbildung 2-5 zeigt den Aufbau einer Stellenbeschreibung im Überblick.

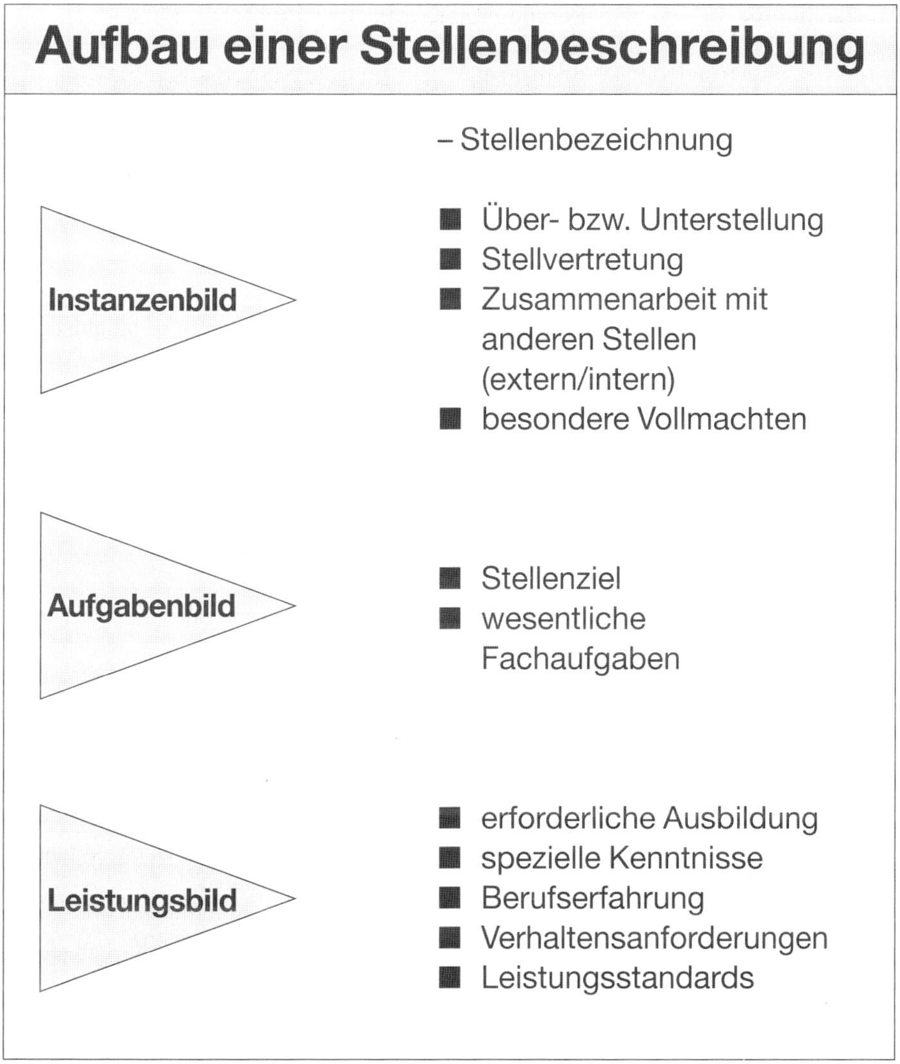

Abb. 2-5: Aufbau einer Stellenbeschreibung

Wer erstellt die Stellenbeschreibung?		
Wer?	Vorteil	Nachteil
Stelleninhaber	• Er kennt die Stelle am besten. • Er weiß, was er tut.	• Gefahr von subjektiver Über- oder Unterbewertung bestimmter Tätigkeiten
Vorgesetzter	• Er weiß, was diese Stelle im Rahmen der Ziele seines Bereiches leisten soll.	• Gefahr subjektiver Über- oder Unterbewertung • Nicht tatsächlicher (Ist-)Zustand, sondern gewünschter (Ideal-)Zustand wird beschrieben. • Arbeitsbelastung
Organisationsabteilung	• Sie kennt die übergreifenden Zusammenhänge innerhalb der Gesamtorganisation. • Sie geht von einheitlichen Maßstäben aus.	• Detailkenntnisse fehlen. • Organisationsabteilung überprüft die von ihr selbst geschaffene Organisation.
Personalabteilung	• Falls auch eine Stellenbewertung durchgeführt wird, liegen Stellenbeschreibung und Arbeitsbewertung, die sowieso von der Personalabteilung gemacht wird, in einer Hand.	• Detailkenntnisse fehlen. • Beim Stelleninhaber könnte der Eindruck entstehen, Ergebnisse der Stellenbeschreibung fließen direkt in die Lohn- und Gehaltsstruktur ein.
Externer Berater	• Erfahrung beim Erstellen • „Autorität" • Unvoreingenommenheit	• Kennt betriebsspezifische Verhältnisse nicht. • Muss auf interne Hilfen zurückgreifen.
Eine Projektgruppe mit Vertretern • der Organisationsabt. • der Personalabt. • der Abteilung, für die Stellenbeschreibungen eingeführt werden • des Betriebsrats	• Vertreten sind – Betroffene, – fachlich Kompetente, die damit arbeiten müssen. • Betriebsrat kann Erfahrungen beisteuern und somit Belegschaftsinteressen direkt vertreten.	• Möglicherweise zu viele Mitglieder • Mitglieder der Projektgruppe kümmern sich wegen anderer Aufgaben nicht genügend um die Erstellung der Stellenbeschreibung.

Abb. 2-8: Wer erstellt die Stellenbeschreibung? (Quelle: RKW-Rationalisierungs-Kuratorium der Deutschen Wirtschaft (Hrsg.): RKW-Handbuch Personalplanung, Neuwied, 1990, S. 366).

Als Personalleiter des Bielefelder Werkes werden Sie sich nach der ersten Durchsicht der verfügbaren Stellenbeschreibungen Notizen aufgrund erkannter Aufgabenüberschneidungen machen und diese für die in Kürze zu führenden Gespräche mit den Leitern der Fachabteilungen, mit den betroffenen Stelleninhabern, mit Vertretern des Betriebsrates sowie mit der Werksleitung nutzen. Unter Umständen werden Sie auch auf eine externe Beratung zurückgreifen, vor allem wenn Sie mit Personalabbau rechnen müssen.

2.3 Quantitative und qualitative Darstellung der Personalsituation

Zugriff durch Statistiken

Zur Unterstützung betrieblicher Entscheidungsfindungen ist grundsätzlich ein schneller Zugriff auf relevante Daten erforderlich. Dieses gilt selbstverständlich auch für personalwirtschaftliche Entscheidungen, wenn auch hier der „Faktor Mensch" eine besondere Rolle spielt, da sich Menschen aufgrund ihrer Individualität nicht vollständig in Daten pressen lassen. Mit Daten sind hier in erster Linie zahlenmäßige Erfassungen gemeint (**quantitativer** Aspekt). Der Zugriff erfolgt über verschiedene Formen der Statistik. Dazu zählen insbesondere **Personalbestandsstatistiken, -bewegungsstatistiken, -zeitstatistiken** sowie **-kostenstatistiken.** Neben der zahlenmäßigen Aufbereitung der Personalsituation geht es in der Personalbestandsanalyse auch um die Gewinnung von Informationsmaterial über Fähigkeiten und Potenziale der Mitarbeiter (**qualitativer** Aspekt). Naturgemäß ist eine entsprechende datengemäße Aufbereitung schwierig und auch erst in Ansätzen vorhanden. Dazu zählen neben den in der Praxis bereits gebräuchlichen **Karriereplänen** und **Personalentwicklungsplänen** auch **Profilabgleiche** zwischen den jeweiligen Anforderungs- und Fähigkeitsprofilen sowie **Mitarbeiter-Portfolios,** mit denen die Mitarbeiter entsprechend ihren Leistungen und noch ungenutzten Entwicklungspotenzialen in einer Übersicht zur schnellen Identifizierung positioniert werden. Die nachfolgende Abbildung 2-9 zeigt die verschiedenen Darstellungsarten noch einmal in der Struktur.

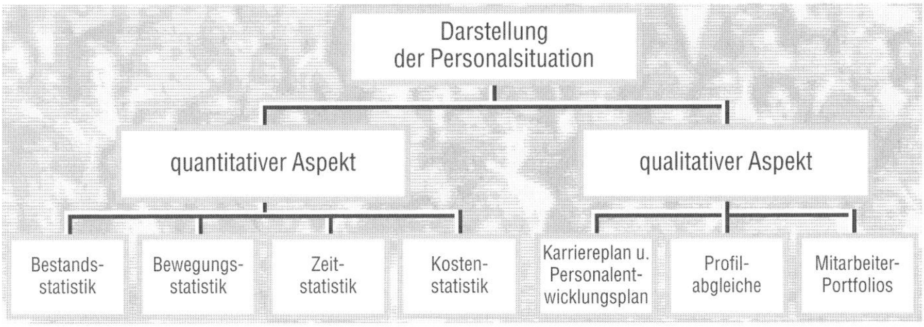

Abb. 2-9: Darstellungsmöglichkeiten der Personalsituation

2.3.1 Darstellung der quantitativen Personalsituation

Darstellungsformen

Um zu aussagefähigen Analysen zur quantitativen Personalbestandssituation zu gelangen, sind entsprechende statistische Daten zu gewinnen und aufzubereiten. Verschiedene Arten von Darstellungsformen finden dabei Verwendung. Dazu gehören **Tabellen, Grafiken** sowie **Kennzahlen.** Diese verschiedenen Formen sollen bei den nachfolgenden Abbildungen Berücksichtigung finden.

◆ **Personalbestandsstatistik**

Personalbestand

Mit der Personalbestandsstatistik erhält man einen Überblick über den gesamten Personalbestand einschließlich seiner Veränderung im Zeitablauf. Aus der nachfolgenden Abbildung 2-10 ist in grafischer Darstellung (als Säulendiagramm) die durchschnittliche Stammbelegschaftsentwicklung, unterschieden nach gewerblichen Arbeitnehmern und Angestellten, über einen Zeitraum von fünf Jahren ersichtlich.

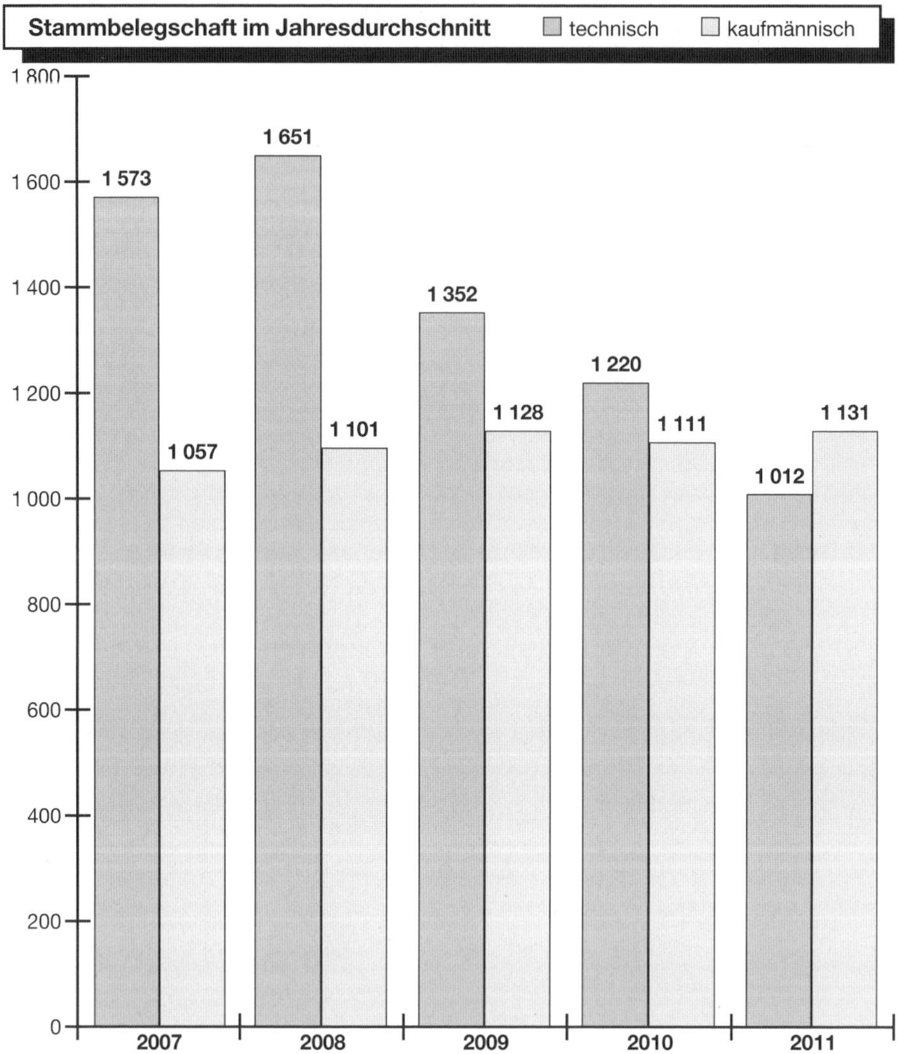

Abb. 2-10: Darstellung der Stammbelegschaft im Jahresdurchschnitt

Personalstruktur

Gleichermaßen interessiert natürlich auch, wie sich die **Struktur des Personalbestandes** zusammensetzt. Dazu gehören beispielsweise Statistiken, die Aussagen erlauben über

Art des Vertragsverhältnisses	z. B. Anzahl der befristeten Arbeitsverhältnisse, Quote der Teilzeitarbeitsverhältnisse
Zusammensetzung nach persönlichen Merkmalen	z. B. Altersstruktur, Nationalitätenquote
Zusammensetzung nach betrieblichen Merkmalen	z. B. Betriebszugehörigkeitsquote, Verteilung auf die Funktionsbereiche, Pensionierungsquote

Die nachfolgende Abbildung 2-11 zeigt die grafische Darstellung der Altersstruktur eines Werkes in Prozentwerten, und zwar getrennt nach männlichen und weiblichen Mitarbeitern.

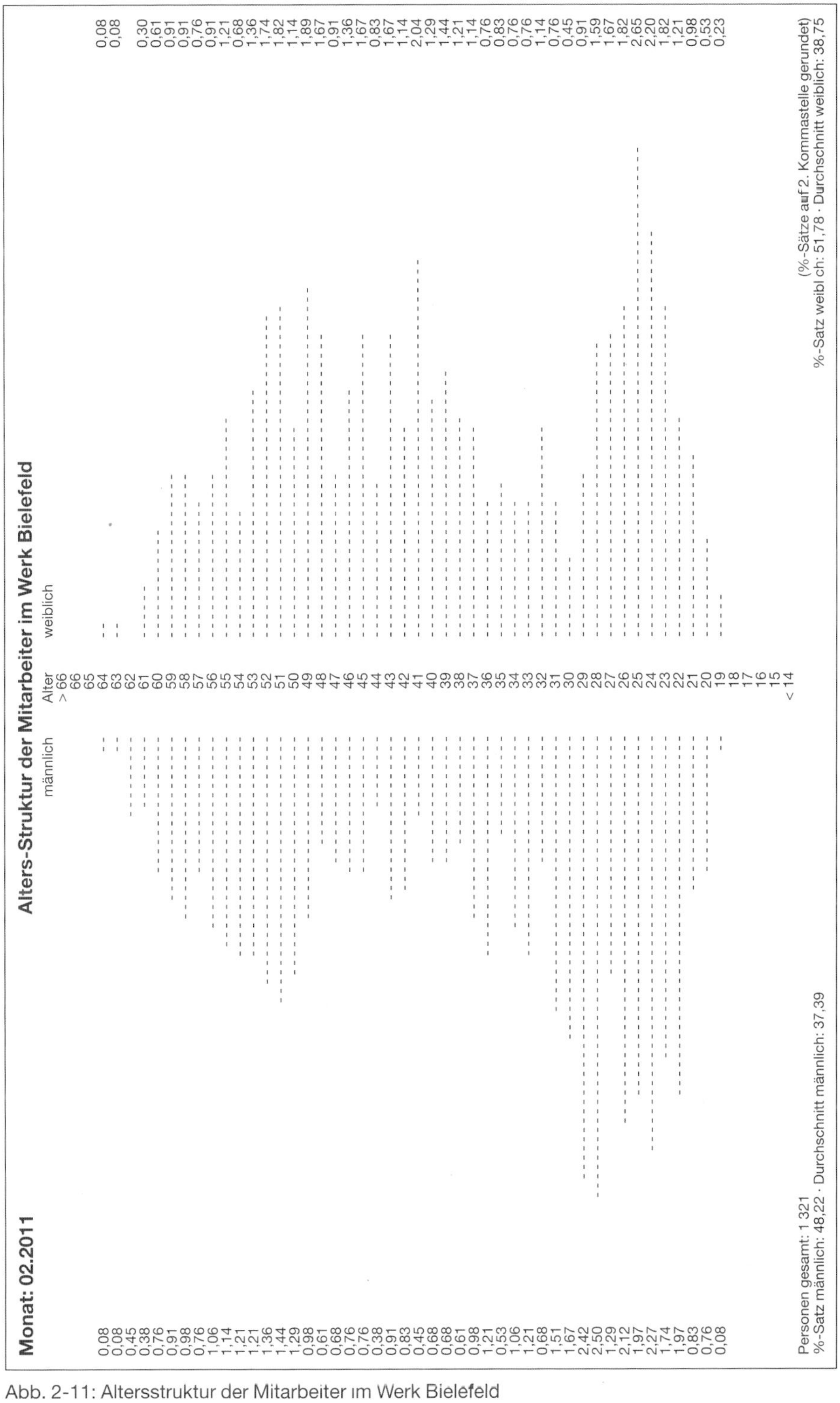

Abb. 2-11: Altersstruktur der Mitarbeiter im Werk Bielefeld

Als Personalleiter des Bielefelder Werkes stellen Sie anhand der Personalbestandsstatistiken fest, dass die Stammbelegschaft 88% des gesamten Personalbestandes ausmacht. Der Rest bezieht sich zu 8% auf Aushilfsarbeitsverhältnisse sowie 4% auf Leiharbeitsverhältnisse. Diese Struktur schafft Ihnen die Möglichkeit, einen Teil des für das kommende Jahr geforderten Personalabbaus durch Abbau der Leiharbeits- und Aushilfsquote zu erfüllen. Demnach müssen Sie darauf achten, dass nach Auslaufen der Befristungen keine erneuten befristeten Arbeitsverhältnisse eingegangen werden.

◆ Personalbewegungsstatistik

Fluktuation

Die Personalbewegungsstatistik soll die **außerbetrieblichen** sowie **innerbetrieblichen** Personalbewegungen aufzeigen.

Die **außerbetrieblichen** Personalbewegungen werden mithilfe der **Fluktuationsrate** dargestellt. Zur Berechnung werden unterschiedliche Formeln benutzt. Als gebräuchlichste hat sich in der Praxis folgende von der Bundesvereinigung der Arbeitgeberverbände empfohlene BDA-Formel durchgesetzt.

$$\text{Fluktuation} = \frac{\text{Zahl der Abgänge x 100}}{\text{durchschnittlicher Personalbestand}}$$

Versetzung

Analog zu dieser Formel können die **innerbetrieblichen** Personalbewegungen mit Hilfe der **Versetzungsrate** erfasst werden.

$$\text{Versetzungsrate der Abteilung A} = \frac{\text{Zahl der Abgänge x 100}}{\text{durchschnittlicher Personalbestand der Abteilung A}}$$

Neben der üblichen Kennzahldarstellung lassen sich Personalbewegungen auch tabellarisch erfassen. Als Beispiel dazu dient das Tabellenformular der Abbildung 2-12, bei dem der Stellenbesetzungsplan mit der Erfassung von Personalbewegungen kombiniert wird.

Elektrotechnik Großhandel Meier

Geschäftsstelle: München — Monat: Juni

Personalveränderungsmeldung

lfd. Nr.	Abteilung / Kostenstelle	Name	Pers.-Nr.	Datum: Eintritt	Datum: Austritt	Datum: Versetzung	bei Versetzung: Neue Abt./Kostenstelle	Bemerkung
19	3010	Mayer	4798		30.9.			Eigenkündigung
20	2016	Schmidt	2489			1.8.	4016	
21	1023	Krause	7014		31.12.			Aufhebungsvertrag
22	1023	Müllershagen	*	1.11.				
23	3005	Kellermann	3075			15.9.	2016	

* Die Personalnummer für neu eingestellte Mitarbeiter wird erst kurz vor dem Eintritt vergeben.

Abb. 2-12: Personalveränderungsmeldung

Die Bewegungsstatistiken können zusätzlich Hinweise auf besondere Situationen in einzelnen Abteilungen geben, z. B. auf eine hohe Fluktuation. Dabei interessiert neben der Art der Beendigung des Arbeitsverhältnisses in erster Linie die Aufdeckung der Fluktuationsgründe. Diese Informationen können auch aus Abgangsinterviews abgeleitet werden.

Anhand einer differenzierten fertigungsbereichsbezogenen Fluktuationsstatistik stellen Sie als Personalleiter des Bielefelder Werkes fest, dass die Fluktuationsquote der vergangenen 12 Monate für den Bereich der Gehäusefertigung 16,3% beträgt, während die Quoten der anderen Fertigungsbereiche zwischen 7,6% und 8,4% liegen. Es ist daher unverzüglich Ursachenforschung bezüglich der auffälligen Differenz einzuleiten. Zu diesem Zweck werden Sie als erstes die noch nicht bearbeiteten Abgangsinterviews der vergangenen zwei Monate auswerten, um daraus erste Anhaltspunkte ableiten zu können.

◆ Personalzeitstatistik

Ist-Arbeitszeit Soll-Arbeitszeit

Die Personalzeitstatistik soll im Wesentlichen Informationen über die effektiv gearbeitete Zeit (= Ist-Arbeitszeit) liefern. Diese **Ist-Arbeitszeit** weicht aus verschiedenen Gründen von der **Soll-Arbeitszeit** (= vertraglich vereinbarte Arbeitszeit) ab. Neben Urlaub und gesetzlichen Feiertagen, beide Sachverhalte bereits in der Sollarbeitszeit berücksichtigt, sind in diesem Zusammenhang besonders zu nennen:

- Krankheit/Unfälle
- Freistellungen (z. B. wegen Heirat)
- Fortbildungsmaßnahmen
- unentschuldigtes Fehlen

Demnach ist vereinfachend von folgender Grundformel zur Ermittlung der Ist-Arbeitszeit auszugehen:

Soll-Arbeitszeit
+ Mehrarbeitszeiten
·/. Ausfallzeiten
Ist-Arbeitszeit

Fehlzeiten-statistik

Von besonderem Interesse sind die **Fehlzeitenquoten,** insbesondere die nach verschiedenen Ursachen differenzierten Teilquoten. Beispielsweise könnten die **Krankheitsausfallquoten** verschiedener Abteilungen verglichen werden. Bei der Berechnung ist von folgender Formel auszugehen:

$$\text{Krankheitsausfallquote der Abteilung Z} = \frac{\text{Krankheitsausfall (Stunden)} \times 100}{\text{Soll-Arbeitszeit (Stunden)}}$$

Da Fehlzeiten einen bedeutenden Kostenfaktor darstellen, wird ihrer Erfassung und Analyse ein besonderes Gewicht beigemessen. Dieser Umstand findet auch seinen entsprechenden Niederschlag im Berichtswesen. Als Beispiel dazu soll der in Abbildung 2-13 dargestellte **Monatsbericht zur Personalsituation** dienen.

		Personalbestand Monat: August					
Funktionen	Spalte 1	Spalte 2	Spalte 3	Spalte 4	Spalte 5	Spalte 6	Spalte 7
	Stand	IST	Plan	Abweichung	Veränderungen	Plan	Abw. Plan
	Geschäfts-		laufender Monat	Plan +/–	bis Quartalsende	Geschäftsjahres-	Geschäftsjahres-
	jahres-Anfang					Ende	Ende
				(Spalte 2-3)			(Spalte (2+5) – 6)
Techniker	134	138	140	– 2	5	150	– 7
Technik, indirekter Bereich	23	22	20	2	– 2	20	0
Technik gesamt							
Vertriebsmitarbeiter							
Vertrieb, indirekter Bereich							
Vertrieb gesamt							
Kundenadministration							
Personal							
Management							
Verwaltung gesamt							
Gesamt alle Bereiche							
Anzahl Befristungen							

Erläuterungen: In den Spalten 3 und 6 sind die Planvorgaben für den laufenden Monat und das Geschäftsjahr dargestellt.
In Spalte 3 wird die Abweichung zur Planvorgabe des laufenden Monats dokumentiert, hier hätten also bereits zwei Techniker mehr und ein Mitarbeiter des indirekten Bereichs weniger in diesem Bereich eingestellt werden sollen.
Spalte 5 weist die bereits bekannten Personalveränderungen aus, sodass hier bereits fünf weitere Techniker Einstellungsverträge unterschrieben haben, die bis zum Ende des Quartals wirksam werden.
Spalte 7 zeigt daher, wie viele Mitarbeiter noch bis zum Ende des Geschäftsjahres entweder eingestellt werden sollen oder von wie vielen Mitarbeitern wir uns trennen müssen.

Abb. 2-13: Personalbestandsrechnung

Die Datenerfassung zur Entwicklung der Fehlzeitenstatistik geschieht in der Regel durch **Zeiterfassungssysteme** oder **Personaltagesmeldungen**.

Bei der Durchsicht der letzten drei Monatsberichte zur Personalsituation fällt Ihnen als Personalleiter des Bielefelder Werkes auf, dass im Fertigungsbereich „Isoliermaterial" die Mehrarbeitsquote bei normaler Fehlzeitenrate doppelt so hoch ist wie der Durchschnitt der restlichen Produktionsbereiche. Hier ist von Ihnen zu prüfen, ob in diesem Fertigungsbereich unter längerfristigen Gesichtspunkten mit zusätzlichem Personalbedarf zu rechnen ist. Gleichzeitig haben Sie dabei im Auge zu behalten, dass für das Gesamtwerk der Personalbestand insgesamt abzubauen ist. Insofern sollten Sie daran denken, unter Umständen rechtzeitig Versetzungsmaßnahmen aus überbesetzten Fertigungsbereichen einzuleiten.

◆ Personalkostenstatistik

Lohn und Gehalt

Im Zusammenhang mit Personalkosten ist zunächst eine begriffliche Klärung des Personalkostenbegriffs erforderlich. Ausgangspunkt der Personalkostenrechnung ist das **Entgelt für geleistete Arbeit,** welches zu unterscheiden ist von den in den Lohn- und Gehaltsabrechnungen ausgewiesenen Bruttolöhnen bzw. -gehältern. Dieses Entgelt für geleistete Arbeit enthält nämlich nicht die Lohn- und Gehaltsbestandteile für Ausfallzeiten, wie zum Beispiel Urlaub und Krankheit, und auch nicht die Sonderzahlungen, wie z. B. Weihnachtsgeld, sondern es bezieht sich ausschließlich auf das Entgelt für die tatsächlich erbrachte Arbeit. Hinzugerechnet werden **Personalzusatzkosten,** die sich zusammensetzen aus gesetzlich oder tarifvertraglich verankerten Kosten sowie aus betrieblich zugesicherten Kosten. Letztere werden missverständlicherweise manchmal als „freiwillige" Personalzusatzkosten bezeichnet. Eine solche Kennzeichnung berücksichtigt nicht, dass sich mit diesen Kosten zum größten Teil vertragliche Verpflichtungen verbinden. Die nachfolgende Abbildung 2-14 zeigt, wie sich die verschiedenen Personalkostenbestandteile zusammensetzen.

Personalzusatzkosten

Personalkosten		
	Personalzusatzkosten	
Entgelt für geleistete Arbeit: Bruttogehalt ·/. Entgelt für Ausfallzeiten + Sonderzahlungen für Mehrarbeit Entgelt für geleistete Arbeit	Zusatzkosten aufgrund von Gesetz und/oder Tarifverträgen z. B. • Arbeitgeberbeiträge zur Sozialversicherung • bezahlte Ausfallzeiten (z.B. wegen Krankheit) • Urlaubsgeld	Zusatzkosten aufgrund von betrieblicher Zusicherung z. B. • betriebliche Altersversorgung • Fahrtkostenzuschüsse • Belegschaftsaktien • soziale Fürsorge

Abb. 2-14

Eine Kennzifferanalyse zu den Personalkosten kann sich nun beispielsweise beziehen auf die strukturelle Zusammensetzung der Personalkosten (z. B. Anteil der betrieblich zugesicherten Personalzusatzkosten an den gesamten Personalkosten), auf Kosten je Mitarbeiter oder auf das Verhältnis der Personalkosten zu Leistungsdaten (z. B. das Verhältnis von Personalkosten zu Umsatz oder Produktionsmenge).

Eine besondere Rolle kommt der Personalkostenstatistik im Zusammenhang mit der **Budgetierung** zu. Mit Budgetierung ist eine Jahreskostenplanung gemeint, die sich auf die voraussichtlichen Personalkosten aufgrund der im Planjahr zu erwartenden betrieblichen Aufgaben bezieht. Diese geplanten Kosten werden als Soll-Größen in einem Budget (meist als Teil des gesamten Unternehmens- bzw. Abteilungsbudgets) festgelegt. Die Abbildung 2-15 zeigt den Aufbau eines solchen Personalbudgets.

Jahreskostenplanung

Personalbudget

Abteilung: Abteilungsleiter(in): Planjahr:

	Vorjahr			Planjahr											
				1. Quartal			2. Quartal			3. Quartal			4. Quartal		
	Soll	Ist	Diff.	Soll	Ist	Diff.	Soll	Ist	Diff.	Soll	Ist	Diff.	Soll	Ist	Diff.
Tarifangestellte															
AT-Angestellte															
Arbeiter															
Aushilfen															
Auszubildende															
Gesamt															

AT = außer Tarif
Abb. 2-15: Grundstruktur eines Personalbudgets

In der Hauptsache geht es nun darum, die Entwicklung der tatsächlichen Personalkosten zu kontrollieren. Daher werden jeweils nach bestimmten Zeitabständen (z. B. Quartalen) **Soll-Ist-Vergleiche** angestellt, um somit bei eventuellen Fehlentwicklungen rechtzeitig gegensteuern zu können.

Zweck der Kostenkontrolle

Als Personalleiter des Bielefelder Werkes liegen Ihnen die Kontrollblätter zur Entwicklung der Personalkosten innerhalb der verschiedenen Fertigungsbereiche des vergangenen Quartals vor. Der Bereich „Ventil-Fertigung" weist unter der Rubrik „Arbeiter" eine Differenz von +8,8% als Abweichung zwischen „Ist" und „Soll" aus, während die anderen Rubriken nur geringfügige Abweichungen beinhalten. Sie stellen somit fest, dass in der Ventil-Fertigung die geplanten Personalkosten für den Einsatz von Arbeitern im 3. Quartal um 8,8% überschritten wurden. Grundsätzlich trifft die Kostenverantwortung den jeweiligen Fachvorgesetzten. Sie als Verantwortliche(r) für Koordinationsfragen werden allerdings überprüfen müssen, inwieweit die Kostenüberschreitung auf vermeidbare kostenaufwändige Mehrarbeit zurückzuführen ist und eventuell durch preiswertere Aushilfsarbeit künftig reduziert werden könnte.

2.3.2 Darstellung der qualitativen Personalsituation

Bei der Analyse der qualitativen Personalsituation geht es darum festzustellen, ob das vorhandene Mitarbeiterpotenzial richtig erkannt wird und die Mitarbeiter entsprechend ihren Fähigkeiten richtig eingesetzt sind.

Merkmale von Qualitäten

Als Grundlage dienen dazu die regelmäßig von den jeweiligen Fachvorgesetzten durchzuführenden **Mitarbeiterbeurteilungen**. Diese beziehen sich zunächst einmal auf die in der Vergangenheit erbrachten Leistungen des Mitarbeiters gemäß den vereinbarten Zielen. Darüber hinaus lassen weiterentwickelte Beurteilungssysteme auch Aussagen über Persönlichkeitsmerkmale sowie Potenziale zu. Letztere beziehen sich auf bisher ungenutzte Fähigkeiten und lassen daher Rückschlüsse zu, welche Positionen der jeweilige Mitarbeiter zukünftig ausfüllen könnte. Die so gewonnenen Informationen werden üblicherweise in den Personalakten festgehalten bzw. in **Personalinformationssystemen (PIS)** gespeichert. Im Zuge der gestiegenen Bedeutung strategisch orientierter Personalarbeit ist allerdings das Bedürfnis nach **transparenten Übersichtsdarstellungen** hinsichtlich der Nutzung vorhandener Mitarbeiterpotenziale gestiegen. Als Darstellungsinstrumente kommen **Karrierepläne und Personalentwicklungspläne** zur Dokumentation der Aufstiegsplanung sowie **Profilabgleiche** als Vergleichsübersichten zwischen Arbeitsplatzanforderungen und Mitarbeiterfähigkeiten in Betracht. Daneben wird auch das im strategischen Marketing entwickelte **Portfolio** als Darstellungsinstrument eingesetzt. Ein solches Mitarbeiter-Portfolio zeigt in einer übersichtlichen Matrix eine Klassifizierung der Mitarbeiter nach ihren gegenwärtigen Leistungen sowie ihrem Entwicklungspotenzial in vier verschiedenen Gruppen auf. Abbildung 2-16 zeigt die Instrumente zur Darstellung der qualitativen Personalbestandssituation im Überblick.

Darstellungsinstrumente

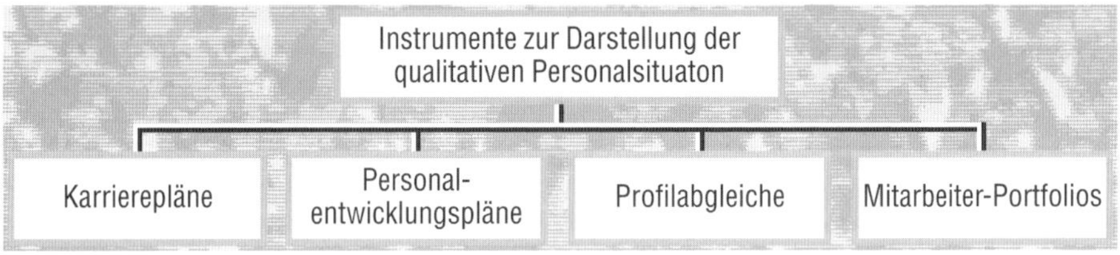

Abb. 2-16

◆ Karrierepläne und Personalentwicklungspläne

Karrierepläne

Personalentwicklungspläne

Karrierepläne geben an, welche Funktionen wie lange ausgeübt sein müssen, bevor man eine andere Hierarchiestufe (Führungskraft oder Spezialist) erreichen kann und welche qualifizierenden Maßnahmen dazu jeweils erforderlich sind. In **Personalentwicklungsplänen** wird angegeben, welche Stellen und Positionen künftig ein Mitarbeiter besetzen kann einschließlich der dazu noch erforderlichen Qualifizierungsmaßnahmen. Der Karriereplan ist demnach ein Instrument, das dazu beiträgt, den an Aufstieg interessierten Mitarbeitern zu verdeutlichen, welche Tätigkeiten (Stellen, Funktionen) absolviert sein müssen, um für eine bestimmte Stelle/Position in Betracht zu kommen. Er ist also **an Tätigkeitsmerkmalen orientiert.** Man kann es auch so formulieren: Im Karriereplan werden die Anforderungen festgelegt, die das Unternehmen an den Inhaber einer bestimmten Stelle/Position hat. Der Personalentwicklungsplan hat dagegen die Aufgaben, die bereits genutzten Potenziale besonders fähiger Mitarbeiter zu ermitteln, die Potenziale mit den Erfordernissen der zu besetzenden Stelle/Position zu vergleichen und die Mitarbeiter dorthin zu führen. Die Kernfrage ist demnach: Wer kommt für eine Stelle/Position in Betracht? Der Personalentwicklungsplan ist demgemäß **personenorientiert**. Abbildung 2-17 zeigt ein denkbares Muster zur Darstellung eines Karriereplanes.

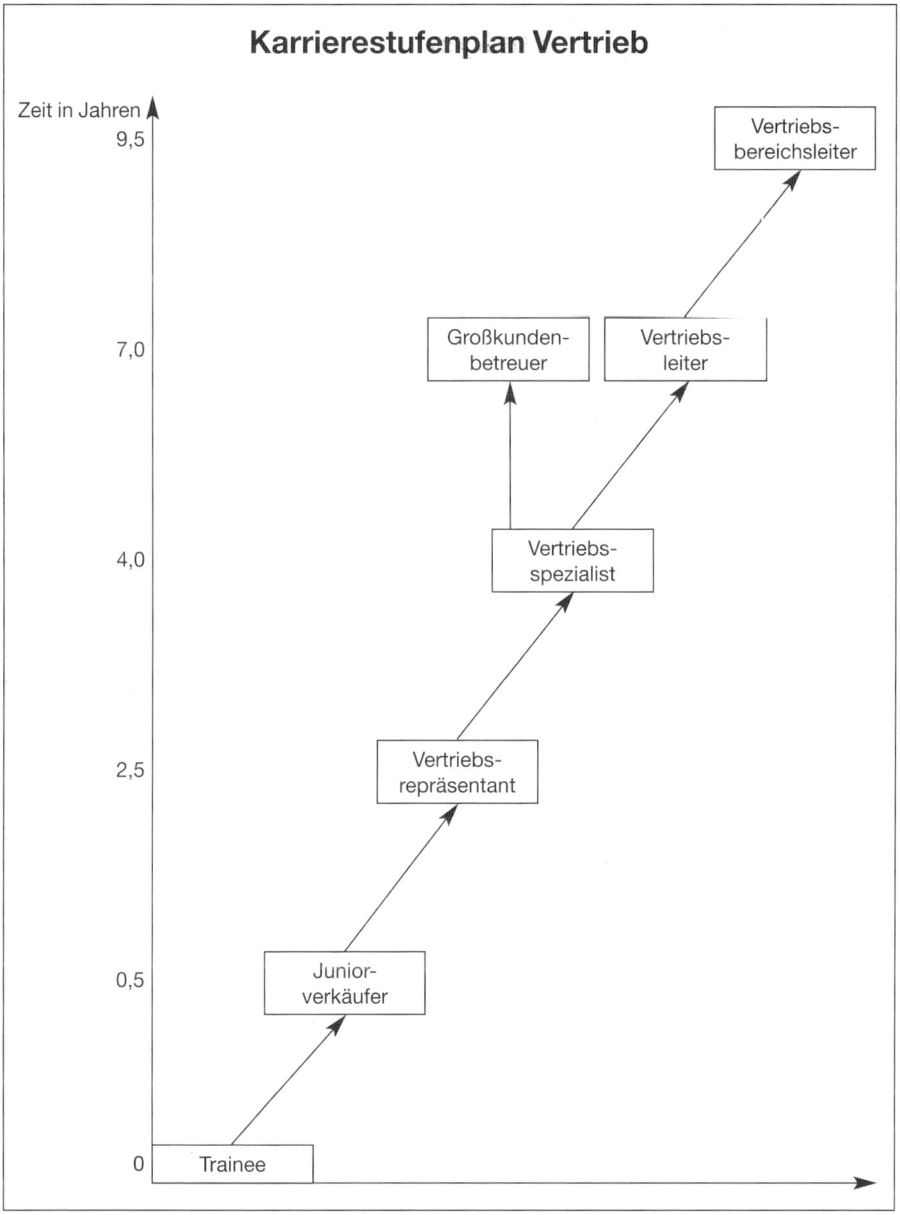

Abb. 2-17: Karriereplan mit Darstellung der Hierarchiestufen einschließlich des Zeitrahmens

---

Die Nachfolgeplanung für die Führungspositionen im Werk Bielefeld weist aus, dass der technische Leiter im nächsten Jahr die Pensionsgrenze erreichen wird und bisher kein geeigneter Nachfolger identifiziert werden konnte. Sie werden daher Kontakt mit der zentralen Personalabteilung aufnehmen, um die kommende Vakanz für eventuelle Besetzungen aus anderen Unternehmensteilen bekanntzugeben.

◆ Profilabgleiche

Vergleich zwischen Anforderungsprofil und Fähigkeitsprofil

Von großem Interesse ist neben der Zukunftsplanung die Frage, ob die Mitarbeiter mit ihren jetzigen Fähigkeiten zur Zeit adäquat eingesetzt, d.h. weder über- noch unterfordert sind. Zu diesem Zweck ist es erforderlich, einen Vergleich zwischen den Anforderungen der Stellen (= **Anforderungsprofil**) und den gezeigten Fähigkeiten (= **Fähigkeitsprofil**) zu ziehen. Dazu sind zunächst Kriterien aufzustellen, anhand derer eine aussagefähige Analyse vorgenommen werden kann. Als Grundlage für die Kriterienaufstellung gilt allgemein das zur Arbeitsbewertung entwickelte **Genfer Schema** mit den Merkmalen „Können", „Verantwortung", „Belastung" sowie „Arbeitsbedingungen". Dieses Grobraster hat dann später durch den REFA[1]-Verband in Form des **REFA-Schemas** eine weitere Konkretisierung erfahren, wie der Abbildung 2-18 zu entnehmen ist.

Kategorien für Anforderungsprofile

Genfer Schema	REFA-Schema	Definitionen
Können	1. Kenntnisse	Kenntnisse aufgrund von Ausbildung und Berufserfahrung; Denkfähigkeit
	2. Geschicklichkeit	Handfertigkeit, Körpergewandtheit, Beherrschung der arbeitsmethodisch erforderlichen Körperbewegungen
Verantwortung	3. Verantwortung	Verantwortung für: – die eigene Arbeit – die Arbeit anderer – die Sicherheit anderer
Belastung	4. Geistige Belastung	Beanspruchung der Sinne durch: – Nachdenken – Konzentration – Aufmerksamkeit
	5. Muskelmäßige Belastung	körperliche Belastung durch: – Bewegung von Gegenständen – Halten von Gegenständen – Körperstellung bei der Arbeit
Arbeitsbedingungen	6. Umgebungseinflüsse	**zusätzliche** körperliche Belastung durch: – Klima (Hitze, Kälte) – Nässe, Schmutz, Öl, Staub – Blendung, Lichtmangel – Lärm, Erschütterungen u.a.

Abb. 2-18: Kategorien für Anforderungsprofile

Die in Abbildung 2-18 aufgeführten Kriteriengruppen werden in der Praxis je nach Arbeitsstelle noch durch eine Vielzahl weiterer Anforderungskriterien ergänzt. Je nach spezifischer Art des Arbeitsplatzes ergibt sich der entsprechende Anforderungskatalog für diese Arbeitsstelle aus einer Zusammenstellung von relevanten Kriterien aus verschiedenen Kriteriengruppen. Mit dem „Tarifvertrag über das Entgelt-Rahmenabkommen" NRW (ERA) fanden die Verfahren zur Anforderungsermittlung auch ihren Weg in den öffentlichen Dienst. Mit einem Punktbewertungsverfahren werden die Hauptmerkmale der Tätigkeit unterschieden. Für die Einteilung der Tätigkeiten in Entgeltgruppen haben sich die Tarifparteien auf Niveaubeispiele geeinigt.

[1] *Ursprünglich: Reichsausschuss für Arbeitsstudien, gegründet 1924, heute: „REFA-Verband für Arbeitsstudien und Betriebsorganisation e.V.".*

Prozent	Hauptmerkmale		Untermerkmal
60 %	Können	90 %	Arbeits- und Fachkenntnisse
		10 %	Berufserfahrung
20 %	Handlungs- und Entscheidungs-spielraum		
10 %	Kooperation und Mitarbeiterführung		
10 %	Umgebungsein-flüsse		

Abb. 2-19

Ausprägungsgrad der Anforderung

Der Anforderungskatalog gibt zunächst nur eine allgemeine Auflistung von Anforderungen, die für einen bestimmten Arbeitsplatz eine Rolle spielen. Entscheidend ist nun die Festlegung des gewünschten **Ausprägungsgrades** der jeweiligen Anforderungsart, denn es ist unrealistisch und auch nicht wünschenswert, dass der jeweilige Stelleninhaber alle Anforderungen in der maximalen Ausprägung erfüllt.

Beispiel In einem teamorientierten Unternehmen wird von einem Sachbearbeiter im Rechnungswesen zwar ein gewisses Maß an Kontaktvermögen erwartet, allerdings nicht unbedingt in höchster Ausprägungsstufe.

Insofern geht es hauptsächlich darum festzulegen, welche der für einen bestimmten Arbeitsplatz aufgelisteten Anforderungsmerkmale besonders wichtig und welche von etwas geringerer Bedeutung sind. Diese Festlegung des Ausprägungsgrades geschieht zweckmäßigerweise durch eine Skalierung mithilfe von Zahlen. Eine Gewichtung der Kriterien zur Kennzeichnung ihrer Bedeutung untereinander bleibt hier noch unberücksichtigt. Abbildung 2-20 zeigt als Beispiel das Anforderungsprofil für einen Spezialisten zur Entwicklung von Marketingkonzeptionen.

Anforderungsprofil für einen Marketingspezialisten

lfd. Nr.	Profilmerkmal	Ausprägungsgrad						
		1	2	3	4	5	6	7
1	analytische Kompetenz						x	
2	Kreativität							x
3	Lernbereitschaft				x	Anforderungs-		
4	Sorgfalt			x		profilkurve		
5	Zuverlässigkeit				x			
6	Überzeugungskraft						x	
7	Kontaktfähigkeit					x		
8	Teamfähigkeit				x			
9	Durchsetzungsvermögen				x			

Abb. 2-20 1 = wenig ausgeprägt, 7 = sehr ausgeprägt

Nach dem gleichen Verfahren wie bei den Anforderungskriterien der jeweiligen Arbeitsstellen können nun auch die Fähigkeiten der Stelleninhaber eingeschätzt und bewertet werden. Daraus ergibt sich dann das jeweilige **Fähigkeitsprofil**. Das methodische Problem liegt allerdings in der klaren Messbarkeit der Kriterien. Daher sollten Interpretationen generell nur sehr vorsichtig vorgenommen werden. Anforderungs- und Fähigkeitsprofil können nun in einem einzigen Schaubild quasi übereinandergelegt werden. Abbildung 2-21 zeigt eine solche Vorgehensweise beispielhaft.

Profilabgleich für den Marketingspezialisten Herbert Wax

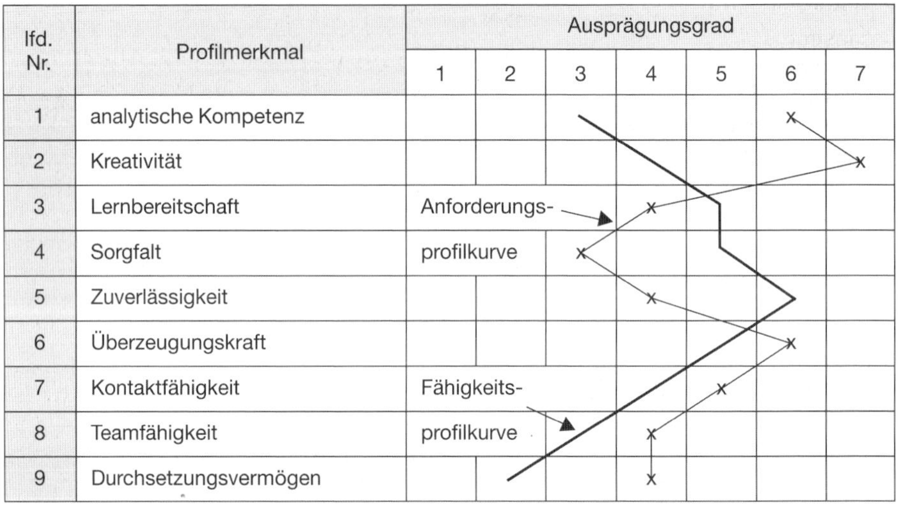

Abb. 2-21 — 1 = wenig ausgeprägt, 7= sehr ausgeprägt

Überqualifizierung/ Unterqualifizierung

Der Profilabgleich lässt Aussagen darüber zu, inwieweit ein Mitarbeiter seinen Fähigkeiten entsprechend angemessen eingesetzt wird. Im Idealfall sind die beiden Kurven deckungsgleich. In der Regel ist allerdings mit Abweichungen zu rechnen. Dabei sind allgemein zwei Fälle zu unterscheiden:

a) **Überdeckung,** d. h. die Fähigkeiten des Stelleninhabers sind zum Teil erheblich höher als die gestellten Anforderungen; man spricht in diesem Zusammenhang auch von **Überqualifizierung**

b) **Unterdeckung,** d. h. die Fähigkeiten des Stelleninhabers sind zum Teil erheblich niedriger als die gestellten Anforderungen; dementsprechend spricht man auch von **Unterqualifizierung**

Wichtig ist in diesem Zusammenhang, vorab die Abweichungstoleranzen festzulegen, damit Klarheit darüber herrscht, was als **erhebliche Abweichung** zu gelten hat.

Konsequenzen

Im Falle der **Unterdeckung** ist zu überlegen, ob Schulungsmaßnahmen die Deckungslücke schließen können oder ob angesichts permanenter Überforderung nicht besser eine Umsetzungsmaßnahme in Erwägung zu ziehen ist. Bei Letzterem sind dann insbesondere die arbeitsrechtlichen Konsequenzen zu beachten, da der jeweilige Arbeitsvertrag geändert werden müsste, was zugleich auch betriebsverfassungsrechtliche Mitbestimmungsrechte auslösen würde. Im Falle der **Überdeckung** sollte überlegt werden, ob dem Mitarbeiter nicht höherwertigere Aufgaben übertragen werden können. Unter Umständen ist auch eine Beförderung in Erwägung zu ziehen.

Bei der Durchsicht der Profildarstellungen fällt Ihnen als Personalleiter des Bielefelder Werkes auf, dass fast alle Meister im Kriterium „Teamfähigkeit" deutliche Unterdeckungen aufweisen. Hier wird deutlich, dass diese Mitarbeiter eine veränderte Meisterrolle noch nicht verinnerlicht haben. Sie werden daher bei der Werksleitung anregen, gezielte Fortbildungsmaßnahmen zur veränderten Meisterrolle durchzuführen.

Mitarbeiterportfolio als strategisches Instrument

◆ Mitarbeiter-Portfolios

Das Instrument des Profilabgleiches ist in erster Linie gedacht für eine qualitative Analyse des **aktuellen Personaleinsatzes** mit Blick auf die **bisher** gezeigten Mitarbeiterfähigkeiten. Wenn zusätzlich noch die Mitarbeiterpotenziale als strategischer Erfolgsfaktor in der Unternehmensplanung Berücksichtigung finden sollen, kann das aus dem Marketing stammende Instrument des **Portfolios** genutzt werden. Dabei geht es darum, die Mitarbeiter eines bestimmten Bereiches, z. B. einer Abteilung, nach Leistung und Potenzial in einer Matrix zu positionieren. Da bei der Skalierung nur zwischen hoch und niedrig unterschieden wird, ergeben sich durch Kombination **vier Matrix-Felder**. Mit der Positionierung in eines der vier Felder werden die Mitarbeiter sowohl hinsichtlich ihres gegenwärtigen Profitbeitrages für das Unternehmen sowie hinsichtlich ihres Entwicklungspotenziales klassifiziert. Daraus können dann vom Management entsprechende Personalentwicklungsstrategien abgeleitet werden. Abbildung 2-22 zeigt die Grundstruktur eines solchen Mitarbeiter-Portfolios.

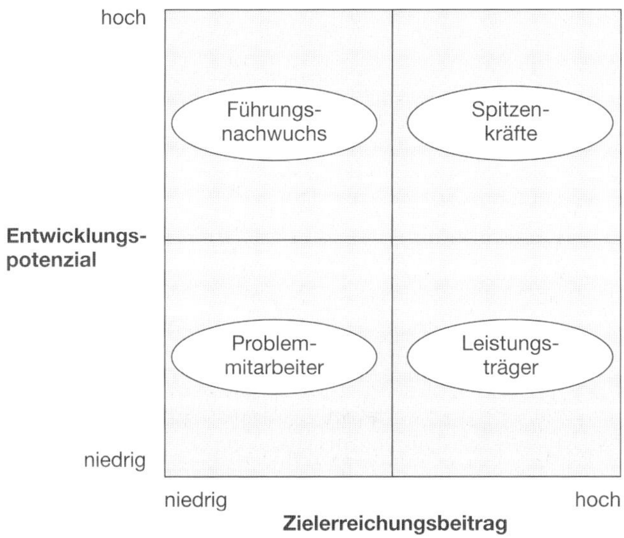

Abb. 2-22

Mit einem Mitarbeiter-Portfolio werden grundsätzlich zwei verschiedene Zielsetzungen angestrebt:

a) Die Mitarbeiterpotenziale sollen quasi als „Renditebringer" langfristig gesichert werden.

b) Die Mittel zur Entwicklung, Nutzung und Erhaltung der Mitarbeiterpotenziale sollen optimal verteilt werden.

Entsprechend der Klassifizierung ergeben sich vier verschiedene Grundtypen mit jeweils unterschiedlichen Entwicklungserfordernissen.

Grundtyp	Kennzeichen	Entwicklungserfordernis
Leistungsträger	hoher Ziel-erreichungsgrad und niedriges Entwick-lungspotenzial	Die Mitarbeiter sind zur Zeit in richtiger Position eingesetzt, da sie mit ihren Potenzialen zur optimalen Zielerfüllung beitragen; die Mittelverwendung zielt vor allem auf **Erhaltung der Leistungspotenziale**.
Spitzenkräfte	hoher Ziel-erreichungsgrad und hohes Entwick-lungspotenzial	Die Mitarbeiter zeichnen sich durch hohen Zielerfüllungsbeitrag aus, haben aber noch ungenutzte Potenziale; daher sind Fördermaßnahmen bzw. **Anreicherung des Aufgabenfeldes** angebracht.
Führungs-nachwuchs	geringer Ziel-erreichungsgrad und hohes Entwick-lungspotenzial	Die Mitarbeiter befinden sich noch nicht in optimaler Position; sie müssen noch weiter aufgebaut werden; eventuell handelt es sich auch um unterforderte Spitzenkräfte, die wegen fehlender Anforderungen unter ihren Möglichkeiten bleiben; daher **baldige Beförderung** mit gezielter Fach- und Führungsschulung vorsehen.
Problem-mitarbeiter	geringer Ziel-erreichungsgrad und niedriges Entwick-lungspotenzial	Die Mitarbeiter erfüllen zurzeit nicht die Erwartungen; die Förderung richtet sich daher auf gemeinsame Problemanalyse sowie eventuell notwendige **Stützmaßnahmen**; unter Umständen Arbeitsplatzwechsel erwägen; im äußersten Fall Trennung einleiten.

Abb. 2-23

In dem seit letzter Woche vorliegenden Mitarbeiter-Portfolio der Abteilung „Folienherstellung“ entdecken Sie als Personalleiter des Bielefelder Werkes, dass von den 28 Mitarbeitern acht als Problemmitarbeiter, zehn als Nachwuchskräfte sowie sieben als Spitzenkräfte ausgewiesen werden. Hier erkennen Sie eine unausgewogene Potenzialstruktur innerhalb der Abteilung, da nur drei Mitarbeiter als normale Leistungsträger wenig Förderbedarf haben im Gegensatz zum Rest der Abteilung. Ihre Bemühungen werden sich zuerst darauf konzentrieren müssen, durch gezielte Aktionsprogramme die Problemmitarbeiter in Richtung Leistungsträger zu fördern.

2.4 Personalinformationssysteme als Teil des Informationsmanagements

Information als wichtiger Faktor

Die Gewinnung, Speicherung, Aufbereitung und Nutzung von Informationen ist nicht nur für die Personalwirtschaft von großer Bedeutung, sondern für alle Bereiche eines Unternehmens quasi lebenswichtig. Nach Scholz dienen Personalinformationssysteme der effizienten und effektiven Planung, Realisation und Kontrolle der durch die Personalmanagementaktivitäten anfallenden Informationsverarbeitungsprozesse (vgl. Scholz: Personalmanagement, München, 2011, S. 569).

Personalinformationssysteme werden heute auch als Human Ressource Information Systems (HRIS) bezeichnet.

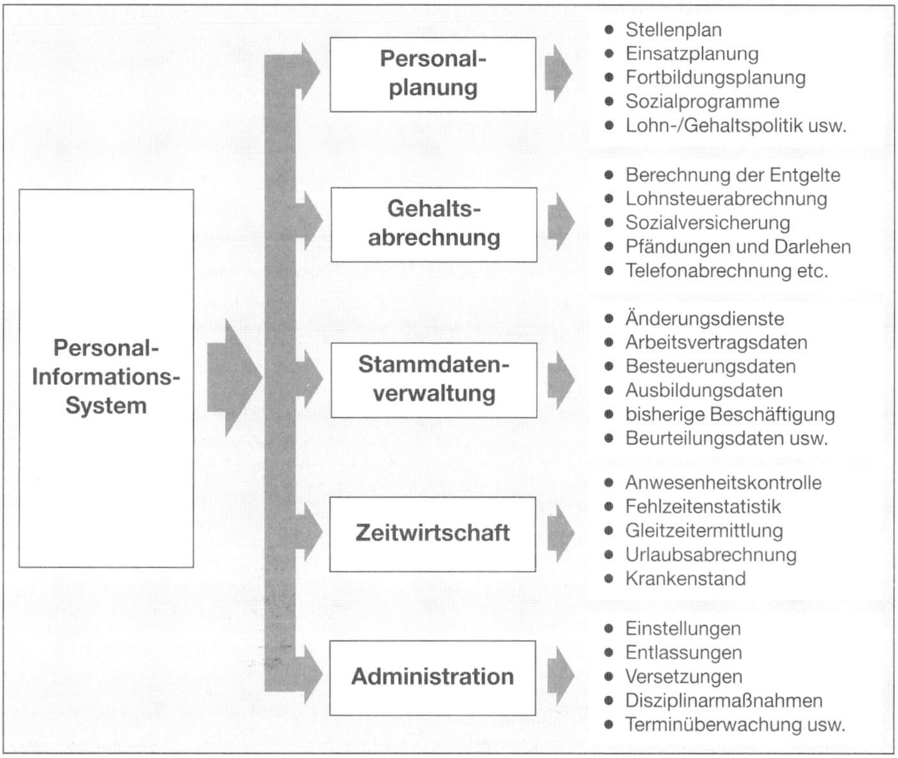

Abb. 2-24: Anforderungen an ein Personalinformationssystem
(Quelle: Jung, H.: Personalwirtschaft, München/Wien, 2008, S. 708)

2.4.1 Personaladministrationssysteme

Personaladministrationssysteme befassten sich ursprünglich ausschließlich mit der Lohn- und Gehaltsabrechnung sowie der Stammdatenverwaltung. Auch heute werden sie vielfach in dieser Form genutzt. Darüber hinaus werden noch weitere Daten erfasst. So werden beispielsweise Personalstatistiken erstellt und neben personenbezogenen Daten auch Daten von gesetzlichen, tarifvertraglichen, arbeitsvertraglichen, arbeitsplatzbezogenen und betrieblichen Erfordernissen gespeichert. Außerdem können sie zur Verwaltung von Bewerbern eingesetzt werden (vgl. Jung, H.: Personalwirtschaft,

München/Wien, 2008, S. 710; siehe auch Hentze, J.; Graf, A.: Personalwirtschaftslehre, Band 2, Bern, 2005, S. 471 sowie Scholz, C.: Grundzüge des Personalmanagements, München, 2011, S. 570). Die Aufgabe von computergestützten Personalinformationssystemen ist darin zu sehen, eine Datenbasis zu schaffen und Personalinformationen in entsprechenden Datenbanken schnell bereit zu stellen. Damit wird die Personalabteilung bei Routinearbeiten und Massenvorgängen entlastet.

2.4.2 Personaldispositionssysteme

Die in den Datenbanken gesammelten Informationen können auch als Grundlage für die Lösung komplexer, häufig konzeptioneller und gestalterischer Aufgaben und Problemstellungen innerhalb der Personalplanung, insbesondere auf der Führungsebene, genutzt werden (vgl. Jung, H.: Personalwirtschaft, München, 2008, S. 711). Diese dispositiven Aufgaben erstrecken sich über die administrativen Aufgaben hinaus auf die Bereiche Personalentwicklung, Nachfolgeplanung, Personalcontrolling, Personaleinsatz sowie Personalbedarfsdeckung.

Dispositive Systeme werden in der Praxis jedoch nicht in allen Bereichen angewendet, da ihre Anwendungsmöglichkeiten zum einen technisch eingeschränkt sind und ihnen zum anderen von Arbeitnehmervertreterseite Widerstand entgegengesetzt wird (vgl. Jung, 2008, S. 711).

2.4.3 Employee Self Services

An dieser Stelle ist eine neue Entwicklung zu erwähnen, die auch als Kiosk-Lösung bezeichnet wird: Unternehmen setzen über Intranet und Internet Mitarbeiterportale ein, die eine interaktive Abwicklung von Workflows personalrelevanter Daten ermöglichen. Mitarbeiter haben so die Möglichkeit, ihre eigenen personenbezogenen Daten zu verwalten und zu pflegen. Sie können beispielsweise ihr Zeiterfassungskonto verwalten, aber auch auf diesem Wege Urlaubsanträge einreichen, die digital an die zuständige Stelle weitergeleitet werden. Durch ein umfassendes Informationsangebot der Personalabteilung erfährt der Mitarbeiter nicht nur Weiterbildungsmöglichkeiten und Stellenangebote des Unternehmens, sondern je nach System auch Leistungen von Betriebskrankenkassen und Versicherungen. In einige dieser Systeme sind außerdem Instrumente des E-Learnings integriert (siehe dazu Scholz, C.: Grundzüge des Personalmanagements, München, 2011, S. 573).

A Aufgaben

1. Sie haben als Personalleiter(in) gerade die Arbeit in einem mittelständischen Unternehmen übernommen. In den nächsten Tagen soll ein Treffen mit dem Betriebsrat stattfinden, bei dem von Ihnen konkrete Aussagen zur Beschäftigungssituation erwartet werden. Zu diesem Zweck hat Ihnen Ihr Assistent einige wichtige Daten zu Beschäftigtenzahlen und Umsatzdaten vorgelegt.

   Personalberichtsbogen – Personalbestand

	2008	2009	2010	2011
Beschäftigt gesamt	108	114	122	
rechnerische Vollbeschäftigte	86	84	80	P
Vollzeitbeschäftigte	67	62	54	l
Teilzeitkräfte unter 18 Stunden	29	39	53	a
davon geringfügig beschäftigt	8	14	26	n
Teilzeitkräfte über 18 Stunden	12	13	15	j
befristet Beschäftigte	21	27	30	a
Einstellungen	23	35	43	h
Abgänge	25	29	35	r
Leiharbeitskräfte (Std.)	32 324	34 887	35 621	
Umsatz (TEUR)	18 788	19 511	19 984	21 200

   Analysieren Sie mit Blick auf kritische Fragen des Betriebsrates das vorliegende Datenmaterial und stellen Sie sich auf eine Argumentation zur Abwehr interessenbezogener Forderungen der Betriebsräte ein.

2. Begründen Sie, warum eine einheitliche Fluktuationskennziffer für die Gesamtbelegschaft nur wenig Aussagekraft hat.

3. Im Zusammenhang mit der Aufbereitung und Analyse von Personalinformationen werden in der Regel sensible Personaldaten bearbeitet. Hier sind insbesondere die gesetzlich verankerten **Datenschutzerfordernisse** zu beachten.

   Werten Sie das Bundesdatenschutzgesetz aus und erstellen Sie für Ihre Mitarbeiter ein kurzes Informationspapier, in dem Sie die wichtigsten Regeln zur Einhaltung des Datenschutzes für Personalangelegenheiten zusammenstellen.

4. Stellen Sie die Aufgabenverteilung in Ihrem Unternehmen bzw. Ihrer Abteilung in Form eines Organigramms dar.

5. Die Geschäftsleitung erteilt Ihnen den Auftrag, ein Budgetformular für eine differenzierte Personalkostenanalyse zu entwerfen. Dieses Formular soll folgenden Anforderungen genügen:
   - Ausweis aller Abteilungsstellen
   - die Kosten sollen grob untergliedert sein
   - Unterteilung nach Monatszeiträumen
   - Einbeziehung von kumulierten Werten (d. h. Kostenspalten, die die bisher angefallenen Kosten aufaddiert anzeigen)

   Erstellen Sie einen Formularentwurf entsprechend den angegebenen Vorgaben.

6. Die Organisationsabteilung Ihres Unternehmens hat zur Überarbeitung des Stellenbeschreibungssystems eine Projektgruppe zusammengestellt. Zu diesem Zweck erhalten Sie die Aufgabe, den Stellen-Ist-Zustand per schriftlicher Mitarbeiterbefragung zu ermitteln. Dazu müssen Sie einen Fragebogen entwickeln, der Ihnen die wichtigsten Informationen zur Stellensituation liefert. Das gesamte Vorhaben ist stark von der ernsthaften Mitarbeit der Belegschaft abhängig. Sie werden daher über den Fragebogen hinaus ein entsprechendes Begleitschreiben konzipieren.

   Entwerfen Sie einen entsprechenden Fragebogen einschließlich des dazu erforderlichen Begleitschreibens.

7. Die Entwicklung der Fluktuationskennziffer zeigt in allen Bereichen Ihres Unternehmens eine stetige Entwicklung nach oben. Um den Fluktuationsgründen näher auf die Spur zu kommen, beabsichtigen Sie, in Zukunft systematische Abgangsinterviews durchzuführen.

   Entwerfen Sie zu diesem Zweck ein geeignetes Interview-Formular.

8. Ernst zu nehmende Kritiker behaupten, dass personalwirtschaftliche Kennzahlen als wesentliche Basis eines systematischen Personalcontrollings in eine Sackgasse führen und somit den Anforderungen eines leistungs- und zukunftsorientierten Managements nicht gerecht werden können.

   Nehmen Sie kritisch Stellung zu dieser These.

9. Versuchen Sie, das Organigramm einer Unternehmung zu bekommen und daraus die Gewichtung der verschiedenen Abteilungen zu bestimmen.

10. Sie sind als Personalbeauftragte(r) eines Industrieunternehmens vornehmlich für die Auswertung und Aufbereitung von Personaldaten zuständig. Ihnen liegt nun folgende Statistik zur Entwicklung des Personalbestandes vor.

Entwicklung des Personalstandes

	2010					2011				
	Fertigung	F + E	Instandhaltung	Verwaltung	Gesamt	Fertigung	F + E	Instandhaltung	Verwaltung	Gesamt
Vollzeitbeschäftigte (Anzahl)	843	104	33	125	1 105	818	102	31	120	1 071
Teilzeitbeschäftigte (Anzahl)	–	–	–	19	19	–	–	–	20	20
Fremdfirmen (Std. geschätzt)		–	9 040	–	9 040		–	8 600	–	8 600
Leiharbeitnehmer (Std.)	–	–	–	33 180	33 180	–	–	–	30 600	30 600
Mehrarbeit (Std.)	60 120	19 180	10 870	14 990	105 160	40 940	16 720	9 075	13 750	80 485
Fluktuation[1] (%)	12,0	3,8	3,3	7,8		10,1	4,1	3,0	8,2	
Ausfallzeiten[2] (%)	21,8	14,1	15,0	14,7		22,3	13,5	15,4	15,0	
						2012 (Vorausschau)				
Vollzeitbeschäftigte (Anzahl)						703	87	19	77	886
Teilzeitbeschäftigte (Anzahl)						–	–	–	20	20
Fremdfirmen (Std. geschätzt)							–	8 000	–	8 000
Leiharbeitnehmer (Std.)						–	–	–	26 000	26 000
Mehrarbeit (Std.)										
Fluktuation[1] (%)						10,0	3,0	3,0	6,0	
Ausfallzeiten[2] (%)						18,0	14,0	14,0	13,0	

[1] Abgänge bezogen auf die Gesamtbeschäftigtenzahl
[2] Ausfallzeiten bezogen auf die tarifl. Arbeitszeit aller Beschäftigten

Abb. 2-25

Für die kommende Geschäftsleitungskonferenz wird von Ihnen im Rahmen einer kleinen Präsentation ein Bericht über die personelle Entwicklung erwartet. Bereiten Sie die Präsentation durch eine geeignete Kennzifferaufbereitung und deren grafischer Darstellung vor. Erstellen Sie außerdem ein kurzes schriftliches Statement zur Interpretation des vorhandenen Materials.

B Methodische Empfehlungen

◆ Nutzung verschiedener statistischer Darstellungsformen

In der betrieblichen Praxis, so auch in der Personalwirtschaft, wird mit einer Vielzahl von Daten umgegangen. Häufig mangelt es allerdings an geeigneter statistischer Aufbereitung des Datenrohmaterials, sodass ein Großteil der Informationen wegen fehlender Übersicht überhaupt nicht als Basis für rationale Entscheidungen genutzt werden kann. Zum Zwecke der übersichtlichen und ansprechenden Datenaufbereitung bieten sich **Tabellen, Grafiken** und **Kennzahlen** als geeignete Darstellungsformen an.

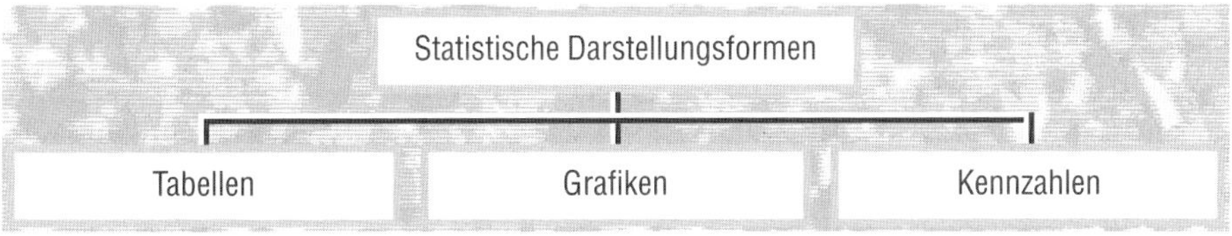

Abb. 2-26

Tabellen

Tabellarische Darstellungen sollen in erster Linie wesentliche Zusammenhänge kurz und übersichtlich veranschaulichen. Zur besseren Verständlichkeit sind für den Aufbau einer Tabelle bestimmte Regeln zu beachten:

- Jede Tabelle muss eine eindeutige Überschrift enthalten.
- Benutzte Abkürzungen müssen entweder aus der Umgangssprache bekannt sein oder gesondert erläutert werden (z. B. als Fußnoten).
- Die in der Tabelle aufgeführten Zahlenwerte müssen durch eindeutige Angaben in der **Vorspalte** und im **Tabellenkopf** gekennzeichnet sein.
- Bei großen Tabellen mit zahlreichen Zeilen und Spalten, eventuell mit Haupt- und Unterspalten, empfiehlt sich zusätzlich die Einrichtung von Spalten- und Zeilennummerierung.
- Die Beschriftung sollte nach Möglichkeit waagerecht sein, um die Lesbarkeit ohne unnötiges Drehen der Tabelle zu erleichtern.

Der Grundaufbau einer Tabelle soll am Beispiel der Beschäftigungsstruktur eines Unternehmens nach der Art der Beschäftigungsverhältnisse veranschaulicht werden.

Anteile der verschiedenen Beschäftigungsverhältnisse an der Gesamtbelegschaft 2011

		unbefristet Beschäftigte		befristet Beschäftigte		Leiharbeitskräfte		Gesamtzahl der MA
	Werke	absolut	in % von Sp. 9	absolut	in % von Sp. 9	absolut	in % von Sp. 9	absolut
1	Spalte 2	Spalte 3	Spalte 4	Spalte 5	Spalte 6	Spalte 7	Spalte 8	Spalte 9
2	Werk 1	390	89,4	26	6,0	20	4,6	436
3	Werk 2	353	92,9	11	2,9	15	3,9	380
4	Werk 3	462	87,8	37	7,0	27	5,1	526
5	Werk 4	173	87,4	11	5,6	14	7,1	198
6	Summen	1 381	89,2	90	5,8	83	5,4	1 549

Abb. 2-27

Beispielsweise lässt sich durch die Art des Tabellenaufbaus die Zahl im schraffierten Feld (7,0) eindeutig bestimmen: Das Feld ist zunächst unabhängig von einer weiteren Konkretisierung bestimmt durch eine bestimmte Zeilen- und Spaltenkombination (Zeile Nr. 4 sowie Spalte Nr. 6). Eine weitergehende Kennzeichnung ergibt sich durch die **Vorspalte** (Werk 3), **Hauptspalte** (befristet Beschäftigte) sowie eine **Unterspalte** (Prozentsatz von der Gesamtbeschäftigtenzahl). Bei der Unterspalte ist der Verweis auf die Spalte Nr. 9 sehr hilfreich, da somit die Bezüge der Felder untereinander leichter nachvollzogen werden können.

Grafische Darstellungen

Manchmal bietet es sich an, komplex anmutende Tabellendarstellungen durch grafische Gestaltungen noch weiter zu vereinfachen, insbesondere im Zusammenhang mit Präsentationen. Dieses wird mittlerweile durch moderne Software erheblich erleichtert. Als grafische Darstellungsmöglichkeiten kommen hauptsächlich **Säulen- (bzw. Balken-), Flächen-** sowie **Kurvendiagramme** in Betracht, die jeweils für bestimmte Darstellungsarten besondere Eignung besitzen.

Säulendiagramme	Eignung für die vergleichende Darstellung von Teilmassen, z. B. Anzahl der geringfügig Beschäftigten in den verschiedenen Abteilungen
Flächendiagramme	Eignung für die Darstellung von Anteilen eines Ganzen, z. B. Anteile der verschiedenen Nationalitäten an der Gesamtmitarbeiterzahl (als Segmente einer Kreisdarstellung)
Kurvendiagramme	Eignung für die Darstellung von Entwicklungen im Zeitablauf, z. B. die Entwicklung der Personalkosten von 2006 bis 2009

Abb. 2-28

Als Regeln sind insbesondere zu beachten:

- Jede Grafik muss eine Überschrift enthalten.
- Abkürzungen müssen entweder allgemein bekannt sein oder gesondert erklärt werden.
- Die Achsenbeschriftungen müssen eindeutig zugeordnet sein.
- Die in den Grafiken dargestellten Teilmassen müssen sich optisch deutlich voneinander unterscheiden.
- Die Werte müssen entweder eindeutig zugeordnet oder leicht ablesbar sein.

Die Grundstruktur einer Grafik soll am Beispiel eines Säulendiagramms verdeutlicht werden. Dieses Diagramm wurde aus der Tabelle der Abbildung 2-28 entwickelt.

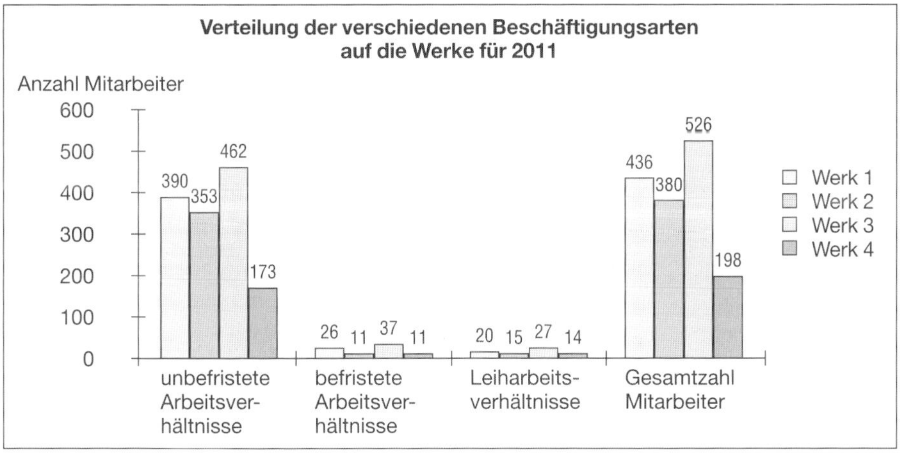

Abb. 2-29

Die Grafik soll anhand der 2. Säule erklärt werden: Die Vertikale (y-Achse) gibt die Mitarbeiterzahl an (353), während über die Horizontale (x-Achse) eine Kennzeichnung hinsichtlich der verschiedenen Arbeitsverhältnisse gelingt (unbefristete Arbeitsverhältnisse). Die Zuordnung zu dem entsprechenden Werk (Werk 2) ist schließlich durch die unterschiedliche optische Gestaltung der Säulen möglich. Unerlässlich ist in jedem Fall eine klare Zuordnungserklärung, die auch als **Legende** bezeichnet wird.

Kennzahlen

Die Auflistung einzelner Datenreihen (z. B. die Personalkosten einer Abteilung) ist für sich genommen wenig aussagekräftig und bietet kaum Grundlage für betriebswirtschaftliche Entscheidungen. Erst der Vergleich mit anderen statistischen Werten (z. B. der Anteil der Personalkosten einer Abteilung an den gesamten Personalkosten) führt zu Erkenntnissen als Basis von rationalen Entscheidungen. Dieser Vergleich geschieht dadurch, dass zwei Werte zueinander in Beziehung gesetzt werden. Das Ergebnis wird allgemein als Kennzahl bezeichnet. Dabei werden drei verschiedene Typen unterschieden, nämlich **Gliederungs-, Beziehungs-** und **Messzahlen.**

- Gliederungszahlen

  Mit diesem Kennzahltyp drückt man einen Teilwert oder eine Quote im Verhältnis zum Gesamtwert in Prozent aus. Grundlage dabei sind **gleichartige** Zahlenwerte.

Beispiel Anteil der Personal**kosten** an den Gesamt**kosten**

$$\textit{Personalkostenquote} = \frac{\textit{Personalkosten x 100}}{\textit{Gesamtkosten}}$$

- Beziehungszahlen

  Mit diesem Kennzahltyp drückt man das Verhältnis zweier **verschiedenartiger** statistischer Werte zueinander aus, wobei eine innere Abhängigkeit vorausgesetzt wird.

Beispiel Umsatz pro vollbeschäftigte Verkaufskraft (Pro-Kopf-Leistung)

$$\text{Pro-Kopf-Leistung} = \frac{\text{Umsatz}}{\text{Anzahl vollbeschäftigter Verkaufskräfte}}$$

- Messzahlen
  Mit diesem Kennzahltyp drückt man das Verhältnis zweier gleichartiger statistischer Werte zueinander aus; in der Regel unterscheiden sich dabei die Größen jeweils in zeitlicher Hinsicht.

Beispiel Entwicklung der Personalkosten im Zeitablauf

$$\text{Personalkostenentwicklung} = \frac{\text{Personalkosten laufendes Jahr x 100}}{\text{Personalkosten des Vorjahres}}$$

C Literatur

Drumm, H. J.: Personalwirtschaftslehre, Berlin/Heidelberg, 2008.

Elias, K., Schneider, K. H.: Kommunikation, Troisdorf, 2010.

Hentze, J.: Personalwirtschaftslehre, Band 1 u. 2, Bern, 2001/2005.

Jung, H.: Personalwirtschaft, München/Wien, 2008/2011.

RKW – Rationalisierungs-Kuratorium der Deutschen Wirtschaft (Hrsg.): RKW-Handbuch Personalplanung, Neuwied, 1990.

Scholz, C.: Personalmanagement, München, 2011.

Scholz, C.: Grundzüge des Personalmanagements, München, 2011.

Staehle, W.: Management, München, 1999.

3 Den Personalbedarf realistisch planen

Wie viele Mitarbeiter welcher Qualifikation sind unter Beachtung von Ersatz-, Reserve- und Neubedarf zu welchem Zeitpunkt und an welchen Orten aufgrund des geplanten Leistungsprogramms erforderlich?

Das Industrieunternehmen Sixtime GmbH gehört als Tochterunternehmen zu einem international verzweigten Konzern mit Sitz in den USA. Der Konzern bietet eine vielfältige Produktpalette mit mehr als 2 000 Einzelprodukten an, vorwiegend im Bereich Autozubehör, Medizintechnik sowie Zubehör für die Computertechnik. Die Produktion in Deutschland verteilt sich auf fünf verschiedene Werke, wobei das süddeutsche Werk gleichzeitig Sitz der Hauptniederlassung ist. Sie sind seit einiger Zeit mit der Personalleitung des Werkes in Leer betraut.

Im Rahmen der Ende November stattfindenden Werksleitungssitzung soll nun vorrangig die Problematik des für das kommende Jahr zu kalkulierenden Personalbedarfs besprochen werden. Die Zielvorgaben für die drei Produktionsmodule (Schleifmittel, Autofilter, Polituren) des Werkes liegen mittlerweile in Form von Planumsätzen des kommenden Jahres fest. Zu beachten sind auch die kürzlich aktualisierten Strategieüberlegungen bezüglich der mittelfristigen Marktchancen der augenblicklichen Produktionspalette. Danach wurden folgende Einschätzungen vorgenommen:

*Zur Produktgruppe **„Schleifmittel“** gehören ausschließlich erfolgreiche und etablierte Produkte mit jeweils hohem Marktanteil. Insgesamt ist aber nicht mehr mit nennenswertem Marktwachstum zu rechnen.*

*Die Produktgruppe **„Autofilter“** hat aufgrund eines kürzlich im eigenen Labor entwickelten Patents große Wachstumschancen, befindet sich allerdings noch in der Einführungsphase und ist daher mit einigen Unsicherheiten behaftet.*

*Die Produktgruppe **„Polituren“** befindet sich am Ende des Produktlebenszyklus, da sie aufgrund technologischer Weiterentwicklungen bald von alternativen Produkten mit völlig verändertem Leistungsumfang verdrängt werden.*

Sie als Vertreter der Personalleitung haben nun dafür zu sorgen, dass die entsprechenden Personalbedarfszahlen aus den Funktionsbereichen rechtzeitig zur Vorbereitung der Werksleitungssitzung bei Ihnen eingehen, damit Sie durch entsprechende Koordinierung und Aufbereitung eine Arbeitsunterlage zur Darstellung des erforderlichen Handlungsbedarfes darstellen können.

3.1 Personalbedarfsplanung im Zusammenhang mit der Unternehmensplanung

Bei der Bestimmung des erforderlichen Personalbedarfes für ein Unternehmen ist zu berücksichtigen, dass diese Aufgabe nicht isoliert durchgeführt werden kann, sondern wegen der bestehenden Abhängigkeiten vielmehr das gesamte Spektrum der Unternehmensplanung einbezogen werden muss. Gleichermaßen ist darauf zu achten, dass die Personalbedarfsplanung nicht losgelöst von den übrigen Teilbereichen der Personalplanung durchgeführt wird, da auch hier gegenseitige Abhängigkeiten bestehen. Daher ist die Personalbedarfsplanung zunächst als Teilbereich der gesamten Personalplanung zu betrachten; diese wiederum ist Teil der gesamten Unternehmensplanung. Diese Strukturzusammenhänge werden nachfolgend noch einmal in Abbildung 3-1 verdeutlicht.

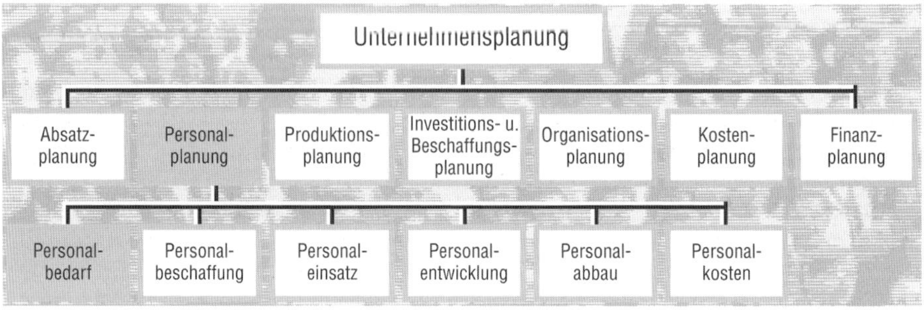

Abb. 3-1

3.1.1 Personalplanung als Teilbereich der Unternehmensplanung

Personalplanung ist Teil der Unternehmensplanung

Die Bedeutung planvoller Entscheidungen angesichts der großen Risiken für alle an einem Unternehmen Beteiligten gilt heute als unbestritten. Unternehmensplanung wird hier als ein Instrument verstanden, das der Erfüllung unternehmenspolitischer Ziele dient. Dabei sollten alle Faktoren, die für das Erreichen der Ziele bedeutsam sind, einbezogen werden. Die wesentlichen Planungsbereiche werden in der nachfolgenden Abbildung 3-2 mit den jeweiligen Planungsleitfragen dargestellt.

Personalplanung im Zusammenhang der Unternehmensplanung

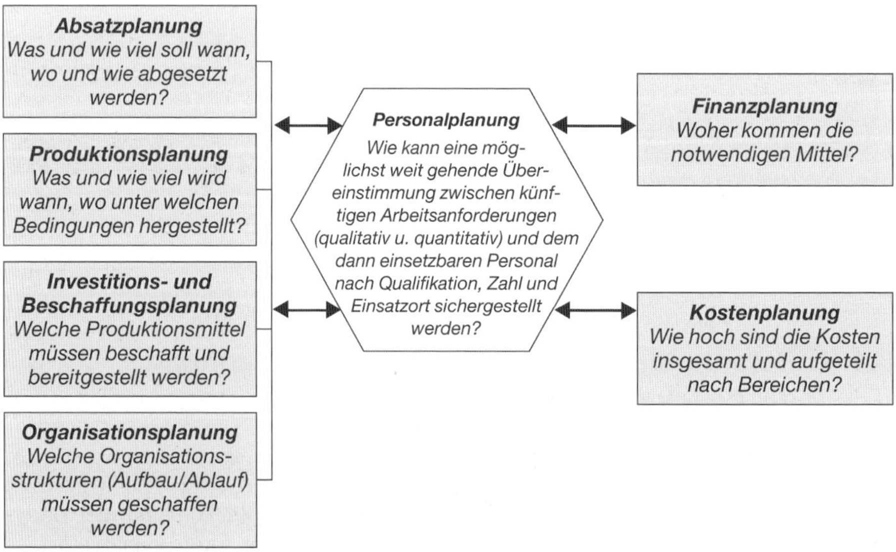

Abb. 3-2

Planungsleitfragen

Aus der Abbildung 3-2 kann leicht entnommen werden, dass die jeweiligen Planungsleitfragen nicht unabhängig voneinander gelöst werden können. Zum Beispiel ist die Frage nach der Absatzmenge gekoppelt mit der Frage nach den Produktionsmöglichkeiten, die wiederum im Zusammenhang mit Investitionsentscheidungen steht. Letztere kann nicht isoliert von den finanziellen und personellen Möglichkeiten des Unternehmens betrachtet werden. Damit ist erst nur ein kleiner Teil der vielfältigen Planungsverflechtungen angesprochen.

Demnach kann die Personalplanung nur dann ihre Funktion erfüllen, wenn sie als gleichberechtigter, integrierter Bestandteil der Unternehmensplanung aufgefasst wird. Die früher übliche Planung in den anderen Unternehmensbereichen ohne frühzeitige Berücksichtigung personeller Aspekte kann heute zur entscheidenden Verschlechterung der strategischen Position führen. Denn auf dem Arbeitsmarkt stehen hoch qualifizierte Kräfte nicht immer in ausreichender Zahl zur Verfügung; außerdem erlauben die gesetzlichen und tarifvertraglichen Bestimmungen nicht so ohne weiteres, im Zuge kurzfristiger Personalanpassungen Arbeitskräfte abzubauen. Darüber hinaus werden alle Personalfragen aufgrund der gesellschaftspolitischen Diskussion um die zurückgehende Anzahl von Arbeitsplätzen in den entwickelten Industrieländern von der Öffentlichkeit viel kritischer als früher wahrgenommen.

Simultane Planung als Forderung

Vor diesem Hintergrund ist es erforderlich, dass bei allen Unternehmensplanungen die damit verbundenen personellen Fragen von Anfang an mitberücksichtigt werden. Im Idealfall würde sich der **Planungsprozess simultan** vollziehen, das heißt, alle Planungsaspekte werden gleichzeitig in einem einzigen Schritt verarbeitet. Diese Vorstellung lässt sich allerdings wegen der Komplexität des Entscheidungsfeldes sowie wegen der vielen Planungsunsicherheiten nicht in die Realität umsetzen. Stattdessen finden in der Praxis **sukzessive Planungsverfahren** Anwendung, bei denen die Pläne von einem **Leitplan** (bzw. Primärplan) ausgehend schrittweise aufeinander abgestimmt werden. Die Wahl des Leitplanes orientiert sich dabei unter kurzfristigen Aspekten immer am **Engpassbereich** (bzw. Minimumsektor). Damit ist derjenige Bereich gemeint, bei dem im Vergleich zu allen anderen Bereichen mit den meisten Einschränkungen zu rechnen ist.

Beispiel Stehen für eine Produktneuheit mit sehr guten Vermarktungschancen aufgrund einer neuartigen Fertigungstechnologie nicht genügend qualifizierte Arbeitskräfte zur Verfügung, müssen kurzfristig alle Pläne zur Produkteinführung auf den Personalplan hin ausgerichtet werden. Andernfalls könnte es beispielsweise passieren, dass aufwändig installierte Fertigungssysteme wegen fehlenden Bedienungs- und Wartungspersonals ungenutzt bleiben und damit vermeidbare Leerkosten verursachen.

Absatzplan als Leitplan

Aufgrund des heutigen Erfordernisses, sämtliche Unternehmensaktivitäten kundenorientiert auszurichten, wird in der Regel vom **Absatzplan als Leitplan** ausgegangen, auf den die übrigen Pläne unter Berücksichtigung mehrfacher Rückkoppelungen einreguliert werden.

Informationspflicht

In diesem Zusammenhang sollten die Mitbestimmungsrechte des Betriebsrates beachtet werden. Gemäß § 92 BetrVG ist nämlich der Arbeitgeber verpflichtet, den Betriebsrat rechtzeitig und umfassend über die **Personalplanung** anhand von Unterlagen zu unterrichten und sich mit ihm darüber zu beraten. Um spätere Schwierigkeiten zu vermeiden, ist daher zu empfehlen, Betriebsräte möglichst frühzeitig in die Überlegungen zur Unternehmensplanung einzubeziehen. Abbildung 3-3 veranschaulicht exemplarisch den Ablauf einer Unternehmensplanung.

Ablaufschema Unternehmensplanung

Unternehmensleitung legt Ziele fest und informiert Betriebsrat und Wirtschaftsausschuss.

↓

Vorgesetzte melden an Planungsabteilung, welche Maßnahmen die Unternehmensziele in ihrem Bereich erforderlich machen. Betriebsrat wird angehört.

↓

Planungsabteilung sammelt alle Daten und stellt sie zu einer Gesamtplanung zusammen.

↓

Planungsausschuss prüft Pläne auf Übereinstimmung untereinander und mit den Unternehmenszielen.

↓

Unstimmigkeiten werden in Abstimmung mit den zuständigen Führungkräften und dem Betriebsrat korrigiert.

↓

Unternehmensleitung berät und verabschiedet Gesamtplanung.

↓

Planungsabteilung nimmt erforderliche Plananpassungen aufgrund veränderter Verhältnisse vor.

↓

Planungsabteilung kontrolliert Planrealisierung.

Abb. 3-3 (Quelle: RKW-Rationalisierungskuratorium der Deutschen Wirtschaft e. V. (Hrsg.): RKW-Handbuch Personalplanung, Neuwied, 1990, S. 17).

Die Personalleitung im Leeraner Werk der Sixtime GmbH sollte den Betriebsrat zur Werksleitungskonferenz einladen und ihm entsprechende Unterlagen zur Vorbereitung zukommen lassen. Außerdem sollte in der Vorbereitungsphase ein besonderes Augenmerk darauf gelegt werden, dass Fragen zur Personalplanung nicht automatisch nachrangig angesiedelt werden.

3.1.2 Personalbedarfsplanung als Teilbereich der Personalplanung

Personalbedarfsplanung

Die Personalplanung beschäftigt sich mit verschiedenen Teilaspekten, wie schon in Abbildung 1-3 veranschaulicht wurde. Die nachfolgende Abbildung 3-4 zeigt die verschiedenen Teilbereiche der Personalplanung mit ihren jeweiligen Leitfragen auf.

Teilbereiche der Personalplanung

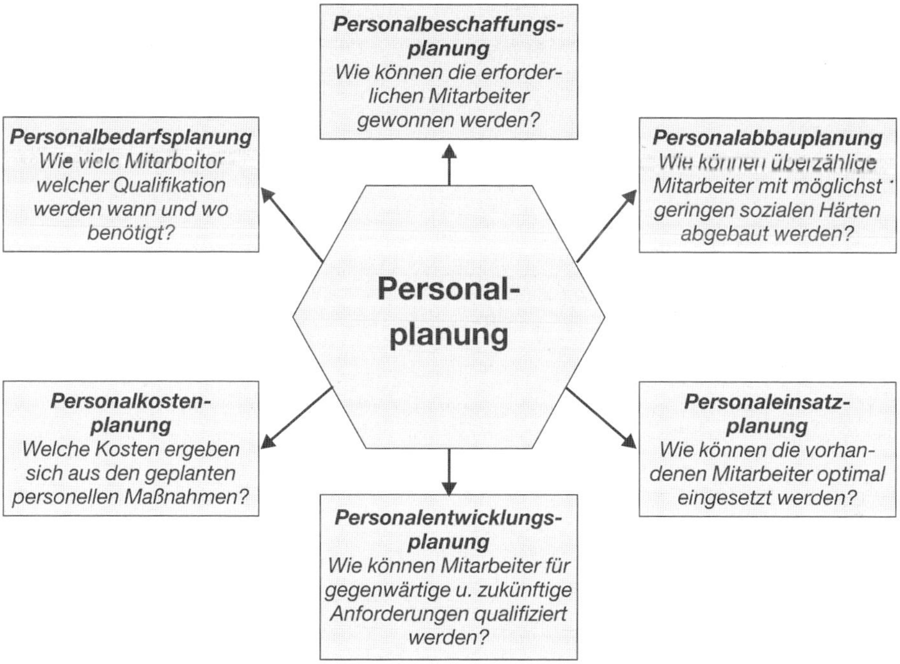

Abb. 3-4

Interdependenzen

Der **Personalbedarfsplanung** kommt in diesem Zusammenhang besondere Bedeutung zu, da von ihr alle anderen Bereiche der Personalplanung direkt abhängen. Zum Beispiel kann sich die Festlegung eines bestimmten Personalbedarfs für einen Unternehmensbereich je nach Einzelfall unmittelbar auswirken auf

- die Personalbeschaffungsplanung (fehlende Mitarbeiter müssen beschafft werden),
- die Personalabbauplanung (personelle Überkapazitäten müssen abgebaut werden),
- die Personalentwicklungsplanung (fehlende Mitarbeiterqualifikationen müssen herangebildet werden),
- die Personaleinsatzplanung (Engpässe aufgrund fehlender Mitarbeiter werden kurzfristig durch Überstunden überbrückt).

Personalpolitische Grundsätze

Wie sich nun eine solche Festlegung des Personalbedarfs in den anderen Personalteilplänen auswirkt, ist letztlich auch abhängig von den **personalpolitischen Grundsätzen.** Beispielsweise kann die Personalpolitik eines Unternehmens so ausgelegt sein, dass ein zu deckender Bedarf an Führungskräften grundsätzlich durch interne Nachwuchskräfteschulung anstatt durch externe Personalbeschaffung erfüllt wird. Die enge Verzahnung der verschiedenen Teilbereiche der Personalplanung veranschaulicht die nachfolgende Abbildung 3-5.

Teilbereiche der Personalplanung

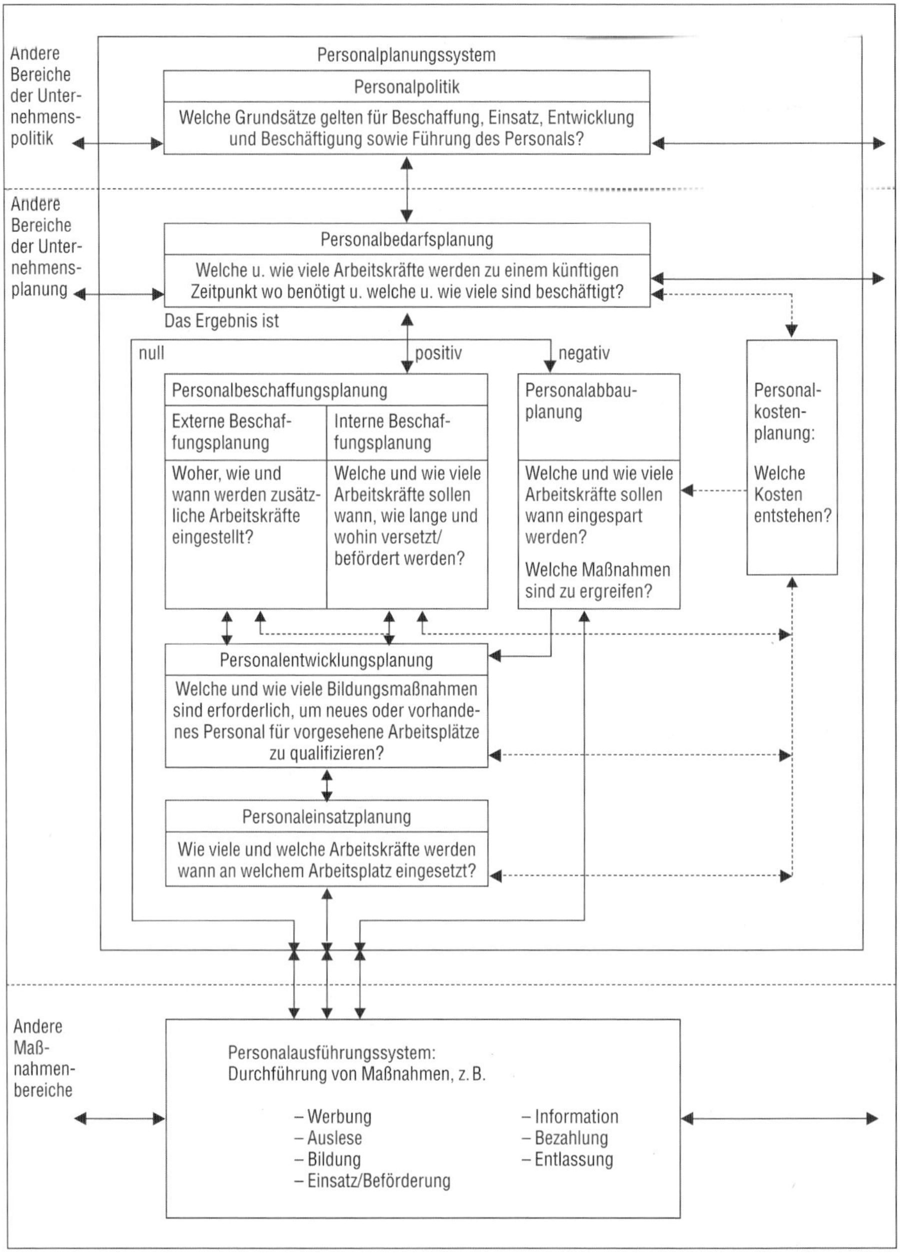

Abb. 3-5 (Quelle: RKW – Rationalisierungs-Kuratorium der Deutschen Wirtschaft e. V. (Hrsg.): RKW-Handbuch Personalplanung, Neuwied, 1990, S. 19).

Fristigkeiten der Planung

Entsprechend der praktischen Erfordernisse, aufgrund derer feinabgestimmte Detailpläne für längere Zeit im Voraus nicht notwendig und auch nicht sinnvoll sind, unterscheidet man verschiedene **Fristigkeiten in der Planung**. Die nachfolgende Übersicht 3-6 zeigt die in der Praxis üblichen Unterscheidungen auf.

Fristigkeit der Personalplanung

strategische Personalplanung

langfristig – über 3 Jahre

problemorientiert, auf grundlegende Führungsentscheidungen ausgerichtet

Beispiele: – Erkennen und Bewerten von Trends
– Erfassung von Potentialen

taktische Personalplanung

mittelfristig – 1 bis 3 Jahre

ausgerichtet auf die Entwicklung von personalwirtschaftlichen Programmen

Beispiele: – Bildungsprogramme (z. B. zur Einführung von Teamarbeit)
– Ablaufplanungen (z. B. Ablauf von Bedarfsprognosen)

operative Personalplanung

kurzfristig – bis 1 Jahr

handlungsorientiert, auf konkrete Feinziele und Maßnahmen ausgerichtet

Beispiele: – Aufstellung der Einsatzplanung für den nächsten Monat
– Ermittlung der Personalplankosten für das 1. Quartal

Abb. 3-6

Neben den unterschiedlichen Planungsfristen ist auch zu beachten, dass die Personalplanungen immer wieder den aktuellen Entwicklungen angepasst werden müssen. Dieses wird durch das **Prinzip der rollierenden Planung** erreicht. Damit ist gemeint, dass die Pläne laufend fortgeschrieben, aktualisiert und auch konkretisiert werden. Dieses soll anhand der nachfolgenden Abbildung 3-7 verdeutlicht werden.

	2010												2011	2012	2013
	1. Quartal			2. Quartal			3. Quartal			4. Quartal					
	Soll	Ist	Diff.	Soll	Ist	Diff.	Soll	Ist	Diff.	Soll	Ist	Diff			
Mitarbeiter															

	2010									2011			2012	2013	2014
	2. Quartal			3. Quartal			4. Quartal			1. Quartal					
	Soll	Ist	Diff.	Soll	Ist	Diff.	Soll	Ist	Diff.	Soll	Ist	Diff.			
Mitarbeiter															

Abb. 3-7: Personalplanungsformular

Mit jedem Quartal wird die laufende Personalplanung aktualisiert und gleichzeitig der Planungshorizont verschoben. Aus der Grobplanung des Jahres 2011 zu Beginn des Jahres 2010 entsteht im 2. Quartal 2010 eine differenzierte Planung dadurch, dass das erste Quartal des Jahres 2011 entsprechend dem Prinzip der rollierenden Planung nun detailliert aufgeführt wird; gleichzeitig verschiebt sich der Planungshorizont bis auf das Jahr 2012.

3.2 Bestimmungsfaktoren des Personalbedarfs

Der Personalbedarf wird durch eine Vielzahl unternehmens**externer** und **-interner** Faktoren beeinflusst, die sich wiederum kurz- und/oder langfristig auf quantitative und/oder qualitative Aspekte beziehen und sich dabei noch gegenseitig beeinflussen; kurz gesagt, es handelt sich um ein äußerst komplexes Feld mit Einflüssen, die nur teilweise erfassbar sind. Im Wesentlichen handelt es sich dabei um die in der nachfolgenden Abbildung 3-8 dargestellten Faktoren.

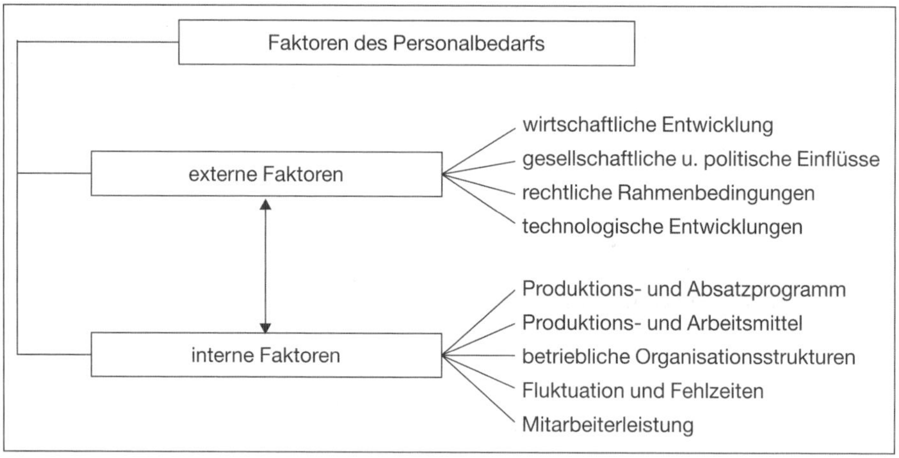

Abb. 3-8

3.2.1 Unternehmensexterne Faktoren des Personalbedarfs

Externe Planungsvorgaben

Bei den externen Faktoren des Personalbedarfs handelt es sich in der Regel um Einflüsse, die vom Unternehmen nicht beeinflussbar und daher als Planungsvorgaben zu beachten sind.

◆ **Wirtschaftliche Entwicklung**

Konjunktur

Entwicklung der Branche

Saison

Hier geht es hauptsächlich um die sich in **konjunkturellen Schwankungen** vollziehende gesamtwirtschaftliche Entwicklung, die zumindest mittelfristig den Personalbedarf über steigende bzw. fallende Nachfrage beeinflusst. Zeichnen sich beispielsweise konjunkturelle Abschwungtendenzen ab, sind, unabhängig von anderen Einflussfaktoren, die künftigen Personalbedarfszahlen nach unten zu korrigieren. Allerdings sind in diesem Zusammenhang immer auch **branchenspezifische Entwicklungen** (z. B. Veränderung der Wettbewerbssituation durch das Auftreten neuer Konkurrenten am Markt) sowie auch **saisonale Besonderheiten** (z. B. unterschiedliche Kaufgewohnheiten im Jahresverlauf) zu beachten, die sich unter Umständen sogar entgegengesetzt zur gesamtwirtschaftlichen Entwicklung auswirken können.

◆ Gesellschaftliche und politische Einflüsse

Als Signal für den langfristigen Personalbedarf ist die **Bevölkerungsentwicklung** aufzufassen, da sich hier Anhaltspunkte für künftige Kaufkraftentwicklungen ergeben, die sich über künftige Absatzmöglichkeiten wiederum auf den Personalbedarf auswirken. Weiterhin sind in diesem Zusammenhang auch Tendenzen des **gesellschaftlichen Wertewandels** zu beachten, die sich auf das Konsumverhalten (z. B. verstärkte Nachfrage nach Dienstleistungen) sowie Freizeit- und Arbeitsverhalten (z. B. verstärkte Teilzeitarbeitswünsche) auswirken können. Nicht zu vergessen sind auch die vielfältigen Auswirkungen aus der politischen Ebene. Exemplarisch seien hier die **Globalisierungstendenzen** (z. B. Weiterentwicklung der Europäischen Union) genannt. Daraus lassen sich beispielsweise veränderte, auf die Internationalisierung ausgerichtete, Mitarbeiterqualifikationen ableiten.

Bevölkerung

Wertewandel

Globalisierung

◆ Rechtliche Rahmenbedingungen

Recht

Hier wirken vor allem Änderungen im Arbeits- und Sozialrecht auf den Personalbedarf ein. Bedeutsam sind in diesem Zusammenhang insbesondere gesetzliche und tarifvertragliche **Bestimmungen zur Arbeitszeit.** Beispielsweise kann der Personalbedarf durch eine größere Flexibilisierung der Arbeitszeit (exakte Anpassung der Personaleinsatzpläne an den tatsächlichen Arbeitsanfall) gesenkt werden. Ein weiterer wichtiger Einflussfaktor auf den Personalbedarf kann von der zunehmenden **Ökologieorientierung** ausgehen. Hier wäre z. B. an zusätzliche Mitarbeiterqualifikationen zur Integration ökologischer Fragestellungen in betriebliche Abläufe zu denken.

Ökologie

◆ Technologische Entwicklungen

Technik

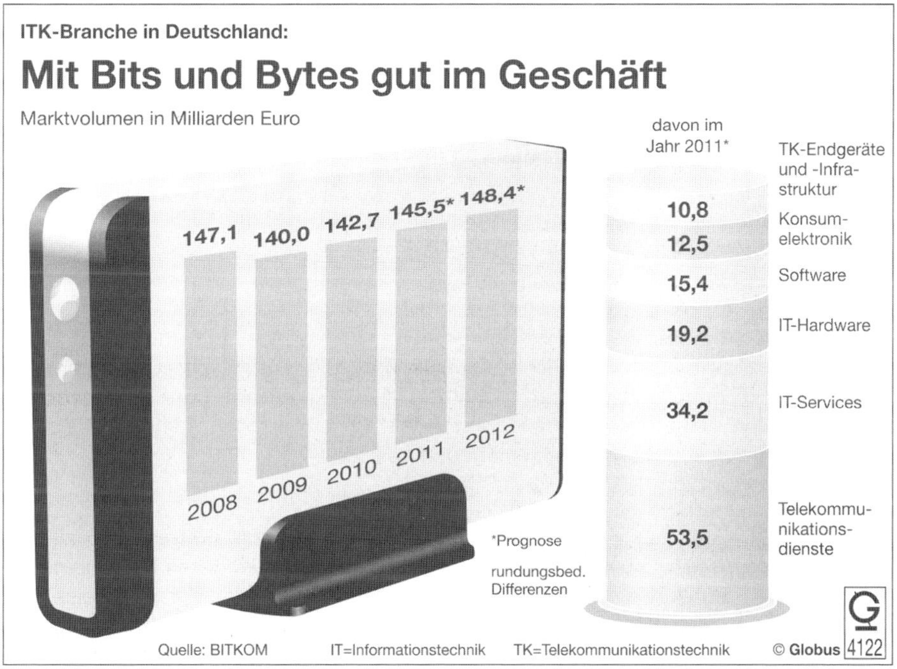

Abb. 3-9

Umwälzungen in der Technologie haben unter Umständen kaum abschätzbare Auswirkungen im langfristigen Personalbedarf. So hat beispielsweise die **Entwicklung des Internets,** insbesondere durch E-Commerce, in Handelsbeziehungen eine Öffnung völlig neuer Märkte mit entsprechenden Absatzmöglichkeiten – einhergehend mit zusätzlichem

Personalbedarf – mit sich gebracht; andererseits hat gerade diese Technologie zu gewaltigen Rationalisierungen – einhergehend mit geringerem Personalbedarf – geführt. Eine ähnliche Entwicklung zeichnet sich zurzeit mit der rasanten **Entwicklung multimedialer Systeme** ab. Beispielsweise werden zahlreiche personalintensive Arbeiten im Dienstleistungsbereich durch die Nutzung von ausgebauten Datennetzen ersetzt werden können. Gleiches gilt selbstverständlich analog auch für den unternehmensinternen Informationsaustausch (z. B. Intranet), der zunehmend administrative Tätigkeiten entbehrlich macht.

Qualifizierungsthesen

Inwieweit die technologische Entwicklung dazu führt, dass aufgrund steigender Arbeitsanforderungen der Qualifikationsbedarf generell steigt **(Höherqualifizierungsthese)**, ist zurzeit nicht zu klären. Vieles spricht auch dafür, dass die Technologieveränderungen zu einer Zunahme an Tätigkeiten führt, deren Erfüllung niedrigere, einseitige Qualifikationen erfordern **(Dequalifizierungsthese).** Unabhängig von der Frage des künftigen Qualifikationsniveaus wird sich der künftige Personalbedarf insgesamt verstärkt auf größere Mobilität und Multifunktionalität in der Mitarbeiterqualifikation ausrichten.

Die Arbeitszeitvereinbarungen im neuen Manteltarifvertrag wirken sich günstig für die Personalbedarfsrechnungen der Sixtime GmbH im kommenden Jahr aus: Nach der neuen Regelung kann im Rahmen von Arbeitszeitkonten je nach Auftragslage die Durchschnittsarbeitszeit von 38 Stunden/Woche um 4 Stunden überschritten werden, wobei der Ausgleichszeitraum gegenüber der alten Tarifregelung auf ein halbes Jahr ausgedehnt wurde. Damit verringert sich der Bedarf an Aushilfskräften, um Saisonspitzen ausgleichen zu können.

3.2.2 Unternehmensinterne Faktoren des Personalbedarfs

Im Gegensatz zu den externen Einflussfaktoren sind die unternehmensinternen Faktoren des Personalbedarfs weitgehend beeinflussbar.

◆ Produktions- und Absatzprogramm

Produktionsprogramm/ Absatzprogramm

Mit der Festlegung des Absatzprogrammes ergibt sich zwangsläufig auch der entsprechende quantitative und qualitative Personalbedarf. Die strategische Unternehmenspolitik, die sich in erster Linie an der **Zukunftsträchtigkeit bestimmter Geschäftsfelder** orientiert, kann durch entsprechende Weichenstellungen in der Produktpolitik erhebliche Verschiebungen im Personalbedarf auslösen.

Beispiel Im Rahmen einer Produktportfolio-Analyse[1] wird eine Produktgruppe als erfolgreich mit großen Wachstumschancen („Star-Produkte") klassifiziert. In diesem Fall muss rechtzeitig dafür gesorgt werden, dass die entsprechenden personellen Ressourcen zur Marktausweitung bereitstehen werden. Gegebenenfalls kann dieses dadurch geschehen, dass personelle Überkapazitäten schrittweise aus Geschäftsfeldern abgezogen werden, die langfristig als nicht attraktiv genug gelten („Problem-Produkte").

---

[1] *vgl. Blank, A.; Rösener, M.: Marketing, Troisdorf, 2009.*

Da nicht alle angebotenen Leistungen selbst erstellt werden, ergibt sich auch eine Abhängigkeit des Personalbedarfs von der gewählten **Fertigungstiefe**. Das heißt, je geringer die Fertigungsstruktur in der Tiefe gegliedert ist (ein großer Teil der Produktteile wird als Fremdleistung bezogen), desto niedriger ist damit auch der zukünftige Personalbedarf für das betreffende Unternehmen einzuschätzen, da ja mit dem Rückgang der Fertigungstiefe weniger Mitarbeiter für Produktionsarbeiten benötigt werden. Im Rahmen von „Lean-Management Programmen" werden zurzeit über den reinen Fertigungsbereich hinaus sämtliche Unternehmensbereiche durchforstet und daraufhin überprüft, ob sie mit extern angebotenen Leistungen konkurrieren können.

Lean-Management-Programm

Beispiel Ein Unternehmen stellt fest, dass ein Service-Spezialist Wartungsleistungen viel kostengünstiger anbieten kann als die eigene Wartungsabteilung.

Daraus kann sich nun die Entscheidung ergeben, diesen Unternehmensbereich aufzugeben und die Leistung auszulagern; man spricht in diesem Zusammenhang auch von **Outsourcing.** Demzufolge sinkt für das Outsourcing betreibende Unternehmen grundsätzlich der Personalbedarf.

◆ Produktions- und Arbeitsmittel

Produktionsmittel/ Arbeitsmittel

Zur Steigerung der Leistungsfähigkeit werden Produktions- und Arbeitsmittel ständig verbessert und unterliegen damit einem ständigen Wandel. Das Ziel besteht darin, mit geringeren Kosten eine gleiche Menge an Produkten bzw. mit gleichen Kosten eine größere Produktmenge zu erstellen. Dies hat in der Vergangenheit zu einer ständigen **Technisierung der Arbeit** geführt mit der Folge, dass sich der Personalbedarf umschichtete. In der Regel führt ein erhöhter Technikeinsatz zu einer deutlichen Verminderung des Personalbedarfs in den direkten Bereichen (Mitarbeiter im Fertigungsprozess), während der Bedarf in den indirekten Bereichen (z. B. Programmierung, Wartung, Logistik) eher steigt. Dies ist vor allem durch die Komplexität moderner Anlagen und Systeme begründet, deren Störanfälligkeit nur durch entsprechend qualifizierte Mitarbeiter beherrscht werden kann.

◆ Betriebliche Organisationsstrukturen

Organisationsstrukturen

Wie sich Festlegungen in den Organisationsstrukturen eines Unternehmens auf den Personalbedarf auswirken, lässt sich beispielhaft an der Wahl des Organisationstyps der Fertigung gemäß Abbildung 3-10 erkennen.

Weiterhin übt der Grad an Arbeitsteilung einen bedeutsamen Einfluss auf den Personalbedarf aus. Beim starren Festhalten an einer ganz bestimmten Aufgabenverteilung gibt es kaum Spielräume, Mitarbeiterressourcen je nach Kapazitätsauslastung mit unterschiedlichen Aufgabenstellungen voll auszunutzen. Aus diesem Grund wird zurzeit versucht, mit einer **Flexibilisierung der Organisation** die Einsatzmöglichkeiten vorhandener Mitarbeiter zu erhöhen, um damit Auslastungsunterschiede ausgleichen zu können. Dieser Zielsetzung entspricht auch die Umstrukturierung von Einzelarbeitsplätzen in **Gruppenarbeitssysteme,** die durch eine Bündelung und Integration von Aufgaben die bisher strenge Arbeitsteilung auflockern. Allerdings erfordern diese Konzepte auch einen völlig veränderten qualitativen Personalbedarf, da Routinetätigkeiten zugunsten planender, steuernder und kontrollierender Tätigkeiten abgebaut werden.

Organisationstypen der Fertigung und Personalbedarf

Organisations-typen	Wocon	Merkmale	Folgerungen für den Personalbedarf
Fließfertigung	Arbeitsplätze und Maschinen sind nach dem Produktionsablauf angeordnet. Die Arbeiten an den einzelnen Arbeitsplätzen sind zeitlich aufeinander abgestimmt (Objektzentralisation).	Hoher Spezialisierungs- (Arbeitsteilungs-) grad	Hochspezialisierte Facharbeiter sind nicht notwendig, da die Arbeitskräfte auf wenige Handgriffe spezialisiert sind; ungelernte Arbeitskräfte können schnell eingearbeitet werden; starke psychische Belastungen durch den Zwang, in einem bestimmten Arbeitstakt stets gleiche Verrichtungen ausführen zu müssen (Auflockerung durch Reihenfertigung); Erhöhung des Arbeitstempos durch Lerneffekte steigert die Produktivität in gewissem Umfang bei gleichem Personalbestand.
		Kurze Transportwege	Geringer, wenn nicht sogar kein Bedarf an Arbeitskräften, die Transporttätigkeiten ausüben
		Geringe Elastizität	Hohes Risiko bei Auftragsrückgängen; aufwändige Umrüstarbeiten bei Programmänderungen
Werkstatt-fertigung	Aggregate mit gleichartigen Arbeitsvorrichtungen sind zu einer fertigungstechnischen Einheit räumlich zusammengefasst. Häufig dort anzutreffen, wo das Produktionsprogramm vielseitig ist, häufig wechselt und/oder die einzelnen Produkte nur in kleinen oder mittleren Stückzahlen aufgelegt werden.	Hoher Professionalisierungsgrad (Ausmaß des Einsatzes qualifizierter Arbeitskräfte)	Die Arbeitskräfte sollen Konstruktionszeichnungen lesen, daraus erforderliche Arbeitsgänge ableiten, notwendige Umrüstarbeiten an den Aggregaten durchführen können und vielseitig einsetzbar sein (der Fall des Einsatzes numerisch gesteuerter Maschinen soll hier außer Acht gelassen werden). Hohes Anforderungsniveau hinsichtlich Ausbildung, Erfahrung etc. Geringere psychische Belastung durch weniger monotone Tätigkeiten.
		Lange Transportwege	U. U. hoher Bedarf an Arbeitskräften, die Transporttätigkeiten ausüben (auch abhängig von der Beförderungstechnik).
		Im Vergleich zur Fließfertigung umfangreiche Arbeiten hinsichtlich Arbeitsvorbereitung, Ablaufplanung, Terminplanung und -kontrolle, Kalkulation etc.	Bei der Werkstattfertigung sind die Arbeitsvorbereitung, die Ablauforganisation und Terminplanung Tätigkeiten, die keinen einmaligen Charakter haben. Entsprechend ist ein dauernder Bedarf an ausgebildeten Fachkräften für diese Tätigkeiten erforderlich. Ebenso ist im Vergleich zur Fließfertigung ein höherer Bedarf an Kalkulatoren zu verzeichnen, weil die Möglichkeit der Fertigung unterschiedlicher Produkte/Produktteile immer neue Kalkulationen erforderlich machen.

Abb. 3-10

(vgl. Schneider, K.: Determinanten des Personalbedarfs, Siegen, Diss. S. 167)

◆ Fluktuation und Fehlzeiten

Personalbedarf durch Fehlzeiten und Fluktuation

Wichtige Hinweise für die Personalbedarfsplanung ergeben sich auch aus den Statistiken zu den **Fehlzeiten** und zur **Fluktuation.** Dabei sind folgende Regeln zu beachten:

a) Je höher die Fehlzeiten zu kalkulieren sind, desto höher ist der Bedarf an Mitarbeitern, die als Reserve zu planen sind.

b) Je höher die Fluktuationsrate im Unternehmen bzw. in einem Unternehmensteil ist, desto höher ist der jeweilige Personalbeschaffungsbedarf anzusetzen, da ausscheidende Mitarbeiter in der Regel ersetzt werden. In diesem Zusammenhang ist natürlich besonders die **Altersstruktur** der Mitarbeiter zu beachten, da sie wichtige Anhaltspunkte für Zeitpunkt und Anzahl der zu ersetzenden Mitarbeiter liefert.

◆ Mitarbeiterleistung

Faktor Mitarbeiterleistung

Auch die Leistung der Mitarbeiter beeinflusst den Personalbedarf. Bezugspunkt für eine genauere Betrachtung ist der **Leistungsergebnisfaktor (F_{le})**, der Aussagen über die Ergiebigkeit der menschlichen Arbeit erlaubt. Dieser Faktor wird im Produktionsbereich nach folgender Formel berechnet:

$$F_{le} = \frac{\textit{Summe der Vorgabezeiten}}{\textit{Summe der verbrauchten Zeiten}}$$

Dabei gibt die **Vorgabezeit** an, *„wieviel Zeit ein Mensch zur Ausführung einer quantitativ und qualitativ genau umrissenen Arbeit bei normaler Arbeitsintensität und angemessener Inanspruchnahme werktäglicher Erholungs- und Bedürfniszeit aufwendet, wenn er die anzuwendende Arbeitsmethode beherrscht.“* (Quelle: Hentze, J.; Kammel, A.: Personalwirtschaftslehre, Bd. 1, Bern/Stuttgart, 2001, S. 200)

Wenn nun die Summe der verbrauchten Zeiten durch Einschränkung vermeidbarer Leer- und Ruhezeiten vermindert werden kann, erhöht sich damit der Leistungsergebnisfaktor. Dies kann wiederum in der Folge dazu genutzt werden, den kalkulierten Personalbedarf aufgrund der höheren Ergiebigkeit zu senken.

Das Leeraner Werk der Sixtime GmbH hat bezüglich des mittelfristigen Personalbedarfs die Marktchancen der drei Produktionsmodule zu beachten.

Schleifmittel	*Aufgrund des stagnierenden Marktwachstums wird zusätzliches Personal nicht mehr benötigt. Um sich gegen die stärker werdende Konkurrenz zu schützen, werden sich die Aktivitäten daher besonders auf Kosteneinsparungen konzentrieren. Sie werden daher vorschlagen, mithilfe von Arbeitsplatz- und Arbeitsablaufanalysen Einsparungspotenziale im Personalbedarf feststellen zu lassen.*
Autofilter	*Hier muss die Marktentwicklung noch abgewartet werden. Sie werden daher eine Planung mit großer Flexibilität bevorzugen. Das heißt, dass die Quote des Stammpersonals in diesem Bereich zunächst möglichst niedrig gehalten wird (mit entsprechend hohem Anteil an befristeten Arbeitsverhältnissen), um rasch auf die Marktänderungen reagieren zu können. Die geplante Einführung von Gruppenarbeit wird Sie veranlassen, den Personalbedarf etwas nach oben zu korrigieren, damit die erwarteten Anlaufschwierigkeiten aufgefangen werden können.*

Polituren	*Dieses als Problembereich einzustufende Modul wird in naher Zukunft ersetzt werden müssen. Daher müssen Sie dafür sorgen, dass die personellen Kapazitäten unverzüglich abgebaut werden, ohne allerdings die augenblickliche Produktionsbereitschaft zu gefährden. Hier gilt es auch festzustellen, welche der Mitarbeiter eventuell in das Wachstumsmodul „Autofilter" übernommen werden können.*

3.3 Schritte zur Ermittlung des Personalbedarfs

Ermittlung des Personalbedarfes/ Bezugsgrößen

Unabhängig von der Methode zur Ermittlung des Personalbedarfs sind gedanklich grundsätzlich drei verschiedene Schritte zu unterscheiden. Dabei konzentrieren sich die folgenden Überlegungen aus Vereinfachungsgründen hauptsächlich auf den quantitativen Aspekt des Personalbedarfs. Im letzten Abschnitt dieses Kapitels (3.5) werden die qualitativen Gesichtspunkte wieder aufgegriffen.

1. Ausgangspunkt ist zunächst die Festlegung des künftigen Personalbedarfs für den zu planenden Zeitraum (z. B. Personalbedarf für das kommende Quartal) als **Bruttopersonalbedarf,** der sich aus Einsatz- und Reservebedarf zusammensetzt.

2. Danach ist die **Personalbestandsentwickung** durch Fortschreibung der Mitarbeiterzu- und abgänge zu ermitteln.

3. Durch Feststellung der Differenz zwischen Bruttopersonalbedarf und Personalbestandsentwicklung ergibt sich der **Nettopersonalbedarf.** Dieser führt entweder zu einem Beschaffungsbedarf wegen der zu erwartenden Deckungslücke oder zu einem Abbaubedarf wegen des voraussehbaren Personalüberhangs.

Diese Zusammenhänge werden in der folgenden Abbildung 3-11 als Struktur verdeutlicht.

Ermittlung des Personalbedarfs

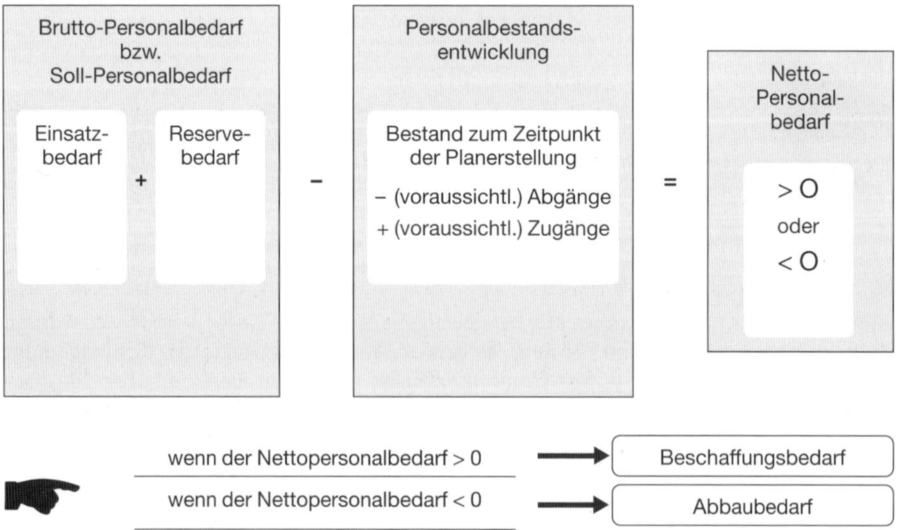

Abb. 3-11

3.3.1 Der Bruttopersonalbedarf

Der Bruttopersonalbedarf setzt sich, wie oben bereits angegeben, aus Einsatzbedarf und Reservebedarf zusammen.

Einsatzbedarf

Der **Einsatzbedarf** umfasst die Anzahl der Mitarbeiter, die nach technischen, organisatorischen, gesetzlichen und tariflichen Gesichtspunkten ständig verfügbar sein müssen, um die anfallende **Arbeitsmenge** zu bewältigen. Aufgrund der Komplexität der einwirkenden Faktoren kann eine Bestimmung nur über näherungsweise Verfahren erfolgen. Wesentlich in diesem Zusammenhang ist die Kalkulation der für die Erfüllung des angestrebten betrieblichen Leistungsprogramms erforderlichen Arbeitsmenge. Hier bedient man sich aussagekräftiger **Bezugsgrößen**, anhand derer der jeweilige Personalbedarf gemessen werden kann. Einen Überblick über die Vielfalt möglicher Bezugsgrößen der Personalbedarfsplanung bietet Abbildung 3-13.

Die verwendeten Bezugsgrößen müssen drei verschiedenen Kriterien genügen, damit sie als zuverlässige Planungsbasis genutzt werden können.

1. Relevanzkriterium	Der Personalbedarf muss dadurch wesentlich beeinflusst werden.
2. Quantifizierbarkeit	Die **Berechenbarkeit** der Arbeitsmenge schafft erst die Voraussetzung zur Personalbedarfserfassung.
3. Prognostizierbarkeit	Die Erfassungsmöglichkeit der künftigen Entwicklung erlaubt Aussagen über den künftigen Personalbedarf.

Abb. 3-12

In der Praxis finden sich grundsätzlich zwei verschiedene Planungsansätze zur Festlegung des Personaleinsatzbedarfs, und zwar erstens die Planung auf **Fortführungsbasis** und zweitens der Planungsansatz auf **Nullbasis**.

◆ Planung auf Fortführungsbasis

Fortführungsplanung

Bei diesem Ansatz geht man davon aus, dass der bisherige Personalbestand in quantitativer und qualitativer Hinsicht dem tatsächlichen Personalbedarf entspricht. Das heißt, dass bei gleichbleibenden Aufgaben keine Änderungen im Personalbedarf zu erwarten sind. Meist werden sich jedoch die Aufgaben im Unternehmen zumindest teilweise ändern. Die Berechnungen des Personaleinsatzbedarfes beziehen sich dann allerdings nur auf die veränderten Aufgabenstellungen.

◆ Planung auf Nullbasis

Nullbasisplanung

Im Unterschied zur ersten Variante wird bei der Planung auf Nullbasis der gesamte Personaleinsatzbedarf vollständig neu bestimmt. Das heißt, dass der vergangene und der gegenwärtige Personalbedarf für dieses Verfahren außer Betracht bleiben. Damit werden die in der Vergangenheit getroffenen Personalbedarfsentscheidungen neu überprüft und insbesondere im Hinblick auf Überbesetzungen analysiert. Wegen der Aufwändigkeit und der damit verbundenen hohen Kosten werden die Planungen auf Nullbasis eher selten, beispielsweise bei Errichtung eines neuen Unternehmensteils durchgeführt.

Bezugsgrößen der Personalbedarfsplanung (Beispiele)	
Betrieb/Abteilung, Arbeitsplatz, Funktion	Bezugsgrößen
Gemeinde, Kirche	Einwohner, Gemeindemitglieder, Schüler, kinderreiche Familien (Familienfürsorge)
Gericht	Zahl der Delikte bzw. Geschäftsvorfälle (Umfang des Geschäftsanfalls) je Richter bei vergleichbaren Gerichten
Finanzamt	Veranlagung zur Umsatz-, Einkommens-, Gewerbesteuer, Festsetzung und Überwachung des Steuerabzugs vom Kapitalertrag; Bearbeitung der Grunderwerbssteuervorgänge
Kreditinstitut (Zweigstelle)	Kassenposten Sparverkehr, Kassenposten Giroverkehr, Buchungsposten insgesamt und sonstige Posten, Sortenan- und -verkauf (Posten), bearbeitete Kleinkredite, Bestand an Spar-, Geschäfts- und Gehaltskonten, Nachttresorlieferungen
Fernmeldeabteilung der Telekom	Fernsprech-Hauptanschlüsse, Fernsprech-Ortsnetze, Quadratkilometer des Fernsprechbezirks (Länge der Wegeleitungen)
Einkaufs-, Verkaufsabteilung	Bestellungen, Einkaufs-, Verkaufsakte, betreute Kunden, geführte Verkaufsgespräche, bearbeitete Anfragen
Produktionsabteilung	Menge der verarbeiteten Werkstoffe (Haupteinsatzmaterial), bearbeitete Werkstücke, produzierte Fertigerzeugnisse, beaufsichtigte Maschinen und Anlagen
Forschungs- und Entwicklungsabteilung	Publikationen (Bücher, Berichte, Referate, Patentschriften, Gutachten), erteilte Patente
Forschung und Lehre an Hochschulen	Zahl der Forschungsprojekte, Zeitaufwand je Semester, Zahl der Forschungsfreisemester, Zahl der Dissertationen und Habilitationen, Publikationen; Zahl der erbrachten Stunden der verschiedenen Veranstaltungen, Zahl der erfolgreichen Studienabschlüsse
Rechtsabteilung	zu lösende Fälle
Personalabteilung	einzustellende, aus- und weiterzubildende Mitarbeiter, Gesamtbeschäftigung
Finanzabteilung	Eingangsberichte, Gesamtbeschäftigung
Verpackungsabteilung, Postbüro, Zustellung, Expedition	verpackte, bearbeitete und zugestellte Poststücke
Angebotsbearbeitung	Anfragepositionen, Auftragspositionen, Anfragewerte

Abb. 3-13
(Quelle: Bosch, G. (Hrsg.): Handbuch Personalplanung, Köln, 1995, S. 69)

Für den Modulbereich „Schleifmittel“ im Leeraner Werk der Sixtime GmbH werden Sie eine Personalbedarfsrechnung auf Nullbasis vorschlagen, um Kosteneinsparungspotenziale ermitteln zu können.

Direkter und indirekter Personalbedarf

Weiterhin ist für die Größe Personaleinsatzbedarf zu beachten, dass neben den unmittelbar in der Produktion tätigen Mitarbeitern **(direkter Personalbedarf)** auch diejenigen Mitarbeiter zu berücksichtigen sind, die Leistungen erbringen, ohne direkt an der eigentlichen Produktion beteiligt zu sein. Man spricht in diesem Zusammenhang vom **indirekten Personalbedarf**. Im Zuge der Umstrukturierung ganzer Unternehmensbereiche zu Profitcentern spielt diese Unterscheidung eine entscheidende Rolle, da mit der Einbeziehung der indirekten Bereiche gleichzeitig auch eine kostenmäßige Zurechenbarkeit verbunden ist.

Genauere Arbeitsanalysen haben bei der Sixtime GmbH ergeben, dass das Produktionsmodul „Autofilter“ außer den 45 direkt tätigen Mitarbeitern immerhin noch Leistungen von 20 Mitarbeitern aus dem indirekten Bereich in Anspruch nimmt. Diese Erkenntnisse liegen Ihnen in folgender Übersicht vor (die Zahlen beziehen sich jeweils auf die Anzahl vollbeschäftigter Mitarbeiter).

	Direkter Bereich	Indirekter Bereich							
		Management	Einkauf/ Verkauf	Personal	F&E	Logistik	Instandhaltung	Sicherheit	DV
Autofilter	45	1	0,7	1	8	6	1	0,3	2

Abb. 3-14

Daraus ersehen Sie, dass die Ressourcen der Zentrale stark in Anspruch genommen werden, da das Modul immerhin Leistungen von 6 Mitarbeitern der Logistik sowie 8 Mitarbeiter der Forschungs- und Entwicklungsabteilung (F&E) benötigt. Hier wird zu prüfen sein, inwieweit diese Leistungen künftig vom direkten Bereich im Rahmen der Umstrukturierung in Gruppenfertigungssysteme selbst zu erbringen sind, ebenso wie die Inanspruchnahme der Bereiche Instandhaltung und Sicherheit.

Reservebedarf

Über den Personaleinsatzbedarf hinaus ist der Reservepersonalbedarf bei der Personalbedarfsermittlung zu berücksichtigen. Der Reservepersonalbedarf ergibt sich dadurch, dass die Mitarbeiter nicht an allen Arbeitstagen zur Verfügung stehen. **Fehlzeiten** (Fehltage) ergeben sich insbesondere durch folgende Abwesenheitsgründe:

- Urlaub
- Arbeitsunfähigkeit
- Bildungsmaßnahmen
- Mutterschutz

Die allgemeine Berechnungsformel lautet:

$$\text{Personalbedarf}_{\text{Reserve}} = \frac{\text{Personaleinsatzbedarf x Fehltage x 100}}{\text{Summe der potenziellen Arbeitstage}}$$

Anhand der nachfolgenden Abbildung 3-15 kann die Berechnung der potenziellen Arbeitszeit (Arbeitstage) nachvollzogen werden. Weiterhin wurde in dieser Aufstellung zur Reservebedarfsermittlung berücksichtigt, dass ein Teil der Arbeitsplätze aus Gründen der ständigen Fluktuation nicht besetzt ist.

Ermittlung des Reservebedarfs

1. Ermittlung der jährlichen Betriebszeiten		
365 Jahrestage		
52 Sonntage		
52 Samstage		
9 Feiertage		
ergibt 252 potenzielle Arbeitstage = 100 %; 1 Tag = 0,4 %		
2. Ermittlung des Reservebedarfs		
Tage		Prozent
30	Tarifurlaub	+ 11,9
1	unbezahlter Urlaub	+ 0,4
0,5	sonstiger Urlaub (z. B. für Schwerbehinderte)	+ 0,2
0,5	Mutterschutzurlaub	+ 0,2
0,5	Bundeswehr	+ 0,2
1	Weiterbildung/Bildungsurlaub	+ 0,4
2,5	nicht besetzte Arbeitsplätze	+ 1,0
15	Arbeitsunfähigkeit	+ 6,0
0,5	Freistellung für Betriebsräte und Vertrauensleute	+ 0,2
52,5	Tage durchschnittlicher Abwesenheit; Reservebedarf beträgt	+ 20,5
3. Zusätzlicher Reservebedarf bei einer Aufrechterhaltung der Wochenarbeitszeit von 40 Std. bei einer Arbeitszeitverkürzung auf 37 Std.		
	18 Freischichten für 37-Stunden-Woche	+ 7,2
4. Verminderter Reservebedarf durch Einführung eines vierwöchigen Betriebsurlaubs im Sommer (20 Arbeitstage) und nach Weihnachten (5 Arbeitstage)		
	25 Urlaubstage werden während des Betriebsurlaubs genommen	− 10

Abb. 3-15

(Quelle: Bosch, G. (Hrsg.): Handbuch Personalplanung, Köln, 1995, S. 112)

Allgemein ist die Tendenz beobachtbar, dass die Unternehmen aufgrund des verbreiteten Kostendrucks dazu neigen, ausfallende Arbeit durch **Erhöhung der Arbeitsintensität** ausgleichen zu lassen, sodass die Reservequote unter dem laut Berechnung erforderlichen Ansatz bleiben kann. Überdies wird in vielen Bereichen, insbesondere im Zusammenhang mit leitenden Tätigkeiten, auf eine getrennte Berechnung von Einsatz- und Reservebedarf verzichtet.

3.3.2 Die „natürliche“ Personalbestandsentwicklung

Bestandsentwicklung

Um den tatsächlichen Personalbeschaffungsbedarf für einen bestimmten Planungszeitraum zu ermitteln, muss vorher berücksichtigt werden, wie sich der augenblickliche Personalbestand voraussichtlich bis zu diesem Zeitpunkt verändern wird. Dabei sind sowohl Abgänge als auch Zugänge zu berücksichtigen. Diese Personalbewegungen können aufgrund von feststehenden Fakten (z. B. Erreichen der Altersgrenze) sowie anhand von Erfahrungen (z. B. durchschnittliche Fluktuationsquote) relativ zuverlässig geschätzt werden. Die nachfolgende Abbildung 3-16 zeigt eine **Abgangs-Zugangs-Tabelle** als Instrument zur Ermittlung des zu einem bestimmten Zeitpunkt zu erwartenden Personalbestandes, die abhängig von der Unternehmensgröße nach Bereichen und Qualifikationsgruppen weiter differenziert werden kann.

Tabelle zur Ermittlung der Personalbestandsentwicklung

	Abteilung: Gruppe:	Planungszeitraum					
		2010				**2011**	**2012**
		I. Quartal	II. Quartal	III. Quartal	IV. Quartal		
1	Bestand am Anfang der Periode						
	Abgänge						
2	Kündigung durch Mitarbeiter						
3	Entlassung durch den Betrieb						
4	Versetzung						
5	Pensionierung						
6	Einberufung Bundeswehr/Zivildienst/ Elternzeit						
7	Zeitverträge						
8	Sonstige Abgänge						
9	Summe der Abgänge (2 bis 8)						
10	Bestand nach den Abgängen (1 minus 9)						
geplante Zugänge (feststehende Zugänge)							
11	Einstellungen						
12	Versetzung						
13	Übernahme aus Ausbildungsverhältnis						
14	Rückkehr Bundeswehr/Zivildienst/ Elternzeit						
15	Summe Zugänge (11–14)						
16	Personalbestand am Ende der Periode (10 + 15)						

Abb. 3-16: Abgangs-Zugangstabelle

3.3.3 Der Nettopersonalbedarf

Netto-personal-bedarf

Mit der Gegenüberstellung von Bruttopersonalbedarf und dem erwarteten Personalbestand zum Planungszeitraum ergibt sich als Differenz der Nettopersonalbedarf, der dann einen entsprechenden Handlungsbedarf (Beschaffung oder Abbau) auslöst. Im Falle einer positiven Deckungslücke ist zu unterscheiden zwischen **Ersatzbedarf** aufgrund der zwischenzeitlich ausgeschiedenen Mitarbeiter sowie **Neubedarf,** der aufgrund von Erweiterungen der Geschäftstätigkeit notwendig wird (vgl. Abb. 3-11).

3.4 Methoden zur Ermittlung des Personalbedarfs

Ermittlungs-methoden für den Personal-bedarf

Man kann grundsätzlich den Personalbedarf für den Gesamtbetrieb wie auch für betriebliche Teilbereiche ermitteln. Für den Gesamtbetrieb wird man eher zu Methoden greifen, die einen groben Anhaltspunkt bezüglich des zu erwartenden Personalbedarfs liefern. Man spricht in diesem Zusammenhang von **globalen Methoden.** Wird die Berechnung auf Teilbereiche bezogen, erwartet man dementsprechend auch präzisere Ergebnisse. Die dafür verwendeten Methoden werden unter dem Begriff **detaillierte Methoden** zusammengefasst. Abbildung 3-17 zeigt die verschiedenen Methoden im Überblick.

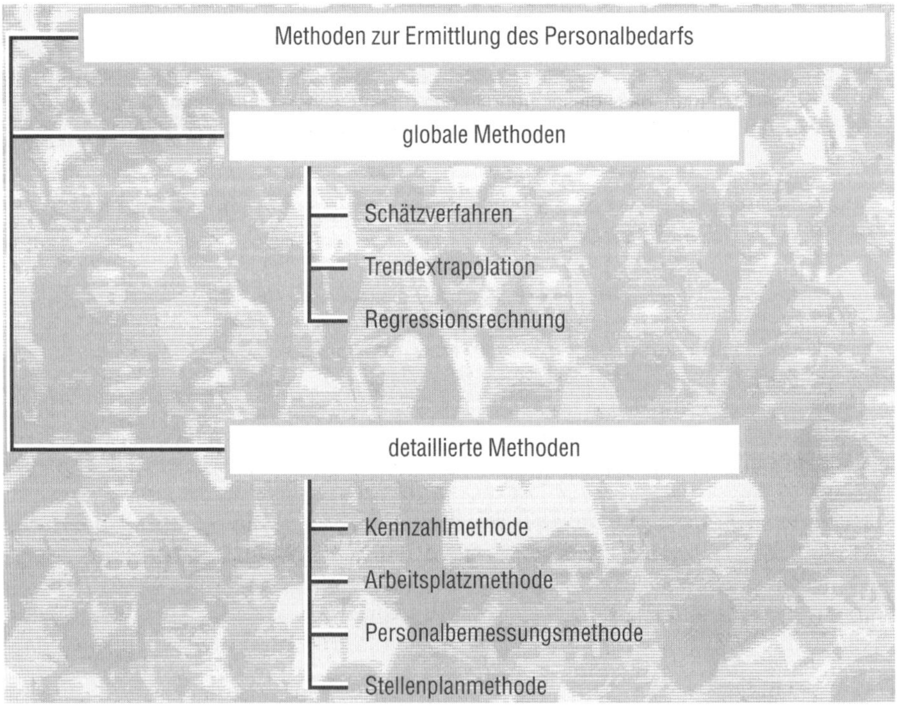

Abb. 3-17

3.4.1 Globale Methoden

◆ Schätzverfahren

Schätzverfahren finden allein deshalb Erwähnung, weil sie in der betrieblichen Praxis (vor allem in kleineren und mittleren Unternehmen) eine entscheidende Rolle spielen. Bei der **einfachen Schätzung** lässt sich der Schätzende von seiner Erfahrung und seiner Intuition leiten: Maßgebend sind in diesem Zusammenhang die subjektive Einschätzung der notwendigen Mindestbesetzung sowie der „üblichen" Fluktuation. Ausgangspunkt der Überlegungen ist dabei der Absatzplan, der die Funktion des Leitplans übernimmt, sukzessiv gefolgt von Produktionsplan und Personalbedarfsplan. **Schätzung**

Aufwändigere Schätzmethoden erfordern den Einsatz von Experten **(Expertenbefragungen),** die dann mithilfe verschiedener Simulationstechniken insbesondere langfristige Entwicklungen für die strategische Personalplanung vorwegzunehmen versuchen. In diesem Zusammenhang geht es um Planungszeiträume von 10 Jahren und mehr.

◆ Trendextrapolation

Grundlage dieses Verfahrens ist eine Zeitreihe (i. d. R. Personalbestand). Festgehalten werden dabei die entsprechenden Zahlenwerte eines größeren Zeitraumes der Vergangenheit, beispielsweise die Personalbestandszahlen der letzten 10 Jahre. Nun geht es darum, den **Entwicklungstrend** der Vergangenheit in die Zukunft fortzuschreiben **(extrapolieren).** **Trendberechnung**

Beispiel Trend der letzten Jahre war ein Anstieg des Personalbestandes um jeweils 5% pro Jahr. Unterstellt man, dass dieser Trend in der Zukunft weiter anhält, kann für das Folgejahr wieder mit einem Anstieg des Personalbestandes um 5% gerechnet werden.

Aufgrund der sich immer schneller ändernden Rahmenbedingungen als Folge der Globalisierung sind Trends immer schwerer vorauszusehen.

◆ Regressionsrechnung

Diese Methode findet nur in Großunternehmen Verwendung, da sie aufwändige mathematische Berechnungen auf der Basis umfangreichen Zahlenmaterials erfordert. Es geht darum, aus der Entwicklung bestimmter Bezugsgrößen (z. B. Größe der Verkaufsfläche) Rückschlüsse auf den zu erwartenden Personalbedarf zu ziehen. Voraussetzung ist zunächst, dass es einen messbaren statistischen Zusammenhang zwischen Bezugsgröße und Personalbedarf gibt. Die Stärke einer solchen Beziehung drückt sich im **Korrelationskoeffizienten** aus, der durch die Korrelationsrechnung ermittelt wird. Bei einer hohen Korrelation wird dann in der eigentlichen **Regressionsrechnung** aus der Entwicklung der Bezugsgröße die gesuchte Größe (hier: Personalbedarf) direkt mathematisch abgeleitet. **Berechnung aufgrund von Korrelationen**

3.4.2 Detaillierte Methoden

◆ **Kennzahlmethode**

Verwendung von Kennzahlen

Diese Methode ist sowohl Bestandteil der globalen Methoden als auch der detaillierten Methoden. Bei der Planung für betriebliche Teilbereiche geht es darum, die Beziehung des Personalbedarfs zu einer sie genau bestimmenden Bezugsgröße festzustellen und in Form einer einfachen Kennzahl auszudrücken. Aus der Änderung der Bezugsgröße kann dann unmittelbar der Personalbedarf abgeleitet werden. Man verwendet in der Praxis unterschiedliche Arten von Kennzahlen:

(1) Arbeitsproduktivität

Sie wird berechnet, indem eine Ertragsgröße (z. B. Umsatz, Mengenabsatz) in Beziehung gesetzt wird zum Einsatz des Produktionsfaktors Arbeit (z. B. Beschäftigtenzahl, Anzahl der Beschäftigtenstunden). Die Kennzahl kann dann in diesem Beispiel lauten:

$$\textit{Arbeitsproduktivität} = \frac{\textit{Umsatz}}{\textit{Anzahl Beschäftigte}}$$

Daraus leitet sich dann die Ermittlung des Personalbedarfs wie folgt ab:

$$\textit{Personalbedarf} = \frac{\textit{geplanter Umsatz (Soll-Größe)}}{\textit{Arbeitsproduktivität}}$$

(2) Arbeitszeit pro Erzeugniseinheit

Hierbei wird der Zeitaufwand für die Produktion einer bestimmten Menge in Beziehung gesetzt zur Produktionsmenge. Die Kennzahl gibt dann an, wie hoch der Zeitbedarf pro Erzeugniseinheit ist (z. B. 10 Minuten). Liegt die Produktionsmenge insgesamt fest (z. B. 50 000 Stück/Woche), lässt sich aufgrund der vorgegebenen Kennzahl der Personalbedarf ableiten. Im Beispiel ist der Zeitbedarf 500 000 Minuten oder 8 333 Stunden. Dividiert man diese Zahl durch die tarifliche Wochenarbeitszeit, ergibt sich so der gesuchte Personalbedarf (8 333 / 36 = 231,47, d. h. 232 MA). Der erforderliche Reservebedarf müsste dann durch einen Zuschlag noch gesondert berücksichtigt werden. Das eigentliche Problem liegt in der genauen Erfassung der Zeitwerte.

(3) Zahlenverhältnis zwischen bestimmten Mitarbeiter-Gruppen

In manchen Betriebsbereichen sind ganz bestimmte Relationen zwischen Mitarbeitergruppen gegeben. So ist in vielen Betrieben, z. B. aufgrund von Erfahrungswerten, das Verhältnis der Facharbeiter zu Hilfskräften festgelegt. In solchen Fällen genügt es, nur den Bedarf an Fachkräften gesondert zu ermitteln, der Hilfskräftebedarf ergibt sich dann automatisch mithilfe der Kennziffer.

(4) Kontrollspannen

In ähnlicher Weise kann aus einer vorgegebenen Kontrollspanne der erforderliche Personalbedarf abgeleitet werden. Unter Kontrollspanne (sc = span of control) versteht man die Anzahl der Mitarbeiter, die ein Vorgesetzter maximal beaufsichtigen sollte. Als eine bewährte Relation gilt heute das Verhältnis 1:15. Diese Kennziffer wird in erster Linie benutzt, um den Führungskräftebedarf abzuleiten.

(5) Aggregatmethode

Häufig wird durch den Betriebsmittelbestand der Personalbedarf „indirekt" mit festgelegt, weil zum Beispiel bestimmte Maschinen nur mit einer genau festgelegten Zahl von MA optimal genutzt werden können. Man spricht in diesem Zusammenhang von **„Limitationalitätsbeziehungen"**. Für die Produktion ist demnach eine technisch bedingte, fest vorgegebene Mengen an Personal nötig.

Beispiel Für die Fertigung von 1 000 Stück pro Woche wird **eine** Maschine (Typ A) in Verbindung mit **drei** Fachkräften benötigt.

◆ Arbeitsplatzmethode

Fixer Personalbedarf als Mindestbestand

Mithilfe der Arbeitsplatzmethode wird der Personalbedarf festgelegt, der sich unabhängig vom Arbeitsanfall ergibt. Beispielsweise ist in größeren Betrieben immer ein Pförtner erforderlich. Gleichermaßen ist die Besetzung anderer Positionen mit einer bestimmten Mindestzahl von Mitarbeitern notwendig, um überhaupt Betriebsbereitschaft herzustellen. Man spricht in diesem Zusammenhang vom **fixen Personalbedarf.**

◆ Personalbemessungsmethode

Berechnung nach Produktionsmengen

Grundsätzlich geht es bei dieser Methode um die Ermittlung des Personalbedarfs aus den Vorgabezeiten für die Erstellung einer bestimmten Produktionsmenge. Dabei ist allgemein von folgender Formel auszugehen:

$$\textit{Personalbedarf} = \frac{\textit{Arbeitsmenge x Zeitbedarf pro Arbeitsvorgang}}{\textit{Arbeitszeit pro Mitarbeiter}}$$

Die Erfassung des Zeitbedarfs pro Arbeitsvorgang geschieht entweder durch Selbstaufschreibung mit anschließender statistischer Auswertung (Verfahren bei Verwaltungsarbeiten) oder durch den Einsatz arbeitswissenschaftlicher Methoden (typisches Verfahren im Fertigungsbereich). Dazu zählt vor allem die REFA-Methode.

◆ Stellenplanmethode

Stellenplan als Grundlage

Grundlage dieses Verfahrens ist der aus dem Organigramm abgeleitete Stellenplan. Wird dieser Stellenplan in die Zukunft fortgeschrieben, was zum größten Teil wiederum per Schätzung erfolgt, ergibt sich daraus der Bruttopersonalbedarf. Tritt zu dem künftigen Stellenplan noch der künftige Stellenbesetzungsplan, so lässt sich damit noch zusätzlich der Nettopersonalbedarf feststellen.

3.5 Der qualitative Aspekt der Personalbedarfsplanung

Qualitative Aspekte

Mit der Erweiterung der Personalbedarfsplanung um den qualitativen Aspekt erhöht sich die Komplexität um ein Vielfaches. Denn das zentrale Problem der qualitativ orientierten Personalbedarfsplanung liegt darin, aus den Funktionen der einzelnen Aufgabenbereiche die Anforderungen an die Mitarbeiter abzuleiten. Da es um **zukunftsorientierte** Bedarfsanalysen geht, müssen sich die Analysen konsequenterweise auch auf **künftige Arbeitsplatzanforderungen** beziehen. Gleichzeitig müssen die vorhandenen Mitarbeiterpotenziale in den Blick genommen werden, um abschätzen zu können, welche Aktivitäten erforderlich sind, um sie für die künftigen Anforderungen nutzbar zu machen. Nur in Ausnahmefällen wird man annehmen können, dass die jetzigen Mitarbeiterqualifikationen ausreichen, um den künftigen qualitativen Bedarf decken zu können. Daher sind zur Schließung der zu erwartenden Lücken rechtzeitig Personalentwicklungsmaßnahmen (bei vorhandenen Potenzialen) einzuleiten, oder es sind entsprechende Schritte zur Personalbeschaffung vom externen Arbeitsmarkt vorzusehen. Im nachfolgenden Schaubild 3-18 wird vereinfacht ein konzeptioneller Ansatz zur Ermittlung des qualitativen Personalbedarfs dargestellt.

Ablauf der qualitativen Personalplanung

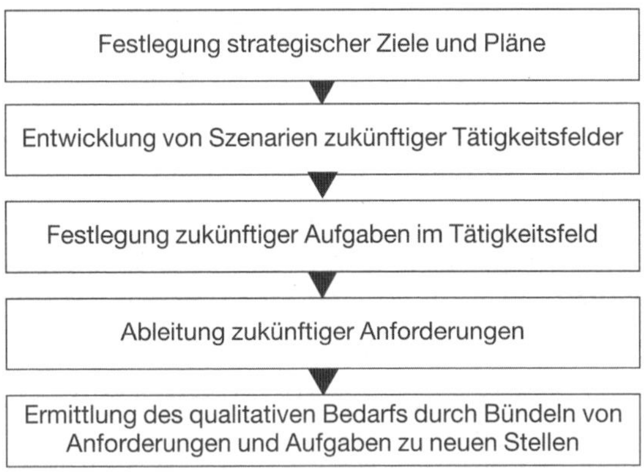

Abb. 3-18

Szenariotechnik

Als wesentliches methodisches Instrument kommt hier die **Szenario-Technik** zum Einsatz, mit der man unterschiedliche Entwicklungen vorwegnehmen kann. Bei dieser Technik geht es darum, verschiedenartige Entwicklungsverläufe (z. B. unterschiedliche Konjunkturverläufe, Marktveränderungen, politische Änderungen u.s.w.) zu simulieren. Auf diese Weise können sich ganz unterschiedliche „Szenaren" ergeben, die jeweils einen bestimmten Personalbedarf zur Folge haben. Dieses Verfahren gewinnt bei Großunternehmen zunehmend im Rahmen der strategischen Planung an Bedeutung. Man verspricht sich davon die Chance, „unvorhergesehene" Ereignisse vorauszudenken und mit in die Planungen einzubeziehen.

Der qualitative Aspekt der Personalbedarfsplanung wird insbesondere auch im Rahmen der Personalentwicklung erörtert.

Für das mit unsicheren Zukunftsaussichten behaftete Modul „Autofilter" der Sixtime GmbH wäre der Einsatz der Szenariotechnik zu empfehlen, um die Personalbedarfsplanung auf unterschiedliche Entwicklungen einzustellen. Nur auf diese Weise können im Falle der positiven Entwicklung spezielle Qualifikationen rechtzeitig zur Verfügung gestellt sowie bei negativer Entwicklung soziale Härten vermieden werden.

A Aufgaben

1. In einem mittelständischen Unternehmen der Metallverarbeitung mit zzt. 558 Mitarbeitern im Fertigungsbereich sowie 44 MA im kaufmännisch verwaltenden Bereich soll der Personalbedarf für das kommende Quartal erfasst werden. Bis zu diesem Zeitpunkt ist nach den vorliegenden Informationen mit folgenden Personalbewegungen zu rechnen:
   - 3 Mitarbeiter werden zwischenzeitlich in den Ruhestand treten.
   - 4 Auszubildende sollen unbefristet übernommen werden.
   - Die befristeten Verträge von 6 Mitarbeitern laufen zu diesem Termin aus.
   - Für 3 Mitarbeiterinnen ist die Elternzeit innerhalb der kommenden Wochen beendet.
   - Die krankheitsbedingte Fehlquote liegt zurzeit unverändert bei 5,5 %.
   - Es liegen 8 unterschriebene Arbeitsverträge für Neueinstellungen vor.
   - 2 Angestellte haben zum Quartalsende gekündigt.
   - 25 Mitarbeiter werden bis zum Quartalsende ihren Jahresurlaub genommen haben.
   - Aufgrund von Erfahrungswerten beträgt die Kündigungsquote pro Quartal 2 %.

   Der Personalbedarf zu Beginn des kommenden Quartals wird mit insgesamt 595 Mitarbeitern veranschlagt.

   a) Ermitteln Sie anhand einer Tabelle den Nettopersonalbedarf des Unternehmens für das kommende Quartal.

   b) Erläutern Sie Möglichkeiten, wie qualitative Gesichtspunkte in die Personalbedarfsermittlung für dieses Unternehmen einbezogen werden können.

2. Im Fertigungsbereich eines Industrieunternehmens werden zurzeit 780 Facharbeiter beschäftigt. Dazu kommen noch 39 Hilfsarbeiter. Die Bemessung für den Facharbeiterbedarf wird hauptsächlich mithilfe der Arbeitsvorbereitungspläne, die sich aus dem jeweiligen Fertigungsprogramm ergeben, durchgeführt. Der Bedarf für Hilfsarbeiter ergibt sich aus dem bisher unverändert gebliebenen Verhältnis zwischen **Anzahl Hilfsarbeiter** und **Anzahl Facharbeiter.**

   Ermitteln Sie den Hilfsarbeiterbedarf, wenn aufgrund von Rationalisierungen der Facharbeiterbestand auf 624 MA reduziert werden soll. Zeigen Sie anhand dieses Beispiels die Problematik der Kennzahlmethode auf.

3. Im Fertigungsbereich eines Kunststoff verarbeitenden Betriebes sollen die veralterten Spezialmaschinen durch mehrere leistungsfähige Universalmaschinen ersetzt werden. Die neuartige Maschine zeichnet sich dadurch aus, dass mit ihr alle in der Vormontage notwendigen Arbeiten (Stanzen, Bohren, Fräsen) nacheinander durchgeführt werden können. Zwischen diesen Arbeiten sind nur noch kurze Umrüstarbeiten (Umstellung der Maschine) erforderlich. Der Rationalisierungseffekt liegt vor allem in der Einsparung zeitaufwändiger Transportwege.

   Zurzeit finden anhand eines Modells Erprobungen statt. Unter anderem soll auch untersucht werden, wie sich die maschinelle Änderung auf die Personalbemessung auswirkt. Zu diesem Zweck wurden umfangreiche Zeitmessungen vorgenommen, um festzustellen, wie hoch die **Zeitvorgabe** für die Auftragsdurchführung einer Produkteinheit sein soll. Es liegen nun folgende Ergebnisse vor:

Tätigkeiten	gemessene Zeiten
Maschinenumrüstungen	
Einstellung für Stanzen	30 Sekunden
Einstellung für Fräsen	20 Sekunden
Einstellung für Bohren	10 Sekunden
Ausführungszeiten	
Grundzeit für Stanzen	18 Sekunden
Grundzeit für Fräsen	25 Sekunden
Grundzeit für Bohren	17 Sekunden

Zur Ermittlung der gesamten Auftragszeit für eine Produkteinheit sind noch folgende Faktoren zu berücksichtigen:

Erholungszeiten:
Diese Zeiten ergeben sich aufgrund von Ermüdungen während der Tätigkeit. Sie werden nicht gemessen, sondern werden aufgrund anderer Untersuchungen geschätzt und durch einen prozentualen Aufschlag auf Rüst- und Grundzeiten berücksichtigt **(geschätzter Prozentzuschlag: 5%)**.

Unterbrechungen:
Es handelt sich hierbei um „Nebenzeiten", die nicht unmittelbar mit den eigentlichen Grundzeiten zu tun haben. Dazu gehören z. B. Telefonate, vergessene Arbeiten, Besorgungen, Reparaturen usw. Diese Zeiten, die man als **Verteilzeiten** bezeichnet, werden ebenfalls nicht gemessen, sondern auch durch einen prozentualen Aufschlag berücksichtigt **(geschätzter Prozentzuschlag: 10%)**.

Ermitteln Sie den Personalbedarf unter folgenden Voraussetzungen:
- Die Arbeitsmenge pro Woche beträgt 33 000 Stück.
- Die Tarifarbeitszeit/Woche beträgt 36 Stunden.
- Aufgrund langjähriger Erfahrung ist für Zeiten der Abwesenheit ein Abschlag von **9,7%** auf die Tarifarbeitszeit vorzunehmen.

Wie hoch ist der Reservebedarf in diesem Beispiel?

4. Erläutern Sie anhand eines Beispiels, dass es gegenläufige Auswirkungen von externen Einflussfaktoren auf den Personalbedarf gibt.

5. In einem expandierenden mittelständischen Unternehmen mit 823 Mitarbeitern wurde die **Personalbestandsentwicklung** bisher immer mit einem **einheitlichen** Formular **jahresweise** durchgeführt. Dieses Instrument wird mittlerweile als zu grob angesehen. Insbesondere wird eine Differenzierung im Planungszeitraum bemängelt. Außerdem müssten auch qualitative Gesichtspunkte in irgendeiner Form Berücksichtigung finden. Entwickeln Sie ein tabellarisches Formular, in dem die Kritikpunkte entsprechend verarbeitet wurden.

B Methodische Empfehlungen

◆ Planung unter Beachtung wesentlicher Gestaltungsprinzipien

Je nachdem, welche Teilprozesse in den Begriff Planung einbezogen werden, kommt man zu unterschiedlich weit gefassten Definitionen dieses Begriffs. Aus der Fülle von denkbaren Definitionen wird hier diejenige von Ulrich/Fluri vorgeschlagen:

„Aufgabe der Planung ist es folglich, die generellen unternehmenspolitischen Zielsetzungen unter Berücksichtigung interner und externer Gegebenheiten und Entwicklungstrends zu konkretisieren, Teilziele für die Subsysteme festzulegen sowie die zur Zielerreichung notwendigen und geeigneten Maßnahmen und Mittel zu bestimmen." (Quelle: Ulrich, P.; Fluri, E.: Management, Bern/Stuttgart, 7. Auflage, 1995, S. 108)

Aufgrund der Komplexität des Gesamtvorgangs, insbesondere bezogen auf größere Organisationen wie zum Beispiel Großunternehmen, sind zur besseren Handhabbarkeit Gestaltungsprinzipien zu beachten. Die nachfolgende Abbildung 3-19 zeigt diese im Überblick:

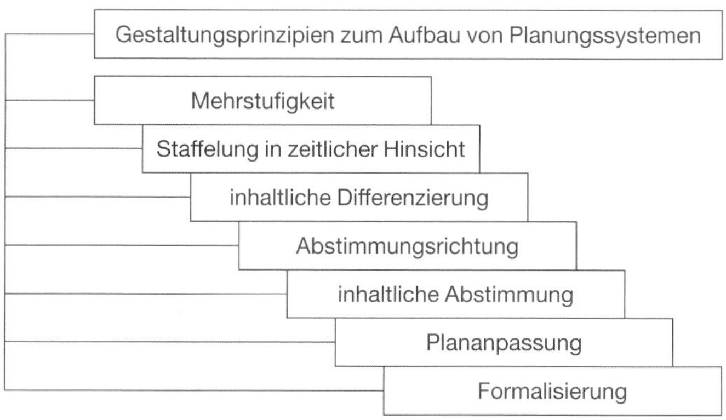

Abb. 3-19

Mehrstufigkeit

In einem größeren Unternehmen erweist sich ein mehrstufiges Planungssystem als zweckmäßig. Dabei existiert in der Regel ein Planungssystem des oberen, mittleren und unteren Managements; das heißt, dass die Planungsaufgaben mittels einer **vertikalen Differenzierung** auf über- und untergeordnete hierarchische Ebenen verteilt werden.

Staffelung in zeitlicher Hinsicht

In der Regel unterscheidet man in zeitlicher Hinsicht drei Stufen:

1. kurzfristige Pläne (operative Aspekte): Zeitraum bis 1 Jahr
2. mittelfristige Pläne (taktische Aspekte): Zeitraum ca. 2 bis 5 Jahre
3. langfristige Pläne (strategische Aspekte): Zeitraum über 5 Jahre

Erforderlich sind diese unterschiedlichen Staffelungen vor allem deshalb, weil es zeitliche Unterschiede gibt hinsichtlich

- der Voraussagbarkeit künftiger Ereignisse,
- der zeitlichen Reichweite gesetzter Ziele,
- der Umsetzungsdauer geplanter Maßnahmen.

Inhaltliche Differenzierung

Entsprechend der zeitlichen Differenzierung ergeben sich auch inhaltliche Differenzierungen. Man unterscheidet in dieser Hinsicht unter anderem nach folgenden Gesichtspunkten:

- Abstraktionsgrad: Globalpläne bzw. Detailpläne
- Vollständigkeit: umfassender Gesamtplan bzw. Ausschnittsplan
- Flexibilität: Pläne mit größeren bzw. kleineren Spielräumen
- Verbindlichkeit: verbindliche Pläne bzw. Pläne mit Absichtscharakter

Abstimmungsrichtung

Aufgrund der bereits oben beschriebenen Tatsache, dass Planungsaktivitäten üblicherweise arbeitsteilig erfolgen, sind zwangsläufig Abstimmungsprozesse in **vertikaler Richtung** erforderlich. Dabei werden grundsätzlich drei verschiedene Methoden unterschieden, nämlich die retrograde Methode, die progressive Methode sowie die Gegenstrom-Methode.

(1) Retrograde Methode
Die Abstimmungsrichtung erfolgt von „oben nach unten" (top-down). Die von der Unternehmensleitung in einem globalen Rahmenplan vorgegebenen obersten Ziele werden über die verschiedenen Hierarchiestufen schrittweise konkretisiert.

(2) Progressive Methode
Das Verfahren verläuft genau umgekehrt: Das heißt, es wird von unten nach oben geplant (bottom-up). Die untersten Planungshierarchien machen Planfestlegungen hinsichtlich Zielen, Maßnahmen sowie Inanspruchnahme von Ressourcen und geben ihre Teilpläne zwecks weiterer Koordination und Integration an die nächste Ebene weiter.

(3) Gegenstrom-Methode
Diese Methode bedeutet nichts anderes als eine Kombination der ersten beiden Verfahren mit dem Ziel, die jeweiligen Vorteile miteinander zu verbinden. In der Regel geht der Plananstoß von der Unternehmensleitung in Form eines vorläufigen Rahmenplans aus, der zunächst im **Vorlauf** (retrograd) zur Überprüfung der Realisierbarkeit „heruntergebrochen" wird. Bei der untersten Ebene beginnt dann der **Rücklauf** (progressiv) zur Bestätigung, Korrektur und Integration der Planungsansätze. Unter Umständen sind für die Gesamtplanung mehrere Durchläufe erforderlich.

Inhaltliche Abstimmung

Vor dem Hintergrund gegenseitiger Abhängigkeiten (Interdependenzen) sind insbesondere inhaltliche Planabstimmungen auf horizontaler Ebene erforderlich. Da eine gleichzeitige Berücksichtigung aller Faktoren durch eine **Simultanplanung** in der Praxis nicht möglich ist, bedient man sich **sukzessiver Verfahren** der Plankoordination. Auf der Basis eines **Primärplanes** werden die übrigen Pläne als Sekundärpläne abgeleitet. Dabei wird der Primär- oder Leitplan vom **Engpassbereich** bestimmt (in der Regel der Absatz), auf den alle übrigen Pläne abzustimmen sind. Praxisbezogene Erläuterungen dazu finden sich im Kapitel 3.1.1 (Personalplanung als Teilbereich der Unternehmensplanung).

Plananpassung

Um die Planung im Laufe der Zeit an die veränderten Bedingungen anzupassen, ist zu prüfen, in welcher Weise die Pläne überarbeitet, aktualisiert und fortgeschrieben werden sollen. Dabei kommen drei zu beachtende Gesichtspunkte in Betracht, nämlich das rollierende Prinzip, das Prinzip der Planungsreserven sowie das Prinzip der Flexibilität.

(1) Rollierendes Prinzip
Mit diesem Prinzip wird eine langfristige Grobplanung im Laufe einer Periode mit einer Detailplanung ausgefüllt und gleichzeitig am Periodenende jeweils um ein Jahr verlängert. Dadurch kann die Planung aufgrund des sich ständig verbessernden Informationsstandes laufend präzisiert werden.

(2) Prinzip der Planungsreserven
Bei diesem Prinzip geht es insbesondere darum, Spielräume zu halten, um auf unerwartete Situationen angemessen reagieren zu können. Dies konkretisiert sich beispielsweise in einer zusätzlichen Personalreserve, die in „Springerfunktion" kurzfristig alternativ einsetzbar ist.

(3) Prinzip der Flexibilität
Mit diesem Prinzip sollen nach Möglichkeit alternative Entscheidungsmöglichkeiten bereits im Planungsansatz berücksichtigt werden. Zu diesem Zweck werden Entscheidungen so weit wie möglich hinausgeschoben. Außerdem werden für bestimmte alternativ mögliche Bedingungen von vornherein bestimmte Anpassungsmöglichkeiten vorgesehen.

Formalisierung

Das Prinzip der Formalisierung soll vor allem dazu führen, dass Reibungsverluste im Planungsprozess vermieden werden. Dazu sind **inhaltliche** (z. B. Nutzung einheitlicher Verfahren und Kennzahlen) und **organisatorische** Festlegungen (z. B. Klarheit hinsichtlich der Informationswege) erforderlich.

C Literatur

Blank, A.; Rösener, M.: Marketing, Troisdorf, 2008.

Bosch, G. (Hrsg.): Handbuch Personalplanung, Köln, 1995.

Drumm, H. J.: Personalwirtschaftslehre, Berlin/Heidelberg, 2008.

Hentze, J.: Personalwirtschaftslehre, Band 1 u. 2, Bern und Stuttgart, 2001/2005.

RKW – Rationalisierungs-Kuratorium der Deutschen Wirtschaft (Hrsg.): RKW-Handbuch Personalplanung, Neuwied, 1990.

Schanz, G.: Personalwirtschaftslehre, München, 2000.

Scholz, C.: Personalmanagement, München, 2011.

Stopp, U.: Betriebliche Personalwirtschaft, Stuttgart, 2004.

Ulrich, P.; Fluri, E.: Management, Bern/Stuttgart, 1984.

4 Personal bedarfsorientiert beschaffen

Auf welche Weise sind benötigte Mitarbeiter nach Anzahl und Qualifikation rechtzeitig und für den richtigen Ort und damit bedarfsgerecht zu gewinnen?

Der Kunststeinehersteller Heinz Matten in Siegburg steht vor der Errichtung eines Zweigwerkes im Umkreis von Aachen. Anlass für den Entschluss war die Feststellung, dass trotz beachtlicher Marketingmaßnahmen eine gewisse Marktsättigung im bisherigen Absatzgebiet erkennbar wurde.

Der als Zweigbetriebsleiter vorgesehene bisherige Produktionsleiter möchte die neue Aufgabe aus Altersgründen nicht übernehmen, außerdem kommt ein Wohnungswechsel für ihn nicht in Betracht. Dagegen haben zwei qualifizierte kaufmännische Mitarbeiter und ein qualifizierter technischer Mitarbeiter ihre Bereitschaft erklärt, mindestens für die ersten Jahre am Aufbau des Zweigwerkes mitzuwirken. Kaufmännische und gewerbliche Mitarbeiter für einfachere Tätigkeiten sind nach Auskunft der dortigen Agentur für Arbeit in ausreichender Anzahl vor Ort zu beschaffen. Für den zukünftigen Zweigbetriebsleiter ist eine Neueinstellung einzuleiten, für die das Stammwerk verlassenden qualifizierten Mitarbeiter eine Ersatzbeschaffung. Die Neueinstellung von kaufmännischen Mitarbeitern für Sekretariat, Vertrieb und Buchhaltung sowie von gewerblichen Mitarbeitern für Produktion, Lager und Auslieferung ist ebenfalls einzuleiten. Zur Nachfolgeregelung für den in einigen Jahren ausscheidenden Produktionsleiter sind erste Überlegungen anzustellen.

4.1 Ziel und Gegenstand der Personalbeschaffung

Ziel

Das Ziel der Personalbeschaffung besteht allgemein darin, rechtzeitig die erforderlichen Mitarbeiter zur Abdeckung festgestellter personeller Unterdeckungen zu gewinnen. Obwohl der Begriff „Personalbeschaffung" wegen der damit assoziierten Gleichsetzung von Mensch und Betriebsmittel als nicht mehr zeitgemäß anzusehen ist, wird er trotzdem beibehalten, da er sich in der Literatur durchgesetzt hat.

Im weiteren Sinne beschäftigt sich der Funktionsbereich Personalbeschaffung nicht nur mit der Anwerbung geeigneter Mitarbeiter, sondern es werden auch die Teilfunktionen **Mitarbeiterauswahl, -einstellung** und **-einführung** einbezogen. Im Folgenden soll aber ausschließlich das engere Begriffsverständnis der Personalbeschaffung genutzt werden, um dann in den nachfolgenden Kapiteln die weiteren Teilfunktionen der Personalbeschaffung gesondert aufzugreifen.

Gegenstand

Dem Gegenstand der Personalbeschaffung ist insofern besondere Bedeutung beizumessen, als in Zeiten rückläufiger Bevölkerungsentwicklung sowie großen Spezialistenbedarfs nicht jederzeit qualifizierte Mitarbeiter in ausreichender Anzahl an beliebigen Orten zur Verfügung stehen. Außerdem ist zu beobachten, dass sich potenzielle Kandidaten für eine zu besetzende Stelle nicht mehr ausschließlich an materiellen Werten orientieren, sondern zunehmend andere Kriterien wie zum Beispiel Unternehmenskultur, Firmenimage, Entwicklungsmöglichkeiten sowie Sozialleistungen (beispielsweise Sozialeinrichtungen wie Kindertagesstätten) für ihre Entscheidung heranziehen. Vor diesem Hintergrund haben sich **Personalmarketingkonzepte** entwickelt, die davon ausgehen, dass sich das Unternehmen als Anbieter von Arbeitsplätzen vermarkten muss. Insbesondere im Wettbewerb um junge Spitzenkräfte versuchen Unternehmen, in den Ranglisten der „besten Unternehmen" zu erscheinen (employer of choice), z. B. im „Focus" als „Die hundert besten Arbeitgeber" bezeichnet. Im weiteren Sinne geht es nicht nur darum, durch geeignete Instrumente potenzielle Kandidaten außerhalb des Unternehmens durch Aufzeigen von Beschäftigungsvorteilen anzuwerben, sondern auch die bereits Beschäftigten durch ein nach innen gerichtetes Marketing zu erhalten und an das Unternehmen zu binden.

Marketingkonzepte

Mit einem solchen Verständnis ist das Aufgabenfeld der Personalbeschaffung in ein integriertes **strategisch ausgerichtetes Unternehmenskonzept** eingebunden, das alle personalwirtschaftlichen Funktionen mitumschließen muss. So ist es beispielsweise wenig nützlich, wenn sich ein Unternehmen nach außen mit einem modernen, mitarbeiterorientierten Image vermarktet, die Innenstrukturen aber eher durch eine bürokratische Maschinerie gekennzeichnet sind, die den Mitarbeiter vorrangig verwaltet. Auch der Anreiz eines ausgebauten Personalentwicklungssystems in einem Unternehmen, das seinen Beschäftigten kaum Aufstiegsmöglichkeiten bietet, kann als eher gering eingeschätzt werden.

Damit auch mittlere Unternehmen die Qualität ihrer Personalarbeit messen und darstellen können, unterstützt die Regierung mit Projektmitteln die Einführung eines „Human Potential Index" (HPI). Hier werden nach den Regeln der Qualitätsmanagement-Prozesse die Beziehungen zwischen einem guten Personal- und Unternehmensmanagement untersucht. In der Praxis wird durchaus kritisch diskutiert, ob gute Ergebnisse in diesem Rating sich wirklich in der Zufriedenheit der Mitarbeiter widerspiegeln.

Abb. 4-1 (Quelle: Schubert, A.; Haferburg, M.: Human-Potential-Index, 14.02.2012 www.psychonomics.de/filemanager/download/2065, S. 12)

4.2 Gewinnung und Analyse beschaffungsrelevanter Informationen

Informationsgewinnung

Die Analyse beschaffungsrelevanter Informationen hat grundsätzlich zum Zweck, den eigenen Handlungsspielraum im Entscheidungsfeld der Personalbeschaffung aufzuzeigen. Dabei geht es neben der Information über den quantitativen und qualitativen **Personalbedarf** als Ausgangsgröße zunächst um die allgemeine Klärung der entscheidenden **Bestandteile von Beschaffungsalternativen.** Weiterhin bedarf es der Analyse **interner und externer Arbeitsmärkte,** um sich frühzeitig auf die Identifizierung geeigneten Personals einstellen zu können. Abgerundet wird die Analyse durch die Bewertung der eigenen Unternehmensposition innerhalb der Personalbeschaffungsmärkte, die sich vornehmlich auf das **unternehmenseigene Anreizpotenzial** bezieht.

4.2.1 Der Personalbedarf als Ausgangsgröße für die Personalbeschaffung

Nettopersonalbedarf

Die Einleitung von Personalbeschaffungsaktivitäten setzt voraus, dass der entsprechende Personalbedarf in quantitativer, qualitativer, zeitlicher und örtlicher Hinsicht als **Nettopersonalbedarf** vorgegeben ist. Dieses ist Aufgabe der Personalbedarfsermittlung, die dementsprechend eng mit der Personalbeschaffung verzahnt sein muss. Hier ist insbesondere bei der Planung ein ausreichender Zeitraum zwischen Bedarfsmeldung und gewünschtem Einsatzzeitpunkt zu disponieren. Das nachfolgende Schaubild 4–2 zeigt zu diesem Zweck exemplarisch die Ablaufstruktur zur Neubesetzung einer Stelle auf. Ausgelöst wird das Verfahren in der Regel durch eine **Personalanforderung** aus einer Fachabteilung bzw. einem Unternehmensbereich.

Ablaufverfahren der Personalbeschaffung

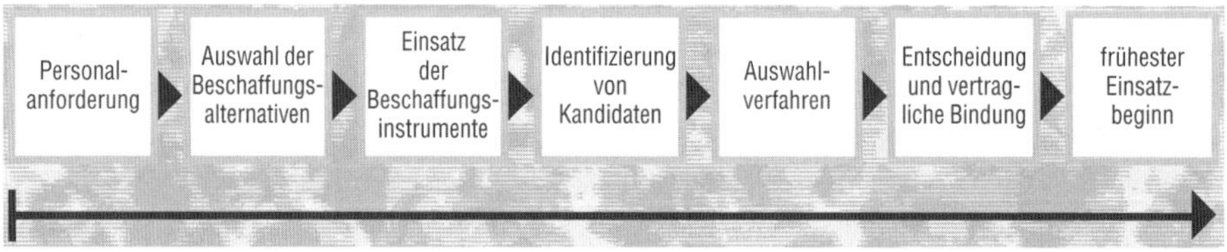

Abb. 4-2

Personalbeschaffung im Zeitablauf

Grundsätzlich gilt dabei Folgendes: Je höherwertiger und/oder spezieller die benötigte Qualifikation ist und je angespannter sich die Arbeitsmarktsituation darstellt, desto länger sind die **Beschaffungszeiträume** zu planen. Um jedoch auch für unvorhergesehenen Personalbedarf (z. B. infolge von Invalidität oder Tod) gerüstet zu sein, empfiehlt es sich, durch entsprechende **organisatorische Maßnahmen** die Personalbeschaffung allgemein so vorzubereiten, dass jeder Beschaffungsvorgang problemlos und zügig abgewickelt werden kann. Dazu dienen insbesondere klare Grundsätze und Richtlinien, Ablaufpläne, Checklisten sowie Formularsysteme. In der Praxis ergeben sich manchmal unnötige Verzögerungen infolge aufwändiger Genehmigungsverfahren bei Personalanforderungen, die durch das genehmigte Personalbudget nicht abgedeckt sind. Nützlich in diesem Zusammenhang erweisen sich auch **Betriebsvereinbarungen,** die neben der verbindlichen Festlegung von Beschaffungsregeln auch für entsprechende Transparenz sorgen können.

Das Verfahren der neu zu besetzenden Stelle des Zweigbetriebsleiters sollte möglichst schnell in Gang gesetzt werden, auch wenn der Zweigbetrieb erst wesentlich später eröffnet werden sollte. Der neue Zweigbetriebsleiter kann dann frühzeitig mit in die Aufbauplanung des Werkes einbezogen werden. Dazu wird dann auch die Beteiligung an der Personalbeschaffung vor Ort gehören.

4.2.2 Beschaffungsalternativen und ihre entscheidungsrelevanten Komponenten

Entscheidungskomponenten in einem Bedingungszusammenhang

Bei der Auswahl zwischen verschiedenen Möglichkeiten der Mitarbeiterbeschaffung ist zu beachten, dass jede Beschaffungsalternative verschiedene Komponenten enthält, die jeweils einer gesonderten Entscheidung unterliegen. Daher ist die Festlegung auf eine bestimmte Art der Personalbeschaffung als Ergebnis mehrerer Wahlentscheidungen zu betrachten, und zwar hinsichtlich der Komponenten **Beschaffungsmärkte, Beschaffungsinstrumente, Beschaffungszeit** sowie **Beschaffungsort**. Dabei ist auch zu berücksichtigen, dass sich die Komponenten unter Umständen gegenseitig bedingen. Dieser Zusammenhang ergibt sich auch aus der nachfolgenden Grafik 4-3.

Die Komponenten einer Beschaffungsalternative

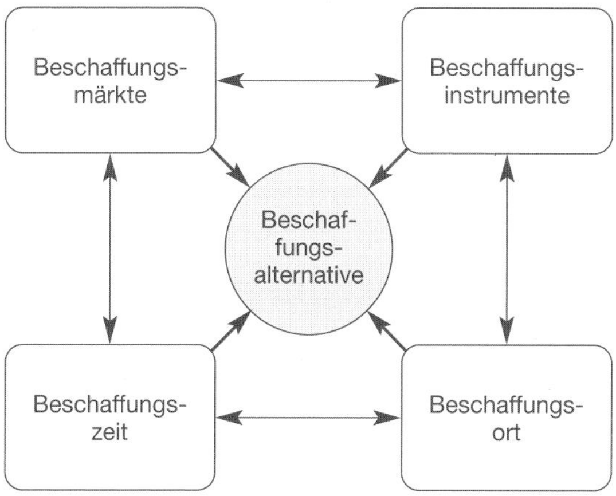

Abb. 4-3

◆ **Beschaffungsmärkte**

Es ist festzulegen, ob die zu beschaffenden Mitarbeiter im eigenen Unternehmen gesucht werden sollen (**interner** Beschaffungsmarkt) oder ob dieses auch außerhalb des Unternehmens geschehen soll (**externer** Beschaffungsmarkt). Darüber hinaus sind jeweils verschiedene Möglichkeiten rechtlicher Ausgestaltung der Personalbeschaffung zu beachten.

◆ **Beschaffungsinstrumente**

Bei der Auswahl passender Beschaffungsinstrumente geht es um die Frage, welche Medien und Maßnahmen im Rahmen der **Personalwerbung** genutzt werden sollen, um an potenzielle Kandidaten herantreten zu können.

◆ **Beschaffungsort**

Bei dem Aspekt Beschaffungsort ist über die **räumliche Ausdehnung** der Personalsuche zu entscheiden. Diese kann grundsätzlich begrenzt sein auf betriebsinterne Möglichkeiten bzw. auf Angebote, die der lokale Arbeitsmarkt bietet. Es sind allerdings auch beliebige Ausweitungen denkbar bis hin zur Nutzung internationaler interner und externer Arbeitsmärkte.

◆ **Beschaffungszeit**

Unter zeitlichen Gesichtspunkten ist einerseits zu klären, für welchen **Zeitpunkt** jeweils Mitarbeiter benötigt werden; denkbar ist neben der exakt auf den Bedarfszeitpunkt abgestimmten Beschaffung auch die vor- und nachträgliche Personalrekrutierung, um beispielsweise Arbeitsmarktengpässe oder auch längerfristige Einarbeitungen mit zu berücksichtigen. Andererseits ist auch über die Dauer der Personalbedarfsdeckung zu entscheiden. Dementsprechend richtet sich dann die Beschaffungsaktivität auf eine dauerhafte oder nur vorübergehende Bedarfsdeckung. Letzteres könnte sich beispielsweise so auswirken, dass ein vorübergehender Personalbedarf durch Personalleasing abgedeckt wird.

4.2.3 Analyse interner und externer Arbeitsmärkte

Wesentliches Ziel von Arbeitsmarktanalysen ist die frühzeitige Aufdeckung von Angebots- und Nachfragepotenzialen an benötigten Arbeitskräften. Zu diesem Zweck erweist sich eine laufende Beobachtung der Entwicklungen sowohl auf dem externen als auch dem internen Arbeitsmarkt als zweckmäßig. Diese Beobachtungen schließen insbesondere auch die Analyse der Rahmenbedingungen und ihrer Veränderungen mit ein.

Beobachtungsgegenstände externer und interner Arbeitsmärkte

Bezüglich der **externen Arbeitsmärkte** interessieren zum Beispiel:

- demografische Entwicklungen (Altersstrukturen, Wanderungsbewegungen)
- Entwicklungen des Bildungssystems
- quantitative und qualitative Ausprägungen von Arbeitskräftekategorien einschließlich deren geografischer Verteilung
- Lohn- und Gehaltsstrukturen auf den unterschiedlichen Teilmärkten
- Image des eigenen Unternehmens
- Verhalten der Konkurrenten am Arbeitsmarkt (Arbeitsbedingungen, Vergütung)

Bezüglich der **internen Arbeitsmärkte** bezieht sich das Interesse zum Beispiel auf:

- Identifizierung der veränderungswilligen Beschäftigten
- Prognose der quantitativen und qualitativen Personalbestandsentwicklung
- Qualifikationspotenziale und ihre bisherige Nutzung
- Motive und Werthaltungen der Beschäftigten

4.2.4 Analyse des unternehmenseigenen Anreizpotenzials

Akquisitorisches Potenzial der eigenen Unternehmung

Im Sinne einer strategisch orientierten Personalmarketingkonzeption ist die Analyse der eigenen Position am Personalbeschaffungsmarkt unverzichtbar, um gezielt die Beschaffungsmöglichkeiten zu eigenen Gunsten beeinflussen zu können. Dabei geht es vor allem darum, gegenüber den eigenen Beschäftigten sowie den potenziellen Arbeitskräften des externen Arbeitsmarktes ein positives Image zu vermitteln. Um zu diesem Zweck ein geeignetes Anreizpotenzial **(= akquisitorisches Potenzial)** aufzubauen und entsprechend als Beschäftigungsvorteile kommunikativ zu vermitteln, ist vorab die eigene Situation diesbezüglich gezielt zu hinterfragen. Wichtige Anhaltspunkte für die Verbesserung der eigenen Arbeitsmarktposition können sich aus folgenden Fragestellungen ergeben:

- Welche Aufgabenfelder sind jetzt und in absehbarer Zukunft zu bearbeiten, und mit welchen Ertragsaussichten sind sie verbunden?
- Welche Möglichkeiten der Ausbildung, des Aufstiegs und der Personalentwicklung kann das Unternehmen gegenwärtig und zukünftig bieten?

- Welche Angebote zur mitarbeiterorientierten Arbeitszeitgestaltung (insbesondere für Mütter) können unterbreitet werden?
- Welche Bedingungen der Vergütung, Erfolgs- und Vermögensbeteiligung sowie der sonstigen Sozialleistungen bietet das Unternehmen an?
- Welche Bedingungen existieren am Unternehmensstandort hinsichtlich Wohnungs- und Einkaufsmöglichkeiten, Betreuung von Kleinkindern, Schul- und Freizeitangeboten?
- Welche Konzepte der Personalführung und Einbindung von Mitarbeitern werden als verbindlich angesehen?
- Welche Werthaltungen gelten im Unternehmen und prägen die Unternehmenskultur?
- Welchen Rang will die Unternehmung innerhalb der Branche einnehmen?

4.3 Innerbetriebliche und außerbetriebliche Möglichkeiten der Personalbeschaffung

In den beiden folgenden Teilabschnitten konzentrieren sich die Darstellungen auf zwei der bereits oben erläuterten Komponenten von Beschaffungsalternativen. Dabei geht es zunächst um die Komponente **Beschaffungsmärkte;** im Abschnitt 4.4 werden dann Einzelheiten zur Komponente Beschaffungsinstrumente aufgegriffen.

4.3.1 Die innerbetrieblichen Möglichkeiten der Personalbeschaffung

Unter der Voraussetzung, dass die benötigten Mitarbeiter innerbetrieblich beschafft werden sollen, ergeben sich zahlreiche Möglichkeiten der Ausgestaltung, die allgemein danach unterschieden werden, ob sie unter rechtlichen Gesichtspunkten **mit Änderung der** jeweiligen **Arbeitsverhältnisse** oder **ohne Änderung der** jeweiligen **Arbeitsverhältnisse** verbunden sind.

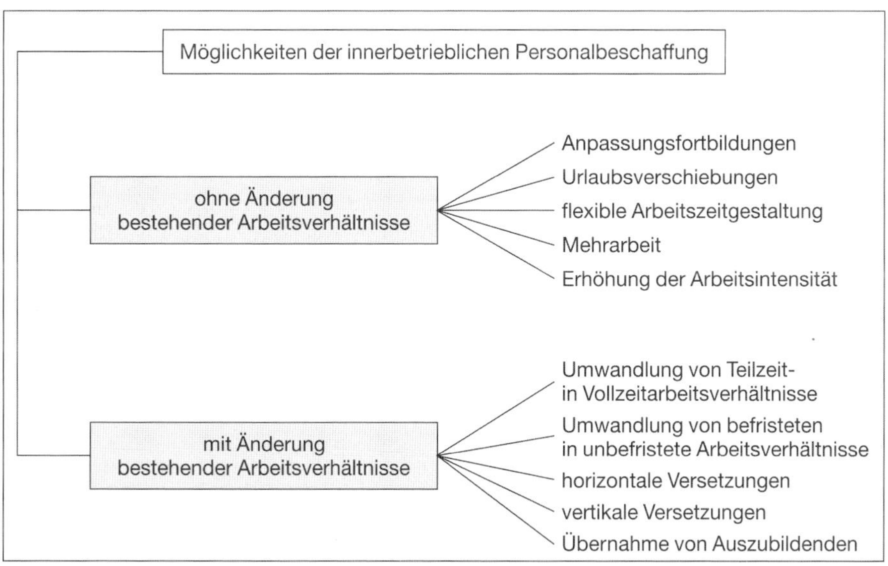

Abb. 4-4

◆ Personalbeschaffung ohne Änderung bestehender Arbeitsverhältnisse

Interne Personalbeschaffung ohne Vertragsänderungen

Bei dieser Möglichkeit wird auf den bestehenden Mitarbeiterstamm zurückgegriffen, ohne zusätzliche Kräfte bereitzustellen. Unter **qualitativen Gesichtspunkten** kann dabei ein zusätzlicher Qualifikationsbedarf, der sich aufgrund veränderter Arbeitsplatzanforderungen ergeben hat, durch entsprechende **Anpassungsfortbildungen** beschafft werden. Dieses könnte sich beispielsweise dadurch ergeben, dass Arbeiten zur Qualitätskontrolle in den Tätigkeitsumfang einzelner Fertigungsarbeitsplätze integriert werden, was die Vermittlung erweiterter Kenntnisse erforderlich macht.

Unter **quantitativen Gesichtspunkten** können zur kurzfristigen Überbrückung erforderlichen Personalbedarfs **Urlaubsverschiebungen** in Erwägung gezogen werden. Darüber hinaus ergeben sich weitere Möglichkeiten durch **flexible Arbeitszeitgestaltung** einschließlich der Festlegung von **Mehrarbeit**. Dieses setzt allerdings voraus, dass die entsprechenden Arbeitsrechtsnormen beachtet werden. Neben Arbeitsvertrag und Tarifvertrag sind hier insbesondere die Schutzbestimmungen des Arbeitszeitgesetzes (ArbZG) zu beachten. Gemäß § 3 ArbZG kann die regelmäßige Arbeitszeit auf bis zu zehn Stunden nur verlängert werden, wenn innerhalb von sechs Monaten im Durchschnitt acht Stunden werktäglich nicht überschritten werden. Außerdem sind die Mitbestimmungsrechte des Betriebsrates gemäß § 87 Abs. 1 Nr. 3 Betriebsverfassungsgesetz (BetrVG) zu beachten. Danach ist eine vorübergehende Verkürzung oder Verlängerung der betriebsüblichen Arbeitszeit grundsätzlich nur mit Zustimmung des Betriebsrates möglich. Die fehlende Zustimmung des Betriebsrates kann andernfalls nur durch den Spruch der paritätisch mit Arbeitgeber- und Arbeitnehmervertretern besetzten Einigungsstelle ersetzt werden. Nicht zu vergessen ist auch die häufig vorkommende Praxis, Personalbeschaffungsprobleme durch **Erhöhung der Arbeitsintensität** lösen zu wollen, was unter längerfristigen Aspekten aber eher als fragwürdig zu kennzeichnen ist, da auf diese Weise die Mitarbeitermotivation übermäßig strapaziert wird und Fehlzeiten überlasteter Mitarbeiter ebenso wie Kündigungen die Folgen sein könnten.

◆ Personalbeschaffung mit Änderung bestehender Arbeitsverhältnisse

Interne Personalbeschaffung mit Vertragsänderungen

Als Beschaffungsmöglichkeit unter Berücksichtigung des rein **quantitativen** Aspektes kommt in diesem Zusammenhang zunächst einmal die **Umwandlung** von bestehenden Teilzeitarbeitsverhältnissen **in Vollzeitarbeitsverhältnisse** in Betracht. Dazu bedarf es, wie bei allen folgenden Möglichkeiten, einer einvernehmlichen Vertragsänderung bzw. eines neuen Vertrages. Eine Änderung bestehender Arbeitsverhältnisse ist nämlich ohne Zustimmung des jeweils betroffenen Arbeitnehmers grundsätzlich nicht möglich und könnte allenfalls über den Weg einer Änderungskündigung in Gang gesetzt werden. Letzteres ist aber ohne sichere Erfolgsaussicht, da in der Regel die Schutzvorschriften des Kündigungsschutzgesetzes eine beträchtliche Barriere bedeuten. Überdies sind in diesem Zusammenhang die Mitbestimmungsrechte des Betriebsrates gemäß § 99 BetrVG zu berücksichtigen.

Üblicherweise befindet sich immer ein Teil der Beschäftigten in einem befristeten Arbeitsverhältnis. Hier bietet sich als Möglichkeit zur Personalbeschaffung eine **Umwandlung** befristeter Arbeitsverhältnisse **in unbefristete Arbeitsverhältnisse** an. Eine erneute Befristung (als **Kettenvertrag**) zur Absicherung von unternehmerischen Beschäftigungsrisiken ist nur in Ausnahmefällen arbeitsrechtlich möglich, da Gesetzgeber und Rechtsprechung ein Unterlaufen des Kündigungsschutzgesetzes zugunsten einer längerfristigen Arbeitsplatzsicherheit der Arbeitnehmer verhindern wollen.

Mehr unter **qualitativen** Gesichtspunkten ist die **Versetzung** als Möglichkeit innerbetrieblicher Personalbeschaffung zu betrachten. Dabei ist grundsätzlich zwischen **horizontaler** Versetzung (d.h. Verbleib auf gleicher hierarchischer Stufe) und **vertikaler** Versetzung (d.h. hierarchischer Aufstieg) zu unterscheiden. Das Betriebsverfassungsgesetz definiert den Begriff Versetzung in § 95 Abs. 3 BetrVG folgendermaßen:

> *„Versetzung ist die Zuweisung eines anderen Arbeitsbereiches, die voraussichtlich die Dauer von einem Monat überschreitet, oder die mit einer erheblichen Änderung der Umstände verbunden ist, unter denen die Arbeit zu leisten ist."*

Systematische Planungen vertikaler Versetzungen ergeben sich aus den Instrumenten der **Karriereplanung** und der **Personalentwicklungsplanung**. Zur Abwicklung dieser Planungsinstrumente müssen allerdings Karrierepfade, Ersatz- und Versetzungszeitpunkte sowie erforderliche Personalentwicklungsmaßnahmen mit ihrer Dauer bekannt sein. Auch horizontale Versetzungen können mehr als nur jeweils eine ad hoc – Maßnahme (ad hoc, lat. „zu diesem", gemeint ist „zu diesem Zweck") bedeuten, und zwar dann, wenn sie zum Beispiel im Rahmen von systematischen Arbeitsplatzwechseln **(job rotation)** als Förderinstrument genutzt werden.

Letztlich kommt noch als Möglichkeit der internen Personalbeschaffung die **Übernahme von Auszubildenden** aus Ausbildungsverhältnissen in Betracht. Diese Möglichkeit bietet vor allem den Vorteil, die durch eine systematisch betriebene innerbetriebliche Nachfolgeplanung entstehenden Lücken kontinuierlich durch Berufsanfänger zu schließen.

Aufgrund der bisher fehlenden systematischen und mit entsprechenden Personalentwicklungsmaßnahmen gekoppelten Nachfolgeplanung im Werk Siegburg steht für die Nachfolge des ausscheidenden Produktionsleiters kein geeigneter Kandidat zur Verfügung und kann auch nicht so schnell herangebildet werden. Daher kommt nur eine externe Besetzung für die Nachfolge infrage.

4.3.2 Die außerbetrieblichen Möglichkeiten der Personalbeschaffung

Externe Personalbeschaffung

Im Rahmen der außerbetrieblichen Personalbeschaffung kommen als grundsätzliche Möglichkeiten die **Neueinstellung** von Mitarbeitern durch Arbeitsverträge sowie die Personalgewinnung im Rahmen von Leiharbeitsverhältnissen als **Personalleasing** in Betracht. Daneben gibt es auch noch die Möglichkeit, erforderlichen Personalbedarf durch den Abschluss von **Werkverträgen** zu decken.

◆ **Neueinstellungen**

Modalitäten der Arbeitsverträge

Bei der Neueinstellung von Mitarbeitern durch Arbeitsverträge können die gleichen arbeitsrechtlichen Differenzierungen vorgenommen werden wie bereits bei den innerbetrieblichen Möglichkeiten angesprochen. Im Zusammenhang mit **Teilzeitarbeitsverträgen** entsteht häufig das Problem, dass der Personalbedarf nur auf einen **Vollarbeitsplatz** ausgelegt ist. Hier ist beispielsweise zu prüfen, ob nicht durch Arbeitsplatzteilung **(job sharing)** die Anreizwirkung für potenzielle Kandidaten erhöht werden kann. Allerdings ist auch zu beachten, dass die arbeitsvertraglichen Gestaltungsmöglichkeiten (z. B. hinsichtlich Vertretungsmöglichkeiten) durch das Teilzeit- und Befristungsgesetz

(TzBfG) eingeschränkt sind. In diesem Zusammenhang soll auch grundsätzlich darauf hingewiesen werden, dass gemäß § 4 TzBfG ein Arbeitgeber einen teilzeitbeschäftigten Arbeitnehmer nicht wegen der Teilzeitarbeit gegenüber vollzeitbeschäftigten Arbeitnehmern unterschiedlich behandeln darf, es sei denn, dass sachliche Gründe eine unterschiedliche Behandlung rechtfertigen.

Beispiel Ein sachlicher Grund für eine Schlechterstellung der Teilzeitbeschäftigten könnte allerdings beim Essensgeld gegeben sein. Das Essensgeld wird für die Kantinenbenutzung bezahlt, weil die Vollzeitarbeitnehmer regelmäßig keine Zeit für einen Einkauf oder eine Mahlzeit außerhalb haben. Essensgeld an Geringbeschäftigte oder an Halbtagsarbeiter muss deshalb nach bisheriger Rechtsprechung nicht gezahlt werden.

Auch eine **mögliche Befristung des Arbeitsverhältnisses** sollte bei einer Neueinstellung überdacht werden, um beispielsweise einen Mitarbeiter zunächst erproben zu können. Das Teilzeit- und Befristungsgesetz bietet dazu die rechtliche Voraussetzung. Danach ist gemäß § 14 TzBfG die Vereinbarung befristeter Arbeitsverträge ohne sachlichen Grund für die Befristung bis zu einer Dauer von 24 Monaten zulässig, wenn es sich um eine Neueinstellung handelt. Neben den befristeten Arbeitsverhältnissen gemäß TzBfG spielen in der Praxis vor allem **Aushilfsarbeitsverhältnisse** eine besondere Rolle, die als zweckgebundene Arbeitsverhältnisse zur Überbrückung eines vorübergehenden Personalbedarfs (z. B. Vertretung wegen Elternzeit) zu kennzeichnen sind. Diese Möglichkeit wird insbesondere zur flexiblen Anpassung personeller Kapazitäten an Arbeitsmengenspitzen intensiv genutzt.

◆ Personalleasing

Personalleasing zur Überbrückung von Engpässen

Die Möglichkeit des Personalleasings, auch **Leiharbeit, Arbeitnehmerüberlassung** oder **Zeitarbeit** genannt, kann ähnlich wie Aushilfsarbeitsverhältnisse zur Überbrückung vorübergehender personeller Engpässe genutzt werden. Dies könnte beispielsweise bei saisonalen Beschäftigungsspitzen oder im Zusammenhang von Krankheits- bzw. Urlaubsvertretungen der Fall sein. Neben der seltener vorkommenden **echten Leiharbeit**, bei der Mitarbeiter vorübergehend und mit deren Zustimmung einem geschäftlich verbundenen Unternehmen überlassen werden, spielt in der Praxis die im Arbeitnehmerüberlassungsgesetz (AÜG) geregelte **gewerbsmäßige Arbeitnehmerüberlassung** die entscheidende Rolle, auf die im Folgenden näher eingegangen wird.

Bei der als Personalleasing zu bezeichnenden gewerbsmäßigen Arbeitnehmerüberlassung handelt es sich um einen Vorgang mit drei Beteiligten, bei dem ein Unternehmen (als **Leasing-Geber**) einem anderen Unternehmen (als **Leasing-Nehmer**) so genannte **Leiharbeitnehmer** vorübergehend gegen Entgelt zur Verfügung stellt, und zwar im Rahmen von Arbeitnehmerüberlassungsverträgen. Der Leasing-Geber, auch Verleiher genannt, kann nur aufgrund einer Erlaubnis der Bundesagentur für Arbeit im Personalleasinggeschäft tätig werden. In dem Dreiecksverhältnis gilt der Leasing-Geber als Arbeitgeber des Leiharbeitnehmers mit allen Pflichten, insbesondere der Lohnzahlung an den Leiharbeitnehmer sowie der Überweisung fällig werdender Sozialversicherungsbeiträge an die zuständige Krankenkasse. Der Leasing-Nehmer erhält gegenüber dem Leiharbeitnehmer für die Dauer der Überlassung das Weisungsrecht. Er hat Beginn und Ende einer Überlassung der Krankenkasse des Leiharbeitnehmers zu melden und haftet im Rahmen eines fiktiven Arbeitsvertrages neben dem Leasing-Geber für die Vertragserfüllung. Die Beziehung der am Personalleasing Beteiligten wird noch einmal durch die nachfolgende Grafik 4-5 verdeutlicht.

Strukturbeziehungen des Personalleasings

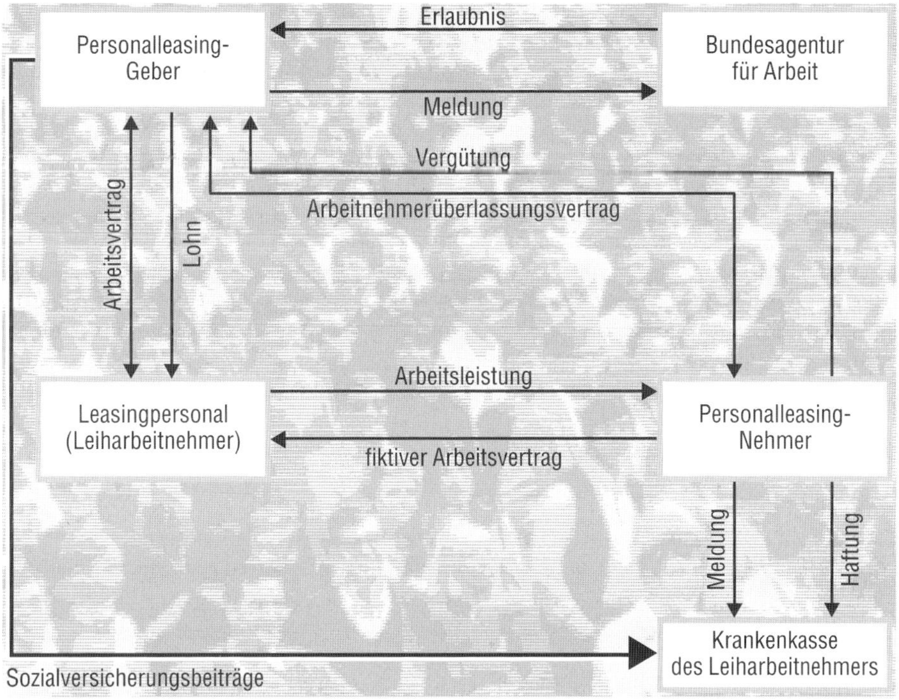

Abb. 4-5 (Quelle: Scholz, C.: Personalmanagement, München 2000, S. 267)

Das Zeitarbeitsunternehmen kann auch als Personalvermittler tätig werden.

Aus der Sicht des Leasing-Nehmers ergeben sich insbesondere folgende **Vorteile**: **Vorteile**

- schnelle Verfügbarkeit und Einsatzbereitschaft gewünschter Arbeitskräfte,
- Nutzung der von Leasing-Gebern vorrätig gehaltenen spezialisierten Arbeitskräfte,
- Beschäftigungsrisiko wird verlagert auf den Leasinggeber,
- Vergütung bezieht sich nur auf die tatsächlich geleistete Arbeitszeit,
- Stammpersonal kann vor Überlastung bewahrt werden,
- eventuell kann Personal übernommen werden; dadurch werden Aufwendungen gespart.

Nachteilig kann sich ein übersteigerter Leiharbeitnehmereinsatz auf das Betriebsklima auswirken, da wegen der häufigen Personenwechsel zwangsläufig eine gewisse Unruhe entsteht. Außerdem ist zu berücksichtigen, dass die Kosten für einen Leiharbeitnehmer ca. 25% – 33% höher liegen als für einen vergleichbaren Dauerarbeitnehmer. Unterstellt man Personalbeschaffungskosten in Höhe von etwa zwei Gehältern, ist der Leiharbeitnehmereinsatz nur bis zu einem halben Jahr kostengünstiger; bei einem Drittel höherer Kosten pro Monat ist genau nach sechs Monaten der Gegenwert für zwei Monatsgehälter erreicht. **Nachteile**

Neben den gewerblichen Zeitarbeitsunternehmen gibt es die von Arbeitsagenturen eingerichteten Personal-Service-Agenturen (PSA), die Arbeitslose einstellen und „ausleihen". Das Ziel ist die dauerhafte Vermittlung der Arbeitslosen in den ersten Arbeitsmarkt. In Zeiten, in denen der Arbeitslose nicht vermittelt ist, soll er an Qualifizierungsmaßnahmen teilnehmen.

◆ **Werkverträge**

Vergabe von Arbeit an Fremdfirmen

Der Bedarf an Personal kann letztlich auch dadurch gedeckt werden, dass die zu leistende Arbeit in Form von Werkverträgen an **Fremdfirmen** vergeben wird. Dieses kommt zum Beispiel vor, wenn Aufträge an **Subunternehmen** weitergegeben werden. Die im Rahmen dieser Vertragsbeziehung tätigen Mitarbeiter sind Arbeitnehmer des jeweiligen Werkunternehmers und handeln dementsprechend ausschließlich nach dessen Weisungen. In diesem Zusammenhang sei auch auf die zunehmende Praxis hingewiesen, im Rahmen von **Outsourcing**-Maßnahmen Mitarbeiter durch Vertragsänderungen zu selbstständigen Unternehmern zu machen. Hier ist trotz vorhandener Kostenvorteile (z. B. durch Einsparung sämtlicher Sozialleistungen) zu bedenken, dass solche „Mitarbeiter" jeglicher Personalführung entzogen sind und damit letztlich die kontinuierliche Entwicklung einer langfristig wirkenden Unternehmenskultur verhindert wird. Es ist darauf hinzuweisen, dass die Selbstständigkeit infrage gestellt werden kann, wenn der bisherige Arbeitgeber alleiniger Auftraggeber bleibt.

4.3.3 Die innerbetriebliche und außerbetriebliche Personalbeschaffung im Vergleich

Vorteile und Nachteile im Vergleich

Eine generelle Aussage zugunsten der innerbetrieblichen bzw. außerbetrieblichen Personalbeschaffung lässt sich wegen der vielfältigen Differenzierungen nicht machen. Eine Übersicht der verschiedenen Vor- und Nachteile ist der folgenden Abbildung 4-6 zu entnehmen.

Innerbetriebliche Personalbeschaffung

Vorteile	Nachteile
• Eröffnung von Aufstiegschancen (erhöhte Bindung an den Betrieb, verbessertes Betriebsklima) • geringe Beschaffungskosten • Betriebskenntnis • Kennen des Mitarbeiters, Kenntnis seines Könnens • Einhaltung des betrieblichen Entgeltniveaus (bei externer Einstellung ggf. überhöhtes Marktgehalt) • schnellere Stellenbesetzungsmöglichkeit • Anfangsstellungen für Nachwuchs werden frei • transparente Personalpolitik • positive Signalwirkung für Mitarbeiter	• weniger Auswahlmöglichkeiten • ggf. hohe Fortbildungskosten • mögliche Betriebsblindheit • Enttäuschungen bei Kollegen, evtl. weniger Anerkennung bei Aufrücken in Vorgesetztenpositionen, • „Spannungen/Rivalitäten unter Mitarbeitern" • zu starke kollegiale Bindungen, Sachentscheidungen werden „verkumpelt" • Stellenbesetzungen/Beförderungen um des lieben Friedens willen: Man will dem langgedienten Mitarbeiter nicht „nein" sagen. • Nachlassende Mitarbeiteraktivität wegen Beförderungsautomatik, man verlässt sich auf Nachfolge (Vertreter wird immer Nachfolger!) • Versetzung löst Bedarf quantitativ nicht; qualitativ oft nur in Verbindung mit Fortbildung und bei vertikaler Beförderung mit Führungsschulung

Außerbetriebliche Personalbeschaffung

Vorteile	Nachteile
• breite Auswahlmöglichkeit durch größeren Bewerberpool • eventuell geringere Personalentwicklungskosten • neue Impulse für den Betrieb • Der Externe bringt Kenntnis anderer Betriebe mit und wird leichter anerkannt.	• größere Beschaffungskosten • Hohe externe Einstellungsquote wirkt fluktuationsfördernd („Hier kann man nichts werden!"). • negative Auswirkungen auf Betriebsklima • höheres Risiko durch Probezeit und eventuelle Fehlentscheidungen • keine Betriebskenntnis (allgemeine Einführung erforderlich – Kosten/Zeit) • Stellenbesetzung zeitaufwändiger • Die „vor die Nase gesetzte" neue Führungskraft muss erst Spannungen abbauen – das bedeutet Kräfteverlust für den Betrieb. • Bei Stellenwechsel höhere Gehaltsvorstellungen als bei innerbetrieblicher Aufstiegsbesetzung • Blockieren von Aufstiegsmöglichkeiten

Abb. 4-6: Vor- und Nachteile inner- und außerbetrieblicher Beschaffung

(Quelle: Jung, H.: Personalwirtschaft, München/Wien, 2008, S. 152; vgl. auch Scholz, C. Personalmanagement, München, S. 177 und 179.)

Tendenz

Insgesamt zeigt sich in der Praxis eine Tendenz zugunsten der innerbetrieblichen Personalbeschaffung, nicht zuletzt aufgrund langfristiger Karriereplanung und Personalentwicklungsplanung. Dieses wird insbesondere durch die Tätigkeit von Betriebsräten unterstützt, die naturgemäß ein Interesse an einer nach innen ausgerichteten Personalbeschaffungspolitik haben. Das häufig zu hörende Argument zu erwartender Betriebsblindheit ist angesichts einer systematisch ausgebauten Personalentwicklung eher als veraltet zu betrachten. Zu beachten bleibt, dass mit der innerbetrieblichen Gewinnung benötigter Arbeitskräfte in der Regel das Beschaffungsproblem nicht endgültig gelöst, sondern häufig nur auf eine niedrigere Hierarchiestufe verlagert wird.

Der größte Teil der benötigten Mitarbeiter im neuen Zweigwerk im Umkreis von Aachen muss extern beschafft werden, da nur wenige Arbeitskräfte für einen größeren Ortswechsel in Frage kommen. Außerdem wird im Zusammenhang von Expansion das Beschaffungsproblem bei innerbetrieblicher Besetzung nur auf andere Bereiche verlagert. Die drei qualifizierten und versetzungswilligen Mitarbeiter aus Siegburg kommen für einen Versetzungsaufstieg in Frage. Gleichzeitig müsste in Siegburg rechtzeitig für Ersatz gesorgt werden. Zu diesem Zweck bietet es sich an, unverzüglich geeignete Nachwuchskräfte für eine Einarbeitung vorzusehen. Die weiter nach unten entstehende Lücke könnte durch die Übernahme der am besten geeigneten Auszubildenden geschlossen werden.

4.4 Instrumente der Personalbeschaffung

Die Instrumente der Personalbeschaffung beziehen sich auf die Medien und Maßnahmen im Rahmen der **Personalwerbung,** um die für bestimmte Stellen potenziell geeigneten Kandidaten erreichen zu können. Für diesen Zweck steht eine Fülle unterschiedlicher Instrumente zur Verfügung, deren zielgerichtete Auswahl und zielgerichteter Einsatz sich an bestimmten Kriterien orientieren sollte, wie nachfolgendem Schaubild 4-7 zu entnehmen ist.

Kriterien für die Nutzung von Personalbeschaffungsinstrumenten

Information	d.h.:	Potenzielle Bewerber brauchen ein Mindestmaß an Informationen über das Unternehmen: angebotene Stellen, Anforderungen, Leistungen des Unternehmens sowie Bewerbungsmodalitäten.
Akquisition	d.h.:	Das Beschaffungsinstrument muss potenzielle Bewerber ansprechen und die Attraktivität einer möglichen Beschäftigung bei diesem Unternehmen vermitteln.
Selektion	d.h.:	Ungeeignete Bewerber sollen nicht angesprochen werden und daher von einer Bewerbung zur Vermeidung unnötiger Auswahlkosten abgehalten werden.
Aktion	d.h.:	Der Einsatz des Beschaffungsinstruments soll dazu führen, dass sich potenziell geeignete Kandidaten tatsächlich zu einer Bewerbungsaktion veranlasst sehen.
Effizienz	d.h.:	Die Kosten des Beschaffungsinstrumentes sollen in einem angemessenen Verhältnis zum erzielten Erfolg (= ausreichende Anzahl von Bewerbungen potenziell geeigneter Kandidaten) stehen.

Abb. 4-7

Die Gliederung der Beschaffungsinstrumente unterscheidet allgemein nach Instrumenten, die auf den **internen Arbeitsmarkt** gerichtet sind, sowie nach solchen, die auf Mitarbeiter des **externen Arbeitsmarktes** zielen. Das folgende Schaubild 4-8 gibt dazu einen Überblick.

Instrumente der Personalbeschaffung

intern ausgerichtete Instrumente
- Direktansprache
- Stellenausschreibung

extern ausgerichtete Instrumente
- Internet (Jobportale)
- Talent-Relationship-Management
- Inanspruchnahme der Zentralstelle für Arbeitsvermittlung (ZVA) und/oder von Zeitarbeitsunternehmen
- Stellenanzeigen
- Web-basierte Recruiting-Methoden
- Personalberater
- College recruiting
- sonstige Instrumente

Abb. 4-8

4.4.1 Intern ausgerichtete Beschaffungsinstrumente

◆ Direktansprache

Interne Beschaffungsinstrumente

Als einfachstes, aber unter Umständen wirkungsvollstes Instrument der internen Personalanwerbung kommt die Direktansprache in Frage. Dieses setzt allerdings voraus, dass potenzielle Kandidaten für bestimmte Stellenvakanzen bekannt sind, soweit sie nicht von Vorgesetzten vorgeschlagen werden. Grundlage für eine zielgerichtete Identifizierung bestimmter Mitarbeiterpotenziale können systematisch gewonnene Daten aus einem bestehenden **Personalinformationssystem** (PIS) sein. Hier interessiert besonders die **Mitarbeitergeschichts-Datengruppe** mit Arbeitsvertrag, Einstellung, Versetzung, Beförderung und gegenwärtiger Einordnung; außerdem die **Potenzial-Datengruppe** mit Ergebnissen der Leistungs- und Potenzialbeurteilung sowie Angaben über alternative Verwendungsmöglichkeiten. Diese Art der Datengewinnung ermöglicht gleichzeitig auch eine differenziertere Ausgestaltung einer **Karriereplanung und Personalentwicklungsplanung** für leistungsfähige Nachwuchskräfte, die damit schon sehr frühzeitig Kenntnis ihrer möglichen Karrierepfade haben und entsprechend leicht für neue Aufgaben zu gewinnen sind.

◆ Stellenausschreibung

Medien für die Stellenausschreibung

Größere Transparenz des innerbetrieblichen Arbeitsmarktes wird dann hergestellt, wenn vakante Stellen ausgeschrieben und in geeigneter Weise bekannt gemacht werden. Als geeignete Medien kommen dafür in Betracht:

- Intranet,
- Rundschreiben,
- Schwarzes Brett,
- elektronisches Newsboard,
- Werkszeitung bzw. Hausinformationsblätter.

Gemäß § 93 BetrVG kann der Betriebsrat verlangen, „*dass Arbeitsplätze, die besetzt werden sollen, allgemein oder für bestimmte Arten von Tätigkeiten vor ihrer Besetzung innerhalb des Betriebs ausgeschrieben werden.*“ Daraus leitet sich allerdings nicht ab, dass betriebliche Bewerber in jedem Falle externen Bewerbern vorzuziehen sind. Insofern behält der Arbeitgeber grundsätzlich die Auswahlfreiheit. Als empfehlenswert erweist sich in diesem Zusammenhang, Organisation und Verfahren der Stellenausschreibung durch eine **Betriebsvereinbarung** zu regeln. Die wesentlichen Bestandteile einer solchen Vereinbarung werden im folgenden Schaubild 4-9 zusammengefasst.

Bestandteile

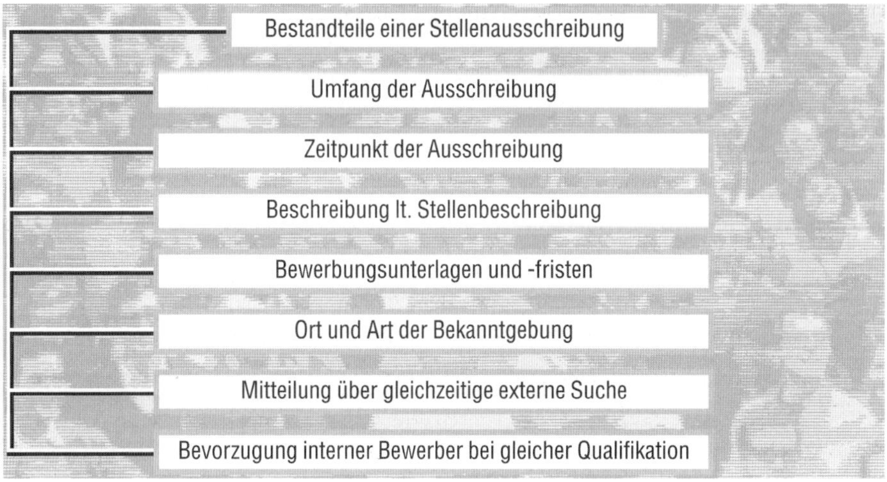

Abb. 4-9

Als Grundlage für eine Stellenausschreibung sollte eine **Stellenbeschreibung** dienen, die gegebenenfalls noch vorher aktualisiert bzw. neu erstellt werden sollte (siehe hierzu auch Kapitel 2.2.2). Als Muster einer Stellenausschreibung dient die folgende Abbildung 4-10.

Stellenausschreibung

Aushang vom | bis | wo

Für die Bewerbung und die Besetzung der Stelle gelten die „Richtlinien für die innerbetriebliche Stellenausschreibung“. Bitte benutzen Sie für die Bewerbung unseren Bewerbungsbogen. Nähere Auskunft gibt Ihnen die Personalabteilung, Telefon:

Zu besetzende Stelle:

Gewünschter Eintrittstermin: | Arbeitsort: | Arbeitszeit:

Ausführliche Beschreibung des Aufgabenbereiches:

Qualifikation:

Gehaltsgruppe K/T:
Zeitlohn:
Leistungslohn:

Abb. 4-10

Sie werden gemäß § 106 sowie § 92 BetrVG rechtzeitig und umfassend den Betriebsrat über die geplante Zweigbetriebserrichtung im Umkreis von Aachen einschließlich der damit verbundenen personellen Konsequenzen unterrichten. Damit können Sie bereits frühzeitig den Rahmen für die erforderlichen innerbetrieblichen Stellenausschreibungen abstecken sowie gleichzeitig die Zustimmung für die geplante Versetzung der drei qualifizierten Mitarbeiter gemäß § 99 BetrVG einholen.

4.4.2 Extern ausgerichtete Beschaffungsinstrumente

◆ Talent-Relationship-Management

Externe Beschaffungsinstrumente

Gerade in größeren Unternehmen kommt es häufig vor, dass **unaufgeforderte Bewerbungen** eingehen, insbesondere von Hochschulabsolventen. Dieses steht unter anderem im Zusammenhang einer aktiven Öffentlichkeitsarbeit (**public relations**), mit der sich ein Unternehmen als attraktiver Anbieter von Arbeitsplätzen in das Bewusstsein potenzieller Bewerber einprägt. Um solchen Bewerbern wegen fehlender Stellen nicht endgültig absagen zu müssen, empfiehlt es sich, Bewerberpools anzulegen. Auf diese Weise können dann diese Kandidaten bei veränderter Stellensituation erneut **direkt angesprochen** werden. In eine solche Datei können zusätzlich auch solche Mitarbeiter aufgenommen werden, die vorübergehend ihre Beschäftigung aufgegeben bzw. unterbrochen haben (z. B. wegen Elternzeit), für kurzfristige Aushilfstätigkeiten aber noch zur Verfügung stehen und daher schnell einsetzbar wären. Die Informationen in dieser Datei sind naturgemäß sehr kurzfristig.

◆ Inanspruchnahme der Arbeitsverwaltung

Die Bundesagentur für Arbeit (BA) sowie die ihr untergeordneten Arbeitsagenturen stellen im Rahmen der Personalbeschaffung ein vielfältiges und kostenloses Dienstleistungsprogramm zur Verfügung. Dies betrifft insbesondere **Auswahl und Vermittlung geeigneter Bewerber** unter Ausnutzung modernster Datentechnik, mit deren Hilfe die Arbeitsvermittler bundesweit auf riesige Mengen an gespeicherten Arbeitsangeboten zurückgreifen können. Entscheidend für eine effiziente Nutzung dieses Systems ist allerdings die präzise Angabe der Anforderungen und Bedingungen der Arbeitsstelle, zweckmäßigerweise in Form ausführlicher Stellenbeschreibungen. Für besondere Aufgabenstellungen hat die Bundesagentur für Arbeit spezielle Institutionen geschaffen.

Die nachfolgende Abbildung 4-11 weist auf das umfangreiche Dienstleistungsangebot hin.

Die Vermittlungserfolge werden in der Praxis unterschiedlich beurteilt. Zu beachten ist insbesondere, dass über die Arbeitsverwaltung nur die zur Veränderung Entschlossenen bzw. Gezwungenen (Arbeitssuchende) vermittelt werden, die dann jedoch verfügbar sind. Interessanter sind aber häufig diejenigen, die sich als zufriedene Leistungsträger in festen, sicheren Positionen befinden und einen Wechsel noch gar nicht in Erwägung gezogen haben. Somit muss deren Veränderungswunsch erst noch geweckt werden. Dabei spielen zum Beispiel Personalberater als private Dienstleister zunehmend eine größere Rolle.

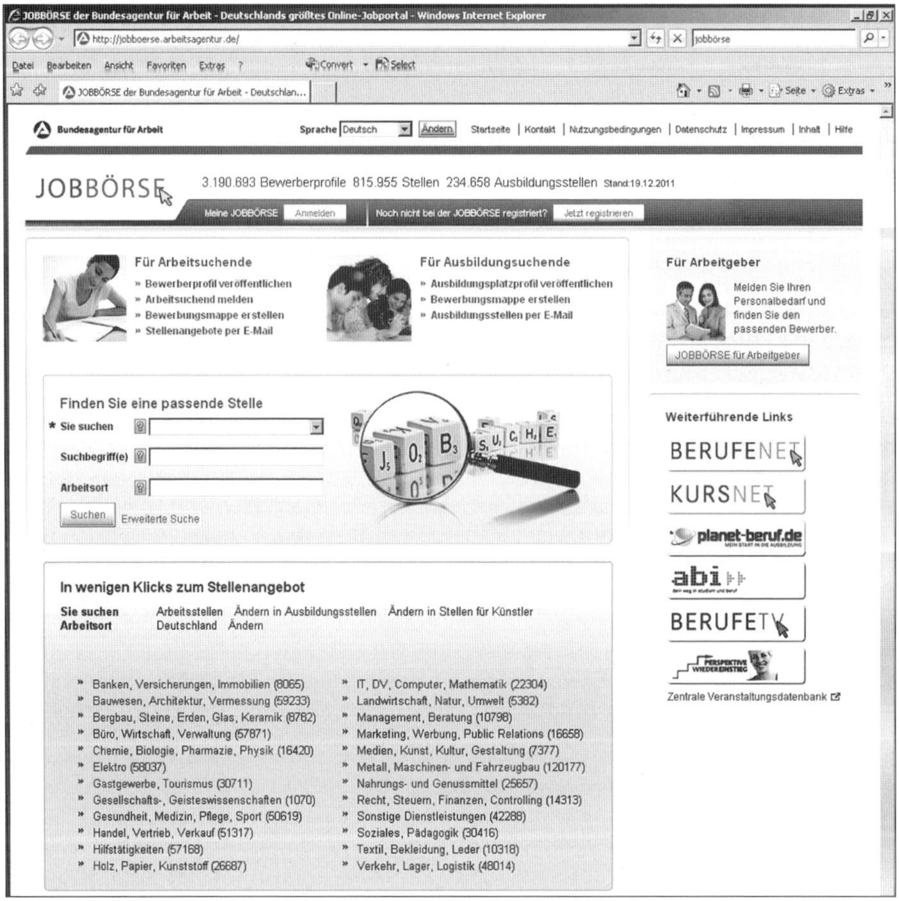

Abb. 4–11

Aufgrund des wenig angespannten Arbeitsmarktes im Bereich einfacher Qualifikationen sollte die kostengünstige Dienstleistung der Arbeitsverwaltung in Aachen für die Beschaffung dieser Qualifikationsgruppe in Anspruch genommen werden.

◆ Stellenanzeigen

Bedeutung des Mediums

Die Stellenanzeige gilt nach wie vor als häufig genutztes Beschaffungsinstrument, obwohl ihre Nutzung im Vergleich zu den anderen Instrumenten relativ hohe Kosten verursacht. Diese sind je nach **Anzeigengröße**, **Gestaltungsmerkmalen**, Wahl des **Mediums** sowie des **Veröffentlichungszeitpunktes** sehr unterschiedlich. Als Medium kommen dabei je nach anzusprechender Zielgruppe lokale, regionale oder überregionale Tages- bzw. Wochenzeitungen, Anzeigenblätter, Verbandszeitschriften sowie Fachzeitschriften infrage. Dabei gilt eine Medienauswahl dann als zielgruppengerecht, wenn der **Streuverlust**[1] möglichst gering gehalten werden kann.

[1] *Vgl. auch dazu Blank, A.; Rösener, M.: Marketing, Troisdorf, 2009*

Beispiel Erschiene in einem lokalen Anzeigenblatt mit einer Auflage von 100 000 Exemplaren ein Inserat für eine Top-Führungsposition mit Spezialkenntnissen im Bereich des internationalen Kapitalverkehrs, würde der Streuverlust wahrscheinlich fast 100% betragen, da wohl kaum einer der Leser für eine solche Stellen infrage käme.

In der Praxis wird die Personalwerbung über Stellenanzeigen häufig **Werbeagenturen** übertragen, deren mögliches Dienstleistungsangebot diesbezüglich von der Werbeberatung bis hin zur kompletten Gestaltung, Streuung und Kontrolle von Stellenanzeigen reicht.

Gestaltung

Die Gestaltung von Stellenanzeigen sollte sich an den allgemeinen werblichen Grundprinzipien orientieren, zum Beispiel durch die Berücksichtigung der **AIDA-Formel.** Die Abkürzungen bedeuten in diesem Zusammenhang:

A = attention	d. h. Aufmerksamkeit auf ein Stellenangebot sollte erzeugt werden
I = interest	d. h. Interesse an einer bestimmten Stelle sollte geweckt werden
D = desire	d. h. Veränderungswunsch sollte angeregt werden
A = action	d. h. Bewerbungsaktivität sollte ausgelöst werden

Eine erfolgreiche Stellenanzeige sollte daher folgende **Aufbauprinzipien** berücksichtigen:

Informationsbezogene Prinzipien	Informationsbefriedigung durch Angaben über: – das Unternehmen – die Position – die Anforderungen – das Leistungsangebot – die Bewerbungsmodalitäten
Akquisitionsbezogene Prinzipien	Herausstellung der Attraktivität einer Stelle durch: – adressatenorientierte Sprache – angemessene Größe (im Verhältnis zur Position) – auffallende Gestaltungselemente (z. B. Bildmotiv, Layout, Schrift, Format) – emotionale Ansprache – Abheben von der Konkurrenz
Aktionsbezogene Prinzipien	Abbau eventueller Bewerbungsbarrieren durch: – Ermöglichung telefonischer Rückfragen – Hinweis auf die Möglichkeit von Kurzbewerbungen – Zusicherung von Sperrvermerken – Vermeidung von Chiffre-Anzeigen – angemessene Bemessung der Bewerbungsfristen

◆ **Webbasierte Recruiting-Methoden**

Alle webbasierten Recruiting-Methoden ermöglichen den Unternehmen im Vergleich zu konventionellen Methoden eine kostengünstige Alternative, um nach geeigneten Bewerbern zu suchen. Insbesondere für große Unternehmen ist die Veröffentlichung einer Anzeige auf der eigenen Unternehmens-Homepage sowie die Suche über Jobportale oder Social Networks in der Regel günstiger als die Schaltung einer Anzeige in einer überregionalen Tageszeitung.

- Homepage

  Die Internetpräsenz eines Unternehmens wird im ersten Kontakt mit potenziellen Bewerbern immer wichtiger. Daher haben die meisten Unternehmen auf ihrer Homepage eine Rubrik „Jobs“, „Karriere und Jobs“, „Mitarbeiten“ oder mit vergleichbaren Bezeichnungen. Dort werden offene Stellen, Karrieremöglichkeiten oder Weiterbildungsoptionen aufgezeigt. Von Unternehmerseite wird diese Möglichkeit auch verstärkt genutzt, um sich im internationalen Wettbewerb um Mitarbeiter positiv darzustellen. So zeigen interaktive Karriereseiten beispielsweise Videos vom zukünftigen Arbeitsplatz, von Firmenveranstaltungen oder Aktionen, aber auch von den künftigen Kollegen und deren Tätigkeiten. Es kann jedoch vorkommen, dass diese Ausschreibungen undatiert sind und der interessierte Bewerber nicht erkennen kann, ob das Angebot noch besteht. Auch sind in manchen Fällen die Ausschreibungen unkategorisiert und damit unübersichtlich.

  Einige Unternehmen bieten auch die Möglichkeit, dass interessierte Bewerber mit dem Unternehmen in Kontakt treten können und online ihre Bewerbung per E-Mail oder Formular an das Unternehmen senden können. Die Bewerbung über ein Formular bietet den Unternehmen zusätzlich die Möglichkeit, die Bewerberdaten schnell und damit kostengünstig auszuwerten. Allerdings birgt dieses Vorgehen auch die Gefahr, dass durchaus geeignete Bewerber aussortiert werden, da es sich in vielen Fällen um standardisierte Fragebögen handelt, die keinen Spielraum für individuelle Antworten lassen.[1] Eine weitere Möglichkeit der direkten Kontaktaufnahme bilden Bewerber-Chats zum Austausch von Jobinteressenten und Personalverantwortlichen.

  Ferner haben Unternehmen die Möglichkeit, auf einfache Art und Weise im Rahmen des Talent Relationship Managements Daten von interessanten, aber derzeit nicht geeigneten Bewerbern zu sammeln und bei späterem Bedarf darauf zurück zu greifen.

- Jobportale im Internet (E-Recruitment)

  Auch hier kann das Unternehmen sich kurz vorstellen oder die Anzeige mit der Unternehmens-Homepage verlinken. Eine Stellenausschreibung auf einem Jobportal hat für das Unternehmen den Vorteil, dass das Stellenangebot einem breiteren Spektrum an Interessenten zugänglich ist. Auch hier ist die direkte Kontaktaufnahme zu Bewerbern möglich. Nachteilig ist jedoch, dass es eine „Flut von Bewerbungen“ geben kann. Außerdem werden die meisten Unternehmen parallel dazu ihre offenen Stellen in den Printmedien ausschreiben. Für den Bewerber besteht der Vorteil darin, dass ihm die Suchroutine der Datenbanken eine gezielte Suche vereinfacht. Internetzugang ist jedoch erforderlich, sowohl für die Stellensuche als auch für das anschließende Prozedere.

---

[1] *vgl. Himmelrath, A.: Hört mich da draußen jemand?, veröfftl. am 15.11.2005 unter www.spiegel.de/unispiegel/jobundberuf/0,1518,384922,00.html.*

Auch für die Bewerber besteht die Möglichkeit, sich ein Profil anzulegen. Unternehmen können dann in der Datenbank des Jobportals nach Arbeitskräften suchen und darüber Kontakt aufnehmen. Die Unternehmen können gezielt nach benötigten Fachkräften suchen und sparen durch diese Selektion im Vorfeld Zeit.

Während die Nutzung der Möglichkeiten des Jobportals für Stellensuchende in der Regel kostenfrei ist, zahlen Unternehmen sowohl für das Einstellen einer Anzeige als auch für das Einsehen der eingestellten Profile. Dennoch bietet die Suche über Jobportale insbesondere kleinen Unternehmen, die über keine eigene Homepage verfügen oder eher lokal/regional bekannt sind, die Möglichkeit, auch überregional nach geeigneten Bewerbern zu suchen.

- Social Networks

  Soziale Netzwerke oder Online Communities sind Kommunikationsplattformen des Web 2.0, die der Verwaltung und Pflege von Kontakten und dem Austausch von Informationen dienen. Die bekanntesten sind Facebook, StudiVZ und MySpace. Sie bieten Unternehmen eine Plattform, sich zu präsentieren, indem sie sich auf informeller Ebene als attraktive Arbeitgeber präsentieren.

  Daneben gibt es Business Communities wie XING und LinkedIn, wo „Mitglieder Informationen über ihren beruflichen Werdegang, Positionen, Unternehmen, Qualifikationen, Kompetenzen, Fähigkeiten und sonstige Interessen zu Verfügung stellen und in Kontakt mit anderen Mitgliedern treten. Darüber hinaus haben sie meist Zugriff auf aktuelle Stellenangebote.“ (Quelle: Scholz, C.: Personalmanagement, München, 2011, S. 197)

  Unternehmen können in diesen Communities sowohl Stellenanzeigen veröffentlichen als auch aktiv potentielle Kandidaten für eine offene Stelle suchen. Interessant ist hierbei, dass über die Kette der Kontakte der Kontakte Informationen über Kandidaten eingeholt werden können. Es besteht aber auch die Möglichkeit, auf den Pinwänden von potentiellen Kandidaten für eine offene Stelle Nachrichten zu hinterlassen. Insbesondere Headhunter bedienen sich der Communities, um Kontakte zu knüpfen.

  Unternehmen, die Arbeitskräfte suchen, bedienen sich der Social Networks, wie Umfragen ergeben haben, um sich über ihre potentiellen Bewerber zu informieren. Sinn und Zweck ist es, herauszufinden, wie professionell der Bewerber mit den modernen Kommunikationsmedien umgeht. Für den Bewerber bietet sich hier die Chance, sich über ein gut gestaltetes Profil positiv darstellen zu können.

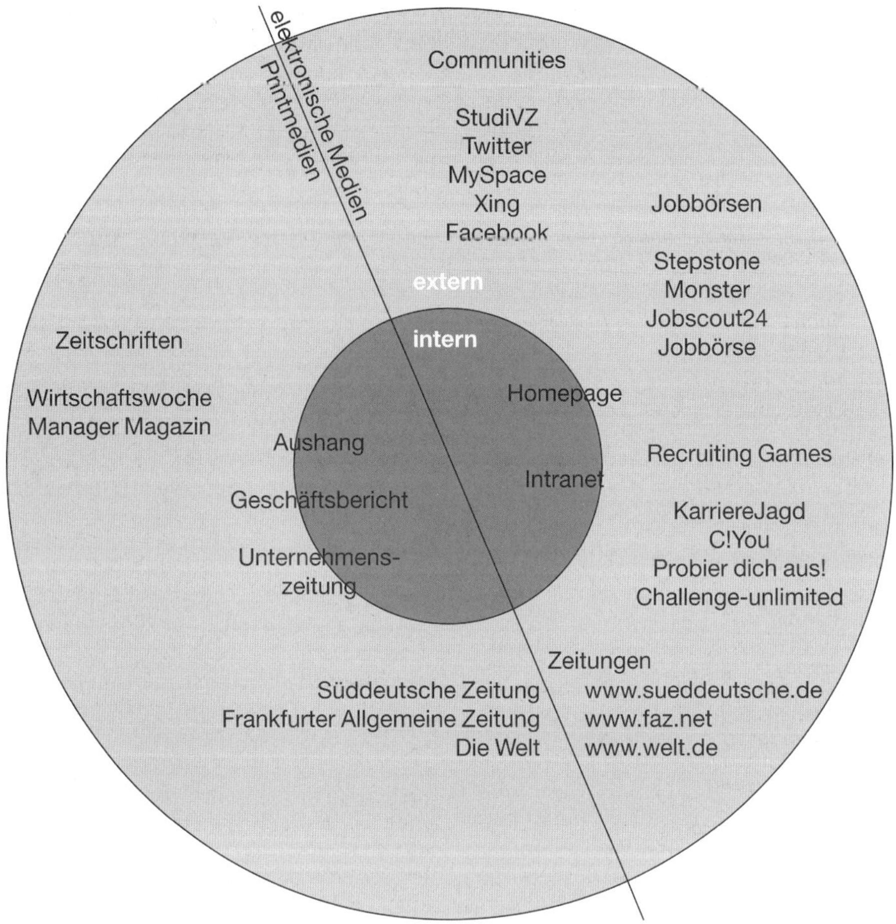

Abb. 4-12 Medien in der Personalbeschaffung

◆ Personalberater

Professionelle Personalberatung

Angesichts der hohen Fehlbesetzungsrisiken im Zusammenhang mit externen Personalbeschaffungen wird zunehmend auf die Dienste von professionellen Personalberatern zurückgegriffen. Dies gilt insbesondere für die Besetzung von Führungspositionen, bei der mittlerweile zu über 50% Personalberatungen eingeschaltet werden. Die Kostenrisiken umfassen neben den Personalbeschaffungskosten vor allem die immensen Folgekosten einer Fehlbesetzung. Neben der Ausnutzung von **spezialisiertem Know-how** spielt bei der Inanspruchnahme von Beratungsunternehmen häufig auch der Wunsch nach **Anonymität** als suchendes Unternehmen eine wesentliche Rolle. Als Gründe dafür kommen u.a. in Betracht:

- Unruhe im eigenen Unternehmen soll verhindert werden.
- Eine fehlplazierte Führungskraft soll ohne deren frühzeitige Kenntnis ausgetauscht werden.
- Wettbewerber sollen nicht auf bestimmte Marktstrategien aufmerksam werden.
- Ein ungünstiges Image soll qualifizierte Kandidaten nicht von vornherein abschrecken.

Das **Leistungsangebot** von Personalberatern bezieht sich nicht nur auf die Abwicklung von Personalbeschaffungsmaßnahmen, sondern umfasst vielmehr auch das gesamte Spektrum von Beratungsleistungen im Zusammenhang von Organisationsentwicklung einschließlich der Betreuung von ausscheidenden Führungskräften im Rahmen von Outplacement-Beratungen. Der nachfolgenden Abbildung 4-13 ist das typische Leistungsverzeichnis einer großen Personalberatung einschließlich Honorarfestlegung sowie **Nachbesetzungsgarantie** zu entnehmen.

Leistungen

Leistungsverzeichnis einer Personalberatung

1 Suche und Auswahl von Fach- und Führungskräften

1.1. Positionsanalyse
Erstellen eines Anforderungsprofils (fachlich und persönlich)
Analyse des Positionsumfeldes (Unternehmens-, Organisations- und Führungsstruktur)
Beraten hinsichtlich Eingliederung in die bestehende Organisation (hierarchisch und funktional) sowie Erarbeiten von Vorschlägen für eine marktgerechte Entlohnung

1.2. Insertion
Erarbeiten eines optimalen Anzeigentextes auf der Basis des Anforderungsprofils unter Berücksichtigung werbepsychologischer Gesichtspunkte; Abstimmen des Textes mit dem Auftraggeber sowie Vorschlagen geeigneter Anzeigenmedien einschließlich Termin, Format und Kosten

1.3. Bewerberberatung/ Telefoninformation
Erteilen (wird mit dem Auftraggeber abgestimmt) telefonischer Zusatzinformationen für die Bewerber mit dem Ziel, auch nur eventuell neugierige Bewerber zu veranlassen, eine Bewerbung einzureichen

1.4. Administrative Abwicklung
Erteilen von Eingangsbestätigungen, Durchsicht der Unterlagen auf Vollständigkeit und eventuelle Sperrvermerke
Erteilen von Zwischenbescheiden, Abstimmen von Terminen und Rücksendung der Unterlagen
Abrechnen der Vorstellungskosten

1.5. Bewerberanalyse
Durchführen der Bewerberanalyse anhand der vorliegenden Unterlagen und Erstellung von Kurzbeurteilungen (Soll-/Ist-Vergleich)

1.6. Eignungsbeurteilung
Abstimmen mit dem Auftraggeber, welche Bewerber zu einem ersten Gespräch eingeladen werden sollen
Durchführen intensiver Eignungsinterviews in unserem Hause (Soll-/Ist-Vergleich, Anforderungsprofil – Bewerberqualifikation), Ausarbeiten eines Stärken-/Schwächen-Profils und Feststellen, inwieweit Defizite durch Lernfähigkeit und Entwicklungspotenzial ausgeglichen werden können
Erfassen der Persönlichkeit des Bewerbers im Hinblick auf das Umfeld des Arbeitgebers
In Sonderfällen Durchführen von Tests zur Ermittlung von Kenndaten zum Begabungs- und Persönlichkeitsprofil sowie Auswertung und Interpretation der Testergebnisse
Erstellen einer ausführlichen Beurteilung der fachlichen und persönlichen Eignung sowie einer Einstellungsempfehlung

1.7. Referenzbefragung
Auf Wunsch erfolgt zur weiteren Absicherung unserer Einstellungsempfehlung eine intensive Referenzbefragung

1.8. Garantie
Wird das Arbeitsverhältnis wider Erwarten während der Probezeit von 6 Monaten beendet, werden wir – wenn unverzüglich beauftragt – noch einmal ohne zusätzliches Honorar tätig (Spesen, Sachkosten und eventuelle Anzeigenkosten fallen zusätzlich an). Auf Wunsch wird nach vorheriger Abstimmung auch ein weiterer eingestellter Kandidat, auf den sich unser ursprünglicher Auftrag nicht bezogen hat, in diese Garantie einbezogen. Weitere Ansprüche des Auftraggebers bestehen nicht

1.9. Honorar und Zahlungsweise
Für die vorstehenden Beratungsleistungen wird ein Pauschalhonorar, mindestens 25 % des voraussichtlichen Bruttojahreseinkommens des gesuchten Mitarbeiters, vereinbart
Das Honorar ist zahlbar:
40 % vier Wochen nach Auftragserteilung (vgl. Beratungsleistungen Ziffer 1–4)
40 % bei Präsentation der Bewerber (vgl. Beratungsleistungen Ziffer 5–6)
20 % nach Beendigung unserer beratenden Mitwirkung
Es besteht die Möglichkeit, Teilbausteine aus unserem Leistungsangebot einzeln in Auftrag zu geben.

1.10. Sachkosten
Als Sachkosten werden folgende Aufwendungen gesondert berechnet:
Insertionskosten zu den Originalpreisen der Vorlage
Reise- und Übernachtungskosten der Berater in Höhe der Originalaufwendungen, Fahrtkosten bei PKW-Benutzung EUR 1,00/km; Tagesspesen gemäß den steuerlichen Richtlinien jeweils ab dem Zeitpunkt der Auftragserteilung
Vorstellungskosten der Bewerber nach vorausgegangener Prüfung durch uns
Insertionskosten werden über die Agentur Konsul Media- und Werbe GmbH unmittelbar nach Erscheinen der Anzeige an den Auftraggeber weiterberechnet.
Die o.g. Kosten sind innerhalb von 8 Tagen ohne Abzug zahlbar
Alle Preise verstehen sich zuzüglich der gesetzlichen Mehrwertsteuer

2. Unternehmensberatung
Schwerpunkte sind die Organisationsberatung, Strukturanalysen, Struktur- und Ablauforganisation und das gesamte Spektrum der Personalwirtschaft (Instrumente und Methoden). Hierzu erstellen wir auf Anfrage detaillierte Angebote. Die Abrechnung erfolgt auf Tageshonorarbasis, oder es wird ein Gesamthonorar vereinbart, das nach Arbeitsfortschritt fällig wird

3. Beratung ausscheidender Führungskräfte
Soweit Sie von unserem Spezialservice zur Beratung ausscheidender Führungskräfte Gebrauch machen, berechnen wir 25 % des Bruttojahreseinkommens dieser Führungskraft, mindestens Euro 15 000. Darin enthalten sind Kosten für unseren Büroservice (inklusive Schreib- und Postaufwendungen) sowie Sachkosten/Stellensuchanzeigen.

Diskretion
Alle uns im Rahmen eines Auftrages übergebenen Unterlagen, Daten und Informationen werden mit absoluter Diskretion behandelt.

Abb. 4-13: Leistungsverzeichnis einer Personalberatung

(Quelle: Pillat, R.: Neue Mitarbeiter erfolgreich anwerben, auswählen und einsetzen, Freiburg, 1996, S. 90 ff.)

Werbung bei Ausbildungsinstituten

Um geeignete Kandidaten für die zu besetzenden Positionen zu gewinnen, benutzen Personalberater im Wesentlichen zwei verschiedene Suchverfahren, und zwar die eher traditionelle **Personalsuchanzeige** sowie die **Direktansprache,** die auch als **executive search** bzw. **headhunting**[1] bezeichnet wird. Letzteres Verfahren kommt insbesondere dann zum Einsatz, wenn es auf dem Markt nur eine begrenzte Anzahl von geeigneten Kandidaten gibt. Als problematisch erweist sich dabei die Tatsache, dass die direkt Angesprochenen erst durch entsprechend lukrative Angebote von einem Wechsel überzeugt werden können, was naturgemäß die Gehälter in die Höhe treibt.

◆ College Recruiting

Um sich rechtzeitig den notwendigen Führungsnachwuchs zu sichern, gehen vor allem größere Unternehmen zunehmend dazu über, geeignete Kandidaten direkt bei den jeweiligen Ausbildungsinstituten anzuwerben. Dazu dient ein vielfältiges Bündel an Maßnahmen, insbesondere

- Stellenangebote in den Publikationen der Fakultäten und Institute,
- Bereitstellung von Praktikantenstellen,
- Unterstützung von Diplomarbeiten und Dissertationen,
- Freistellung von Mitarbeitern als Dozenten,
- Fachvorträge und Werkserkundungen im Rahmen von Hochschulveranstaltungen,
- Präsentationen im Rahmen von Hochschulkontaktmessen
- Forschungsprojekte

[1] *Search, engl.: Suche; executive search = Direktsuche; headhunting, engl.: „Kopfjägerei“.*

Ein neueres Konzept zur Rekrutierung von Führungsnachwuchskräften an der Hochschule setzt mit dem Angebot von **Seminaren zur Persönlichkeitsentwicklung** mit Trainingsbausteinen zur Entwicklung methodischer, sozialer und unternehmerischer Kompetenz für interessierte Studenten an. Auf diese Weise können einerseits studentische Potenziale in stressfreier Umgebung unverzerrt identifiziert und frühzeitig gesichert werden, andererseits kann das Unternehmen mit relativ geringen Kosten sein Image im Rahmen von Öffentlichkeitsarbeit positiv verbessern.

◆ **Sonstige Instrumente der Personalbeschaffung**

Unter den zahlreichen weiteren Beschaffungsinstrumenten seien noch folgende hervorgehoben:

- Anschlagtafeln, elektronische Newsboards
- Handzettel
- Direktansprache durch Betriebsangehörige
- Informationen auf Messen, speziell für Berufseinsteiger
- Online-Spiele
- virtuelle Recruitingmessen (www.jobfair24.de)

Nicht zuletzt können alle Beschaffungsinstrumente wirkungsvoll durch entsprechende Maßnahmen der **Öffentlichkeitsarbeit** unterstützt werden. Dazu zählen beispielsweise Teilnahme an Bildungsmessen, Präsentationen im Rahmen von Absolventenkongressen sowie der regelmäßige „Tag der offenen Tür".

4.4.3 Die Auswahl von Beschaffungsinstrumenten

Auswahlkriterien

Die Wahl der jeweiligen Instrumente zur Personalbeschaffung hängt von verschiedenen Faktoren ab. Insbesondere zählen dazu

- die Arbeitsmarktsituation,
- die Dringlichkeit und/oder Größenordnung des Bedarfs,
- die Bedeutsamkeit der zu besetzenden Position,
- die Besonderheit der anzusprechenden Zielgruppe,
- das verfügbare Beschaffungsbudget.

Je nach Art der beruflichen Ausrichtung werden in der Praxis unterschiedliche Beschaffungsinstrumente bevorzugt.

Die Beschaffung der kaufmännischen Sachbearbeiter sowie der gewerblichen Facharbeiter für das geplante Zweigwerk im Umkreis von Aachen macht zahlenmäßig den größten Anteil aus. Hier muss beim Neuaufbau insbesondere auf eine ausgewogene Mitarbeiterstruktur hinsichtlich Alter und Erfahrung geachtet werden. Der Anteil der berufserfahrenen Arbeitskräfte wird zweckmäßigerweise über eine bzw. mehrere Stellenanzeigen in der lokalen und regionalen Tageszeitung anzuwerben sein. Dies bietet gleichzeitig die Möglichkeit zu einer PR-Maßnahme im neuen Absatzgebiet. Für Berufsanfänger sollte parallel dazu auch die Arbeitsagentur zur Vermittlung eingeschaltet werden. In jedem Fall sind die detaillierten lokalen Arbeitsmarktkenntnisse der Arbeitsverwaltung für einen sich neu ansiedelnden Betrieb von großem Nutzen. Darüber hinaus ist zu prüfen, ob nicht auch in Einzelfällen direkt bei Ausbildungsinstituten geworben werden kann (z. B. Absolventen der Fachschulen).

Wegen der großen Bedeutung der Leitungsstelle sowie auch angesichts der Dringlichkeit ist die Einschaltung einer Personalberatung in Erwägung zu ziehen, um die Zweigbetriebsleitung sehr bald qualifiziert besetzen zu können. Zu diesem Zweck sollte die Geschäftsleitung unverzüglich klären, welche Anforderungen sie an den neuen Positionsinhaber stellen wird, bevor sie mit einer Personalberatung Kontakt aufnimmt.

4.4.4 Erfolgskontrolle bei der Nutzung von Beschaffungsinstrumenten

Zur Vermeidung ungeeigneter Beschaffungsmaßnahmen sowie unangemessener Kosten empfiehlt sich die Nutzung von Kontrollverfahren. Ein methodisch ausgereiftes Kontrollinstrumentarium liegt dazu aber bisher noch nicht vor. Daher bedient man sich hilfsweise einiger Kennziffern, um zumindest Anhaltspunkte für einen zielorientierten Instrumenteneinsatz zu erhalten. Diese Kennziffern beziehen sich auf **Effizienz** sowie **Kosten** verschiedener Beschaffungsinstrumente.

◆ **Effizienz der verschiedenen Beschaffungsinstrumente**

Effizienzmessungen

Die absolute Zahl von Bewerbungen ist noch nicht unbedingt ein Zeichen von effizientem Instrumenteneinsatz; denn es könnten unter Umständen völlig falsche Zielgruppen angesprochen worden sein, sodass es eventuell zu keiner Einstellung kommt. Daher bedient man sich zur Effizienzkontrolle genutzter Beschaffungsinstrumente zweier Kennzahlen, und zwar der **Vorstellungsquote** (VQ) sowie der **Einstellungsquote** (EQ).

$$VQ = \frac{\text{Zahl der Vorstellungen x 100}}{\text{Zahl der Bewerbungen}} \qquad EQ = \frac{\text{Zahl der Einstellungen x 100}}{\text{Zahl der Bewerbungen}}$$

◆ **Kostenkontrolle bei der Nutzung von Beschaffungsinstrumenten**

Kostenkontrolle

Die absolute Höhe der Kosten für die Nutzung bestimmter Beschaffungsinstrumente ist für sich genommen noch kein Beurteilungskriterium bezüglich der Angemessenheit getroffener Entscheidungen. Denn je höher und spezialisierter die Anforderungen einer zu besetzenden Stelle sind, desto höher sind in der Regel auch die entsprechenden Beschaffungskosten anzusetzen. Trotzdem empfiehlt es sich, die zu kalkulierenden Kosten bereits in der Beschaffungsplanung möglichst genau zu erfassen. Dieses ist gedacht als Basis für Soll-Ist-Vergleiche sowie für weitere Vergleichsanalysen. Ein Beispiel dazu gibt das in der folgenden Abbildung 4-13 gezeigte Formular zur Planung der Personalwerbekosten.

Weitere Anhaltspunkte für vergeichende Kostenanalysen können auch über die Kennzahl der relativen Beschaffungskosten ermittelt werden.

$$\text{Relative Beschaffungskosten} = \frac{\text{Kosten der Beschaffungsinstrumente x 100}}{\text{Zahl der Einstellungen}}$$

Diese Kennzahl kann analog auch für die Kosten der Personalauswahl sowie für die gesamten Personalbeschaffungskosten genutzt werden.

Nr.	Stellenbezeichnung	notwendige Qualifikation	Maßnahme	Art der Werbung	Kosten im Planjahr in EUR I.	II.	III.	IV.
101	Abteilungsleiter Vertrieb, Inland	Dipl.-Kfm. 10 Jahre Berufserfahrung	1.	1 x überreg. Zeitung A		3 750		
			2.	1 x regionale Zeitung		3 750		
			3.	1 x Xing-Anzeige		450		
						7 950		
301	2 Fertigungsanlagenmechaniker für Betriebsabteilung B 210	Facharbeiter 5 Jahre Berufserfahrung	1.	2 x Anzeige in Jobbörsen, wie beispielweise jobscout24.de, experteer.de oder stepstone.de(regional)	1 000			
			2.	2 x Anzeige Zeitung D (örtlich)	750			
			3.	1 x Abendzeitung (regional)	450			
			4.	Sichtwerbung an Informationswand	200			
			5.	Schriftverkehr und Telefonate, z. B. mit Arbeitsagentur/ CoArb-Nutzung*)	100			
					2 500			

*) CoArb ist die computerunterstützte Arbeitsvermittlung der Arbeitsagentur

Abb. 4-14: Formular zur Planung der Personalwerbekosten

(Quelle: RKW-Rationalisierungs-Kuratorium der Deutschen Wirtschaft (Hrsg.): RKW-Handbuch Personalplanung, Neuwied, 1990, S. 429 verändert)

A Aufgaben

1. Gehen Sie davon aus, dass Ihre eigene Position neu besetzt werden soll, weil Sie in Kürze ein neues Arbeitsgebiet übernehmen werden. Entwerfen Sie für Ihre Position eine Stellenanzeige und entscheiden Sie sich unter **Berücksichtigung einer Kostenvergleichsrechnung** für ein geeignetes Medium, um diese Anzeige am übernächsten Wochenende zu schalten.

2. Vergleichen Sie die Leistungen von Arbeitsverwaltung und Personalberater nach den Kriterien „Kreis der einzustellenden Mitarbeiter", „Umfang der Hilfeleistungen" und „Kosten".

3. In Ihrem Unternehmen ist die Stelle einer qualifizierten Sachbearbeiterin im Einkauf wegen eines auf 6 Monate befristeten Auslandsaufenthaltes übergangsweise mit einer Ersatzkraft zu besetzen. Nach entsprechender Prüfung kommt innerbetrieblich kein Kandidat dafür infrage. Sie werden daher zu entscheiden haben zwischen einer befristeten Einstellung oder alternativ der Möglichkeit des Personalleasings.

   Führen Sie eine Kostenvergleichsanalyse bezüglich der beiden Beschaffungsalternativen anhand selbst beschaffter Informationen durch, und treffen Sie eine Entscheidung unter Beachtung zusätzlicher Kriterien.

4. Sie sind in einem mittelständischen Unternehmen mit Personalangelegenheiten in Referentenfunktion betraut. Da sich Ihr Unternehmen auch aufgeschlossen gegenüber Erkundungen von Schulklassen der Sekundarstufe II zeigt und sich auch entsprechend präsentieren will, wurde Ihnen der Auftrag erteilt, solche Besuche künftig zu betreuen. Unter anderem wollen Sie den Schülern auch die Personalpolitik Ihres Hauses im Rahmen einer kleinen Diskussion verdeutlichen. Die Kernaussage der unternehmenseigenen Personalpolitik findet sich mit folgendem Satz in den Unternehmensgrundsätzen wieder:

   „Die Personalpolitik unseres Hauses orientiert sich an den Leitsätzen ‚Umstellung vor Einstellung' sowie ‚Aufstieg vor Einstieg'."

   Erstellen Sie ein kleines Redemanuskript, in dem Sie den Schülern diesen Leitsatz anhand von Beispielen aus Ihrem Unternehmen erläutern, und gehen Sie in Ihrem Kurzvortrag auch auf die eventuelle Bedeutung dieser Personalpolitik für Ihre Zuhörer ein. Stellen Sie sich zusätzlich durch eine entsprechende Vorbereitung auf die Moderation einer kritischen Diskussion ein.

5. Sie sind mit der Personalleitung einer Facheinzelhandelskette mit 28 Filialen im Großraum Köln/Aachen betraut. Zurzeit liegen zahlreiche Personalanforderungen aus verschiedenen Filialen sowie aus der Kölner Zentrale zur weiteren Bearbeitung auf Ihrem Schreibtisch.

   (1) In der Filiale Jülich haben zwei Verkäuferinnen fristgerecht gemäß Tarifvertrag zum nächsten Quartalsende gekündigt; außerdem läuft Ende des übernächsten Monats der befristete Vertrag einer im vergangenen Jahr aus dem Ausbildungsverhältnis übernommenen Verkäuferin aus.

   (2) In der Filiale Köln-Mülheim beginnt für die dort tätige Kassiererin, eine 0,5-Kraft, in zwei Monaten die Mutterschutzfrist; über eine sich eventuell anschließende Elternzeit liegen noch keine Erkenntnisse vor. Die zweite Kassiererin der Filiale ist ebenfalls mit halber Stundenzahl beschäftigt. Sie hatte bereits bei der Einstellung

vor zwei Jahren Interesse an einer Vollzeitbeschäftigung angekündigt. Dieses käme aber frühestens ab dem Zeitpunkt infrage, an dem ihr Kind in die weiterführende Schule wechselt. Nach den vorliegenden Informationen ist mit diesem Wechsel im kommenden Sommer zu rechnen.

(3) Aus der Filiale in Köln-Kalk liegt die Information vor, dass die dortige Substitutenstelle in sechs Monaten vakant sein wird, da der jetzige Stelleninhaber als Assistent des Einkaufsleiters in die Zentrale wechselt.

Dem Stellenbesetzungsplan zufolge wird außerdem Ersatz für die zum Ende des Jahres in den Ruhestand tretende Filialleiterin benötigt.

(4) Aus der Filiale Köln-Braunsfeld wird Bedarf gemeldet, da der dort tätige 1. Verkäufer das Unternehmen zur Jahresmitte wegen Umzugs nach Norddeutschland verlassen will. Zu diesem Zeitpunkt endet gleichzeitig das auf zwei Jahre verkürzte Ausbildungsverhältnis der dort beschäftigten Auszubildenden, von der bisher hervorragende Leistungen gemeldet wurden. Aus Gesprächen mit dem Ausbildungsleiter ist Ihnen bekannt, dass die Auszubildende großes Interesse an der Fortbildung zur Handelsassistentin geäußert und sich auch schon eingehend nach entsprechenden Möglichkeiten erkundigt hat.

(5) Die seit zwei Monaten unterbesetzte Filiale Köln-Nippes (es fehlt eine Vollkraft) meldet akuten Mangel, da gestern einer Verkäuferin wegen Diebstahls fristlos gekündigt werden musste.

(6) Aus der Kölner Zentrale liegt eine Bedarfsmeldung für die Abteilungsleiterstelle „Kostenrechnung“ vor, weil der jetzige Stelleninhaber für die Nachfolge des in den Ruhestand tretenden Leiters des Rechnungswesens vorgesehen ist.

(7) Der Verkaufsdirektor teilt mit, dass in ca. sechs Monaten in Aachen eine neue Filiale eröffnet werden soll, und zwar mit einer Besetzung von 12 Mitarbeitern einschließlich Filialleitung.

Zurzeit sind alle Filialen (mit Ausnahme von Köln-Nippes) sowie die Zentrale ausreichend personell versorgt. Allerdings zeichnet sich aufgrund der rückläufigen Umsätze in der Filiale Köln-Rath eine Überbesetzung ab. Aus diesem Grund gibt es in der Geschäftsleitung Überlegungen, diese Filiale (besetzt mit sechs Mitarbeitern) zu schließen.

Machen Sie zu den oben geschilderten Situationen jeweils Vorschläge zur Personalbeschaffung. Prüfen Sie außerdem anhand des Betriebsverfassungsgesetzes, welche Beteiligungsrechte des Betriebsrates der Personalleiter bei den jeweiligen Beschaffungsmaßnahmen zu beachten hat.

B Methodische Empfehlungen

◆ Leitung von Sitzungen mithilfe der Moderationsmethode

Aus der Erkenntnis, dass üblicherweise in Sitzungen wegen einseitiger Gesprächs- und Diskussionsverteilung nur in geringem Umfang vorhandene Ressourcen der Teilnehmer genutzt werden, hat sich die Moderationsmethode entwickelt. Die Grundidee dabei ist, dass alle Teilnehmer aktiv in den Bearbeitungsprozess einbezogen werden und die Gruppe selbstständig Probleme lösen lernt. Im Wesentlichen unterscheidet sich eine moderierte Sitzung von der herkömmlich geleiteten Sitzung durch die besondere Art der **Visualisierung** sowie durch das **Leitungsverhalten** des Moderators, das sich an der Abfolge des **Moderationsprozesses** orientiert.

Visualisierung

Um den Kommunikations- und Interaktionsprozess schnell in Gang zu bringen sowie intensiven und fruchtbaren Gedankenaustausch zu gewährleisten, wird durch den Einsatz optischer Hilfsmittel der gesamte Prozess sichtbar gemacht. Dadurch werden gemäß den Erkenntnissen der Lernpsychologie auch Konzentration und Aufmerksamkeit der Teilnehmer wesentlich gesteigert. Als Handwerkszeug für die Nutzung der Moderationsmethode sollte Folgendes verfügbar sein:

- mehrere Moderations- bzw. Pinnwände (Größe ca. 120 x 140 cm)
- Filzstifte verschiedener Farben und Größen
- Karten verschiedener Farben und Größen
- Pinnadeln und Klebestifte

Diese ungewöhnliche Art der Visualisierung bietet vor allem folgende Vorteile:

- Die Konzentration von Teilnehmern (und Moderatoren) wird auf das **Wesentliche** gelenkt.
- Komplexe und schwierige Sachverhalte lassen sich durch optische Unterstützung leichter erklären.
- Ergebnisse können sofort festgehalten werden und erhalten so eine erhöhte Verbindlichkeit.
- Die Teilnehmer können sich mit ihren Beiträgen wiederfinden, was die Identifikation mit dem Gesamtgeschehen erhöht.
- Alle Beteiligten können nachvollziehen, wie Ergebnisse entstanden sind.

Moderatoren

Das Moderatorverständnis dieses Konzeptes ist nicht das des allwissenden Gesprächsleiters, sondern das des Prozessbegleiters, der durch sein offenes, kooperatives Verhalten die selbstgesteuerten Problemlösungsfähigkeiten der Sitzungsteilnehmer als Gruppe aktiv unterstützt. Für ein angemessenes Moderatorenverhalten sind folgende Regeln zu beachten:

- Alle Teilnehmer werden als achtenswerte, gleichberechtigte Personen betrachtet. Diese Wertschätzung äußert sich vor allem im respektvollen Sprachverhalten.
- Die Sitzung wird methodisch, nicht inhaltlich geleitet; d.h. dass die Gruppe eigene Ideen entwickeln kann.
- Als wesentliches Steuerungsinstrument sind offene Fragen zu formulieren, die den Selbststeuerungsprozess der Gruppe fördern.
- Auf der Basis guter Beobachtungsfähigkeit verbalen und nonverbalen Verhaltens sind Störungen im Prozess rechtzeitig zu erkennen und in geeigneter Weise transparent zu machen (z.B. durch „Blitzlicht" = die Teilnehmer äußern ihre Gefühlsreaktion mit einem Wort als Momentaufnahme).
- Wahrnehmungen sind strikt von Vermutungen und Deutungen zu trennen. Es ist daher genügend Raum für die Empfindungen der Teilnehmer zu geben.
- Eigene Meinungen sind zurückzustellen, um das Vertrauen in die Neutralität zu sichern.
- Insgesamt ist das Verhalten so auszurichten, dass der Wunsch der Teilnehmer nach Selbstbestimmung, Eigeninitiative und Verantwortungsübernahme gefördert wird.

Moderationsprozess

Ein vollständiger Moderationsprozess verläuft in sechs verschiedenen Phasen, die nachfolgend kurz dargestellt werden sollen.

1. Anwärmen	Diese erste Phase zur Vorbereitung dient dazu, die Einstellungen, Haltungen und eventuell auch Widerstände zum Thema der Sitzung sichtbar zu machen. **Mögliche Leitfrage (per Kartenabfrage):** Was erwarte ich von der heutigen Sitzung?
2. Problemerhebung	In dieser Phase werden alle möglichen Probleme zu einer bestimmten Themenstellung gesammelt. **Mögliche Leitfrage (als Zuruffrage):** Worüber müssen wir in dieser Sitzung unbedingt sprechen? (Die Antworten werden visualisiert!)
3. Problembewertung	Die in einem „Problemspeicher" auf der Moderationswand gesammelten Problemfelder werden von den Teilnehmern teilanonym bewertet (z.B. durch Vergabe von Punkten). **Mögliche Leitfrage:** Mit welchem Problem wollen wir beginnen?
4. Problembearbeitung	Zur Intensivierung der Kommunikationsprozesse findet diese Kernphase in Kleingruppenarbeit statt, und zwar mit anschließender Präsentation. Dabei sollte der Prozess durch Leitfragen in Bearbeitungsphasen strukturiert werden. **Mögliche Leitfragen:** (1) Welches sind die wichtigsten Problemaspekte? (2) Welche Lösungsideen gibt es bereits? (3) Welche Widerstände sind zu erwarten? (4) Welche offenen Fragen bleiben (für das Plenum)?
5. Maßnahmenvereinbarung	Nach der Präsentation und Diskussion im Plenum erfolgt die Umsetzung mithilfe eines visualisierten Maßnahmenkatalogs. **Mögliche Leitfrage:** Wer macht was mit wem bis wann?
6. Abschluss	Der Abschluss sollte den Teilnehmern Gelegenheit geben, über Ablauf und Ergebnis der Sitzung nachzudenken. Angesprochen werden dabei drei Ebenen, nämlich das sachliche Ergebnis, der Prozess sowie die eigene Befindlichkeit. **Mögliche Leitfrage:** Wie zufrieden bin ich mit der Sitzung (hinsichtlich Ergebnis und Verlauf)?

C Literatur

Bax, M.: Bewerbungsfalle Social Media?, abgerufen am 14.02.2012 unter www.bildungsexperten.net/jobkarriere/bewerbungsfalle-social-media/

Blank, A.; Rösener, M.: Marketing, Troisdorf, 2009.

Drumm, H. J.: Personalwirtschaftslehre, Berlin/Heidelberg , 2008.

Elias, K.; Schneider, K. H.: Kommunikation, Troisdorf, 2010.

Hentze, J.: Personalwirtschaftslehre, Band 1 u. 2, Bern und Stuttgart, 2001/2005.

Himmelrath, A.: Hört mich da draußen jemand?, veröfftl. am 15.11.2005 unter www.spiegel.de/unispiegel/jobundberuf/0,1518,384922,00.html

Huber, A.: Personalmanagement, Vahlen Verlag, München, 2010.

Jung, H.: Personalwirtschaft, München/Wien, 2008.

RKW – Rationalisierungs-Kuratorium der Deutschen Wirtschaft (Hrsg.): RKW-Handbuch Personalplanung, 2. Auflage, Neuwied, 1990.

Scholz, C.: Personalmanagement, München, 2011.

Pillat, R.: Neue Mitarbeiter erfolgreich anwerben, auswählen und einsetzen, Freiburg, 1996.

Schanz, G.: Personalwirtschaftslehre, München, 2000.

Skupin, F.: Datenschutz: Bewerbungskiller Social Networks?, abgerufen am 01.09.2011, www.e-recht24.de/news/arbeitsrecht/1264.html

Tipps zur Bewerbung via Social Networks, abgerufen am 01.09.2011 von www.arbeits-abc.de/tipps-zur-bewerbung-via-social-networks/

Wunderer, R.; Dick, P.: Personalmanagement – Quo Vadis, Neuwied, 2006.

5 Personal gezielt auswählen und rechtssicher einstellen

Wie kann der richtige Mitarbeiter für die jeweilig zu besetzende Stelle gefunden werden, und welche Gesichtspunkte sind bei der Einstellung zu beachten?

Im renommierten Industrieunternehmen Metallbau GmbH, Dortmund, ist eine Sachbearbeiterstelle im Bereich Auftragsbearbeitung neu zu besetzen, da der bisherige Positionsinhaber in Kürze für ein Aufbautrainee-Programm freigestellt werden soll. Laut Stellenbewertungstabelle liegt die Position zurzeit noch im unteren Bewertungsbereich der Sachbearbeiterstellen. Aufgrund der zu erwartenden starken Strukturveränderungen innerhalb der kaufmännischen Verwaltung sind allerdings in Zukunft erhöhte Anforderungen an diese Position zu stellen. Daher kommen als Bewerber keine reinen Berufsanfänger in Frage. Gemäß der gültigen Betriebsvereinbarung wurde die Stelle bereits vor zwei Wochen intern ausgeschrieben. Wegen der zu erwartenden geringen innerbetrieblichen Resonanz entschloss sich die Personalabteilung, parallel dazu eine externe Suche mittels einer Stellenanzeige in einem Jobportal durchzuführen. Dies hat dazu geführt, dass mittlerweile 83 schriftliche Bewerbungen für die ausgeschriebene Stelle vorliegen und umgehend ein entsprechendes Auswahlverfahren in Gang gesetzt werden muss.

5.1 Gegenstand und Zielsetzung von Personalauswahl und Personaleinstellung

Zielsetzung

Im Mittelpunkt des Verfahrens zur Personalauswahl steht das Bestreben, aus einer bestimmten Anzahl von Bewerbern diejenigen zu identifizieren und zu gewinnen, die bezogen auf ihren jeweiligen Arbeitsplatz möglichst viel zum Unternehmenserfolg beitragen können. Hierbei ist zu berücksichtigen, dass es durchaus Kandidaten geben kann, die zum Auswahlzeitpunkt in nahezu idealer Weise über die für eine bestimmte Stelle benötigten Fähigkeiten verfügen, diese aber aufgrund fehlender bzw. nachlassender Motivation später nicht vollständig zum Einsatz bringen. Gleichermaßen ist auch vorstellbar, dass sich der ursprünglich mit besten Fähigkeiten ausgestattete Kandidat im späteren Werdegang nicht mehr weiterentwickelt und damit auch nicht mehr mit den sich verändernden Arbeitsplatzanforderungen Schritt halten kann.

Gestaltung

Daraus leitet sich für die Gestaltung des Auswahlverfahrens die Forderung ab, drei verschiedene Aspekte beim Vergleich zwischen Stelle und Bewerber zu berücksichtigen, wie der nachfolgenden Abbildung 5-1 (nach Schuler) zu entnehmen ist.

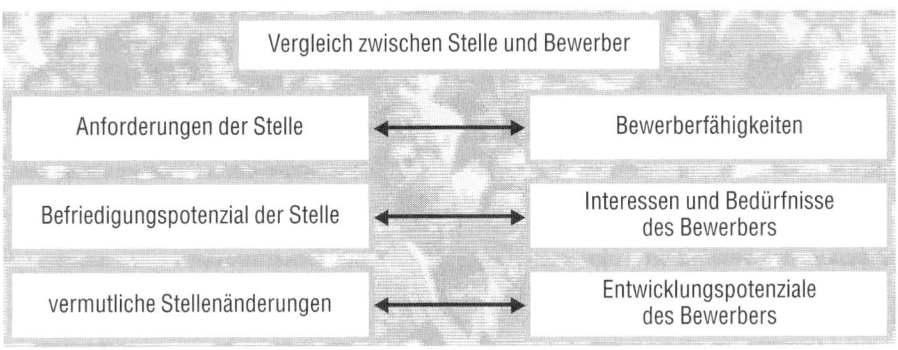

Abb. 5-1: Vergleich zwischen Stelle und Bewerber (Quelle: Schuler, H.: Auswahl von Mitarbeitern, in: Rosenstiel, L. von (Hrsg.): Führung von Mitarbeitern. Handbuch für erfolgreiches Personalmanagement, Stuttgart, 2003, S. 153)

Vergleiche

Zunächst geht es darum, die gegenwärtig bekannten Anforderungen der zu besetzenden Stelle mit dem entsprechenden **Fähigkeitsprofil** des Bewerbers zu vergleichen. Die Festlegung des **Anforderungsprofils** einer Stelle ist normalerweise Aufgabe der Personalbedarfsermittlung. Spätestens mit der Einleitung von Personalwerbemaßnahmen im Rahmen der Personalbeschaffung müssen allerdings die Anforderungen konkretisiert sein, um die Beschaffungsinstrumente zielgerichtet einsetzen zu können.

In einem weiteren Schritt ist das **Befriedigungspotenzial** der fraglichen Tätigkeit (z. B. Grad der Selbstständigkeit bei der Arbeit, materielle und immaterielle Anreize, Art der Zusammenarbeit) mit den **Interessen und Bedürfnissen** der Bewerber zu vergleichen, um daraus abschätzen zu können, inwieweit sich der jeweilige Bewerber in der Stelle wohlfühlen und der Verbleib im Unternehmen sichergestellt werden kann.

Letztlich ist auch zu berücksichtigen, dass die Arbeitsanforderungen bestimmter Stellen Änderungen unterworfen sind, deren grobe Richtung abgeschätzt werden sollte. Hier gilt es zu prüfen, ob das **Entwicklungspotenzial** des Bewerbers zumindest den **absehbaren Veränderungen** entspricht.

Gestaltung der Personalauswahl

Um der allgemeinen Zielsetzung der Personalauswahl zu entsprechen, bedarf es zunächst einer an den wesentlichen **Gütekriterien** für Beurteilungsverfahren orientierten **Planung des** Auswahl**verfahrens**, vornehmlich bezogen auf den Ablauf sowie die einzusetzenden Auswahlinstrumente. Auf dieser Basis kann dann eine zielorientierte **Durchführung des Auswahlverfahrens** erfolgen, die in der Regel mit einer **Besetzungs- bzw. Einstellungsentscheidung** endet. Die **Kontrolle des Auswahlverfahrens** schließlich gibt die nötige Rückkoppelung für die verbesserte Planung künftiger Auswahlverfahren. Diese Struktur ist auch dem nachfolgenden Schaubild 5-2 zu entnehmen.

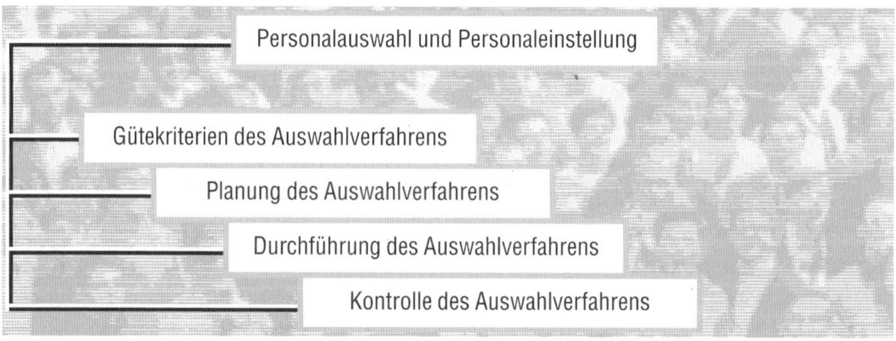

Abb. 5-2: Die Gestaltung der Personalauswahl

5.2 Die wesentlichen Gütekriterien für ein Auswahlverfahren

Gütekriterien

Personalauswahlverfahren sollten wie jedes Verfahren, bei dem bewertende Aussagen über Menschen getroffen werden, bestimmten Gütekriterien genügen. Dazu zählen vor allem **Objektivität, Reliabilität, Validität** und **Praktikabilität.** Darüber hinaus ist auch darauf zu achten, dass das Verfahren **Akzeptanz** bei allen Beteiligten findet. Im Sinne ethischer Verantwortung hat sich das Verfahren vor allem auch an der **Achtung der allgemeinen Persönlichkeitsrechte** der zu Beurteilenden zu orientieren.

- Objektivität

  Das Kriterium der Objektivität betrifft die Frage, ob das Verfahren so gestaltet ist, dass mehrere Anwender **unabhängig voneinander** bei einer bestimmten einzuschätzenden Person zum gleichen Ergebnis gelangen.

  Kriterium Objektivität

  Umsetzungshilfen:
  - ausreichende Zeitplanung zur Vermeidung subjektiver Einflüsse unter Zeitdruck
  - schriftliche Dokumentation über den Auswahlprozess
  - Beteiligung mehrerer Personen am Auswahlprozess

- Reliabilität

  Das Kriterium der Reliabilität bezieht sich auf die **Zuverlässigkeit,** mit der verschiedene Verfahren vergleichbare Aussagen zu den jeweiligen Beurteilungs- bzw. Auswahlkriterien liefern **(Messgenauigkeit)**.

  Kriterium Reliabilität

  Umsetzungshilfen:
  - Herstellung von Klarheit beim Verständnis der Anforderungskriterien
  - Sicherstellung einheitlicher Beurteilungsmaßstäbe
  - Beobachtungs- und Beurteilungstraining der am Auswahlprozess Beteiligten

- Validität

  Das Kriterium der Validität (Gültigkeit) bezieht sich auf die Frage, inwieweit die Ergebnisse des Beurteilungs- bzw. Auswahlverfahrens eine **gültige** Aussage über den zu erwartenden beruflichen Erfolg erlauben. Wenn beispielsweise fremdsprachliche Kenntnisse erfragt werden, am Arbeitsplatz aber keine fremdsprachlichen Kenntnisse erforderlich sind, ist das Verfahren vom Ansatz her als nicht gültig zu betrachten.

  Kriterium Validität

  Umsetzungshilfen:
  - Nutzung von klaren Arbeitsplatzbeschreibungen und Anforderungsprofilen
  - Festlegung und Gewichtung der Auswahlkriterien entsprechend ihren jeweiligen Bedeutungen im Rahmen der zu erfüllenden Tätigkeiten

- Praktikabilität

  Das Kriterium Praktikabilität bezieht sich unter **ökonomischen** Gesichtspunkten auf die Frage, ob der Aufwand des Verfahrens in einem vertretbaren Verhältnis zu dem zu erwartenden Nutzen bzw. den zu kalkulierenden Risiken steht.

  Kriterium Praktikabilität

  Umsetzungshilfen:
  - Begrenzung der Auswahlkriterien auf die wirklich relevanten
  - Nutzung verständlicher Auswahlinstrumente mit entsprechenden Leitfäden
  - Nutzung von Kontrollkennziffern zur Ermittlung der relativen Auswahlkosten (z. B. Verhältnis der Beschaffungskosten zum Jahresgehalt des eingestellten Kandidaten)

5.3 Die Planung des Auswahlverfahrens

Das Auswahlverfahren ist in der Regel so komplex, dass mehrere **Verfahrensschritte** unter Beachtung jeweils angemessener Zeitplanung sowie erforderlicher administrativer Arbeiten berücksichtigt werden müssen. Die Planung wird dabei wesentlich bestimmt durch die **Wahl der Auswahlinstrumente.** Hinzu kommt noch der Umstand, dass die Personalauswahl weitreichender **Mitbestimmung durch den Betriebsrat** unterliegt.

5.3.1 Die Schritte des Auswahlverfahrens

Schritte des Auswahlverfahrens

Grundsätzlich kommen für die Personalauswahl interne wie auch externe Bewerber in Frage. Als vorteilhaft erweist sich dabei, dass die Informationsbasis bezüglich der internen Bewerber in der Regel größer ist. Trotzdem werden die internen Bewerber häufig ähnlichen Auswahlverfahren unterzogen wie die externen Kandidaten, insbesondere in Großunternehmen. Wegen der Verfahrensähnlichkeit beziehen sich daher die nachfolgenden Ausführungen nur auf externe Bewerber.

Eine **exemplarische** Übersicht über die erforderlichen Schritte im Rahmen des Auswahlverfahrens ist der Abbildung 5-3 zu entnehmen. Wie leicht zu erkennen ist, muss bei einem etwas anspruchsvolleren Verfahren (z. B. Auswahl von Führungskräftenachwuchs) mit einer längeren Zeitspanne zwischen Bewerbungseingang und Arbeitsantritt gerechnet werden.

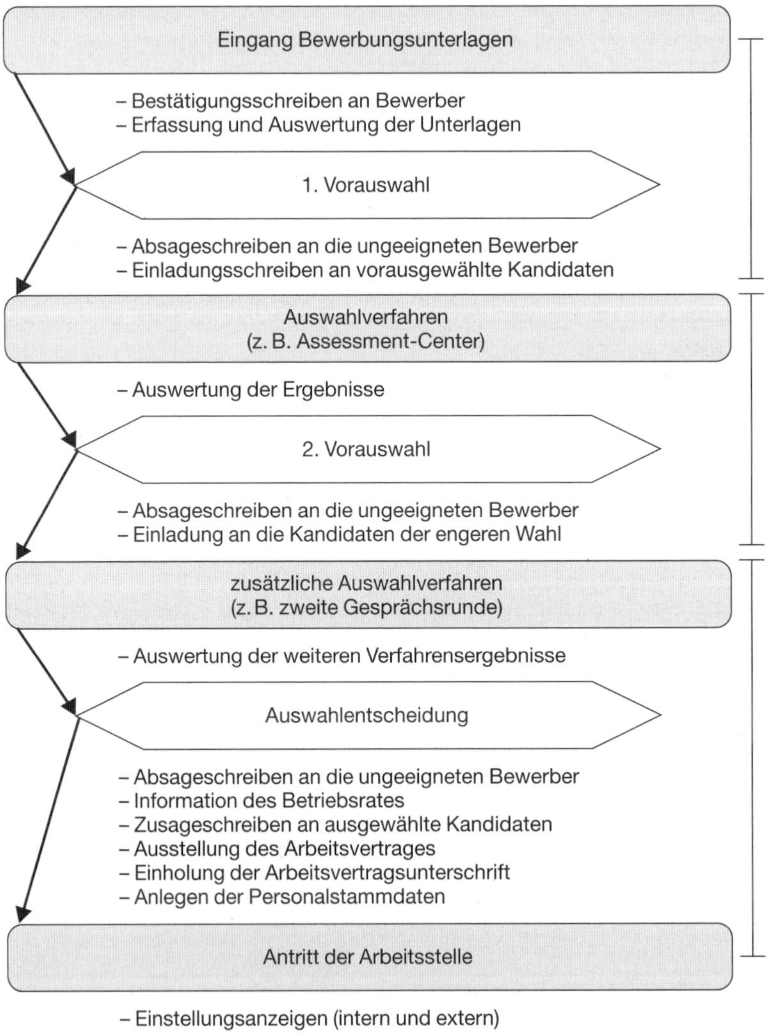

Abb. 5-3: Schritte im Rahmen des Auswahlverfahrens

Die relativ große Zeitspanne ergibt sich zum einen aus der Notwendigkeit, **angemessene Fristen** zur Terminplanung einzukalkulieren. Zum anderen hängen die Fristen natürlich von der Anzahl der zu bearbeitenden Bewerbungen ab. Werden beispielsweise 20 Kandidaten zum Vorstellungstermin gebeten, sind dafür allein mindestens drei Tage Zeit vorzusehen. Nicht zu vergessen ist die Frist von **einer Woche,** die dem Betriebsrat **gemäß § 99 Abs. 3 BetrVG** für die Verweigerung der Zustimmung zu einer vorgesehenen Einstellung zusteht.

Beachtung von Fristen

Wenn nun eine bestimmte Position zu einem ganz bestimmten Zeitpunkt neu besetzt sein soll, ergibt sich daraus die Notwendigkeit, per **retrograder Zeitplanung** (Rückwärtsrechnung) die maximal möglichen Zeiträume sowie den jeweils spätestmöglichen Beginn der einzelnen Auswahlschritte zu planen. Damit verbindet sich beispielsweise die Fragestellung: Wann müssen spätestens die Auswahlverfahren der ers-ten Runde abgeschlossen sein, um rechtzeitig für die spätestens drei Wochen vor der geplanten Einstellung durchzuführenden weiteren Auswahlverfahren einladen zu können?

Da bis zum vorgesehenen Einstellungstermin bei der Metallbau GmbH nur noch acht Wochen verbleiben, muss zur zügigen Abwicklung des Vorauswahlverfahrens ein zusätzlicher Sachbearbeiter aus einer anderen Abteilung für drei Tage angefordert werden, nach Möglichkeit aus dem Bereich der Auftragsbearbeitung. Wegen der Wichtigkeit der zu vergebenden Stelle soll das Auswahlverfahren dreistufig mit einem Assessment-Center und einer weiteren Interviewrunde unter Einbeziehung der Fachabteilung durchgeführt werden. Die entsprechende Zeitplanung sollte unverzüglich erstellt sowie den am Auswahlverfahren Beteiligten (Geschäftsleitung, Fachabteilungsleitung, Betriebsrat) bekannt gemacht werden.

5.3.2 Die Auswahlinstrumente

Den in der Praxis gebräuchlichen Auswahlinstrumenten wird je nach Vorlieben sowie je nach der Bedeutung der zu besetzenden Position unterschiedliches Gewicht beigemessen. Dabei erscheinen **Bewerbungsunterlagen** sowie das Instrument **Vorstellungsgespräch** als notwendiger Grundbestandteil jedes Auswahlverfahrens. Inwieweit weitere Instrumente zum Einsatz kommen, hängt nicht zuletzt von dem zur Verfügung stehenden Budget ab, der Anzahl der Kandidaten sowie von der Bereitschaft, die Auswahlrisiken zu minimieren. Die Verfahren sollen in diesem Zusammenhang dazu beitragen, dass **nicht**

Notwendige Auswahlinstrumente

- Bewerber fälschlicherweise als geeignet angesehen werden **(false positives)** sowie
- Bewerber fälschlicherweise als ungeeignet angesehen werden **(false negatives)**.

Eine Übersicht der möglichen Auswahlinstrumente ergibt sich aus dem nachfolgenden Schaubild 5-4

Mögliche Auswahlinstrumente

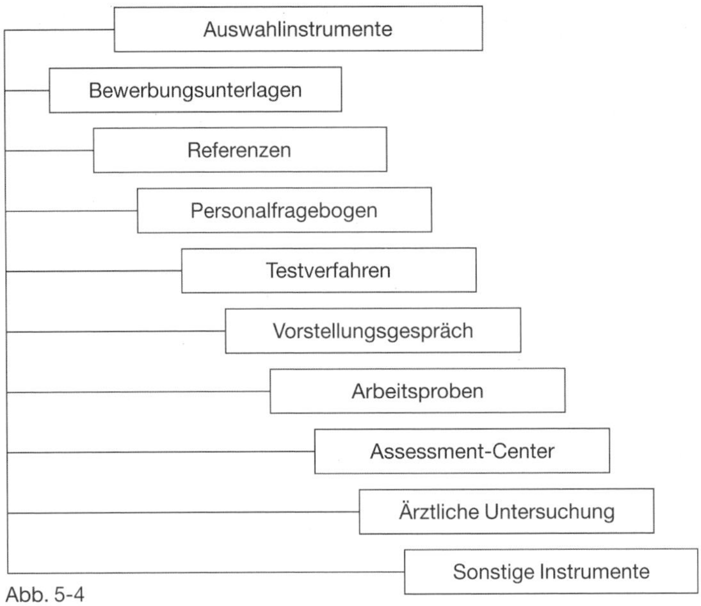

Abb. 5-4

◆ Bewerbungsunterlagen

Dreiteilige Bewerbungsunterlagen

Die Bewerbungsunterlagen sind geeignet, **erste Aufschlüsse** über die Bewerber zu liefern. Dabei ist allerdings zu berücksichtigen, dass je nach Position unterschiedliche Anforderungen zu stellen sind. Beispielsweise spielen Ausdrucksweise und Orthographie bei Kandidaten, die sich auf eine Position mit überwiegend manuellen Tätigkeiten bewerben, eine eher untergeordnete Rolle. Als Bestandteile einer **vollständigen** Bewerbung sind zu nennen:

Bestandteile	Funktion
Anschreiben	Aufschluss über die Beweggründe für die Bewerbung
Lebenslauf	Aufschluss über die bisherige berufliche Entwicklung
Zeugnisse und sonstige Nachweise	Aufschluss über die zurzeit vorhandenen Qualifikationen

Abb. 5-5

Unternehmen bevorzugen zunehmend digitale Bewerbungen und strukturierte Bewerbungsformulare. Diese führen zum einen zu einer besseren Übersicht über die eingehenden Bewerbungen. Zum anderen können auf diese Weise Zeit und Kosten gespart werden.

Mit diesen Unterlagen lässt sich ein **erster Abgleich von Anforderungs- und Fähigkeitsprofil** vornehmen, hauptsächlich bezogen auf **Kenntnisse** und **Fähigkeiten**. Hier bieten die als Anlage beigefügten Zertifikate und Bescheinigungen in der Regel bereits ein klares Bild darüber, ob der Bewerber überhaupt in eine engere Wahl kommen kann. Auf diese Weise leistet die Analyse der Bewerbungsunterlagen eine unverzichtbare Hilfe bei der **Eingrenzung** der Kandidatenzahl. Sehr viel schwieriger ist es für den Personalverantwortlichen, aus den Unterlagen schlüssige Aussagen über die Persönlichkeit und das Verhalten des Bewerbers als Grundlage für Eignung und Bewährung abzuleiten. Hier bedarf es unbedingt eines weiteren Kennenlernens. Dieses gilt um so mehr, als es unklar ist, mit welchen Hilfestellungen (schriftliche Ratgeber, Freunde) der

Bewerber eine unter Umständen „eindrucksvolle Selbstdarstellung“ abliefert, die aber nicht unbedingt seiner tatsächlichen Persönlichkeit entsprechen muss.

Bewertung der Bewerbungsunterlagen

	Personalabteilung		Zusammenstellung der eingegangenen Bewerbungen für Position: ______			
	Lfd. Nr.		1	2	3	4
Zur Person	Name					
	Alter					
	Wohnort					
Ausbildung	Schulbildung					
	Berufsausbildung					
	Hoch-/Fachschule					
	Sonstige Ausbildung					
Berufserfahrung	Anzahl der Arbeitsverhältnisse nach der Ausbildung					
	Detailliert: Jahre/Tätigkeit	a				
		b				
		c				
		d				
	Letzte Tätigkeit als					
	Jahre					
	Verwertbare Berufserfahrung					
Diverses	Gehalt:	jetziges				
		gewünschtes				
	Wohnung notwendig					
	Frühester Dienstantritt					
Wertung	Rang					
	Vorstellung (ja/nein)					
	Bemerkungen					

Abb. 5-6: Die Bewerberübersicht, (Quelle: Scholz, C.: Personalmanagement, München, 2011, S. 217)

Weitere Erläuterungen zu den einzelnen Bestandteilen der Bewerbungsunterlagen finden sich im Teilabschnitt 5.4.1 „Das Vorauswahlverfahren“.

◆ Referenzen

Renommierreferenz

In seltenen Fällen werden Referenzen über den jeweiligen Bewerber mit in die Auswahlentscheidung einbezogen. Es handelt sich dabei um schriftliche oder mündliche Empfehlungen ehemaliger Vorgesetzter, Kollegen oder Bekannter in gehobenen beruflichen Stellungen, die zu einer Abrundung des Bewerberbildes beitragen können. Da der Bewerber mit großer Wahrscheinlichkeit nur solche Referenzgeber angibt, bei denen er mit positiven Auskünften rechnen kann, hat dieses Instrument nur einen eingeschränkten Aussagewert. Der positive Grundtenor von Referenzen wird überdies durch die Tatsache begünstigt, dass der Referenzgeber für die Richtigkeit seiner Auskunft haften muss. Auch sollte bei der Bewertung darauf geachtet werden, ob es sich um eine **Renommier- bzw. Imponierreferenz** handelt, wie sie manchmal von höher gestellten Persönlichkeiten erteilt werden, die aber den Bewerber nur flüchtig kennen. Mithilfe gezielter Fragen kann eine Auskunft als **sachliche Referenz** mit entsprechender Bedeutung identifiziert werden. Die nachfolgende Abbildung gibt einen kleinen Katalog möglicher Überprüfungsfragen.

Sachliche Referenz

Fragen zur Überprüfung von Referenzen
1. In welchem Verhältnis stehen Sie zu dem Bewerber? 2. Wie verhielt sich der Bewerber gegenüber Kollegen, Vorgesetzten, Mitarbeitern, Kunden? 3. Welches waren die wesentlichen Aufgaben und Kompetenzen des Bewerbers? 4. Wie schätzen Sie Stärken und Schwächen des Bewerbers ein? 5. Wie beurteilen Sie die Gesamtpersönlichkeit? 6. Was können Sie über die Bewerbungsmotive aussagen? 7. Inwieweit halten Sie den Bewerber für die vakante Position geeignet?

◆ Personalfragebogen

Personalfragebogen

Zusätzlich zu den eingereichten Bewerbungsunterlagen wird von vielen Unternehmen noch das Ausfüllen eines Fragebogens verlangt. Der Personalfragebogen dient in erster Linie dazu, ein vollständiges Bild über die wesentlichen demografischen Merkmale des Bewerbers zu erhalten. Dabei dient die Formulartechnik mit ihrer Übersichtlichkeit vor allem der **rationellen Auswertung** sowie der **schnellen Vergleichbarkeit** der Bewerber. Als Beispiel für einen solchen Fragebogen dient die Abbildung 5-7.

Personalfragebogen

Gesellschaft für

WACHDIENST

Damit sich Ihr Aufwand für eine Bewerbung in Grenzen hält, haben wir für Sie dieses Bewerbungsformular erstellt. So müssen Sie Ihrer Bewerbung nicht sofort alle Unterlagen in Kopie beilegen. Sobald Ihre Bewerbung bei uns eingegangen ist, werden wir prüfen, ob zurzeit ein freier Arbeitsplatz für Sie verfügbar ist. Es ist eine verkürzte Version des Fragebogens, den Sie bei einem persönlichen Vorstellungsgespräch bei uns ausfüllen müssten. Das Formular ersetzt aber nicht Ihre schriftliche Bewerbung! Sollten Sie von uns Antwort erhalten, benötigen wir dennoch eine schriftliche Bewerbung mit folgenden Unterlagen:

- Aktuelles Führungszeugnis (nicht älter als Monate!); nur im Orginal gültig!
- 2 Passbilder
- Lebenslauf
- Kopie Schulabgangszeugnis
- Kopien Qualifikationsnachweise (Berufsausbildung, Weiterbildungen)
- Zeugnisse der letzten Arbeitgeber
- IHK-Unterrichtungsnachweis (wenn vorhanden)

Sollten wir mit Ihnen einen Vorstellungstermin zu einem persönlichen Bewerbungsgespräch vereinbaren, sind folgende weitere Dokumente mitzubringen:

- Personalausweis
- Führerschein (wenn vorhanden)
- Lohnsteuerkarte bzw. Steuerfreistellungsbescheinigung
- Sozialversicherungsausweis

Beantworten Sie nun bitte folgende Fragen:

Bitte beachten Sie alle Fragen genau!

Je mehr wir über Ihre Kenntnisse und Fähigkeiten wissen, desto besser können wir Ihnen einen Arbeitsplatz zuweisen, an dem Sie erfolgreich und zufrieden sein können.

1. Angaben zur Person

	Name	Geb.-Name	Vorname	Geb.-dat.	Geb.-ort
1.1 Bewerber					
1.2 Ehegatte					

2. Familienstand

⊙ ledig
○ verheiratet seit [ ]
○ geschieden seit [ ]
○ verwitwet
○ getrennt lebend

3. Beruf und jetzige betriebliche Stellung

3.1. des Bewerbers [ ]

3.2. des Ehegatten [ ]

4. Staatsangehörigkeit

4.1. des Bewerbers: Deutschland

des Ehegatten: Deutschland

4.2. Aufenthaltsgenehmigung (falls Staatsangehörigkeit nicht deutsch)

○ ja ○ nein; Arbeitserlaubnis ○ ja ○ nein

5. Wohnsitz oder gewöhnliche Aufenthalte der letzten 5 Jahre

5.1. des Bewerbers

von – bis	PLZ	Wohnort	Straße, Nr.	Land
bis				
bis				

5.2. des Ehegatten

von – bis	PLZ	Wohnort	Straße, Nr.	Land
bis				
bis				

6. Im Haushalt des Bewerbers lebende nahe Angehörige

⊙ keine

○ folgende:

Name	Vorname	Geb.-datum	Geb.-ort	Verwandte.-verh.

7. Schulbildung/Berufliche Ausbildung/Qualifizierung

7.1. Schulbildung/letzter Abschluss

am	Abschluss	Schule	Ort

7.2. Berufliche Ausbildung

			Abschluss	Ausbildungsbetrieb	Ort
	bis				
	bis				

7.3. Qualifizierung

			Abschluss/Zertifikat	Bildungsstätte	Ort
	bis				
	bis				

8. Die letzten beruflichen Tätigkeiten in zeitlicher Reihenfolge

			Tätigkeit	Arbeitgeber/ Branche	Anschrift
	bis				
	bis				

9. Hobbys, Freizeittätigket

10. Angaben zum jetzigen oder früheren Arbeitsverhältnis

Ist Ihr jetziges Arbeitsverhältnis gekündigt? ⊙ ja, zum ○ nein

Haben Sie selbst gekündigt? ⊙ ja ○ nein; wenn ja: Kündigungsgrund:

besteht eine noch wirksame Konkurrenzklausel? ○ ja ⊙ nein

Ihr letztes Bruttogehalt pro Monat: EUR

Welcher Krankenkasse gehören Sie an? ⊙ pflichtig ○ freiwillig

Haben Sie Zahlungsverpflichtungen (Lohnpfändung, Unterhaltszahlungen, ...) ○ ja ⊙ nein

11. Angaben zum Gesundheitszustand

Sind Sie gesundheitlich der angestrebten Tätigkeit uneingeschränkt gewachsen? ⊙ ja O nein

Sind Sie unfallbeschädigt? O ja O nein; wenn ja: [ ] %

Sind Sie beschränkt erwerbsfähig? O ja O nein; wenn ja: [ ] %

Sind Sie schwerbehindert O ja O nein; wenn ja: [ ] %

Sind Sie einem Schwerbehinderten gleichgestellt? O ja ⊙ nein; wenn ja: [ ] %

Sind Sie im Besitz eines Schwerbehindertenausweises? O ja O nein

Beziehen Sie eine Rente? O ja O nein

Art: [ ]

12. Angaben über Kenntnisse und Fähigkeiten

Führerschein O ja O nein

Klassen [z. B. 3 oder B]

Ausgebildeter Hundeführer O ja O nein

Brandschutzausbildung O ja O nein

Sanitätsausbildung O ja O nein

Branchenkenntnisse Sicherheitsdienstleistungen O ja O nein

(z. B. IHK-Unterrichtung, vorangegangene Tätigkeiten im Bewachungsgewerbe) welche

[ ]

13. Angaben zum Eintritt in unser Unternehmen

Üben Sie Nebentätigkeiten aus? O ja O nein

Wann können Sie frühestens eintreten? am [sofort]

Welche Tätigkeit möchten Sie ausüben? [ ]

Welches Entgelt erwarten Sie (Netto pro Monat)? [ ]

Sind Sie telefonisch erreichbar?

Tel.-Nr. [ ] / [ ]

14. Bemerkungen

___

___

___

Abb. 5-7: Bewerbungsfragebogen

Der Personalfragebogen kann entweder nach der schriftlichen Kontaktaufnahme eingesetzt werden, indem er mit zusätzlichen Informationen über das Unternehmen (z. B. Unternehmensgrundsätzen) zum Ausfüllen per Post oder Mail zugesandt wird, oder aber er wird erst unmittelbar vor dem ersten Interview vorgelegt. In jedem Fall sollte bedacht werden, dass der Personalfragebogen im Rahmen des Personalmarketings als **Visitenkarte des Unternehmens** wirkt und daher mit Sorgfalt erstellt sowie laufend überarbeitet werden sollte.

Unabhängig davon ist darauf zu achten, dass der Fragebogen **rechtlich zulässige Fragen** enthält. Damit die Persönlichkeitsrechte des Bewerbers geschützt bleiben, dürfen nämlich nur solche Fragen gestellt werden, die mit der zu besetzenden Stelle in einem direkten Zusammenhang stehen. Dem gegenüber steht das berechtigte Informationsbedürfnis des einstellenden Unternehmens zur Vermeidung falscher Personalentscheidungen. Dieses führt für den Bewerber zu einer **Offenbarungspflicht** von Umständen, die für die Entscheidung des Unternehmens wesentlich sind. Dazu gehören zum Beispiel gesundheitliche Beeinträchtigungen, aufgrund derer die vorgesehenen Tätigkeiten nicht bzw. nur teilweise ausgeübt werden können. Das Schaubild 5-8 gibt eine Übersicht zu den kritischen Fragebereichen.

Zulässige und unzulässige Fragen im Zusammenhang mit Personalauswahlentscheidungen

Erlaubt sind:

Alle Fragen, die in einer konkreten Beziehung zu dem angestrebten Arbeitsverhältnis stehen. Dies sind insbesondere der schulische und berufliche Werdegang (Prüfungsnoten) und die allgemeinen persönlichen Verhältnisse (Alter, Familienstand).

Unzulässig sind:

Alle Fragen, die auf den rein persönlichen Bereich des Bewerbers abzielen. Hier sind insbesondere Fragen über private Gewohnheiten, Bindungen oder Pläne zu nennen (bevorzugte Verhütungsmittel, geplante Heirat etc.).

Problemfragen:

Gewisse Fragen sind zwar in der Regel unzulässig, in einigen Einzelfällen jedoch erlaubt. Dabei handelt es sich insbesondere um Fragen nach:

Gewerkschafts-, Religions- oder Parteizugehörigkeit

Diese Fragen sind nur in entsprechenden Tendenzbetrieben zulässig (z. B. Frage nach der Religionszugehörigkeit in einem katholischen Kindergarten).

Vermögensverhältnisse (Schulden)

Nur dann zulässig, wenn der Bewerber einen Beruf anstrebt, bei dem finanzielle Unabhängigkeit eine wichtige Voraussetzung ist (z. B. Richter, Bankier). Strittig ist in diesem Zusammenhang auch die Frage nach Lohn- und Gehaltspfändungen.

Vorstrafen

Fragen nach Vorstrafen sind nur erlaubt, wenn diese die Eignung für den angestrebten Beruf in Frage stellen (Unterschlagung bei Buchhaltern, Sittlichkeitsverbrechen bei Ausbildern). Vorstrafen, die nach § 15 Bundeszentralregistergesetz nicht offenbart zu werden brauchen, dürfen in jedem Fall verheimlicht werden.

Bisherige Gehaltshöhe

Nur dann erlaubt, wenn die bisherige Gehaltshöhe Grundlage der Verhandlungen zum Abschluss des Arbeitsverhältnisses war (z. B. Arbeitnehmer erhält 300,– EUR mehr als bisher).

Schwangerschaft

Die Frage nach einer Schwangerschaft ist wegen der Geschlechtsdiskriminierung unzulässig (§ 611 a BGB). Lediglich in Fällen, in denen die Schwangerschaft die Ausübung des Berufes direkt beeinflusst (Mannequin, Model) ist diese Frage zulässig (vgl. dazu auch die Entscheidung des Europäischen Gerichtshofes: EuGH, NJW 91, 628).

Gesundheitszustand

Die Frage nach dem Gesundheitszustand und nach Krankheiten des Bewerbers ist nur erlaubt, soweit die Arbeitsfähigkeit des Bewerbers stark betroffen ist. Frühere, ausgeheilte Erkrankungen und Kinderkrankheiten sind in der Regel für das Arbeitsverhältnis nicht relevant und Fragen danach somit unzulässig.

Abb. 5-8 (Quelle: Jung, H.: Personalwirtschaft, München/Wien, 2011, S. 164)

◆ Testverfahren

Kritische Beurteilung der Anwendung von Testverfahren durch Laien

Psychologische Testverfahren erfreuen sich in vielen Unternehmen nach wie vor großer Beliebtheit, obwohl ihre Aussagekraft hinsichtlich der Eignungsvoraussagen zunehmend kritisch gesehen wird. Dies ist insbesondere in dem fehlenden Bezug zu der jeweiligen Arbeitsplatzrealität zu sehen **(mangelnder Situationsbezug)** sowie auch in der fragwürdigen, teilweise die menschliche Intimsphäre verletzende Testpraxis und Testinterpretation mithilfe psychologisch ungeschulter Mitarbeiter **(mangelnde Berücksichtigung ethischer Gesichtspunkte)**. Die nachfolgende Abbildung 5-9 zeigt eine Übersicht der in der Praxis benutzten Testverfahren.

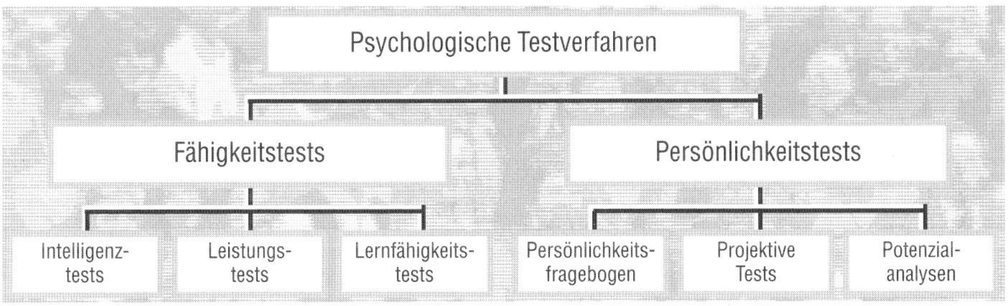

Abb. 5-9: Übersicht psychologischer Testverfahren

- **Intelligenztests**
  Diese Tests messen die intellektuelle Leistungsfähigkeit. Erfasst werden dabei zum Beispiel Analogie-Denken, Kombinations- und Merkfähigkeit, Sprachbeherrschung sowie Raumvorstellung. Neben der Messung der absoluten Höhe mithilfe des Intelligenzquotienten (IQ) interessiert vor allem die Struktur der Intelligenz.
- **Leistungstests**
  Diese Testarten erlauben zum Beispiel Leistungsaussagen zu den Kriterien Aufmerksamkeit, Konzentration und Belastung. Daneben können mit Spezialtests noch besondere Fähigkeiten, wie zum Beispiel Geschicklichkeit, Reaktionsvermögen, Gedächtnis und technisches Vorstellungsvermögen, ermittelt werden.
- **Lernfähigkeitstests**
  Diese Tests haben sich als neue Entwicklung herausgebildet, um feststellen zu können, inwieweit sich Personen veränderten Anforderungen anpassen können.

- **Persönlichkeitsfragebogen**
  Mit diesem Fragebogen nimmt der Kandidat eine Selbstbeurteilung hinsichtlich der Kriterien Verhalten, Einstellung und Gefühle vor. Als bekanntester Test dieser Kategorie gilt der 16-PF-Test (Sixteen Personality Factors), bei dem die wichtigsten charakterlichen Merkmale eines Menschen durch 16 Persönlichkeitsfaktoren erfasst und profilartig dargestellt werden sollen.
- **Projektive Tests**
  Bei diesen Instrumenten geht es darum, den Kandidaten durch Vorgabe mehrdeutiger Reize (z. B. Tintenklecksbilder im Rorschach-Test) zu Deutungen zu veranlassen, die die sich im Unterbewussten abspielenden Vorgänge zutage treten lassen.
- **Potenzialanalysen**
  Ein recht aufwändiges Personalentwicklungsinstrument ist die Potenzialanalyse. Hier versuchen Unternehmen zu ermitteln, welches Potenzial in ihren Mitarbeitern steckt. Damit erhalten die Mitarbeiter zugleich die Möglichkeit zu einer Überprüfung ihrer Selbsteinschätzung.
  Potenzialanalysen setzen eine sorgfältige Analyse der Anforderungen voraus, damit die Fähigkeiten des Mitarbeiters anhand des Anforderungs- und Qualifikationsprofils einer häufig höherwertigeren oder neu zu schaffenden Stelle des Unternehmens ermittelt/analysiert werden können. Methoden der Potenzialanalyse sind meistens Tests und Assessment Center.
  Damit die Teilnehmer eine zukunftsorientierte Potenzialanalyse richtig einzuschätzen wissen und nicht die Erwartung hegen, dass eine erfolgreiche Durchführung umgehend zu einer neuen Aufgabe oder Beförderung führt, ist gerade in diesem Bereich eine gute Organisation und offene Kommunikation unverzichtbar.

◆ **Vorstellungsgespräch**

Typische Mängel der Interview-praxis

Die Nutzung des Instruments Vorstellungsgespräch gehört neben der Analyse der Bewerbungsunterlagen zu der verbreitetsten Auswahlmethode und erfreut sich sowohl bei Bewerbern als auch bei Beurteilern hoher Akzeptanz. Dieses gilt, obwohl die Interview-Praxis häufig zu wenig verlässlichen Ergebnissen führt. Dies ergibt sich insbesondere aus folgenden Mängeln:

- oberflächliche und wenig organisierte Vorbereitung
- geringer Anforderungsbezug der Fragen
- unzulängliche Informationsaufnahme- und verarbeitung
- Überbewertung negativ wahrgenommener Informationen
- emotional verzerrend wirkende Einflüsse
- geringe Übereinstimmung der Beurteiler

Solche Mängel führen in der Regel dazu, dass als Ergebnis ein pauschalierter, undifferenzierter Gesamteindruck als Bewertung festgehalten wird, der in den meisten Fällen auch gar nicht begründet wird. Mithilfe methodisch durchdachter Vorbereitung, Durchführung und Auswertung von Vorstellungsgesprächen kann allerdings die Aussagekraft dieses Instrumentes deutlich verbessert werden, wie noch zu zeigen ist. Unabhängig davon ist das Vorstellungsinterview kaum verzichtbar, da es Funktionen übernimmt, die von anderen Auswahlinstrumenten so nicht leistbar sind. Dazu gehören vor allem:

Funktionen des Vorstellungsgespräches

- persönliches gegenseitiges Kennenlernen (Kontaktaufbau, Auftreten und Sprachverhalten des Bewerbers),
- Austausch gegenseitiger Erwartungen,
- Information des Bewerbers über das Unternehmen mit seinen Perspektiven,
- Vermarktung des Unternehmens als attraktiver Geschäftspartner,
- Vorhersage beruflichen Erfolgs,
- Vereinbarung von Bedingungen.

Gestaltung des Vorstellungsgespräches

Es gibt eine Vielzahl von Möglichkeiten, Vorstellungsgespräche zu gestalten. Dabei wird zum einen danach unterschieden, welche Teilnehmer in das Verfahren einbezogen werden, zum anderen ergeben sich unterschiedliche Interviewarten je nach der Strukturiertheit bei der Durchführung. Die nachfolgende Abbildung 5-11 zeigt die verschiedenen Arten des Vorstellungsgespräches in Anlehnung an Scholz.

	Beteiligte Personen			
	Einzelgespräch	mehrere Teilnehmer		
		serielles Interview	Jury-interview	Gruppen-interview
freies Interview				
halbstrukturiertes Interview				
standardisiertes Interview				

Abb. 5-11: Arten von Vorstellungsgesprächen (nach Scholz)

Standardisiertes Interview

Beim **standardisierten** Interview sind alle Fragen **genau festgelegt** und werden jedem Bewerber im gleichen Wortlaut und in der gleichen Reihenfolge vorgelegt. Diese Interviewart kann sogar **computergestützt** durchgeführt werden, wobei sich die Software-Unterstützung auch auf die Zusammenstellung eines Fragenkataloges entsprechend dem eingegebenen Anforderungsprofil beziehen kann. Als Vorteile sind zu nennen: Leichte Durchführbarkeit und Auswertung sowie gut vergleichbare Ergebnisse. Als Nachteil erweist sich allerdings die geringe Flexibilität dieser Interviewart. Außerdem entsteht für den Bewerber sehr leicht das Gefühl, abgeprüft zu werden.

Freies Interview

Demgegenüber bedeutet das **freie** Interview keinerlei inhaltliche Bindung für den Interviewer. Dies bietet vor allem den Vorteil, sich ganz **individuell** auf den jeweiligen Kandidaten einzustellen und mithilfe einer angenehmen, stressfreien Atmosphäre eine Öffnung des Gesprächspartners zu bewirken. Nachteilig erweist sich allerdings die Gefahr, falsche Schwerpunkte zu setzen und damit subjektive Einflüsse zu verstärken. Hinzu kommt die mangelnde Vergleichbarkeit der Ergebnisse.

Halbstrukturiertes Interview

Mithilfe des **halbstrukturierten** Interviews sollen die Vorteile der beiden vorgenannten Interviewarten miteinander verbunden werden. Dabei orientiert sich der Interviewer an einem **Leitfaden**, der einerseits einem allgemeinen, für alle Kandidaten gültigen Ablauf folgt, andererseits in der Gesprächsvorbereitung einen speziellen Zuschnitt für jeden Kandidaten erhält und außerdem die **Flexibilität** einer freien Gesprächführung ermöglicht.

Beteiligte Personen

Je nach den beteiligten Personen lassen sich die drei Grundformen des Interviews weiter differenzieren. Dabei sind beim **Einzelinterview** nur der Bewerber sowie der Interviewer beteiligt. Weitere Gesprächsteilnehmer können in unterschiedlicher Form einbezogen werden. Beim **seriellen Interview** führen verschiedene Personen des Unternehmens nacheinander Gespräche mit dem Bewerber. Infrage kommen dabei jeweils ein Vertreter der Personalabteilung sowie der Fachabteilung, wobei je nach Bedeutung und Rang der zu besetzenden Position die entsprechenden Bereichsleitungen mit einbezogen werden. Eine Ausweitung kann auch dergestalt erfolgen, dass mehrere Personen mit verteilten Rollen ein **Juryinterview** durchführen. Ebenfalls können auch mehrere Bewerber gemeinsam in ein **Gruppeninterview** einbezogen werden.

Das Instrument Vorstellungsgespräch wurde in den letzten Jahren dadurch weiterentwickelt, dass **situative Elemente**, bezogen auf das jeweilige Anforderungsprofil, aufgenommen wurden, und zwar in Form von Situationsaufgaben, Rollenspielen und Arbeitsproben. Damit sollte vor allem dem Nachteil der zu geringen Anforderungs- und Arbeitsplatzbezogenheit von Interviews begegnet werden.

◆ Arbeitsproben

Arbeitsproben

In manchen Fällen bietet es sich an, mithilfe von Arbeitsproben einen Eindruck von dem Leistungsvermögen des Bewerbers zu erlangen. Im künstlerischen und journalistischen Bereich gilt dieses Verfahren als selbstverständlich. Aber auch für andere Tätigkeiten ist der Einsatz dieses Auswahlinstrumentes vorstellbar, wie zum Beispiel bei Assistententätigkeiten. Viele Ausbildungsunternehmen rekrutieren mittlerweile einen Teil ihrer Auszubildenden aus **Praktikantenverhältnissen,** was als besondere Form der Arbeitsprobe zu bezeichnen ist.

◆ Assessment-Center

Nutzungsmöglichkeiten des AC

Im Gegensatz zu den eher traditionellen Auswahlverfahren wie Fragebogen und Interview kann das Assessment-Center (AC)[1] als Eignungsfeststellungsverfahren bezeichnet werden, das sich schwerpunktmäßig auf **aktuelles Verhalten** stützt. Nach Jeserich kann ein AC definiert werden als ein „systematisches Verfahren zur qualifizierten Feststellung von Verhaltensleistungen bzw. Verhaltensdefiziten, das von mehreren Beobachtern gleichzeitig für mehrere Teilnehmer in Bezug auf vordefinierte Anforderungen angewandt wird“ (Quelle: Jeserich, W.: Mitarbeiter auswählen und fördern – Assessment-Center-Verfahren, München/Wien, 1989, S. 33). Aus der Definition wird deutlich, dass dieses Instrument in verschiedener Hinsicht genutzt werden kann, und zwar zur

- Auswahl interner und externer Bewerber,
- Potenzialbeurteilung,
- Analyse von Bildungsbedarf,
- Kontrolle durchgeführter PE-Maßnahmen.

---

[1] *Der aus dem Englischen übernommene Begriff bedeutet soviel wie Bewährungs-, Betätigungs- oder Beurteilungszentrum. Dieses Instrument wurde in den 30er-Jahren in Deutschland zur Auslese von Offiziersanwärtern entwickelt und wurde dann ab den 50er-Jahren auch in Wirtschaftsunternehmen, zunächst in den USA, übertragen. In Deutschland findet das Instrument seit Anfang der 70er-Jahre Anwendung. Dabei werden unterschiedliche Bezeichnungen benutzt, wie zum Beispiel Personalentwicklungsseminar, Qualifikationsseminar, Beurteilungsseminar, Auswahlseminar und Managementpotenzialanalyse.*

Gestaltung

Das AC wird durchgeführt als seminarähnliche Veranstaltung mit etwa 6 bis 12 Teilnehmern über einen Zeitraum von ein bis zwei Tagen. Im Verlauf dieser Veranstaltung nehmen die Teilnehmer an unterschiedlichen praxisnahen Aufgaben und Übungen allein oder in Gruppen teil. Sie werden dabei beobachtet von einem Beobachterteam **(Assessoren)**, das sich zusammensetzt aus besonders geschulten Linienmanagern, Vertretern der Personalabteilung und manchmal auch externen Beratern. Die Güte eines AC hängt vor allem davon ab, inwieweit sich das Verfahren an wesentlichen Grundprinzipien orientiert, die in der nachfolgenden Abbildung 5-12 verdeutlicht werden.

Prinzipien

Wesentliche Prinzipien der AC-Technik	
Anforderungsbezogenheit	Alle Aufgaben beziehen sich auf tatsächliche, vorher ermittelte Anforderungen, die sich auf die jeweilige Position beziehen müssen.
Verhaltensbezogenheit	Es werden keine Eigenschaften pauschaliert festgestellt, sondern durch Simulationen tatsächliches Verhalten beobachtbar gemacht.
Methodenvielfalt	Es kommen verschiedenartige Übungen zum Einsatz, um den unterschiedlichen Anforderungen Rechnung zu tragen.
Mehrfachbeurteilung	Beurteilung durch viele voneinander unabhängige Beobachter sowie Beurteilung gleicher Anforderungen in unterschiedlichen Situationen.
Beobachtertraining	Es werden nur Assessoren nach intensivem Beobachtungstraining, was sich auch auf Wahrnehmungsverzerrungen bezieht, eingesetzt.
Trennung von Beobachtung und Bewertung	Zur Minimierung von Beurteilungsfehlern erfolgt eine strikte Trennung zwischen Beobachtungs- und Bewertungsphase.
Feedback an die Teilnehmer	Unter Einschaltung eines Moderators wird das Verfahren hinsichtlich Ziel, Ablauf und Funktion transparent gemacht. Am Ende erhalten alle Teilnehmer eine individuelle, sinnvoll zu nutzende Rückmeldung.

Abb. 5-12: Wesentliche Prinzipien der AC-Technik

Standardübungen

Die folgenden Übungen kommen im Zusammenhang mit Führungskräfteauswahl vor:

Postkorbübung:	Es geht um die Bearbeitung von für die Position typischen Schriftstücken und Vorgängen unter Zeitdruck. **Beobachtung (u.a.):** konzeptionelles Arbeiten, Organisationsfähigkeit, Fähigkeit zu delegieren und zu entscheiden
Gruppendiskussion:	Zu bestimmten Themen werden die Teilnehmer zu einer gemeinsamen Diskussion aufgefordert, mit und/oder ohne Rollenverteilung. **Beobachtung (u.a.):** Durchsetzungs- und Überzeugungsvermögen, Kompromiss- und Kooperationsfähigkeit, sprachliches Ausdrucksvermögen, Moderationsfähigkeit

Präsentation:	Die Teilnehmer müssen mit einer kurzen Vorgabezeit ein bestimmtes Thema vorbereiten und in einem freien Vortrag präsentieren. **Beobachtung (u.a.):** Ausdrucksfähigkeit, Auftreten, Selbstsicherheit, Flexibilität, Stressresistenz
Rollenspiel:	Die Teilnehmer sollen sich in die Rolle von Vorgesetzten versetzen und mit einem fiktiven Mitarbeiter ein bestimmtes Problem besprechen. **Beobachtung (u.a.):** Kontaktfähigkeit, Einfühlungsvermögen, Ausdrucksfähigkeit, Zielgerichtetheit in der Gesprächsführung
Fallstudie:	Zu einem Entscheidungsproblem sollen die Teilnehmer mithilfe von Informationsmaterial in Einzelarbeit Lösungsvorschläge erarbeiten. **Beobachtung (u.a.):** konzeptionelles Arbeiten, Überblick, Einfallsreichtum, Blick für das Wesentliche

Das AC gilt als anspruchsvollstes eignungsdiagnostisches Instrument und kann bei Beachtung aller Prinzipien für eine hohe Validität sorgen. Dies ist allerdings zum einen abhängig davon, inwieweit es trotz der Laborsituation gelingt, durchgängig den Anforderungsbezug herzustellen, und zum anderen davon, ob die Beobachter die nötige Kompetenz aufweisen. Trotz allem gilt das AC als ein Verfahren, welches gute Prognosen über zukünftiges Arbeitsverhalten der Bewerber zulässt. Es wird jedoch aufgrund der hohen Kosten nicht bei allen Auswahlverfahren eingesetzt (vgl. Jung, H: Personalwirtschaft, München/Wien, 2011, S. 175 f.).

◆ Ärztliche Untersuchung

Ärztliche Untersuchung

Die ärztliche Untersuchung als Instrument zur Personalauswahl soll vor allem sicherstellen, dass der Bewerber **gesundheitlich** in der Lage ist, die Anforderungen des Arbeitsplatzes zu erfüllen. Dabei muss grundsätzlich das Einverständnis des Betroffenen für die Untersuchung vorliegen. Zur Aufrechterhaltung des Persönlichkeitsrechtes des Kandidaten darf der untersuchende Arzt allerdings nur eine generelle Aussage darüber machen, ob die gesundheitliche Eignung für die vorgesehene Tätigkeit vorliegt oder nicht. Angesichts der sich abzeichnenden **gentechnischen Möglichkeiten** – aufgrund einer gentechnischen Analyse könnte beispielsweise die Veranlagung zu häufiger Erkrankung festgestellt werden – sollten alle Unternehmen durch ethische Verpflichtungserklärungen entsprechenden Missbrauchsmöglichkeiten im Ansatz vorbeugen. Für den Fall, dass ein Jugendlicher beschäftigt werden soll, ist die ärztliche Untersuchung gemäß § 32 **Jugendarbeitsschutzgesetz** (JArbSchG) zwingend vorgeschrieben.

◆ Sonstige Instrumente

Kritische Beurteilung des graphologischen Gutachtens

- Graphologische Gutachten
  Die Graphologie gehört zu einer umstrittenen diagnostischen Methode, mit der mittels **Handschriftenanalyse** Rückschlüsse auf Persönlichkeitsmerkmale gezogen werden sollen. Zu diesem Zweck fordern einige Unternehmen, vor allem im Zusammenhang mit Führungskräfteauswahl, noch Handschriftenproben an. Die nachfolgende Abbildung 5-13 zeigt einige typische graphologische Deutungen auf (vgl. Schanz, G.: Personalwirtschaftslehre, München, 2000, S. 307 f.).

Typische graphologische Aussagen	
Handschriftenmerkmal	Interpretation
Verschnörkelung	Hinweis auf Eitelkeit
enge Anfangsbuchstaben	Vermutung von Ängstlichkeit
geringe Oberlängen	Vermutung von Intelligenzmangel
rechtslagige Schrift	Tätigkeitsdrang
linkslagige Schrift	Ichbezogenheit
weite Schrift	Mangel an Rücksichtnahme

Abb. 5-13: Typische graphologische Aussagen

Die theoretischen Annahmen für dieses Instrument gelten als fragwürdig. Daher ist der Informationswert zur Vorhersage von Bewerberqualifikation als gering anzusehen, zumal die Aussagen immer nur sehr allgemein gehalten werden können und daher **keinen konkreten Bezug zu den spezifischen Anforderungen** der jeweiligen Stelle haben. Unabhängig davon bedarf es zur Einholung eines graphologischen Gutachtens laut Rechtsprechung des Bundesarbeitsgerichts der **ausdrücklichen Einwilligung** des Betroffenen. Dieses dient vor allem dem Schutz der grundgesetzlich geschützten Persönlichkeitsrechte. Es gehört nämlich laut Bundesarbeitsgericht zum Selbstbestimmungsrecht des Menschen, frei darüber zu entscheiden, ob und inwieweit seine Persönlichkeit mit speziellen Mitteln ausgeleuchtet werden soll.[1]

- Biographischer Fragebogen
  Im Gegensatz zum normalen Personalfragebogen stehen beim biographischen Fragebogen neben den demografischen Merkmalen grundlegende **Verhaltensmuster** und **Einstellungen** im Vordergrund. Dahinter steht die Erkenntnis, dass eine Biographie nicht ausschließlich durch zufällige äußere Einflüsse geprägt wird, sondern vielmehr durch selbstbestimmte Entscheidungen als Ausfluss einer ganz bestimmten Persönlichkeitsstruktur. Demnach geht man bei der Nutzung dieses Instrumentes davon aus, dass die abgefragten Merkmale in einem systematischen Zusammenhang zur zukünftigen Entwicklung sowie zum beruflichen Erfolg des betreffenden Kandidaten stehen. Das heißt, man vergleicht die vergangenen und gegenwärtigen Lebensumstände, Verhaltensweisen sowie Einstellungen des Bewerbers mit solchen Personen, die bereits erfolgreich die angestrebte Position ausfüllen. Dieses bedeutet methodisch, dass mittels umfangreicher Voruntersuchungen Merkmale und Kriterien gefunden werden müssen, die deutlich zwischen bisher erfolgreichen und weniger erfolgreichen Mitarbeitern unterscheiden können.

Biographischer Fragebogen

- Selbsttest
  Einzelne Unternehmen, z. B. die Lufthansa AG, stellen auf ihrer Homepage ein Testverfahren zur Verfügung, sodass Interessenten ihre Eignung selbst prüfen und bei vermeintlichem Erfolg diese Daten direkt an das Unternehmen weiterleiten können.

5.3.3 Die Berücksichtigung betriebsverfassungsrechtlicher Mitbestimmungsrechte

Im Zusammenhang mit Personalauswahlverfahren sind unterschiedliche Beteiligungsrechte des Betriebsrates zu beachten. Diese beziehen sich auf **Beurteilungsgrundsätze, Personalfragebogen, Auswahlrichtlinien** sowie auf **Einstellungen** als jeweils personelle Einzelmaßnahme.

Mitbestimmungsrechte des Betriebsrates

[1] *Vgl. Urteil des BAG v. 16.09.82 – 2 AZR 228/80 (Frankfurt).*

◆ Beurteilungsgrundsätze

Beurteilungsgrundsätze

Der Betriebsrat hat gemäß § 94 (2) BetrVG ein über die Einigungsstelle durchsetzbares Mitbestimmungsrecht (= volles Mitbestimmungsrecht) bei der Aufstellung allgemeiner Beurteilungsgrundsätze, allerdings ohne Initiativrecht. Unter Beurteilungsgrundsätzen sind Regelungen zu verstehen, die die Bewertung von Leistung und Verhalten objektivieren und nach **einheitlichen Kriterien** ausrichten sollen, damit Vergleichbarkeit erzielt werden kann. Diese Regelungen beziehen sich hauptsächlich auf die Festlegung von Beurteilungs**merkmalen** sowie auf die Nutzung bestimmter **Verfahren** einschließlich entsprechender **Formulare**. Nicht dazu zählen Anforderungsprofile, da diese sich nicht auf Personen, sondern auf Stellen beziehen.

◆ Personalfragebogen

Personalfragebogen

Gemäß § 94 (1) BetrVG hat der Betriebsrat ein volles Mitbestimmungsrecht im Zusammenhang mit **Inhalt** und **Verwendungszweck** von Personalfragebögen. Die grundsätzliche Einführung bzw. Abschaffung solcher Instrumente ist von dem Mitbestimmungsrecht allerdings nicht betroffen. Der Begriff „Personalfragebogen" umfasst jede formularmäßige oder standardisierte Zusammenstellung von Fragen nach Arbeitnehmerdaten, die vom Mitarbeiter bzw. Bewerber auszufüllen oder zu beantworten sind. Einbezogen in diese Definition sind somit auch **psychologische Testverfahren**, Arbeitsverträge als **Formularverträge** sowie die Erfassung personenbezogener Daten im Rahmen eines Personalinformationssystems (**PIS**). Der Betriebsrat wird zum Beispiel seine Zustimmung verweigern, wenn die Fragen arbeitsrechtlich unzulässig sind.

◆ Auswahlrichtlinien

Auswahlrichtlinien

Der Betriebsrat hat nach § 95 (1) BetrVG ein volles Mitbestimmungsrecht bei der Aufstellung von Richtlinien über die personelle Auswahl bei Einstellungen. Dieses Mitbestimmungsrecht bezieht sich gleichermaßen auch auf Versetzungen, Umgruppierungen sowie Kündigungen. Bei Betrieben mit mehr als 500 Beschäftigten hat der Betriebsrat zusätzlich noch ein Initiativrecht und kann demnach die Aufstellung von Auswahlrichtlinien von sich aus fordern und gegebenenfalls über die Einigungsstelle erzwingen. Auswahlrichtlinien umfassen Regeln über die **fachlichen** und **persönlichen Voraussetzungen** sowie über die zu berücksichtigenden **sozialen Gesichtspunkte** bei den jeweiligen Personalentscheidungen einschließlich der **Verfahrensfragen**.

◆ Einstellung als personelle Einzelmaßnahme

Einstellung

In Betrieben mit in der Regel mehr als 20 wahlberechtigten Arbeitnehmern hat der Arbeitgeber den Betriebsrat vor jeder Einstellung zu **unterrichten**, ihm die erforderlichen Bewerbungsunterlagen vorzulegen und Auskunft über die jeweils beteiligte Person zu geben; er hat dem Betriebsrat unter Vorlage der erforderlichen Unterlagen Auskunft über die Auswirkungen der geplanten Maßnahme zu geben sowie seine **Zustimmung** zu der geplanten Maßnahme **einzuholen**. Die Beteiligung an Vorstellungsgesprächen ist nicht damit einbegriffen. Wohl kann aber der Betriebsrat die Vorlage der Bewerbungsunterlagen **aller** Kandidaten verlangen. Die Zustimmung kann der Betriebsrat nur in ganz bestimmten, im Gesetz aufgezählten Gründen verweigern. Dazu gehört insbesondere

- der Verstoß gegen eine bestehende Bestimmung (z. B. Gesetz, Tarifvertrag),
- der Verstoß gegen eine Auswahlrichtlinie gemäß § 95 (1) BetrVG,
- die begründete Besorgnis der Benachteiligung anderer Arbeitnehmer im Betrieb,
- die unterbliebene interne Stellenausschreibung gemäß § 93 BetrVG.

Die Zustimmungsverweigerung muss mit schriftlicher Begründung **innerhalb von einer Woche** dem Arbeitgeber mitgeteilt werden. Dieser kann allerdings, wenn dies aus sachlichen Gründen dringend erforderlich ist, die Einstellung vorläufig durchführen. Er muss dann aber bei Verweigerung der Zustimmung nachträglich beim Arbeitsgericht beantragen, die Zustimmung zu ersetzen.

Da nur fünf Bewerbungen vorliegen, werden für das Auswahlverfahren bei der Metallbau GmbH folgende Auswahlinstrumente eingesetzt:

Bewerbungsunterlagen	*Dieses Instrument dient als Basis, um die Bewerberzahl einzugrenzen.*
Vorstellungsgespräch	*Nach Abstimmung mit der zuständigen Fachabteilung sollen die Gespräche als serielle Interviews in halbstrukturierter Form stattfinden. Die dazu erforderlichen Leitfäden müssen nach dem Vorauswahlverfahren noch im Einzelnen abgestimmt werden.*
Assessment-Center	*Aus Kostengründen wird auf ein AC verzichtet. Stattdessen sollen situationsbezogene Elemente des AC in das Interview-Verfahren integriert werden. Vorschläge zur Entwicklung geeigneter arbeitsplatztypischer Situationsaufgaben sollen unmittelbar nach Abschluss des Vorauswahlverfahrens in einer gemeinsamen Arbeitssitzung mit Vertretern der Fach- und Personalabteilung erarbeitet und anschließend mit eigenen Mitarbeitern vorab erprobt werden.*

5.4 Die Durchführung des Auswahlverfahrens

Zwei oder drei Stufen

Ein Auswahlverfahren verläuft in mindestens zwei Stufen, bei wichtigen Positionsentscheidungen in drei Stufen ab. Dabei bezieht sich die erste Stufe auf das **Vorauswahlverfahren,** als zweite Stufe schließt sich dann in der Regel ein **Vorstellungsgespräch** an, das entweder mit einer Entscheidung endet oder in einer dritten Stufe durch **zusätzliche Entscheidungshilfen** ergänzt wird, um schließlich eine endgültige Auswahl treffen zu können. Liegt für eine höherrangige Stelle eine größere Anzahl von Bewerbungen vor, wird als zweite Stufe ein Assessment-Center durchgeführt. Nach der Auswertung erfolgt dann das Vorstellungsgespräch als letzte Stufe.

5.4.1 Das Vorauswahlverfahren

Die Notwendigkeit, ein Vorauswahlverfahren durchzuführen, ergibt sich bereits aus ökonomischen Gründen, da allein aus **Kostengründen** bei einer Vielzahl von Bewerbern nicht jeder persönlich eingeladen werden kann. Nur etwa 20 bis 30 Bewerber kommen daher maximal in die engere Wahl für das weitere Verfahren. Darüber hinaus lässt sich eine mangelnde Eignung häufig auch schon aufgrund der vorgelegten Bewerbungsunterlagen leicht feststellen. Es bleibt allerdings bei großen Bewerberzahlen ein Rest an Bewerbungen, für die eine sorgfältige Entscheidungsanalyse durchgeführt werden muss, um nicht die falschen Kandidaten für die nächste Auswahlstufe einzuladen. Demnach empfiehlt sich die Durchführung der **Vorauswahl in verschiedenen Schritten,** wie aus der nachfolgenden Abbildung 5-14 zu entnehmen ist.

Die Durchführung des Vorauswahlverfahrens in verschiedenen Schritten

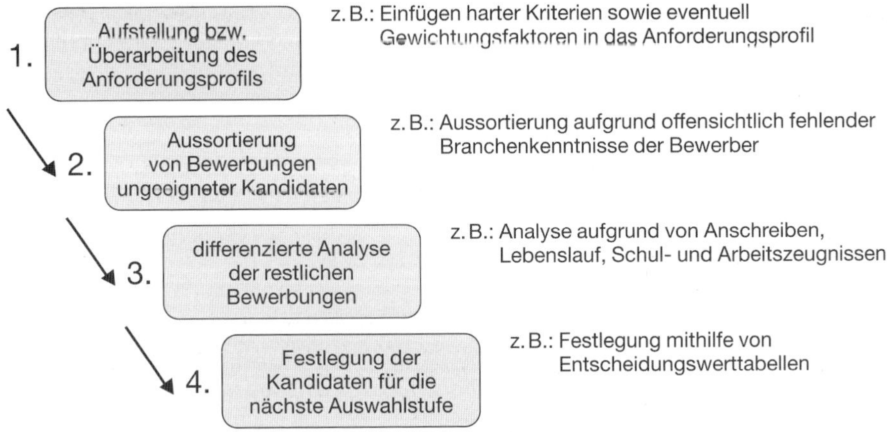

Abb. 5-14: Durchführung der Vorauswahl in verschiedenen Schritten

Vorauswahlverfahren: erster und zweiter Schritt

Das Aussortieren im **zweiten Schritt** wird dadurch erheblich erleichtert, dass vorher im **ersten Schritt** das Anforderungsprofil um Kriterien ergänzt wird, die unbedingt erfüllt werden müssen (**harte Kriterien**, auch als k.o.-Kriterien bekannt), wie zum Beispiel ein bestimmtes Mindestalter, Hochschulabschluss mit einer bestimmten Mindestnote, bestimmte nachgewiesene Fachausbildungen oder eine Mindestzeit berufspraktischer Erfahrungen. Zu den harten Kriterien gehören in der Regel auch die **Vollständigkeit der Unterlagen** sowie ihre **äußere Gestaltung**. Mangelhafte äußere Merkmale, wie zum Beispiel Tippfehler, schlechte Kopien oder verschmierte Unterlagen, führen meist zu einer Aussortierung, weil der Bewerber damit signalisiert, dass er sich nur wenig Mühe mit der Bewerbung macht. Dieses ist allerdings in Abhängigkeit von der zu besetzenden Stelle zu entscheiden; denn an Bewerbungsunterlagen eines kaufmännischen Sachbearbeiters sind beispielsweise bezüglich Sorgfalt und Fehlerfreiheit höhere Ansprüche zu stellen als an die Unterlagen einer gewerblichen, ausschließlich manuell tätigen Hilfskraft.

Das Anforderungsprofil für die zu besetzende Sachbearbeiterstelle in der Metallbau GmbH stellt sich wie folgt dar:

Harte Kriterien
- *Mindestalter 25 Jahre*
- *nachgewiesene Fachhochschulreife*
- *kein (!) Hochschulabsolvent*
- *abgeschlossene kaufm. Ausbildung mit mindestens gutem Abschluss*
- *einschlägige Berufspraxis von mindestens fünf Jahren*

Qualifizierende Merkmale

I. Fachkenntnisse
- *nachgewiesene kaufmännische Weiterbildung*
- *Branchenkenntnisse in der Metall verarbeitenden Industrie*
- *fließende Beherrschung von Englisch (internationaler Kundenkreis)*
- *sichere PC-Beherrschung in Textverarbeitung sowie durchschnittliche Anwenderfertigkeiten in Tabellenkalkulation*

II. Intellektuelle Kompetenz
- *durchschnittliche Analysefähigkeiten*
- *höchstens durchschnittliche konzeptionelle Kompetenz*
- *gute allgemeine Auffassungsgabe und geistige Beweglichkeit*
- *überdurchschnittliche Flexibilität im Hinblick auf Organisationsfragen und persönliche Arbeitstechniken*

III. Soziale und persönliche Kompetenz
- *sehr gute kommunikative Kompetenz (Umgang mit sehr unterschiedlichen Menschentypen vom Management bis zur einfachen Hilfskraft)*
- *durchschnittlich bis gut entwickelte persönliche Stabilität und Belastbarkeit sowie angemessenes Selbstbewusstsein*
- *Aufgeschlossenheit für alternatives Denken und Handeln*
- *Grundverständnis für technische Fragen*

Vorauswahlverfahren: dritter Schritt

Im **dritten Schritt** werden die Bewerbungsunterlagen vor dem Hintergrund des zugrunde liegenden Anforderungsprofils differenzierter analysiert. Dazu zählen das **Anschreiben**, der **Lebenslauf** sowie die entsprechenden **Zeugnisse** bzw. Zertifikate.

◆ Bewerbungsanschreiben

Analyse des Bewerbungsanschreibens

Das Anschreiben gilt als „Visitenkarte" des Bewerbers. Hier zeigt sich beispielsweise die Ernsthaftigkeit und Glaubwürdigkeit einer Bewerbung. Gleichermaßen vermittelt der Bewerber auch durch die Art der Sprache und formalen Gestaltung ein Stück seiner Persönlichkeit. Folgende Fragestellungen können eine nähere Analyse unterstützen:

Fragen zur Analyse des Bewerbungsanschreibens
• Gibt es einen Bezug zur Stellenanzeige? • Wird deutlich, warum die Bewerbung erfolgt? • Gibt es einen klar erkennbaren Bezug zum geforderten Anforderungsprofil? • Wird das eigene Qualifikationsprofil dargestellt und entspricht es den gewünschten Anforderungen? • Zeigt das Anschreiben Individualität und Persönlichkeit? • Steht der Bewerber zum gewünschten Eintrittstermin zur Verfügung?

Abb. 5-15

◆ **Lebenslauf**

Mit dem Lebenslauf gibt der Bewerber Einblick in seine berufliche und persönliche Gesamtentwicklung sowie Hinweise auf seine wesentlichen Lebens- und Persönlichkeitsstrukturen. Um eine Benachteiligung nach dem Allgemeinen Gleichbehandlungsgesetz (AGG) zu verhindern, darf ein Bild nicht zu Bedingung gemacht werden, dennoch ist es als Ergänzung des Lebenslaufes üblich. Die Untersuchung des Lebenslaufes kann unter verschiedenen Gesichtspunkten erfolgen. Bei der **Zeitfolgenanalyse** wird der Lebenslauf hinsichtlich der vollzogenen Wechsel (Ausbildung, Arbeitsplatz) geprüft. Dabei geht es insbesondere um die Häufigkeit der Wechsel sowie die jeweiligen Zeitabstände. Gleichzeitig werden damit auch eventuelle Lücken transparent gemacht. In der **Positionsanalyse** geht es mehr um die inhaltliche Bestimmung der jeweiligen Tätigkeiten. Im Vordergrund steht die Prüfung nach Kontinuität in der beruflichen Entwicklung. Geprüft werden dabei Arbeitsgebietswechsel sowie die damit verbundenen Auf- bzw. Abstiege.

Analyse des Lebenslaufs

Fragen zur Analyse des Lebenslaufs
• Ist die berufliche Entwicklung lückenlos dargestellt? • In welchen Abständen und wie häufig wurden Wechsel vollzogen? • Waren die Wechsel mit einem Auf- oder Abstieg verbunden? • Inwieweit ist in der persönlichen und beruflichen Entwicklung eine Kontinuität erkennbar? • Welche Aufgaben- und Interessenschwerpunkte lassen sich erkennen?

Abb. 5-16

Vorsicht ist geboten im Zusammenhang mit vorschnellen Deutungen. Es kann beispielsweise viele nachvollziehbare Gründe geben, warum ein Bewerber seinen Beruf gleich zweimal gewechselt und eventuell sogar einen sozialen Abstieg damit in Kauf genommen hat. Solche Zusammenhänge erschließen sich erst in einem persönlichen Gespräch. Daher empfiehlt es sich, einen bezüglich des Qualifikationsprofils sehr interessanten Bewerber nicht voreilig auszusondern, weil der Lebenslauf einige Ungereimtheiten aufweist. Vielmehr sollten in einem solchen Fall die ungeklärten Zusammenhänge als Fragen für ein eventuelles Interview notiert und so lange offen gehalten werden.

◆ **Zeugnisse**

Mit Zeugnissen kann der Bewerber die im Lebenslauf aufgeführte berufliche Entwicklung belegen sowie einen Einblick geben in seine Interessensschwerpunkte, erworbenen Fähigkeiten und Fertigkeiten sowie sein Leistungs- und Sozialverhalten. Als Analysegrundlage kommen dabei sowohl **Schulzeugnisse** einschließlich **Hochschulzeugnisse** als auch **Arbeitszeugnisse** in Betracht.

Schulzeugnisse

Je nach Art der Position können Schulzeugnisse eine unterschiedliche Rolle spielen. Für Ausbildungsplatzbewerber beispielsweise können solche Zeugnisse als nahezu einzige schriftliche Quelle wichtige Hinweise auf vorhandene Basiskompetenzen sowie Neigungen im Hinblick auf den angestrebten Ausbildungsberuf liefern. Dagegen wird zum Beispiel das Abiturzeugnis eines 40-jährigen Bewerbers auf eine Abteilungsleiterposition relativ wenig Anhaltspunkte, bezogen auf das geforderte Anforderungsprofil, geben können. Hier lohnt sich eher ein Blick in das **Fachschul-, Fachhochschul-** oder **Hochschulzeugnis** als Ausdruck eines bestimmten Bildungsniveaus. Bei der Analyse von Schulzeugnissen ist kritisch zu bedenken, dass gute Leistungen nur bedingt in einem direkten Zusammenhang zu künftigen Berufserfolgen stehen. Als Grundregel gilt: Je älter das Zeugnis ist, desto weniger bedeutsam ist es in der Regel für die Auswahlentscheidung. Folgende Fragen geben eine mögliche Analysegrundlage:

Zeugnis-analyse

Fragen zur Analyse von Schulzeugnissen
• Welche Interessenschwerpunkte lassen sich erkennen? • Welche Stärken und Schwächen ergeben sich aus den Noten? • Inwieweit ist Leistungskontinuität erkennbar (z. B. Leistungssprünge)? • Steht das Thema der Diplomarbeit im Zusammenhang mit der angestrebten Tätigkeit? • Welche Aussagen zur Qualität der Ausbildungsinstitution sind verfügbar?

Abb. 5 17

Arbeitszeugnisse

Bei Beendigung des Arbeitsverhältnisses hat jeder Arbeitnehmer Anspruch auf Erteilung eines schriftlichen Zeugnisses, das als **einfaches Zeugnis** lediglich Aussagen über die Art und Dauer der Beschäftigung enthält. Es wird zum **qualifizierten Zeugnis,** wenn darin auf Verlangen des Arbeitnehmers auch seine Leistung und Führung (im Sinne von Sozialverhalten) beurteilt werden.

Formulierungsgrundsätze

Anhaltspunkte für eine Analyse ergeben sich zunächst einmal aus der Beschreibung der wesentlichen Tätigkeiten, die Auskunft über berufspraktische Erfahrungen sowie den Grad an Selbstständigkeit und Verantwortung geben. Die Aussagekraft hinsichtlich der Beurteilung von Führung und Leistung gilt als sehr umstritten, da nach der Rechtsprechung des Bundesarbeitsgerichts die Zeugnisformulierungen einerseits **wahr** sein sollen, andererseits aber vom **verständigen Wohlwollen** gegenüber dem Arbeitnehmer getragen sein sollen, um dessen berufliches Fortkommen nicht zu behindern. Dadurch gerät der Zeugnisschreiber bei negativer Einschätzung der Arbeitnehmerleistung zwangsläufig in eine Konfliktsituation, die er nur durch **wohlwollende Formulierungen mit negativem Bedeutungsgehalt** lösen kann. Dies hat dazu geführt, dass Arbeitszeugnisse eine eigene Sprache haben, die meist nur von Fachleuten richtig gedeutet werden können. Folgende in der Abbildung 5-18 dargestellten Standardformulierungen umreißen nach herrschender Auffassung das Beurteilungsspektrum in Arbeitszeugnissen (vgl. Jung, H.: Personalwirtschaft, München/Wien 2011, S. 798 f.):

sehr gut	gut	durchschnittlich	ausreichend	mangelhaft
Er (Sie) hat die ihm (ihr) übertragenen Aufgaben stets zu unserer vollsten Zufriedenheit erledigt.	Er (Sie) hat die ihm (ihr) übertragenen Aufgaben stets zu unserer vollen Zufriedenheit erledigt.	Er (Sie) hat die ihm (ihr) übertragenen Aufgaben zu unserer vollen Zufriedenheit erledigt.	Er (Sie) hat die ihm (ihr) übertragenen Aufgaben zu unserer Zufriedenheit erledigt.	Er (Sie) hat die ihm (ihr) übertragenen Aufgaben im Großen und Ganzen zu unserer Zufriedenheit erledigt.

Abb. 5-18: Abgestufte Zeugnisformulierungen

Die angemessene Deutung eines vorliegenden Arbeitszeugnisses wird noch dadurch erschwert, dass nicht nur Arbeitnehmern, sondern unter Umständen auch den Zeugnisschreibern die Nuancen in den Bedeutungsunterschieden unbekannt sind, sodass die „wohlwollenden“ Aussagen häufig nicht das tatsächlich Gemeinte wiedergeben.

Analyse von Arbeitszeugnissen

Fragen zur Analyse von Arbeitszeugnissen
• Mit welcher Ausführlichkeit werden die Tätigkeiten beschrieben? • Wie groß war jeweils der Grad an Selbstständigkeit und Verantwortung? • Welche Kenntnisse und Erfahrungen werden jeweils herausgestellt? • Inwieweit lässt sich ein Weiterbildungswille ableiten? • Inwieweit fehlen Aussagen zu wichtigen Beurteilungspunkten? • Inwieweit sind deutliche Negativcodierungen erkennbar? • Welche Beendigungsgründe werden angegeben?

Abb. 5-19

Vorauswahlverfahren: vierter Schritt

Im **vierten Schritt** zur Durchführung des Vorauswahlverfahrens wird festgelegt, welche der Bewerber für die nächste Stufe des Auswahlverfahrens vorgesehen werden. Dazu bedarf es einer sorgfältigen Abwägung der verschiedenen Vorzüge und Nachteile der Bewerber, soweit sie deutlich aus den eingereichten Unterlagen erkennbar sind. Unter Umständen kann es hilfreich sein, bestimmte Kriterien **besonders zu gewichten**. Als Beispiel kommen hier spezielle Branchenkenntnisse in Betracht, die für bestimmte Stellen stärker positiv ins Gewicht fallen können als beispielsweise ein nachgewiesener Hochschulabschluss, der mit der Stelle nicht in unmittelbarem Zusammenhang steht. Zur Unterstützung der Vorauswahlentscheidung werden in der Praxis manchmal **Auswertungstabellen** genutzt, wie zum Beispiel die Tabelle der nachfolgenden Abbildung 5-20.

Prüfung der Bewerbungsunterlagen

Stellenbezeichnung:

Stellennummer:

Ergebnisse der Prüfung der Bewerbungsunterlagen:

Kriterium	**Bewertung**				**Einfluss des Kriteriums auf die Entscheidung**	
	++	+	-	--	eher wichtig	eher unwichtig
1. Schulausbildung						
2. Berufsausbildung						
3. Berufserfahrung/Spezialkenntnisse						
4. Arbeitszeugnisse/Praktika						
5. Fächerschwerpunkte						
6. Thema der Diplomarbeit						
7. Studiendauer						
8. Studienabschluss						
9. Examensnoten						
10. Ort der Fach-/Hochschule						
11. Interesse am Aufgabengebiet						
12. Gesamteindruck der Bewerbung						
Form						
Inhalt						
Lichtbild						
Schriftprobe						
13. Sonstiges						

Bewerber ist

- ○ überqualifiziert
- ○ unterqualifiziert
- ○ geeignet
- ○ nicht geeignet

Vorstellungsgespräch wird

- ○ erbeten am …
- ○ nicht empfohlen

Abb. 5-20: Tabelle zur Prüfung der Bewerbungsunterlagen
(Quelle: Jung, H.: Personalwirtschaft, München, Wien, 2011, S. 167)

Solche Entscheidungsinstrumente bieten zwar durch die vergleichende Übersicht den Vorteil der Vereinfachung, andererseits zwingen sie aber zu einer teilweise unangemessenen Vergröberung und spiegeln damit Scheinobjektivität vor.

5.4.2 Das Vorstellungsgespräch

Ein für alle Beteiligten erfolgreiches Vorstellungsgespräch bedarf einer sorgfältigen **Vorbereitung,** einer zielorientierten **Durchführung** sowie einer differenzierten **Auswertung.**

◆ Die Vorbereitung des Vorstellungsgespräches

Die Interviewvorbereitung bezieht sich auf **organisatorische** sowie **taktische** Gesichtspunkte. Die dabei zu beachtenden Aspekte ergeben sich aus der nachfolgenden Abbildung 5-21.

Organisatorisch-technische und taktische Vorbereitung

Organisatorisch-technische Vorbereitung
• Erstellung eines allgemeinen Zeitplanes • Bereithaltung eines ruhigen Raumes einschließlich notwendiger Versorgung (Getränke usw.) • Rechtzeitige Information aller Beteiligten • Bereithaltung aller erforderlichen Unterlagen (Bewerbungsunterlagen, Stellenbeschreibung, Organigramm, Informationsschriften usw.) • Vorbereitung der Vorstellungskostenabrechnung • Planung von Betriebs- und Arbeitsplatzbesichtigung

Taktische Vorbereitung
• Gründliches Studium der Bewerberunterlagen • Vorbereitung des Gesprächsleitfadens • Identifizierung der sensiblen Punkte (z. B. Unklarheiten bzw. Ungereimtheiten aus den Unterlagen) • Zusammenstellung wesentlicher (Nach)fragen • Vorbereitung arbeitsplatztypischer Situationsaufgaben • Verteilung der Rollen im Interview • Festlegung von Eckpunkten für die Verhandlung • Festlegung des Entscheidungszeitpunktes

Abb. 5-21: Organisatorische und taktische Vorbereitung des Vorstellungsgespräches

◆ Die Durchführung des Vorstellungsgespräches

Modernes Konzept: Interview plus Situationen

Das Vorstellungsinterview sollte vor dem Hintergrund des gewünschten Anforderungsprofils ein möglichst klares und umfassendes Bild von dem jeweiligen Bewerber ergeben. Um dieses zu erreichen, müssen zum einen vielfältige Informationen gezielt und möglichst authentisch eingeholt werden, zum anderen sollte sich der Bewerber in einer möglichst arbeitsnahen Situation in seinem tatsächlichen Verhalten zeigen können. Daher wird hier das **Konzept des situationsangereicherten Bewerberinterviews** vorgeschlagen. Es ist eine Form des halbstrukturierten Interviews, das in der Kernphase situative Elemente, wie zum Beispiel Arbeitsproben, Rollenspiel oder ähnliche Simulationen, als Anreicherung vorsieht. Der in der folgenden Abbildung 5-22 gezeigte **Leitfaden** kann als Grundlage für ein solches Interview dienen. Es wird dabei vorausgesetzt, dass es sich um ein erstes Gespräch mit dem Bewerber handelt.

Leitfaden für das situationsangereicherte Bewerberinterview

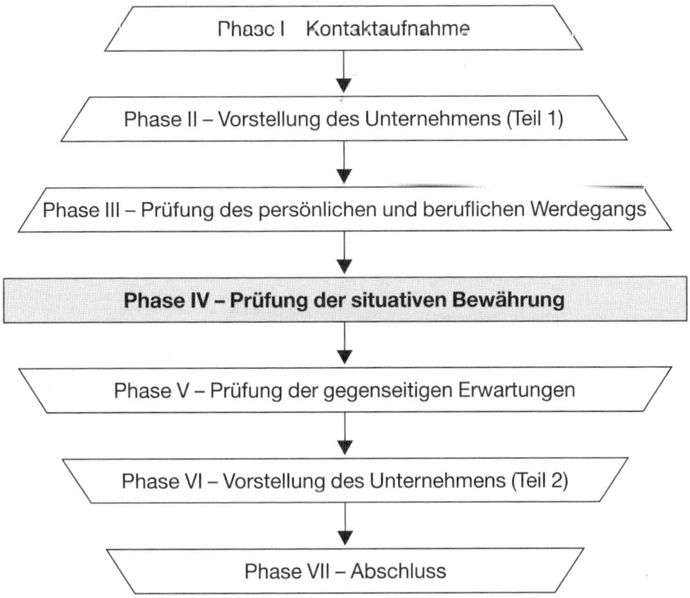

Abb. 5-22: Leitfaden für das situationsangereicherte Bewerberinterview

Die im Verlauf des Gesprächs eingebrachten **Fragen** sollten klar, offen und suggestionsfrei formuliert sein sowie Vorausinformationen und Wertungen vermeiden. In jedem Fall sind Belehrungen, moralisierende Betrachtungsweisen sowie verhörähnliche Techniken zu unterlassen. Die nachfolgende Abbildung 5-23 zeigt in diesem Zusammenhang eine Übersicht über unterschiedliche Frageformen.

Übersicht über unterschiedliche Frageformen

Fragetyp	Beispiel	Bewertung
Offene Fragen	„Die Meinungen der Fachleute zu den steigenden Leistungsanforderungen sind ja recht uneinheitlich; man hört z. B., dass so etwas wie die natürliche Grenze bereits überschritten sei, andere sagen, es gibt noch erhebliche Reserven." „Wie denken Sie über die Veränderungen der Leistungsanforderungen an die Mitarbeiter eines Unternehmens in den letzten Jahren?"	Günstig, weil – der Gefragte nicht entnehmen kann, welche Antwort erwartet wird. – der Interviewer Zeit gewinnt, um beobachten zu können.
Geschlossene Fragen	„Sind Sie der Meinung, dass die 35-Stunden-Woche dazu beiträgt, die Arbeitslosigkeit zu verringern?"	I. d. R. ungünstig, weil – der Informationswert der Antworten gering ist. – nur brauchbar zur Faktenüberprüfung („Haben Sie Abitur?").

Fragetyp	Beispiel	Bewertung
Direkte Fragen	„Erklären Sie mir bitte einmal den Ablauf der … genauer!“	Günstig, – wenn Gesprächsklima positiv ist. – um Fakten/Wissen zu erfahren.
Indirekte Fragen	„Wie meinen Sie, denken Ihre Kollegen darüber?“	Gut geeignet, um – Meinungen, Einstellungen, Wertungen des Bewerbers zu erfahren, wenn dieser nicht frei reden will.
Suggestionsfreie Fragen **Suggestiv-Fragen**	„Wie sehen Ihre Zukunftspläne aus?“ „Sie haben doch sicherlich Zukunftspläne?“	Günstig, weil – aufrichtige Antwort gefördet wird. Ungünstig Antwort: „Natürlich!“ (Nach-)Frage: „Welche?“
Provokative Fragen	„Warum glauben Sie denn, dass Sie eine solche Aufgabe lösen können?“	Günstig für – die Überprüfung persönlicher Haltungen oder tieferliegender Verhaltenstendenzen. – die Beurteilung der Belastbarkeit. – Schaffen einer Stresssituation, die das weitere Gespräch erheblich belasten kann, wenn es nicht gelingt, eine solche Belastungssituation wieder aufzulösen.
Negativ-Fragen	„Weshalb haben Sie Ihr Abitur abgebrochen?“	belasten das Gesprächsklima (vgl. provokative Fragen) ungünstig am Anfang des Gesprächs
Fragen mit Vorinformationen	„In dieser Tätigkeit sind Sie viel unterwegs – reisen Sie gern?“	Ungünstig, weil – Tendenz zur Bejahung der Anforderung gefördert wird.
Mehrfach-Fragen	„Wie sieht es denn mit Ihren Gehaltsvorstellungen aus?“ „Was wollen Sie denn verdienen, oder was haben Sie jetzt für ein Gehalt?“	Ungünstig, weil – der Bewerber überfordert wird.

Abb. 5-23: Übersicht über unterschiedliche Frageformen

Interviewphase I – Kontaktaufnahme

Gestaltung der ersten Phase

In der Anfangsphase des Gespräches geht es für den Interviewer vornehmlich darum, mit viel Einfühlungsvermögen **Kontakt aufzubauen** und eine vertrauensvolle Atmosphäre herzustellen, in welcher der potenzielle Kandidat seine Befangenheit abbauen kann, um über sich und seine Vorstellungen frei sprechen zu können. Je intensiver sich der Bewerber dann auf den jeweiligen Gesprächsgegenstand einlässt, desto natürlicher und eindeutiger spricht er dann auch über sich selbst. Dieses schafft erst die Voraussetzung dafür, die Persönlichkeitsstrukturen und Motivationsgründe erkennen und beurteilen zu können. Des Weiteren sollte schon gleich zu Beginn der vorgesehene **Ablauf des Gespräches** sowie das weitere Verfahren erläutert werden, um die notwendige Transparenz für den Bewerber herzustellen. Die Überleitung in die nächste Phase kann dann dadurch geschehen, dass der Bewerber nach seinen **Vorinformationen** sowie nach seinen **persönlichen Bezügen** zu diesem Unternehmen gefragt wird. Folgende Fragen und ihre jeweilige Bedeutung dienen als mögliche Anregung:

Fragen für die Phase I (Kontaktaufnahme)	… und ihre Bedeutung bzw. Hintergründe
• Wie empfanden Sie die Anreise zu unserem Unternehmen?	Das Eis soll mit einer offenen Frage gebrochen werden.
• Was wissen Sie bereits über uns? • Warum bewerben Sie sich gerade bei uns?	Hat sich der Bewerber bereits mit dem Unternehmen beschäftigt? Sind spezielle Beweggründe für den Kontakt erkennbar?

Abb. 5-24

Interviewphase II – Vorstellung des Unternehmens (Teil 1)

Gestaltung der zweiten Phase

In jedem Interview geht es neben der Eignungsüberprüfung des Bewerbers auch darum, sich selbst als Unternehmen im Sinne des **Personalmarketing** darzustellen. Hier erscheint es zweckmäßig, die entsprechenden Informationen nicht in geballter Form auf einmal loszuwerden, sondern eine Zweiteilung dergestalt vorzunehmen, dass zunächst nur die Aktivitäten des Unternehmens überblicksartig dargestellt werden (z. B. Leistungsprogramm, Marktstellung, Standorte) und dann die für den Bewerber wesentlichen Aspekte (z. B. Informationen über die Sozialleistungen, Bildungs- und Entwicklungsmöglichkeiten) noch einmal gezielt in einer späteren Phase aufgegriffen werden. Gleichzeitig hat der Bewerber nach seinen ersten Einlassungen eine kleine Atempause zur Orientierung, in der er zunächst nur im Zuhören gefordert wird. Mit folgenden Fragen kann in dieser Phase der Kandidat einbezogen werden:

Fragen für die Phase II – Vorstellung des Unternehmens (I)	… und ihre Bedeutung bzw. Hintergründe
• Welche Fragen haben Sie zu unseren Unternehmensaktivitäten?	Nimmt der Bewerber aktiv an dem Gespräch teil? Ist er in der Lage, sinnvolle Fragen zu stellen?
• Wie schätzen Sie unsere geplanten Vorhaben ein?	Hört der Bewerber aktiv zu? Kann er anknüpfen? Hier zeigen sich eventuell Auffassungsgabe und intellektuelle Beweglichkeit.

Abb. 5-25

Interviewphase III – Prüfung des persönlichen und beruflichen Werdegangs

Gestaltung der dritten Phase

Auch wenn sich die wesentlichen Tatbestände bereits aus den Bewerbungsunterlagen ergeben, macht es Sinn, den Kandidaten seinen Werdegang frei schildern zu lassen;

denn gerade die persönliche Färbung (Schwerpunkte, Auslassungen, Wortwahl) lässt die Individualität des Bewerbers offen zutage treten. In dieser Phase sollen vor allem Erkenntnisse über die **persönliche Situation** einschließlich des **sozialen Umfelds** sowie die **schulische und berufliche Entwicklung** gewonnen werden. Hier können sich Anhaltspunkte dafür ergeben, ob sich der Bewerber in das Unternehmen sowie in die vorgesehene Arbeitsgruppe integrieren lässt und inwieweit sich seine Interessen und Neigungen als bestimmende Merkmale zurückverfolgen lassen. Dabei ist auch zu hinterfragen, inwieweit die Entwicklung des Bewerbers von Zielstrebigkeit getragen war und was die jeweiligen beruflichen Wechsel jeweils veranlasst hat. Wichtige Gesichtspunkte der Beurteilung beziehen sich hier auf die Aspekte **Weiterbildungswille, Flexibilität** sowie **Loyalität**. Zu beachten ist folgender Zusammenhang: Alle Fragen, die nicht unmittelbar im Zusammenhang zur angestrebten Tätigkeit stehen – wie zum Beispiel Fragen zu Freizeitvorlieben oder Vereinstätigkeiten – sind zwar unter Umständen hinsichtlich des sozialen Umfeldes recht aufschlussreich, arbeitsrechtlich allerdings nicht zulässig und können daher vom Bewerber falsch im sozial erwünschten Sinne beantwortet werden. Folgende Fragen und ihre jeweilige Bedeutung dienen als mögliche Anregung:

Fragen für die Phase III – berufliche Entwicklung	… und ihre Bedeutung bzw. Hintergründe
• Wie haben Sie sich in den letzten Jahren weitergebildet?	Weiterbildungsschwerpunkte zur Position passend?
• Was hat Ihnen an der letzten Stelle gefallen/nicht gefallen?	Aufschluss über Motivation sowie mögliche Probleme mit Kollegen und Vorgesetzten
• Wie würden Sie sich mit drei Adjektiven beschreiben? Was können Sie bei Ihren Mitmenschen nicht ausstehen?	Erfassung des Selbstbildes, Identifizierung von Stärken und Schwächen in den Persönlichkeitseigenschaften
• In welchen Situationen waren Sie bisher erfolgreich?	Herausfinden der Stärken, dient auch als Kontrollfrage
• Auf welchen Gebieten wollen Sie sich noch verbessern?	Realistische Selbsteinschätzung? Wie geht der Bewerber mit eigenen Schwächen um?
• Was haben Sie bei Ihrem letzten Projekt genau getan, um sicherzustellen, dass die Ergebnisse in die Praxis umgesetzt wurden?	Konkretisierung des in der nahen Vergangenheit gezeigten Verhaltens; Identifizierung von Ziel- und Erfolgsorientierung

Abb. 5-26

Interviewphase IV – Prüfung der situativen Bewährung

Gestaltung der vierten Phase

Eine wesentliche Schwäche des Interviews als reines Gespräch zeigt sich darin, dass der konkrete Verhaltensbezug fehlt. Es wird allenfalls **darüber** gesprochen, was der Bewerber in bestimmten Situationen konkret getan hat bzw. was er eventuell tun würde, anstatt es ihn einfach tun zu lassen. Hier bietet es sich an, das Interview in Anlehnung an die Assessment-Center-Technik durch **situative Elemente** anzureichern, um zu ermitteln, wie der Kandidat sich in bestimmten Situationen **tatsächlich** verhält. Das heißt, dass der Bewerber gebeten wird, im Rahmen einer kleinen Simulation bestimmte **arbeitsplatztypische Aufgaben** zu erfüllen (z. B. kleines Verkaufsgespräch, Präsentationsaufgabe). Bei der Konstruktion der Situationsaufgabe kommt es vor allem darauf an, zumindest eine der wesentlichen **Kernanforderungen** der jeweiligen Stelle **exemplarisch** abzubilden. Die folgende Aufgabenstellung dient als mögliche Anregung für ein Interview auf eine Stelle als kaufmännischer Sachbearbeiter mit zusätzlichem Anteil an Sekretariatsfunktionen.

Aufgabenstellung für die Phase IV – situative Bewährung	… und ihre Bedeutung bzw. Hintergründe
Für morgen hat sich kurzfristig die Konzernleitung zu einer außerplanmäßigen Dienstbesprechung mit allen oberen Führungskräften des Werkes angesagt. Was tun Sie zur organisatorischen Vorbereitung dieser Sitzung? Notieren Sie bitte die wesentlichen zu erledigenden Aufgaben.	Nutzung der Situationsaufgabe zur Beobachtung des **tatsächlichen** Verhaltens; Beobachtungsschwerpunkte: persönliche Arbeitstechniken, Planungs- und Organisationsfähigkeit, Eigenständigkeit

Abb. 5-27

Für die Phase der situativen Bewährung wird in der Metallbau GmbH für die Besetzung der Sachbearbeiterstelle folgende Situation konzipiert:

Ein Kunde hat häufiger erst nach der ersten Mahnung die Rechnung bezahlt. Ihre Aufgabe ist es, dafür zu sorgen, dass in Zukunft die Zahlungen termingerecht eingehen. Entwerfen Sie ein Konzept für das Telefonat mit dem Kunden und simulieren Sie anschließend das Telefonat.

Mit einer solchen Übung kann beispielsweise beobachtet werden, ob der Kandidat das Telefonat angemessen vorbereitet, den Sachverhalt prüft, die richtigen Ansprechpartner ermittelt, die angemessene Wortwahl trifft und zu einem für das Unternehmen günstigen Ergebnis kommt.

Gestaltung der fünften Phase

Gesprächsphase V – Prüfung der gegenseitigen Erwartungen

In dieser Phase sollte zum einen erkundet werden, welche **Vorstellungen** und **Ansprüche** der Kandidat mit der Stelle für sich verbindet, um für beide Seiten festzustellen, inwieweit das Befriedigungspotenzial der Stelle für eine dauerhafte Bindung tragfähig ist. Zum anderen geht es darum, aus Unternehmenssicht die **tatsächlichen Anforderungen** an den Positionsinhaber noch einmal deutlich zu machen und die Eignung des Kandidaten vor diesem Hintergrund kritisch zu überprüfen. Dieses kann durchaus auch mit der vorhergehenden Phase der situativen Bewährung verknüpft werden, da der Bewerber dort bereits ein Stück Realität erleben konnte.

Fragen für die Phase V – Prüfung der Erwartungen	… und ihre Bedeutung bzw. Hintergründe
• Was bringt es Ihnen, diese Stelle anzunehmen?	Hinterfragung persönlicher Beweggründe als Kontrollfrage
• Wo wollen Sie in drei bis fünf Jahren stehen?	Überprüfung der Zielstrebigkeit des Kandidaten
• Wie stellen Sie sich Ihr künftiges Aufgabengebiet vor?	Einschätzung realitätsnaher Vorstellungen, Interesse an den Aufgabenstellungen der Stelle
• Inwiefern glauben Sie, die richtige Person für die Stelle zu sein?	Einschätzung angemessenen Selbstwertbewusstseins
• Auf welche Weise gehen Sie mit Kritik um?	Einschätzung der persönlichen Stabilität sowie Anhaltspunkte für Gefühlsausgeglichenheit

Abb. 5-28

Interviewphase VI – Vorstellung des Unternehmens (Teil 2)

Gestaltung der sechsten Phase

Nachdem sich in den vorhergehenden Phasen ein deutliches Bild von den Interessen, Stärken und Schwächen des Bewerbers herauskristallisiert hat, sollte ausführlich über die Abteilung, Arbeitsgruppe und die in Aussicht stehende Stelle informiert werden, was auch mit einer **Besichtigung vor Ort** verbunden werden könnte. Das böte auch die Möglichkeit, gleichzeitig einen Kontakt zu den künftigen Arbeitskollegen bzw. Mitarbeitern herzustellen, deren Einschätzung des künftigen Kollegen, Mitarbeiters bzw. Vorgesetzten nicht unerheblich für die künftige Zusammenarbeit sein dürfte. Zusätzlich sollte in dieser Phase, auch im Vorgriff auf die noch ausstehenden Vertragsverhandlungen, das **Anreizpotenzial des Unternehmens** thematisiert werden. Dazu gehören beispielsweise Sozialeinrichtungen, Vergünstigungen, Bildungsangebote sowie berufliche Entwicklungsmöglichkeiten.

Fragen für die Phase VI – Vorstellung des Unternehmens (II)	… und ihre Bedeutung bzw. Hintergründe
• Mit welchen Sozialleistungen rechnen Sie bei uns?	Hinweise auf Bedürfnisstrukturen, Ansprüche
• Welche konkreten Fragen haben Sie zum Aufgabengebiet?	Kontrollfrage zur Ernsthaftigkeit der Bewerbung. Interesse für Arbeitsplatz und Aufgaben
• Was möchten Sie gerne erfahren zu Entwicklungsmöglichkeiten in unserem Unternehmen?	Kontrollfrage nach tatsächlichem Weiterbildungswillen

Abb. 5-29

Interviewphase VII – Abschluss

Gestaltung der siebten Phase

In dieser abschließenden Phase könnten bereits **vorbereitende Vertragsverhandlungen** geführt werden. Nach Möglichkeit sollte geklärt werden, ob die Gehaltsvorstellungen in Einklang zu bringen sind. Auch sollte bedacht werden, dass der Bewerber unter Umständen für eine **alternative Position** infrage kommen könnte. Daher sollten auch Fragen bereitgehalten werden, die eine entsprechende Flexibilität herausfiltern könnten. Ansonsten sind in dieser Phase die bisherigen Ergebnisse zusammenzufassen, Absprachen über das weitere Verfahren zu treffen sowie gegebenenfalls neue Terminabsprachen durchzuführen. In jedem Fall sollte der Bewerber mit einem Dank für sein Kommen und sein Interesse verabschiedet werden.

Fragen für die Phase VII – Abschluss	… und ihre Bedeutung bzw. Hintergründe
• Welche Gehaltsvorstellung haben Sie?	Abgleich der materiellen Vorstellungen und Möglichkeiten
• Inwieweit käme für Sie auch eine andere Position bei uns infrage?	Überprüfung von Flexibilität und Mobilität; Prüfung auf alternativer Einsatzmöglichkeit
• Welche Ihrer Fragen sind offen geblieben?	Abarbeiten von „Resten“

Abb. 5-30

◆ Die Auswertung des Vorstellungsgespräches

Auswertung

Im Zusammenhang mit der Interviewauswertung ist grundsätzlich vorab zu entscheiden, ob dieses im Nachhinein auf der Basis eines Gedächtnisprotokolls geschehen soll, oder ob zu diesem Zweck bereits während des Vorstellungsgespräches **Aufzeich-**

nungen gemacht werden sollen. Erfahrungsgemäß lässt sich bei den Bewerbern Verständnis dafür wecken, dass im Verlaufe des Gespräches bereits Notizen angefertigt werden. Dieses bietet vor allem den Vorteil, dass bestimmte Wahrnehmungen (wörtliche Zitate, nonverbale Signale) im Augenblick des Geschehens präziser erfasst werden können als später, wenn sich die vielen Eindrücke bereits verwischt haben.
Für die Bewertung gilt allgemein der Grundsatz, dass als Basis immer Bezug auf tatsächliche Beobachtungen genommen werden soll. Dieses gilt um so mehr, als allgemein bekannt ist, dass Menschen nie objektiv wahrnehmen können und dazu tendieren, negative Informationen stärker zu gewichten als positive sowie sich meist vorschnell am ersten Eindruck orientieren. Gleichzeitig ist darauf zu achten, dass bei der Beurteilung immer der Zusammenhang zum jeweiligen **Anforderungsprofil** gesehen wird. Zweckmäßigerweise werden vor der Bewertung zunächst die Beobachtungen und Eindrücke der verschiedenen Interviewer anhand der vorgenommenen Aufzeichnungen ausgetauscht. In jedem Fall sollte für jeden Bewerber eine vorläufige Einschätzung durchgeführt werden. Die dazu in der Praxis verwendeten Formulare sind aber meist wenig differenzierend.

Im Gegensatz zu den situativen Übungen kann ein Bewerber im reinen Interviewteil aufgrund von Bewerbungstraining teilweise sozial erwünschtes Verhalten zeigen, insbesondere dann, wenn ungeschickte Fragen der Interviewer die Absichten allzu durchsichtig machen. Hier gilt es vor allem, phrasenhafte Bekenntnisse der Bewerber rechtzeitig zu erkennen sowie gezielt, auch mithilfe von **provokativen Nachfragen**, zu hinterfragen. Letztlich misst sich die Einschätzung eines Bewerbers daran, inwieweit sein Gesamtauftreten als **stimmig, kongruent** und **authentisch** wahrgenommen wurde.

5.4.3 Das Assessment-Center

Teilnahme am Assessment-Center als zusätzliche Hilfe

Aufgrund der üblicherweise geringen Situationsbezogenheit des Interviews, auch in der strukturierten Form unter Beteiligung mehrerer Beurteiler, sind die Erfolgsprognosen häufig von Unsicherheit geprägt. Außerdem können bestimmte Anforderungsmerkmale, wie zum Beispiel Teamfähigkeit, kaum durch die Interviewtechnik angemessen erfasst werden. Daher werden bei wichtigen Personalentscheidungen weitere Auswahlinstrumente als Entscheidungshilfe eingesetzt. Dazu zählen neben Testverfahren und biographischen Fragebögen insbesondere die Nutzung von **Assessment-Centern.**

Die nachfolgende Abbildung 5-31 zeigt die typische Ablaufstruktur eines Assessment-Centers nach Jeserich.

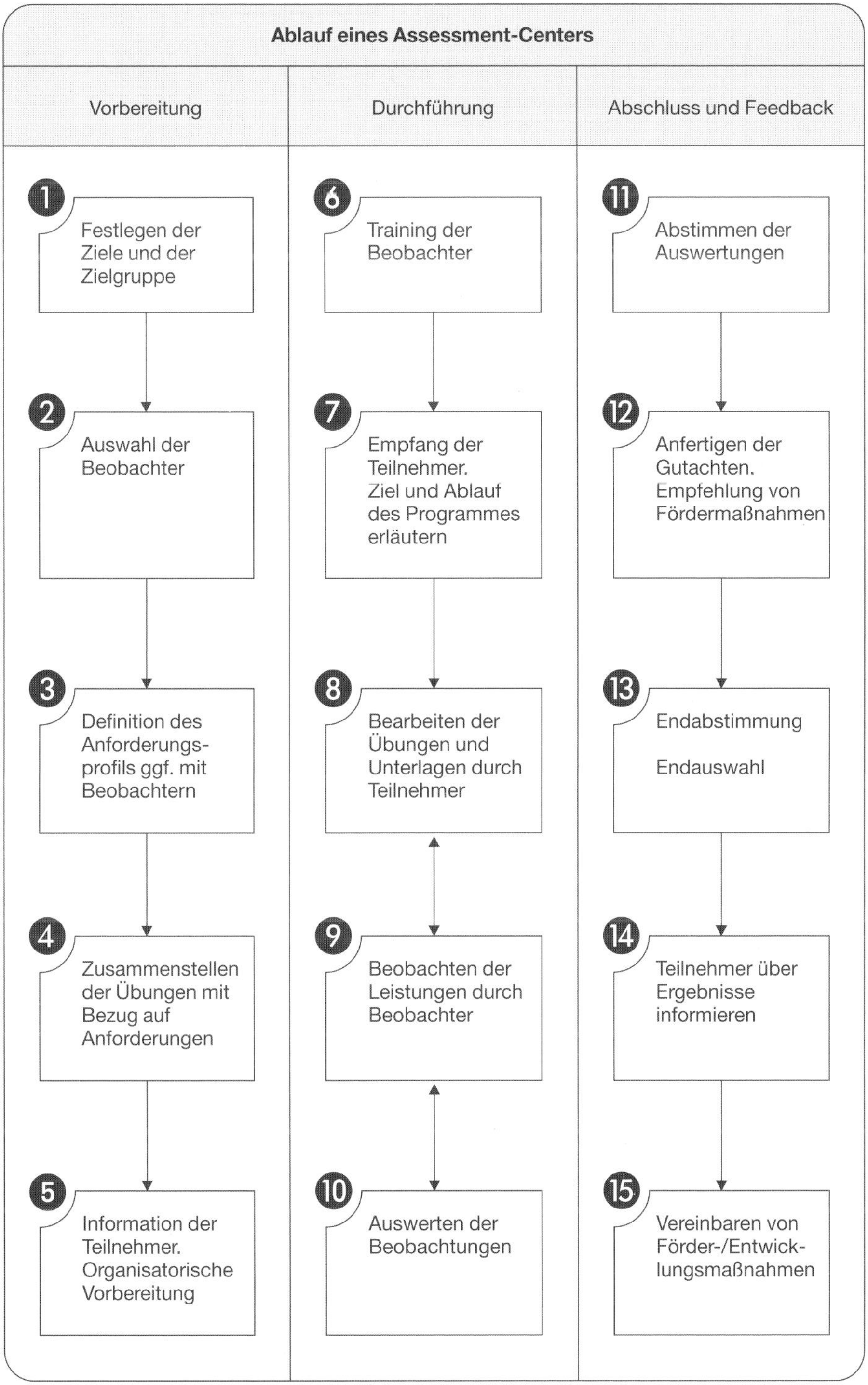

Abb. 5–31: Ablauf eines Assessment-Centers

(Quelle: Jeserich, W.: Mitarbeiter auswählen und fördern – Assessement-Center-Verfahren, München/Wien, 1989, S. 35)

Während noch vor einigen Jahren AC-Verfahren üblicherweise über zwei bis drei Tage veranstaltet wurden, geht man mittlerweile nicht zuletzt aus Kostengründen dazu über, auch wesentlich kürzere AC-Seminare einzusetzen. Wenn solche Verfahren nach den unter Kapitel 5.3.2 beschriebenen Prinzipien durchgeführt werden, haben sie durchaus ihre Berechtigung, da sie durch die Betonung des aktuellen, anforderungs- und situationsbezogenen Verhaltens die Beobachtungsbasis erheblich erweitern können. Als Beispiel für ein eintägiges AC dient die nachfolgende Abbildung 5-32.

9.00– 9.45 Uhr	Vorstellung des Unternehmens, Erläuterung des Ablaufs
9.45–10.00 Uhr	Vorbereitung auf die Aufgabe 1: Zusammenstellung von Arbeitsinteressen und -schwerpunkten
10.00–12.00 Uhr	Aufgabe 1: Die Teilnehmer stellen sich kurz der Gruppe vor und beschreiben Lebenslauf, Diplomarbeit und ihr Interesse an einer Tätigkeit im Unternehmen
12.00–13.30 Uhr	Gemeinsames Mittagessen
13.30–13.45 Uhr	Vorbereitung auf die Aufgabe 2
13.45–15.00 Uhr	Aufgabe 2 (Fallbeispiel): Eigene Lösungsdarstellung des Fallbeispiels
15.00–16.30 Uhr	Aufgabe 3: Gruppendiskussion und gemeinsame Lösungsfindung zum Fallbeispiel.
16.30–18.00 Uhr	Auswertung und Abschlussgespräch

Abb. 5-32: Eintägiges Assessment-Center (Quelle: Jung, H.: Personalwirtschaft, München/Wien, 2011, S. 177)

Die Bewerber sollten nicht verkennen, dass viele Unternehmen das Verhalten ihrer Bewerber auch vor dem Beginn (z. B. bei Rückfragen im Sekretariat) und auch während der Pausen gezielt beobachten, um daraus Rückschlüsse auf das Verhalten in informellen Situationen ziehen zu können. Typische Beobachtungsbeispiele: Ist jemand ein Einzelgänger? Wie sind seine Essgewohnheiten? Schenkt sich jemand nur selbst vom Wasser ein?

5.4.4 Die Auswahlentscheidung

Auswahlentscheidung als komplexer Vorgang

Die Entscheidung für einen bestimmten Bewerber folgt mangels anderer Entscheidungsinstrumente häufig der **Intuition,** ohne durch rationale Elemente abgesichert zu sein. Dies passt aber kaum zu den sonst recht aufwändigen Auswahlverfahren. Ein rational mehr durchdachter Entscheidungsprozess verläuft in bestimmten Stufen, wie nachfolgender Abbildung 5-33 zu entnehmen ist.

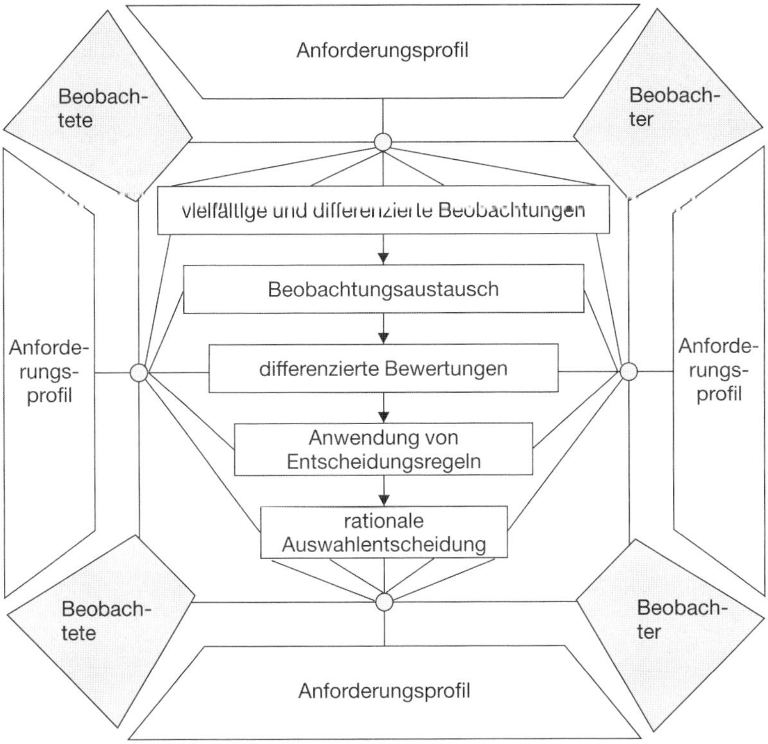

Abb. 5-33: Der Auswahlentscheidungsprozess

Bei dem Entscheidungsprozess ist durchgängig zu berücksichtigen, dass die Wahrnehmungen der Beobachter bzw. Entscheider in allen Phasen geprägt werden durch die jeweils **beobachteten Personen**, das zugrunde liegende **Anforderungsprofil** sowie durch die jeweils **eigene Person** mit den spezifischen Selbstbildern und persönlichen Einstellungen. Die dadurch entstehenden Verzerrungen können auch kaum durch die quantifizierenden Objektivierungsversuche mithilfe von **Entscheidungswerttabellen**, wie sie teilweise in der Praxis verwendet werden, aufgehoben werden. Ein solches Beispiel ergibt sich aus der nachfolgenden Abbildung 5-34.

Objektivierungshilfen

Sollprofil	Zutreffendes ankreuzen	Gewichtung	Name Müller		Name Schmitz		Name Schneider		Name Keller		Name Schulze	
			Pkt	Pkt x Gew	Pkt	Pkt x Gew	Pkt	Pkt x Gew	Pkt	Pkt x Gew	Pkt	Pkt x Gew
Schule: Mittlerer Bildungsabschluss	x	5	4	20	3	15	3	15	5	25	4	20
Ausbildung: Kauffrau für Bürokommunikation	x	10	3	30	4	40	5	50	2	20	5	50
Sonstige Ausbildung:												
Berufserfahrung: mindestens 5 Jahre	x	6	5	30	4	24	5	30	4	24	2	12
Branchenerfahrung:	x	3	1	3	2	6	5	15	1	3	1	3
Aufmachung der Bewerbung	x	2	5	10	3	8	4	8	3	6	5	10
Zeugnisse:	x	10	4	40	3	30	5	50	3	30	5	50
Lebenslauf:	x	4	4	16	3	12	5	20	4	16	4	16
Postkorb	x	10	5	50	3	30	3	30	3	30	5	50
Referenzen:	x	1	3	3	2	2	4	4	1	1	1	1
Gehalt: max 4000 EUR	x		ok		ok		ok		ok			
Dienstantritt: 1.4.	x		ok		ok		18		ok			
Eindruck Vorstellung:												
– äußere Erscheinung	x	3	3	9	5	15	4	12	5	15	4	12
– sprachlicher Ausdruck	x	4	4	16	5	20	4	16	2	8	5	20
– Auffassung	x	4	2	8	3	12	5	20	3	12	3	12
– systematisches Denken	x	4	3	12	3	12	4	16	3	12	3	12
– Zielstrebigkeit												
– Wille zum Weiterkommen												
– Kontaktfähigkeit	x	4	5	20	5	20	4	16	4	16	3	12
– Verhandlungsgeschick	x	5	4	20	3	15	5	25	2	10	3	12
– Begeisterungsfähigkeit												
– Kombinationsgeschick												
– Kritikverhalten	x	4	1	4	2	8	4	16	2	8	4	16
– Ausgeglichenheit	x	3	3	9	3	9	4	12	3	9	5	15
– Selbstbewusstsein	x	4	3	12	4	16	3	12	3	12	5	20
– Kreatives Verhalten												
– Organisationsgeschick	x	4	2	8	3	12	4	16	3	12	3	12
– Fremdsprachenkenntnisse												
– Manuelle Geschicklichkeit												
– Führungsverhalten	x	5	3	15	2	10	4	20	2	10	5	25
Summe:				320		316		403		284		390
Rangfolge:				3		4		1		5		2

Höchster Gewichtungsfaktor 10 + 5 Pkt. = sehr gut 1 Pkt. = schwach

Abb. 5-34: Entscheidungswerttabelle zur Auswahl einer Leiterin Vertriebsinnendienst

(Quelle: Pillat, R.: Neue Mitarbeiter erfolgreich auswerten, auswählen und einsetzen, Freiburg, 1996, S. 294)

Statt vorschneller Umwandlung pauschaler Eindrücke in Ziffern, mit denen dann möglicherweise noch mathematische Rechenoperationen durchgeführt werden, sollte vielmehr der gesamte Prozess im Bewusstsein der vielfältigen Subjektivismen differenziert durchdacht werden. Auf dieser Basis können dann schrittweise die verschiedensten Beobachtungen gesammelt, vor dem Hintergrund zu stellender Anforderungen pro Anforderungsmerkmal verglichen und in verbalisierende Bewertungen gefasst werden. Dazu kommen beispielsweise die Einschätzungen gut geeignet, geeignet, bedingt geeignet, weniger geeignet, ungeeignet infrage. Die eigentliche Entscheidung sollte mithilfe von Entscheidungsregeln allen Beteiligten transparent gemacht werden. Die Anwendung von Regeln im Entscheidungsprozess kann beispielsweise folgendermaßen vonstatten gehen.

Kriterien eines gestuften Verfahrens

Stufe I

Soweit nicht im Anforderungsprofil bereits geschehen, werden **exklusive Merkmale**, die auf jeden Fall vollständig erfüllt sein müssen, festgelegt. Beispielsweise wird vereinbart, dass die Beherrschung bestimmter Computerprogramme ohne zusätzliche Hilfen bzw. Einarbeitungen unabdingbar ist.

Stufe II

Bewerber, die nicht alle exklusiven Merkmale erfüllen, werden nicht weiter berücksichtigt.

Stufe III

Soweit nicht im Anforderungsprofil bereits geschehen, werden für alle qualifizierenden Merkmale Soll-Ausprägungen in Form von **Mindest- und Höchstniveaus** mithilfe entsprechender Beschreibungen festgelegt. Die Einbeziehung von Höchstniveaus soll vor allem verhindern, dass Personen eingestellt werden, für die wegen überwiegender Unterforderung das Befriedigungspotenzial der Stelle nicht ausreicht.

Stufe IV

Bewerber, die die jeweiligen Niveaugrenzen unter- bzw. überschreiten, werden aussortiert. Bei Überschreitungen sind alternative Einsatzmöglichkeiten zu prüfen und ist neu darüber zu entscheiden.

Stufe V

Von den restlichen Bewerbern sind diejenigen auszuwählen, die insgesamt bezogen auf alle Merkmale zum besten Ergebnis kommen. Dabei kann noch einmal unterschieden werden:

Erste Entscheidungsregel

(1) Derjenige Bewerber kommt zum Zuge, der bei den meisten Merkmalen jeweils die besten Einschätzungsergebnisse erzielt hat. Hier ist zu prüfen, ob mögliche Minderausprägungen bei einigen Merkmalen hingenommen werden sollen. Andernfalls ist auf die zweite Entscheidungsregel zurückzugreifen.

Zweite Entscheidungsregel

(2) Derjenige Bewerber kommt zum Zuge, der im Durchschnitt die besten Einschätzungsergebnisse aufweist.

Dritte Entscheidungsregel

(3) Derjenige Bewerber kommt zum Zuge, bei dem insgesamt das Fähigkeitsprofil dem Anforderungsprofil am nächsten kommt.

Im Rahmen des Entscheidungsverfahrens zur Auswahl des künftigen Sachbearbeiters bei der Metallbau GmbH wird als exklusives Merkmal eine Höchstaltersgrenze von 30 Jahren eingefügt. Im Übrigen entscheidet sich die Geschäftsleitung für die Anwendung der 3. Entscheidungsregel, da dadurch am ehesten sichergestellt ist, dass kein überqualifizierter Bewerber ausgewählt wird. Dieses gilt insbesondere für den analytisch-konzeptionellen Anforderungsbereich, da hier ja nur unterdurchschnittliche bis durchschnittliche Qualifikationen erwartet werden.

5.5 Die Personaleinstellung

Die endgültige Bindung des ausgewählten Kandidaten an das Unternehmen erfolgt mithilfe des Arbeitsvertrages. Neben den **verschiedenen Rechtsquellen** des Arbeitsrechts ist vor allem die **inhaltliche Arbeitsvertragsgestaltung** zu beachten.

5.5.1 Die verschiedenen Rechtsquellen des Arbeitsrechts

Rechtsquellen

Für die Vertragsgestaltung gilt der allgemeine Grundsatz der **Vertragsfreiheit**, der allerdings aufgrund der Besonderheit des Arbeitsrechts als Arbeitnehmerschutzrecht durch eine Vielzahl von Rechtsnormen **eingeschränkt** wird. Zu beachten sind dabei unterschiedliche, nach dem **Rangprinzip** geordnete, Rechtsquellen. Die folgende Abbildung 5-35 zeigt die verschiedenen Rechtsquellen des Arbeitsrechts in der Übersicht.

Rechtsquellen des Arbeitsrechts nach dem Rangprinzip

Rangfolge:	Beispiele:
Verfassung	Art. 1 GG (Menschenwürde) Art. 2 GG (Persönlichkeitsrecht) Art. 3 GG (Gleichheitsgebot) etc.
Zwingende Gesetze und **Rechtsverordnungen**	Arbeitszeitordnung, Berufsbildungsgesetz, Jugendarbeitsschutzgesetz, Kündigungsschutzgesetz, Allgemeines Gleichbehandlungsgesetz etc., Arbeitsstättenverordnung, Berufskrankheitenverordnung, Datenerfassungsverordnung, Datenübermittlungsverordnung etc.
Zwingende Tarifverträge und **Betriebsvereinbarungen**	Tarifvertrag des öffentlichen Dienstes (TVÖD), Manteltarifvertrag für gewerbliche Arbeitnehmer in der Eisen-, Metall- und Elektroindustrie des Landes ..., ... über Teilzeitarbeit, Urlaub etc.
Einzelarbeitsvertrag	
Allgemeine Arbeitsbedingungen	Geschäfts- und Ladenöffnungszeiten, Formularverträge etc.,
Gleichbehandlungsgrundsatz	Kriterien für die betriebliche Altersversorgung, für Gratifikationen etc.,
Betriebsübung	Auszahlung von Urlaubs- und Weihnachtsgeld, von Gratifikationen etc.,
Direktions- oder Weisungsrecht des Arbeitgebers	Zuweisung bestimmter Arbeitsvorgänge in vorgegebener Reihenfolge etc.
Dispositive Gesetze und Kollektivvereinbarungen	Kündigungsfristen gem. § 622 BGB, Öffnungsklauseln in Tarifverträgen etc.
Achtung: Das Rangprinzip wird durch das **Günstigkeitsprinzip** durchbrochen, soweit sich Abweichungen zum Vorteil des Arbeitnehmers auswirken.	

Abb. 5-35: Rechtsquellen des Arbeitsrechts nach dem Rangprinzip

(Quelle: Steckler, B.: Kompendium Arbeitsrecht und Sozialversicherung, Herne, 2004, S. 28)

Es ist zu beachten, dass die Vertragsbedingungen nach dem Gesetz über den Nachweis der für ein Arbeitsverhältnis geltenden wesentlichen Bedingungen (Nachweisgesetz – NachwG) vom Arbeitgeber schriftlich niederzulegen und dem Arbeitnehmer auszuhändigen sind. In der Niederschrift sind mindestens aufzunehmen:

1. der Name und die Anschrift der Vertragsparteien,
2. der Zeitpunkt des Beginns des Arbeitsverhältnisses,
3. bei befristeten Arbeitsverhältnissen: die vorhersehbare Dauer des Arbeitsverhältnisses,
4. der Arbeitsort oder, falls der Arbeitnehmer nicht nur an einem bestimmten Arbeitsort tätig sein soll, ein Hinweis darauf, dass der Arbeitnehmer an verschiedenen Orten beschäftigt werden kann,

5. die Bezeichnung oder allgemeine Beschreibung der vom Arbeitnehmer zu leistenden Tätigkeit,
6. die Zusammensetzung und die Höhe des Arbeitsentgelts einschließlich der Zuschläge, der Zulagen, Prämien und Sonderzahlungen sowie anderer Bestandteile des Arbeitsentgelts und deren Fälligkeit,
7. die vereinbarte Arbeitszeit,
8. die Dauer des jährlichen Erholungsurlaubs,
9. die Fristen für die Kündigung des Arbeitsverhältnisses,
10. ein in allgemeiner Form gehaltener Hinweis auf die Tarifverträge, Betriebs- und Dienstvereinbarungen, die auf das Arbeitsverhältnis anzuwenden sind.

Das Rangprinzip, wonach die höherwertige Rechtsquelle Vorrang hat, gilt nur für zwingendes Gesetzesrecht und für zwingende Kollektivvereinbarungen (Tarifvertrag, Betriebsvereinbarung). Handelt es sich dagegen um dispositives, das heißt abdingbares Recht, können im Einzelarbeitsvertrag abweichende Regelungen getroffen werden. Nach dem Schutzzweck des Arbeitsrechts sind die Rechtsnormen allerdings nur einseitig zwingend. Von gesetzlichen oder tariflichen Vorschriften abweichende Regelungen sind, soweit sie für den Arbeitnehmer günstiger sind, zulässig (**Günstigkeitsprinzip**).

5.5.2 Die inhaltliche Arbeitsvertragsgestaltung

Gruppen von Arbeitsbedingungen

Die inhaltliche Ausgestaltung von Arbeitsverträgen sollte sich auf folgende vier Gruppen von Arbeitsbedingungen beziehen (vgl. Jung, H.: Personalwirtschaft, München/Wien, 2011, S. 182):

1. Gruppe	Eintrittsdatum, Probezeit, Arbeitszeit, Kündigungsfristen, Urlaubszeit, Freistellungen
2. Gruppe	Art der Tätigkeit, Einstufungen in Position und Tarifgruppe, Vollmachten, Mehrarbeitsverpflichtungen, Versetzungsvorbehalte, Beurlaubungsvorbehalte
3. Gruppe	Grundlohn, Zulage, Sozialleistungen, Erfolgs- und/oder Vermögensbeteiligung, Betriebliche Altersversorgung, Reise- und Umzugskostenerstattung, Vergütung und Behandlung von Patenten und Erfindungen
4. Gruppe	Nebentätigkeiten, Wettbewerbsverbote, Schweigepflichten

Abb. 5-36

Da die meisten Arbeitsbedingungen bereits detailliert in Tarifverträgen und Betriebsvereinbarungen festgelegt sind, werden die Einzelarbeitsverträge häufig nur in Kurzform mit entsprechendem kollektivvertraglichem Bezug ausgefertigt. Als Beispiel dazu dient das in Abbildung 5-37 dargestellte Arbeitsvertragsmuster in Briefform.

Arbeitsvertrag

Zwischen der Firma

____

– nachfolgend: Arbeitgeber genannt –

und
Herrn/Frau

____

– nachfolgend: Arbeitnehmer genannt –

wird folgender Arbeitsvertrag geschlossen:

§ 1 Beginn des Arbeitsverhältnisses, Probezeit und Tätigkeit
(1) Der Arbeitnehmer wird zum ____________ auf unbestimmte Zeit als __________ eingestellt.
(2) Die ersten sechs Monate des Arbeitsverhältnisses gelten als Probezeit. Während dieser Zeit können die Vertragspartner das Arbeitsverhältnis mit einer Frist von zwei Wochen kündigen.

§ 2 Arbeitszeit
Die regelmäßige Arbeitszeit beträgt ____ Stunden wöchentlich.

§ 3 Vergütung
Der Arbeitnehmer erhält für seine vertragliche Tätigkeit ein monatliches Bruttogehalt in Höhe von __________ EUR.

§ 4 Urlaub
Der Arbeitnehmer hat Anspruch auf _____ Urlaubstage pro Kalenderjahr. Für diesen Urlaubsanspruch gelten die Vorschriften des Bundesurlaubsgesetzes.

§ 5 Arbeitsverhinderung
Der Arbeitnehmer ist verpflichtet, dem Arbeitgeber jede Arbeitsverhinderung und ihre voraussichtliche Dauer unverzüglich anzuzeigen. Auf Verlangen sind die Gründe der Arbeitsverhinderung mitzuteilen.

§ 6 Beendigung des Arbeitsverhältnisses durch Kündigung
(1) Das Arbeitsverhältnis kann von den Parteien gemäß den gesetzlichen Kündigungsfristen ordentlich gekündigt werden. Die Anwendung der verlängerten Kündigungsfristen und Kündigungstermine gemäß § 622 Abs. 2 BGB wird für beide Vertragsparteien vereinbart.
(2) Bei einer Kündigung ist der Arbeitgeber berechtigt, den Arbeitnehmer während der Kündigungsfrist ganz oder teilweise unter Fortzahlung der Bezüge von der Arbeit freizustellen.
(3) Das Recht zur außerordentlichen Kündigung aus wichtigem Grund bleibt unberührt. Eine außerordentliche Kündigung gilt für den Fall ihrer Unwirksamkeit als ordentliche Kündigung zum nächst zulässigen Termin.

§ 7 Ende des Arbeitsverhältnisses ohne Kündigung
Das Arbeitsverhältnis endet ohne Kündigung mit Ablauf des Monats, in dem der Arbeitnehmer das gesetzliche Rentenalter erreicht hat oder in dem seine Berufs- oder Erwerbsunfähigkeit durch einen entsprechenden Rentenbescheid festgestellt wird. Das Recht zur Kündigung des Arbeitsverhältnisses bleibt hiervon unberührt.

§ 8 Ausschlussfristen
(1) Alle beiderseitigen Ansprüche aus dem Arbeitsverhältnis und solche, die mit dem Arbeitsverhältnis in Verbindung stehen, verfallen, wenn sie nicht innerhalb von drei Monaten nach der Fällig-

keit gegenüber der anderen Vertragspartei schriftlich erhoben werden. Die Nichteinhaltung dieser Ausschlussfrist führt zum Verlust des Anspruchs.
(2) Lehnt die Gegenpartei den Anspruch ab oder erklärt sie sich nicht innerhalb von zwei Wochen nach der Geltendmachung des Anspruchs, so verfällt dieser, wenn er nicht innerhalb von drei Monaten nach der Ablehnung oder dem Fristablauf gerichtlich geltend gemacht wird. Die Nichteinhaltung dieser Ausschlussfrist führt zum Verlust des Anspruchs.
(3) Die Ausschlussfristen der Absätze 1 und 2 gelten nicht für Ansprüche wegen Verletzung des Lebens, des Körpers oder der Gesundheit und ebenfalls nicht bei vorsätzlichen Pflichtverletzungen.

Ort, Datum — Ort, Datum

(Unterschrift des Arbeitgebers) — (Unterschrift des Arbeitnehmers)

Abb.: 5-37 Muster eines Arbeitsvertrages
(Quelle: Kluge, H.: Arbeitsvertrag, 14.02.2012, www.kluge-recht.de/Arbeitsvertrag.pdf)

Besonders wichtige Vertragsinhalte

Einen ausführlichen Arbeitsvertrag eines Tarifangestellten findet man im Internet unter „www.frankfurt-main.ihk.de/recht/mustervertrag/arbeitsvertrag_standard/index.html". Einige Vertragspunkte verdienen besondere Beachtung, nämlich die Festlegung der **Art der Beschäftigung**, des **Beginns des Arbeitsverhältnisses** sowie der **Probezeit.**

◆ Art der Beschäftigung

Je nach enger oder weiter Festlegung der Tätigkeitsart, für die der Mitarbeiter eingestellt wird, ergeben sich unterschiedliche Möglichkeiten für den Arbeitgeber, im Rahmen des **Direktionsrechts** konkrete Weisungen zu erteilen. Je allgemeiner die Formulierung gehalten wird, beispielsweise „wird beschäftigt als Sachbearbeiterin", desto umfassender sind die Möglichkeiten des Arbeitgebers, nach eigenem Gutdünken Konkretisierungen vorzunehmen.

◆ Beginn des Arbeitsverhältnisses

Die Vereinbarung über den Beginn des Arbeitsverhältnisses ist deshalb von besonderer Bedeutung, weil davon Pflichten und Rechtsfolgen abhängen, so zum Beispiel

(1) die Arbeitspflicht,
(2) die Lohn- und Gehaltspflicht,
(3) der Beginn der Versicherungspflicht im Sinne des Sozialversicherungsrechts,
(4) der Beginn der Wartezeit für den Anspruch auf den Jahresurlaub (sechs Monate gemäß BUrlG),
(5) der Beginn der Wartezeit für den Kündigungsschutz (sechs Monate gemäß KSchG).

◆ **Probezeitvereinbarung**

Im Gegensatz zu Ausbildungsverhältnissen ist bei normalen Arbeitsverhältnissen eine Probezeit gesetzlich nicht vorgeschrieben, sie muss daher ausdrücklich vereinbart werden. Dieses geschieht in der Praxis normalerweise dadurch, dass der Vertrag als **befristetes Probearbeitsverhältnis** abgeschlossen wird. Der Übergang in ein anschließendes unbefristetes Arbeitsverhältnis kann demnach durch Abschluss eines Anschlussvertrages neu entschieden werden, ohne dass vorher gekündigt werden muss.

TzBfG

Für die Zeit der Befristung überlässt das Teilzeit- und Befristungsgesetz (TzBfG) einen Spielraum bis zu 24 Monaten. Auf diese Weise können Fehlentscheidungen in der Personalbeschaffung noch längere Zeit korrigiert werden, ohne durch das Kündigungsschutzgesetz, dessen Kündigungsschutzregelungen bereits nach sechs Monaten Beschäftigung greifen, behindert zu sein. Eine solchermaßen gestaltete Probezeit erfüllt ihre Kontrollfunktion aber nur dann, wenn sie von beiden Vertragsseiten zur gründlichen Überprüfung der getroffenen Entscheidungen genutzt wird. Damit bietet sich auch gleichzeitig die Möglichkeit, Informationen zur Kontrolle des gesamten Auswahlverfahrens zu gewinnen.

5.6 Die Kontrolle des Auswahlverfahrens

Effizienz der Auswahlverfahren

Die wesentliche Leitfrage im Zusammenhang mit der Kontrolle des Auswahlverfahrens lautet: *Inwieweit konnte durch das Verfahren sichergestellt werden, dass die am meisten geeigneten Bewerber identifiziert und eingestellt wurden?* Zwar gibt es einige Anhaltspunkte dafür, ob die Personalbeschaffung insgesamt erfolgreich war, allerdings ist es methodisch unmöglich, klare Zuordnungen vorzunehmen. Konnten beispielsweise aus einer Gruppe von 20 Bewerbern drei Kandidaten mithilfe eines bestimmten Verfahrens herausgefunden werden, die eingestellt wurden und auch anschließend erfolgreich arbeiteten, so lässt sich nachträglich nicht feststellen, ob nicht auch ein anderes Verfahren zum gleichen Ergebnis geführt hätte. Auch gibt es keine Anhaltspunkte dafür, ob tatsächlich die besten Kandidaten ausgewählt wurden, da es über die abgelehnten Bewerber nachträglich keine Informationen mehr gibt. Als hilfsweiser Anhaltspunkt für eine erfolgreiche Auswahlentscheidung gilt die Feststellung, dass ein ausgewählter und eingestellter Bewerber noch nach einer bestimmten Zeit im Unternehmen verblieben ist. Erfahrungsgemäß scheiden nämlich einige Mitarbeiter aus unterschiedlichen Gründen einige Zeit nach der Neuplatzierung wieder aus. Daher wird der Auswahlerfolg zweckmäßigerweise mit der Kennzahl der **Verbleibquote** kontrolliert.

$$\textit{Verbleibquote} = \frac{\textit{Zahl d. i. letzten Jahr eingestellten u. noch vorhandenen Mitarb.} \times 100}{\textit{Zahl der im letzten Jahr eingestellten Mitarbeiter}}$$

A Aufgaben

1. Entwerfen Sie eine situative Aufgabe für ein Einstellungsinterview. Der Bewerber hat sich auf Ihre Arbeitsstelle beworben. Erproben Sie die Aufgabenstellung durch ein entsprechendes Rollenspiel.

2. Entwickeln Sie für die **Bewerberseite** einen Leitfaden mit Verhaltensregeln zur angemessenen Vorbereitung sowie Präsentation im Rahmen des Vorstellungsgespräches.

3. Entwerfen Sie ein geeignetes Auswertungsschema für das situationsangereicherte Bewerbungsinterview.

4. Verfassen Sie folgende Schreiben (mit Konkretisierungen nach eigener Wahl):
   a) Zwischenbescheid für eingegangene Bewerbungsunterlagen
   b) Absageschreiben aufgrund mangelhafter Unterlagen
   c) Einladungsschreiben für das erste Vorstellungsgespräch
   d) Einladungsschreiben für ein zweitägiges Assessment-Center in einem Hotel am Stadtrand; als Anlage wird ein grober Programmablauf beigefügt.
   e) Schriftliche Zusage an einen Bewerber mit beigefügtem Vertragsentwurf

5. Entwerfen Sie einen Personalfragebogen unter Beachtung der arbeitsrechtlichen Beschränkungen im Fragerecht. Setzen Sie diesen Fragebogen um in eine entsprechende Datei für ein aufzubauendes Personalinformationssystem (PIS).

6. Planen Sie ein Assessment-Center zur Besetzung einer Personalreferentenstelle für ein mittelständisches Unternehmen.

Projektaufgabe

Sie stehen als Betriebsratsmitglied eines Unternehmens mit 1200 Beschäftigten vor der Situation, Vorschläge zur Verbesserung des insgesamt unbefriedigenden Auswahlsystems für interne und externe Bewerber zu unterbreiten. Geplant ist, mit der Geschäftsleitung eine Betriebsvereinbarung über die Aufstellung von Auswahlrichtlinien gemäß § 95 Absatz 1 BetrVG zu vereinbaren. Zu diesem Zweck werden Sie sich zunächst nach bestehenden Auswahlrichtlinien anderer Unternehmen erkundigen, diese analysieren und vergleichen, um dann ein eigenständiges Konzept für Auswahlrichtlinien aufstellen zu können.

Basisaufgabenstellung

Bereiten Sie eine abstimmungsfähige Vorlage zur Vereinbarung von Auswahlrichtlinien gemäß § 95 (1) BetrVG vor und präsentieren Sie diese Vorlage an geeigneter Stelle (Projektgruppe, Abteilungsleiter, Personalleitung, Geschäftsleitung und/oder Betriebsrat).

Erweiterungsmöglichkeit

Die Aufgabenstellung kann auch Basis für weitergehende Simulationsformen sein. Beispielsweise könnte bei Gruppenteilung eine Betriebsrats- sowie Geschäftsleitungsversion entstehen, um dann in verschiedenen Verhandlungsrunden Angleichungsversuche zu unternehmen.

B Methodische Empfehlungen

◆ Rhetorische Regeln für eine erfolgreiche Präsentation

Es gibt vielfältige Anlässe, bei denen es auf eine gekonnte Präsentation ankommt. Dabei spielt die Art und Weise des Vortrags mindestens die gleiche Rolle wie der Inhalt selbst, weil damit in besonderer Weise emotionale Wirkungen verbunden sind. Die nachfolgenden Empfehlungen beziehen sich auf wesentliche rhetorische Regeln, die für einen wirkungsvollen Vortrag beachtet werden sollten.

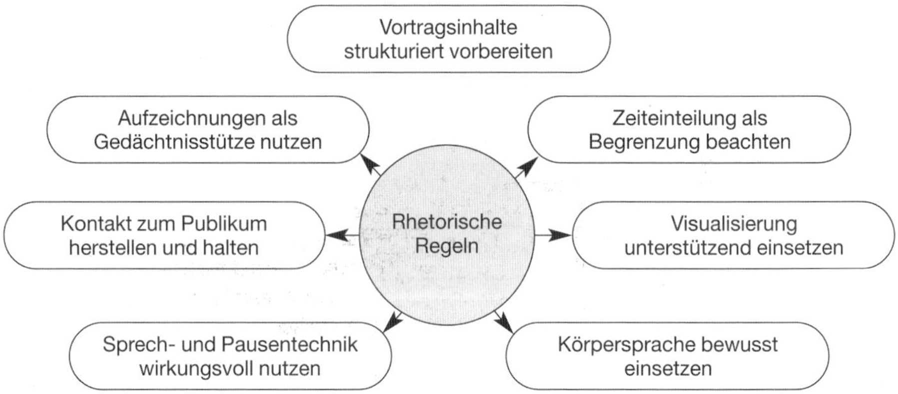

Abb. 5B-1: Rhetorische Regeln

Vortragsinhalte strukturiert vorbereiten

Ein rhetorisch guter Vortrag braucht eine inhaltlich gute Vorbereitung. Dabei kommt es besonders auf eine gut nachvollziehbare Struktur an, die zumindest eine deutliche Dreigliederung in **Einleitung, Hauptteil** und **Schluss** erkennen lassen sollte. Im Einzelnen gelten für die Hauptteile folgende Grundsätze:

Einleitung	– Begrüßung der Zuhörer, Vorstellung der eigenen Person – Vorstellung des Themas, Angabe einer Grobgliederung – Vorstellung des zeitlichen Rahmens mit Hinweis auf Möglichkeit von Zwischenfragen sowie anschließender Diskussion
Hauptteil	– Anknüpfung bzw. Bezüge herstellen (z. B. Diskussionsstand, Stand des Bearbeitungsprozesses, Aufgabenstellung, Problemsituation) – Erläuterung von Fakten und Ergebnissen unter Beachtung nachvollziehbarer Zusammenhänge (z. B. definitorische Verknüpfungen, Ablaufstrukturen, Ursache-Wirkungszusammenhänge, Hypothesen - Folgerungen) – Schlussfolgerungen (z. B. für die weitere Arbeit, neue Aufgaben, ungelöste Fragen, notwendiger Handlungsbedarf)
Schluss	– Zusammenfassung – Ausblick – Dank für das Interesse

Aufzeichnungen als Gedächtnisstütze nutzen

Selbst professionelle Redner nutzen in der Regel Gedächtnisstützen in Form von Aufzeichnungen. Dies bietet vor allem den Vorteil, dass

- wichtige Aspekte nicht vergessen werden,
- eine feste Struktur Sicherheit schafft,
- bei Zwischenfragen leichter anzuknüpfen ist und
- der zeitliche Ablauf insgesamt besser kontrolliert werden kann.

Die völlig durchformulierte Rede bietet zwar die größte Sicherheit, wirkt aber in der Regel steif und unnatürlich. Daher empfiehlt es sich, für die Kernstrukturen des Vortrags **Stichwortzettel** im Postkartenformat (DIN-A6) zu nutzen. Diese Zettel sollten nummeriert, nur einseitig beschrieben und in gut leserlicher Schrift beschrieben sein. Die farbliche Abtrennung wichtiger Begriffe und wörtlicher Zitate sowie die Nutzung von Symbolen erleichtert die Orientierung beim Vortrag.

Kontakt zum Publikum herstellen und halten

In einem Vortrag spielt, wie in jeder anderen Kommunikationsform auch, der Beziehungsaspekt eine wesentliche Rolle[1]. Die Zuhörer müssen gedanklich und persönlich einbezogen werden. Dazu ist zwischen dem Vortragenden und dem Publikum Kontakt herzustellen und zu halten. Dieses kann in der Regel schon durch **Blicke** geschehen. Hier ist darauf zu achten, dass der Blick nicht unruhig hin und her wandert, sondern abwechselnd für einige Sekunden auf bestimmten, im Raum verteilten Personen ruht. Des Weiteren ist bei der Kontakthaltung wichtig, dass die Zuhörer **adressatengerecht** sowie **persönlich** angesprochen werden. Dies gelingt immer dann besonders gut, wenn der Vortragende sich in die Erwartungshaltung der Zuhörer versetzen kann und außerdem eigenes Engagement mit einbringt.

Sprech- und Pausentechnik wirkungsvoll nutzen

Jeder Vortrag erhält eine besondere Lebendigkeit, wenn der Vortragende Sprech- und Pausentechnik bewusst einsetzt. Bei der Sprechtechnik kann sowohl die **Lautstärke**, das **Sprechtempo** als auch die **Stimmfärbung** gezielt variiert werden, um beispielsweise bestimmte Aspekte hervorzuheben, die Zuhörer mit einzubeziehen oder unterschiedliche Positionen gegeneinander abzugrenzen. Eine zusätzliche Wirkung erzielt der Vortragende durch die kunstvoll eingebaute **Pause**, mit deren Hilfe sich ein Vortrag zu einer Inszenierung entfalten kann. Wichtig dabei ist allerdings, dass die rhetorischen Pausen jeweils „hörbar" sind.

Körpersprache bewusst einsetzen

Gestik und **Mimik** als Elemente der Körpersprache geben die Möglichkeit, bestimmte Aspekte eines Vortrags besonders hervorzuheben. Sie sorgen auch dafür, dass der Vortrag eine Spannungskurve erhält. Beispielsweise lässt sich eine ungelöste Problemsituation wirkungsvoll durch nach oben gehaltene Handflächen in Verbindung mit Achselzucken unterstützen. Zu einer guten **Körperhaltung** beim Vortrag gehört vor allem aufrechtes, ruhiges Stehen mit durchgedrückten Knien, was insbesondere auch die Atmung erleichtert. Der **Vortragsstandort** sollte nur ab und zu gewechselt werden, und dann auch nur mit ruhigen Bewegungen.

---

[1] *Vgl. Elias, K.; Schneider, K. H.: Kommunikation, Troisdorf, 2010*

Visualisierung unterstützend einsetzen

Da nur etwa zehn Prozent des Inhalts einer vorgetragenen Rede von den Zuhörern längere Zeit behalten werden, empfiehlt es sich, Kernaussagen durch entsprechende Visualisierung hervorzuheben. Als technische Hilfsmittel eignen sich dafür Tafel, Flipchart, Tageslichtprojektor oder auch eine Moderationswand. Neben einer Auflockerung des Vortrages wird durch die visuelle Unterstützung vor allem die Gedächtnisleistung auf etwa 30 bis 40 Prozent erhöht. Auch kann der Vortragende damit besser den **unterschiedlichen Wahrnehmungskanälen** (auditiv, visuell) seiner Zuhörer Rechnung tragen.

Zeiteinteilung als Begrenzung beachten

Hinsichtlich des Zeitfaktors kommt es zum einen auf den zeitlichen Aufbau an. Dabei sollte der Hauptteil des Vortrages mindestens 75 Prozent der gesamten Vortragszeit ausmachen. Zum anderen ist zu bedenken, dass die Aufnahmekapazität der Zuhörer in der Regel nicht mehr als 20 Minuten Redezeit erlaubt.

C Literaturempfehlungen

Böckel, E.: Moderne Arbeitsverträge, WRS Verlag, Hamburg, 1997.

Curth, M.; Lang, B.: Management der Personalbeurteilung, München, 1991.

Drumm, H. J.: Personalwirtschaftslehre, Berlin/Heidelberg, 2005.

Elias, K., Schneider, K. H.: Kommunikation, Bildungsverlag EINS, Troisdorf, 2010.

Hentze, J.: Personalwirtschaftslehre, Band 1 u. 2, Bern, 2001/2005.

Huber, A.: Personalmanagement, München, 2010.

Jeserich, W.: Mitarbeiter auswählen und fördern, Assessment-Center-Verfahren, München/Wien, 1989.

Jung, H.: Personalwirtschaft, München/Wien,2011.

Kaiser, S.: Wirtschaftsrecht, Troisdorf, 2009.

Kluge, H.: Arbeitsverträge, Muster, 14.02.2012, www.kluge-recht.de/Arbeitsvertrag.pdf.

Knebel, H.: Das Vorstellungsgespräch, Stuttgart, 2004.

Pillat, R.: Neue Mitarbeiter erfolgreich anwerben, auswählen und einsetzen, Freiburg, 1996.

RKW – Rationalisierungs-Kuratorium der Deutschen Wirtschaft (Hrsg.): RKW-Handbuch Personalplanung, Neuwied, 1990.

Schanz, G.: Personalwirtschaftslehre, München, 2000.

Scholz, C.: Personalmanagement, München, 2000.

Schuler, H.: Auswahl von Mitarbeitern, in: Rosenstiel, Lutz v. (Hrsg.): Führung von Mitarbeitern: Handbuch für erfolgreiches Personalmanagement, Stuttgart, 2003.

Schuler, H.: Personalauswahl, in: Handwörterbuch des Personalwesens, hrsg. v. E. Gaugler u. W. Weber, Stuttgart, 2004, Sp. 1366–1378.

Steckler, B.; Schmidt, C.: Kompendium Arbeitsrecht und Sozialversicherung, Ludwigshafen, 2004.

6 Neues Personal integrativ einführen und einarbeiten

Wie sollen neue Mitarbeiter entsprechend ihren Qualifikationen und entsprechend den betrieblichen Anforderungen am effektivsten eingeführt und eingearbeitet werden?

Punktuelle Beobachtungen sowie Eindrücke aus Abgangsinterviews haben bei der Assecuranz AG zu der Erkenntnis geführt, dass sich die neuen Mitarbeiter überwiegend allein gelassen fühlen.

Während die Unterschiede zwischen den Abteilungen relativ gering erscheinen und auch Unterschiede nach arbeitsrechtlicher Stellung (Arbeiter, Angestellte, außertariflich bezahlte Mitarbeiter) sowie nach Staatszugehörigkeit im Rahmen der Erwartungen liegen, weist das Verhältnis zwischen Dauer der Betriebszugehörigkeit und Kündigungsanteil eine auffällige Korrelation aus: Ein hoher Anteil der Kündigungen erfolgt innerhalb der ersten 10 Monate der Betriebszugehörigkeit, wobei eine besondere Häufigkeit bei 6 Monaten liegt.

Die Personalleitung der Assecuranz AG sieht nach diesen ersten Feststellungen bei der Mitarbeitereinführung erhebliche Defizite. Sie erhalten als Personalreferent die Aufgabe, diesem Problem nachzugehen.

6.1 Gegenstand der Personaleinführung

Begriff Personaleinführung

Mit **Personaleinführung** sind alle Maßnahmen gemeint, die der Integration des neuen Mitarbeiters **in die Unternehmung** und besonders **in seine Arbeitsgruppe** dienen.

Personaleinarbeitung als Unterbegriff

Personaleinarbeitung wird als ein Unterbegriff verstanden. Speziell sind solche Maßnahmen gemeint, die den neuen Mitarbeiter **in seine Arbeit** einführen.

Dass es ratsam ist, Einarbeitung sehr viel enger zu fassen als Einführung, ergibt sich auch aus der Begriffsnähe zur Einarbeitung im Rahmen der Arbeitsbewertung. Bei der Einordnung von Mitarbeitern in bestimmte, meist einfache, Lohngruppen wird Einarbeitung als Voraussetzung angesehen, um den Beschäftigten in die Lage zu versetzen, mit bestimmten Geräten, Maschinen und Arbeitsmethoden vertraut zu werden. Bei dem gleichen Problemkreis geht es um das Vertrautmachen der Beschäftigten mit allen zur Durchführung einfacher Arbeiten notwendigen Kenntnisse und Handgriffe. Hier erfolgt die Einarbeitung durch Unterweisung. Ist die Arbeitsausführung komplizierter, bietet sich systematisches Anlernen als Form der Einarbeitung an.

Umfang der Aufgabe Personaleinführung

Zur Personalführung gehört dagegen sehr viel mehr, nämlich den neuen Mitarbeiter in seine Aufgabe und seine Verantwortung authentisch einzuführen sowie ihm die Art seiner Tätigkeit und deren Einordnung in den Arbeitsablauf des Betriebes zu verdeutlichen. Für den „Neuen“ ist es wichtig, sowohl die Personen, mit denen er zusammenarbeitet, als auch die Räume und Einrichtungen, die zu seinem Leben im Betrieb gehören, zeitnah kennen zu lernen. Alle bisher genannten Schritte sollen dazu beitragen, ihm ein „emotionales und atmosphärisches Fußfassen“ zu ermöglichen und ihn zur kompetenten Wahrnehmung der ihm übertragenen Aufgaben zu befähigen.

Unerlässlich ist es ferner, ihm die Unfall- und Gesundheitsgefahren vor Augen zu führen und ihn mit den Maßnahmen und Einrichtungen vertraut zu machen, die dazu dienen, Gefahren abzuwenden.

Für die Anpassung im Rahmen einer wechselseitigen Sozialisation spielen Größe und Struktur der Unternehmung, aber auch die Position und das Aufgabengebiet des neuen Mitarbeiters eine erhebliche Rolle.

6.2 Die Notwendigkeit der Personaleinführung

Die neue Situation

Die Situation des Eintritts in eine Unternehmung ist durch mehrere Sachverhalte gekennzeichnet.

- Der neue Mitarbeiter kennt in der Regel weder seinen Vorgesetzten noch seine Kollegen noch die Untergeordneten. Die bereits in der Unternehmung Tätigen kennen ihn jedoch auch nicht, sodass eine allseitige Unsicherheit im Umgang miteinander herrscht.
- Der neue Mitarbeiter kennt seine Aufgaben nur vom Prinzip her und muss sich „rantasten". Die bereits Tätigen kennen die Aufgaben und die Arbeitsbedingungen sehr wohl und warten gespannt, wie sich der „Neue" macht. Ihre Erwartungen sind relativ fest.
- Die Erwartungen des Neuen sind geprägt von den meist unvollständigen Vorstellungen, die er über die Unternehmung und die Arbeit bisher gewinnen konnte. Dabei bringt er sich in seiner Individualität ein, die z. B. auf Anpassung an die betrieblichen Gegebenheiten und hoffentlich auch auf Verstehen, Durchdringen kann und Verbessern der Arbeit angelegt ist.

Es ist selbstverständlich, dass eine ambivalente und von Erwartungen geprägte Situation Missverständnisse und Fehlinterpretationen leicht aufkommen lässt. Personalwirte warnen davor, diese Situation zu unterschätzen und zu glauben, mit einem Blumenstrauß auf dem Arbeitsplatz sei das Meiste zur Einführung des Mitarbeiters getan. In Wirklichkeit ist das Problem sehr vielschichtig, und nur ein systematisches Durchdringen kann frühzeitige Demotivation und Enttäuschung verhindern.

Auf die Problematik mangelnder gezielter Personaleinführung weisen auch Berthel und Becker (vgl. Berthel, J.; Becker, F. G.: Personal-Management, Stuttgart, 2010, S. 475 ff.) hin:

Kostenaspekt

Während die Auswahl von Mitarbeitern in den meisten Unternehmen sehr sorgfältig durchgeführt wird, schenkt man der Einarbeitung neuer Mitarbeiter weitaus weniger Beachtung. Besonders in den ersten Wochen und Monaten besteht eine hohe Gefahr der Fluktuation. Für ein Unternehmen sind die damit verbundenen Kosten nicht unerheblich. Eine gezielte Personaleinführung könnte dem entgegenwirken. Mit der Vernachlässigung einer angemessenen Eingliederung handelt der Arbeitgeber außerdem entgegen der im Betriebsverfassungsgesetz (BetrVG) verankerten Unterrichtungspflicht.

§ 81 Abs. 1 BetrVG lautet:

Unterrichtungspflicht gemäß Betriebsverfassungsgesetz

„Der Arbeitgeber hat den Arbeitnehmer über dessen Aufgabe und Verantwortung sowie über die Art seiner Tätigkeit und ihre Einordnung in den Arbeitsablauf des Betriebes zu unterrichten. Er hat den Arbeitnehmer vor Beginn der Beschäftigung über die Unfall- und Gesundheitsgefahren, denen dieser bei der Beschäftigung ausgesetzt ist, sowie über die Maßnahmen und Einrichtungen zur Abwendung dieser Gefahren zu belehren."

Um das Problem in seiner ganzen Tragweite zu erfassen, schlagen Sie eine systematische Auswertung der Abgangsinterviews sowie eine Befragung der Abteilungsleiter vor. Da Sie in einem Versicherungsunternehmen mit ca. 5 000 Mitarbeitern tätig sind, die sich neben einem Bestand von ca. 600 Mitarbeitern in der Zentralverwaltung auf 30 Bezirksdirektionen verteilen, soll vorweg eine Projektgruppe Anleitungen zur Auswertung der Abgangsinterviews sowie die Grundstruktur des Fragebogens ausarbeiten.

6.3 Die Phasen der Personaleinführung

Schanz[1] unterscheidet drei Phasen des Eingliederungsprozesses.

6.3.1 Die antizipatorische Sozialisation

Vorweggenommene Sozialisaton

Der neue Mitarbeiter hat sich vor der Bewerbung und durch das Einstellungsverfahren ein Bild von der Unternehmung sowie von seiner Arbeit gemacht und damit auch die Eingliederung in die Unternehmung gedanklich vorweggenommen (antizipieren = vorwegnehmen). Er hat natürlich auch seine Wünsche und Hoffnungen in dieses vorweggenommene Bild eingefügt.

Andererseits hat die Unternehmung dem neuen Mitarbeiter ein Bild von sich und der Arbeit vorgestellt. Hierbei ist die Tendenz nicht zu verkennen, dass eine gewisse Schönfärberei stattfindet. Da war vielleicht schon in der Anzeige von interessanten, den ganzen Menschen fordernden Aufgaben die Rede, von verantwortlicher Tätigkeit, einem mitarbeiterorientierten Führungsstil und einem guten Betriebsklima. Ein solches Wunschbild ist dann in der Realität mitunter schwer zu verifizieren.

Richtig ist dagegen, auch die möglicherweise als negativ einzustufenden Faktoren deutlich zu machen, damit dem einstellungsbereiten Mitarbeiter eine „aufgeklärte Selbstselektion" möglich ist. Wenn er hinlänglich über Vorteile und Nachteile informiert ist, kann er die richtige Auswahl treffen. Damit werden später sonst leicht entstehende Enttäuschungen vermieden (Schutzimpfungseffekt).

6.3.2 Das Eintrittsgeschehen

Phase des unmittelbaren Eintritts

Die Begegnung des neuen Mitarbeiters mit den bereits Tätigen sowie mit der Organisation wird als die Phase des unmittelbaren Eintrittsgeschehens bezeichnet. Hier ist es vor allem das Gefühl der Unsicherheit, das die Situation prägt. Um dem zu begegnen, lassen sich verschiedene Maßnahmen denken. Schanz führt u. a. auf:

- Schon vor Beginn der Tätigkeit kann man dem Bewerber Gelegenheit geben, Vorgesetzte und Arbeitskollegen kennen zu lernen, wünschenswerterweise auch schon den Arbeitsplatz. Ein Einweisungsgespräch ist in jedem Falle erforderlich, aber dieses kann vorverlegt werden, z. B. auf den Zeitpunkt der Vertragsunterzeichnung.
- Nach Abschluss des Arbeitsvertrages kann man dem neuen Mitarbeiter die in vielen Unternehmungen zusammengestellten Handbücher mit Informationen über die Organisation sowie über Führungsgrundsätze etc. übergeben.

[1] *Vgl. Schanz, G.: Personalwirtschaftslehre, München, 2000, S. 399 ff.*

- In großen Unternehmungen finden zum Zeitpunkt des Eintritts von mehreren neuen Mitarbeitern Einführungsseminare zu festgelegten Terminen statt.

- Zum Zeitpunkt des Eintritts sollte ebenfalls der evtl. vorgesehene „Pate" seine intensive Betreuung aufnehmen.

Das Eintrittsgeschehen stellt eine zeitlich sehr begrenzte Phase dar.

6.3.3 Der Eingliederungsprozess

- In dieser Phase geht es vor allem
  - um den Aufbau und die Festigung neuer sozialer Beziehungen,
  - die Übernahme der vorherrschenden Werte,
  - das Lernen neuer Verhaltensweisen,
  - um die Entwicklung eines neuen Selbstbildes sowie
  - um die fachliche Integration.

Inhalte der Eingliederung

Es versteht sich von selbst, dass die sozialen Ziele nicht kurzfristig erreichbar sind und auch mit dem Ablauf der Probezeit nicht erreicht sein können. Zum Zeitpunkt der festen Anstellung sollte allerdings für beide Vertragsparteien feststehen, dass die Zielerreichung möglich ist.

Hilfen durch Paten

- Der **Pate** hat, wenn diese Einrichtung geschaffen wurde, die Aufgabe, den neuen Mitarbeiter
  - über seinen Arbeitsplatz, dessen Umfeld und dessen Eingliederung in das große Ganze zu informieren,
  - in die Arbeitsgruppe einzuführen und
  - die ungeschriebenen Gesetze und informellen Eigenheiten in seinem sozialen Umfeld zu vermitteln.

Die Aufgabe des Paten kann mit der Aufgabe eines Mentors gleichgesetzt werden.

Hilfen durch den Vorgesetzten

- Die **Aufgabe des Vorgesetzten** ist in der Eingliederungsphase vor allem darin zu sehen, dass er gewissermaßen das notwendige **Feedback** repräsentiert. Der neue Mitarbeiter muss durch ihn erfahren, ob
  - er seine Arbeit richtig angelegt hat,
  - das Arbeitsmaß den Erwartungen entspricht und
  - ob sein soziales Verhalten akzeptiert wird.

  Hinzu kommt das besondere Problem, für den neuen Mitarbeiter zwischen Anpassung an das Bestehende und Veränderungen im Sinne von Verbesserungen das richtige Maß zu finden. Auch hier kann das Gespräch mit dem Vorgesetzten die notwendige Rückkoppelung geben.

Hilfen durch die Personalabteilung

- Die **Aufgabe der Personalabteilung** wird darin gesehen, für das neue Mitglied der Organisation eine **Anlaufstelle** in besonderen Situationen zu sein. Sie ist jedoch in erster Linie für die organisatorische Abwicklung zuständig. So sorgt sie dafür, dass der Mitarbeiter sämtliche wichtigen Informationen erhält, wie beispielsweise seine Zugangsdaten für den Arbeitsplatzrechner.

6.4 Die Aufgabe des Vorgesetzten

Der Vorgesetzte hat besonders in der zweiten Phase zwei herausragende Aufgaben. Ihm obliegt einerseits das **Einführungsgespräch**, andererseits das Erstellen, Übermitteln und Kontrollieren des **Einarbeitungsprogramms**.

Gestaltung und Inhalt des Einführungsgesprächs

- Zur **Gestaltung** und zum **Inhalt** des **Einführungsgesprächs** führt Kieser[1] folgende Punkte auf:
  - Begrüßen Sie den neuen Mitarbeiter herzlich und bringen Sie ihm Interesse entgegen.
  - Ermutigen Sie ihn, Fragen zu stellen, wann immer er Probleme in der Einarbeitung hat.
  - Vermitteln Sie ihm einen Überblick über das Unternehmen, seine Geschichte, seine Strategie und vor allem über die Grundprinzipien der Führung.
  - Zeigen Sie ihm auf, welche Bedeutung seine Stelle für die Abteilung und welche Bedeutung die Abteilung für das Unternehmen hat.
  - Erklären Sie ihm seine Aufgabe in groben Zügen.
  - Stellen Sie ihm seine Kollegen und eventuell auch Ihren Vorgesetzten vor. Dabei sollten Sie den neuen Mitarbeiter ermutigen, den Kollegen jederzeit Fragen zu stellen, und die Kollegen verpflichten, diese Fragen auch zu beantworten. (In einem Unternehmen werden die neuen Mitarbeiter angehalten, jeden beliebigen Kollegen aus der Abteilung in einem längeren Interview über alle Aspekte seiner Arbeit zu befragen. Alle Mitglieder sind verpflichtet, sich zu solchen Interviews zur Verfügung zu stellen.)
  - Übertragen Sie ihm zum Abschluss des Gesprächs eine erste sinnvolle Aufgabe, die den neuen Mitarbeiter nicht unterfordert.

Strukturen des Einarbeitungsprogramms

- Das **Einarbeitungsprogramm** weist folgende Strukturen auf:
  1. Die Arbeit wird in Teilaufgaben zerlegt.
  2. Es wird festgelegt, in welcher Reihenfolge die Teilaufgaben zu übernehmen sind.
  3. Der Zeitbedarf für die jeweiligen Aufgaben wird abgestimmt.
  4. Für jede Teilaufgabe sind klare Kriterien auszuarbeiten, an denen gemessen werden kann, ob die Aufgaben beherrscht werden.
  5. Wenn sich zeigt, dass zusätzliche Qualifikationen nötig sind, wird in einem ausführlichen Feedbackgespräch ermittelt und vereinbart, wo und wann diese erworben werden sollen.

Feedback-Funktion

- In der 3. Phase kommt dem Vorgesetzten, wie schon dargestellt, vor allem eine Feedback-Funktion zu. Durch die möglichen und vielfältigen Rückkoppelungen erfährt der neue Mitarbeiter sozusagen, ob er den erwarteten Kurs einhält. Durch ein positives Feedback wird richtiges Verhalten verstärkt. Gegenüber Fehlern sollte – besonders am Anfang – Toleranz geübt werden, um den neuen Mitarbeiter nicht in eine zurückhaltende bzw. ängstliche Position oder gar in eine Abwehrposition zu drängen. Anregungen zur anderen oder besseren Gestaltung der Arbeit tragen dazu bei, dass der neue Mitarbeiter die Arbeit zu seinem Anliegen macht.

Im Rahmen von Führungsseminaren wird gelegentlich nach aktuellen Themen gesucht. Ein nützliches Thema wäre z. B. im Rollenspiel die Situation „Eingliederung" zu üben.

---

[1] *Vgl. Kieser, A.: Einarbeitung neuer Mitarbeiter, in: Rosenstiel, L. von, (Hrsg.): Führung von Mitarbeitern, Stuttgart, 2003, S. 188.*

6.5 Strategien der Mitarbeitereinführung

Das praktizierte Einführungsverhalten einer Unternehmung bzw. der Vorgesetzten weist ein sehr breites Spektrum auf und folgt unterschiedlichen Strategien.

Zu den häufig negativ erlebten Strategien rechnet man die nachfolgenden drei:

Negativ zu bewertende Einführungsstrategien

- Bei der **Schonstrategie** wird der neue Mitarbeiter zu wenig beansprucht und die Zeitvorgaben sind zu großzügig. Bei dieser Strategie hat der Mitarbeiter keine Gelegenheit, sich zu bewähren und Selbstbewusstsein zu entwickeln.

- Bei der **„Wirf-ins-kalte-Wasser"-Strategie** liegt das Gegenteil vor. Die Aufgaben sind schwierig, die Verantwortung ist groß, die Unterstützung gering. Diese Strategie ist meistens auch nicht motivierend, weil sich all zu leicht Fehler einschleichen und das Selbstbewusstsein dadurch negativ beeinflusst wird.

- Bei der **Entwurzelungsstrategie** wird vom Mitarbeiter verlangt, dass er sich schnell emotional von der mitgebrachten Kultur und Denkweise der Organisation, in der er vorher war, löst. Er wird zudem mit Aufgaben betraut, die schwierig und daher kaum zu lösen sind. Der neue Mitarbeiter wird bewusst überfordert und dadurch verunsichert.[1]

Konzeptionell angelegte Einführungsstrategien

Zu den **konzeptionell durchdachten Personaleinführungsstrategien** rechnet man die folgenden drei Strategien:

- Die **integrative Einführungsstrategie** umfasst
  - die wirklichkeitsnahe Information durch Gespräche, Besichtigungen, Filme usw.
  - die Übermittlung von Informationsbroschüren,
  - das Patensystem,
  - die Handhabung von Checklisten sowie
  - die Durchführung eines Einführungsseminars.

- Eine durchaus praktikable Einführungsstrategie lässt sich als **„Mitlaufenlassen"** bezeichnen. Der neue Mitarbeiter erlebt die Art der Aufgabenlösung durch einen eingeführten Mitarbeiter, der ihm sozusagen als Vorbild dient (Shadowing).

- Für Führungsnachwuchs hat sich noch eine spezielle konzeptionelle Einführungs- und Ausbildungsstrategie entwickelt, nämlich das so genannte **Trainee-Programm**. Berufsunerfahrenen Akademikern wird durch ein systematisch geplantes, organisiertes und didaktisch strukturiertes Programm von 6 bis 24 Monaten der Übergang von der theoretischen Hochschulausbildung zu den Anforderungen der Praxis erleichtert.

---

[1] *Vgl. Becker, M.: Personalentwicklung, Bad Homburg vor der Höhe, 209, S. 477.*

A Aufgaben

1. Ordnen Sie die einzelnen Angaben aus der Checkliste den Einführungsphasen nach Schanz (Abschnitt 6.3) zu. Prüfen Sie, ob die Phasen in gleicher Weise berücksichtigt werden.

2. In der Literatur findet man die Auffassung, dass Unterforderung des neuen Mitarbeiters sich weit schlechter auswirkt als Überforderung. Nennen Sie Gründe, die diese Auffassung stützen.

3. „Eingestellt und vergessen". Was könnte mit dieser provokativen Wortwahl beabsichtigt sein?

4. Wie erklären Sie, dass manche Mitarbeiter, die aus stark verschulten Ausbildungen kommen, die Einführung in den Betrieb als Praxisschock empfinden? Welche Maßnahmen, die einen solchen Praxisschock verhindern, schlagen Sie vor?

5. In einer amerikanischen Untersuchung wurde festgestellt, dass von den Mitarbeitern, die innerhalb eines Jahres gekündigt haben, 80 % den Entschluss schon am 1. Tag ihrer Betriebszugehörigkeit gefasst haben. Führen Sie Gründe auf, die diesen hohen Prozentsatz verständlich machen.

6. Erinnern Sie sich an die Personaleinführung, die Sie selbst erlebt haben. Erläutern Sie Ablauf und Verfahren Ihrer eigenen Personaleinführung. Stellen Sie dar, was Sie heute als Personalverantwortlicher anders machen würden.

7. Versetzen Sie sich in die Situation, dass Sie einen neuen Mitarbeiter auf Ihrem Arbeitsplatz einweisen sollen. Für die Einweisung steht Ihnen ein halber Tag zur Verfügung.

   Fertigen Sie für sich selbst ein Konzept zur Gestaltung der Einführung an. Simulieren Sie zusammen mit Kollegen, Mitstudierenden oder Bekannten ein Rollenspiel für die ersten 10 Minuten der Begegnung mit dem „Neuen". Sie brauchen als Partner den „Neuen" und eine zweite Person als Beobachter.

8. Die Recherchen zum Problem der Mitarbeitereinführung zeigen in einem Unternehmen mit ca. 2 000 Mitarbeitern folgendes Bild:

   a) Die Fluktuationsrate beträgt ca. 6 % (120 Mitarbeiter) jährlich.

   b) Ca. 50 % der 120 Mitarbeiter kündigt innerhalb der ersten 10 Monate.

   c) Das Durchschnittseinkommen eines Mitarbeiters beträgt 2 600,00 EUR monatlich. (Die AT-Gehälter sind in der Statistik nicht berücksichtigt.)

   Die Unternehmensleitung möchte sich ein Bild von den durch diese Situation bedingten Kosten machen. Sie hat übrigens eine Beratungsgesellschaft hinzugezogen, die in ihrem Angebot davon spricht, die Rate von 50 % „früher Kündigungen" mit ihren Instrumenten auf 35 % senken zu können. Für die Unternehmensleitung stellt sich dadurch die Entscheidung, ob sich die Beratungskosten lohnen. Das lässt sich aber erst entscheiden, wenn Ihre Projektgruppe einen Kostenüberblick vorgelegt hat.

Die Aufgabe der Projektgruppe besteht darin, aufgrund der Situation die Projektaufgabe selbst zu definieren, die Untersuchungsfelder festzulegen, sich die Zahlen und andere Materialien an geeigneter Stelle zu beschaffen, das Projekt zu gestalten und eine angemessene Präsentation vorzubereiten.

Kosten pro Rekrutierung
(Cost per Hire)

Formel: Gesamte Rekrutierungskosten (+ 10 % als Verwaltungskostenanteil) geteilt durch die Anzahl der Neueinstellungen

Definition: Die gesamten Rekrutierungskosten beinhalten:

- die Beträge, die für das Schalten von Anzeigen aufgewendet werden
- Gebühren für Personalberater, die nach geeigneten Mitarbeitern suchen
- Reisekosten, die Bewerbern erstattet werden
- Aufwendungen für eventuelle Umzüge der neuen Mitarbeiter, Beschaffung von Wohnraum, Maklercourtagen
- Mietübernahmen durch das Unternehmen für temporären Wohnraum
- Vergütung der Mitarbeiter, welche die Bewerbungsgespräche durchführen

Die gesamten Rekrutierungskosten beinhalten nicht:

- Bonuszahlungen bei Vertragsabschluss an den neuen Mitarbeiter
- Verwaltungskosten
- Kosten durch Outsourcing Partner

Zusagerate
(Acceptance Rate)

Formel: Anzahl der Zusagen geteilt durch die Gesamtzahl der ausgesprochenen Angebote

Quelle: Sand, T./HRmatic: HR-Kennzahlen – Kriterien von Benchmarks inkl. der Definitionen, 14.02.2012, http://www.hrmatic.com/fileadmin/template/Downloads/HR_Kennzahlen_Benchmarking.pdf

B Methodische Empfehlungen

◆ Erstellen von Konzepten

Hinführung zum Thema

Im betrieblichen Handlungsablauf treten immer wieder Probleme auf, die einer systematischen Bearbeitung bedürfen. Die Aufforderungen an den jungen Mitarbeiter erfolgen in unterschiedlichen Formen („... beschäftigen Sie sich mal mit...“, „... machen Sie sich mal ein paar Gedanken zu...“, „... tragen Sie morgen mal vor...“), aber erwartet wird fast immer ein Konzept.

Unter einem Konzept versteht man die gedankliche Vorwegnahme einer Problemlösung unter angemessener Beachtung der die Lösung beeinflussenden Faktoren.

Typische Situationen sind:

- Der vermehrte Eingang von Mängelrügen lässt auf eine Schwachstelle in der Qualitätskontrolle schließen.
- Die Umsätze bleiben in einem Verkaufsgebiet hinter den Erwartungen zurück.
- Bei der Auswertung der Abgangsinterviews stößt man auf den Führungsstil in der Fertigung als Hauptursache der Kündigungen.
- Der Betriebsrat schlägt im Rahmen einer Budget-Umstrukturierung die Einrichtung einer Kantine vor.
- Die Kündigungen von neu eingestellten Mitarbeitern sind deutlich höher als der Belegschaftsdurchschnitt.
- Als Grund für überproportional höhere Fehlzeiten ausländischer Mitarbeiter in den ersten 6 Monaten ihrer Betriebszugehörigkeit wird „Behördengang" ermittelt.

Natürlich stößt man auch selbst auf eine ungeklärte Frage, die eine systematische Beantwortung verlangt.

Welche Gesichtspunkte sind bei einer Konzepterstellung zu beachten?

1. Konzeptplanung

1.1 Wie heißt der Auftrag präzise?
= **Auftragspräzisierung mit Zielpräzisierung**

1.2 Was soll durch Vorlage eines Konzepts/durch Vortrag eines Konzepts erreicht werden? Wofür wird das Konzept verwendet?
= **Interessenlage**

1.3 Welche Kernfragen sind demgemäß zu stellen und zu beantworten? Wie stellen sich die Zusammenhänge und deren Verknüpfung dar?
= **Identifizierung der Problemfelder**

1.4 Welche Personen sind an der **Erstellung** des Konzeptes unmittelbar und mittelbar **beteiligt**?
- unmittelbar Beteiligte
- mittelbar Beteiligte

1.5 Welche **Personen** sind von der **Realisation** des Projektes unmittelbar und mittelbar betroffen?
- unmittelbar Betroffene
- mittelbar Betroffene

Beispiel zu 1.
Welche Ursachen lassen sich für die überproportional hohen Fehlzeiten ausländischer Mitarbeiter für Behördengänge in den ersten 6 Monaten ihrer Betriebszugehörigkeit erkennen? Durch welche Maßnahmen ist das Problem zu lösen?

zu 2.
Das Konzept dient als Grundlage eines Gesprächs mit dem Betriebsrat und zur speziellen Gestaltung entsprechender Maßnahmen, gleichzeitig auch zur Information der zuständigen Abteilungsleiter.

zu 3.
a) Welche Ursachen gibt es für die häufigen Fehlzeiten?
b) Sind Hilfestellungen durch die Unternehmung möglich?

zu 4.
Abteilungsleiter Personal, Abteilungsleiter der betroffenen Abteilungen, Betriebsrat, Obmann für die ausländischen Mitarbeiter; extern: ein Vertreter der Stadtverwaltung

zu 5.
Die neu eingestellten ausländischen Mitarbeiter; Behördenleiter; die noch als Paten zu rekrutierenden Mitarbeiter.

2. Konzepterstellung

2.1 Materialbeschaffung

Eventuell lässt sich Material zur Problemsituation bzw. zu Lösungsansätzen besorgen.

Beispiel Originalunterlagen zur Begründung von Fehlzeiten, Ämteröffnungszeiten der Stadtverwaltung, Verkehrspläne; evtl. sind auch Befragungen/Stichprobenbefragungen angebracht.

2.2 Gliederung des Konzeptes

Die Gliederung orientiert sich in der Regel an den identifizierten Problemfeldern. Die Problemfelder müssen vollständig erfasst werden.

Beispiel
- Anzahl der Fehlzeiten pro Person einschließlich Ermittlung der Streubreite
- aufgesuchte Behörden und Gründe für den Behördengang, insbesondere die Gründe für Wiederholungsbesuche (Unvollständigkeit der Unterlagen, Behörde nicht gefunden bzw. zu spät erreicht, Sprachprobleme etc.)
- Wege zur Lösung des Problems (Bereitstellung von Unterlagen über Sitz der Behörden, Öffnungszeiten, Verkehrsverbindungen, Dolmetscher, Beratung im Betrieb)

2.3 Umfang des Konzeptes

Die Entscheidung über den Umfang der Ausführungen hängt sehr stark von der Art der Darstellung ab.

3. Konzeptdarstellung

Hier stellt sich die Frage, ob ein schriftliches Konzept vorzulegen ist, ob Vortrag bzw. Präsentation angebracht sind oder ob Vortrag mit Tischvorlage vorgesehen (und vorbereitet) werden soll. Die Art der Darstellung richtet sich auch danach, ob mehrere Konzepte gleichzeitig vorgestellt werden.

4. Konzeptkontrolle

4.1 Schlüssigkeits- und Vollständigkeitskontrolle

Der Konzeptentwerfer befasst sich vor der Präsentation mit den Schwachstellen seiner Ermittlungen bzw. des Konzeptes selber. Dabei ist insbesondere auf Plausibilität und Vollständigkeit zu achten. Vorausdenkend ist ebenfalls zu klären, welche nicht aufgenommenen Fragekomplexe die Leser/die Zuhörer noch interessieren werden.

4.2 Umsetzungskontrolle

Sofern ein Konzept die Grundlage einer Handlung darstellt, ist zu klären, ob das Konzept realistischerweise umsetzbar ist. Für die Umsetzung sind ebenfalls Schwachstellen zu ermitteln und ggf. ist für Abhilfe zu sorgen.

C Literatur

Bartscher, T.; Huber, A.: Praktische Personalwirtschaft: Eine praxisorientierte Einführung, Wiesbaden, 2007.

Becker, M.: Personalentwicklung, Bad Homburg von der Höhe, 2009.

Berthel, J.; Becker, F. G.: Personal-Management – Grundzüge für Konzeptionen betrieblicher Personalarbeit, Stuttgart, 2010.

Hentze, J.: Personalwirtschaftslehre 1, Bern/Stuttgart, 2001.

Kieser, A.: Einarbeitung neuer Mitarbeiter, in: Rosenstiel, Lutz von (Hrsg.): Führung von Mitarbeitern, Stuttgart, 2003, Seite.

Schanz, G.: Personalwirtschaftslehre, München, 2000.

Verfürth, C.: Einarbeitung, Integration und Anlernen neuer Mitarbeiter, in: Bröckermann, R. (Hrsg.): Handbuch Personalentwicklung, Stuttgart, 2010.

7 Personal effizient einsetzen

Wie sollen vorhandene Mitarbeiter entsprechend ihrer Anzahl (quantitativ) und ihrer Qualifikation (qualitativ) am effizientesten eingesetzt werden?

Unter den Mitarbeitern einer mittelgroßen Unternehmung im Maschinenbau wird seit einigen Monaten über flexible Arbeitszeiten diskutiert. Die Informationen sind bisher eher zufällig und stammen teils auch aus anderen Branchen.
Der Betriebsrat will jetzt die Initiative ergreifen. Bevor er jedoch von seinem Initiativrecht (§ 87 Betr.VG) Gebrauch macht, will er die Interessenlage der Belegschaft ermitteln.
Auf der Grundlage der gebündelten, möglicherweise aber auch differenzierten, Interessenlage soll ein Modell erarbeitet und der Geschäftsleitung vorgeschlagen werden.
Der Betriebsrat ist sich darüber im Klaren, dass bei einem Vorschlag die Unternehmensperspektive angemessen berücksichtigt werden muss, wobei betriebliche Notwendigkeiten und Kostengesichtspunkte im Vordergrund stehen.
Ihre Aufgabe besteht zunächst darin, mögliche Modelle kennen zu lernen sowie die Vor- und Nachteile darzustellen.

7.1 Bedingungsfaktoren des Personaleinsatzes

Personaleinsatz umfasst die Zuordnung der in der Unternehmung verfügbaren **Personen** zu den in der Unternehmung zu leistenden Aufgaben.

Ziel

Ziel eines optimalen Personaleinsatzes ist die **Sicherung der Betriebstätigkeit.** Bei der Gestaltung sind die zahlreichen einschlägigen **gesetzlichen Bestimmungen** zu berücksichtigen. Zugleich soll erreicht werden, dass die **Mitarbeiter** mit ihrem Einsatz **zufrieden** sind.

Die nach quantitativen und qualitativen Gesichtspunkten zu differenzierenden Aufgaben sind in der Unternehmung auf **Stellen** verteilt.

Dabei werden die Stellen so „geschnitten“, dass die zur Verfügung stehenden oder evtl. noch einzustellenden Personen die anfallenden Aufgaben erfüllen können. Möglicherweise notwendig werdende Maßnahmen der Personalentwicklung bleiben zunächst unberücksichtigt.

7.1.1 Die Stelle als Bedingungsfaktor

Merkmale einer Stelle

Eine Stelle ist durch folgende Merkmale gekennzeichnet:

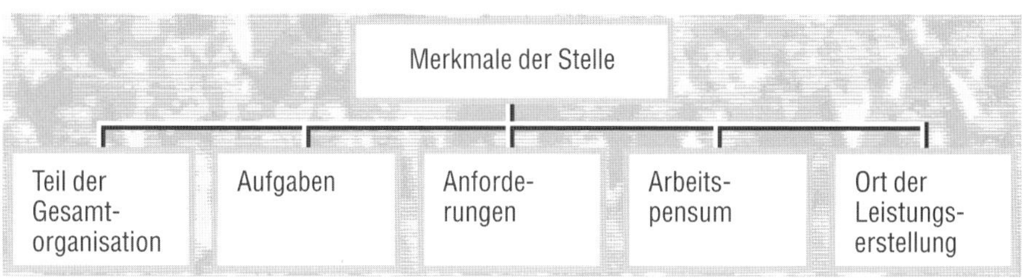

Abb. 7-1

1. Die Stelle ist **Teil der Gesamtorganisation.** Eine Stelle ist die kleinste organisatorische Einheit in der Aufbauorganisation. Sie ist in die Aufbauorganisation und in das Weisungssystem der Unternehmung eingebunden. Das Weisungssystem wird gewöhnlich mit der betrieblichen Hierarchie gleichgesetzt.

2. Der Stelle sind **bestimmte Aufgaben** zugeschrieben. Auf jeder Stelle sind bestimmte Aufgaben als Teile der Gesamtaufgabe zu leisten. Bei den Teilen kann es sich um höchst spezialisierte, aber auch um globale Aufgaben handeln. Eine Bedingung für die Stellenbildung besteht darin, dass eine Person als Stelleninhaber die vorgesehenen Aufgaben **erfüllen** kann.

   Beispiel für eine spezialisierte Aufgabe:
   Verkauf von Damenoberbekleidung innerhalb eines Warenhauses. Die Mitarbeiterin wird nicht als allgemeine Verkaufskraft eingestellt.

   Die Aufgaben einer Stelle können auch aus Führungsaufgaben bestehen.

3. Zur Aufgabenbewältigung sind **Anforderungsprofile** an den Stelleninhaber aufgelistet. Vom Stelleninhaber werden z. B. bestimmte Fähigkeiten, Fertigkeiten und Kenntnisse, aber auch ein bestimmtes Führungsverhalten erwartet.

4. Für die Stelle wird ein **bestimmtes Arbeitspensum** (Zeitrahmen) festgelegt. Beispielsweise wird eine volle Stelle oder eine halbe Stelle vorgesehen.

5. Die Stelle ist als **Ort der Leistungserstellung** gekennzeichnet.

   Beispiel Kaufhaus, Hohe Straße 41, zzt. 3. Stock, Aufzug und Rolltreppe sind vorhanden. Obwohl der Ort der Leistungsabgabe selten bzw. nur bei Niederlassungen in den Stellenbeschreibungen genannt wird, muss er aber als Bestandteil einer Stelle verstanden werden, weil der Ort schließlich für den Mitarbeiter erreichbar sein muss. Der Hinweis auf Aufzug und Rolltreppe ist wichtig, weil dieser Leistungsort auch für einen behinderten Mitarbeiter erreichbar ist.

7.1.2 Eignung und Erwartungshaltung der einzusetzenden Personen als Bedingungsfaktor

Für die Zuordnung der Personen zu den Stellen bzw. Aufgaben spielen unterschiedliche Gesichtspunkte eine Rolle:

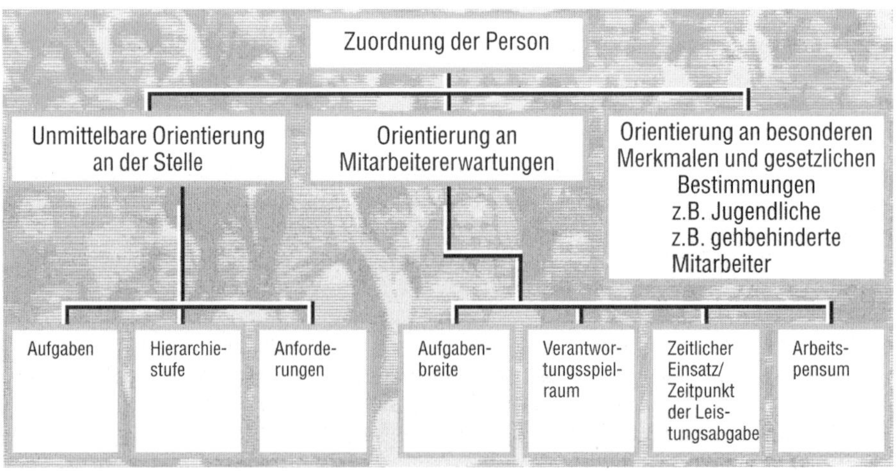

Abb. 7-2

Zuordnungskriterien

(1) Unmittelbare Orientierung an der Stelle

- **Aufgaben, Hierarchiestufe und Anforderungen**
  Eignet sich die zuzuordnende Person für die vorgesehenen Aufgaben und die Hierarchiestufe? Erfüllt die Person die diesbezüglichen Anforderungen der Stelle?

- **Arbeitspensum und Ort der Leistungsabgabe**
  Ist mit der zuzuordnenden Person ein Vertrag geschlossen, der dem Arbeitspensum und der Örtlichkeit der Stelle entspricht?

(2) Orientierung an Mitarbeitererwartungen

- Ist die für den Mitarbeiter bisher vorgesehene **Aufgabenbreite** bzw. ist der **Verantwortungsspielraum** so gestaltet, dass dauerhafte Arbeitszufriedenheit erwartet werden kann?

- Gibt es seitens der Mitarbeiter Erwartungen im Hinblick auf den Zeitpunkt der Leistungsabgabe? Dabei geht es z. B. um die Frage der Gleitzeit.

- Welche Erwartungen bezüglich des Arbeitspensums gibt es? Werden z. B. seitens der Mitarbeiter 2/3-Stellen gewünscht?

(3) Orientierung an Mitarbeitergruppen und Berücksichtigung gesetzlicher Bestimmungen

Liegt eine Zugehörigkeit der betreffenden Mitglieder zu einer **Gruppe** vor, die der **besonderen Fürsorge** bedürfen? Dabei sind besonders jugendliche, ausländische, ältere und behinderte Mitarbeiter zu berücksichtigen, aber beispielsweise auch kranke Mitarbeiter.

Zusammenfassung

Mit der Definition von Personaleinsatz nach Hentze lässt sich der Umfang der Aufgabe erkennen:

Begriff

„Der Personaleinsatz umfasst die Zuordnung der im Betrieb verfügbaren Personen zu den zu erfüllenden Aufgaben (bzw. Arbeitsplätzen) in quantitativer, qualitativer, zeitlicher und örtlicher Hinsicht, so dass die erforderlichen Personen ihrer Eignung entsprechend eingesetzt werden und die Durchführung aller Betriebsaufgaben möglichst termin-, qualitäts- und mengengerecht unter gleichzeitiger optimaler (im Hinblick auf die Sach- und Formalziele der Unternehmung) Ausnutzung der Betriebsmittel in der verfügbaren Arbeitszeit effizient erreicht wird." (Quelle: Hentze, J.; Kammel, A.: Personalwirtschaftslehre 1, Stuttgart, 2001, S. 425)

Abgrenzungen

Unter Personaleinsatz wird nicht die Gestaltung des Arbeitsplatzes (vgl. Kap. 8) und auch nicht die Personalentwicklung (vgl. Kap. 13) abgehandelt.

In den folgenden Ausführungen soll **vor allem** der Personaleinsatz als eine Planungsaufgabe dargestellt werden, die weitgehend mit Daten arbeitet, d. h. mit Vorgaben aus der Organisationsstruktur der Unternehmung, aus den bestehenden Arbeitsverträgen und aus den rechtlichen Bestimmungen. Dabei ist natürlich auf neuere Formen des flexiblen Personaleinsatzes und der Vertragsgestaltung einzugehen. Schließlich unterliegen sowohl die Anforderungen der Stelle als auch die Fähigkeiten und Erwartungen der Mitarbeiter den dynamischen Prozessen der Wirtschaft.

7.2 Die Arbeitszeit

7.2.1 Arbeitszeit- und Pausenregelungen

◆ **Gesetzliche Vorgaben**

Rechtsquellen

Die wichtigsten Gesetze zur Regelung von Arbeitszeit und Pausen sind das Arbeitszeitgesetz, die Gewerbeordnung, das Jugendarbeitsschutzgesetz und das Mutterschutzgesetz. Das **Arbeitszeitgesetz (ArbZG)** gilt für den überwiegenden Teil der Arbeitnehmer. Es gilt aber z. B. nicht für leitende Angestellte sowie Beschäftigte im öffentlichen Dienst (Anpassungen sind nach § 7,5 vorzunehmen), der Luftfahrt und der Binnenschiffahrt.

Arbeitszeitgesetz mit definitiven Vorgaben

Als Zweck des Arbeitszeitgesetzes nennt der Gesetzgeber (§ 1)

- die Sicherheit und den Gesundheitsschutz der Arbeitnehmer bei der Arbeitszeitgestaltung zu gewähren,
- die Rahmenbedingungen für flexible Arbeitszeiten zu verbessern,
- den Sonntag und die staatlich anerkannten Feiertage als Tage der Arbeitsruhe und der seelischen Erhebung der Arbeitnehmer zu schützen.

Das Arbeitszeitgesetz regelt

- den Kreis der durch dieses Gesetz Betroffenen
  Arbeitnehmer im Sinne dieses Gesetzes sind Arbeiter und Angestellte sowie die zu ihrer Berufsbildung Beschäftigten (§ 2,2).
- den Begriff Nachtzeit und der Nachtarbeit
  „Nachtzeit im Sinne dieses Gesetzes ist die Zeit von 23 bis 6 Uhr.“ (§ 2,3)
  Nachtarbeit ist Arbeit von mehr als zwei Stunden in der Nachtzeit (§ 2,4).
- die Höchstdauer der werktäglichen Arbeitszeit
  „Die werktägliche Arbeitszeit der Arbeitnehmer darf acht Stunden nicht überschreiten. Sie kann auf bis zu zehn Stunden nur verlängert werden, wenn innerhalb von sechs Kalendermonaten oder innerhalb von 24 Wochen im Durchschnitt acht Stunden nicht überschritten werden.“ (§ 3)
  Für Nacht- und Schichtarbeit ist die Ausgleichszeit eingeschränkt (§ 6,2), für Arbeit mit einem erheblichen Anteil an Arbeitsbereitschaft erweitert (§ 7,1).
- die Ruhepausen
  „Die Arbeit ist durch im voraus feststehende Ruhepausen von mindestens 30 Minuten bei einer Arbeitszeit von mehr als sechs bis zu neun Stunden und 45 Minuten bei einer Arbeitszeit von mehr als neun Stunden insgesamt zu unterbrechen. Die Ruhepausen nach Satz 1 können in Zeitabschnitten von jeweils 15 Minuten aufgeteilt werden. Länger als sechs Stunden hintereinander dürfen Arbeitnehmer nicht ohne Ruhepausen beschäftigt werden.“ (§ 4)
  In Schichtbetrieben und Verkehrsbetrieben sind kürzere Pausen möglich (§ 7,2).
- die Ruhezeit
  „Arbeitnehmer müssen nach Beendigung der täglichen Arbeitszeit eine ununterbrochene Ruhezeit von mindestens elf Stunden haben.“ (§ 5,1)
  Ausnahmen gelten für Krankenhäuser, Gaststätten, Verkehrsbetriebe, beim Rundfunk, in der Landwirtschaft und in der Tierhaltung sowie nach EG-Recht für Kraftfahrer und Beifahrer (§ 5,2 – 4).
- die Nacht- und Schichtarbeit
  § 6 enthält spezielle Schutzvorschriften.

- die Sonn- und Feiertagsruhe
  „Arbeitnehmer dürfen an Sonn- und gesetzlichen Feiertagen von 0 bis 24 Uhr nicht beschäftigt werden." (§ 9,1)
  Bei Schichtarbeit sind sechsstündige Vor- und Rückverlegungen der Sonn- und Feiertagsruhe möglich, bei Kraftfahrern und Beifahrern zweistündige Vorverlegungen (§ 9,2 und 3).
  § 10 enthält sechzehn Ausnahmeregelungen.

Arbeitspraktische Aspekte des Personaleinsatzes

◆ **Arbeitspraktische Aspekte**

Zu dem Zeitpunkt, zu dem der Arbeitnehmer seine **Arbeitsleistung am Arbeitsplatz** zur Verfügung stellt, beginnt die tägliche Arbeitszeit. Sie endet, wenn er das nicht mehr tut. **Ruhepausen** stellen eine Unterbrechung der Arbeitszeit dar. Sie werden grundsätzlich nicht bezahlt, wiewohl es Ausnahmeregelungen gibt.

Erholungspausen sind Ruhepausen, sie dienen der Erholung. Länge und Lage der Pause innerhalb der Arbeitszeit muss so bemessen sein, dass sie sinnvoll ist und einen Ausgleich zur Belastung durch die Arbeit möglich macht. Die Pause ist dann lohnend, wenn sich die Erholungswirkung in guter Arbeitsqualität niederschlägt. Die Pausenlänge bietet dann einen Anreiz, wenn sie der Motivation zur besseren Leistung dient. Bei gleitender Arbeitszeit sind auch gleitende Pausenzeiten sinnvoll. Kann der Mitarbeiter auch die Pausenlängen beeinflussen, kommt dies seinem Unabhängigkeitsbedürfnis entgegen.

Ein betriebliches Problem entsteht immer dann, wenn der betriebliche Ablauf nicht unterbrochen werden kann. Das ist z. B. der Fall bei

- einem fortlaufenden Produktionsvorgang (Chemie, Hochofen),
- bei durchgehenden Öffnungszeiten im Handel,
- einem aus der Sache heraus nicht unterbrechbarem Angebot bestimmter Dienstleistungen (Eisenbahn)
- oder bei Schiffen, Eisenbahnen und Flugzeugen im längeren Einsatz.

In allen diesen Fällen werden die Ruhepausen der beteiligten Mitarbeiter gestaffelt, sodass der Betrieb weitergehen kann.

7.2.2 Arbeitszeitvariationen – Modelle und Bedingungen

Modelle des zeitlichen Einsatzes

Wenn die Arbeitszeit für Mitarbeiter hinsichtlich des Zeitpunktes der Leistungsabgabe festliegt, spricht man von starren Arbeitszeiten. Andererseits gibt es eine Fülle von **Variationsmodellen**. Sie sind abhängig von verschiedenen Faktoren. Die wichtigsten beziehen sich auf die vertraglich vereinbarte Arbeitszeit (z. B. 41 oder 20 Wochenarbeitsstunden), die Länge der Arbeitszeit an den Arbeitstagen oder Wochen (z. B. 8 Stunden täglich oder 2 x 8 Stunden + 1 x 4 Stunden) sowie den Beginn und das Ende der jeweiligen Arbeitszeit an den Arbeitstagen.

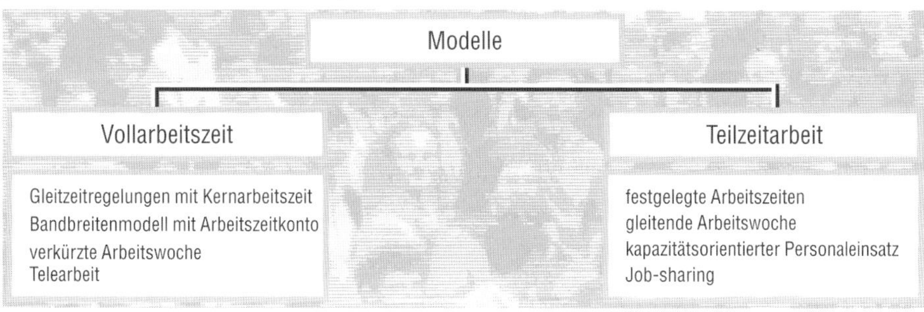

Abb. 7-3

Vollarbeitszeit

◆ Gestaltung der Leistungsabgabe bei Vollarbeitszeit

(1) Gleitzeitregelungen mit Kernarbeitszeit
bedeutet, dass der Arbeitnehmer gleitende Anfangs- und Endzeiten hat. Auch kann der Beginn sowie das Ende der Mittagspause variiert werden. Dem Arbeitnehmer wird des Weiteren die Möglichkeit gegeben, Überstundenzeiten auf andere Tage bzw. in die nächsten Wochen zu übertragen.

(2) Bandbreitenmodell mit Arbeitszeitkonto (Zeitwertkonto)
Die Standardarbeitszeit bildet einen Eckwert. Dieser kann vom Arbeitnehmer innerhalb einer bestimmten festgelegten Bandbreite über- oder unterschritten werden. Auch hierbei besteht die Möglichkeit, Überstundenzeiten bzw. Differenzzeiten zu der regulären Arbeitszeit auf folgende Wochen zu übertragen.

(3) Modell der verkürzten Arbeitswoche
Dieses Modell sieht vor, die reguläre Wochenarbeitszeit auf weniger Werktage, beispielsweise vier, zu verteilen.
Für den Arbeitnehmer bedeutet das eine hohe Belastung, es sei denn, er verringert seine Arbeitszeit. Das Interesse des Arbeitnehmers an einer „kurzen Woche" erklärt sich vor allem aus der Ersparnis an Wegezeiten.

Wenn die verkürzte Arbeitswoche so ausgelegt wird, dass die Betriebsarbeitszeit auf 4 Tage verkürzt wäre, ist das Modell bei den hohen Investitionskosten nicht vertretbar. An der Auslegung „4 Arbeitstage pro Mitarbeiter" besteht kaum Interesse, weil die damit verbundene Belastung als zu hoch angesehen wird, was die eventuelle Wegezeitenentlastung nicht aufwiegt.

Teilzeitarbeit

◆ Gestaltung der Leistungsabgabe bei Teilzeitarbeit

Für Arbeitgeber und Arbeitnehmer kann es interessant sein, ein verkürztes Arbeitspensum, also Teilzeitarbeit, zu vereinbaren. Bedingung ist, dass der Mitarbeiter länger als 6 Monate bei diesem Arbeitgeber beschäftigt ist und dieser mehr als 15 Mitarbeiter beschäftigt. Die Verkürzung der Arbeitszeit ist sechs Monate im Voraus zu beantragen. Daraus ergeben sich dann auch neue Aspekte hinsichtlich des Zeitpunktes der Leistungsabgabe.

Festgelegte Arbeitszeiten

(1) Festgelegte Arbeitszeiten
Wird die Arbeitszeit auf die Hälfte oder $2/3$ der Vollarbeitszeit verringert, so lässt sich regelmäßig morgendliche oder später einsetzende Arbeitszeit vereinbaren.
Eine andere Möglichkeit besteht darin, die Arbeitszeit auf die Werktage zu verteilen. So wird beispielsweise an 2 Tagen voll, am 3. Tag nur halbtags gearbeitet, wobei betriebsintern abgestimmt werden muss, ob der Vor- oder der Nachmittag gewählt wird. Die Werktage werden aber festgelegt.

Halboffene Lösungen

(2) Gleitende Arbeitswoche
Es wird z. B. die Hälfte der Arbeitszeit von 20 Stunden als Kernarbeitszeit festgelegt; für die zweite Hälfte erfolgt jeweils 10 Tage im Voraus eine individuelle Zeiteinteilung.

(3) Kapazitätsorientierter Personaleinsatz

Für die Woche, den Monat oder für das Quartal wird eine bestimmte Stundenzahl vereinbart. Nach einem speziellen Verfahren wird der Arbeitnehmer „einberufen“, und zwar immer dann, wenn der Betrieb das erfordert. Solche Vereinbarungen werden z. B. für Kassierertätigkeiten in Lebensmittelfilialgeschäften getroffen. Eine spezielle Variante hat die zusätzliche Bedingung, dass auch der Ort der Leistungsabgabe variabel ist. Beispielsweise arbeiten einzelne Fluggesellschaften bei Cateringskräften (Verpflegungsdienst) an Flughäfen nach diesem Prinzip.

Orientierung am Bedarf des Arbeitgebers

Beispiel Flughafen X ist wegen Nebel gesperrt. Die Cateringkräfte leisten ihren Dienst jetzt unter Berechnung der Wegezeiten am Flughafen Y.

(4) Jobsharing

Jobsharing

Ein Vollzeitarbeitsplatz wird auf zwei oder mehrere Job-sharing-Partner aufgeteilt. Üblicherweise werden die Arbeitsplätze halbtageweise besetzt. Es werden zwei Formen unterschieden, nämlich Job-pairing und Job-splitting. Bei Job-pairing ist von qualitativ gleichwertiger Arbeit auszugehen, eine wechselseitige Information ist nötig. Beim Job-splitting hingegen macht jeder Partner seine Arbeit zu seiner Zeit. Es ist keine Abstimmung nötig.

Während beim Job-splitting beide Arbeitsverträge unabhängig voneinander gekündigt werden können, sind sie beim Job-pairing miteinander gekoppelt und können auch nur gemeinsam gekündigt werden.

Teilzeitarbeitsplätze sind bei der gewerblichen Belegschaft nicht gefragt. Diese ist überwiegend männlich, und die Arbeiter können weder aus familiären Gründen noch aus Gründen der Alterssicherung auf den vollen Lohn verzichten. In der kaufmännischen Verwaltung und im technischen Büro gibt es allerdings Mitarbeiterinnen, die sich über die genauen Bedingungen eines Job-sharing informieren lassen wollen. Dabei kommen beide Ausprägungen in Betracht.

◆ **Arbeitszeitkonto (Zeitwertkonto)**

Konstruktion

Zur Flexibilisierung des Arbeitseinsatzes gehört die Einrichtung von Arbeitszeitkonten. Über ein ausrechenbares Soll (vereinbarte Arbeitszeit abzüglich Feiertage in der Woche und abzüglich anrechenbare Freistellungen) hinaus geleistete Arbeit wird dem Mitarbeiter gutgeschrieben. Entsprechend weniger als die Sollvorgabe geleistete Arbeit wird belastet. Die Erfassung erfolgt in der Regel elektronisch. Krankheit, Urlaub und Überstunden werden verrechnet.

- Arbeitszeitkonten bieten Unternehmen die Möglichkeit, flexibel auf Auftragsschwankungen zu reagieren. Mit dem kurzfristigen Gleitzeitkonto ist dies auf ein Jahr bezogen möglich.
- Zur praktischen Handhabung sind einige **Festlegungen** erforderlich. Dazu zählen vor allem:

Notwendige Festlegungen

(1) Wer bestimmt, ob Mehrarbeit geleistet werden soll oder kann?
(2) Bis zu welcher Höhe werden Guthaben angerechnet, bis zu welcher Höhe Belastungen hingenommen?
(3) Gibt es Zeitpunkte für den Kontenausgleich?

Beispiel
- Bis Monatsende ist „abzufeiern“ bzw. aufzuholen.
- Der Ausgleich ist am Jahresende herzustellen.
- Man kann Guthaben bis an das Ende seines Arbeitslebens ansparen. Dadurch wird die Lebensarbeitsleistung in einer kürzeren Zeitspanne untergebracht.

(4) Wie erfolgt die Ermittlung von Mehr- und Minderarbeit? Wie wird das Konto verwaltet?

Ampelkonto

- Ein Arbeitszeitkonto kann auch in Form eines sogenannten **„Ampelkontos"** geführt werden. Es enthält die drei Ampelzonen grün, gelb und rot.

  1. Zone (grün), z. B. bis 20 Stunden
     Diese Zone entspricht dem normalen Dispositionsrahmen des Mitarbeiters.
  2. Zone (gelb), z. B. 21 bis 30 Stunden
     Beim Überschreiten der grünen Zeitzone nach oben informiert der Mitarbeiter seinen Vorgesetzten. Es werden Maßnahmen überlegt, um den Zeitsaldo wieder in die grüne Zone zurückzuführen. Bei Unterschreitung erfolgen entsprechende Maßnahmen.
  3. Zone (rot), z. B. beim Überschreiten der Gelbzone bis zu 30 Prozent.

  Jetzt wird ggf. Freizeitausgleich angeordnet. Über 40 Stunden hinaus erfolgt keine Gutschrift. Bei Unterschreitung wird vermehrt Arbeit angeordnet.

Jahresarbeitszeit/ Voraussetzungen und Durchführung

- Jahresarbeitszeit/Langzeitkonto
  Wenn Jahresarbeitszeitmodelle angestrebt werden, sind zunächst die **Voraussetzungen** zu prüfen. Dazu rechnet man:
  - im Voraus planbares Arbeitsaufkommen,
  - stark schwankende Produktionsmengen,
  - eine tägliche Arbeitszeit zwischen 4 und 10 Stunden muss möglich sein.

  Die **Durchführung ist an folgende Vorgaben gekoppelt:**
  - Die Bezahlung erfolgt nach der ermittelten durchschnittlichen Sollarbeit.
  - Die Stunden werden durch ein Zeiterfassungssystem ermittelt.
  - Plusstunden werden durch Minusstunden abgegolten.
  - Die Jahresarbeitszeit wird in Planungszeiträume (z. B. 2 Monate) eingeteilt.

Bei dringenden betrieblichen Erfordernissen sind die für den Planungszeitraum aufgestellten Einsatzpläne änderbar (Ankündigung z. B. 1 Woche vorher).

◆ Gleitzeit

Gleitzeitmodelle

Für die Gleitzeit gibt es verschiedene Modelle:

- Das einfache Modell, wie im dargestellten Beispiel, geht von einer möglichen Arbeitszeit (Rahmenarbeitszeit) zwischen 05:30 Uhr und 20:00 Uhr aus. Die vorgesehenen **zwei Kernzeiten** haben für den Mitarbeiter den Vorteil, dass er mittags seine Arbeitszeit länger unterbrechen kann. Seine tägliche Arbeitszeitdauer ist vom Arbeitgeber festgelegt.

05:30 Uhr	Rahmenzeit		20:00 Uhr
07:45 Uhr	Regelarbeitszeit		16:00 Uhr
Kernzeit 1			Kernzeit 2
10:00–11:30 Uhr			13:30–15:00 Uhr
unbezahlte Pausen:	15 min. 09:05–09:20 Uhr		
	30 min. zwischen 12:00 und 13:00 Uhr		

Abb. 7-4

- Eine Gleitzeitregelung kann auch mit einem Langzeitkonto verbunden sein, d. h. der Mitarbeiter kann seine tägliche Arbeitszeitdauer von nur Kernzeit bis zur vom Arbeitgeber festgelegten Höchstdauer variieren (qualifizierte Gleitzeit). Das folgende Beispiel stellt eine Variable mit Arbeitszeitkonto vor.

Rahmenarbeitszeit	06:30–21:00 Uhr
Sollarbeitszeit	7,7 Stunden/Tag
Ansprechzeit	08:00–17:30 Uhr
freie Tage auf Zeitkonto	jederzeit, wenn der/die zuständige Vorgesetzte zustimmt
Maßstab der Zustimmung	Die Funktionsgruppe, der der Mitarbeiter angehört, muss funktionsfähig bleiben.
Zeitübertrag/ Langzeitkonto	• auf dem KURZZEITKONTO bis zu +40/–25 Stunden auf den Folgemonat; • darüber hinausgehende Zeitguthaben bis zu 60 Stunden pro Quartal werden zu 40 % auf das LANGZEITKONTO übertragen • Mindestentnahme aus dem Langzeitkonto: 3 Arbeitstage

Abb. 7-5

Von den beiden Gleitzeitmodellen ist das erste für den Betriebsrat am interessantesten. Die Einführung von Gleitzeit erfordert allerdings noch viele Einzelerklärungen. In jedem Falle muss gesichert sein, dass innerhalb von Produktionsinseln (= ein Team ist für einen speziellen Teil des Produktionsvorganges verantwortlich) der Produktionsprozess nicht unterbrochen wird. Dagegen erscheint die Einführung von Gleitzeit für die kaufmännische Verwaltung und für die angestellten Techniker kein Problem zu sein.
Interessant an dem ersten Modell ist besonders die Gestaltung der Mittagspause. Wenn Gleitzeit eingeführt werden kann, könnten die in Werksnähe wohnenden Mitarbeiter eine erweiterte Mittagspause zu Hause verbringen.

◆ Erhöhung des Flexibilitätspotenzials durch Teilzeitarbeit

Teilzeitarbeit erhöht das Flexibilitätspotential

Der zusätzliche Einsatz von Teilzeitkräften kann das **Flexibilitätspotenzial** erhöhen.

- Bei notwendiger Produktionserweiterung lassen sich in der Regel Vereinbarungen über mehr Stunden treffen, die bei Produktionsrückgang wieder auf das vorherige Maß zurückgenommen werden.
- Wenn Urlaubsvertretung für eine Vollzeitkraft ansteht oder wenn eine Vollzeitkraft durch Krankheit ausfällt, ist ein sofortiger und eingearbeiteter Ersatz möglich.
- Teilzeitkräfte haben sich vor der Reduzierung der Arbeitsstunden bereits am „Know How"-Transfer beteiligt, der auch der eigenen Unternehmung zugute kommt.

Die Vorteile gleichen den Nachteil höherer Verwaltungs- und Personalnebenkosten aus. Problematisch wird ein Nutzen-Kosten-Vergleich erst dann, wenn durch Teilzeitarbeit ein zweiter Arbeitsplatz eingerichtet werden müsste, was aber selten der Fall ist.

◆ Die Befristung von Arbeitsverträgen in rechtlicher Sicht

Gesetzliche Vorschriften bei befristeten Arbeitsverträgen

An die gesetzliche Möglichkeit, Befristungen von Arbeitsverträgen bis zu 24 Monaten zu vereinbaren (Teilzeit- und Befristungsgesetz), sind einige Vorschriften gekoppelt:

- Verbot der unterschiedlichen Behandlung (§ 4)
  Der Arbeitgeber darf einen teilzeitbeschäftigten Arbeitnehmer nicht wegen der Teilzeitarbeit gegenüber vollzeitbeschäftigten Arbeitnehmern ohne sachliche Gründe unterschiedlich behandeln.

- Informationspflicht (§ 7)

  Der Arbeitgeber hat einen Arbeitnehmer, der ihm gegenüber den Wunsch nach Veränderung oder veränderter Dauer der Arbeitszeit angezeigt hat, über entsprechende Arbeitsplätze zu unterrichten.
- Anpassung der Arbeitszeit an den Arbeitsanfall: Arbeit auf Abruf (§ 12)

  Ist vereinbart, dass der Arbeitnehmer seine Arbeitsleistung entsprechend dem Arbeitsanfall zu erbringen hat, so muss zugleich eine bestimmte Dauer der Arbeitszeit festgelegt werden (mindestens 10 Stunden wöchentlich).

  Die Lage der Arbeitszeit muss dem Arbeitnehmer mindestens 4 Tage im Voraus mitgeteilt werden. Ist die tägliche Dauer der Arbeitszeit nicht festgelegt, so ist der Arbeitgeber verpflichtet, den Arbeitnehmer jeweils für mindestens drei aufeinander folgende Stunden in Anspruch zu nehmen.
- Arbeitsplatzteilung

  Bei Arbeitsplatzteilung (job sharing) ist gemäß § 13 die gegenseitige Vertretung nur im Einzelfall statthaft. Bei Kündigung des einen Arbeitsverhältnisses ist das andere Arbeitsverhältnis nicht betroffen; eine Änderungskündigung ist dagegen möglich.

7.2.3 Schichtarbeit

Schichtarbeit ist die Arbeit zu wechselnden Zeiten oder die Arbeitszeit zu ungewöhnlichen Zeiten. Schichtarbeit kann aus sozialen, wirtschaftlichen oder technischen Gründen notwendig sein, so beispielsweise bei der Versorgung der Bürger im Krankenhaus, der Erhaltung der Wettbewerbsfähigkeit bei kostenintensiven Anlagen und durch die Bedingungen im Fertigungsprozess wie bei Hochöfen (vgl. Eisele, S. 178).

◆ Schichtsysteme

Schicht-systeme

Durch die Anzahl der Schichten pro Tag ist ein Schichtsystem definiert. Wenn volle Schichtarbeit eingeführt ist, d. h. Betriebszeit rund um die Uhr vorgesehen wird, handelt es sich um ein 3-Schicht-System, d. h. 3 Schichten à 8 Stunden. Mögliche Varianten sind folgende:

- „Permanente Schichtsysteme: Dauerfrühschicht, Dauerspätschicht oder Dauernachtschicht."

  Der Mitarbeiter oder die Schichtbelegschaft hat sich auf eine Schicht festgelegt, beispielsweise Nachtschicht im Krankenhaus.
- Wechselschichtsysteme ohne Nachtarbeit: Zweischichtarbeit mit oder ohne Wochenendarbeit.
- Wechselschichtsysteme mit Nachtarbeit ohne Wochenendarbeit: Zwei- oder Dreischichtsysteme
- Kontinuierliche Schichtarbeit mit Nachtarbeit und Wochenendarbeit: 3 bis 6 Schichtbelegschaften." (Quelle: Jung, H.: Personalwirtschaft, München/Wien, 2011, S. 231)

Je nach Arbeitsschwere wählt man auch ein 6-Schicht-System wie in der Seefahrt (6 x 4 Stunden) oder ein 2-Schicht-System wie in einigen Bereichen der Chemie (2 x 12 Stunden). Eine Besonderheit, bedingt durch die Art der Arbeit, ist noch zu erwähnen, nämlich die Überlappung. Diese ist notwendig, wenn eine Schichtbelegschaft der nachfolgenden Schichtbelegschaft noch Instruktionen geben muss, wie das z. B. im Krankenhaus der Fall ist.

◆ Der personenbezogene Schichtwechsel

Zeitliche Lage der Schichten

Die Schichtfolge für den einzelnen Mitarbeiter wird in der Schichtplanung eines Unternehmens geplant. Dabei müssen die im Arbeitszeitgesetz vorgeschriebenen arbeitsfreien Zeiten zwischen zwei Schichten eingehalten werden. Außerdem sollten betriebliche und gesundheitliche Aspekte sowie Mitarbeiterwünsche aufeinander abgestimmt werden. Soziale Aspekte wären beispielsweise ausreichende abendliche Freizeit und gemeinsame Mahlzeiten mit der Familie. Ein weiteres Kriterium ist in den Verkehrsverhältnissen am Ort zu sehen.

	M	Di	Mi	Do	Fr	Sa	So	M	Di	Mi	Do	Fr	Sa	So
1	F	F	S	S	N	N					F	F	S	S
2	N	N					F	F	S	S	N	N		
3			F	F	S	S	N	N					F	F
4	S	S	N	N					F	F	S	S	N	N
5					F	F	S	S	N	N				

F: Frühschicht S: Spätschicht N: Nachtschicht; **Freischicht** (shaded cells)

Abb. 7-6: empfehlenswerter Schichtplan

(Quelle: Scholz, C.; Beck, C. H. (Hrsg.): Vahlens Großes Personallexikon, München, 2010, S. 1010)

7.2.4 Telearbeit

Hierbei verbringt der Arbeitnehmer einen Teil seiner Arbeitszeit oder seine gesamte Arbeitszeit zu Hause, wobei er mithilfe der modernen Kommunikationstechniken ständig mit dem Unternehmensstandort verbunden ist.

Es gibt verschiedene Ausprägungen. Wenn der Arbeitnehmer seine gesamte Arbeitsleistung von zu Hause erbringt und er im Unternehmen keinen Arbeitsplatz zur Verfügung hat, spricht man von Teleheimarbeit.

Häufiger wird jedoch die alternierende Telearbeit praktiziert. Hier hat der Arbeitnehmer sowohl zu Hause als auch in der Unternehmung seinen Arbeitsplatz. Empfohlen werden maximal bis zu 3 Telearbeitstagen, um die Nachteile der Telearbeit, insbesondere die fehlende soziale Anbindung, auszugleichen.

Für die Praxis interessant ist auch die mobile Telearbeit, die es dem Arbeitnehmer ermöglicht, auch von Geschäftsreisen oder vom Kunden aus zu arbeiten. Diese Form ist für Kundendienstmitarbeiter, Kundenbetreuer und vergleichbare Berufsgruppen interessant.

Für die Telearbeit gelten die gleichen rechtlichen Bestimmungen wie für die Arbeitnehmer, die am Unternehmensstandort arbeiten.

Vorteile der Telearbeit liegen für den Arbeitnehmer primär im Wegfall der Pendelzeit zum Unternehmen sowie in einer flexibel gestaltbaren Arbeitszeit. Für nicht oder eingeschränkt mobile Arbeitsnehmer sowie Arbeitnehmer in Elternzeit oder Arbeitnehmer mit vorübergehender persönlichen Belastung (Krankheit in der Familie) können dies die entscheidenden Vorteile sein, um weiterhin am Arbeitsleben teilnehmen zu können. Ein weiterer Vorteil kann darin liegen, dass der Arbeitsplatz zu Hause weniger störungsanfällig ist und somit konzentrierteres Arbeiten ermöglicht als im Unternehmen (wo man leichter durch Telefon und Kollegen gestört werden kann).

Nachteile der Telearbeit liegen eindeutig im Wegfall der sozialen Anbindung des Arbeitnehmers an seine Kollegen. Es kann im Falle der Teleheimarbeit zur Vereinsamung des Arbeitnehmers kommen. Auch fehlt hier die organisatorische Anbindung an das Unternehmen. Ein weiterer negativer Aspekt ist die mögliche fehlende Trennung von Familie und Beruf. Auch ist die Ausstattung des Arbeitsplatzes i. d. R. zu Hause der am Arbeitsplatz im Unternehmen technisch unterlegen. Des Weiteren ist der Telearbeitnehmer in hohem Maße von der Technik abhängig. Ferner besteht die Gefahr, dass ein Telearbeitnehmer bei Weiterbildungen weniger berücksichtigt wird. Seine Aufstiegschancen innerhalb der Unternehmenshierarchie sind auch als gering zu bewerten.

Einige dieser Nachteile können durch die alternierende Telearbeit ausgeräumt oder vermindert werden.

Vorteile für das Unternehmen liegen in der Kostenreduzierung, da es weniger Büroarbeitsplätze und Parkplätze bereitstellen muss. Im nicht-materiellen Bereich hat das Unternehmen einen Imagegewinn zu verzeichnen, da es seinen Arbeitnehmern sozialfreundliche und familienangepasste Arbeitsbedingungen bietet und Fachkräfte erhalten kann. Durch die höhere Eigenverantwortung der Arbeitnehmer steigen Zufriedenheit sowie Motivation, Fehlzeiten werden sinken.

Die Nachteile auf Unternehmensseite liegen in der Verschlechterung der Kommunikation zwischen Vorgesetzten, Kollegen und Telearbeitnehmern. Teamarbeit wird ebenfalls erschwert. Auch ist die Frage der Datensicherheit ein großes Problem. Auf das Unternehmen kommen bei alternierenden Telearbeitern doppelte Kosten zu, nämlich für die Arbeitsplätze beim Arbeitnehmer und im Büro.

7.2.5 Kurzfristige Personaleinsatzmaßnahmen

Über die Maßnahmen Überstunden und Urlaubsverschiebung kann ein Unternehmen kurzfristig über zusätzliches Personal verfügen.

◆ **Überstunden**

Diese Maßnahme hat für das Unternehmen den Vorteil, dass keine zusätzliche Personaleinstellung nötig wird. Monetäre Anreize für Mitarbeiter führen zur notwendigen Leistungsbereitschaft. Nachteilig kann sein, dass die Leistungsfähigkeit bei überproportionaler Beanspruchung sinkt. Daher und aus sozialen Gründen sollte ein Unternehmen nicht über einen längeren Zeitraum darauf zurückgreifen.

◆ **Urlaubsverschiebung/Urlaubssperre**

Wenn Unternehmen periodisch wiederkehrend zu bestimmten Zeiten mit einem höheren Arbeitsanfall rechnen können, ist es sinnvoll, eine Urlaubssperre für diesen Zeitraum zu verhängen (z. B. Banken, Wirtschaftsprüfer in den Monaten Dezember bis Januar). Auch durch kurzfristige Urlaubsverschiebung (Nicht-Genehmigung des Urlaubs) bei momentan angespannter Auftragslage in eine Zeit „danach" stehen den Unternehmen mehr Kapazitäten zur Verfügung. Eine solche Maßnahme kann sich jedoch negativ auf die Motivation der betroffenen Mitarbeiter auswirken.

7.2.6 Lebensarbeitszeitmethode

◆ **Gleitende Pensionierung**

In den letzten Jahren haben ältere Mitarbeiter von der Möglichkeit Gebrauch gemacht, unter bestimmten Voraussetzungen durch Verkürzung ihrer wöchentlichen Arbeitszeit sukzessive aus dem Erwerbsleben auszuscheiden.

◆ **Flexible Pensionierung**

Die vorzeitige Pensionierung, der sog. Vorruhestand bietet dem älteren Mitarbeiter die Möglichkeit, früher in Ruhestand zu gehen. Er wird allerdings mit einem monatlichen Abschlag von 0,3 % auf den Rentenanspruch pro Monat vorgezogener Rente auskommen müssen. Diese Regelung gilt für mindestens 62-Jährige, die die Anwartschaft von 35 Jahren nachweisen können (vgl. Bröckermann, R.: Personalwirtschaft, Stuttgart, 2007, S. 205).

◆ **Altersteilzeitgesetz**

Unter den Voraussetzungen ist es auch möglich, vergleichbar der gleitenden Pensionierung, zunächst weiter in Vollzeit zu arbeiten. Anschließend wird über einen gleichen Zeitraum die Arbeitszeit auf 0 gesenkt. Die Besonderheit ist, dass der Mitarbeiter auch in dieser Phase rechtlich gesehen als Arbeitnehmer gilt (vgl. Bröckermann, R.: Personalwirtschaft, Stuttgart, 2007, S. 205).

◆ **Sabbatical**

Der Mitarbeiter hat die Möglichkeit, über eine längere Periode (üblich sind 3 bis 12 Monate) nicht erwerbstätig zu sein. Interessant für den Mitarbeiter ist dabei, dass er nach dieser Zeit wieder an seinen Arbeitsplatz zurückkehren kann.
Wird das Sabbatical über ein Langzeitarbeitskonto oder über Teilzeit abgewickelt, zahlt der Arbeitgeber die Sozialversicherungsbeiträge. Nimmt der Mitarbeiter unbezahlten Urlaub oder eine längere, unbezahlte Pause bis zum Einstieg in eine neue Arbeitsstelle, muss er selbst für seine Sozialversicherungsbeiträge sorgen.

7.2.7 Arbeitszeitausfall durch Krankheit

Die Auswirkungen von Fehlzeiten sind unter mehreren Gesichtspunkten zu sehen:

- Die unmittelbaren Arbeitskollegen sind häufig dadurch betroffen, dass sie die Arbeit des Fehlenden miterledigen müssen, wenn dies möglich ist.

- Der Fehlende selbst hat, sobald er wieder am Platz ist, häufig einiges nachzuholen, obwohl er möglicherweise noch geschwächt ist. Außerdem fehlt ihm der Teil an Informationen, der mündlich übermittelt wird.

- Der Vorgesetzte hat zusätzlich Organisationsaufgaben, die gewöhnlich unter Zeitdruck zu leisten sind.

◆ Ursachen und Abhilfemaßnahmen

Die beste Maßnahme besteht darin, mehrere Wege gleichzeitig zu beschreiten, nämlich

- beim Mitarbeiter eine große Sensibilisierung für die Eigenverantwortung zu wecken,
- beim Mitarbeiter eine Einstellung zu fördern, Unpässlichkeiten nicht als Arbeitsunfähigkeitsgrund einzustufen sowie
- die Arbeitssituation so zu gestalten, dass die Zufriedenheit der Mitarbeiter steigt und von daher Krankheiten möglichst keine Chance haben.

In einigen Unternehmen wird gezieltes Fehlzeitenmanagement betrieben, worunter auch Bereiche des Gesundheitsmanagements fallen.

Es ist auf die Gefahr hinzuweisen, dass durch eventuelle Verharmlosung von Krankheiten echte Krankheiten verschleppt werden. Solchen Überlegungen ist noch hinzuzufügen, dass die Entscheidung über die Arbeitsunfähigkeit in erster Linie nicht die Entscheidung des Arbeitnehmers, sondern seines Arztes ist. In der betrieblichen Praxis wird jedoch dazu übergegangen, eine Attestpflicht bereits nach dem ersten Tag einzuführen. So wird auch den Kurzzeiterkrankungen die entsprechende Ernsthaftigkeit zugewiesen und dem Missbrauch durch notorische „Krankfeierer" ein Riegel vorgeschoben.

Ein weiterer Gedanke ist noch hinzuzufügen. Die Gründe, weshalb ein Arbeitnehmer krank wird, können z. B. in Überforderung oder Unterforderung, in der Behandlung (Führungsstil), in der Wahrnehmung von Ungleichheiten und Ungerechtigkeiten, in gesundheitsgefährdenden Arbeitsbedingungen usw. liegen.

Insbesondere der Aspekt des **Burn-out-Syndroms** hat in den letzen Jahren an Bedeutung zugenommen. Der Zustand des körperlich und geistigen „Ausgebranntseins" wirkt sich negativ auf die Leistungsfähigkeit der betroffenen Arbeitnehmer aus. Hohe Arbeitsbelastung, schlechte Arbeitsbedingungen, Termin- und Zeitdruck durch harte Wettbewerbsbedingungen, Mobbing, fehlende Kommunikation zwischen Kollegen und Führungsebene werden als die wichtigsten Ursachen genannt. Untersuchungen haben ergeben, dass ein verantwortungsvoller Umgang mit den Arbeitnehmern diesem entgegenwirken kann.
Auch der **Bore-out-Effekt** darf nicht außer Acht gelassen werden. Die Elemente Unterforderung, Desinteresse und Langeweile beherrschen den Arbeitsalltag des betroffenen Arbeitnehmers. Oftmals ist dieser Effekt schwer zu durchschauen, da der Arbeitnehmer Strategien entwickelt hat, um sehr beschäftigt zu wirken. Durch Schaffung

individueller Motivationsfaktoren und eine Hinterfragung des eigenen Führungsstils kann diesem Effekt entgegengewirkt werden.

Damit sind allgemeine Ansatzpunkte zum Ausschluss krankmachender Situationen genannt. An speziellen Maßnahmen können aufgeführt werden:

Ansatzpunkte

- Verbesserung des Gesundheitswissens, z. B. durch Ernährungsberatung,
- Ausrichtung des Kantinenangebots auf gesundheitsfördernde Kost,
- Bewegungstraining,
- Antistresstraining sowie Vermittlung von Konfliktlösungstechniken,
- ärztliche Untersuchungen mit Zeit zur Einzelberatung,
- Vermittlung von Kuren,
- vermehrte Flexibilisierung der Arbeitszeit,
- Einführung von Projekten zur Ermittlung von Krankheitsursachen und deren Abhilfe,
- Angebote zur Suchtprävention (Alkohol, Rauchen, Arbeitssucht, sog. Work Addiction, Internet-Abhängigkeits-Syndrom IAS).

In manchen Unternehmungen ist es üblich, ein **Rückkehrgespräch** zu führen. Der nach einer Fehlzeit wegen Krankheit an den Arbeitsplatz zurückgekehrte Mitarbeiter meldet sich bei seinem direkten Vorgesetzten. Es schließt sich ein kurzes Gespräch über anstehende Tätigkeiten bzw. den Arbeitsstand in der betreffenden Abteilung an. Ein solches Gespräch ist insofern als Führungsgespräch anzusehen, als einerseits der Vorgesetzte sein direktes Interesse an dem Wohlergehen des Mitarbeiters zeigt (Mitarbeiterorientierung), anderseits dem Mitarbeiter bewusst gemacht wird, dass sein Fehlen im Zusammenhang mit der Aufgabenerfüllung registriert wird (Aufgabenorientierung). Der Anlass des Rückkehrgesprächs ist auch eine gute Gelegenheit für den Vorgesetzten, mögliche eigene Vorurteile über Notwendigkeit und Nicht-Notwendigkeit des Fehlens auszuräumen.

7.3 Die Personaleinsatzplanung in der Praxis

Wenn ein Personaleinsatzplan gestaltet werden soll, müssen vorher die **Plandaten** bekannt sein. Ausgeschlossen ist allerdings nicht, dass vor Fertigstellung des Planes noch Gespräche geführt werden müssen.

Plandaten

Beispiel Bezüglich der Verteilung der Arbeit auf die Tage stellt sich bei näherer Durchsicht heraus, dass einerseits ein Engpass, z. B. für donnerstags und samstags, entsteht, andererseits ein Überhang, z. B. für dienstags und mittwochs. Da die Arbeitstage und freien Tage bei mehreren Teilzeitkräften zugesagt waren, muss noch eine einvernehmliche Korrektur erfolgen.

Die Plandaten unterliegen grundsätzlich zwei verschiedenen Blickrichtungen, nämlich den **betrieblichen Erfordernissen** und den **Mitarbeiterinteressen**.

7.3.1 Betriebsbedingte Plandaten

Das Betriebsgeschehen gibt bestimmte Realitäten vor.

Als erstes muss die **Betriebsbereitschaft** gesichert sein, d. h. die Besetzung der Stellen muss so erfolgen, dass der prozessuale Ablauf gesichert ist. Bei Industriebetrieben ist es der Produktionsprozess, bei Handelsbetrieben oder kundenorientierten Dienst-

Betriebsbedingte Plandaten

leistungsbetrieben sind es die Öffnungszeiten, hinzuzurechnen ein gewisser Vorlauf und Nachlauf. Die Stellenbesetzung kann von einer vollen Besetzung bis hin zur Notbesetzung organisiert werden. Das **Niveau der Betriebsbereitschaft** kann z. B. im Handel möglicherweise während der Urlaubszeiten, an verkaufsruhigen Tagen oder in verkaufsruhigen Stunden niedriger sein als etwa im Weihnachtsgeschäft.

Gesehen wird auch die **Sicherheit des Betriebsablaufs.** Wenn bei reger Geschäftstätigkeit im Handel z. B. nicht genügend Personal eingesetzt ist, könnte die Diebstahlrate steigen. In Produktionsbetrieben ist die Sicherheit z. B. dann gefährdet, wenn aus Personalmangel nicht alle notwendigen Kontroll- und Wartungsaufgaben erfüllt werden. Die Sicherheit kann in Industriebetrieben auch durch saisonale Überforderung gefährdet sein, etwa in der Autoherstellung oder in der Bauwirtschaft.

7.3.2 In der Person des Mitarbeiters begründete Plandaten

In der Person des Mitarbeiters liegende Plandaten

Neben dem vertraglich vereinbarten **Arbeitspensum** als Plandatum und den evtl. vereinbarten **Zeiten der Leistungsabgabe** gibt es noch viele **weitere Daten**, die bei Erstellung des Personaleinsatzplanes berücksichtigt werden müssen.

Beispiel Erholungsurlaub einschließlich Sonderurlaub und Zusatzurlaub (z. B. für Schwerbehinderte), Fortbildungsmaßnahmen, Bildungsurlaub, Krankmeldungen, Kuren, Mutterschutz und Elternzeit, Bundeswehr und Wehrübungen, Arbeitsbefreiungen nach weiteren speziellen Gesetzen, Verordnungen und Tarifen

Hinzu kommen Freistellungen, z. B. für ältere Mitarbeiter oder wegen vorher geleisteter Mehrarbeit bzw. Feiertagsarbeit.

Neben den vorgesehenen und erwartbaren Freisetzungen, die als feststehende Plandaten oder mindestens als Plandaten mit Vereinbarungsbedarf bezeichnet werden können, gibt es bei der Durchführung eines Planes durch die unausbleiblichen aktuellen Krankmeldungen Probleme.

7.3.3 Der Personaleinsatzplan

Anforderungen

Ein Personaleinsatzplan soll sichern, dass die **Stellen** im vorgesehenen Zeitrahmen hinreichend **besetzt** sind und dass gleichzeitig die **Mitarbeiter entsprechend ihrer zeitlichen Verpflichtungen** eingesetzt werden.

Am Beispiel einer Warenhausabteilung lassen sich wesentliche Prinzipien, die zu berücksichtigen sind, ableiten.

Elektroland GmbH – Filiale Bergisch Gladbach

Mitarbeiterin/ Mitarbeiter	13. Woche – 2011					
	Montag	Dienstag	Mittwoch	Donnerstag	Freitag	Summe Soll-Stunden
Abel	8	8	8	8	6,5	38,5
Bertram	5	4	6	4	0	19
Dederich	**U 8**	**U 8**	**U 8**	**U 8**	**U 6,5**	38,5
Mazke	8	8	8	8	6,5	38,5
Otten	8	8	**F 8**	**F 8**	6,5	38,5
Pluta	6	**F 8**	8	**S 6**	0	28
Werheit	8	8	**M 8**	8	6,5	38,5
Zapf	3	**K 6**	**K 3**	4	3	19
Zöller	**D 6**	0	8	8	6	28
Ist-Einsatz	46	36	38	40	35	
Abwesenheitsgründe:		D = Dienstreise	F = Fortbildung	0 = kein Einsatz vorgesehen		
		K = Krankheit	U = Urlaub	M = Mehrarbeitsausgleich		S = Sonderurlaub

Abb. 7-7: Personaleinsatzplan

Die Realisation von Prinzipien im Personaleinsatz

In der als Beispiel gewählten Abteilung sind in der Planzeit vier Verkäuferinnen mit Vollzeitverträgen und zwei mit Teilzeitverträgen vorgesehen, außerdem zwei Aushilfen für Sonderaktionen und zwei Auszubildende. Abteilungsleitung und Substitut kommen als Führungskräfte hinzu. Die Besetzung der Kasse und der Warenausgabe wird zentral geregelt.

Die Arbeitszeit der einzelnen Mitarbeiter wird auf die Wochentage verteilt. Da die Zeit der Betriebsbereitschaft pro Woche größer ist als die wöchentliche Arbeitszeit eines Beschäftigten mit Vollzeitvertrag, sind Anpassungen vorzunehmen. Das geschieht im vorliegenden Fall zunächst durch einen freien Arbeitstag. Diese Regelung reicht aber nicht aus. Deshalb arbeitet hier die Unternehmung mit A- und B-Wochen. In der A-Woche beginnt der Mitarbeiter mit Geschäftsbeginn und beendet seine Arbeitszeit z. B. um 17:30 Uhr, in der B-Woche fängt für ihn der Arbeitstag um 10:30 Uhr an und endet mit Geschäftsschluss. Für den Mitarbeiter wechseln A- und B-Wochen wöchentlich. Bei der Planung ist zu berücksichtigen, dass im Prinzip die Anzahl der Personen, die in ihrer A-Woche sind, mit der Anzahl der Personen in der B-Woche übereinstimmt, sodass sowohl zur Öffnung als auch zum Geschäftsschluss genügend Mitarbeiter anwesend sind.

Die Teilzeitkräfte werden gemäß der mit ihnen getroffenen Vereinbarungen eingesetzt, wobei die Unternehmung natürlich solche Tage vorgibt, die einen hohen Mitarbeiterstand erfordern.

Bei Aushilfskräften bestehen ebenfalls spezielle Vereinbarungen. Im vorliegenden Fall plant die Unternehmung besondere Verkaufsaktivitäten, für die der volle Einsatz nötig ist.

Um eine dem Arbeitsanfall angepasste Besetzung zu erhalten, werden auch die freien Tage sinnvoll verteilt. Die erste Verkaufskraft hat z. B. montags frei, die zweite mittwochs.

Die Addition der geplanten Einsätze ergibt die Besetzung, wie sie für den jeweiligen Arbeitstag geplant ist, hier im Durchschnitt 6,5 Kräfte.

Die Auszubildenden sind als Lernende nicht in den Normalplan eingebunden.

Die Darstellung stellt ein Grobraster dar. Zu berücksichtigen wären u. a. noch die Überstunden, Urlaub einschließlich Sonderurlaub und andere Freistellungen.

Jede reale Situation hat eigene Bedingungen

Für jede Betriebsart stellt sich die Planungsaufgabe anders. Besonders schwierig gestaltet sie sich bei Schichtarbeit, wenn eine Überlappung erforderlich ist. Die Planung im Krankenhaus arbeitet beispielsweise so, weil die Übergabe der Station viele Informationen erfordert. Die Planung einer großen berufsbildenden Schule ist ebenfalls kompliziert, weil hier der Lehrereinsatz nach Zeit und Fächern, die wechselnd anwesenden Klassen und die Belegung von Fachräumen als Planungsgrößen berücksichtigt werden müssen.

7.4 Die Gestaltung der Arbeitsaufgabe

Die in der Personalabteilung eines Warenhauses monatlich angefertigten Fehlzeitenstatistiken weisen immer deutlicher aus, dass sich die Abteilung Lebensmittel durch besonders hohe Fehlquoten von den anderen Abteilungen negativ abhebt. Sie erhalten die Aufgabe, die Fehlquotenentwicklung zu analysieren und eine Ursachenanalyse durchzuführen. Als Grundlage Ihrer Analyse wollen Sie für sich einen Fragebogen entwickeln, mit dem Sie möglichst konkret an die Probleme herankommen. Der Personalleiter gibt Ihnen im Gespräch einige Anregungen: „Achten Sie auf die räumlichen Bedingungen. Zieht es in der Abteilung? Haben die Erkrankungen etwas zu tun mit der Warenabholung in den Kühlräumen? Wichtig ist auch, wie in der Abteilung die Gesundmeldung erfolgt. Spricht der Abteilungsleiter mit den Leuten? Eine Ursache könnte im Zuschnitt der Aufgaben liegen. Wird die Aufgabenverteilung als gerecht empfunden? Gibt es Überforderungen und Unterforderungen? Vielleicht brauchen wir später die Organisationsabteilung, aber machen Sie erst mal."

Die für eine Stelle vorgesehene Arbeitsaufgabe ist prinzipiell so bemessen, dass ein Mitarbeiter sie erfüllen kann und die Aufgabe von ihm zu übersehen ist. Erfüllen und übersehen können ist auf die horizontale und auf die vertikale Einbindung der Stelle in die Organisation zu beziehen. Die horizontale Einbindung meint die Arbeitsaufgaben oder die Teilaufgaben in ihren Beziehungen zu anderen Arbeitsaufgaben oder Teilaufgaben. Die vertikale Einbindung meint die Einbindung in das Führungs- und Weisungssystem der Unternehmung.

7.4.1 Arbeitszerlegung und Spezialisierung als Gestaltungsprinzipien der Arbeitsinhalte

Arbeitszerlegung und Spezialisierung

Die Rationalisierungserfolge der Industrialisierung beruhten vor allem auf der Arbeitsteilung in der Form der Arbeitszerlegung. Auf den Rationalisierungseffekt hat Adam Smith in seiner Lehre vom Völkerreichtum (1776) bereits hingewiesen. Die extreme Umsetzung erfolgte später durch F. Taylor (Taylorismus). Mit der Arbeitszerlegung ist folgender Vorgang gemeint: Ein Arbeitsprozess, z. B. die Herstellung eines Fensters, wird in einfache, unabhängig voneinander zu leistende Teilarbeiten zerlegt. Der für die Teilarbeit zuständige Mitarbeiter kann sich auf diese Arbeit spezialisieren. Entscheidend ist dabei natürlich auch, dass durch Arbeitszerlegung vermehrt Maschinen eingesetzt werden können. Die **Vorteile der Spezialisierung** lassen sich folgendermaßen zusammenfassen:

Vorteile der Spezialisierung

„1. Durch das häufige Wiederholen der Arbeitselemente wird der Grad der Übung und Gewöhnung gesteigert, so dass bei körperlicher Arbeit sich ein geradezu gewohnheitsmäßiger Bewegungsablauf ergibt.
2. Der Arbeitnehmer braucht sich gedanklich nicht auf häufig wechselnde Arbeitsvorrichtungen umzustellen.
3. Bei spezialisierten Stellen lassen sich Arbeitsplatz und Arbeitsmittel leichter auf den standardisierten Arbeitsvorgang abstellen, wodurch der körperliche Kräfteeinsatz verringert werden kann.
4. Bei spezialisierten Stellen wird die Zuordnung der Mitarbeiter erleichtert, da jedem Mitarbeiter die Stelle übertragen werden kann, für die er sich am besten eignet.
5. Anlern- und Einarbeitungsvorgänge werden verkürzt.
6. Die Stellenspezialisierung führt häufig zu Qualitätsverbesserungen."
(Quelle: Hentze, J.; Kammel, A.: Personalwirtschaftslehre 1, Stuttgart, 2001, S. 448)

Arbeitszerlegung und Spezialisierung der Mitarbeiter ist mit einer Reihe von **Nachteilen** verbunden. Vor allem werden genannt:

Nachteile der Spezialisierung

„1. Bei der Spezialisierung treten häufig einseitige körperliche Belastungen auf, die zu stärkeren Ermüdungserscheinungen führen, so dass der Bedarf an Erholung wächst oder gesundheitliche Schäden auftreten. Bei entsprechender wechselnder Belastung wäre dagegen eine Erholung der beanspruchten Organe möglich.
2. Die Anpassungs- und Umstellungsfähigkeiten werden geringer, da durch Spezialisierung das realisierte Fähigkeitspotential eingeengt wird. Insbesondere die Trennung von Arbeitsvorbereitung und -ausführung lassen bei dem in der Arbeitsausführung tätigen Mitarbeiter die geistigen Fähigkeiten verkümmern (Diskilling-Prozess). Gerade die berufliche Mobilität des älteren Arbeitnehmers wird hierdurch unvertretbar eingeschränkt.
3. Die starke Aufteilung des Arbeitsablaufs in sich dauernd wiederholende Arbeitselemente kann zur Monotonie führen. Dabei geht der Sinnzusammenhang durch den ständigen Abbruch unvollendeter Handlungen verloren. Durch den Verlust des Blicks für die Einordnung der eigenen Tätigkeit kann es zu Gefühlen der Entfremdung kommen, bei der sich der Arbeitnehmer nicht mehr mit seiner Arbeit identifiziert." (Quelle: Hentze, J., Kammel, A.: Personalwirtschaftslehre 1, Stuttgart, 2001, S. 449)
4. Vielfach besteht durch Routine, durch den Mangel an Selbstbestimmung und durch den verstärkten Maschineneinsatz keine Möglichkeit der Kommunikation und der Interaktion. Die sozialen Fähigkeiten des Mitarbeiters verkümmern wie die geistigen Fähigkeiten auch.

Negative Folgeeffekte

Als **negative Folgeeffekte** der Stellenspezialisierung kommen nach Hentze in Betracht: Arbeitsunzufriedenheit, Absentismus (= hohe Fehlquote), Fluktuation, Fehlleistungen, Qualitätsminderung und Ausschussproduktion.

7.4.2 Erwartungen der Mitarbeiter

Erwartungen heutiger Mitarbeiterpersönlichkeiten

Die Leistungsfähigkeit des Mitarbeiters hängt neben vielen anderen Faktoren von seiner Zufriedenheit ab. Der Begriff ist nicht in dem Sinne zu verstehen, dass jemand alle Wünsche erfüllt haben müsse, um sonst vielleicht sogar an Motivation zu verlieren. Hier geht es – vom Menschenbild einer durch Gestaltungswillen und Autonomiestreben geprägten Persönlichkeit ausgehend – um Arbeitszufriedenheit durch

- eine Arbeitsgestaltung, die ganzheitliches und autonomes Handeln ermöglicht,
- die Eröffnung persönlicher Entwicklungschancen im fachlichen Bereich und im Bereich sozialer Interaktionen,
- Arbeitsaufgaben, die durch Anforderungsvielfalt gekennzeichnet sind.

Eberhard Ulich hat in seinem Aufsatz „Arbeitsstrukturmodelle" eine Übersicht veröffentlicht, die die Zielvorstellung, die Vorteile und Wirkungen sowie Realisationsmöglichkeiten einer neuzeitlichen Arbeitsgestaltung vorstellt.

Gestaltungsmerkmal	Vorteil/Wirkung	Realisierung durch ...
Ganzheitlichkeit	• Mitarbeiter erkennen Bedeutung und Stellenwert ihrer Tätigkeit. • Mitarbeiter erhalten Rückmeldung über den eigenen Arbeitsfortschritt aus der Tätigkeit selbst.	... umfassende Aufgaben mit der Möglichkeit, Ergebnisse der eigenen Tätigkeit auf Übereinstimmung mit gestellten Anforderungen zu prüfen.
Anforderungsvielfalt	• Unterschiedliche Fähigkeiten, Kenntnisse und Fertigkeiten können eingesetzt werden. • Einseitige Beanspruchungen können vermieden werden.	... Aufgaben mit planenden, ausführenden und kontrollierenden Elementen bzw. unterschiedlichen Anforderungen an Körperfunktionen und Sinnesorgane.
Möglichkeiten der sozialen Interaktion	• Schwierigkeiten können gemeinsam bewältigt werden. • Gegenseitige Unterstützung hilft, Belastungen besser zu ertragen.	... Aufgaben, deren Bewältigung Kooperation nahelegt oder voraussetzt.
Autonomie	• Stärkt Selbstwertgefühl und Bereitschaft zur Übernahme von Verantwortung. • Vermittelt die Erfahrung, nicht einfluss- und bedeutungslos zu sein.	... Aufgaben mit Dispositions- und Entscheidungsmöglichkeiten.
Lern- und Entwicklungsmöglichkeiten	• Allgemeine geistige Flexibilität bleibt erhalten. • Berufliche Qualifikationen werden erhalten und weiterentwickelt.	... problemhaltige Aufgaben, zu deren Bewältigung vorhandene Qualifikationen erweitert bzw. neue Qualifikationen angeeignet werden müssen

Abb. 7-8: Ziele, Wege und Realisation neuzeitlicher Arbeitsgestaltung (Quelle: Ulich, E.: Arbeitsstrukturierungsmodelle, in: Gaugler, E. (Hrsg.): Handwörterbuch des Personalwesens, Stuttgart, 1992, Spalte 375)

Persönlichkeitsförderliche Arbeitsgestaltung

Eine solche **persönlichkeitsförderliche Arbeitsgestaltung** ist in der Lage, die Mängel des Taylorismus mit der meistens anzutreffenden qualitativen Unterforderung der Mitarbeiter und gleichzeitig auch die mangelnde Flexibilität allzu starrer Hierarchien aufzuheben.

Qualifizierung und Dequalifizierung der Arbeitsplätze durch Technik im Widerstreit der Meinungen

Inwieweit sich die Erwartungen der Mitarbeiter erfüllen bzw. erfüllen lassen, hängt nicht zuletzt von der Technisierung der Arbeitsplätze ab. Hentze (2001, S. 430) erkennt, gestützt auf unterschiedliche Quellen, vier Auffassungen über die Gestaltung von Arbeitsplätzen als Folge der Technisierung:

1. Arbeitsplätze werden durch die technischen Ausstattungen und den notwendigen Umgang damit **anspruchsvoller,** d. h. sie verlangen **mehr Qualifikation** seitens der Mitarbeiter.

   Beispiel Instandhaltungsaufgaben, Qualitätskontrolle, Informationstechnik

2. Durch die Technisierung wird der einzelne Arbeitsplatz in den Qualifikationsanforderungen einseitiger. Für viele Mitarbeiter, z. B. in der Fertigungstechnik, ist mit vermehrt eingesetzter Technik eine berufliche **Dequalifikation** verbunden.

3. Die Verbindung der ersten und zweiten These führt zu der Aussage: Durch die Technisierung findet teilweise eine **Höherqualifizierung**, teilweise eine Dequalifizierung statt.

4. Der dritten These steht die vierte These entgegen. Sie lautet: Man kann nicht von Höher- oder Dequalifizierung sprechen. Richtig ist: Es findet eine **„Andersqualifizierung"** statt, weil für die meisten Arbeitsplätze ein Teil früherer Anforderungen wegfällt, aber dafür neue hinzukommen.

Auf dem Hintergrund der allgemeinen Erwartung von Mitarbeitern erscheint die Gestaltung der Arbeitsplätze in der Lebensmittelabteilung des Warenhauses nicht besonders attraktiv. Von der Arbeit der Leitungskräfte einmal abgesehen, ist der Einsatz sehr spezialisiert gestaltet, nämlich Verkauf an den sogenannten „Theken" (Wurst-, Fleisch-, Käse-, Brotwaren-, Fisch-Theke), oder, in zwei Fällen, mit besonderer Beratungsfunktion, nämlich bei Wein und beim neu eröffneten Catering-Service.

7.4.3 Gestaltungsmodelle für die Gestaltung der Arbeitsaufgaben der Verantwortungsbereiche heute

Neuzeitliche Gestaltungsformen

Um einerseits die negativen Auswirkungen der geteilten Aufgaben und der geringen Verantwortung zu mildern, andererseits aber auch die Erwartungen der Mitarbeiter zu berücksichtigen, werden in den letzten Jahren neue Gestaltungsmodelle eingeführt.

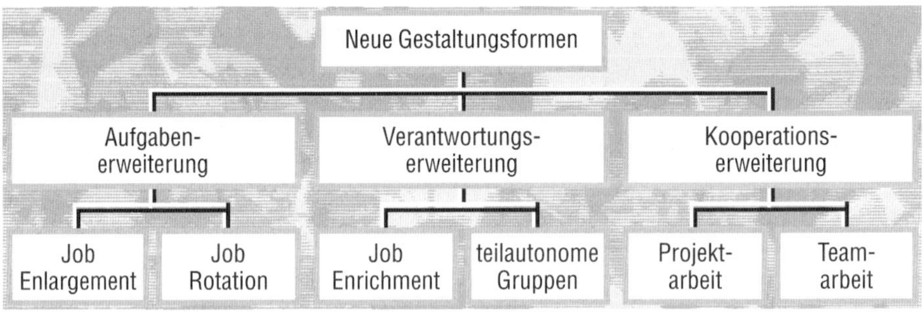

Abb. 7-9

◆ Job Enlargement und Job Rotation

Mit beiden Gestaltungsformen wird die Erweiterung der Aufgabenbasis angestrebt, also eine horizontale Erweiterung.

Aufgaben-erweiterung

Job Enlargement (Aufgabenerweiterung)

Das Arbeitsfeld des Mitarbeiters wird dadurch vergrößert, dass dem Arbeitsfeld qualitativ gleichwertige Aufgaben hinzugefügt werden. Das größere Arbeitsfeld gibt dem Mitarbeiter größere Einsichten in sein Handeln. Die vorher einseitigen Belastungen werden ebenfalls aufgehoben oder gemildert. Insofern werden durch Job Enlargement wesentliche Nachteile der Arbeitszerlegung aufgehoben. Nach dem Prinzip Job Enlargement wird der einzelne Arbeitsplatz für den einzelnen Arbeitnehmer horizontal neu „geschnitten".

Systematischer Arbeitsplatztausch

Job Rotation (Arbeitsplatzwechsel)

Mit Job Rotation ist der systematische Arbeitsplatztausch innerhalb eines Aufgabenfeldes gemeint, z. B. innerhalb einer von mehreren Mitarbeitern zu leistenden Montage.

Der Wechsel der Arbeitsaufgaben vermittelt auf horizontaler Basis neue Kenntnisse und neue Erfahrungen und macht den Mitarbeiter im Einsatz flexibler. Insofern kann man auch von einer Bildungsmethode sprechen.

Job Rotation wirkt gegen die vorherige Einseitigkeit der Belastungen und bewirkt u. a. durch die Aufwertung der Stellung einen verbesserte Motivation.

Das Prinzip Job Rotation betrifft immer mehrere Stellen bzw. mehrere Arbeitnehmer. Es lässt sich in fast allen betrieblichen Bereichen realisieren.

Der in den meisten Betrieben bekannte **Springer**, also der überall einsetzbare Mitarbeiter, ist gewissermaßen der Grenzfall in der Job Rotation.

◆ Job Enrichment und teilautonome Gruppen

Aufgabenbereicherung

Beide Maßnahmen enthalten Erweiterungen der Aufgaben vor allem in der vertikalen Dimension.

Job Enrichment (Aufgabenbereicherung)

Einem Arbeitsbereich werden Arbeitselemente unterschiedlichen Schwierigkeitsgrades hinzugefügt, insbesondere solche, die die Planung, Entscheidung und Kontrolle betreffen. Der Mitarbeiter erhält somit mehr Selbstständigkeit, aber auch mehr Verantwortung.

Durch die steigenden Anforderungen kann er sich höherqualifizieren. Insofern bedeutet Job Enrichment für den Mitarbeiter eine Erweiterung seiner vertikalen Entscheidungskompetenz.

Job Enrichment ist eine Gestaltungsmaßnahme, die sich auf einen Arbeitsplatz erstreckt.

Teilautonome Gruppen

Aufgabenbereicherung in Gruppen

Wenn die an einem Arbeitsprozess beteiligte Arbeitnehmergruppe relativ selbstständig über Vorbereitung, Planung, Durchführung und Kontrolle der Aufgabe bestimmen kann, hat sie Teilautonomie erlangt. In einem vorgegebenen Rahmen bestimmt die Gruppe auch die Einteilung der Arbeitszeiten und Pausen sowie die Vergabe der Aufgaben an die einzelnen Gruppenmitglieder.

Innerhalb der Gruppe entsteht meistens ein hohes Maß an Kommunikation und Zusammengehörigkeitsgefühl. Erhöhte Zufriedenheit auf der einen Seite, Produktivitätssteigerungen und Verringerung der Abwesenheitsrate auf der anderen Seite werden verzeichnet. Verkennen darf man allerdings nicht den Gruppendruck und gruppeninterne Machtdifferenzierungen als mögliche Nachteile der hohen sozialen Interaktion.

◆ Projektarbeit und Teamarbeit

Forcierte Kooperation

Kooperation ist an sich eine Grundvoraussetzung der menschlichen Zusammenarbeit in allen denkbaren Handlungsfeldern. Insofern ist die betriebliche Kooperation im übergeordneten Sinne eine Selbstverständlichkeit. Andererseits führen Spezialisierung und Hierarchisierung zu Trennungen, sodass besondere Organisationsformen favorisiert werden müssen, wenn man solche Trennungen überbrücken oder aufheben will. In diesem Kontext sind Projektarbeit und Teamarbeit zu sehen.

Projektarbeit

Projektarbeit

Projekte sind zeitlich begrenzte Aufgaben, die stellen- bzw. abteilungsübergreifend gelöst werden. Diejenigen Mitarbeiter, die in ein solches Projekt eingebunden sind, erfahren eine über ihren Arbeitsbereich hinausgehende Erweiterung ihres Tätigkeits-, evtl. auch ihres Entscheidungsspielraumes. Für die Projektarbeit ist es notwendig, dass der Mitarbeiter die Zusammenhänge auf anderen Ebenen und für andere Abteilungen durchschaut. Projektarbeit setzt Flexibilität und Kooperationsbereitschaft voraus.

Teamarbeit

Teamarbeit

Mit Teamarbeit wird die Arbeit in Arbeitsgruppen bezeichnet. Dem Team wird eine konkrete Aufgabe übertragen, beispielsweise die Produktion eines Gutes im Rahmen des gesamten Produktionsprozesses. Dabei obliegt dem Team die gesamte Planung, die Ausführung sowie die Kontrolle. Innerhalb des Teams sollen alle Mitarbeiter alle Aufgaben übernehmen können. Das kann auch beinhalten, dass das Team im herkömmlichen Sinn keinen Vorgesetzten hat, sondern die Mitglieder des Teams wechselweise den Vorsitz übernehmen.

Da ein solches Team sehr autonom arbeitet, wird den Mitarbeitern ein hohes Maß an Persönlichkeitsentfaltung, Selbstverwirklichung und sozialer Interaktion ermöglicht (vgl. Hentze Bd. 1). Diese positiven Faktoren wirken deshalb so stark, weil Teamarbeit – im Gegensatz zur Projektarbeit – für einen längeren Zeitraum geplant wird.

- Lean Management
  Ziel der schlanken Unternehmensführung ist es, alle Arbeitsabläufe auf ihren Nutzen hin zu untersuchen und damit die Geschäftsabläufe zu verbessern. Jeder Arbeitsschritt wird auf seine Voraussetzungen (Input) und sein Ergebnis (Output) hin untersucht. Wenn das Arbeitsergebnis dem Kunden (intern oder extern) nicht nützt, ist es auch nicht notwendig.

Eine herausfordernde Arbeitsgestaltung ist in der Lebensmittelabteilung durchaus möglich. Job Rotation wäre ein Anfang, weil nach einer Erprobung von etwa zwei Jahren die gegenseitige Vertretung möglich ist und danach über Zusammenlegung von Arbeitsplatzgruppen nachgedacht werden kann. Höhere Verantwortung in Form von Job Enrichment ist in Einzelfällen denkbar, z. B. beim Einkauf von frischen Erzeugnissen. Zu den besonderen Festtagen ließen sich auch Projekte denken, die dann mit der Werbeabteilung abgestimmt werden müssten.

7.5 Personaleinsatz bei bestimmten Mitarbeitergruppen und in bestimmten Situationen

7.5.1 Mitarbeiter, die unter besonderem gesetzlichen Schutz stehen

Für Jugendliche, für Interessenvertreter, für werdende und stillende Mütter sowie für Schwerbehinderte sieht der Gesetzgeber Schutzmaßnahmen vor, die auch den Personaleinsatz betreffen.

Bestimmungen für den Einsatz Jugendlicher

- Jugendliche
  Das Jugendarbeitsschutzgesetz bestimmt für alle Beschäftigten unter 18 Jahre u. a.
  - die Höchstarbeitszeit pro Tag von 8 Stunden und 40 Stunden in der Woche,
  - die Anrechnung des Berufsschulunterrichts auf die Arbeitszeit,

- eine Mindestpause von 30 Minuten bei einer Arbeitszeit von 4,5 bis 6 Stunden, bei mehr als 6 Stunden eine Stunde Pause,
- eine Mindestruhezeit von 12 Stunden und Arbeit nur zwischen 20:00 und 07:00 Uhr,
- Unzulässigkeit von Akkordarbeit und Arbeiten mit erhöhtem Risiko.

- Interessenvertreter

  Bestimmungen für Interessenvertreter

  Die Mitglieder des Betriebsrates sind gemäß § 37,2 BetrVG von ihrer beruflichen Tätigkeit zu befreien, „wann und soweit es nach Umfang und Art des Betriebes zur ordnungsgemäßen Durchführung ihrer Aufgaben erforderlich ist." Entsprechend ist für die Teilnahme an Schulungs- und Bildungsveranstaltungen zu verfahren, die für die Arbeit des Betriebsrates wichtig sind. Freistellungen sind nach der Anzahl der Arbeitnehmer gestaffelt, z. B. bei 200 bis 500 Arbeitnehmern ein Betriebsratsmitglied, bei 501 bis 900 Arbeitnehmern 2 Betriebsratsmitglieder (§ 38,1 BetrVG).

  Von Sprechstunden (§ 39 BetrVG) sowie von Betriebsversammlungen (§ 43 BetrVG) während der Arbeitszeit ist der Personaleinsatz insgesamt betroffen. Hier sind entsprechende zeitliche Vereinbarungen nötig.

- Werdende und stillende Mütter

  Bestimmungen für werdende und stillende Mütter

  Das Mutterschutzgesetz (MuSchG) beruht auf Artikel 6 Absatz 4 des Grundgesetzes. Es schreibt u. a. vor:
  - eine besondere Gestaltung des Arbeitsplatzes,
  - Beschäftigungsverbot sechs Wochen vor und 8 Wochen nach der Entbindung,
  - werdende oder stillende Mütter dürfen nicht zu schwerer oder gesundheitsschädlicher Arbeit eingesetzt werden,
  - Kündigungsschutz für die Zeit der Schwangerschaft und vier Monate nach der Entbindung.

- Arbeitnehmer mit Behinderung

  Der Einsatz von Mitarbeitern mit Behinderung

  Unter die Bestimmungen des Schwerbehindertengesetzes fallen grundsätzlich Personen, die zu mindestens 50 % in ihrer Erwerbstätigkeit eingeschränkt sind. Schwerbehinderte haben einen um 6 Tage verlängerten Urlaubsanspruch. Kündigungen bedürfen der Zustimmung der Integrationsämter (SGB IX § 85). Jeder Arbeitgeber, der mehr als 20 Arbeitnehmer beschäftigt, soll 5 % der Arbeitsplätze mit Schwerbehinderten besetzen. Erfolgt die Besetzung nicht, so ist ein bestimmter Betrag je Monat für jeden unbesetzten Platz als Ausgleichsabgabe zu zahlen (SGB IX, § 77).

  Um Menschen mit Behinderung eine dem Grad und der Art der Behinderung entsprechende Arbeitsumgebung zu schaffen, sind meistens bauliche Maßnahmen zu treffen sowie Geräte und Maschinen mit notwendigen Bedienungserleichterungen zu versehen. Genauso wichtig ist es allerdings, die Sensibilität und die Mitverantwortung aller für eine alle zufriedenstellende Zusammenarbeit zu steigern.

  Eingliederung von Menschen mit Behinderung in das Berufsleben

  Die Chancen von Menschen mit Behinderung zur Eingliederung in das Berufsleben sollen durch Hilfeleistungen von Integrationsämtern bzw. Arbeitsagenturen verbessert werden.

  Realisiert wurden bisher
  - Zuschüsse für befristete Probebeschäftigung,
  - Eingliederungshilfen,
  - Zuschüsse zu Arbeitshilfen im Betrieb.

  Die Höhe der Zuschüsse bzw. auch die Fristenregelungen unterliegen dem politischen Willen. Deshalb ist es ratsam, dass sich die Personalverantwortlichen jeweils vor ihren Entscheidungen über den aktuellen Stand informieren.

7.5.2 Ausländische Arbeitnehmer

Der Einsatz von ausländischen Arbeitnehmern

Der Personaleinsatz ausländischer Arbeitnehmer ist durch eine Vielzahl möglicher Problemursachen gekennzeichnet (vgl. Jung, H.: Personalwirtschaft, München/Wien, 2011, S. 245).

Beispiel Sprachprobleme, Unterschiede im technischen Ausbildungsstand, soziokulturelle Eigenheiten, unterschiedliche Wertvorstellungen gegenüber den herrschenden Wertvorstellungen im Gastland, aber auch innerhalb der ausländischen Arbeitnehmerschaft, nationale Abgrenzungen, sozialer Status

Besondere Probleme des Personaleinsatzes entstehen dann, wenn sich alle möglichen Ursachen zu extremen Ausprägungen vereinigen, etwa beim Personalleasing für unqualifizierte Hilfsarbeiter aus unterschiedlichen Nationalitätengruppen.

Schulungsangebote für die deutsche Sprache, verstärkt technische Bildungsangebote und andere Maßnahmen, haben nach den Erfahrungen in vielen Betrieben zu optimalen Problemlösungen geführt.

7.5.3 Ältere Arbeitnehmer

Entwicklung von körperlichen und geistigen Fähigkeiten älterer Arbeitnehmer

In der letzten Phase eines Arbeitslebens, das für den Großteil der Erwerbsbevölkerung zwischen 60 und 67 Lebensjahren endet, verändern sich auch die körperlichen und geistigen Fähigkeiten eines Menschen (Quelle: Kador, F. J.: Unternehmerische Sozialpolitik, Köln, 1993, S. 304 ff.).

- Mit steigendem Berufsalter erhöhen sich bis zu einem individuellen Maximum:

  Geübtheit, Erfahrung, Urteilsvermögen, Gesprächsfähigkeit, Fähigkeit zum dispositiven Denken, Selbstständigkeit, Genauigkeit bei geringem Komplexitätsgrad, Fähigkeit zur menschlichen Zusammenarbeit, Verantwortungsbewusstsein, Zuverlässigkeit, Ausgeglichenheit, Beständigkeit, die positive Einstellung zur Arbeit und Sicherheitsbewusstsein.

- Einbußen muss der ältere Mitarbeiter bei folgenden Eigenschaften und Fähigkeiten hinnehmen:

  Muskelkraft, Beweglichkeit, Widerstandsfähigkeit gegen Kurzzeitbelastungen über die Dauerbelastungsgrenze hinaus, klimatische Anpassungen, Sehvermögen, Hörvermögen; weiterhin: geistige Beweglichkeit und Umstellungsbereitschaft, Geschwindigkeit der Informationsaufnahme und -verarbeitung bei komplexer Aufgabenstellung, Widerstandskraft gegen hohe psychische Dauerbelastung, Kurzzeitgedächtnis, Risikobereitschaft.

- Mit steigendem Berufsalter bleiben weit gehend erhalten:

  Widerstandsfähigkeit gegen eine physische Dauerbelastung unterhalb der Dauerbelastungsgrenze, Allgemeinwissen, Fähigkeit zur Informationsaufnahme und -verarbeitung, Aufmerksamkeit, Konzentrationsfähigkeit, Merkfähigkeit im Langzeitgedächtnis, Widerstandsfähigkeit gegen eine im Arbeitsprozess übliche psychische Belastung, Lernfähigkeit (bei bestimmten didaktischen Voraussetzungen).

Konsequenzen

Welche Konsequenzen aus diesem Wissen für den Personaleinsatz allgemein und für die Gestaltung des Arbeitsplatzes sowie für den Zuschnitt der Aufgaben gezogen werden, richtet sich nach den Anforderungen der Stelle. Gewisse Unterschiede lassen sich für den Personaleinsatz im gewerblich-technischen Bereich und im kaufmännischen Bereich machen, obwohl die Gemeinsamkeiten überwiegen.

Bei der hohen Fehlquote in der Lebensmittelabteilung des Warenhauses stellt sich die Frage, ob aus der Altersstruktur heraus Ursachen zu ermitteln sind. Der Anteil der Mitarbeiterinnen über 45 Jahre ist relativ hoch und die Fehlquote wird von Langzeiterkrankungen der Personengruppe zwischen 45 und 55 stark beeinflusst. Rückfragen bei dem Abteilungsleiter ergaben, dass Venen- und Bandscheibenerkrankungen die Hauptursachen für lange Fehlzeiten darstellen. Damit stoßen Sie auf das Kernproblem: Nach ca. 25 Jahren stehender Tätigkeit stellen sich sogenannte Verschleißerscheinungen ein. Durch Ihren Anstoß wird jetzt eine umfangreiche Projektuntersuchung mit folgenden Fragen eingeleitet:

Lassen sich Arbeitsplatzbedingungen herstellen, die den Mitarbeitern im Verkauf ein häufigeres Sitzen ermöglichen? Welche Auswirkungen hat das Bild des sitzenden Verkäufers auf den Käufer? Wo können Angebote für gefällige Sitzmöbel eingeholt werden?

Intelligenzdimensionen und Lernbedingungen älterer Menschen

- Intelligenzdimensionen

  „Die Intelligenz läßt sich in zwei Dimensionen untergliedern: Die *flüssige Intelligenz* (‚Mechanik der Intelligenz‘) umfaßt Fähigkeiten zur Lösung von neuartigen kognitiven Problemen. Die *kristallisierte* Intelligenz umfasst das im Laufe der Biographie erworbene Wissen der Person und die Fähigkeit zum kompetenten Umgang mit vertrauten kognitiven Problemen. In neueren Arbeiten wird auch von der Pragmatik der Intelligenz gesprochen.

  In diesen beiden Intelligenzdimensionen zeigen sich unterschiedliche Entwicklungen im Lebenslauf. Die flüssige Intelligenz geht mit wachsendem Alter (leicht) zurück, die kristallisierte (erfahrungsgebundene) Intelligenz bleibt hingegen konstant, sie kann sogar mit wachsendem Alter ansteigen. Daraus lässt sich die Aussage ableiten, dass die Lösung von neuartigen Problemen im höheren und hohen Erwachsenenalter erschwert ist, dass hingegen der kompetente Umgang mit vertrauten Problemsituationen erhalten bleibt. Aufgrund des hohen Erfahrungswissens älterer Menschen ist davon auszugehen, dass sie über eine ausgeprägte Kompetenz in der Bewältigung von Anforderungen des Alltags verfügen.“

- Lernbedingungen

  „(1) Das neue Lernmaterial sollte überschaubar und gut gegliedert sein sowie enge Bezüge zur individuellen Lerngeschichte enthalten. Bei dem neuen Lernstoff sind ‚dosierte Diskrepanzen‘ zu wählen, d. h. Abweichungen von dem bisher erworbenen Lernstoff, die noch gut verarbeitet werden können, die die Person aber nicht überfordern.

  (2) An die Stelle des raschen Erwerbs von umfangreichem Lernstoff sollten gegliederte Lerninhalte treten, für deren Erwerb der Person genügend Zeit zur Verfügung steht. Ältere Menschen lernen langsamer, aber dafür genauer.

  (3) Der Sinn des Lerninhaltes muss gut erkennbar sein. In Lern- und Gedächtnisuntersuchungen, in denen sinnloses Material gespeichert werden musste, waren vor allem ältere Menschen benachteiligt.

  (4) Das Lernmaterial sollte auch Anregungen enthalten, die sich auf den Einsatz von optimalen Lernstrategien beziehen. So lässt sich die Behaltensleistung deutlich steigern, wenn komplexere Strategien eingesetzt werden. Beispiele für komplexere Strategien sind die Zusammenfassung einzelner Begriffe unter einem Oberbegriff oder die Integration von einzelnen Gegenständen in einem Bild (loci-Methode). Werden ältere Menschen aufgefordert, diese Strategien einzusetzen und nicht jeden einzelnen Gegenstand bzw. Begriff gesondert zu speichern, so lässt sich auch eine Zunahme der Lernleistung erkennen.“

(Quelle: Kruse, A.; Lehr, U.: Ältere Mitarbeiter, in: Rosenstiel, L. v. (Hrsg.): Führung von Mitarbeitern, 1993, S. 482, 484 f.)

7.5.4 Aktuell belastete Mitarbeiter

Gründe für besondere Belastungen

Zu den aktuell belasteten Personen zählen insbesondere
- Alkohol- und Medikamentenabhängige,
- durch seelische Belastungen erkrankte Mitarbeiter,
- durch Mobbing geschädigte Mitarbeiter,
- straffällig gewordene Personen,
- Mitarbeiter in Lebenskrisen (z. B. Sinnkrisen, Trennungsprobleme),
- verschuldete Mitarbeiter.

Die Kenntnis von Abhängigkeiten, seelischen Belastungen sowie von Mobbingsituationen in möglicherweise bestimmbaren Arbeitsgruppen können unmittelbar Einfluss auf den Personaleinsatz haben. Das ist besonders dann der Fall, wenn es vorrangig um Fragen der Sicherheit und der Gefährdungsvermeidung geht. Ansonsten ist für Probleme der genannten Art – und für einige weitere, wie z. B. familiäre Grenzsituationen – die betriebliche Sozialarbeit zuständig.

Betriebliche Sozialarbeit

Der Grund für die Installierung von betrieblichen Sozialarbeiterteams ist die Erkenntnis, dass der Mitarbeiter durch Belastungen grundsätzlich schlechtere Arbeitsleistungen zeigt, zum anderen aber auch die Unfallgefahr steigt. Zudem kann der Auslöser für eine Abhängigkeit im betrieblichen Geschehen liegen, beispielsweise dadurch, dass die Arbeitsbelastungen den Mitarbeiter überfordern oder die monotonen Arbeitsabläufe ihn unterfordern. Möglich ist auch, dass technischer Fortschritt den Arbeitsplatz so unattraktiv macht, dass der Mitarbeiter „vereinsamt" oder dass die Verantwortung für teure Aggregate zu hohe Anforderungen an ihn stellt. Ein anderer Grund kann auch in zwischenmenschlichen Beziehungen liegen. Beispielsweise ist es das Führungssystem, in dem sich der Mitarbeiter nicht wohlfühlt, oder einige Kollegen verursachen Störungen durch ihr Verhalten.

Das Aufdecken der Ursache stellt eine wichtige Voraussetzung zur Hilfe und Selbsthilfe dar. Eine gezielte Beratung kann u. U. schon Abhilfe schaffen. Abgesehen von betrieblichen Maßnahmen kann auch sehr wichtig sein, Verbindungen zu staatlichen und anderen Stellen herzustellen.

7.6 Internationalisierung des Personaleinsatzes

Aspekte des internationalen Personaleinsatzes

Die Internationalisierung des Personaleinsatzes hat grundsätzlich vier Aspekte, nämlich
- den Auslandsaufenthalt inländischer Kräfte und den späteren Einsatz im Inland,
- den Einsatz inländischer Kräfte im Ausland,
- die Einstellung ausländischer Kräfte für den inländischen Einsatz,
- die Einstellung ausländischer Kräfte für den Einsatz im Ausland.

Auslandseinsatz inländischer Mitarbeiter

◆ Auslandsaufenthalte inländischer Mitarbeiter

Bedingt durch eine verstärkte Kooperation mit ausländischen Unternehmungen sind viele inländische Unternehmungen dazu übergegangen, ihren (meist hochqualifizierten) Mitarbeitern die Möglichkeit eines Auslandseinsatzes zu bieten.

Der Mitarbeiter hat hierbei den Vorteil, dass er Kenntnisse und Erfahrungen sammeln kann, die er in der eigenen Unternehmung nicht erhält, die aber für seinen späteren Arbeitsbereich wichtig sind. Vielfach ist der Auslandsaufenthalt ein wichtiger Baustein der Karriereplanung.

Der Mitarbeiter wird nach dem Auslandsaufenthalt in einem Bereich für die Unternehmung tätig sein, den er durch seinen Aufenthalt kennen gelernt hat. Zudem kennt er dadurch die Geschäftsmentalität des Geschäftspartners und hat u. U. wichtige „Connections“ (= Verbindungen) geknüpft.

◆ Einstellung ausländischer Mitarbeiter

Einstellung ausländischer Fachkräfte

Für bestimmte Aufgabenfelder kann es notwendig sein, ausländische Fachkräfte zum Einsatz im Inland anzuwerben. Als Beschaffungswege beschränkt man sich keineswegs auf traditionelle Formen. Als günstig haben sich Praktika ausländischer Bewerber in inländischen Unternehmungen erwiesen, ebenfalls praktische Hilfen bei Diplomarbeiten. Gerade ein Praktikum gibt dem ausländischen Bewerber die Möglichkeit, die deutschen Lebensbedingungen und die Mentalität deutscher Arbeitskollegen kennen zu lernen. Die politischen und rechtlichen Rahmenbedingungen (Arbeitserlaubnis, Aufenthaltsgenehmigung) werden u. U. unkonventionell gestaltet. Ein Beispiel dazu ist die Bereitstellung von Greencards.

◆ Personaleinsatz im Führungsbereich

Durch Kapitalverflechtungen, Errichtung von Verkaufsniederlassungen oder Produktionsstätten im Ausland, durch Joint-Ventures u. a. m. entsteht die Frage, ob bei Führungskräfteeinsatz die Nationalität eine Rolle spielen soll. Verschiedene Wege werden beschritten.

Einsatzprinzipien im Führungsbereich

- Der so genannte **ethnozentrische Ansatz** besagt, dass man Schlüsselpositionen allein mit Führungskräften aus dem Stammhaus besetzt. Damit will man vor allem erreichen, dass z. B. Führungsverhalten, Produktionsverfahren und Marketingstrategien in den im Ausland agierenden Betrieb „transportiert“ werden.
- Nach dem so genannten **polyzentrischen Ansatz** sollen die Führungskräfte aus dem Gastland stammen. Dieser Weg schließt natürlich nicht aus, dass den Führungskräften vor ihrem Einsatz ein Aufenthalt im Stammhaus ermöglicht wird.

Der polyzentrische Ansatz beruht auf der Annahme, dass die Führungsspitzen aus dem Gastland die dortigen Lebensbedingungen naturgemäß am besten kennen.

Beispiel Umgang mit Behörden und Lieferern, Einstellung der Gewerkschaftsvertreter, Mentalität der Mitarbeiter, Preisgefüge im Bereich der Dienstleistungen.

Neben dem ethnozentrischen und dem polyzentrischen Weg werden noch weitere Wege beschritten.

Beispiel
- Auswahl der Führungskräfte allein nach Fähigkeiten, d. h. unabhängig von der Nationalität
- Führungsspitze aus dem Stammhaus, weitere Führungskräfte aus dem Gastland
- Führungsspitze aus dem Gastland, Spezialisten für Controlling etc. aus dem Stammhaus.

7.7 Vereinbarkeit von Beruf und Privatleben – Work Life Balance

Für viele und zunehmend mehr Mitarbeiter ist es eine Herausforderung, berufliche und private Anforderungen in Einklang zu bringen. Viele Mitarbeiter sind nicht mehr bereit, ihr Privatleben dem Beruf vollständig unterzuordnen, sondern wollen sich in bestimmten Lebensabschnitten ganz oder teilweise dem Privaten widmen. Der bisherige Blick auf die teilzeitbeschäftigten Mütter mit kleinen Kindern hat sich in den letzten Jahren geweitet, so dass es unterschiedliche Instrumente gibt, um Mitarbeitern diese Freiräume zu ermöglichen.

In einer Kienbaum-Studie zum Zusammenhang zwischen Work Life Balance und demographischem Wandel von 2007 wurden als wichtigste Maßnahmen genannt:

1. Teilzeitarbeit
2. Kinderbetreuung
3. Lebensarbeitszeitkonten
4. gesundheitsfördernder Arbeitsplatz
5. Gesundheits-Check
6. Vertrauensarbeitszeit
7. Jahresarbeitszeitkonten
8. Fitnessangebote und Betriebssport

Hier werden die Schwerpunkte auf der **Arbeitszeitgestaltung** und auf den **Gesundheitsangeboten** im Betrieb deutlich. Auch eine Unterstützung durch die Unternehmen bei der Bewältigung des Alltags durch das Anbieten von Kinderbetreuung und durch Angebote wie Einkaufsservice und Wäscheservice in Kooperation mit Fachunternehmen der Region können als hilfreich empfunden werden.

Nicht berücksichtigt werden hierbei die **unbezahlten Auszeiten**, die der Gesetzgeber zunehmend durch Arbeitsplatzgarantien begünstigt. So wird durch die Elternzeit und die Möglichkeit der Aufteilung dieser Zeit auf beide Eltern eine Betreuung der Kinder auch durch die Väter begünstigt. Zudem wird hierdurch auch die Pflege von pflegebedürftigen Angehörigen ohne Angst um den Arbeitsplatz ermöglicht.

Persönliche Träume können durch persönliches Ansparen von Arbeitszeit bei gleichzeitigem Gehaltsverzicht im öffentlichen Dienst und in einigen Unternehmen verwirklicht werden. Hier variieren die Modelle von zwei Jahren Arbeit in Vollzeit bei Zahlung von zwei Dritteln des Gehalts und dann einem Jahr Freizeit bei Weiterzahlung dieses anteiligen Gehaltes bis hin zu einem Modell, das auf sechs Jahren Ansparzeit basiert. Diese **Sabbaticals** sind für das Unternehmen langfristig planbar, erfordern jedoch auch von dem Mitarbeiter eine langfristige und verlässliche Planung, da die Regelung für den gesamten Zeitraum gilt. Zudem wird dem Unternehmen signalisiert, dass der Mitarbeiter nicht bedingungslos verfügbar ist, so dass es – zumindest zeitweise – als Karrierebremse wirken kann.

Die Maßnahmen der Work Life Balance werden von den Unternehmen zunehmend als Chance erkannt, Mitarbeiter zu binden und Erschöpfungszuständen bei Mitarbeitern bis hin zum Burn-Out vorzubeugen.

◆ Spezielle Situationen

- Wochenend- und Sonntagsarbeit

Wochenend- und Sonntagsarbeit

Schätzungen gehen dahin, dass in Millionenhöhe Arbeitnehmer in der Bundesrepublik Deutschland am Sonntag arbeiten. Dabei ist der Anteil in der gewerblichen Wirtschaft relativ gering. Der Hauptanteil fällt auf Dienstleistungen, speziell die des Verkehrs- und des Gaststättengewerbes. Der betreffende Personenkreis hat die Entlastung an Wochentagen, aber das kulturelle Angebot ist naturgemäß am Wochenende größer, sodass ein entsprechender Verzicht zur Lebenssituation gehört.

- Teilzeitarbeit

Teilzeitarbeit

Durch Teilzeitarbeit können familiäre Pflichten mit einem Verbleib und der Bewährung im Beruf gekoppelt werden. Gleiches gilt auch für einen Personenkreis, der zwischen dem Berufsleben und dem Rentenalter steht. Dazu gibt es gesetzliche Grundlagen im Altersteilzeitgesetz. Selbstverständlich spielt die finanzielle Seite der Berufstätigkeit von Teilzeitarbeitnehmern in der Regel eine erhebliche Rolle. Wenn die finanzielle Basis ausreicht, ist die Teilnahme am allgemeinen Kulturleben günstig zu gestalten. Teilzeitarbeit hat allerdings eine nicht zu verkennende Spätfolge. Da die Beiträge für die Altersversorgung, die lediglich auf der gesetzlichen Altersversorgung beruht, relativ gering sind, ist eine ausreichende eigene Altersversorgung nicht gewährleistet.

- Arbeitslosigkeit

Arbeitslosigkeit

Der Ausschluss vom Berufsleben ist für Arbeitssuchende und arbeitslos gewordene Mitarbeiter eine schwere Herausforderung. Da die meisten Menschen ihr Ansehen und ihr Selbstbewusstsein aus der Berufstätigkeit ableiten, wird das Ausgeschlossensein von den Betroffenen zumeist als ein hartes Schicksal empfunden. Das trifft übrigens nicht nur für den Betroffenen selbst, sondern auch für seine Familie zu. Die Teilnahme am Kulturleben wird durch finanzielle Beschränkungen und durch eine häufig allgemein wirkende Demotivation eingeschränkt.

A Aufgaben

◆ Wiederholungsaufgaben

1. Informieren Sie sich über verschiedene Regelungen zum Arbeitszeitkonto. Werden die Regelungen von allen Beteiligten gleichermaßen begrüßt?

2. Durch Betriebs- bzw. Werksferien lassen sich die Urlaubsansprüche der Mitarbeiter weitgehend erfüllen. Andererseits entstehen durch diese Regelung auch Probleme. Welche sehen Sie?

3. Beschaffen Sie sich den Wortlaut von § 10 des Arbeitszeitgesetzes und machen Sie sich die Prinzipien klar, die hinter den Ausnahmeregeln von der Sonn- und Feiertagsruhe stehen.

4. Untersuchen Sie Ihren eigenen Arbeitsplatz auf Möglichkeiten des Job Enlargement und des Job Enrichment.

5. Interpretieren Sie die als „Imperativ der Arbeitsgestaltung“ bezeichnete Aussage: „Wer dem Mitarbeiter soviel Gelegenheit wie möglich zur beruflichen Selbstbestimmung gibt, handelt nicht nur human, sondern gleicherweise auch produktiv.“

◆ Situationsaufgaben

1. In einer Unternehmung für Großküchentechnik werden die technischen Mitarbeiter so qualifiziert, dass sie sämtliche Maschinen aus dem Sortiment, die bei einem Kunden aufgestellt sind, zumindest soweit kennen, dass sie die häufigsten Fehlerursachen ausmachen und beheben können. Für besondere Probleme gibt es Produktspezialisten, die über Handy jederzeit erreichbar sind. Innerhalb der Unternehmenshierarchie sind diese Spezialistenstellen auf einer gehobenen Hierarchiestufe (Entwicklungsstufe) angesiedelt.

   Welche Vorteile hat diese Organisation
   a) für den Kunden?
   b) für den Mitarbeiter?

2. In einer in New York ansässigen Telefongesellschaft wurden die Arbeitsaufgaben der „Abteilung Telefonverzeichnisse“ neu organisiert. Während bisher die ca. 70 Mitarbeiter ein-funktional eingesetzt waren, also entweder Neueintragungen, Änderungen, Löschungen oder Werbungen bearbeiteten, wird durch die Neuorganisation jedem Mitarbeiter ein bestimmter Buchstabenteil übertragen, sodass z. B. Mitarbeiter M jetzt für die Buchstabenfolge Aa bis Ak zuständig ist, jetzt allerdings für alle Funktionen gleichzeitig. Wenn vor Beendigung der Normalarbeitszeit alle Aufgaben erledigt sind, hat der Mitarbeiter ohne jegliche Einbuße frei (Vertrauensarbeitszeit).

   Die Neuorganisation wurde unter dem Motto „Jedem Mitarbeiter eine herausfordernde Arbeit“ gestartet und hat sich als ein großer Erfolg erwiesen, der sich u. a. in einer drastischen Verringerung der Fehlzeiten zeigte.

   Kennen Sie vergleichbare Situationen aus Ihrer Arbeitsumgebung? Halten Sie die positiven Auswirkungen der Neuorganisation für übertragbar?

3. Im Verlaufe der letzten Monate wurden in der Personalabteilung Gespräche nötig, die sich mit Beschwerden wegen **Mobbings** befassten. Mitarbeiter aus verschiedenen Abteilungen hatten um Versetzung gebeten, weil sie sich an ihrem Platz von Kollegen drangsaliert fühlten. Die Anschuldigungen waren nur in wenigen Fällen konkret, in anderen Fällen zwar glaubhaft, aber doch recht vage, und in wieder anderen Fällen registrierte der Personalleiter auch eine extreme Empfindlichkeit seitens der Beschwerdeführer. Ihre Aufgabe besteht darin, eine **Mitarbeiterinformation** zu entwerfen, die auf die Problematik hinweist, insbesondere auch auf die negativen Folgen für die Betroffenen und auf mögliche Sanktionen gegen die Verursacher.

   Als Informationsgrundlage bedienen Sie sich des Internets. Außerdem stehen Ihnen Aufzeichnungen über Beschwerden zur Verfügung, die dem Begriff des Mobbing als eine subtile Form des Drangsalierens durch (a) Kollegen, (b) Vorgesetzte und (c) Nachgeordnete entsprechen.

aa) Mitarbeiter A führt seine Magenerkrankung darauf zurück, dass er „geschnitten“ würde (Ausschluss bei kollegialen Gesprächen, keine Grußerwiderung, sich schließende Zimmertüren, wenn er vorbeikommt).

ab) Der Beschwerdeführer wurde bei einer Beförderung nicht berücksichtigt, was er auf Intrigen der Mitbewerber zurückführt (z. B. gelegentliche Fehler an die große Glocke hängen).

ba) Mitarbeiter A fühlt sich durch den Personaleinsatzplaner seiner Abteilung benachteiligt (häufiger Vertretungen als andere, Mehrarbeit bei Fußballübertragungen etc.).

bb) Der Beschwerdeführer musste nach seinem Urlaub hinnehmen, dass sein Telefonanschluss für Auslandsgespräche gekappt war (Demütigung).

bc) Ein Verkäufer im Außendienst wird krank. Er sieht die tiefere Ursache in dem Verhalten seines Vorgesetzten, der mehrfach bei Kunden rückfragte, ob man mit den Leistungen des Reisenden zufrieden sei (Rufschädigung).

ca) Ein Gruppenleiter will nach 6 Monaten Tätigkeit in der Position kündigen, weil die 4 Sachbearbeiter seine Anordnungen boykottieren (vergessen, verspätet ausführen, missverstehen).

4. In Ihrem Unternehmen gibt es eine Anzahl älterer Mitarbeiter, die den Anforderungen und dem Stress nur noch begrenzt gewachsen sind. Sie erhalten den Auftrag, sich über Altersteilzeitmodelle zu informieren und zwei Modelle in einer Projektgruppe vorzustellen. Bei der Auswahl haben Sie darauf zu achten, dass nur ein Modell infrage kommt, dessen Realisation der ältere Mitarbeiter nicht als ein Hinausdrängen empfinden muss, sondern als ein faires Angebot.

5. Die persönlichkeitsförderliche Arbeitsgestaltung nach Ulich lässt sich an folgendem Beispiel verstehen: In einem amerikanischen Versicherungsunternehmen war die Arbeitsteilung extrem ausgeprägt. Für Teilaufgaben wie Eingangskontrolle, Prämienberechnung, Policenausgabe, Berichtswesen etc. war jeweils ein anderer Sachbearbeiter zuständig. Ein Fall lief über 32 Stationen und benötigte 27 Tage.

   Die Neuorganisation verlegte die vollständige Bearbeitung auf 6 kooperierende Sachbearbeiter, die sich auch noch gegenseitig vertreten konnten, weil jeder alles konnte. Dafür war extra ein Anreizsystem nach dem Prinzip „Pay for knowledge“ (Entlohnung von Kenntnissen) eingeführt worden.

Aufgabenstellung

Vergleichen Sie die (verkürzte) Darstellung der Organisationsstruktur „vor dem Experiment“ und „nach dem Experiment“. Wodurch entspricht die neue Organisationsstruktur den Erwartungen modern denkender Mitarbeiter?

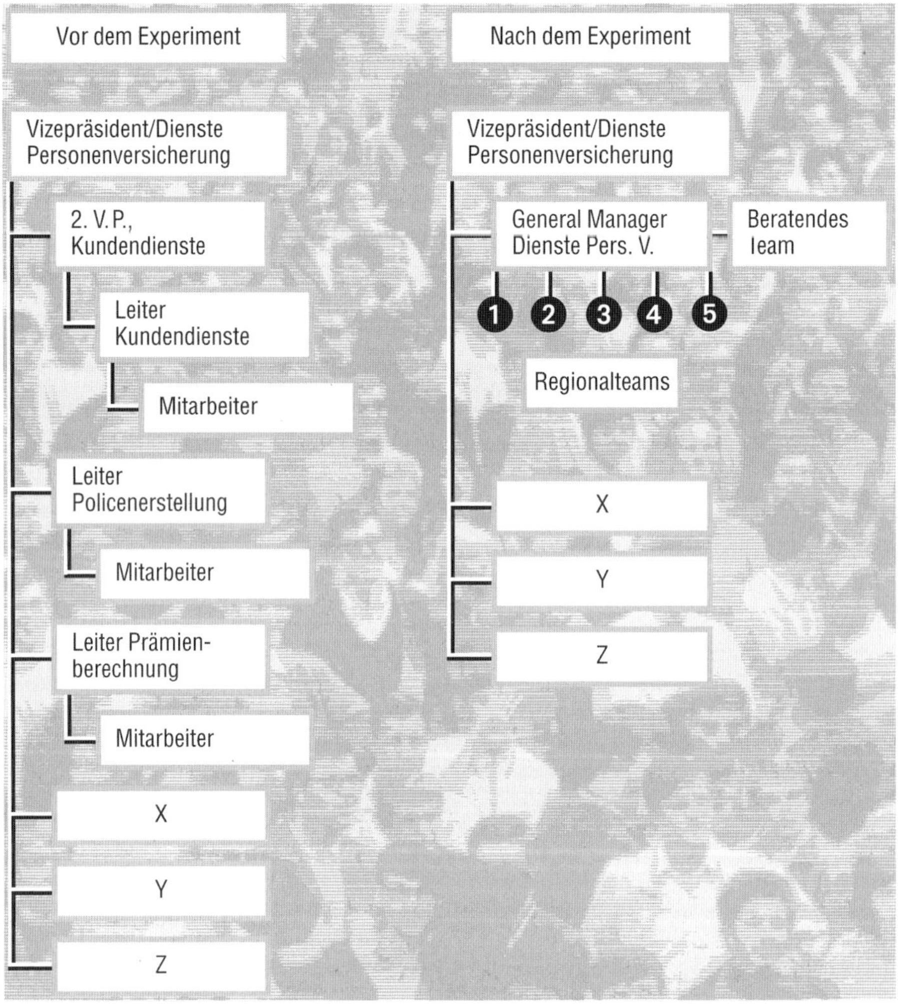

Abb. 7-10: Organisationsstrukturen alter und moderner Prägung

B Methodische Empfehlungen

◆ Problemlösungstechniken

Kreatives Denken

Kreatives Denken hat viele Dimensionen.

Beispiel

1. Die Vielseitigkeit der Betrachtung führt zu neuen Erkenntnissen. Vielseitigkeit ist erreichbar durch
   - ganzheitliche Betrachtung,
   - partielle Betrachtung,
   - Betrachtung von verschiedenen Standpunkten aus.

2. Komplexe Erscheinungen zerlegt man gedanklich in einzelne Bestandteile.

3. Einzelne Bestandteile baut man zu neuen Komplexen zusammen.

4. Bestehendes wird problematisiert oder ganz infrage gestellt.

5. Wissenselemente oder Wissenskomplexe werden aus einem Wissens- oder Erfahrungsbereich auf andere Wissens- oder Erfahrungsbereiche übertragen.

6. Für Vorhandenes wird das Vergleichbare gesucht. Rückschlüsse lassen das Bekannte in neuem Licht erscheinen.

7. Bisher gängige Problemlösungen werden infrage gestellt, originelle Lösungen auf ihren Bestand hin geprüft.

Kreative Problemlösungstechniken

1. Brainstorming

Der „Gehirnsturm" wurde durch den amerikanischen Psychologen Alex Osborn (1948) zur Methode erhoben. Die Methode eignet sich für fast alle Probleme. Sie kann allerdings – trotz der scheinbaren Offenheit – nur erfolgreich eingesetzt werden, wenn sich alle Teilnehmer strikt an die festgesetzten Regeln halten. Ein häufiger Regelverstoß besteht darin, dass Einfälle impulsiv bewertet werden.

Vorgehensweise

- Vortrag des Problems durch den Gesprächsleiter
- Die Mitglieder der Runde äußern ihre Einfälle („Geistesblitze") zum Thema laut.
- Der Phantasie soll man freien Lauf lassen. Jeder Einfall ist willkommen.
- Fremde Einfälle werden aufgenommen und ausgesponnen.
- Auch die entferntesten, lächerlichsten, phantastischsten Einfälle werden ernst genommen und nicht kommentiert.
- Ein Protokollführer (ggf. Tonband) hält alles Gesagte fest, ggf. an einer Tafel o. ä.
- Die Ideen werden ausgewertet.
- Beim „stop-and-go"-Brainstorming wird in bestimmten Zwischenphasen Kritik zugelassen.

Anwendungsbeispiele:
Möglichkeiten der verbesserten Integration ausländischer Mitarbeiter
Welche Kompetenzen sollten in der Unternehmung gefördert werden?

2. Methode 635

Diese Methode kann als Brainwriting bezeichnet werden.

- Ein Problem wird den Teilnehmern bekanntgemacht.
- **6** Teilnehmer schreiben auf ein Blatt **3** Lösungsvorschläge in **5** Minuten.
- Die Blätter werden im Uhrzeigersinn weitergereicht. Der nächste Teilnehmer ergänzt die Lösungsvorschläge seines Vorgängers oder schreibt neue Ideen dazu.
- Es entstehen durch die Schriftform ausgewogene Urteile (jedoch nicht so spontan und originell wie beim Brainstorming).
- Wenn statt 3 Minuten eine längere Zeit, z. B. 2 Tage, eingeräumt wird, spricht man von **Ideen-Delphi**. In diesem Fall haben die Teilnehmer während der täglichen Arbeit ohnehin Zettel zur Hand, um Lösungsvorschläge (für jede Idee einen Zettel) sofort zu notieren.

Anwendungsbeispiele:
Flexibilisierungsmöglichkeiten der Arbeitszeit für berufstätige Mütter
An welchen Stellen ist Job-Rotation im Betrieb möglich?

Matrixdenken (Matrix = hier „geordnetes Schema von Werten“)

Das Matrixdenken ist eine Problemlösungstechnik, bei der sich durch zwei unterschiedliche Gedankenrichtungen ein Problemlösungsfeld ergibt, wenn entsprechende Abstufungen innerhalb der Gedankenrichtungen möglich sind.

Beispiel Sie erhalten die Aufgabe, eine Betriebsfeier zu planen. Dazu wählen Sie als die Ihnen am wichtigsten erscheinenden Gedankenrichtungen (Parameter)

- die Zusammensetzung der Teilnehmer und
- den Aufwand.

Teilnehmer \ Aufwand	gering	mittel	hoch
alle Betriebsangehörigen	1	2	3
Betriebsangehörige plus Pensionäre	4	5	6
Betriebsangehörige, Pensionäre, Gäste aus dem öffentlichen Leben	7	8	9

Abb. 7B-1

Ihre Aufgabe ist es jetzt, für die selbstgeschaffenen 9 Felder die Ausgestaltung zu überdenken und die Möglichkeiten vorzuschlagen. Für Feld „1“ ließe sich z. B. als Gestaltungsmöglichkeit die festliche Ansprache in der Kantine denken.

C Literatur

Berthel, J.; Becker, F. D.: Personalmanagement, Stuttgart, 2010.

Bröckermann, R.: Personalwirtschaft, Stuttgart, 2007.

Eisele, D.; Doyé, Th.: Praxisorientierte Personalwirtschaftslehre – Wertschöpfungskette Personal, Stuttgart, 2010.

Hentze, J.; Kammel, A.: Personalwirtschaftslehre 1, Bern, Stuttgart, 2001.

Jung, H.: Personalwirtschaft, München/Wien, 2011.

Kador, F. J.: Unternehmerische Sozialpolitik, Köln, 1993.

Kruse, A.; Lehr, U.: Ältere Mitarbeiter, in: Rosenstiel, Lutz v. (Hrsg.): Führung von Mitarbeitern, Stuttgart, 1993.

Preising, D. (Hrsg.): Erfolgreiches Personalmanagement im demografischen Wandel, München, 2010.

RKW – Rationalisierungs-Kuratorium der Deutschen Wirtschaft (Hrsg.): RKW-Handbuch Personalplanung, Neuwied, 1990.

Scholz, C. (Hrsg.): Vahlens großes Personallexikon, 2010.

Ulich, E.: Arbeitsstrukturierungsmodelle, in: Gangler, E.; Weber, W. (Hrsg.): Handwörterbuch des Personalwesens, Stuttgart, 1992.

Welge, M.; Peschke, M.: Management Trends 2004; Die besten Praxislösungen, Wiesbaden, 2003.

8 Arbeitsplatz und Arbeitsumgebung optimal gestalten

Wie sollen Arbeitsplatz und Arbeitsumgebung unter wirtschaftlichen und sozialen Gesichtspunkten gestaltet sein, um die Betriebsziele optimal zu erreichen?

Innerhalb von 3 Jahren soll das Bürohochhaus der Unternehmung, in dem Sie als Personalreferent tätig sind, grunderneuert werden. Da bis auf die tragenden Teile der Bausubstanz frei disponiert werden kann, sind die Möglichkeiten der Neugestaltung umfangreich. Für die Neugestaltung ist ein relativ großes Budget bereitgestellt worden, weil in der Unternehmung der Arbeitszufriedenheit der Mitarbeiter und den arbeitsorganisatorischen Belangen große Bedeutung zugemessen wird.

Die erste Gestaltungsstufe bezieht sich auf eine Etage, von der die Hälfte für die Personalabteilung vorgesehen ist. Weil die erste Ausbaustufe gleichsam als Pilotprojekt verstanden wird, wurde ein Team zur Unterstützung des Architektenbüros gebildet. Dazu gehören

- *der Sicherheitsbeauftragte der Unternehmung, zuständig für alle Sicherheitsangelegenheiten innerhalb der Unternehmung sowie für die Außenkontakte (z. B. Arbeitsschutzbehörde),*
- *ein Generalist aus der Organisationsabteilung,*
- *ein Mitglied des Betriebsrates,*
- *Sie als Personalreferent und*
- *ein Repräsentant der Geschäftsleitung.*

Um in diesem Team erfolgreich mitarbeiten zu können, bereiten Sie sich durch folgende Aufgabenstellungen vor:

1. Welche Anforderungen leiten sich aus den anthropometrischen, physiologischen, psychologischen, informationstechnischen, organisatorischen und ökologischen Forderungen ab, wie sie die Organisationsabteilung als Grundinformation bereitgestellt hat?

2. Welche speziellen personalwirtschaftlichen Aspekte sind hinsichtlich Raumaufteilung und Arbeitsplatzgestaltung zu berücksichtigen?

3. Vor endgültigen Entscheidungen wird auch über solche Anforderungen ausführlich zu beraten sein, die sich gegenseitig ausschließen. Über Konfliktfelder dieser Art wollen Sie sich im Voraus Gedanken machen.

4. Ihre Hauptaufgabe sehen Sie darin, optimale Kommunikationsstrukturen innerhalb der Personalabteilung und mit anderen Betriebsteilen und Außenstellen zu ermöglichen.

8.1 Die Arbeitsplatzgestaltung als Gegenstand der Arbeitswissenschaft und der Rechtsnormen

8.1.1 Begriff und Zielsetzung der Arbeitswissenschaft

Der Begriff Arbeit im Spiegel der Fachwissenschaften

Das Wort Arbeit hat in den wissenschaftlichen Fachdisziplinen jeweils eine spezifische Bedeutung.

Beispiel

- In der **Physik** kennzeichnet Arbeit das Überwinden eines Widerstandes über einen Weg. Die Messeinheit für „Kraft mal Weg" ist nach DIN 1301 „Joule".
- Im **physiologischen** Sinne wird Arbeit als ein Prozess des Umsetzens von Energie (überwiegend muskulär) und des Verarbeitens von Informationen (überwiegend nervlich) verstanden.
- Die **Psychologie** sieht Arbeit insbesondere in der Beziehung des Menschen zur Arbeitsumgebung und Umwelteinflüssen mit Problemen der Motivation, Monotonie und Ermüdung sowie in dem Spannungsverhältnis zwischen Belastung und Beanspruchung.
- Die **Soziologie** sieht Arbeit als Teil der gesellschaftlichen Lebenswirklichkeit eines Menschen. Demgemäß interessiert sie z. B. Schichtarbeit, Teilzeitarbeit von Müttern, die Zusammenhänge in Arbeitsgruppen und andere die soziale Umwelt des Arbeitenden betreffende Sachverhalte.
- Für die **Ökonomie** ist Arbeit ein Einsatzfaktor im Produktionsprozess.
- In **philosophisch-ethischen** Betrachtungen ist die Arbeit eine wichtige Form der Selbstentfaltung und der Weltgestaltung. Sie ist gleichzeitig bewusstes Handeln zum Zweck der Existenzsicherung.
- Die Arbeitswissenschaft sieht Arbeit als eine in technische, organisatorische und soziale Bedingungen und Prozesse eingeordnete Tätigkeit. Die Ergonomie – als Teilgebiet der Arbeitswissenschaft – liefert unter Verwendung anatomischer, physiologischer, psychologischer, soziologischer und technischer Erkenntnisse die Methoden, die zur Bestimmung der Grenzen der Ausführbarkeit und Erträglichkeit menschlicher Arbeit erforderlich sind. Damit schafft sie gleichzeitig Voraussetzungen für die Anpassung der Arbeit an den Menschen und umgekehrt.

Teilbereiche der Arbeitswissenschaft

Die Arbeitswissenschaft hat viele Teilbereiche:

- **Anthropometrie** untersucht die Maße des menschlichen Körpers sowie deren Veränderungen in Abhängigkeit von Lebensalter, Geschlecht und ethnischer Zugehörigkeit.
- Die **Arbeitsphysiologie** – als Teilbereich der Arbeitsmedizin – untersucht die Funktionen des menschlichen Körpers bei der Arbeit (Grundumsatz, Herzfrequenz, Ermüdung etc.).
- Gegenstand der **Arbeitspsychologie** ist vor allem der Mensch in seinem Verhältnis zur Arbeit (Leistungsbereitschaft, Motivation etc.).
- Für die **Arbeitssoziologie** steht die Bedeutung der Arbeit für den Menschen, besonders aber auch die soziale Umgebung im Arbeitssystem (Gruppierungen, Gruppen) im Vordergrund.

- Die **Arbeitspädagogik** ist zuständig für berufliche Bildung und Personalentwicklung.

- Die **Arbeitstechnologie** befasst sich mit Anwendung und Gestaltung von Arbeitsverfahren, speziell unter den Gesichtspunkten der Sicherheit und der Wirtschaftlichkeit.

- Die **Arbeitsmedizin** analysiert die arbeitsbezogenen Faktoren auf Gefahren (Krankheit, Verletzungen, weitere Gesundheitsschäden) und regt vorbeugenden Gesundheitsschutz an.

Maßgebliche Rahmenbedingungen der Arbeit

Da die Arbeitswissenschaft ihre Aufgabe auch in der **Gestaltung der Arbeitsverhältnisse** sieht, definiert sie gleichzeitig die für sie **maßgeblichen Rahmenbedingungen von Arbeit**. Demnach hat der arbeitende Mensch Anspruch auf

- individuellen Gesundheitsschutz, d.h. schädigungslose, ausführbare, erträgliche und beeinträchtigungsfreie Arbeitsbedingungen,
- soziale Angemessenheit von Arbeitsinhalt, Arbeitsaufgabe, Arbeitsumgebung und Entlohnung,
- Persönlichkeitsentwicklung durch Handlungsspielräume zum Erwerb von Fachkompetenz und Sozialkompetenz (Kooperation)[1].

Alle diese Forderungen lassen sich näher bestimmen. So bedeutet **„ausführbar“**, dass eine Arbeit nach den biologischen Gegebenheiten des Menschen überhaupt leistbar ist (Platz, Haltung, Hitze etc.). **„Erträglich“** meint insbesondere, dass die Arbeit auf Dauer ohne Schäden geleistet werden kann. **„Soziale Angemessenheit“** ist mit Zumutbarkeit einer Arbeit gleichzusetzen, d.h. ob eine Arbeit nach allgemeiner gesellschaftlicher Auffassung hinzunehmen ist. Wenn eine Arbeit „Persönlichkeitsentwicklung“ ermöglicht, ist damit eine hohe Ebene erreicht und als Teil der Arbeitszufriedenheit zu werten.

8.1.2 Das arbeitswissenschaftliche Arbeitssystemmodell und die Ziele der Arbeitsplatzgestaltung

◆ Arbeitssystem

Arbeitssystem

Die betriebliche Arbeit vollzieht sich im Rahmen des so genannten Arbeitssystems.

„Ein Arbeitssystem dient der Erfüllung einer Arbeitsaufgabe; hierbei wirken Mensch und Arbeitsmittel im Arbeitsablauf am Arbeitsplatz in einer Arbeitsumgebung unter den Bedingungen dieses Arbeitssystems zusammen.“ (Definition nach DIN 33400)

Abbildung 8-1 zeigt die großen Zusammenhänge der Elemente und Beziehungen eines Arbeitssystems. Staehle erläutert die Zusammenhänge wie folgt:

1. „Das Sachziel legt die **Arbeitsaufgabe** fest und bestimmt damit Input und Output des Arbeitssystems.

[1] *Vgl. Bokranz, R.; Landau, K.: Arbeitswissenschaft, Stuttgart, 1991, S. 19 und 20.*

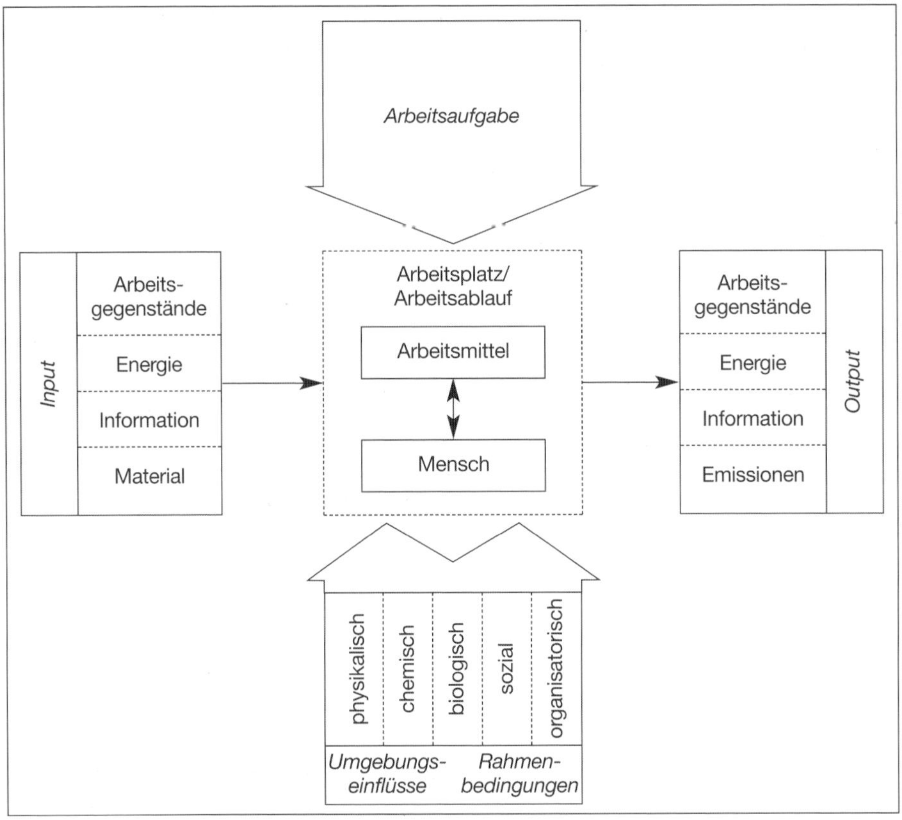

Abb. 8-1: Elemente und Beziehungen des Arbeitssystems
(Quelle: Staehle, W. H.: Management, München, 1999, S. 656)

2. Als **Input** werden Informationen, Material und Energie in das System eingegeben. Der Input soll im Sinne der Arbeitsaufgabe verändert werden.
3. **Menschen** und **Arbeitsmittel** verändern als Systemelemente den Input gemäß der Arbeitsaufgabe in den Output. Der Ort des Arbeitsvollzugs heißt Arbeitsplatz.
4. Der **Output** als Ergebnis des Arbeitsprozesses wird nach Qualität und Quantität festgelegt.
5. Die Arbeitsumwelt beinhaltet einmal die unmittelbaren **Umgebungseinflüsse** am Arbeitsplatz (physikalische, chemische, biologische) sowie die **Rahmenbedingungen**, unter denen die Arbeit geleistet werden muss."

Arbeitsplatz

◆ Arbeitssystem und Arbeitsplatzgestaltung

Der Arbeitsplatz ist der Ort des Arbeitsvollzugs.

Ziel der Arbeitsplatzgestaltung ist vorrangig die Anpassung des Arbeitsplatzes und der Arbeitsumgebung an den Menschen.

Gegenstände der Arbeitsplatzgestaltung

Die Arbeitsplatzgestaltung befasst sich konkret mit

- dem Arbeitsgegenstand (Material, Produkte, Werkstücke, Abfall),
- den Arbeitsmitteln (Werkzeuge, Maschinen, Geräte),

- der Arbeitsumgebung (Schall, Beleuchtung, Klima, Schwingungen usw.),
- der Arbeitsaufgabe und dem Arbeitsinhalt (Darstellung des Umfangs und der Bedingungen) sowie
- den Arbeitsanforderungen (Können, Verantwortung, Belastung).

Hinzu kommen organisatorische und soziale Elemente, z.B. zeitliche Festlegungen in Form von Arbeitstakt, Pausenregelungen und Schichtplan. Bei Tätigkeitsanalysen, die auf die Erhöhung der Arbeitsproduktivität sowie auf eine Verminderung von Personen- und Sachschäden infolge von Arbeitsunfällen abzielen, konzentriert man sich auf die Gestaltung der Betriebsmittel und der Arbeitsumgebung.

◆ Wirtschaftliche und soziale Ziele

Wirtschaftliche Ziele

Wichtigen formalen Unternehmenszielen wie Unternehmenssicherung oder Gewinnerzielung sind auch die formalen Ziele der Arbeitsplatzgestaltung unterzuordnen. Wenn **Arbeitsproduktivität** (= Verhältnis von Ertrag zur Faktoreinsatzmenge Arbeit) und **Wirtschaftlichkeit** (= Verhältnis Ist-Aufwand zu Soll-Aufwand, bezogen auf einen bestimmten Ertrag) erreicht werden sollen, muss geprüft werden, ob eine bessere Ausnutzung des Faktors Arbeit möglich ist. Bei der Arbeitsplatzgestaltung steht die Verminderung der Belastung im Vordergrund.

Durch leistungsfähige, bedienungsfreundliche Maschinen und Geräte lässt sich die objektive Belastung an einem Arbeitsplatz verringern. Ist das der Fall, so ist auch – bei gleichem Anforderungsniveau – eine Aufstockung der Arbeitsaufgabe vertretbar. Mit diesem Vorgehen wird der Forderung nach erhöhter Arbeitsproduktivität entsprochen. Der gleiche Effekt lässt sich durch verbesserte Arbeitsverfahren erzielen. Beide Verbesserungen können als zusätzlicher Effekt auch zur Verbesserung der **Produktqualität** beitragen.

Eine ständige Zielrichtung, um erhöhte Arbeitsproduktivität und Wirtschaftlichkeit zu erzielen, bilden **Anstrengungen zum Abbau störender Umwelteinflüsse**. Jede Verringerung des Lärmpegels, Senkung der Hitzegrade oder Verhinderung von Erschütterungen wirken sich mittelbar als verbesserte Umweltbedingung auf die Leistungsfähigkeit der Mitarbeiter aus. Wenn störende Einflüsse verringert werden, erhöht sich damit das Wohlbefinden des arbeitenden Menschen sowie auch seine Bereitschaft und Fähigkeit, eine entsprechend der Belastungsminderung erhöhte Anforderung zu erfüllen.

Soziale Ziele

Den wirtschaftlichen Zielen stehen die **sozialen Ziele** gegenüber. Als soziale Ziele werden die Ziele verstanden, die den Mitarbeiter unmittelbar betreffen.

Soweit sich die sozialen Ziele auf den **individuellen Arbeitsschutz** beziehen, bilden sie zu den wirtschaftlichen Zielen keinen Gegensatz, weil individueller Arbeitsschutz als eine elementare Voraussetzung des Arbeitsvertrages und als gesellschaftliche und rechtliche Selbstverständlichkeit zu gelten hat.

Bei den sozialen Zielen, die als **soziale Angemessenheit des Arbeitsinhaltes, der Arbeitsaufgabe** und **der Arbeitsumgebung** umschrieben werden können, ist die Berücksichtigung bei der Gestaltung ebenfalls selbstverständlich. Ein erheblicher Gegensatz zwischen wirtschaftlichen und sozialen Zielen kann bei der **Entlohnung** entstehen, weil der Interessengegensatz zwischen Lohn als Kostenfaktor und Lohn als Einkommensquelle systembedingt ist.

Arbeitszufriedenheit am Arbeitsplatz als weiteres soziales Ziel setzt sich aus vielen Faktoren zusammen (vgl. Neuberger, O., S. 163). Genannt werden beispielsweise das Verhalten der Kollegen (keine Mobbingsituationen), Führungsstil der unmittelbaren Vorgesetzten, Verantwortung, Sicherheit des Arbeitsplatzes sowie Möglichkeiten der Persönlichkeitsentwicklung durch entsprechende Handlungsräume.

Diese sozialen Zielsetzungen sind als wünschenswert einzustufen, aber nicht immer erreichbar. Ein direkter Gegensatz zur Wirtschaftlichkeit kann sich am Beispiel der Sicherheit des Arbeitsplatzes nachweisen lassen:

Wenn es um die Erhaltung des Unternehmens geht und Rationalisierungsmaßnahmen mit Personalabbau im Gefolge als einzige Möglichkeit erscheinen, wird ein Teil der Arbeitsplätze in der Regel aufgelöst.

8.1.3 Das arbeitswissenschaftliche Belastungs- und Beanspruchungsmodell

Belastung

Unter **Belastung** wird die **objektiv** messbare Tätigkeitsanforderung verstanden, die aus der Arbeitsaufgabe jedem, der dieser Belastung ausgesetzt ist, erwächst. Die Stärke der Belastung hängt von der Arbeitsschwere, der Arbeitsdauer und den Umgebungseinflüssen ab.
Selbstverständlich spielt die Dauer und Intensität der Belastungsgrößen eine Rolle.

Beanspruchung

Mit **Beanspruchung** sind die **individuell** unterschiedlichen Auswirkungen der Belastung auf den arbeitenden Menschen gemeint. Das Ausmaß seiner Beanspruchung hängt von seiner Leistungsfähigkeit und seiner Leistungsbereitschaft ab.

Beispiel Die Belastung durch eine Stunde körperlicher Arbeit beträgt etwa 1 000 Joule, d. h. für einen Arbeitstag ca. 8 000 Joule (= Arbeits-Energieumsatz). Arbeitnehmer A verfügt über eine derart hohe Leistungsfähigkeit, dass diese Belastung seine Kräfte nur zu 80 Prozent beansprucht. Arbeitnehmer B verfügt über eine deutlich geringere Leistungsfähigkeit. Die vorliegende Belastung von 1 000 Joule überfordert ihn voll. Auch dann, wenn er die Arbeit unter Aufbietung von Kraftreserven löst, bleibt er überfordert. Er ist ebenfalls nicht in der Lage, durch angemessene Pausen die Überbeanspruchung auszugleichen.

Belastungs-Beanspruchungs-Konzept

In Abb. 8-2 wird der grundsätzliche Zusammenhang zwischen Belastung und Beanspruchung dargestellt. Intervenierende Variable (wörtlich: vermittelnde veränderliche Größen) sind personenspezifische Voraussetzungen, wie im obigen Beispiel deutlich wurde. Die objektive Größe ist die Belastung. Welches Ausmaß die Belastung auf einen Arbeitnehmer hat, d. h. welche Beanspruchung durch eine Belastung entsteht, ist individuell verschieden.

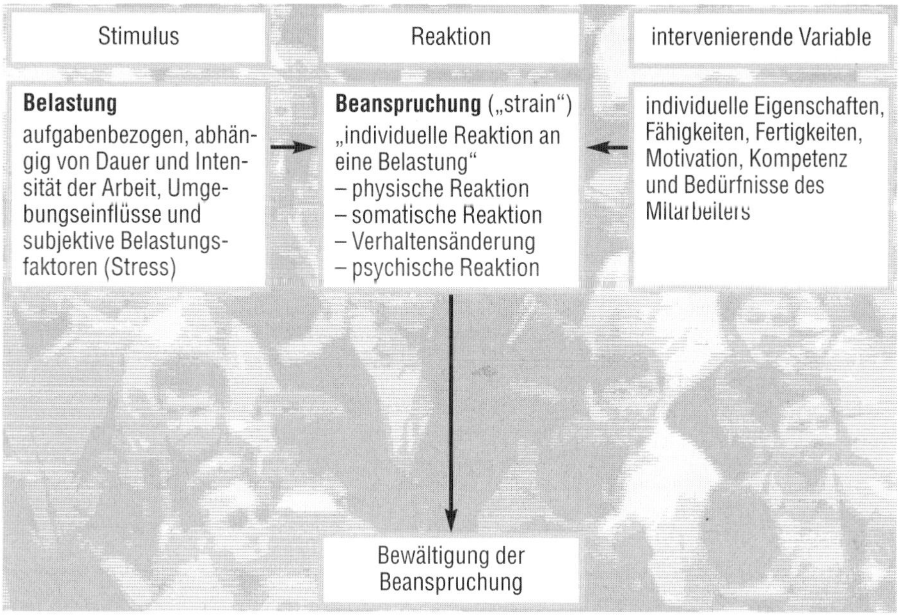

Abb. 8-2: Belastungs-Beanspruchungskonzept (vgl. Scholz, C.: Personalmanagement, München, 2011, S. 202 und Jung, H.: Personalwirtschaft, München/Wien, 2011, S. 205)

Grundformel

Es gehört zu den personalwirtschaftlichen Verantwortlichkeiten, für ein angemessenes Verhältnis zwischen Belastung und Beanspruchung zu sorgen. Als Grundformel gilt: Die Dauerbelastung darf nie größer sein als die individuelle Leistungsfähigkeit, damit die Energiereserven nicht angegriffen oder gar aufgezehrt werden. Dabei sind entsprechende Pausen zur Erholung eingerechnet.

Dauerleistungsgrenze

Die **Dauerleistungsgrenze** ist die Leistung, die von einer gesunden Arbeitsperson über längere Zeit erbracht werden kann, ohne dass zusätzliche Erholungszeiten gegeben werden müssen.[1]

Die wichtigsten Verfahren zur Belastungs- bzw. Beanspruchungsmessung sind:

- Ermittlung der Arbeitsenergieumsatzwerte, gemessen in KJ. Der Energieumsatz wird in der Regel anhand des Sauerstoffbedarfs ermittelt.
- Pulsfrequenzmessung. Die Arbeitspulsfrequenz wird gemessen als Ist-Frequenz minus Ruhepulsfrequenz.

Nach REFA gilt eine tägliche Arbeitsbelastung von 8 500 KJ für Männer und 5 000 KJ für Frauen als Dauerleistungsgrenze, wobei die individuelle Schwankungsbreite bei ± 10 % anzusetzen ist.

[1] *Vgl. REFA (Hrsg.): Methodenlehre des Arbeitsstudiums, Teil 1, Grundlagen, München,1984, S. 183.*

Konstellation		Wirkung
Belastung entspricht Belastbarkeit	→	günstig; Erhaltung und Förderung von Leistungsvoraussetzungen
Belastung übersteigt Belastbarkeit geringfügig und/oder kurzzeitig	↗ ↘	Trainings-, Entwicklungsreiz oder Überforderungserleben
Belastung übersteigt Belastbarkeit erheblich/langzeitig	→	ungünstig, evt. schädigend
Belastung bewirkt einseitige Beanspruchung	→	lokal Überforderung; zugleich lokal Rückbildung von Leistungsvoraussetzungen
Belastung unterschreitet Belastbarkeit	→	Rückbildung von Leistungsvoraussetzungen

Abb. 8-3

Verhinderung von Überlastungen

Wenn die objektive Belastung größer ist als die individuelle Beanspruchung es zulässt, muss der Personalwirt handeln.

Als Handlungsalternativen bieten sich an:

- qualitative und quantitative Verminderung der Belastung,
- Unterweisung und Einarbeitung, um die Beanspruchung abzubauen,
- Verstärkung der Leistungsfähigkeit und/oder der Leistungsmotivation, z. B. durch Maßnahmen der Personalentwicklung,
- Einsatzänderung der Mitarbeiter unter Berücksichtigung von Alter, Geschlecht, Konstitution usw.

Auf eine spezielle Form der Überbeanspruchung, hier der psychischen, ist noch hinzuweisen. Es handelt sich um Überbeanspruchung durch Unterforderung. Die paradox klingende Aussage ist so zu verstehen: Derjenige, dessen Kräfte nicht gefordert werden, empfindet diese Situation auf Dauer als unbefriedigend. Dieser Zustand belastet ihn.

Beispiel Nach Umstellung des Produktionsverfahrens in einem chemischen Werk wurde ein Arbeiter, der beim vorhergehenden Verfahren noch Maschinen zu bedienen hatte, zur Überwachung mehrerer Messskalen eingesetzt. Wenn der Meister kam, nahm der Arbeiter regelmäßig einen Besen in die Hand, um im Raum zu fegen. Offenbar gehörte zur Arbeit seinem inneren Empfinden nach auch körperliche Tätigkeit.

Im Rahmen der Arbeitsplatzgestaltung wird schwerpunktmäßig die Belastung am Arbeitsplatz sowie die Belastung durch die Arbeitsumgebung betrachtet, obwohl immer gleichzeitig die Auswirkungen auf den arbeitenden Menschen diskutiert werden. Maßnahmen zur Stärkung der Leistungsfähigkeit gehören nicht zum Thema Arbeitsplatzgestaltung im engeren Sinne und werden demgemäß auch nicht an dieser Stelle erörtert.

8.1.4 Rechtsnormen zum Arbeitsschutz, zur Arbeitsplatzgestaltung und zur Mitwirkung des Betriebsrates

Rechtsnormen

Zum Schutz der arbeitenden Menschen bzw. zu ihrer Mitbestimmung im Betrieb gibt es eine Fülle von Vorschriften. Im Folgenden sind einige wichtige Beispiele aufgeführt:

- **Arbeitsschutzgesetz**
  Gesetz über die Durchführung von Maßnahmen des Arbeitsschutzes zur Verbesserung der Sicherheit und des Gesundheitsschutzes der Beschäftigten bei der Arbeit in der Fassung vom 07.08.1996, zuletzt geändert am 05.02.2009.

Arbeitsschutzgesetz

§ 4 Allgemeine Grundsätze

Der Arbeitgeber hat bei Maßnahmen des Arbeitsschutzes von folgenden allgemeinen Grundsätzen auszugehen:

1. Die Arbeit ist so zu gestalten, dass eine Gefährdung für Leben und Gesundheit möglichst vermieden und die verbleibende Gefährdung möglichst gering gehalten wird;
2. Gefahren sind an ihrer Quelle zu bekämpfen;
3. bei den Maßnahmen sind der Stand von Technik, Arbeitsmedizin und Hygiene sowie sonstige gesicherte arbeitswissenschaftliche Erkenntnisse zu berücksichtigen;
4. Maßnahmen sind mit dem Ziel zu planen, Technik, Arbeitsorganisation, sonstige Arbeitsbedingungen, soziale Beziehungen und Einfluss der Umwelt auf den Arbeitsplatz sachgerecht zu verknüpfen;
5. individuelle Schutzmaßnahmen sind nachrangig zu anderen Maßnahmen;
6. spezielle Gefahren für besonders schutzbedürftige Beschäftigtengruppen sind zu berücksichtigen;
7. den Beschäftigten sind geeignete Anweisungen zu erteilen
8. mittelbar oder unmittelbar geschlechtsspezifisch wirkende Regelungen sind nur zulässig, wenn dies aus biologischen Gründen zwingend geboten ist.

- Die **Arbeitsstättenverordnung** vom 12.08.2004, zuletzt geändert am 19. Juli 2010 (ArbStättV)

Arbeitsstättenverordnung

Geregelt werden z. B. Anforderungen an Arbeitsräume, Pausen-, Bereitschaft- und Sanitärräume, Beleuchtung, Belüftung und Raumtemperatur. Das Konzept der Verordnung folgt der Regelungssystematik der europäischen Arbeitsstättenrichtlinie: Danach werden Schutzziele und allgemein gehaltene Anforderungen, aber keine detaillierten Vorgaben festgesetzt.

Durch flexible Grundvorschriften soll den Betrieben Spielraum für an ihre Situation angepasste Arbeitsschutzmaßnahmen gegeben werden.

Besondere Aufmerksamkeit kommt hier dem Nichtraucherschutz zu.

- **Unfallverhütungsvorschriften** (UVV) der Berufsgenossenschaften dienen dazu, mögliche Unfallursachen im Unternehmen zu verringern.

Unfallverhütung

Gesetz über Betriebsärzte, Sicherheitsingenieure und andere Fachkräfte für Arbeitssicherheit (ArbSiG) 12.12.1973 (Fassung vom 31.10.2006)

Arbeitssicherheit

§ 1 Grundsatz Der Arbeitgeber hat nach Maßgabe dieses Gesetzes Betriebsärzte und Fachkräfte für Arbeitssicherheit zu bestellen. Diese sollen ihn beim Arbeitsschutz und bei der Unfallverhütung unterstützen. Damit soll erreicht werden, dass

1. die dem Arbeitsschutz und der Unfallverhütung dienenden Vorschriften den besonderen Betriebsverhältnissen entsprechend angewandt werden,
2. gesicherte arbeitsmedizinische und sicherheitstechnische Erkenntnisse zur Verbesserung des Arbeitsschutzes und der Unfallverhütung verwirklicht werden können,
3. die dem Arbeitsschutz und der Unfallverhütung dienenden Maßnahmen einen möglichst hohen Wirkungsgrad erreichen.

§ 3 Aufgaben der Betriebsärzte

(1) Die Betriebsärzte haben die Aufgabe, den Arbeitgeber beim Arbeitsschutz und bei der Unfallverhütung in allen Fragen des Gesundheitsschutzes zu unterstützen. Sie haben insbesondere

1. den Arbeitgeber und die sonst für den Arbeitsschutz und die Unfallverhütung verantwortlichen Person zu beraten, insbesondere bei

   a) der Planung, Ausführung und Unterhaltung von Betriebsanlagen und von sozialen und sanitären Einrichtungen,
   b) der Beschaffung von technischen Arbeitsmitteln und der Einführung von Arbeitsverfahren und Arbeitsstoffen,
   c) der Auswahl und Erprobung von Körperschutzmitteln,
   d) arbeitsphysiologischen, arbeitspsychologischen und sonstigen ergonomischen sowie arbeitshygienischen Fragen, insbesondere des Arbeitsrhythmus, der Arbeitszeit und der Pausenregelung, der Gestaltung der Arbeitsplätze, des Arbeitsablaufs und der Arbeitsumgebung,
   e) der Organisation der „Ersten Hilfe" im Betrieb,
   f) Fragen des Arbeitsplatzwechsels sowie der Eingliederung und Wiedereingliederung Behinderter in den Arbeitsprozess.
   g) der Beurteilung der Arbeitsbedingungen.

§ 9 legt die Zusammenarbeit der zuständigen Personen mit dem Betriebsrat fest.

Betriebsverfassungsgesetz

Betriebsverfassungsgesetz von 1972 in der Fassung vom 25.09.2001, zuletzt geändert am 29.07.2009

Unterrichtungs- und Beratungsrechte

§ 90 Unterrichtungs- und Beratungsrechte

(1) Der Arbeitgeber hat den Betriebsrat über die Planung

1. von Neu-, Um- und Erweiterungsbauten von Fabrikations-, Verwaltungs- und sonstigen betrieblichen Räumen,
2. von technischen Anlagen,
3. von Arbeitsverfahren und Arbeitsabläufen oder
4. der Arbeitsplätze

rechtzeitig unter Vorlage der erforderlichen Unterlagen zu unterrichten.

(2) Der Arbeitgeber hat mit dem Betriebsrat die vorgesehenen Maßnahmen und ihre Auswirkungen auf die Arbeitnehmer, insbesondere auf die Art ihrer Arbeit sowie die sich daraus ergebenden Anforderungen an die Arbeitnehmer so rechtzeitig zu beraten, dass Vorschläge und Bedenken des Betriebsrates bei der Planung berücksichtigt werden können. Arbeitgeber und Betriebsrat sollen dabei auch die gesicherten arbeitswissenschaftlichen Erkenntnisse über die menschengerechte Gestaltung der Arbeit berücksichtigen.

Mitbestimmungsrecht

§ 91 Mitbestimmungsrecht

Werden die Arbeitnehmer durch Änderungen der Arbeitsplätze, des Arbeitsablaufs oder der Arbeitsumgebung, die den gesicherten arbeitswissenschaftlichen Erkenntnissen über die menschengerechte Gestaltung der Arbeit offensichtlich widersprechen, in besonderer Weise belastet, so kann der Betriebsrat angemessene Maßnahmen zur Abwendung, Milderung oder zum Ausgleich der Belastung verlangen. Kommt eine Einigung nicht zustande, so entscheidet die Einigungsstelle. Der Spruch der Einigungsstelle ersetzt die Einigung zwischen Arbeitgeber und Betriebsrat.

8.2 Arbeitswissenschaftliche Anforderungen an die Arbeitsplatzgestaltung

Im Folgenden werden die vielfältigen Anforderungen nach ihren Zielsetzungen und Ausprägungen dargestellt.

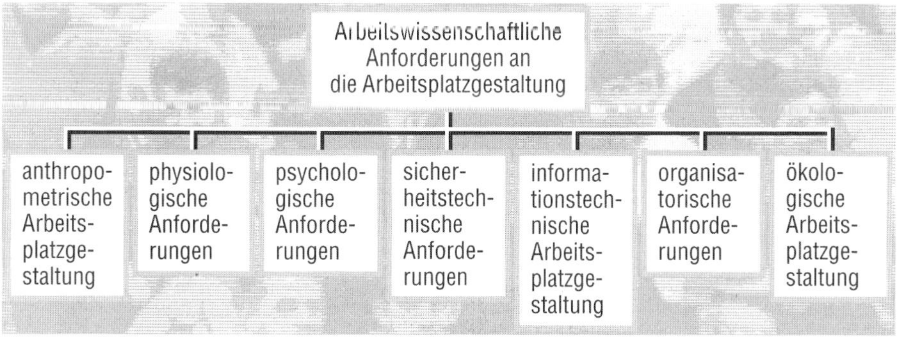

Abb. 8-4

8.2.1 Anthropometrische Arbeitsplatzgestaltung

Anthropometrische Arbeitsplatzgestaltung

Ziel der anthropometrischen Arbeitsplatzgestaltung ist die Anpassung des Arbeitsplatzes an die Maße des menschlichen Körpers und seine Bedingungen.
Mit Beginn der 20er-Jahre hat man in Deutschland bei der Konstruktion von Maschinen und Geräten deutlicher als vorher darauf geachtet, dass die Bedienung in möglichst natürlicher Körperhaltung und mit natürlichen Körperbewegungen zu bewältigen war. Diese Zeit wird zu Recht als die 2. industrielle Revolution bezeichnet.

Abb. 8-5

Körpergröße

Bei der Arbeitsplatzgestaltung werden auch die Körpermaße berücksichtigt. Hierzu stellt die Textilindustrie Reihenuntersuchungen an. Unter dem Stichwort SizeGermany werden die Konfektionsgrößen neu bewertet. Dabei wurde in den letzten Untersuchungen (Stand Oktober 2008) eine Tendenz zum Breitenwachstum festgestellt. Die Körpergröße änderte sich im Durchschnitt bei Frauen um 1 cm (seit 1994), bei Männern um 3,2 cm (im Vergleich zu 1980). Insbesondere aber werden die sehr großen Menschen noch größer, so dass dies bei der Alltagsausstattung berücksichtigt werden muss.[1]

Innenmaße/ Außenmaße

Abmessungen, die notwendig sind, um die größte Person bei der Arbeitsausführung nicht zu behindern, bezeichnet man als **Innenmaße**, Abmessungen zur Nichtbehinderung der kleinsten Person als **Außenmaße**. Innenmaße richten sich also nach der größten Person, Außenmaße nach der kleinsten Person. Wichtig sind diese Überlegungen z. B. bei Bremshebeln. Für extreme Größen werden möglichst zusätzliche Hilfen vorgesehen, z. B. Verstellungsmöglichkeiten, Fußstützen etc.

[1] *Vgl. DIN 33 402 Teil 2*

Arbeitshöhe

Viele Arbeitsverrichtungen werden mit Hand und Arm ausgeführt. Bei stehend ausgeführten Handarbeiten sollte die **Arbeitshöhe** 5-10 cm unter Ellenbogenhöhe liegen, bei schweren Arbeiten auch etwas tiefer. Für sitzend ausgeführte Handarbeiten sind allgemeine Angaben schwer zu machen, weil hier meistens Sehentfernung und Blickwinkel eine zusätzliche Rolle spielen. Die richtige Sehentfernung für genaues Sehen liegt bei Normalsichtigen zwischen 25 und 35 cm. Die normale Blickneigung gegen die Horizontale beträgt im Sitzen ca. 40 Grad, im Stehen ca. 30 Grad.

Griffbereich

Für den **Griffbereich** gilt, dass die Leistungsfähigkeit von Hand und Arm ab einer bestimmten Entfernung vom Körper abnimmt, sodass entfernt liegende Hebel leicht zu bedienen sein müssen. Die griffgerechte Gestaltung von Handgriffen ist für die Anthropometrie ein eigenes Thema. Hierbei spielen u. a. die Funktionsrichtung der Griffbewegung, der Bewegungsumfang der Gelenke, die Kopplungsart Hand-Griff sowie die Handbreite eine besondere Rolle. Solche Abhängigkeiten kann man sich z. B. an der Bedienung einer modernen Filmkamera oder einer Bohrmaschine gut vorstellen.

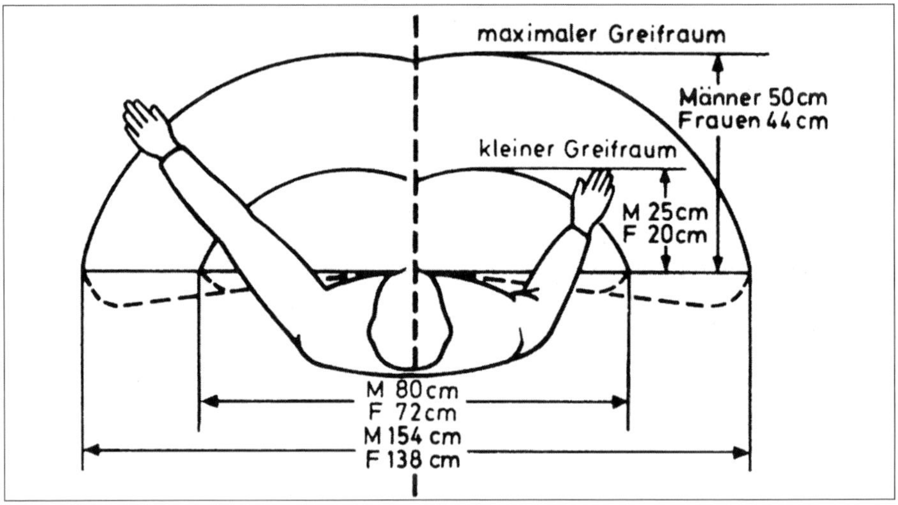

Abb. 8-6: Griffbereiche

Bein- und Fußbewegungen spielen für die Maschinenbedienung eine erhebliche Rolle, speziell für Brems-, Beschleunigungs- und Auslösungsvorgänge. Für Hebelbewegungen mit Füßen und Beinen kommen nach Hettinger im Wesentlichen vier Möglichkeiten in Betracht: Drehen des Fußes im oberen Sprunggelenk, Auf- und Abbewegung des Fußes, Vorwärts- und Rückwärtsbewegung des Fußes sowie die Kniebewegung. Jeder Autofahrer kann bestätigen, dass die erste Möglichkeit die natürlichste ist, speziell dann, wenn der Absatz auf dem Boden aufgesetzt bleibt. Übrigens ist Fußarbeit im Sitzen wesentlich leichter als im Stehen.

Bewegungsspielraum

Der Körper benötigt einen gewissen **Bewegungsspielraum**. Damit dieser in allen Fällen gesichert wird, schreibt die Arbeitsstättenverordnung Mindestmaße vor:

- Arbeitsräume müssen eine Grundfläche von mindestens 8,00 m^2 haben (§ 23,1).
- Die lichte Höhe muss mindestens 2,50 m betragen (§ 23,2).
- Für jeden Arbeitnehmer muss an seinem Arbeitsplatz mindestens eine freie Bewegungsfläche von 1,50 m^2 zur Verfügung stehen. Die freie Bewegungsfläche soll an keiner Stelle weniger als 1,00 m breit sein (§ 24,1,2).

Abbildung 8-7 zeigt einen Computerarbeitsplatz mit den Maßen, wie sie nach EG-Norm vorgeschrieben sind.

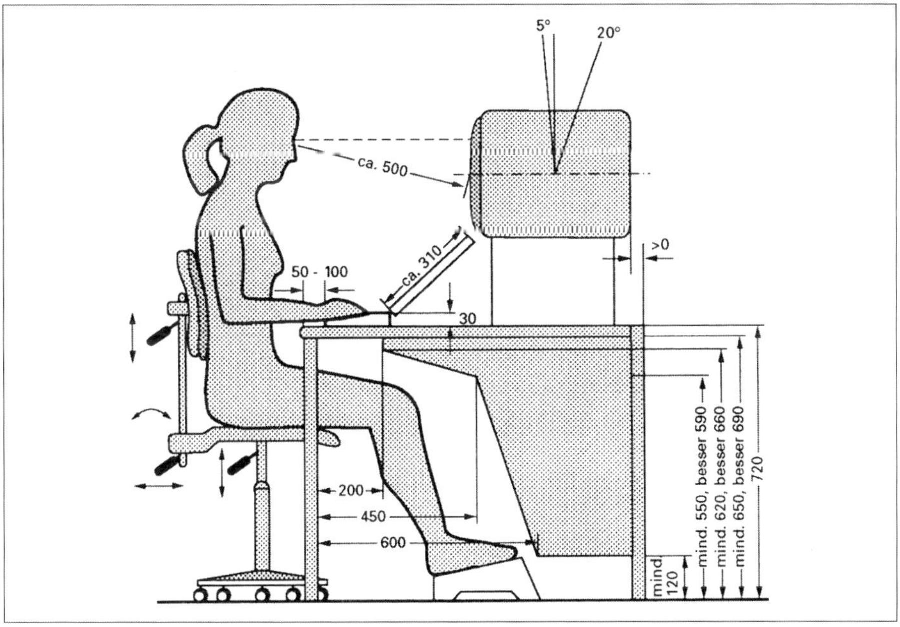

Abb. 8-7: Computerarbeitsplatz nach EG-Normen

8.2.2 Physiologische Arbeitsplatzgestaltung

Physiologische Arbeitsplatzgestaltung

Das Ziel der physiologischen Arbeitsplatzgestaltung besteht darin, die Arbeitsverfahren und die Arbeitsbedingungen den körperlichen Merkmalen und Fähigkeiten des Menschen anzupassen. Die Beziehung zur anthropometrischen Arbeitsplatzgestaltung ist erkennbar.

◆ Anpassung der Arbeitsverfahren

Beanspruchung der physischen Kräfte

Beansprucht werden die physischen Kräfte in mehrfacher Hinsicht. Verlangt wird

- körperliche Beweglichkeit (Knochen-Bänder-Systeme),
- Kraft (Muskulatur),
- Ausdauer (Herz-Kreislauf-System),
- Bewegungskoordination und Reaktionsfähigkeit (Nervensystem),
- Leistungen der Sinnesorgane.

Muskuläre Belastung

Im Vordergrund der Betrachtungen steht die physische Beanspruchung durch **muskuläre Belastungen**[1], die neben der Muskulatur auch besonders das Herz-Kreislauf-System beanspruchen.

Dynamische und statische Muskelarbeit

Innerhalb der Muskelarbeit wird zwischen **dynamischer** und **statischer Muskelarbeit** unterschieden. Die frühere Maschinenbedienung beanspruchte dynamische Muskelarbeit, während die Tendenz heute in Richtung auf vermehrte statische Muskelarbeit geht. Bei statischer Muskelarbeit unterscheidet man Haltearbeit (z. B. einen Gegenstand halten) und Haltungsarbeit, d. h. Beibehaltung einer bestimmten Körperhaltung.

---

[1] *Vgl. Schanz, G.: Personalwirtschaftslehre, München, 2000, S. 543.*

Auswirkungen:

- In Ruhe gleichen sich Blutbedarf und Durchblutung in den Muskeln aus.
- Bei dynamischer Arbeit ist der Ausgleich zwischen Blutbedarf und Durchblutung ebenfalls gegeben, jedoch auf hohem Niveau.
- Bei statischer Arbeit ist der Blutbedarf mittelhoch, die Durchblutung äußerst gering, sodass eine starke Ermüdung eintritt.

Sitzen statt stehen

Sitzende Tätigkeit ist stehender Tätigkeit vorzuziehen, weil damit die Ermüdung auf die Hälfte eingeschränkt werden kann.

Die folgende Tabelle zeigt den Energieverbrauch an einigen Beispielen:

	KJ/h
Sitzen	75
Knien	125
Hocken	125
Stehen	150
Gebückt stehen	200
Gehen	380–750
Steigen (bei 10 % Steigung)	1 050

(Quelle: Hettinger, T.; u. a.: Ergonomie am Arbeitsplatz, Ludwigshafen, 1980, S. 53)

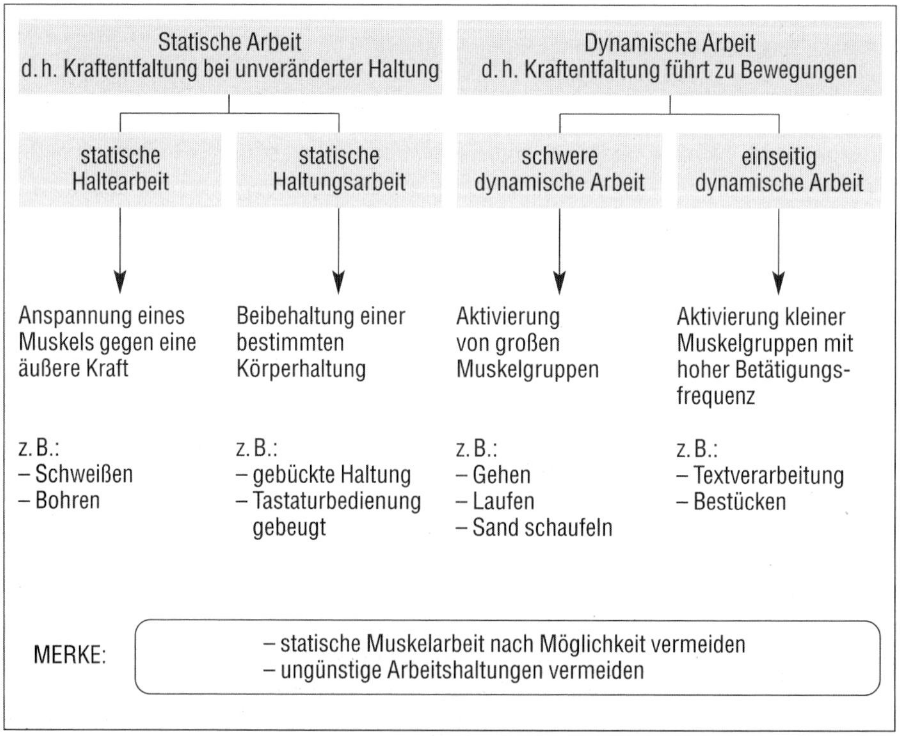

Abb. 8-8: Vorwiegend körperliche Belastungskomponenten

Ansätze zur optimalen Gestaltung des Arbeitsplatzes

Die physiologische Arbeitsplatzgestaltung richtet bezüglich der muskulären Belastung ihr Augenmerk u. a. auf folgende Fragestellungen:

1. Sind Bewegungsvereinfachungen mit energiesparenden Bewegungen oder Bewegungselementen zu erreichen?
2. Kann sitzende Arbeit statt stehender Arbeit eingeführt werden?
3. Ist Beidhandarbeit statt Einhandarbeit möglich?
4. Sind unproduktive Ablaufabschnitte einzusparen?
5. Kann Teilmechanisierung bestimmte Handarbeiten ersetzen?
6. Durch welche Maßnahmen kann statische Muskelarbeit verringert werden?
7. Ist eine Aufgabenerweiterung angebracht, um den Einsatz unterschiedlicher Kräfte/Muskeln einzufordern?

Beanspruchung der Sinnesorgane

Die physische Beanspruchung der **Sinnesorgane** Auge, Ohr und als **Tastorgan** die Hand nimmt im modernen Arbeitsleben zu. Einerseits sind Leistungen der Sinnesorgane Teile der **energetischen Arbeit,** andererseits aber auch Teil oder sogar Grundlage der sogenannten **informatorischen Arbeit**. Diesen Begriff hat man geprägt, um für

- reaktive Arbeit, z. B. Überwachen einer Meßskala,
- kombinatorische Arbeit, z. B. Durcharbeiten einer Akte, sowie
- kreative Arbeit, z. B. Entwurf eines Konzeptes,

einen Oberbegriff zu haben. Die Sachverhalte werden in Abb. 8-9 verdeutlicht.

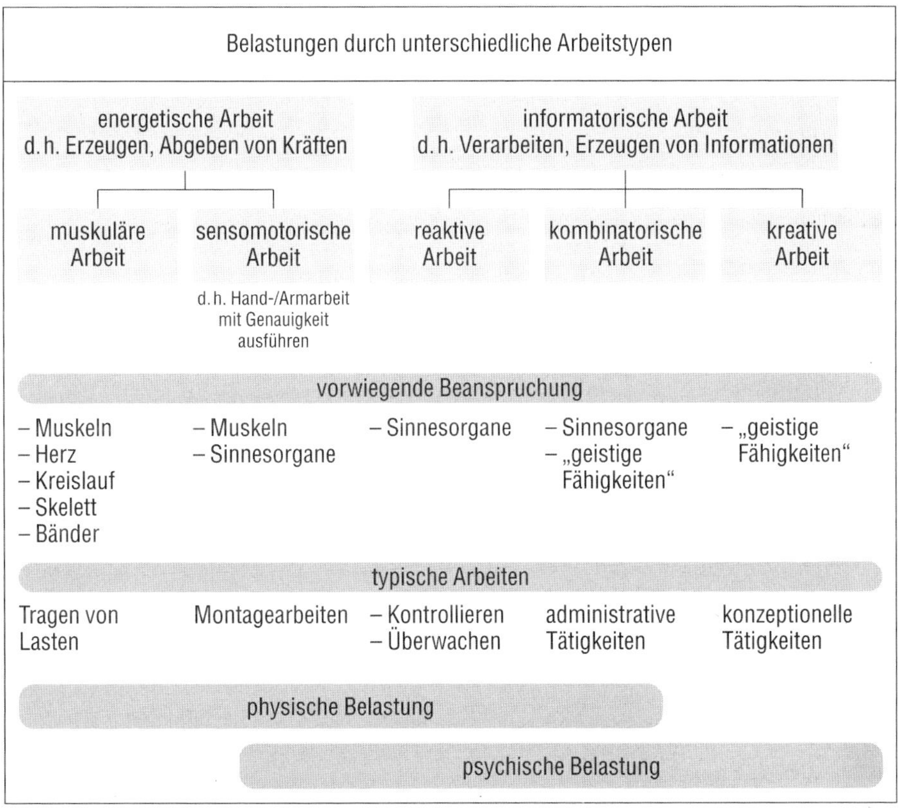

Abb. 8-9: Belastungen durch unterschiedliche Arbeitstypen

Bedingungen der Arbeitsumwelt

◆ Anpassungen an die Bedingungen der Arbeitsumwelt

Belastungen durch Lichtmangel, Lärm, Klima, Schwingungen und Schadstoffe werden gewöhnlich zu den körperlichen Belastungen gerechnet. Es darf aber nicht verkannt werden, dass diese Belastungen z. B. auch die Informationsverarbeitung oder Wahrnehmungsgenauigkeit, also überwiegend psychische Vorgänge, beeinträchtigen können.

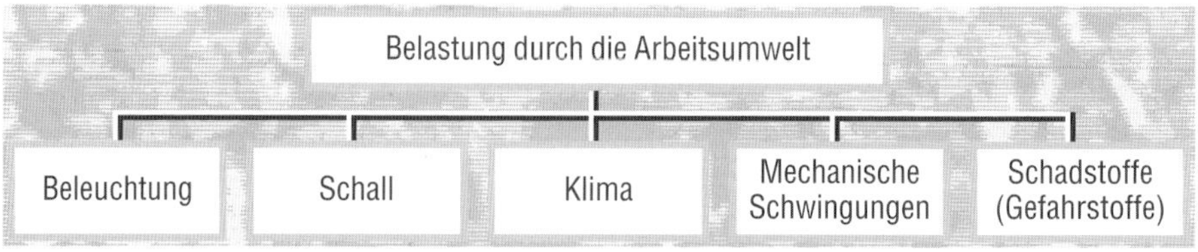

Abb. 8-10

Beleuchtung

Bedeutung optischer Wahrnehmungen

Der größte Teil aller Wahrnehmungen erfolgt über das Auge. Im Zusammenhang mit der zunehmenden Bildschirmarbeit auf nahezu allen Arbeitsplätzen, aber auch mit den wachsenden Kontroll- und Überwachungsaufgaben in der Industrie, nimmt die Bedeutung optischer Wahrnehmungen noch zu.

Einflussgrößen

Einflussgrößen für eine angemessene Beleuchtung als Voraussetzung einer optimalen optischen Wahrnehmung sind **Beleuchtungsstärke, Gleichmäßigkeit der Beleuchtung, Begrenzung der Blendung** sowie **passende Lichtfarbe** und **Farbwiedergabe**. Über die positive Wirkung einer verbesserten Beleuchtungsstärke liegen zahlreiche Untersuchungen vor, und zwar Wirkungen auf die Verminderung der Unfallquote, Verringerung der Ermüdung, Zunahme der Leistung sowie auf Verminderung der Ausschussquote.

Beleuchtungsarten

Künstliches Licht

Je nach Schwierigkeit der Sehaufgaben ist eine **Allgemeinbeleuchtung**, eine **arbeitsplatzorientierte Allgemeinbeleuchtung** oder eine **Einzelplatzbeleuchtung** angeraten. Dem Problem der Blendungen ist besonders zu begegnen, wenn beispielsweise eine direkte Sonneneinstrahlung erfolgt. Bei künstlichem Licht werden die Leuchtkörper quer zur Blickrichtung installiert. Um eine optimale Beleuchtung zu gewährleisten, ist u. U. ein Mischverhältnis zwischen Tageslichteinstrahlung und künstlichem Licht herzustellen. Tageslicht reicht, normale Fensterhöhe vorausgesetzt, nur bis zu einer Raumtiefe von 5 bis 6 Metern. Bei Hallenbauten sind Oberlichter und Lichtkuppeln eine gute Lösung, von dunklem Wetter einmal abgesehen, was natürlich für Lichtinstallationen berücksichtigt werden muss.

Die Grundbeleuchtung des Raumes sollte nicht zu dunkel sein. Wenn zusätzlich noch indirektes Licht eingeschaltet ist, kann das räumliche Sehen optimiert werden. So lässt sich auch verhindern, dass sich Schlagschatten bilden.

Schall

Ursachen von lärmbedingten Hörschäden

Bei den entschädigungspflichtigen Berufskrankheiten spielt lärmbedingte Schwerhörigkeit eine erhebliche Rolle. Dieser Sachverhalt beruht auf mindestens zwei Ursachen:

- Die Anpassungsfähigkeit des menschlichen Gehörs ist, verglichen mit dem Auge, bei Weitem nicht so ausgeprägt.
- Eine allgemeine Schallbelastung ist eine außerordentlich junge Erscheinung in der Menschheitsgeschichte, denn erst mit der industriellen Fertigung ist laute Technik entstanden. Natur ist dagegen leise, wenn man einmal von Naturerscheinungen wie z. B. Donner und Brandung absieht.

Belastungshöhe Belastungsdauer

Lärm wird als Schallbelastung definiert, wobei der Belastungsgrad von der **Belastungshöhe** (Schalldruck und Frequenz) sowie von der **Belastungsdauer** (zeitlicher Verlauf und Einwirkungsdauer) abhängt.

Die **Belastungshöhe** wird nach internationaler Vereinbarung in **Dezibel** ausgedrückt, abgekürzt d b (A). Die Benennung erfolgte zur Erinnerung an den Erfinder des Telefons, Graham Bell.

Für die Beurteilung von Lärm oder Schalleinwirkungen am Arbeitsplatz ist die **Belastungsdauer** gleichermaßen wichtig. Als besonders störend werden unregelmäßige Schalleinwirkungen mit hohen Frequenzen empfunden.

Bei andauernder, d. h. über Jahre anhaltender, Lärmeinwirkung oberhalb eines Schalldruckpegels von 85 d b (A) ist mit Lärmschwerhörigkeit zu rechnen. Dauert die Lärmeinwirkung länger als 10 Jahre, so ist von einer Rückbildung der Gesundheitsschädigung nicht mehr auszugehen.

Auswirkungen der Schwerhörigkeit

Schwerhörigkeit hat vielfältige Auswirkungen. Von der Einschränkung der Kommunikation einmal abgesehen, die für sich schon schwer genug zu ertragen ist, können Probleme bei der Informationsverarbeitung, bei Bewegungsabläufen, z. B. der Hand, und sogar Blockierungseffekte bei geistiger Arbeit auftreten.

Lärmbekämpfung an der Lärmquelle

- Die wirksamste Abwehr von Lärmbelästigung liegt bei der Lärmquelle selbst.

Beispiel Die Konstrukteure wählen niedrige Maschinendrehzahlen oder Schrägverzahnung statt Gradverzahnung.
Verfahrensingenieure entscheiden sich für Elektromotoren statt für Verbrennungsmotoren.

Sekundäre Lärmbekämpfung

- Zur sekundären Lärmbekämpfung gehören solche Maßnahmen, die durch Schalldämmung oder Schalldämpfung die Lärmquellen in ihrer Wirkung eindämmen.

Beispiel Wo immer es angeraten erscheint, werden Holzwolle-Leichtbauplatten eingezogen.
Laute Maschinen (Pressen, Stanzen) werden aus dem Fabrikkomplex ausgelagert und lärmisoliert.

Personenbezogene Abhilfen

- Das dritte Maßnahmenbündel betrifft den persönlichen Gehörschutz. Verwendet werden z. B. Gehörschutzstöpsel, Gehörschutzhelme oder Schallschutzanzüge.

In § 15 der Arbeitsstättenverordnung sind Schallgrenzen festgelegt:
- bei überwiegend geistiger Tätigkeit 55 d b (A)
- bei einfachen und überwiegend mechanischen Bürotätigkeiten und vergleichbaren Tätigkeiten 70 d b (A)
- bei allen sonstigen Tätigkeiten 85 d b (A); Toleranz 5 d b (A)

Klima

Unter dem Begriff Klima werden mehrere Einflussgrößen zusammengefasst, nämlich **Lufttemperatur, Luftfeuchte, Luftbewegung und Wärme-Strahlung.**

Arten und Auswirkungen von Klimaeinflüssen

Die normale Körpertemperatur liegt bei 37 °C. Beträgt die Abweichung mehr als 1,5 °C, so wird die Situation schon als unbehaglich empfunden. Eine Körpertemperatur von 38,5 °C kann bereits zu Wärmestau und Hitzschlag führen. Allerdings stehen dem Körper autonome Mechanismen der Anpassung zur Verfügung, vor allem Schweißabgabe sowie Veränderung der Herzfrequenz und damit der Durchblutung. Beabsichtigte Anpassung durch Kleidungsreduzierung und Bewegungseinschränkung tun ein Übriges. Bei Kälteeinwirkung durch verminderte Umgebungstemperatur und/oder Luftströmungen können u. U. Erkältungskrankheiten und Erfrierung die Folge sein. Auch Störungen der Beobachtungs- und Reaktionsfähigkeit sind nicht auszuschließen. Übrigens ist bei beiden Abweichungen von der Normaltemperatur eine gewisse Gewöhnung (Akklimatisation) möglich.

Abhilfemaßnahmen gegen störende Klimaeinwirkungen

Schwankungen der Wärmeeinwirkung können durch architektonische Maßnahmen beeinflusst werden, insbesondere solche, die den Einfall der Sonnenstrahlen betreffen. Konstrukteure können bewusst wärmeabstrahlende Flächen minimieren. Verfahrensingenieure wählen Produktionsverfahren mit geringer Wärmeabgabe aus.

Gegen entstandene Hitze lassen sich Isolierungen vorsehen. Gearbeitet wird mit Schutzschirmen, Drahtgewebe, Wasserschleier und Belüftungseinrichtungen. Unter Umständen werden isolierte Kabinen eingerichtet. Zum unmittelbaren Körperschutz ist spezielle Schutzkleidung vorgesehen: Kopfschutz, Gesichtsschutz, reflektierende Schürzen und Schutzanzüge. Gegebenenfalls ist es angebracht, angemessene Pausen festzulegen.

Die Arbeitsstättenverordnung sieht als Klimaschutz u. a. Regelungen über den Mindestluftraum und Regelungen über die Raumtemperaturen vor.

Abmessungen von Räumen, Luftraum:

- Arbeitsräume müssen eine ausreichende Grundfläche und eine, in Abhängigkeit von der Größe der Grundfläche der Räume, ausreichende lichte Höhe aufweisen, sodass die Beschäftigten ohne Beeinträchtigung ihrer Sicherheit, ihrer Gesundheit oder ihres Wohlbefindens ihre Arbeit verrichten können.
- Die Abmessungen aller weiteren Räume richten sich nach der Art ihrer Nutzung.
- Die Größe des notwendigen Luftraumes ist in Abhängigkeit von der Art der körperlichen Beanspruchung und der Anzahl der Beschäftigten sowie der sonstigen anwesenden Personen zu bemessen.

Mechanische Schwingungen

Ausprägungen

Es gibt Arbeitsplätze, bei denen **Vibrationen und Erschütterungen** die Gesundheit des arbeitenden Menschen gefährden. Typisch ist die Situation des Fahrzeugführers.

Beeinträchtigungen

Die Beeinträchtigungen sind vielfältig. Sie reichen von Befindensstörungen, Schmerzen, biomechanischen oder physiologischen Reaktionen bis zur Leistungsverminderung. Zu den anerkennungspflichtigen Berufskrankheiten zählen u. a. Abnutzungserscheinungen in den Gelenken, Schäden der Wirbelsäule und Magenerkrankungen.

Abhilfemaßnahmen

Die sichersten Maßnahmen gegen mechanische Schwingungen liegen wie fast immer an der Quelle, nämlich Geräte und Fahrzeuge zu konstruieren, die Schwingungserregung bzw. Schwingungsausbreitung vermeiden oder verringern, z.B. drehende statt schwingende (oszillierende) Maschinenteile vorzusehen.

Schwingungen können durch Isolation in ihren Auswirkungen eingeschränkt werden, z.B. durch Dämpfen oder Abfedern.

Persönliche Maßnahmen sind nicht möglich, lediglich angemessene Belastungsunterbrechungen durch Pausen.

Schadstoffe

Umfang der Gefahr

Die Einwirkung durch Schad- oder Gefahrstoffe ist für die Arbeitsumwelt ein wichtiges Thema. Das hat einerseits mit der **Vielfalt von Gefahrstoffen** zu tun, andererseits mit den **vielen Entstehungsursachen**.

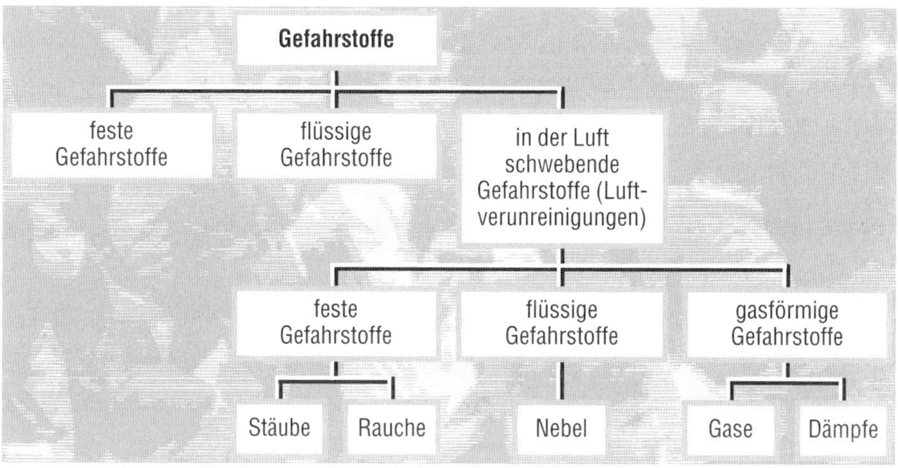

Abb. 8-11: Gefahrstoffe am Arbeitsplatz
(Quelle: Bokranz, R.; Landau, K.: Einführung in die Arbeitswissenschaft, Stuttgart, 1991, S. 105)

Entstehungsursachen

Bezüglich der Entstehungsursachen muss man sich vor Augen führen, dass bereits Werkstoffe, Hilfsstoffe und Betriebsstoffe durch ihre Konsistenz Gefahren erzeugen können. Die größeren Gefahren entstehen durch den Produktions- und Verarbeitungsprozess selbst, aber in der Nachlagerung sowie im Transport liegen weitere Gefahrenquellen.

Arten der Gefahrenstoffe

Von den jeweiligen Arten der Gefahrenstoffe sind bei Bokranz/Landau, 1991 (S. 106), einige Beispiele aufgeführt:

Staub:	Quarzstaub, Asbeststaub, Bleistaub, Zementstaub
Rauch:	Lotrauch, Schweißrauch, Zinkoxidrauch
Gas:	Kohlenmonoxid, Stickstoffmonoxid, Stickstoffdioxid, Chlorwasserstoff, Fluorwasserstoff
Dampf:	Benzol, Tetrachloräthylen, Trichloräthylen
Nebel:	Ölnebel

Einwirkungen der Schadstoffe

Schadstoffe gelangen durch Einatmen, Hautkontakt oder über den Magen-Darm-Kanal in den Körper. Sie können akute oder chronische Erkrankungen auslösen, z.B. Ätzwirkungen, Ekzembildungen, Entzündungen oder Vergiftungen. Bei biologischen Konzentrationen wurden Auswirkungen auf den Hormonhaushalt beobachtet.

Abhilfemaßnahmen

- Die **Verwendung ungefährlicher Werkstoffe** oder die **Einführung schadstoffarmer** Arbeitsverfahren sind Maßnahmen an der Quelle der Schadstoffentstehung. Voraussetzung dafür ist das Erkennen der Schadenswirkungen. Ein Beispiel ist Asbest, dessen schädigende Auswirkungen jahrzehntelang nicht bekannt waren. Im anderen Fall spielen Kosten eine nicht zu verkennende Rolle. Beispiel: Benzolbeimischungen im Benzin.

- **Gegen die Ausbreitung von Schadstoffen** haben sich verschiedene **Verfahren** bewährt: Einsatz geschlossener Systeme, Absaugen von Schadstoffen, Filterung, Kondensation, Absorption, Verbrennung.

- Zum **unmittelbaren Schutz der Mitarbeiter** sind zwei Maßnahmen wichtig, nämlich einerseits volle Aufklärung über die Gefahren und sichere Handhabung der Schutzmaßnahmen, andererseits die Bereitstellung und Verwendung von Hilfsmitteln wie Atemschutzgeräte, Handschuhe, Schutzbrillen, Sicherheitsschuhe, Schürzen und Schutzanzüge.

Richtwerte

Für Schadstoffeinwirkungen gelten sogenannte MAK-Werte, das sind Angaben über **maximal** zulässige **Konzentrationen** am **Arbeitsplatz**. Die 2010 neu gefasste Gefahrstoffverordnung enthält u.a. Vorschriften über den Umgang mit Gefahrstoffen am Arbeitsplatz. Weitere Regelungen sind durch § 14 der Arbeitsstättenverordnung gegeben.

- Strahlungen
  Zunehmende Beachtung finden auch Belastungen durch Strahlungen (vor allem radioaktive) sowie durch elektronisch bedingte Magnetfelder. (vgl. dazu die Strahlenschutzverordnung vom 20.07.2001, zuletzt geändert am 29.08.2008).

8.2.3 Psychologische Anforderungen an die Arbeitsplatzgestaltung

Psychologische Arbeitsplatzgestaltung

Das Ziel der psychologisch orientierten Arbeitsplatzgestaltung besteht darin, die mental-informatorische Beanspruchung des arbeitenden Menschen richtig zu würdigen und zu berücksichtigen.

Ausprägungen der mental-informatorischen Beanspruchung sind in Folgendem zu sehen:

Mental-informatorische Beanspruchungen

- Geistige Tätigkeiten im engeren Sinne
  Sie bestehen darin, vorliegende Informationen mit gedächtnismäßig gespeicherten und erlernten Sachverhalten zu verknüpfen und daraus Problemlösungen und Entscheidungen abzuleiten. Zu deren Darstellung gehört Sprachvermögen und Umformungsfähigkeit in die jeweilige Formelsprache.

- Überwachungs-, Steuerungs- und Regelungsfähigkeiten
  Gefordert sind die Fähigkeiten, um das Funktionieren einer Anlage bzw. eines Produktionsprozesses fortlaufend überprüfen bzw. korrigierend und steuernd eingreifen zu können.

- Kontrollaufgaben
  Sie beinhalten, Qualität und Quantität der erzeugten Güter mit vorgegebenen Produktionsnormen zu vergleichen und erforderliche Einstufungen vorzunehmen.[1]

---

[1] *Vgl. dazu Schanz, G.: Personalwirtschaftslehre, München, 2000, S. 544 sowie Hettinger, T. u. a.: Ergonomie am Arbeitsplatz, Ludwigshafen, 1980, S. 321 f.*

Die Ausführung der Tätigkeiten wird durch verschiedene Sachverhalte erschwert:

Erschwernisse bei mental-informatorisch beanspruchenden Tätigkeiten

- Umwelteinflüsse wie Lärm oder Hitze beeinträchtigen auch die mental-informatorischen Leistungen.
- Überwachungs- und Kontrollaufgaben sind mit großer Verantwortung verbunden.
- Die ständig erforderliche Wachsamkeit wird zum Druck, weil die zur Aufmerksamkeit zwingenden Signale meist spärlich auftreten. Ermüdung als Folge der Monotonie ist fast unvermeidbar.
- Dauerbeobachtungssituationen bei nur geringer Signalfrequenz und zufälliger zeitlicher Abfolge führen zu Leistungsabfall.
- Die Kommunikationsmöglichkeiten zwischen Mitarbeitern sind häufig sehr gering.

Psychisch bedingte Ermüdungen können u. a. folgende Auswirkungen haben:

Auswirkungen psychisch bedingter Ermüdungen

- Wahrnehmungsstörungen in Form vermehrter optischer Täuschungen oder verminderter analytischer Gegenstandserfassung
- Koordinierungsstörungen bei Augen-Hand-Koordination oder als Nachlassen der integrativen Verarbeitungsmechanismen im zentralen Nervensystem
- Störung der Aufmerksamkeit und der Konzentration
- Denkstörungen mit der Folge nachlassender Präzision bei Arbeitsabläufen oder Schwierigkeiten bei der Reproduktion von Gedächtnisleistungen[1]

Eine Arbeitsplatzgestaltung nach psychologischen Gesichtspunkten konzentriert sich auf zwei Handlungsfelder:

Handlungsfeld 1

- Alle Signale, die Handeln vorschreiben, werden optimiert.

Beispiel
- Visuelle Signale werden durch akustische Signale unterstützt.
- Erforderliche Handlungen werden durch Anfangs- und Beendigungssignale gekennzeichnet.
- Kontrollsignale sind zu „beantworten".

Handlungsfeld 2

- Arbeitsplatz und Arbeitsumgebung werden reizvoll (im Gegensatz zu reizarmer Arbeit) gestaltet.

Beispiel
- Blumenschmuck
- Musik am Arbeitsplatz
- Farbliche Gestaltung der Geräte und Räume

Farbe

Als Sicherheitsfarben gelten Rot, Gelb und Grün. Rot kennzeichnet Gefahr, Gelb mahnt zur Vorsicht und Grün signalisiert das Ende der Gefahr.
Welche Wirkungen Farben im Hinblick auf Distanz, Temperaturempfindung und psychische Stimmung haben, ist der Abbildung 8-12 zu entnehmen.

Farbe	Distanzwirkung	Temperaturwirkung	psychische Stimmung
blau	Entfernung	kalt	beruhigend
grün	Entfernung	sehr kalt bis neutral	sehr beruhigend
rot	Nähe	warm	sehr aufreizend und beunruhigend
orange	sehr nahe	sehr warm	anregend
gelb	Nähe	sehr warm	anregend
braun	sehr nahe, einengend	neutral	anregend
violett	sehr nahe	kalt	aggressiv

Abb. 8-12: Empfindungswirkungen von Farben
(Quelle: Schanz, G.: Personalwirtschaftslehre, München, 2000, S. 549)

[1] *Vgl. Hettinger, Th. u. a.: Ergonomie am Arbeitsplatz, Ludwigshafen, 1980, S. 333 f.*

Sie haben erfahren, dass das Landesamt für Arbeitsschutz bzw. das Institut für Arbeit und Technik im Wissenschaftszentrum Ihres Landes Beratungen durchführt. Eine Beratung erscheint Ihnen insbesondere zur Beleuchtungsinstallation erforderlich. Der Architekt hatte in der Projektarbeit darauf hingewiesen, dass der alte Baumbestand, der auf dem Bauplatz für das Bürogebäude steht, auf jeden Fall erhalten bleiben soll. Andererseits ist dadurch im Herbst und Winter der Lichteinfall eingeschränkt.

Sicherheitstechnische Arbeitsplatzgestaltung

8.2.4 Sicherheitstechnische Anforderungen an die Arbeitsplatzgestaltung

Eine sicherheitstechnisch orientierte Arbeitsplatzgestaltung hat das Ziel, den arbeitenden Menschen vor Gefahren zu schützen.

In den Ausführungen über die physiologische Arbeitsplatzgestaltung, speziell der Bedingungen der Arbeitsumwelt, wurden Gefahren dargestellt, die die Gesundheit der arbeitenden Menschen gefährden (Lichtmangel, Lärm, Hitze, Kälte, Schwingungen, Schadstoffe usw.).

Definition/ Ursachen

Arbeitsunfälle als plötzliche, ungewollte äußere Ereignisse können ebenfalls Körperschäden herbeiführen und zu Verletzungen, Krankheit und Tod führen. Als Ursachen für Arbeitsunfälle kommen technische Mängel, menschliches Versagen und höhere Gewalt in Betracht.

Arbeitsunfallstatistiken

Die Berufsgenossenschaften führen eine **Statistik**, in der folgende Angaben enthalten sind:

- Unfallort
- Tätigkeit, die der Verletzte im Augenblick des Unfalls ausübte
- Vorgang, der unmittelbar die Verletzung herbeiführte

Eine repräsentative Ursachenstatistik mit komplexer methodischer Unfallanalyse wird in der Literatur vermisst. Dagegen liegen detaillierte Leitregeln zur Unfallverhütung, herausgegeben von den Berufsgenossenschaften, vor.

Zu sicherheitstechnischen Fragen nehmen Sie im Auftrag der Projektgruppe zu einschlägigen Berufsgenossenschaften, zum Landesamt und zur Bundesanstalt für Arbeitsschutz in Dortmund Kontakt auf.

8.2.5 Informationstechnische Anforderungen an die Arbeitsplatzgestaltung

Informatorische Arbeitsplatzgestaltung

Ziel der informationstechnischen Arbeitsplatzgestaltung ist es, die Aufnahme und Verarbeitung von Informationen am Arbeitsplatz zu sichern und zu beschleunigen. Diese Zielsetzung ist Teil eines Rationalisierungsprozesses, der das ganze Betriebsgeschehen umfasst und sich in folgenden Teilzielen niederschlägt[1]:

Teilziele

- Arbeitsabläufe durch Verkürzung der Informationswege zu beschleunigen
- die Transparenz des Betriebsgeschehens zu erhöhen
- die Kosten der Informationsbeschaffung und -verarbeitung zu senken
- die Dienstleistungsqualität zu erhöhen und
- die Verwaltungs- und Personalkosten zu senken.

[1] *Vgl. Schanz, G.: Personalwirtschaftslehre, München, 2000, S. 266*

Die Realisation dieser Ziele hat für die einzelnen Arbeitsplätze wie auch für ganze Tätigkeitsbereiche weit reichende und unter Umständen sehr unterschiedliche Auswirkungen. Die folgenden Betrachtungen geben einige Trends wieder:

Trends

- Die in der Vergangenheit getrennt bearbeiteten Aufgabenfelder Fabrik und Büro wachsen zusammen.
- Betriebswirtschaftlich und technisch bisher getrennt ausgerichtete Tätigkeiten werden durch integrierte Informationssysteme zusammengeführt.
- Der Sachbearbeiterplatz erlebt durch einen Trend zur Aufgabenintegration eine Aufwertung (horizontale Integration).
- Routinearbeitsplätze erleben durch Erweiterung um anspruchsvolle Tätigkeiten eine „Aufwärtsintegration".
- An Arbeitsplätze mit bisher nur hohen Qualifikationsanforderungen werden Routinearbeiten angekoppelt. Der Gruppenleiter schreibt z. B. seine Briefe selbst (Abwärtsintegration).
- Die Auswirkungen auf Kommunikationen sind sehr unterschiedlich. Von vielen Arbeitsplätzen aus ist technisch die Kommunikation über verschiedene Netze (Intra- und Internet) enorm erweitert. Persönliche Kommunikation wird teilweise ausgespart.

Computer

Da die informationstechnische Arbeitsplatzgestaltung computergeprägt ist, kommt der **Computerauswahl und der Computerbedienung** eine besondere Bedeutung zu.

Bei der Computerauswahl ist eine Fülle von Gesichtspunkten zu berücksichtigen. In der Literatur finden Sie folgende Gestaltungsvorschläge (Quelle: Scholz, C.: Grundzüge des Personalmanagements, München, 2011, S. 284 f.):

- *„Beim Bildschirm sind von ergonomischer Bedeutung*
  - *flimmer- und verzerrungsfreie Anzeige,*
  - *hohe Auflösung,*
  - *reflexionsarme Oberfläche,*
  - *leichte Zugänglichkeit der Einstellregler,*
  - *geringe Bildschirmkrümmung (flat screen)*
  - *adäquates Bildschirmformat.*
- *Tastaturen sind im Wesentlichen genormt. Hier wirken allerdings eine geneigte Stellung mit Handballenauflagefläche sowie sinnvolle Druckpunkte der Tasten beanspruchungsreduzierend.*
- *Der Rechner selbst muss über einen der Problemstellung angemessenen Arbeitsspeicher, entsprechende Permanentspeicher sowie einen ausreichenden Prozessor verfügen; Ziel ist dabei die Realisierung von konstanten und psychologisch vertretbaren Antwortzeiten.*
- *Bei der Aufstellung des Gerätes sind zu beachten.*
  - *Höhe und Neigung,*
  - *Sehabstand,*
  - *Lichteinfall-Reflexionen,*
  - *Funktionalität der Büromöbel,*

  wobei speziell die auf die Körpermaße des Menschen abstellenden Normierungen wie DIN EN ISO 9241 (Bildschirmarbeitsplatz) und DIN EN 527-1 (Büromöbel) zu verweisen ist.
- *Zu diesen im Wesentlichen auf Hardware-Ergonomie hinauslaufenden Überlegungen gewinnen zunehmend auch Gestaltungsvorschläge für Software an Bedeutung. Hierzu zählen*
  - *standardisierte Bildschirmaufteilungen,*

- *Hervorhebungen von Schlüsselwörtern,*
- *am Kurzzeitgedächtnis ausgerichtete Merknotwendigkeiten,*
- *Hilfefunktionen in Abhängigkeit vom akuten Problem (Kontextsensitivität),*
- *Übereinstimmung von Bildschirminhalt und Druckausgabe nach dem WYSIWYG-Konzept ("what you see ist what you get"),*
- *beeinflussbare Dialoge,*
- *weitgehender Verzicht auf das Eintippen von Befehlen durch Verwendung von (pull down) Menüs."*

Alle diese Merkmale sollen die psychophysischen Belastungen möglichst gering halten.

Wenn Sie erreichen, dass bei der Ausstattung auf alle Merkmale geachtet wird, haben Sie mit dafür gesorgt, dass vermeidbare psychophysische Belastungen auch wirklich vermieden werden.

Sie sehen es als Ihre Aufgabe an, dass bei der Anschaffung von Büromöbeln alle wesentlichen anthropometrischen Gesichtspunkte berücksichtigt werden. Ein besonderes Problem liegt in der Beschaffung von integrierten Computerarbeitsplätzen. Hier wäre die Erprobung an einigen Arbeitsplätzen besonders nützlich.

Datenschutz

Die informationstechnisch inzwischen selbstverständliche Verbindung bzw. Vernetzung zwischen den Arbeitsplätzen bringt ein spezielles Problem hervor, nämlich das der Geheimhaltung. Aus Gründen des **Datenschutzes** wird der Zugriff auf spezielle Daten durch nichtlegitimierte Mitarbeiter technisch ausgeschlossen, z. B. der Zugriff auf Personaldaten.

Organisatorische Anforderungen an die Arbeitsplatzgestaltung

8.2.6 Organisatorische Anforderungen an die Arbeitsplatzgestaltung

Durch Berücksichtigung von arbeitsorganisatorischen Anforderungen will man sowohl die örtliche Lage des Arbeitsplatzes im Arbeitsprozess einschließlich Ausstattung als auch die zeitliche Einordnung der Tätigkeit am Arbeitsplatz optimal gestalten.

Örtliche Regelungen

Die örtliche Lage ist durch organisatorische Gesichtspunkte bestimmt. Nach den am Arbeitsplatz zu erfüllenden Aufgaben richtet sie sich danach,

- in welchem Raum, in welcher Etage, in welchem Betriebsteil sich der Arbeitsplatz befindet,
- ob Arbeitsplätze hintereinander oder nebeneinander angeordnet werden oder evtl. auch gegenüber,
- ob der Arbeitsplatz für Publikumsverkehr vorgesehen sein muss,
- welche Ausstattung – auch unter Berücksichtigung von Führungsaufgaben – angebracht ist.

Die Anordnung der Arbeitsplätze kann kommunikationsfördernde oder kommunikationshindernde Auswirkungen haben.

Regelungen für den Arbeitsplatz

Um einen reibungslosen, schnellen und sicheren Arbeitsablauf zu gewährleisten, lassen sich für die meisten Arbeitsplätze Regeln aufstellen.

Beispiel
- Sachbearbeitung mit Schreibtischarbeit: Eingänge links, Ausgänge rechts
- häufig benötigte Arbeitsmittel in Griffnähe
- häufig einzusehende Daten in angemessener Sichtweite.

Zeitliche Regelungen

Die zeitlichen Regelungen über Anwesenheit am Arbeitsplatz bilden einen wesentlichen Teil der organisatorischen Aspekte. Dabei ist auch zu berücksichtigen, ob ein Arbeitsplatz von mehreren Personen benutzt wird, etwa bei Job-sharing. Zeitliche Regelungen betreffen

- die Arbeitszeit als solche mit Beginn, Dauer und Ende pro Arbeitstag und Woche,
- eventuelle Schichtregelungen mit Anzahl der täglichen Schichten, deren Dauer und zeitliche Lage, deren Wechsel für den betroffenen Arbeitnehmer u. v. a. m.,
- die Urlaubsregelungen,
- die Pausenregelungen.

(Vgl. dazu Ausführungen in Abschnitt 7.3)

Pausenregelungen

Pausen werden nach Dauer, Zeitintervall und zeitlicher Lage unterschiedlich gestaltet. Der daraus abgeleitete Rekreationseffekt (lat. re-creare, sich erneuern; vgl. auch kreieren = erschaffen) wird unterschiedlich bewertet. Zur Bewertung ist auch noch die Frage zu berücksichtigen, für welche Art von Arbeit und für welches Maß an Belastung die Pausengestaltung erfolgt. Da bei hoher Belastung die Beanspruchung in der Regel überproportional steigt, ist sie auch mit entsprechenden Pausen auszugleichen.

Über die Pausengestaltung gibt es sehr viele Untersuchungen mit unterschiedlichen Ergebnissen. Grundsätzlich spielen die Plausibilität für die Betroffenen bzw. die situativen Bedingungen die entscheidende Rolle.

Biorhythmus

Die Leistungsfähigkeit des arbeitenden Menschen hängt u.a. auch von seinem Biorhythmus ab. Die Biorhythmusforschung unterscheidet verschiedene Formen.

Eine davon ist der bekannte Tagesrhythmus mit seinen Hochs und Tiefs, die sowohl Leistungsfähigkeit als auch Unfallgeneigtheit anzeigen. Es zeigt sich, dass im Bereich des absoluten Leistungstiefs um 3 Uhr die Leistungsbereitschaft bei 20 % der Durchschnittsleistung liegt. Der Verlauf der Kurve hat übrigens seinen Ursprung in Aufzeichnungen von Unfallhäufigkeiten im Verlauf von 24 Stunden (Abb. 8-13).

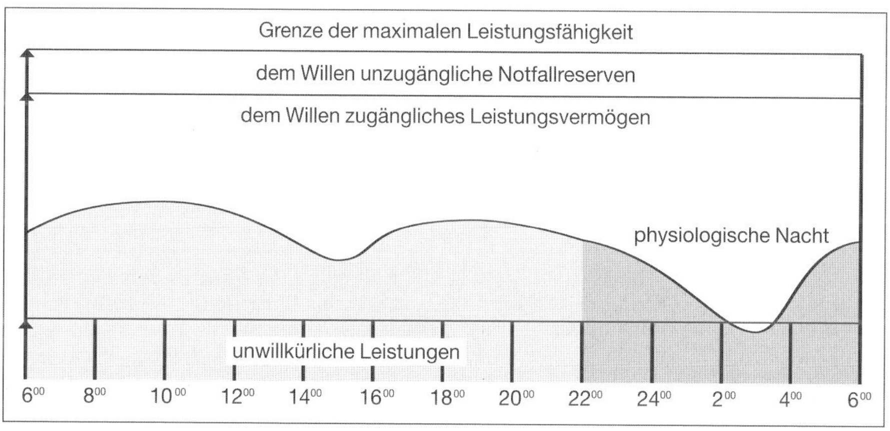

Abb. 8-13: Verlauf der physischen Leistungsbereitschaft über 24 Stunden

Atmosphäre

Die Reaktion der Menschen auf atmosphärische (Wetterlage, Föhn) und kosmische Vorgänge (Ebbe, Flut, Mondwechsel, Jahreszeiten) sind unbestritten, wiewohl subjektiv unterschiedlich und in der Regel bei betrieblichen Dispositionen nicht berücksichtigt.

8.2.7 Die ökologische Arbeitsplatzgestaltung

Ökologische Arbeitsplatzgestaltung

Das Ziel einer ökologisch orientierten Arbeitsplatzgestaltung besteht darin, ökologische Gesichtspunkte bei den Entscheidungen zu berücksichtigen.

Ansatzpunkte sind:

- Bevorzugung umweltverträglicher Roh-, Hilfs- und Betriebsstoffe in der Produktion
- Einsatz energiesparender Betriebsaggregate

  Beispiel Elektromotoren statt Verbrennungsmotoren
- Verzicht auf eigene Energieherstellung zugunsten der umweltverträglicheren Großproduktion

  Beispiel Die FordAG in Köln hat diesen Weg beschritten.
- Entscheidung für wiederverwertbare Verpackungen
- Berücksichtigung von Entsorgungsproblemen

  Beispiel getrennte Sammlung von Abfall im Büro

8.3 Arbeitswissenschaftliche Anforderungen im Widerstreit der Interessen

Parallelität/ Konkurrenz/ Widerstreit

Bei den unterschiedlichen Anforderungen an die Arbeitsplatzgestaltung ergeben sich einerseits viele Parallelen, z. B. entspricht die Forderung nach verbesserten Lichtverhältnissen als physiologisch orientierte Forderung gleichzeitig der Forderung nach Sicherheit am Arbeitsplatz. Andererseits gibt es auch Forderungen, die in Konkurrenz oder gar in Widerstreit zueinander stehen.

Beispiel
- Verbesserung der Kommunikation zwischen Personalsachbearbeiter und auf dessen Dienstleistung angewiesenen Betriebsangehörigen durch Besuchsmöglichkeit am Arbeitsplatz **gegen** Datenschutz
- Arbeitszufriedenheit durch großzügig bemessene Raumgestaltung **gegen** Kostengesichtspunkte (Wirtschaftlichkeit)
- Einhalten von Sicherheitsvorschriften zur Unfallvermeidung, z. B. Abgrenzung von Gefahrenzonen durch Lichtschranken oder die Vorschrift, unförmige Feuerschutzanzüge zu tragen und damit an Beweglichkeit zu verlieren **gegen** Arbeitsproduktivität
- Platz für Gruppendiskussionen (Gruppenraum) und dadurch verbesserte Informations- und Kommunikationsmöglichkeiten **gegen** Wirtschaftlichkeit

Wege zur Problemlösung

Bei Konkurrenz bzw. Widerstreit zwischen unterschiedlichen Anforderungen können verschiedene **Wege zur Problemlösung** beschritten werden.

- Ableitung der richtigen Entscheidung aus der Unternehmensphilosophie

  Beispiel Wenn mitarbeiterorientierten Entscheidungen ein hoher Rang eingeräumt wird, müssen angemessene und leicht zugängliche Räumlichkeiten zur Willensbildung vorhanden sein.
- Rangordnung der Anforderungen

  Beispiel Im Hinblick auf die Sicherheitsvorschriften der Unfallversicherung gibt es keine Kompromisse. Die Sicherheitsvorschriften haben absoluten Vorrang.

- Mittelweg bei konkurrierenden Anforderungen

Beispiel Die Arbeitsplatzgestaltung bei Besuchen am Arbeitsplatz eines Sachbearbeiters kann technisch so erfolgen, dass die Forderungen nach Datenschutz erfüllt werden (Stellwand gegen Mithören; Platzanordnung, die die Einsicht auf den Bildschirm oder auf geöffnete Akten verhindert u. a. m.).

Bei der Raumaufteilung ist von einer bestimmten Personenzahl auszugehen. Für die Personen sind Räume nach den Funktionen Leitung, Referent und Sachbearbeitung vorzusehen. Da der Abteilungsleiter häufig Gespräche mit Gästen und Mitarbeitern zu führen hat, muss der Raum für einen (runden) Konferenztisch mit ca. 8 Plätzen geeignet sein. Auch Personalreferenten führen relativ viele Gespräche und benötigen deshalb ein Einzelzimmer. Am Eingang des Personaltraktes ist eine Anlaufstelle vorzusehen, die von den Mitarbeitern aus dem ganzen Betrieb günstig zu erreichen sein soll (Information, Abgeben und Abholen von Belegen).

Die Kommunikationsstrukturen innerhalb der Personalabteilung sind durch die Anordnung der Räume, die großzügige Flurgestaltung, die vorgesehenen Türen und den vorgesehenen Konferenzraum berücksichtigt.

Auch das Problem der gegenseitigen Vertretung wurde bedacht. Einerseits wurden von der Funktion her vergleichbare Arbeitsplätze in einem Raum oder in nebeneinander liegenden Räumen untergebracht. Andererseits wird eine Telefonanlage vorgeschlagen, die eine automatische Umschaltung auf den besetzten Arbeitsplatz vorsieht, wenn sich der gewünschte Teilnehmer nach z. B. 3 Klingelzeichen nicht gemeldet hat.

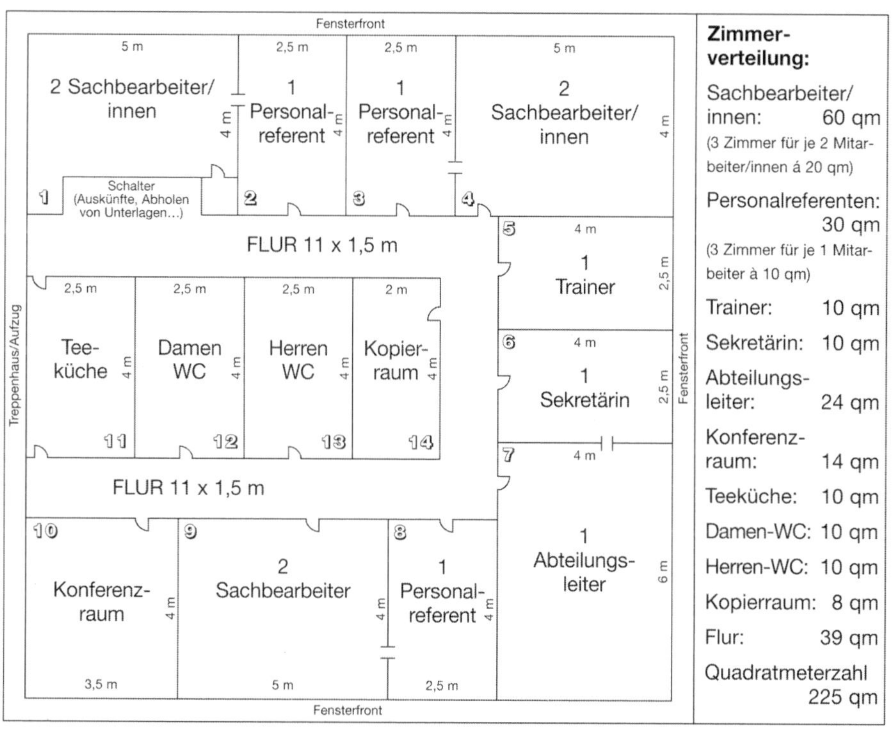

Abb. 8-14: Raumaufteilung für eine Personalabteilung (Teilergebnis der Projektarbeit)

A Aufgaben

◆ Wiederholungsaufgaben

1. Welche Sachziele und welche Formalziele werden durch eine optimale Arbeitsplatzgestaltung angestrebt? Nennen Sie Teilziele, die sich gegenseitig ausschließen oder zumindest überschneiden.
2. Im Modell des Arbeitssystems wird der Mensch speziell in seiner Verbindung zu den Betriebsmitteln (= Arbeitsplatz) aufgeführt. Welche Beziehungen hat der Mitarbeiter am Arbeitsplatz gleichzeitig zum Input und zum Output?
3. Erläutern Sie, inwieweit die durch objektive Meßverfahren erfassbaren Arbeitsbelastungen bei den Mitarbeitern zur unterschiedlichen Leistungsabgabe führen können.
4. Welche Beziehungen erkennen Sie zwischen Rechtsvorschriften zur Arbeitsplatzgestaltung und gesicherten Erkenntnissen der Arbeitswissenschaft?
5. Erläutern Sie Möglichkeiten, durch bauliche Massnahmen solche Belastungen einzuschränken, die durch Schall, Klima und Gefahrstoffe den Menschen am Arbeitsplatz gefährden.
6. Durch welche Grundhaltung und durch welche Hilfsmittel kann der Mitarbeiter persönlich die Gefahren am Arbeitsplatz vermindern helfen?
7. Welche Bedeutung hat die Pausenregelung für die Sicherheit des Mitarbeiters am Arbeitsplatz?

◆ Situationsaufgaben

1. Der Betriebsrat einer großen Metallwarenfabrik möchte eine Broschüre über die Umweltbelastungen am Arbeitsplatz herausgeben. Die Broschüre hat den Zweck, die Vielfalt der vorgenommenen Schutzmaßnahmen jedem Mitarbeiter vor Augen zu führen, vor allem aber, die Mitverantwortung für die Funktionsfähigkeit aller Maßnahmen und Einrichtungen zu fördern. Insbesondere sollen auf die maschinenbezogenen Maßnahmen (Schalldämpfungen, Abschirmungen, Schutzanstrich, Schutzverkleidung, Schwingabstimmungen, Beleuchtungsverbesserungen, Entlüftungen, Strahlenschutzabschirmungen usw.) sowie auf die mitarbeiterbezogenen Maßnahmen (Gehörschutz, Schweißbrillen, Klimakleidung usw.) hingewiesen werden.
   Sie erhalten die Aufgabe, eine Struktur dieser Broschüre zu entwerfen und zu erläutern.

2. Die „Projektgruppe Raumplanung" hat einen Alternativvorschlag (vgl. Abschnitt 8.3) mit gleicher Gesamtfläche eingebracht, der durch folgende Merkmale gekennzeichnet ist:
   a) Die Funktionen der Räume 11 bis 14 sind anderweitig verteilt.
   b) Der dadurch entstehende große Innenraum wird durch Sachbearbeitungsplätze ausgefüllt. Stellwände dienen der Abgrenzung, aber insgesamt sind die Kontaktmöglichkeiten erheblich ausgeweitet.

   Der Grundgedanke dieses Alternativvorschlages ist zu sehen in der verbesserten Kommunikation zwischen
   - den Sachbearbeitern/Sachbearbeiterinnen untereinander,
   - Referent/Referentin und Sachbearbeitung
   - sowie personalwirtschaftlichem Personal insgesamt zum betriebsinternen und betriebsexternen Publikum.

Aufgaben
Entwerfen Sie einen Raumaufteilungsplan unter Berücksichtigung der genannten Merkmale. Bewerten Sie die beiden Vorschläge nach selbst aufgestellten Kriterien.

3. „In den dreißiger Jahren stieß eine Gruppe von Wissenschaftlern unter Führung von Elton Mayo bei Untersuchungen in den Hawthorne Werken der General Electrics auf das merkwürdige Phänomen, dass Leistungen einer Gruppe von Versuchspersonen nicht nur bei Verbesserungen von Umweltbedingungen anstiegen, sondern auch bei objektiven Verschlechterungen dieser Bedingungen.
Bei näherer Analyse dieser verwirrenden Befunde zeigte es sich, dass die Ursache der Leistungsverbesserungen in der Experimentalgruppe allein in der persönlichen Ansprache und der Wertschätzung der Arbeiter durch die Experimentatoren gesehen werden musste. Das war die Geburtsstunde der human relations, in deren Fußstapfen bis heute immer wieder neue motivierende Führungsstile kreiert werden und Fragen der Zufriedenheit arbeitswissenschaftliches und betriebspraktisches Interesse finden.
Kritische Untersuchungen dieses in die Literatur als **Hawthorneffekt** eingegangenen Befundes kamen jedoch zu dem ernüchternden Ergebnis, dass der motivationale Leistungsanreiz der human relations orientierten Arbeitsorganisation nur kurzfristig wirkt. Der Arbeitnehmer gewöhnt sich an die motivierenden Führungsstile und Einrichtungen des sozialen Betriebsklimas und sieht die humane Behandlung als etwas Selbstverständliches an, ohne einzusehen, auf sie mit erhöhter Produktivität zu antworten."
(Quelle: Hettinger, T.; u.a.: Ergonomie am Arbeitsplatz, Ludwigshafen, 1980, S. 352)

Aufgabe
Welche Erkenntnisse lassen sich aus dem Hawthorne-Experiment und der später erfolgten Analyse für die Gestaltung der Arbeitsbedingungen heute gewinnen?

B Methodische Empfehlungen

◆ Projektmanagement

1. Projektorganisation
Für Aufgaben, die wegen ihrer Einmaligkeit nicht in der vorliegenden Organisationsstruktur gelöst werden können, wird **Projektorganisation** vorgesehen. Die Initiatoren entscheiden aufgrund der Art, des Umfangs, der Schwierigkeit und der voraussichtlichen Dauer des Projekts vorweg, ob Projekt-Vollorganisation realisiert werden soll, d.h. ob die Projektmitglieder während der Projektarbeit von ihrer Stelle abgezogen werden sollen. Die Lösung „Teilorganisation" bedeutet demgegenüber: Die Projektmitglieder arbeiten mit einem Teil ihrer Arbeitskraft im Projekt mit, verbleiben im Übrigen aber auf ihrer Stelle. Die weiteren Überlegungen beziehen sich auf Teilorganisation.

2. Innenstruktur
Für die Innenstruktur einer Projektgruppe sind verschiedene Formen denkbar, wobei hier auf zwei Grundformen abgehoben wird:

Grundform A
Die Projektgruppe erhält einen verantwortlichen Leiter, der die Arbeit koordiniert und der Unternehmensleitung berichtet.

Grundform B
Die Projektgruppe erhält einen Leiter, der die Arbeit in der Projektgruppe koordiniert. Die Verbindungen zur Unternehmensleitung, insbesondere wegen Vorlage der Ergebnisse, wird einer Teilgruppe der Projektgruppe übertragen, welcher der Projektleiter angehört. Durch diese Konstruktion wird z. B. vermieden, dass der Projektleiter durch seine sonst alleinige Verbindung zur Unternehmensleitung ein zu großes Gewicht erhält und vielleicht noch separate Politik betreiben kann, indem er etwa in Berichten solche Sachverhalte betont, die seiner Abteilung oder seiner Stellung besonders nützlich sind.

Die weiteren Überlegungen beziehen sich auf Grundform A. Der Projektleiter soll einer höheren Hierarchiestufe angehören.

3. Zielsetzungen und Bedingungen

Vor Beginn der Projektarbeit ist die Aufgabe der Projektgruppe zu beschreiben.

Beispiel
- Ziel der Projektgruppenarbeit: Planung einer Büroraumetage
- Umfang der Arbeit: Fertige Vorgaben für den Architekten erstellen
- Anzahl der Projektmitglieder: Die Anzahl soll einerseits der Aufgabe entsprechen, andererseits das ständige Round-table-Gespräch ermöglichen. Die Anzahl wird auf sieben festgelegt.
- Kosten: 10 000,00 EUR unter Ansatz der auf den Stellen wegfallenden Leistungen
- Kompetenzen der Projektmitglieder: Freie Methodenwahl, freie Dispositionen im Rahmen eines Zeitbudgets
- Intervention durch Unternehmensführung: nicht vorgesehen

4. Projektmitglieder

- Aus der Absicht heraus, Wissen und Ideen über Abteilungen hinaus zu aktivieren, werden Mitglieder aus verschiedenen Abteilungen vorgesehen.
- Weitere Gesichtspunkte für die Personenauswahl:
  - Nützlich ist es, verschiedene Hierarchiestufen zu berücksichtigen (Ideen aus der Sicht eines ...).
  - Spezialisten und Generalisten bringen ihre Sichten in das Projekt ein.
  - Möglicherweise lassen sich auch verschiedene Denktypen berücksichtigen (der Konstruktive, der Kreative, der Visionäre etc.).
  - Ggf. lassen sich Mitglieder berufen, die nicht Betriebsangehörige sind.

5. Durchführungsphase

Die zusammengesetzte Projektgruppe definiert die Aufgabe, setzt ihre Schwerpunkte, einigt sich über den Arbeitsrhythmus, legt fest, in welcher Weise die Arbeit dokumentiert werden soll (Protokolle, Berichte). Gleicherweise werden Datenerhebungsmethoden und Abstimmungsverfahren erörtert und festgelegt. Bei der Aufgabendefinition erfolgen besondere Eingrenzungen:

Ist die Lösung der Projektaufgabe die einzige Lösung des Problems? Welche Kräfte drängen auf die Projektdurchführung, welche Kräfte stehen dagegen? Wie dringlich ist eine Lösung und warum? Gibt es voraussichtlich kleine und große Lösungen?

6. Ergebnispräsentation

Ggf. in Teilpräsentationen, ansonsten in einer Abschlusspräsentation stellt die Projektgruppe das Ergebnis der Unternehmensleitung vor. Dabei werden Vorteile und Nachteile für die Problemlösung dargestellt, ebenfalls voraussehbare Schwierigkeiten der Umsetzung.

7. Bedingungen von Projektarbeit

Die Organisationsform gibt den nötigen Spielraum für kreative Lösungen. Für den Erfolg sind allerdings weitere Fakten wichtig.

Beispiel
- Wird die Projektarbeit positiv von der Unternehmensleitung begleitet?
- Hat der Projektleiter die Fähigkeit des Moderators? Kann er koordinieren? Kann er motivieren?
- Sind die Projektmitglieder sowohl intrinsisch (aus der Aufgabe heraus) als auch extrinsisch (z. B. wegen ihres gewachsenen Ansehens in ihren Abteilungen) motiviert?
- Sind die Arbeitsbedingungen moderat (keine Hetze, keine Überforderungen etc.)?

C Literatur

Bokranz, R.; Landau, K.: Einführung in die Arbeitswissenschaft, Stuttgart, 1991.

Helmreich, R.: Innovation im Büro – Einführung neuer Techniken und Akzeptanzforschung, in: Rosenstiel, Lutz von (Hrsg.): Führung von Mitarbeitern, Stuttgart, 2003.

Hettinger, T.; Kaminsky, G.; Schmale, H.: Ergonomie am Arbeitsplatz, Ludwigshafen, 1980.

Jung, H.: Personalwirtschaft, München/Wien, 2011.

Münzberger, E.: Modularer Lehrbrief „Einführung in die Arbeitsmedizin", Modernes Fachinstitut für Arbeitsmedizin der Universität Rostock.

Neuberger, O.: Theorien der Arbeitszufriedenheit, Stuttgart, 1974.

REFA (Hrsg.): REFA – Methodenlehre des Arbeitsstudiums, Teil 1 Grundlagen, München,1991.

Rudow, B.: Die gesunde Arbeitsgestaltung, Arbeitsorganisation und Personalführung, 2. Auflage, München, 2011.

Schanz, G.: Personalwirtschaftslehre, München, 2000.

Scholz, C.: Personalmanagement, München, 2011.

Staehle, W. H.: Management, München, 1999.

Ulrich, E.: Arbeitspsychologie, Stuttgart, 2001.

9 Die Mitarbeitervergütung gerecht gestalten

Auf welche Weise kann die Mitarbeitervergütung nach dem Grundsatz der relativen Entgeltgerechtigkeit gestaltet werden und zugleich das Prinzip der Wirtschaftlichkeit erfüllt werden?

Der Personalleiter der Westdeutschen Mineralbrunnen AG hat an einem Seminar für Grundsatzfragen der Personalführung teilgenommen. Ein Thema befasste sich mit dem Zusammenhang zwischen Entlohnungssystem und Motivation. Die dort vertretene Kernthese entsprach der Veröffentlichung „Mythos Motivation" von Reinhard Sprenger, wonach Motivation im Grunde ein Misstrauen gegenüber dem Mitarbeiter darstellt. Angewandt auf die Vergütung müssten alle diejenigen Vergütungssysteme infrage gestellt werden, die Zusatzentgelte an erbrachte zusätzliche Leistungen koppeln. In dem betreffenden Seminar wurde von Erfahrungen berichtet, wonach z. B. im Außendienst gezahlte Festgehalte und der entsprechende Verzicht auf Anreize jeglicher Art zu unverändert guten Verkaufsergebnissen geführt hätten.

Der Personalleiter steht nach diesem Seminar in einem Umdenkungsprozess gegenüber den bisher praktizierten Vergütungssystemen. Für den im Verlauf der letzten zehn Jahre ständig um weitere Betriebe gewachsenen Konzern kommt hinzu, dass insgesamt ein recht unterschiedliches Lohnsystem besteht. Für die neu hinzugekommenen Betriebe hat man bisher auf Anpassungen verzichtet, zumal dort gewachsene Traditionen bestanden.

Um einer grundsätzlichen Neugestaltung nähertreten zu können, werden mehrere Personalreferenten beauftragt, die bisher in den verschiedenen Konzernbetrieben praktizierten Entlohnungsverfahren übersichtlich zusammenzustellen. Gleichzeitig sollen vor Ort Interviews erfolgen, um noch zusätzliche Informationen zu erhalten, nämlich:

a) Sind die Mitarbeiter in den betreffenden Fertigungs- bzw. Verwaltungsbereichen mit dem bestehenden Entlohnungsverfahren zufrieden? Hierzu sollen neben den Betriebsräten überwiegend Meister und Gruppenleiter befragt werden.

b) Gibt es vor Ort bereits Verfahren, um eine gerechte und zielgruppenadäquate Entlohnung auch bei Gruppenarbeit zu garantieren?

c) Sind in den Betrieben materielle Anreizsysteme eingeführt worden, die über die bekannten Entlohnungssysteme hinausgehen? Wie groß ist das Interesse an den eingeführten Formen?

9.1 Zielsetzung und Gesichtspunkte der Vergütungsgestaltung

Begriffsumfang

Vergütung in dem hier verstandenen Sinn umfasst weit mehr als die im betrieblichen Rechnungswesen erfassten direkten Lohn- und Gehaltsaufwendungen. Vielmehr gehören auch die betrieblichen Sozialleistungen sowie Erfolgs- und Kapitalbeteiligungen in den Begriffsumfang.

Bei der Festlegung der Vergütung spielt neben der Höhe insbesondere die Gerechtigkeit eine entscheidende Rolle. Absolute Gerechtigkeit ist allerdings wegen der unterschiedlichen Interessen und Wertvorstellungen nicht herstellbar. Es kommt viel-

Relative Lohngerechtigkeit

mehr darauf an, dass der Mitarbeiter das Gefühl hat, dass die Vergütung für seine Tätigkeit in einem angemessenen Verhältnis zu den Vergütungen seiner Arbeitskollegen und im Vergleich zu ähnlichen Tätigkeiten anderer Betriebe steht. Dieses wird auch als **relative Lohngerechtigkeit** bezeichnet.

Die Zielsetzung in der Vergütungsgestaltung kann also nur darin liegen, eine möglichst hohe relative Gerechtigkeit herzustellen.

Gesichtspunkte für die Entgeltfindung

Es gibt unterschiedliche Vorstellungen über das, was denn relative Lohngerechtigkeit im Wesentlichen ausmacht. Arbeitsrechtsnormen – insbesondere Gesetze und Tarifverträge – bilden einen Spiegel dafür, dass verschiedenartige Gesichtspunkte der Entgeltfindung Eingang in die Vergütungssystematik gefunden haben. Dieses lässt sich mithilfe der „Vergütungssäule" veranschaulichen, die in der nachfolgenden Abbildung 9-1 dargestellt ist.

Die Vergütungssäule

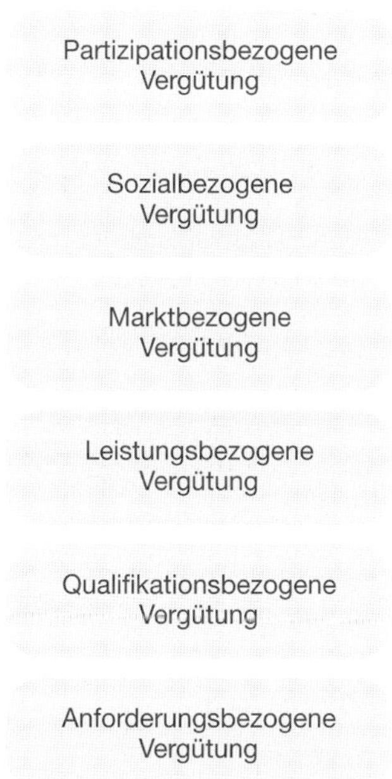

Abb. 9-1

- Eine Vergütung ist dann **anforderungsgerecht**, wenn die Anforderungen, die die Arbeitsschwierigkeiten – bedingt durch Arbeitsaufgabe, Arbeitsplatz und Arbeitsbedingungen – an den arbeitenden Menschen stellen, angemessen berücksichtigt werden. Dies schlägt sich in der Arbeitsbewertung nieder.

- Bei der **qualifikationsgerechten** Vergütung stehen nicht die Aufgabenschwierigkeiten der Arbeitsstelle im Vordergrund, sondern die verfügbaren Mitarbeiterqualifikationen, ohne dass diese unbedingt abgerufen werden müssen. Dieser relativ neue Gesichtspunkt soll insbesondere eine Qualifikationsreserve sicherstellen und auch entsprechend entlohnen.

- Von einer **leistungsgerechten** Vergütung spricht man dann, wenn die jeweils erbrachte Leistung berücksichtigt wird. Seinen Ausdruck findet dieser Aspekt in der Wahl einer Entgeltform, die sich an der individuellen Leistung orientiert sowie in der von der Entgeltform unabhängigen Leistungsbeurteilung.

- **Marktgerecht** ist ein Entgelt dann, wenn die Lohnhöhe der Lohnhöhe für vergleichbare Tätigkeiten auf dem Arbeitsmarkt entspricht. Arbeitsmarkt kann sowohl die Region bezeichnen als auch auf die Berufsgruppe oder Branche bezogen sein. Auch die Betriebsgröße ist wesentlich für die Höhe des Entgelts, wobei in der Regel gilt: Je größer die Unternehmung, desto höher wird das gezahlte Entgelt sein.

- Die **sozialbezogene Vergütung** berücksichtigt den Sozialstatus und die damit verbundenen persönlichen Bedürfnisse. Gemeint ist damit, dass die Unternehmensleitung die Stellung des Mitarbeiters in dessen sozialer Umgebung nicht ausgrenzen möchte, weil diese Stellung in der Regel auch mit einem höheren Geldbedarf zu tun hat, z.B. „verheiratet" und „Anzahl der unterhaltspflichtigen Kinder". Alter und Dauer der Betriebszugehörigkeit sind weitere Merkmale, die gewöhnlich zu den sozialen Gesichtspunkten gerechnet werden.

- Mit der **partizipationsbezogenen** Vergütung soll schließlich dem Umstand Rechnung getragen werden, dass der Mitarbeiter einen wesentlichen Anteil an der Leistungserstellung im Unternehmen hat. Dies findet seinen Ausdruck in unterschiedlichen Formen der Erfolgs- und Kapitalbeteiligung.

9.2 Anforderungsbezogene Vergütungsgestaltung

Anforderung als Maßstab der Vergütung

Das Kriterium der Anforderungsbezogenheit soll insbesondere dadurch erfüllt werden, dass die Schwierigkeiten der verschiedenen Tätigkeiten mit Verfahren der Arbeitsbewertung erfasst und in entsprechende Entgeltbestandteile umgewandelt werden. Zu diesem Zweck hat die Arbeitsbewertung die Aufgabe, die Anforderungen zu ermitteln, die eine Arbeit bei **normaler Leistung** an einen Mitarbeiter stellt. Als Ergebnis der Arbeitsbewertung erhält man eine Zahl, die die Höhe des Schwierigkeitsgrades der bewerteten Arbeit ausdrückt **(Arbeitswert)**.

Die **Bedeutung der Arbeitsbewertung** liegt darin, durch die Bewertung der einzelnen Tätigkeiten einen Raster der verschiedenen Anforderungen, die die Arbeitsaufgabe an den Mitarbeiter stellt, zu erhalten. Einbezogen werden ebenfalls die Bedingungen, unter denen Arbeit stattfindet, sowie die Beschaffenheit des Arbeitsplatzes.
Damit soll eine Voraussetzung geschaffen werden, um die Entlohnung von Tätigkeiten (Arbeit) transparenter und gerechter werden zu lassen. Von der Person des Arbeitnehmers wird bei der Ermittlung der objektiven Tatbestände abgesehen, wie das auch bei Stellenbeschreibungen der Fall ist.

Genfer Schema

Auf der Internationalen Tagung über Arbeitsbewertung, die 1950 in Genf stattfand, wurde im **Genfer Schema** festgelegt, dass die Zuordnung der Arbeitsschwierigkeiten im Wesentlichen folgende Merkmale berücksichtigen soll:

– Können	– Verantwortung
– Belastung	– Umgebungseinflüsse

Das Genfer Schema wurde im Laufe der Jahre erweitert, so dass heute folgende Gegenüberstellung gilt:

Anforderungsgruppen nach dem Genfer Schema		
	Können	**Belastung**
Geistige Anforderungen	• Fachkenntnisse • Berufserfahrung • Befähigung, fachlich zu denken und zu urteilen	• Nachdenken • Aufmerksamkeit • angestrengtes Beobachten
Körperliche Anforderungen Verantwortung Arbeitsbedingungen	• Geschicklichkeit • Handfertigkeit	• Überwindung von Arbeitswiderständen (dynamische Belastung der Muskeln) • Arbeitshaltung • (statische Belastung der Muskeln)
		• Verantwortungsbewusstes Arbeiten, um persönliche und sachliche Schäden zu vermeiden
		• Anforderungen, die den Organismus zusätzlich belasten und denen er passiv entspricht (Temperatur, Nässe, Lärm etc.)

Erweiterung des Genfer Schemas	
Hauptmerkmale	**Untermerkmale (Anforderungsarten)**
1. Geistige Anforderungen	a) Fachkenntnisse b) Nachdenken (geistige Beanspruchung)
2. Körperliche Anforderungen	a) Geschicklichkeit b) Muskelbelastung c) Aufmerksamkeit (Belastung der Sinne und Nerven)
3. Verantwortung für	a) Betriebsmittel und Produkte b) Sicherheit und Gesundheit anderer c) Arbeitsablauf
4. Arbeitsbedingungen (Belastung durch)	a) Temperatur b) Nässe (Wasser, Feuchtigkeit, Säure) c) Schmutz (Öl, Fett, Staub) d) Gas, Dämpfe e) Lärm, Erschütterung f) Blendung, Lichtmangel g) Erkältungsgefahr, Arbeit im Freien h) Unfallgefährdung

Abb. 9-2 Das Genfer Schema und seine Erweiterung nach Jung, H.: Personalwirtschaft, München/Wien, 2008, S. 574, 575

Grundformen der Arbeitsbewertung

Grundsätzlich haben sich **zwei Methoden oder Grundformen der Arbeitsbewertung** herausgebildet, nämlich die summarische und die analytische Methode. Bei der summarischen Arbeitsbewertung wird auf eine detaillierte Unterscheidung einzelner Anforderungsarten verzichtet. Man beurteilt die Tätigkeit auf einem Arbeitsplatz als Ganzes. Die analytische Arbeitsbewertung hebt auf die einzelnen, z.B. sehr detailliert benannten Anforderungen einer Tätigkeit ab.

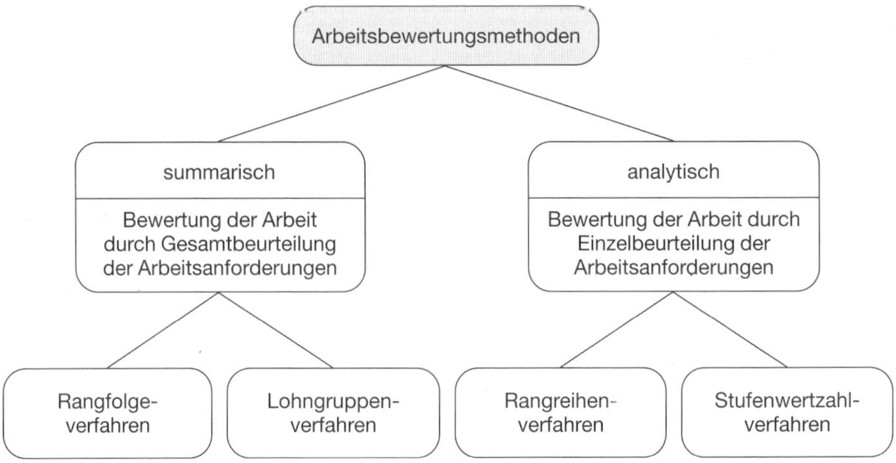

Abb. 9-3: Summarische und analytische Arbeitsbewertungsmethoden

Prinzipien der Reihung und der Stufung

Innerhalb der Methoden der Arbeitsbewertung werden zwei **Prinzipien** angewendet: das Prinzip der Reihung und das Prinzip der Stufung. Das Prinzip der **Reihung** beinhaltet, dass die Schwierigkeitsgrade der Tätigkeiten (Verrichtungen) in eine Reihenfolge (Rangfolge) gebracht werden. Bei dem Prinzip der **Stufung** werden Arbeitsschwierigkeiten in Stufen gebündelt und in Gruppen abgestuft.

	summarische Bewertung	**analytische Bewertung**
Reihung = Sortieren nach dem Schwierigkeitsgrad	*Rangfolgeverfahren*	*Rangreihenverfahren*
Stufung = Einsortieren in festgelegte Gruppen	*Lohngruppenverfahren*	*Stufenwertzahlverfahren*

Abb. 9-4: Prinzipien im Rahmen der Arbeitsbewertungsmethoden

9.2.1 Die summarischen Verfahren

Bei den summarischen Verfahren werden die Arbeitsschwierigkeiten global bewertet. Der **Schwierigkeitsgrad** der Arbeit an einem Arbeitsplatz wird als **Summe** der einzelnen Anforderungsmerkmale gesehen.

Kennzeichnung

◆ **Rangfolgeverfahren**

Alle in die Arbeitsbewertung einzubeziehenden Arbeitsplätze werden aufgelistet. Diese werden dann mithilfe von Arbeitsbeschreibungen miteinander verglichen und unter dem Aspekt der Schwierigkeit der Arbeit in eine **Rangfolge** gebracht. Eine solche Rangfolge kann durchaus auch erst für die einzelne Abteilung, später für die gesamte Unternehmung aufgestellt werden. Dass bei Arbeitsplatzvergleichen auch auf vorhandene Stellenbeschreibungen zurückgegriffen werden kann, ist selbstverständlich. Auf der ermittelten Rangfolge basiert dann die Lohn- und Gehaltsdifferenzierung.

Rangfolgeverfahren

Die Methode des Rangfolgeverfahrens findet sich eher in kleineren Unternehmungen, da nur dort umfassende Kenntnisse über alle einzubeziehenden Arbeitsplätze vorhanden sein können. **Vorteile** dieses Verfahrens finden sich in der **einfachen Handhabbarkeit** sowie in der **leichten Verständlichkeit.**
Ein wesentlicher **Nachteil** dieses Verfahrens liegt darin, dass die **Rangabstände** oftmals **ungleich** sind. Bei der Lohn- und Gehaltsfestsetzung müssen diese ungleichen Rangabstände berücksichtigt werden. Bei größeren Betrieben leidet die Vergleichbarkeit an der Fülle der zu vergleichenden Tätigkeiten, wodurch die Gefahr der **Fehlurteile** gegeben ist.

◆ **Lohngruppenverfahren (Katalogverfahren)**

Beim Lohngruppenverfahren, auch Katalogverfahren genannt, werden Lohn- und Gehaltsgruppen gebildet, die unterschiedliche Schwierigkeitsgrade zum Ausdruck bringen. Die einzelnen Stufen werden durch **inhaltliche Beschreibungen** und **Richtbeispiele** präzisiert. Alle zu bewertenden Tätigkeiten innerhalb der Unternehmung werden, entsprechend ihrer Anforderungen, den entsprechenden Lohngruppen zugeordnet. So finden sich beispielsweise in Lohngruppe 1 (L 1) des in der nachfolgenden Abbildung abgedruckten Tarifvertrages die einfachsten Arbeiten ohne Ausbildung bzw. Anlernzeit und in Lohngruppe 7 (L 7) besonders qualifizierte Arbeiten.

Lohngruppenverfahren

Für eine bestimmte Lohngruppe, die etwa in der Mitte liegt, wird der in Lohntarifverhandlungen vereinbarte Ecklohn festgelegt. Von diesem Ecklohn aus wird nach unten und oben differenziert, z. B. L 4 = 100 %, L 1 = 81 % und L 7 = 130 %.

Auch das Lohngruppenverfahren hat seinen Vorteil in der **einfachen Handhabbarkeit** und der **leichten Verständlichkeit.**

Vorteil

Der Arbeitsbewertung jeder Unternehmung obliegt die Aufgabe, einen jeden betrieblichen Arbeitsplatz in das Lohngruppenschema einzuordnen.

Sind jedoch die Lohngruppenmerkmale ungenau definiert, besteht die Gefahr der **Fehleinstufung.** Auch kann die Orientierung an Richtbeispielen leicht zur **Schematisierung** führen.

Nachteil

Das Lohngruppenverfahren ist Bestandteil vieler Tarifverträge und hat mit dem Entgeltrahmenabkommen auch Berücksichtigung im öffentlichen Dienst gefunden.

Einteilung der Entgeltgruppen nach dem ERA-Tarifvertrag 2002

E 1 Einfache Tätigkeiten, die nach einer zweckgerichteten Einarbeitung und Übung von bis zu 4 Wochen verrichtet werden können. Es ist keine berufliche Vorbildung erforderlich.

E 2 Tätigkeiten, deren Ablauf und Ausführung weitgehend festgelegt sind. Erforderlich sind Kenntnisse und Fertigkeiten, wie sie in der Regel durch ein systematisches Anlernen von bis zu 6 Monaten erworben werden.

E 3 Tätigkeiten, deren Ablauf und Ausführung überwiegend festgelegt sind. Erforderlich sind Kenntnisse und Fertigkeiten, wie sie in der Regel durch ein systematisches Anlernen von mehr als 6 Monaten erworben werden.

E 4 Tätigkeiten, deren Ablauf und Ausführung teilweise festgelegt sind. Erforderlich sind Kenntnisse und Fertigkeiten, wie sie in der Regel durch eine mindestens 2-jährige fachspezifische Ausbildung erworben werden.

E 5 Sachbearbeitende Aufgaben und/oder Facharbeiten, deren Erledigung weitgehend festgelegt sind. Erforderlich sind Kenntnisse und Fertigkeiten, wie sie in der Regel durch eine abgeschlossene, mindestens 3-jährige fachspezifische Berufsausbildung erworben werden.

E 6 Schwierige sachbearbeitende Aufgaben und/oder schwierige Facharbeiten, deren Erledigung überwiegend festgelegt ist. Erforderlich sind Kenntnisse und Fertigkeiten, wie sie in der Regel durch eine abgeschlossene, mindestens 3-jährige fachspezifische Berufsausbildung und mehrjährige Berufserfahrung erworben werden.

E 7 Umfassende sachbearbeitende Aufgaben und/oder besonders schwierige und hochwertige Facharbeiten, deren Erledigung teilweise festgelegt ist. Erforderlich sind Kenntnisse und Fertigkeiten, wie sie in der Regel durch eine abgeschlossene, mindestens 3-jährige fachspezifische Berufsausbildung und eine mindestens 2-jährige Fachausbildung erworben werden oder durch zusätzliche Kenntnisse und Fertigkeiten durch langjährige Berufserfahrung.

E 8 Ein Aufgabengebiet, das im Rahmen von bestimmten Richtlinien erledigt wird oder hochwertigste Facharbeiten, die hohes Dispositionsvermögen und umfassende Verantwortung erfordern. Erforderlich sind Kenntnisse und Fertigkeiten, wie sie in der Regel durch eine abgeschlossene, mindestens 3-jährige fachspezifische Berufsausbildung und eine mindestens 2-jährige Fachausbildung erworben werden sowie zusätzliche Kenntnisse und Fertigkeiten, die durch langjährige Berufserfahrung erworben werden.

E 9 Ein erweitertes Aufgabengebiet, das im Rahmen von Richtlinien erledigt wird. Erforderlich sind Kenntnisse und Fertigkeiten, wie sie durch den Abschluss einer mindestens 4-jährigen Hochschulausbildung erworben werden. Diese Kenntnisse und Fertigkeiten können auch durch eine abgeschlossene, mindestens 3-jährige fachspezifische Berufsausbildung und eine mindestens 2-jährige Fachausbildung und eine langjährige Berufserfahrung sowie eine zusätzliche spezielle Weiterbildung oder auf einem anderen Weg erworben werden.

E 10 Ein Aufgabenbereich, der im Rahmen von allgemeinen Richtlinien erledigt wird. Erforderlich sind Kenntnisse und Fertigkeiten, wie sie durch den Abschluss einer mindestens 4-jährigen Hochschulausbildung erworben werden und Fachkenntnisse durch mehrjährige spezifische Berufserfahrung. Diese Kenntnisse und Fertigkeiten können auch auf einem anderen Weg erworben werden.

E 11 Ein erweiterter Aufgabenbereich, der teilweise im Rahmen von allgemeinen Richtlinien erledigt wird. Erforderlich sind Kenntnisse und Fertigkeiten, wie sie durch den Abschluss einer mindestens 4-jährigen Hochschulausbildung erworben werden sowie Fachkenntnisse und langjährige spezifische Berufserfahrung. Diese Kenntnisse und Fertigkeiten können auch auf einem anderen Weg erworben werden.

Abb. 9-5

Niveaubeispiele in Entgeltgruppe 4
• Rüsten und Bedienen von Bearbeitungsmaschinen • Prüfen von Rechnungen • Montieren von komplizierten Einzelgeräten • Erledigen von Bürovorgängen • Durchführen von Bestellungen • Anfertigen von einfachen technischen Zeichnungen • Abwicklung von Versandaufträgen

Abb. 9-6

9.2.2 Die analytischen Verfahren

Kennzeichnung

Während bei den summarischen Verfahren die Anforderungen am Arbeitsplatz pauschal bewertet werden, steht bei den analytischen Verfahren eine getrennte Betrachtung und Beurteilung der **einzelnen Anforderungsmerkmale** eines Arbeitsplatzes im Vordergrund.

Dazu müssen die in einer Unternehmung anfallenden Arbeiten in einzelne Anforderungsmerkmale zerlegt werden. Die Festlegung der Anforderungsmerkmale basiert auf dem erweiterten Genfer Schema.

Aus der Beurteilung dieser Anforderungen ergibt sich der **Arbeitswert.** Dieser spiegelt den Anforderungsgrad eines Arbeitsplatzes wider. Dem Arbeitswert wird ein Entgeltbetrag zugeordnet, d.h. ein zumeist tariflich festgelegter Geldfaktor als Entgelt pro Arbeitswertpunkt wird mit den ermittelten Arbeitswertpunkten multipliziert. Es leuchtet ein, dass in der Festlegung des Arbeitswertes das Kernproblem dieses Verfahrens liegt.

Die Art und Weise der Gewichtung der Anforderungen bestimmt, ob das Rangreihenverfahren oder das Stufenwertzahlverfahren gewählt wird. An dieser Stelle soll auch darauf hingewiesen werden, dass mit der analytischen Arbeitsbewertung zusätzliche Effekte verbunden sind. Durch die differenzierte Erfassung der einzelnen Aufgaben mit ihren jeweiligen Schwierigkeiten ergibt sich nämlich auch eine gute **Informationsbasis** für die **Personaleinsatzplanung** (vgl. Kapitel 7).

◆ Das Rangreihenverfahren

Rangreihenverfahren

Wird das analytische Verfahren mit dem Prinzip der Reihung verbunden, ergibt sich als Bewertungsmethode das Rangreihenverfahren. Der Bewertungsvorgang verläuft in vier Schritten, wie nachfolgender Abbildung 9-7 zu entnehmen ist.

Die Schritte der Arbeitsbewertung beim Rangreihenverfahren

Abb. 9-7

Schritte der Arbeitsbewertung

1. Schritt

Das Verfahren ist dadurch gekennzeichnet, dass zunächst **alle Anforderungsarten** für eine bestimmte Tätigkeit **aufgestellt** werden mussen.

Beispiel Gemäß Tarifvertrag ist festgelegt, dass grundsätzlich alle in den Tarifbereich fallenden Arbeitsplätze nach 20 verschiedenen Anforderungsarten bewertet werden sollen. Dies kann bedeuten, dass für bestimmte Arbeitsplätze nur ein kleiner Teil der Anforderungsarten für eine Bewertung infrage kommt.

2. Schritt

Für **jede einzelne** Anforderungsart werden **Rangreihen** mit einer Skala von 0 bis 100 genutzt, auf der diese Anforderungsarten jeweils zugeordnet werden müssen. Zur Erleichterung der Einschätzung bieten die Tarifverträge zahlreiche Einordnungsbeispiele **(Brückenbeispiele)** an. Für die Anforderungsart „manuelle Geschicklichkeit" beispielsweise sähe eine solche Rangreihe folgendermaßen aus:

Rangreihe „manuelle Geschicklichkeit"	
Arbeitsplatz	Rangplatz
B	85
A	80
H	65
C	60
D	50
E	40
F	30
G	10

Abb. 9-8

Das heißt, dass beim Arbeitsplatz B mit der Rangstufe 85 die Anforderungsart „manuelle Geschicklichkeit" als besonders schwierig eingestuft wird, im Gegensatz zum Arbeitsplatz G, bei dem diese Anforderung nur mit Rangstufe 10 festgelegt ist. Dies könnte beispielsweise daran liegen, dass beim Arbeitsplatz G Feineinstellungen mit maschineller Unterstützung erfolgen.

3. Schritt

Gewichtungsfaktoren

Nachdem für alle Anforderungsmerkmale die jeweilige Rangstufe ermittelt wurde, müssen die **Werte gewichtet** werden, um damit die unterschiedliche Bedeutung der verschiedenen Anforderungsarten für einen bestimmten Arbeitsplatz zum Ausdruck zu bringen. Dies geschieht mit **Gewichtungsfaktoren** bzw. Wichteschlüsseln, die weniger nach objektiven Kriterien, sondern vielmehr nach tarifpolitischen Gesichtspunkten zwischen Gewerkschaft und Arbeitgeberverbänden ausgehandelt werden.

Für das obige Beispiel zur manuellen Geschicklichkeit wird sich die Gewichtung folgendermaßen auswirken.

Arbeitsbewertung der Anforderungsart „manuelle Geschicklichkeit"			
Arbeitsplatz	Rangplatz	Gewichtungsfaktor	(Teil)arbeitswert
B	85	0,7	59,5
A	80	0,5	40,0
H	65	0,8	52,0
C	60	0,9	54,0
D	50	1,0	50,0
E	40	0,4	16,0
F	30	0,3	9,0
G	10	0,3	3

Abb. 9-9

Beim Arbeitsplatz A wird die manuelle Geschicklichkeit, die ja als relativ schwierig eingeschätzt wurde (Rangplatz 80), durch den Gewichtungsfaktor 0,5 auf den Wert 40 „heruntergewertet". Dies könnte damit zusammenhängen, dass die Schwierigkeit zwar hoch ist, aber nur vergleichsweise selten vorkommt, weil beispielsweise nur ab und zu mal eine Feinjustierung mit höchster Geschicklichkeitsstufe vorgenommen werden muss.

4. Schritt

Ermittlung der Wertzahlsumme

Im letzten Schritt werden dann die **Teilarbeitswerte** jeder Anforderungsart aufaddiert. Die Summe der Teilarbeitswerte ergibt die so genannte **Wertzahlsumme**.[1] Dieser errechnete Arbeitswert entspricht einer im Tarifvertrag definierten Lohngruppe.

Für den Arbeitsplatz H des Beispiels ergäbe sich folgende Arbeitswertberechnung:

Arbeitsbewertung des Arbeitsplatz H			
Anforderungsarten	Rangplatz	Gewichtungsfaktor	Arbeitswerte
Kenntnisse	95	1,0	95,0
Geschicklichkeit	65	0,8	52,0
Belastung der Sinne	70	0,9	63,0
Denkprozess	80	0,8	64,0
Muskelbelastung	15	0,7	10,5
Verantwortung	90	0,8	72,0
Schmutzbelastung	10	0,3	3,0
Unfallgefahr	20	0,3	6,0
			365,5

Abb. 9-10

Die Wertzahlsumme entspricht einer bestimmten Entgeltgruppe gemäß Tarifvertrag.

---

[1] *Vgl. dazu REFA (Hrsg.): REFA Methodenlehre des Arbeitsstudiums, Teil 4: Anforderungsermittlung, München, 1985, S. 62, sowie REFA (Hrsg.): Methodenlehre des Arbeitsstudiums, Teil 1: Grundlagen, München, 1991, S. 89.*

◆ Stufenwertzahlverfahren

Stufenwertzahlverfahren

Wird das analytische Verfahren mit dem Prinzip der Stufung verbunden, ergibt sich als Bewertungsmethode das Stufenwertzahlverfahren. Dieses wird vergleichbar differenziert wie das Rangreihenverfahren durchgeführt. Die Bewertung vollzieht sich dabei in **zwei getrennten** Bewertungsvorgängen.

Bewertungsschritte

Im **ersten Bewertungsschritt** werden für jede Anforderungsart eines bestimmten Arbeitsplatzes die Belastungshöhe bzw. die erforderlichen Kenntnisse festgelegt. Dazu können Tabellen mit verschiedenen **Abstufungen** der Belastungen und Kenntnisse benutzt werden. Jede Belastungsstufe entspricht einer bestimmten Punkt- bzw. Wertzahl. Für jede Anforderungsart wird so eine Punktwertreihe, die sog. Bewertungstafel, ermittelt.

Stufe	Beschreibung der Tätigkeit	Wertzahl
1	Die Tätigkeit erfordert **ausreichende** Kenntnisse in einer Fremdsprache. Dies bedeutet die Fähigkeit, einfachere fremdsprachliche Texte zu lesen, einfachen Schriftwechsel zu führen, allgemeine Auskünfte zu erteilen usw.	7
2	Die Tätigkeit erfordert **gute** Kenntnisse in einer Fremdsprache. Dies bedeutet die Fähigkeit, etwas schwierigeren Schriftwechsel zu führen, Texte mittlerer Schwierigkeit zu übersetzen, Fachliteratur und Publikationen der Unternehmensleitung und der Schwesterhäuser zu lesen und auszuwerten sowie das Sachgebiet betreffende Unterhaltungen zu führen.	28
3	Die Tätigkeit erfordert **sehr gute** Beherrschung einer Fremdsprache. Dies bedeutet die Fähigkeit, schwierigere Texte zu übersetzen, schwierigen Schriftwechsel zu führen, Protokolle zu verfassen, Geschäfte für die Firma im Ausland zu tätigen bzw. Schwesterfirmen im dienstlichen Auftrag aufzusuchen. Wenn darüber hinaus ausreichende Kenntnisse einer weiteren Fremdsprache erforderlich sind, so wird gleichfalls nach dieser Stufe bewertet.	49
4	Die Tätigkeit erfordert **hervorragende** Beherrschung einer Fremdsprache. Dies bedeutet die Fähigkeit, selbst schwierige fachtechnische Texte zu übersetzen und bei Diskussionen, Besprechungen, Vorträgen usw. als Dolmetscher zu fungieren. Daneben ist bei dieser Stufe die sehr gute Kenntnis einer weiteren Fremdsprache erforderlich.	70
	Es sind nur die Fremdsprachenkenntnisse zu bewerten, die zur Ausübung der Tätigkeit erforderlich sind.	

Abb. 9-11
(Quelle: Olfert, K.: Personalwirtschaft, Herne, 2010, S. 313 f.)

Im **zweiten Bewertungsschritt** können beeinflussende Faktoren, wie zum Beispiel die Dauer der Belastung, die erforderlichen Kenntnisse oder der Umfang des durch mangelnde Sorgfalt entstehenden Schadens als Gewichtungsfaktoren berücksichtigt werden. Die nachfolgende Abbildung 9-12 zeigt beispielhaft eine Bewertungshilfe und eine Wertetabelle für die Anforderungsart „Handlungsspielraum/Verantwortung“.

Bewertungsmerkmal	Maximale Punktzahl
Wissen und Können - Anlernen/Erfahrung; Übung - Ausbildung - Erfahrung	39
Denken	20
Handlungsspielraum/Verantwortung	17
Kommunikation	13
Mitarbeiterführung	7

Abb. 9-12: Beispiel für eine Möglichkeit der Differenzierung von Merkmalen untereinander

(Quelle: IG Metall Baden Württemberg: Foliensatz ERA-TV „Der ERA-Tarifvertrag – Ein Gestaltungsrahmen für die Arbeit der Zukunft!", 18.02.2004, www.bw.igm.de/news.meldung.html?id=2377, S. 6)

3. Handlungsspielraum/Verantwortung		
Stufe	**Beschreibung**	**Punkte**
1	Die Arbeitsdurchführung erfolgt nach Anweisungen.	1
2	Die Arbeitsdurchführung erfolgt nach Anweisungen mit geringem Handlungsspielraum bei einzelnen Arbeitsverrichtungen (einzelne Arbeitsstufen innerhalb einer Teilaufgabe).	3
3	Die Arbeitsdurchführung erfolgt nach Anweisungen mit Handlungsspielraum bei einzelnen Teilaufgaben (Teil eines Gesamtauftrages oder Arbeitsablaufes).	5
4	Die Arbeitsdurchführung erfolgt nach Anweisungen mit Handlungsspielraum innerhalb der Arbeitsaufgabe.	7
5	Die Arbeitsdurchführung erfolgt nach allgemeinen Anweisungen mit erweitertem Handlungsspielraum innerhalb der Arbeitsaufgabe. Alternative Handlungswege bzw. Möglichkeiten sind gegeben.	9

Abb. 9-13: Beispiel für eine Möglichkeit der Differenzierung innerhalb eines Merkmals

(Quelle: IG Metall Baden Württemberg: Foliensatz ERA-TV „Der ERA-Tarifvertrag – Ein Gestaltungsrahmen für die Arbeit der Zukunft!", 18.02.2004, www.bw.igm.de/news.meldung.html?id=2377, S. 6)

Das Lohngruppenverfahren wird häufig in Tarifverträgen verankert und gilt für Angestellte wie Arbeiter gleichermaßen. Die Anwendung kann allerdings ausgeschlossen sein, wenn durch Tarifvertrag die Anwendung einer analytischen Methode der Arbeitsbewertung vorgeschrieben ist.

Die summarischen Verfahren eignen sich besonders zur Bewertung einfacher Tätigkeiten.

Mithilfe der analytischen Verfahren lassen sich viele unterschiedliche Tätigkeiten mit verschiedenartigen Anforderungen bewerten. Sie werden eher im gewerblichen Bereich eingesetzt, im kaufmännischen Bereich sind sie nicht üblich. Insgesamt wird die analytische Bewertung nur noch in wenigen Betrieben genutzt.

Diese unterschiedlichen Verfahren sind nicht global anwendbar. Welches Verfahren für eine Unternehmung infrage kommt, richtet sich nach den einzelnen Gegebenheiten. Oftmals haben die Unternehmungen keine Wahlmöglichkeiten, sondern sind durch die zwingende Vorgabe des Tarifvertrages an ein bestimmtes Verfahren gebunden.

Die Probleme der analytischen Arbeitsbewertung

Der schnelle Wechsel der Arbeitsanforderungen, bedingt durch Technik und Arbeitsorganisation, wirft zunehmend **Probleme** bezüglich einer zeitgemäßen Anwendungsmöglichkeit der Arbeitsbewertungsmethoden auf. Vielfach ändert sich eine Reihe von Arbeitsplätzen gleichzeitig, sodass sich Anträge auf Arbeitsplatzüberprüfungen häufen. Wenn diese Überprüfungen aus Zeitgründen dann nicht korrekt erfolgen und Vergleiche mit ähnlichen Arbeitsplätzen hergestellt werden, ist der Sinn von Arbeitsplatzbewertungen zum Zwecke der Grundlagenfindung für eine gerechte Entlohnung aufgehoben.

9.3 Qualifikationsbezogene Vergütungsgestaltung

Qualifikation als Maßstab der Vergütung

Die qualifikationsbezogene Vergütung wird als **fester Lohn** pro Bezugsperiode – in der Regel ist das ein Monat – bezahlt. Die Vergütung orientiert sich in ihrer Bestimmung und Höhe allerdings nicht mehr an Normalleistungen und Anforderungen je Stelle, sondern an der Qualifikation bzw. dem Potenzial des betreffenden Mitarbeiters. Dies geschieht unabhängig davon, ob der Mitarbeiter die Tätigkeiten, die er prinzipiell übernehmen kann, auch tatsächlich ausführt. Man spricht in diesem Zusammenhang auch von **Potenziallohn** oder skill-based-pay.

Beispiel Die fünf Facharbeiter einer Montagegruppe werden danach entlohnt, wie viele der verschiedenartigen Montagearbeiten sie jeweils beherrschen. Derjenige, der die Arbeiten aller fünf Stellen komplett beherrscht, wird am höchsten eingestuft. Zur besseren Differenzierung nutzt man eine vierstufige Skala für die Einstufung der jeweiligen Qualifikation.

Stufe 1 = beherrscht die Arbeit komplett
Stufe 2 = führt die Arbeit selbstständig durch, benötigt aber noch Hilfen in kritischer Situation
Stufe 3 = ist soweit angelernt, dass die Arbeit unter Beobachtung durchgeführt werden kann
Stufe 4 = kann die Arbeit noch nicht durchführen

Gründe für gewandelte Arbeitsstrukturen

Diese Art der Entlohnung stellt somit einen völligen Bruch mit allen Entlohnungstraditionen dar. Hintergrund dafür ist die Tatsache, dass die herkömmliche Arbeitsbewertung – insbesondere die analytische Methode – den gewandelten Strukturen der Arbeit nicht mehr in befriedigender Weise gerecht zu werden vermag. Die Volkswagen AG hat sich seit langem mit der Einführung des LODI-Systems[1] auf die qualifikationsorientierte Entlohnung umgestellt. Für seine Einführung war maßgebend,

„... dass die Praktikabilität der analytischen Bewertung bei rund 330 000 Arbeitsoperationen nicht mehr gewährleistet war:

- Jede kleinste Änderung einer Arbeitsoperation war Anlass zu einem Antrag auf Überprüfung des Arbeitsplatzes.
- Jede Überprüfung durch die paritätisch besetzte Lohnkommission musste bei je 3 Vertretern auf jeder Seite und 14 Kriterien zu einem einstimmigen Beschluss führen.

[1] *Lohn-Differenzierungs-System*

- Das war bei der Vielzahl von Überprüfungsanträgen aus zeitökonomischen Gründen nicht mehr einzuhalten und führte zu summarischen Vergleichen mit ganz ähnlichen Arbeitsplätzen.
- Damit war die Rechtssicherheit in Streitfällen auf beiden Seiten nicht mehr gewährleistet..." (Rausch, J.: Auswirkungen neuer Fertigungstechniken auf die Entlohnung bei Volkswagen, in: Schanz, G. (Hrsg.): Handbuch Anreizsysteme in Wirtschaft und Verwaltung, Stuttgart, 1991, S. 240)

Das Besondere an der Neuorientierung besteht darin, dass unter Umständen eine bestimmte Qualifikation in die Lohnbestimmung eingeht, ohne dass sie gleichzeitig auch durch die zu erfüllende Arbeitsaufgabe vom Mitarbeiter abgefordert wird. Das heißt, dass sich Anforderungsverringerungen aufgrund von Rationalisierungen bei diesem System nicht auf die Eingruppierungen auswirken können. Hier steht vor allem der Aufbau von Mehrfachqualifikationen im Vordergrund, der dem Unternehmen größere **Flexibilität in der Personaleinsatzplanung** gibt.

Beispiel Infolge mehrerer Schulungen kann ein angelernter Arbeiter die Maschinen seines Fertigungsbereiches nicht nur bedienen, sondern auch das Werkzeug wechseln sowie Kleinreparaturen vornehmen. Dadurch ist er als Springer flexibel innerhalb seines Bereiches einsetzbar.

Probleme

Die **Hauptschwierigkeit** der qualifikationsorientierten Vergütung liegt darin, die Höhe der vorhandenen Qualifikationen zu erfassen. Die bisher genutzten Leistungsbeurteilungssysteme werden dazu in Zukunft kaum mehr ausreichen, da sie nicht differenziert genug angelegt sind. Ein **zweites Problem** liegt darin, dass der Potenziallohn einen Anreiz zur ungezielten Qualifikationssteigerung bieten könnte. Falls solche zusätzlichen Qualifikationen dann nicht entsprechend genutzt werden, entstünden nicht abbaubare Lohnkosten für ungenutzte Qualifikationen.

Einer der Personalreferenten schlägt dem Personalleiter vor, den Gesichtspunkt der Flexibilität bei der Vergütungsgestaltung stärker zu betonen. Erste Konzepte dazu könnten im Rahmen der in Kürze einzuführenden Gruppenarbeit erprobt werden. Das von General Motors entwickelte Teamkonzept mit Flexibilitätsentlohnung könnte als Basis für die eigenen Überlegungen genutzt werden.

„Das Erfordernis nach hoher Flexibilität des Personaleinsatzes führte bei General Motors Austria in Wien Aspern zur Verwirklichung eines Teamkonzeptes mit Flexibilitätsentlohnung. Das Werk Aspern entstand 1982 ‚auf der grünen Wiese' vor den Toren Wiens als Produktionsstätte für Motoren und Getriebe. Die Teams arbeiten innerhalb eines abgegrenzten Bereiches in Job Rotation, wobei der Personaleinsatz mit den zuständigen Vorgesetzten (MeisterInnen) abgestimmt wird. Es finden regelmäßige Teamsitzungen statt, bei denen Probleme des Arbeitsalltags besprochen und gelöst werden sollen. Nach außen werden die Teams durch eine/n gewählte/n Sprecher/In vertreten. Die Möglichkeit zum flexiblen Personaleinsatz wird über eine Flexibilitätsprämie abgesichert. Bei der Einstellung erhält jede Arbeitskraft eine Entlohnung nach der Lohngruppe 5 (Anlernqualifikation) des Kollektivvertrags zuzüglich einer ‚dem Markt entsprechenden Überbezahlung'. Auf diesen Basislohn werden Flexibilitätszuschläge gezahlt, deren Berechnung sich nach den Fertigkeiten richtet, die innerhalb des Arbeitssystems erworben wurden. Nach Ablauf des Probemonats werden die ArbeiterInnen in die Flexibilitätsstufe 0 eingeordnet. An jeder Maschine fallen folgende Aufgaben an:

- *Bedienen und Messen*
- *Werkzeugwechsel und Nachstellen*
- *Instandhaltung und Kleinreparaturen*

Für jede dieser drei Aufgaben-Kategorien wird ein Punkt vergeben, wenn die damit bezeichnete Fertigkeit an einer Maschine des Arbeitssystems beherrscht wird. An jedem Arbeitsplatz lassen sich also drei Punkte sammeln."

(Quelle: Müller, M.: Organisation und Entlohnung industrieller Arbeit, in: Kasper/Mayrhofer (Hrsg.): Personalmanagement, Führung, Organisation, Wien, 1996, S. 223)

9.4 Leistungsbezogene Vergütungsgestaltung

Leistung als Maßstab der Vergütung

Die im Abschnitt 9.2 dargestellte anforderungsbezogene Vergütungsgestaltung bezieht sich auf die personenunabhängigen Anforderungen der Arbeitsstellen und unterstellt dabei jeweils eine **Normalleistung.** Somit bleiben die Leistungsunterschiede der Stelleninhaber unberücksichtigt. Die leistungsbezogene Vergütungsgestaltung setzt an diesem Punkt an. Dies kann zum einen durch die Wahl einer **leistungsreagiblen Lohnform** geschehen, zum anderen können individuelle Leistungsunterschiede durch **Leistungsbeurteilung** ermittelt und in entsprechende Entgeltunterschiede umgesetzt werden. Die nachfolgende Abbildung 9-14 verdeutlicht die Strukturzusammenhänge.

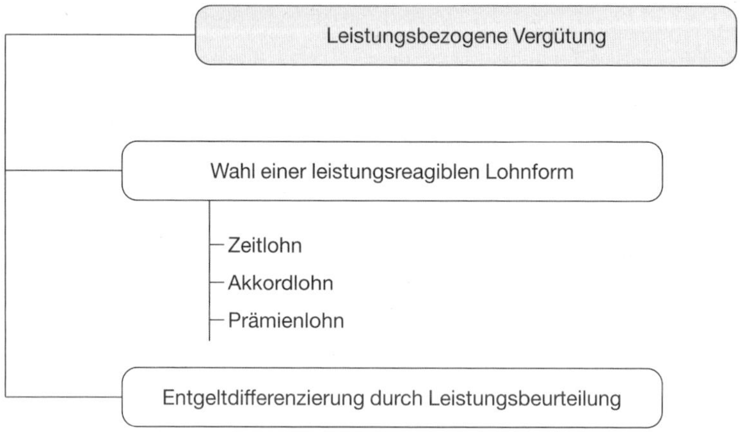

Abb. 9-14

9.4.1 Die Wahl einer leistungsreagiblen Lohnform

Lohn wird allgemein definiert als gezahltes Entgelt für **geleistete** Arbeit. Für die Berücksichtigung des Leistungsanteils können unterschiedliche Lohnformen, wie Zeit-, Akkord- sowie Prämienlohn, gewählt werden. Diese verschiedenen Lohnformen berücksichtigen die Leistung des Mitarbeiters auf unterschiedliche Weise.

◆ **Zeitlohn**

Zeitlohn

Beim Zeitlohn stellt sich natürlich die Frage, inwiefern es sich dabei wirklich um eine leistungsorientierte Vergütung handelt. Leistungs**differenzen** zwischen verschiedenen Mitarbeitern oder auch Leistungs**schwankungen** des einzelnen Mitarbeiters werden bewusst nicht berücksichtigt, denn es handelt sich um eine **konstante Vergütung für eine Arbeitszeit.** Das kann, je nach Vereinbarung, die Arbeitsstunde, der Tag, die Woche, der Monat oder die Schicht sein. So ergibt sich dann der Stundenlohn, der Tageslohn, der Wochenlohn, der Monatslohn oder der Schichtlohn. Für diese Zeitspanne wird ein **fester Lohn** vereinbart.

Im Vordergrund steht die Konstanz der persönlichen Leistung. Dabei kommt vor allem der Qualität der Arbeitsergebnisse gegenüber der Mengenleistung größere Bedeutung zu.

Damit wird deutlich, dass der Zeitlohn nicht als Leistungsanreiz wirken soll. *„Wenn er dennoch als eine leistungsreagible Entgeltform zählt, dann deshalb, weil in seiner Höhe eine spezifische* ***Leistungserwartung*** *zum Ausdruck kommt. Ihren Ausdruck findet sie im Lohnsatz pro Zeiteinheit. Es besteht jedoch die Möglichkeit, Sondereinsätze, z.B. Überstunden, Nacht- und Feiertagsarbeit, über Zuschläge gesondert zu vergüten."* (Quelle: Schanz, G.: Personalwirtschaftslehre, München, 2000, S. 598).

◆ Akkordlohn

Akkordlohn

Beim Akkordlohn ist die Grundlage der Entlohnung die vom Mitarbeiter **geleistete Arbeitsmenge.** Die generelle Bewertung der Anforderungen am Arbeitsplatz findet ihren Niederschlag im Akkordrichtsatz. Unabhängig davon steht die Lohnhöhe in direktem Zusammenhang mit dem Arbeitsergebnis und gilt daher als extrem leistungsbezogen.

Voraussetzungen

Voraus-setzungen

1. Arbeitsablauf ist bekannt, gleichartig, regelmäßig wiederkehrend, Arbeit leicht und genau messbar (Akkordfähigkeit).
2. Die Arbeitsmenge muss beeinflussbar sein (Akkordreife).
3. Qualität der Arbeitsleistung muss durch Kontrollen feststellbar sein.

Zu unterscheiden sind Geldakkord und Zeitakkord.

- Geldakkord

  Der Arbeitnehmer erhält pro Mengeneinheit (Stück) einen festen Geldwert. Die Berechnung enthält zwei Hauptkomponenten, nämlich den Akkordrichtsatz und die Normalleistung in der Stunde.
  (1) Dem Tariflohn (auch als garantierter Mindestlohn bezeichnet) wird ein Akkordzuschlag zugerechnet.

Beispiel

Tariflohn (garantierter Mindestlohn)	10,00 EUR
+ Akkordzuschlag (20 %)	2,00 EUR
= Akkordrichtsatz	12,00 EUR

Der Akkordrichtsatz ist der Grundlohn, der dem Akkordarbeiter bei Normalleistung zusteht. Er ist um den Akkordzuschlag höher als der Tariflohn.

(2) Für jedes Produkt, das im Akkord gefertigt wird, ist die Normalleistung je Stunde zu ermitteln und das Stückgeld zu berechnen.

Beispiel

Akkordrichtsatz	:	Normalleistung /h	=	Stückgeld
12,00 EUR	:	6	=	2,00 EUR
Istleistung/h	x	Stückgeld	=	Lohn/EUR
6 Stück	x	2,00	=	12,00 EUR
7 Stück	x	2,00	=	14,00 EUR

- Zeitakkord

Zeitakkord

Der Arbeitnehmer erhält genau wie beim Geldakkord sein Entgelt nach seiner Stückleistung. Lediglich die Berechnung erfolgt anders, nämlich statt einer Stückvorgabe jetzt über eine Zeitvorgabe (in Minuten). Die zwei Hauptkomponenten der Berechnung sind hier Minutenfaktor und Zeitvorgabe je Stück.

(1) Der ermittelte Akkordrichtsatz von 12,00 EUR wird durch 60 Minuten geteilt. Das Ergebnis wird Minutenfaktor genannt.
12,00 EUR : 60 Minuten = Minutenfaktor 0,2

(2) Für jedes Produkt, das im Akkord gefertigt wird, ist ein Zeitbedarf in Minuten zu ermitteln, der als Vorgabezeit bezeichnet wird.

Das Ermittlungsverfahren für den Zeitbedarf unterscheidet sich nicht von dem Ermittlungsverfahren, das zu einer Stückvorgabe führt. Die Zeitvorgabe in Minuten entspricht deshalb genau der Stückvorgabe.

Beispiel

Istleistung/h	x	Vorgabezeit	x	Minutenfaktor	=	Lohn/EUR
6 Stück	x	10 Minuten	x	0,2	=	12,00 EUR
7 Stück	x	10 Minuten	x	0,2	=	14,00 EUR

Zeitakkord hat gegenüber Stückakkord den großen Vorzug, dass bei Tarifänderungen lediglich ein neuer Minutenfaktor berechnet werden muss. Beim Stückakkord wären dagegen die Vorgaben pro Stück (Stückgeld) für alle Produkte neu zu berechnen.

Tendenz

Insgesamt betrachtet, **verliert** der klassische Akkord als Mittel zur Leistungsstimulanz seine **Bedeutung.** Dies liegt vor allem daran, dass der einzelne Mitarbeiter kaum noch Möglichkeiten hat, die weitgehend automatisierten und mechanisierten Arbeitsabläufe individuell zu beeinflussen. Daher ist auch eine den individuellen Anstrengungen direkte Zurechenbarkeit von Leistungen weit gehend unmöglich. Es kommt vielmehr auf eine optimale, möglichst störungsfreie Betriebsmittelnutzung an.

„Die Leistung an rechnergesteuerten Maschinen und Anlagen besteht heute vor allem in der Fähigkeit des Arbeitnehmers, Störungen im Produktionsablauf zu vermeiden und damit das vorgegebene Produktionssoll stabil zu halten. Nicht die Steigerung der Mengenleistung durch individuelle Anstrengungen steht heute im Vordergrund der ... Betrachtung in den Betrieben, sondern das ***optimale Nutzen*** *der zum Teil sehr teuren Maschinen und Anlagen* ***ohne Störungen*** *über die Arbeitszeit."*
(Quelle: Schanz, G.: Personalwirtschaftslehre, München, 2000, S. 603).

- **Prämienlohn**

Prämienlohn

Die Lohnhöhe setzt sich zusammen aus **Grundlohn** (anforderungsunabhängig) und **Zuschlag/Prämie** (leistungsbezogen). Während der Grundlohn i.d.R. ein Zeitlohn ist und meist tarifvertraglich festgelegt wird, handelt es sich bei der Prämie zumeist um eine leistungsbezogene Zusatzvergütung.

Prämienlohn = Grundlohn + Zuschlag (Prämie)

Der Prämienlohn ist dann einsetzbar, wenn der einzelne Mitarbeiter die Produktionsmenge durch seine **Leistung nicht wesentlich beeinflussen** kann. Aber auch dann, wenn die Leistungsmenge zwar beeinflussbar, aber Akkordlohn nicht möglich ist, wird der Prämienlohn eingesetzt. Das ist beispielsweise dann der Fall, wenn die Ermittlung der Akkorde nicht durchführbar oder aufgrund mangelnder organisatorischer Voraussetzungen in dieser Unternehmung nicht möglich ist.

Um der Gefahr der Überbeanspruchung von Menschen und Maschinen entgegenzuwirken, wird sinnvollerweise eine Prämienhöchstgrenze festgelegt bzw. so verfahren, dass die Steigerung der Prämienhöhe ab einem bestimmten Punkt nicht weiter proportional zur Leistungshöhe erfolgt, sondern degressiv (also weniger). Die verschiedenen Verläufe der Prämienkurve sind in der nachfolgenden Abbildung 9-15 enthalten.

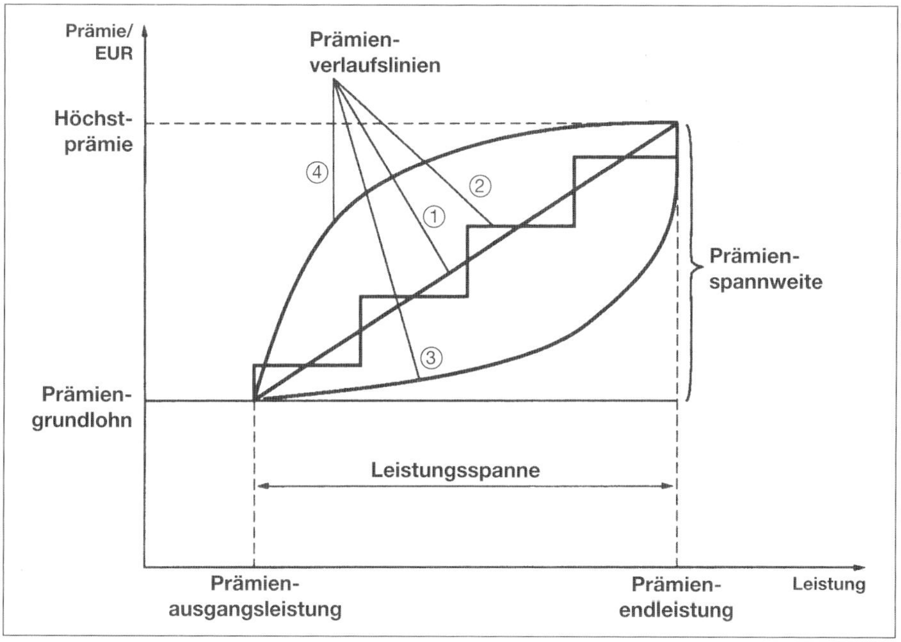

Abb. 9-15: Grundelemente des Prämienlohns
(Quelle: Jung, H.: Personalwirtschaft, München, Wien, 2011, S. 593.)

Erklärungen zu den Prämienverlaufslinien

① linearer Verlauf = Die Prämie steigt in gleichem Verhältnis wie die zusätzliche Leistung.

② treppenförmiger Verlauf = Die Prämie wird jeweils erst nach Überschreiten einer bestimmten Leistungsgrenze angehoben. Beispiel: Für Umsätze zwischen 20 000,00 und 22 000,00 EUR wird eine Prämie von einem Prozent gezahlt.

③ progressiver Verlauf = Bei anfänglich geringfügigen Steigerungen der Prämie nimmt die Prämienauszahlung bei vermehrter Leistung überproportional zu.

④ degressiver Verlauf = Die ersten Leistungssteigerungen werden überproportional gut vergütet, und zwar zulasten der nachfolgenden Leistungszunahmen.

Bezugsgrößen

Die Prämie kann auf **unterschiedlichen Bezugsgrößen** basieren. Diese können sein:

- quantitative Mehrleistung
- Verringerung der Ausschussquote
- Materialersparnis
- Energieersparnis im Gebrauch von Maschinen
- sorgfältiger Umgang mit Maschinen und Werkzeugen
- Termineinhaltung
- Unfallverhütung
- Reduzierung von Leerlauf-, Warte- und Reparaturzeiten

Prämienarten

Es werden vier Prämienarten unterschieden:

1) **Mengenleistungsprämie**
Sie wird bei einer Steigerung der **Leistungsmenge** gewährt. Damit ähnelt sie in ihrer Ausprägung dem Akkordlohn. Sie wird dann angewendet, wenn der Akkordlohn aufgrund der Arbeitsbedingungen nicht zum Tragen kommen kann. Auch ist sie dann einzusetzen, wenn die Vorgabezeiten nicht exakt ermittelbar sind.

2) **Qualitätsprämie**
Wenn als Arbeitsziel die Einhaltung bestimmter Gütevorgaben oder die Verringerung von Ausschuss im Vordergrund steht, wird eine Qualitätsprämie gezahlt. Sie soll einen Anreiz schaffen, die **Leistungsqualität** zu steigern.

3) **Nutzungsprämie**
Um die Mitarbeiter dazu anzuhalten, die Maschinen kostengünstig zu **nutzen**, d. h. die Maschinenlaufzeiten optimal aufeinander abzustimmen, um Leerzeiten zu vermeiden, kommt eine Nutzungsprämie zum Tragen. Sie soll ebenfalls dazu anhalten, Reparatur- und Wartungszeiten der Maschinen bzw. maschineller Anlagen zu minimieren.

4) **Ersparnisprämie**
Sie soll einen Anreiz geben, mit einzusetzenden Werkstoffen und Energie **wirtschaftlich** umzugehen. Dabei wird angestrebt, dass vorgegebene Verbrauchswerte eingehalten, möglichst aber unterschritten werden sollen sowie Instandhaltungs- und Wartungskosten zu minimieren..

In der Praxis ist es durchaus üblich, nicht nur eine Prämienart einzusetzen, sondern mehrere miteinander zu kombinieren.

Pensumlohn

Abschließend ist noch auf den **Pensumlohn** hinzuweisen, der als eine spezielle Weiterentwicklung des Prämienlohns zu bezeichnen ist. Hierbei wird der Lohn für eine **erwartete Leistung** gezahlt. Das Pensum ergibt sich aus der Vorgabe, basierend auf den Leistungen, die in der Vergangenheit erbracht wurden.

9.4.2 Entgeltdifferenzierung durch Leistungsbeurteilung

Leistungsbeurteilung als Entgeltmaßstab

Die Leistungsbeurteilung ist ein von der Entgeltform unabhängiges Verfahren, mit dessen Hilfe eine Entgelt**differenzierung** vorgenommen werden kann. Sie ist Teil der Personalbeurteilung. Es wird dabei Bezug genommen auf die erbrachte Leistung des Mitarbeiters. Da die Leistung an sich nicht messbar ist, greift man auf **Indikatoren der Leistung** zurück, die in einem funktionalen Verhältnis zur Leistung stehen. Je nach

Wahl der Indikatoren ergeben sich unterschiedliche Arten von Beurteilungsmerkmalen, nämlich **ergebnis**bezogene, **verhaltens**bezogene sowie **fähigkeits**bezogene.

Die **ergebnisbezogenen Merkmale** eignen sich am besten für die leistungsbezogene Entgeltdifferenzierung, weil sie am ehesten eine Beziehung zur individuellen Leistung des Mitarbeiters herstellen lassen. Dabei geht es zum einen um die **Quantität** der Leistung (zum Beispiel den Verkaufsumsatz), zum anderen bezieht sich die ergebnisbezogene Beurteilung auf die **Qualität** (zum Beispiel die Einhaltung eines bestimmten Qualitätsstandards).

Die Entgeltdifferenzierung aufgrund einer Leistungsbeurteilung schlägt sich in einer Zulage nieder. Solche **Leistungszulagen** werden normalerweise in Verbindung mit einem Zeitlohn gezahlt. Grundsätzlich ist aber auch eine Leistungszulage bei einem Akkordlohn denkbar, wenn neben der Mengenleistung weitere Leistungskriterien bei der Entlohnung berücksichtigt werden sollen.

Beispiel Ein Akkordarbeiter erhält eine Zulage in Höhe von 10%, weil er sich in besonderer Weise für die Integration schwächerer Mitarbeiter eingesetzt hat.

Die Zulage erhält der Arbeitnehmer wegen besonders guter Erfüllung der Aufgaben, die an seinem Arbeitsplatz anfallen. Zulagen können aber auch auf Anforderungen des Arbeitsplatzes beruhen. Hier schließt sich der Bogen zu den Methoden der Arbeitsbewertung.

Dem Personalleiter der Westdeutschen Mineralbrunnen AG liegen die Ergebnisse der Befragung vor. Als Tendenz ist erkennbar:

1. *Die Leistungsorientierung soll beibehalten werden.*
2. *Insbesondere bei Führungskräften besteht eine stärkere Neigung zur Differenzierung.*
3. *Der Prämienlohn kann durchaus ausgeweitet werden.*
4. *Standardlohnsysteme als „vereinfachte Verfahren vorgeplanter Leistungsdaten mit geringem Kontrollaufwand" werden bevorzugt.*
5. *Leistungsvolumina sollten lediglich für ein Jahr festgelegt und danach überprüft werden.*

9.5 Marktbezogene Vergütungsgestaltung

Marktdaten/ Vertragsdaten als Maßstab der Vergütung

Die marktbezogene Entlohnungsgestaltung findet ihren Niederschlag in der durch **Vertrag** ausgehandelten Vergütung, die für den Arbeitnehmer Einkommen, für den Arbeitgeber hingegen Kosten bedeuten. Aufgrund der unterschiedlichen Interessenlage liegt hier ein beträchtliches Konfliktfeld vor. Der Mitarbeiter möchte sein Einkommen maximieren, während das Unternehmen Kostenminimierung anstrebt. Für den Interessenausgleich spielen die verschiedenen Arten **arbeitsrechtlicher Verträge** eine Rolle. Darüber hinaus sind die **Wirkungsweisen unterschiedlicher Marktverhältnisse** zu beachten.

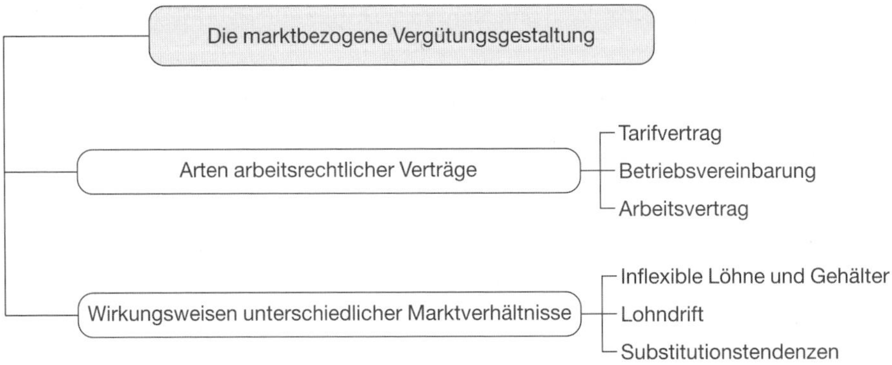

Abb. 9-16

9.5.1 Arbeitsrechtliche Verträge als Basis der marktbezogenen Vergütung

Die Art und Weise sowie die Höhe der Entlohnung wird von Tarifverträgen, Betriebsvereinbarungen und Einzelarbeitsverträgen bestimmt.

◆ **Der Tarifvertrag**

Tarifvertrag

Bei dem Tarifvertrag handelt es sich um einen privatrechtlichen Vertrag. Gesetzliche Rahmenbedingungen zur Ausgestaltung von Tarifverträgen finden sich im Tarifvertragsgesetz (TVG). In § 1 TVG sind Inhalt und Form des Tarifvertrags festgelegt. Danach bedarf der Tarifvertrag der **Schriftform**. Des Weiteren regelt der Tarifvertrag die **Rechte und Pflichten** der Tarifvertragsparteien. Ferner enthält er Rechtsnormen, die den Inhalt, den Abschluss und die Beendigung von Arbeitsverhältnissen sowie betriebliche und betriebsverfassungsrechtliche Fragen, aber auch gemeinsame Einrichtungen der Vertragsparteien ordnen können.

Der Geltungsbereich des Tarifvertrags wird in § 3 TVG mit **Tarifgebundenheit** bezeichnet. Das bedeutet, dass diejenigen Mitglieder der Tarifvertragparteien an den Tarifvertrag gebunden sind, zwischen denen der Vertrag geschlossen wurde. Es ist jedoch in der Praxis üblich, dass die tarifgebundenen Arbeitgeber die Inhalte der Tarifverträge auch auf die Arbeitnehmer ihrer Unternehmung anwenden, die nicht Mitglieder der tarifgebundenen Gewerkschaft sind. Die Tarifgebundenheit bleibt bestehen, bis der Tarifvertrag endet.

◆ **Der neue Entgelt-Rahmentarifvertrag (ERA)**

Besonders in der Metall- und Elektroindustrie haben sich Anforderungen an die Arbeitswelt durch den Einsatz computergesteuerter Maschinen und anderer Faktoren stark geändert. Der Schwerpunkt der Merkmale der Arbeitsbewertung für Angestellte lag bisher in dem erreichten Schul(Bildungs-)Abschluss, für Arbeiter in der Schwere der körperlichen Belastung. Das Entgeltrahmenabkommen hat das Ziel, eine gerechtere Form der Entlohnung und einen gleichen Maßstab bei der Bewertung und Vergütung von Angestellten und Arbeitern zu finden. Diese Idee schlägt sich auch begrifflich nieder, es wird daher von Beschäftigten gesprochen. Der bisherige Lohn- und Gehaltsrahmen wird durch den Entgeltrahmen ersetzt. Dabei sind für die Eingruppierung 2 Kriterienbereiche wichtig. Auf der einen Seite spielen die Kenntnisse, Fähigkeiten und Fertigkeiten, die für die Erledigung der Aufgabe wichtig sind, eine Rolle. Auf der anderen Seite wird aber auch der Handlungsspielraum, der für die Aufgabenerledigung vorgesehen ist, berücksichtigt (vgl. Jung, H.: Personalwirtschaft, München, Wien, 2011, S. 597 ff.).

Tarifrecht ist Länderrecht, daher wird in den 11 Tarifregionen das System unterschiedlich ausgestaltet.

◆ **Die Betriebsvereinbarung**

Betriebsvereinbarung

Betriebsvereinbarungen sind **Verträge**, die zwischen Arbeitgeber und dem Betriebsrat geschlossen werden und unmittelbar auf die Arbeitsverhältnisse einwirken. In der Regel kommen sie durch gemeinsamen Beschluss der Betriebspartner zustande.

Die Mitbestimmung des Betriebsrates bezieht sich nicht auf die Höhe der Vergütung, sondern auf Fragen der Entlohnungsgestaltung und ihre Grundsätze, Festlegung von Akkord- und Prämiensätzen, aber auch auf die Einführung und Anwendung von neuen Entlohnungsmethoden.

Arbeitsentgelte und sonstige Arbeitsbedingungen, die üblicherweise Inhalt eines Tarifvertrages sind, können nicht Gegenstand von Betriebsvereinbarungen sein, es sei denn, dass der Tarifvertrag eine entsprechende **Öffnungsklausel** enthält. Ergibt sich das Problem, dass derselbe Gegenstand sowohl im Tarifvertrag als auch in der Betriebsvereinbarung geregelt ist, hat der Tarifvertrag Vorrang, was der Anwendung des Gültigkeitsprinzips entspricht.

◆ **Der Einzelarbeitsvertrag**

Einzelarbeitsvertrag

Das Arbeitsverhältnis wird in der Regel durch einen Arbeitsvertrag zwischen Arbeitgeber und Arbeitnehmer begründet. Die rechtliche Grundlage dafür findet sich im **Dienstvertragsrecht** des Bürgerlichen Gesetzbuches (§§ 611–630 BGB). Hier sind die Rechte, Pflichten und Ansprüche, die sich aus dem Vertrag ergeben, geregelt. Darunter fallen die zu erbringenden Arbeitsleistungen einerseits, andererseits die Vergütung, die Treuepflicht des Arbeitnehmers sowie die Fürsorgepflicht des Arbeitsgebers.

9.5.2 Wirkungsweisen unterschiedlicher Marktverhältnisse

Macht- und Markteinflüsse

Im Zusammenhang mit der marktbezogenen Vergütung sind verschiedene Wirkungsmechanismen beobachtbar. Dies bezieht sich auf die nach unten **inflexiblen Löhne und Gehälter,** den **Lohndrift** als markttypischen Knappheitsmesser sowie **Substitutionstendenzen** aufgrund des sich verteuernden Produktionsfaktors Arbeit.

◆ **Inflexible Löhne und Gehälter**

Tariflohn als Mindestlohn

Die Marktgesetzlichkeiten, nach denen beispielsweise der Preis bei Angebotsüberhängen bis zum neuen Marktgleichgewicht fällt, sind bei der Vergütungsfestlegung teilweise außer Kraft gesetzt. Die Tarifverträge sorgen nämlich dafür, dass dem Mitarbeiter ein bestimmter Mindestlohn zugesichert wird. Das heißt, dass sich die Lohn- und Gehaltsstrukturen auch bei rückläufiger Nachfrage nach Arbeitskräften als relaiv inflexibel nach unten zeigen. Die Folge ist, dass sich Arbeitgeber aus dem Tarifverbund ausgliedern und einzelvertragliche Löhne unterhalb des Tariflohnes vereinbaren. Um dem entgegenzuwirken, werden häufig Öffnungsklauseln in Tarifverträgen festgelegt, die bei betriebsspezifischen Schwierigkeiten Anpassungen nach unten ermöglichen.

◆ Lohndrift

Reallohn höher als Tariflohn

Der im Tarifvertrag festgelegte Lohn ist ein **Mindestlohn**, der keinesfalls unterschritten werden darf. Die insbesondere in Hochkonjunkturzeiten von Unternehmungen gezahlten Löhne können aber durchaus über dem Tariflohn liegen. Die Differenz zwischen Tariflohn und tatsächlich gezahltem Lohn nennt man **Lohndrift**. Diese ist Ausdruck von Knappheitsverhältnissen auf dem Arbeitsmarkt.

Beispiel Ein Industrieunternehmen ist aufgrund der sehr guten Auslandsnachfrage in der Lage, seine Kapazitäten auszuweiten. Allerdings gibt es kaum qualifizierte Facharbeiter mit längerer Berufserfahrung am Arbeitsmarkt. Das Unternehmen ist also bereit, 10% Zuschlag auf den entsprechenden Tarifvertrag zu zahlen.

In der Regel wird der durch Marktdaten erzwungene Zuschlag, wie in dem Beispiel dargestellt, nur den neu eingestellten Mitarbeitern gewährt. Auf diese Weise entsteht ein Lohngefälle zwischen den ansonsten völlig gleichzustellenden alten und neuen Mitarbeitern. Ein so entstehendes Lohngefälle wird, sobald es bekannt geworden ist, von den negativ Betroffenen als erhebliche Ungerechtigkeit empfunden.

◆ Substitutionstendenzen

Konkurrenzen für ein bestehendes Lohngefüge

Rationalisierungswellen sorgen dafür, dass Arbeitskräfte durch Maschinen substituiert werden. Dies wird immer dann besonders beschleunigt, wenn der Einsatz von Arbeitskräften im Vergleich zum maschinellen Einsatz weniger rentabel ist. Aufgrund der allgemeinen **Globalisierung** der Märkte ist zurzeit auch ein Substitutionsprozess zwischen den (teuren) Arbeitskräften der hochindustrialisierten Länder und den Arbeitskräften von „Billiglohnländern“ zu beobachten.

Umgekehrt werden nach einer Automatisierung Fertigungsstätten und damit weniger Arbeitsplätze wieder in die Industrieländer und damit in die Nähe der Käufer verlagert.

Beispiel Ein Elektronikunternehmen verlegt einen Teil seiner arbeitsintensiven Produktion nach Mexiko, da die dortigen Arbeitskräfte nur zu einem Bruchteil an Arbeitskosten im Vergleich zu Deutschland beschäftigt werden können.

9.6 Sozialbezogene Vergütungsgestaltung

Sozialstatus und Bedürfnislage als Maßstab der Vergütung

Die Westdeutsche Mineralbrunnen AG sieht in den gegenwärtigen Lohnnebenkosten, die bei ihr eine beträchtliche Höhe erreicht haben, einen ihre Wettbewerbssituation erschwerenden Faktor. Sie erhalten als Personalreferent die Aufgabe, über die freiwilligen sozialen Leistungen eine Kosten-Nutzen-Analyse anzufertigen.

Die sozialbezogene Vergütungsgestaltung berücksichtigt einerseits den Sozialstatus des Mitarbeiters mit Alter, Familienstand und Dauer der Betriebszugehörigkeit, andererseits die unterschiedlichen persönlichen Bedürfnisse der Mitarbeiter. Zahlreiche Rechtsnormen schränken die Gestaltungsspielräume für ein Unternehmen diesbezüglich ein. Dies gilt insbesondere für einen großen Teil der **betrieblichen Sozialleistungen**. Das **Cafeteria-System** als spezielle Form der freiwilligen betrieblichen Sozialleistung ermöglicht vielfältige Ausgestaltungsmöglichkeiten. Ähnliches gilt auch für die **sonstigen betrieblichen Leistungen**, wie etwa das betriebliche Vorschlagswesen sowie für Gratifikationen.

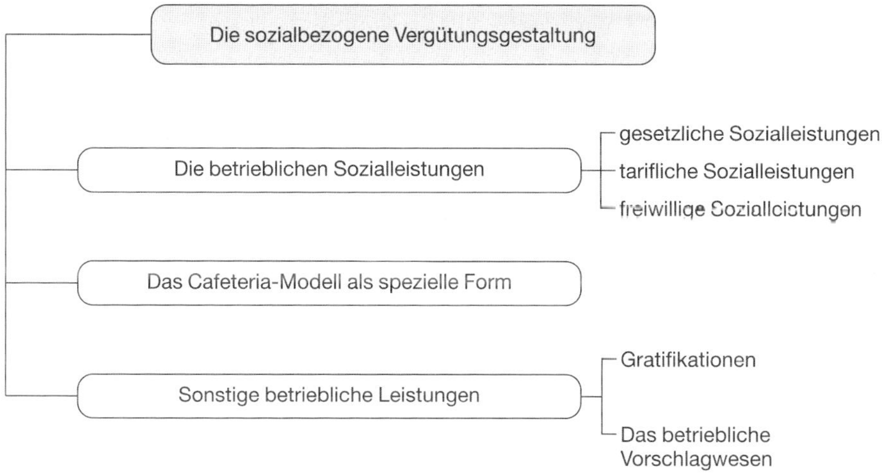

Abb. 9-17

9.6.1 Die betrieblichen Sozialleistungen

Betriebliche Sozialleistungen

Sozialleistungen sind **Zusatzleistungen** der Unternehmung, die weder Arbeitsentgelt noch monetäre Mitarbeiterbeteiligung sind und dem Mitarbeiter über sein Arbeitsentgelt hinaus gezahlt werden. Betriebswirtschaftlich gesehen sind sie Zusatzkosten zum direkten Arbeitsentgelt. Üblicherweise wird unterschieden nach gesetzlichen, tariflichen und freiwilligen Sozialleistungen.

Arten

Die **gesetzlichen** Sozialleistungen sind eindeutig per Gesetz geregelt. Unter **tariflichen** Sozialleistungen versteht man diejenigen Sozialleistungen, die im Tarifvertrag festgelegt werden. Bei den **freiwilligen** Sozialleistungen ist die Abgrenzung nicht ganz eindeutig. Freiwillige Sozialleistung kann im engeren Sinne so verstanden werden, dass jede Unternehmung über die Gewährung autonom entscheiden kann. Im weiteren Sinne können auch die Sozialleistungen als freiwillig bezeichnet werden, die durch Gewohnheitsrecht, in Betriebsvereinbarungen oder vertraglichen Abmachungen festgelegt werden.

Begriffliche Abgrenzungen

Da immer mehr von den einstmals freiwilligen betrieblichen Sozialleistungen in Tarifverträge aufgenommen wurden, ist die Bedeutung der freiwilligen betrieblichen Sozialleistungen gesunken.
Das Verhältnis zwischen gesetzlichen, tariflichen und freiwilligen sozialen Leistungen ist – neben der Art – auch noch vom jeweiligen Umfang her erklärungsbedürftig.

Beispiel Bezahlter Jahresurlaub

- Der Urlaubsanspruch des Arbeitnehmers beträgt gemäß Bundesurlaubsgesetz 24 Tage. Die gesetzliche Sozialleistung entspricht 24 Tagen.
- Laut Tarifvertrag erhält der Arbeitnehmer z. B. 30 Tage Urlaub. Die tarifliche Sozialleistung entspricht 6 Tagen.
- Der Betrieb gewährt 32 Tage Urlaub. Die freiwillige betriebliche Sozialleistung entspricht 2 Tagen.

Gesetzliche Sozialleistungen

◆ Gesetzliche Sozialleistungen

Dabei handelt es sich um Leistungen, zu denen der Arbeitgeber aufgrund gesetzlicher Bestimmungen verpflichtet ist. Sie werden auch als Sozialkosten oder gesetzlich bestimmte Lohnnebenkosten bezeichnet.
Diese Leistungen dienen der sozialen Sicherung des Mitarbeiters und sind in §1 Sozialgesetzbuch verankert.

Die Sozialversicherung basiert auf dem **Solidaritätsprinzip**. Die Aufgabenkomplexe der Sozialversicherungszweige umfassen den Schutz der Erwerbstätigen und ihrer Familienangehörigen bei Krankheit, Pflegebedürftigkeit, Unfall, Erwerbsminderung und im Alter sowie bei Arbeitslosigkeit.
Dementsprechend gliedert sich die Sozialversicherung in die Zweige Krankenversicherung, soziale Pflegeversicherung, Unfallversicherung, Rentenversicherung und Arbeitslosenversicherung.

Tarifliche Sozialleistungen

◆ Tarifliche Sozialleistungen

Die tariflichen Sozialleistungen sind im Manteltarifvertrag geregelt. Sie verpflichten den Arbeitgeber nur dann, wenn sowohl er als auch der Arbeitnehmer tarifgebunden sind.
Die tariflichen Sozialleistungen beziehen sich auf

- Urlaubsregelungen,
- Arbeitszeit,
- Rationalisierungsschutz,
- Arbeitsschutz/Arbeitsbedingungen,
- Bildungsurlaub,
- Kündigungsschutz,
- vermögenswirksame Leistungen,
- Entgeltfortzahlung im Krankheitsfall.

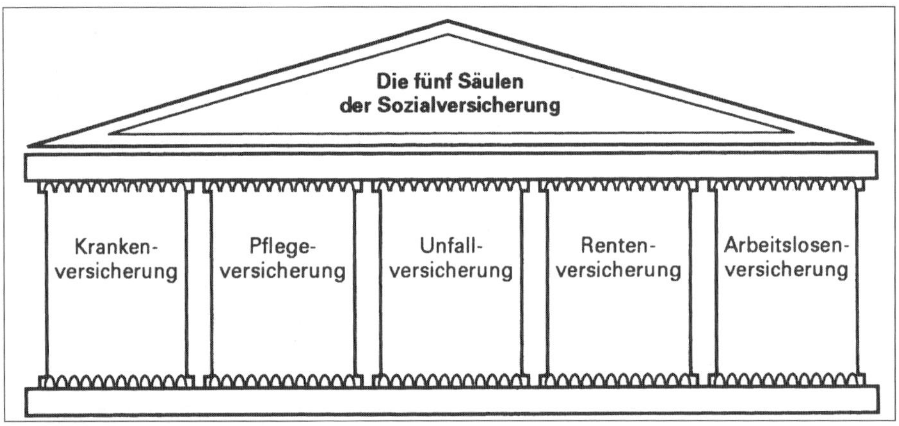

Abb. 9-18: Die fünf Säulen der Sozialversicherung

Diese Sozialleistungen sind außerdem in Gesetzen geregelt. Die gesetzlichen Bestimmungen greifen, wenn keine weitergehenden Bestimmungen nach Tarifvertrag vorhanden sind.

Freiwillige Sozialleistungen

◆ Freiwillige Sozialleistungen

Die freiwilligen Sozialleistungen sind dadurch zu kennzeichnen, dass die Arbeitnehmer auf diese Leistungen weder einen gesetzlichen noch tariflichen Rechtsanspruch haben.

Wir wollen nicht nur die Sozialleistungen als freiwillig bezeichnen, über deren Gewährung die Unternehmung **autonom** entscheidet, sondern auch diejenigen Leistungen, die die Unternehmung zu gewähren **verpflichtet** ist. Das kann aufgrund einzelvertraglicher Abmachungen, des Gewohnheitsrechts, aber auch des Gleichbehandlungsgrundsatzes sein. Es kann aber auch Tradition dieser Unternehmung sein, ihren Mitarbeitern eine bestimmte freiwillige Sozialleistung zu gewähren. Eine Unternehmung kann sich aber auch durch die Arbeitsmarktsituation verpflichtet sehen, freiwillige Sozialleistungen in einem Umfang zu gewähren, mit dem sie gegenüber anderen Unternehmungen konkurrieren kann.

Auch ist durchaus möglich, dass eine bislang freiwillige Sozialleistung in Tarifverträge übernommen und somit zu einer tariflichen Sozialleistung wird.

Ziel der Gewährung freiwilliger Sozialleistungen ist in der **Unternehmens-, Personal-, Sozial- und Entgeltpolitik** einer Unternehmung begründet. Zum einen können freiwillige Sozialleistungen als Teil des akquisitorischen, d. h. hier auf Personalgewinnung gerichteten, Potenzials dienen. Zum anderen sind sie Anreiz zur Leistungssteigerung sowie zur direkten Bindung an die Unternehmung. Die früheren Motive der Wohltätigkeit, Fürsorge und Wohlfahrtspflege haben zunehmend an Bedeutung verloren. Insgesamt muss festgestellt werden, dass sich viele Unternehmen aus den Verpflichtungen der freiwilligen Sozialleistungen zurückziehen, u. a. deshalb, weil die hohen Kosten die internationale Wettbewerbsfähigkeit (Globalisierung der Märkte) negativ beeinflussen. Im Übrigen haben sich auch die gesellschaftspolitischen Grundauffassungen geändert. Der Trend geht in Richtung verstärkter Verantwortung als Individuum, z. B. in der Altersversorgung (Beispiel: Riester-Rente, benannt nach dem Arbeitsminister des ersten Schröder-Kabinetts).

Arten der freiwilligen Sozialleistungen

Vielgestaltigkeit der freiwilligen Sozialleistungen

Die Arten freiwilliger Sozialleistungen sind vielgestaltig. Die Wichtigsten werden im Folgenden aufgezählt:

- betriebliche Altersversorgung
- Gratifikationen (weisen zuweilen Merkmale der anforderungs- und leistungsgerechten Lohnformen bzw. der Erfolgsbeteiligung aus; sind sie mit einem Rechtsanspruch ausgestattet, müssen sie zum Entgelt gerechnet werden; teilweise sind sie tariflich geregelt)
  - zu Weihnachten
  - Urlaub
  - Jubiläum
- zinsgünstige Darlehen
- Fürsorge und Gesundheitspflege
  - Betriebskrankenkassen
  - Erholungseinrichtungen
  - Betriebssport
  - Belegschaftsverpflegung
  - Wohnungshilfen/Umzugskosten
  - persönliche Hilfe bei Härtefällen
  - Werksarzt
  - Arbeitskleidung

Die neuen Trends der freiwilligen Sozialleistungen umfassen beispielsweise „Maßnahmen zur Verbesserung der Arbeitsbedingungen, der Gesundheit, zur Prävention und Therapie von Suchtkrankheiten“ sowie „Maßnahmen gegen Mobbing“ (Quelle: Hentze, J.; Kammel, A.: Personalwirtschaftslehre 1, Stuttgart, 2001, S. 232).

9.6.2 Das „Cafeteria-Modell“ als spezielle Form freiwilliger betrieblicher Sozialleistungen

Cafeteria-Modell

Ähnlich wie in einer Cafeteria kann der Mitarbeiter nach dem Cafeteria-Prinzip zwischen verschiedenen Entgeltbestandteilen bzw. Sozialleistungen innerhalb eines bestimmten Budgets eine Auswahl treffen. Dies soll durch den Einkaufswagen der nachfolgenden Abbildung 9-19 symbolisiert werden.

Dieses Modell bietet dem Arbeitnehmer verstärkt Einflussmöglichkeiten in Form von **Wahlmöglichkeiten** unter einem bestimmten Angebot. Die Leistungen müssen bewertbar oder in Geld messbar sein. Folgende Angebotsschwerpunkte sind denkbar:

- Versicherungsleistungen (Alters-, Unfall- oder Lebensversicherung),
- monetäre Leistungen (Gratifikationen, Urlaubsgeld, Prämien, Tantiemen),
- Erfolgs- oder Kapitalbeteiligung,
- Sachleistungen,
- Arbeitszeitverkürzung.

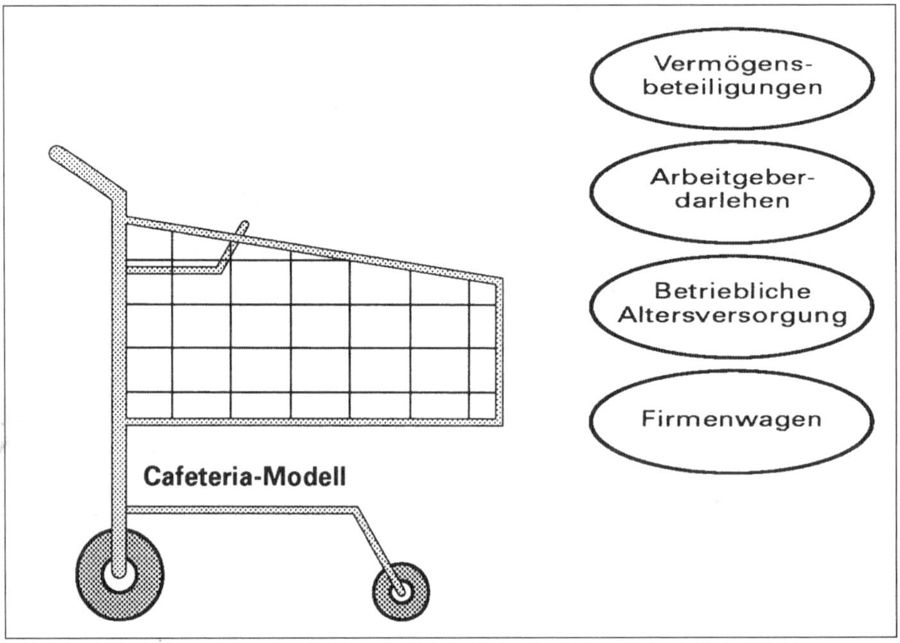

Abb. 9-19: Vergütungsbestandteile des Cafeteria-Modells
(Quelle: Jung, H.: Personalwirtschaft, München, Wien, 2011, S. 904)

Beispiele für Wahlmöglichkeiten

Beispiel In der Praxis bestehen verschiedene Ausprägungen:

- Aufbauend oder ergänzend zu den bisher bestehenden Leistungen **(Kernplan)** sind **zusätzliche** Leistungen frei wählbar. Unter Umständen ist eine Selbstbeteiligung erforderlich.

- Das bisherige Angebot wird beibehalten. Die Mitarbeiter bestimmen die Art und Höhe der Leistungen innerhalb eines von der Unternehmung vorgegebenen Rahmens selbst.

- Es wird freie Wahl zwischen den alternativen Leistungspaketen geboten.

- Einzelne Leistungen sind zwar frei wählbar, jedoch in ihrer Höhe begrenzt.
- Es wird ein Kern von Sozialleistungen angeboten, der in jedem Fall wahrgenommen werden muss. Damit wird ein Minimalniveau, wie beispielsweise Krankenversicherung, Urlaub, Altersversorgung, gesichert. Bis zu einer bestimmten Höhe, d.h. in Höhe des für den Mitarbeiter vorgesehenen Gesamt-Jahresentgeltes, kann dieser aus einem „Katalog von Wahlleistungen" auswählen (vgl. Hentze, S. 154). Das kann eine zusätzliche Versicherungsleistung, eine Form der Arbeitszeitverkürzung, Geld- bzw. Sachleistungen oder eine Form der Beteiligung sein. Geldleistungen sind beispielsweise Prämien oder eine Tantieme. Sachleistungen können Überlassung eines Firmenwagens, Abschluss einer Versicherung zugunsten des Mitarbeiters oder Ähnliches sein. Der Mitarbeiter hat also beispielsweise die Wahl zwischen einer zusätzlichen Altersversorgung, einem Firmenwagen bestimmter Größenordnung oder einer Kapitalbeteiligung. Dabei ist zu bedenken, dass Sachleistungen oft steuergünstiger oder aus sozialversicherungsrechtlichen Gründen für den Mitarbeiter günstiger sind.
  Dieses Modell ist am weitesten verbreitet.

Modalitäten

Die **Ausprägung der Wahlmöglichkeiten** richtet sich nach Alter und Position des Mitarbeiters.
Die Flexibilität ist bei außertariflichen Mitarbeitern größer, weil hier keine tariflichen, gesetzlichen oder innerbetrieblichen Regelungen dagegen stehen können.

Die Leistungen sind **in einem bestimmten Turnus neu wählbar**. Diese Regelung gibt auch die Möglichkeit, innovative Maßnahmen einzubeziehen. Eine fortlaufende Neubewertung zwecks Anpassung an die Kostenentwicklung ist somit ebenfalls gegeben.

Vor- und Nachteile aus der Sicht der Unternehmer und der Mitarbeiter

Vorteile aus der Sicht der Unternehmung:

Beurteilung

- Schaffung von Leistungsanreizen auch bei Mitarbeitergruppen, bei denen zusätzliche Leistungsanreize über reines Entgelt nicht zu erreichen sind
- Motivationsförderung
- erhöhte Bindung der Mitarbeiter an die Unternehmung
- Verbesserung der Attraktivität der Unternehmung für spezielles Personal

Nachteile aus der Sicht der Unternehmung:
- höherer Verwaltungsaufwand durch Berechnung und Umsetzung
- höherer Beratungs-und Informationsbedarf seitens der Mitarbeiter

Vorteile aus der Sicht der Mitarbeiter:
- Verbesserung der Einkommenssituation (direkt oder indirekt)
- Anpassung der Zusammenstellung der „Bausteine" an die individuelle Situation des Mitarbeiters

Nachteile aus der Sicht der Mitarbeiter:
- Mitarbeiter mit geringem Einkommen sind u. U. stärker auf Entgeltzahlungen angewiesen, insbesondere in Zeiten der Rezession
- bestimmte Leistungen sind nicht kurzfristig veränderbar
- Gewerkschaften und Arbeitnehmervertretungen verlieren, wenn der Leistungsumfang individuell gestaltet wird, ihren Einfluss und damit Kontrollmöglichkeiten

Verschiedene Modelle werden in den Konzernbetrieben der Westdeutschen Mineralbrunnen AG praktiziert. Dabei hat es sich bewährt, allen Mitarbeitern einen Kern betrieblicher Sozialleistungen anzubieten, wie beispielsweise betriebliche Altersversorgung, Belegschaftsverpflegung sowie die Möglichkeit zur Arbeitszeitverkürzung. Darüber hinaus werden dem Mitarbeiter zusätzliche Leistungspakete geboten, zwischen denen er wählen kann. Für jeden Mitarbeiter steht, gemäß seinem Einkommen, ein bestimmter Betrag für Zusatzleistungen zur Verfügung.

Es ist deutlich geworden, dass die Trennung zwischen tariflichen und betrieblichen Sozialleistungen häufig schwerfällt. Die folgende Abbildung 9-20 soll einen Überblick über die Zusatzleistungen unter dem Aspekt der Zusatzkosten der Unternehmungen geben.

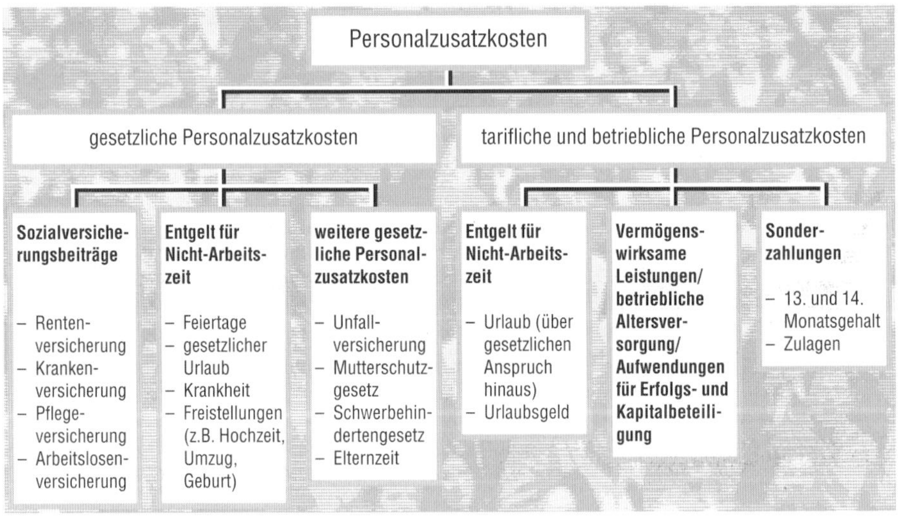

Abb. 9-20: Personalzusatzkosten

Abb. 9-21 gibt einen Überblick über die durchschnittlichen Monatsverdienste in der Bundesrepublik Deutschland

		Einzelperson	Ehepaar, beide mit jeweiligem Durchschnittsverdienst, ohne Kinder	Ehepaar mit 2 Kindern. Mann mit Durchschnittsverdienst Ehefrau nicht arbeitend
Arbeiter/-innen		**Früheres Bundesgebiet**		
Bruttomonatsverdienst	EUR	2 669	4 809	2 754
– Lohn- und Kirchensteuer sowie Solidaritätszuschlag	EUR	519	863	200
– Renten und Arbeitslosenversicherung	EUR	347	625	358
– Kranken- und Pflegeversicherung	EUR	232	418	233
+ Kindergeld	EUR	–	–	308
Nettomonatsverdienst	EUR	1 571	2 902	2 272
Anteil des Netto- am Bruttomonatsverdienst	in %	*58,9*	*60,3*	*82,5*
Angestellte				
Bruttomonatsverdienst	EUR	3 595	6 841	3 964
– Lohn- und Kirchensteuer sowie Solidaritätszuschlag	EUR	869	1 605	571
– Renten und Arbeitslosenversicherung	EUR	467	886	515
– Kranken- und Pflegeversicherung	EUR	310	558	301
+ Kindergeld	EUR	–	–	308
Nettomonatsverdienst	EUR	1 949	3 765	2 884
Anteil des Netto- am Bruttomonatsverdienst	in %	*54,2*	*55,3*	*72,8*
Arbeiter/-innen		**Neue Länder (einschl. Berlin-Ost)**		
Bruttomonatsverdienst	EUR	1 994	3 682	2 071
– Lohn- und Kirchensteuer sowie Solidaritätszuschlag	EUR	296	500	50
– Renten und Arbeitslosenversicherung	EUR	259	479	269
– Kranken- und Pflegeversicherung	EUR	169	313	171
+ Kindergeld	EUR	–	–	308
Nettomonatsverdienst	EUR	1 270	2 390	1 889
Anteil des Netto- am Bruttomonatsverdienst	in %	*63,7*	*64,9*	*91,2*
Angestellte				
Bruttomonatsverdienst	EUR	2 679	5 308	2 981
– Lohn- und Kirchensteuer sowie Solidaritätszuschlag	EUR	522	1 033	269
– Renten und Arbeitslosenversicherung	EUR	348	690	388
– Kranken- und Pflegeversicherung	EUR	228	451	246
+ Kindergeld	EUR	–	–	308
Nettomonatsverdienst	EUR	1 581	3 134	2 387
Anteil des Netto- am Bruttomonatsverdienst	in %	*59,0*	*59,0*	*80,1*

Abb. 9-21: Durchschnittliche Nettomonatsverdienste 2006 (Ergebnisse von Modellrechnungen)

(Quelle: Statistisches Bundesamt u. a. (Hrsg.): Datenreport 2008 – Ein Sozialbericht für die Bundesrepublik Deutschland, Bonn, 2008, S. 136)

9.6.3 Sonstige betriebliche Leistungen an den Mitarbeiter

Unter den vielfältigen sonstigen Leistungen, die Mitarbeitern gewährt werden können, sollen die **Gratifikation** sowie das **betriebliche Vorschlagswesen** hervorgehoben werden.

◆ **Gratifikationen**

Gratifikationen

Gratifikationen zählen zu den betrieblichen Sozialleistungen und werden auch als „Sondervergütung mit Entgeltcharakter" bezeichnet. Sie werden den Mitgliedern zu bestimmten Anlässen zusätzlich zu der regulären Entlohnung gezahlt (vgl. Hentze, J.; Kammel, A.: Personalwirtschaftslehre 1, Stuttgart, 2001, S. 231).

Besteht ein Rechtsanspruch, sei es tarifvertraglich, als Betriebsvereinbarung oder im Einzelarbeitsvertrag, aber auch durch Gewohnheitsrecht entstanden bei dreimaliger vorbehaltloser Zahlung, werden Gratifikationen wie zusätzliches Entgelt gerechnet.

Sie können auch Erfolgsbeteiligung sein. Dazu ist Bedingung, dass sie unter Vorbehalt gezahlt und an den Gewinn gekoppelt werden.

Als betriebliche Sozialleistungen sind sie zusätzliche Leistungen des Arbeitgebers, beispielsweise zum Urlaub, Jubiläum oder Weihnachten. Bemessungsgrundlage ist der Lohn bzw. das Gehalt, die Urlaubsdauer, die Dauer der Betriebszugehörigkeit u. a. m.

◆ **Das betriebliche Vorschlagswesen**

Betriebliches Vorschlagwesen

Das betriebliche Vorschlagswesen ist eine Einrichtung, durch die Mitarbeiter, aber auch Betriebsfremde, Gelegenheit erhalten, **Verbesserungsvorschläge** zu machen. Diese Verbesserungsvorschläge können sich auf die Vereinfachung, Beschleunigung oder Erleichterung eines Arbeitsvorgangs oder Arbeitsablaufs beziehen. Ferner kann ein Verbesserungsvorschlag zur Material-, Arbeitszeit- oder Energieersparnis und zur Qualitätsverbesserung eines Produktes beitragen. Des Weiteren sind Anregungen möglich, die die Sicherheit, den Umweltschutz und den Gesundheitsschutz der Mitarbeiter betreffen.

In den letzten Jahren hat sich die Zielsetzung des betrieblichen Vorschlagswesens etwas gewandelt. Statt als „Rationalisierungsinstrument" betrachtet zu werden, dominiert heute die unternehmenspolitische und strategische Perspektive. Der Fokus liegt dabei mehr auf den Aspekten der Motivation und Innovation (vgl. Hopfenbeck, W.: Allgemeine Betriebswirtschaftslehre und Managementlehre, Landsberg/Lech, 2002, S. 398).

Diese Anregungen können nicht nur von einzelnen Mitarbeitern, sondern auch von einer Gruppe von Mitarbeitern eingereicht werden.

Gestaltung eines Verbesserungsvorschlages

Ein solcher Verbesserungsvorschlag muss zunächst die derzeitige Situation genau schildern und daran anschließend die mögliche Verbesserung. Es kann durchaus der Fall sein, dass diese Verbesserung an anderer Stelle in der Unternehmung oder in anderen Unternehmungen bereits üblich ist. Hier ist nur wichtig, dass die Anregung für diesen Verwendungszweck neu ist und ohne Anregung des Mitarbeiters an dieser Stelle nicht eingesetzt würde. Es handelt sich jedoch nur dann um einen Verbesserungsvorschlag, wenn er über das übliche Aufgabengebiet des Einreichers hinausgeht. Handelt es sich bei dem Verbesserungsvorschlag um eine Erfindung oder technische Verbesserung, unterliegt er den gesetzlichen Bestimmungen über Arbeitnehmererfindungen vom 25. Juli 1957 in der Fassung vom 31.07.2009

Beurteilungsverfahren

Eine dafür zuständige Stelle, d.h. ein haupt- oder nebenamtlicher Beauftragter für das Vorschlagswesen in der Unternehmung, sammelt diese Anregungen, bearbeitet und bewertet sie nach Neuheit und Maßgabe ihrer Umsetzbarkeit.

Dann wird der Vorschlag dem Bewertungsausschuss vorgelegt, der sich möglichst paritätisch aus leitenden Angestellten der Unternehmung und Betriebsratsmitgliedern zusammensetzen sollte. Bei Annahme des Vorschlags muss über Art und Höhe der Belohnung entschieden werden.

Die monetären Anreize können unterschiedlich gestaffelt werden. Dazu gibt es verschiedene Ansätze, beispielsweise gestaffelt nach der Verwertbarkeit für den Betrieb, nach der Höhe des wirtschaftlichen Nutzens des Vorschlags, sofern der Vorschlag quantifizierbar ist, oder nach der Stellung des Mitarbeiters im Betrieb.

9.7 Partizipationsbezogene Vergütungsgestaltung

Partizipation als Vergütungsidee

Die partizipationsbezogene Vergütung soll berücksichtigen, dass der Mitarbeiter durch seine Arbeitskraft wesentlich zum Unternehmenserfolg beiträgt. Dies kann seinen Ausdruck durch unterschiedliche **Formen der materiellen Mitarbeiterbeteiligung** finden, auf die nachfolgend näher eingegangen wird.

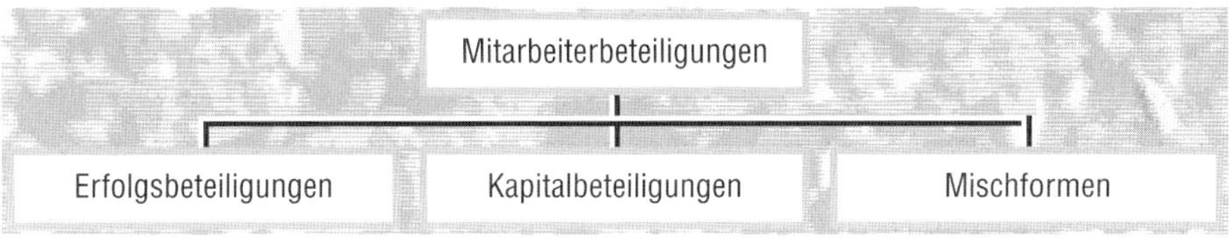

Abb. 9-22

1. Beteiligung am Erfolg
   - Beteiligung nach Leistung (Produktionsmenge, Produktivität, Kostenersparnis)
   - Beteiligung nach Ertrag (Umsatzertrag, Wertschöpfung, Nettoertrag)
   - Beteiligung nach Gewinn (Bilanzgewinn, Substanzgewinn, Ausschüttungsgewinn)

   ⇒ **Ziel:** Auswirkung auf Leistungsstimulation und Personalerhaltung

2. Betriebliche Kapitalbeteiligung
   - Beteiligung am Fremdkapital der Unternehmung (Mitarbeiterdarlehen, Mitarbeiter-Obligationen)
   - Beteiligung am Eigenkapital (Belegschaftsaktien, GmbH-Anteil, Kommandit-Anteil)
   - eigenkapitalähnliche Beteiligungen (Genussschein, Stille Beteiligung)

   ⇒ **Ziel:** Verbesserung der vorhandenen Kapitalstruktur

3. Laboristische Kapitalbeteiligung (Mischform)

Bietet eine Unternehmung diese Möglichkeiten der materiellen Mitarbeiterbeteiligung an, verfolgt sie damit diverse Ziele. Unternehmenspolitisch gesehen stehen **finanzwirtschaftliche Vorteile** im Vordergrund. Die Unternehmung gewinnt dadurch zusätzliche Liquidität, kann ihr Eigen- bzw. Fremdkapital erhöhen und verbessert insgesamt ihre Kapitalstruktur. Des Weiteren stellt diese Beteiligung eine Erhöhung des **Leistungsanreizes** zur Vermögensbildung und zur Motivation dar.

Ein weiteres Ziel liegt in der **Personalerhaltung**. Damit soll nämlich der Mitarbeiter über das verstärkte Interesse an der Unternehmung stärker an die Unternehmung gebunden werden, damit auch Fluktuationsrate und Krankenstand gesenkt und möglicherweise das Betriebsklima verbessert werden. Dies wirkt sich positiv auf Personalkosten und Arbeitsproduktivität aus. Die Auswirkungen der Mitarbeiterbeteiligungen sind mit den Auswirkungen der Prämienvergütung vergleichbar. Bei Letzterer ist allerdings eine stärkere Verbindung zwischen Prämienhöhe und individueller Leistung anzunehmen.

9.7.1 Betriebliche Erfolgsbeteiligungen

Betriebliche Erfolgsbeteiligung

Zusätzlich zu seinem vereinbarten Entgelt erhält der Mitarbeiter einen **Anteil am Betriebserfolg.** Dabei gibt es drei Bemessungsgrundlagen: die Leistung, den Erfolg und den Gewinn.

Abb. 9-23: Bemessungsgrundlagen betrieblicher Erfolgsbeteiligungen

◆ Leistungsbeteiligung

Leistungsbeteiligung

Grundlage ist die **Gesamtleistung** einer Abteilung oder der gesamten Unternehmung. Leistungsbeteiligung (im Gegensatz zu Leistungslohn) soll die Gesamtleistung aller Mitarbeiter steigern. Leistungslohn bietet allerdings einen unmittelbaren höheren Anreiz zu höherer Leistung.

Leistungsbeteiligung wird gemessen auf der Basis von Produktionsmengen, der Produktivität oder Kostenersparnis (vgl. Hentze, J.; Graf, A.: Personalwirtschaftslehre Bd. 2, Stuttgart, 2005, S. 184).

Bemessungsgrundlagen

- Produktionsmengen
  In ihrer Berechnung ist die Produktionsmenge recht einfach, vergleichbar dem Stückakkord. Die Mitarbeiter erhalten dann eine Zulage (Beteiligung), wenn die Produktionsmenge die „Normalleistung" übersteigt. Jedoch müssen bei einer Unternehmung, die mehrere Produkte herstellt, zur Umrechnung der Mengen der verschiedenen Produkte **Äquivalenzziffern** herangezogen werden. Erst auf diese Weise können die unterschiedlichen Produktionsergebnisse miteinander verglichen werden. Ein weiteres Problem liegt in der Motivation der Mitarbeiter. Da die Beteiligung für alle Mitarbeiter **gleich hoch** ist, unabhängig von ihrer Tätigkeit und ihrem Einsatz innerhalb der Unternehmung, könnte der Leistungsstarke sich gegenüber dem Leistungsschwachen benachteiligt fühlen. Auf Dauer besteht die Gefahr der Demotivation.

- Produktivität

  In Ein-Produkt-Unternehmungen stellt die Berechnung der Produktivität kein Problem dar. Es wird i. d. R. lediglich die **Arbeitsproduktivität** zugrunde gelegt. Mehrproduktunternehmungen werden auch hier Äquivalenzziffern zu Hilfe nehmen müssen.

- Kostenersparnis

  Hierbei handelt es sich um eine Vergleichsgröße. Den Mitarbeitern, einzelnen Gruppen oder der gesamten Unternehmung wird durch Vorgabe von **Soll-Kosten** ein Höchstrichtwert gesetzt. Liegen die tatsächlichen Kosten **(Ist-Kosten)** darunter, erhalten die Mitarbeiter die **Differenz** zwischen Ist-Kosten und Soll-Kosten **teilweise** ausgezahlt.

◆ Ertragsbeteiligung

Ertrags-beteiligung

Ertragsbeteiligung heißt, dass der **„Markterfolg“** des Produktes einbezogen wird. Die Höhe der Beteiligung basiert also nicht primär auf der Leistung der Mitarbeiter, sondern auf den am Markt erzielten Erlösen.

In der Praxis ist die Ertragsbeteiligung nicht sonderlich relevant.

◆ Gewinnbeteiligung

Gewinn-beteiligung

Unter Gewinnbeteiligung versteht man jede Beteiligung an den Gewinnen einer Unternehmung. Sie ist entweder begründet durch Eigentum an Kapitalanteilen oder in gesetzlichen oder vergleichbaren Regelungen für Nicht-Kapitaleigner.

Ein grundsätzlicher **Vorteil der Gewinnbeteiligung** liegt für die Unternehmung darin, dass in Verlustjahren keine Zahlungen an die Mitarbeiter geleistet werden müssen.

Als **Mittel zum Leistungsanreiz** ist die Gewinnbeteiligung nur bedingt geeignet, und zwar eher dann, wenn

- der persönliche Gewinnanteil des Mitarbeiters im Verhältnis höher liegt als das feste Entgelt,
- der Mitarbeiter sehr stark einen Zusammenhang zwischen Arbeitsleistung und erzieltem Gewinn sehen kann,
- die erbrachte Leistung und der Gewinnanteil in der Höhe gekoppelt sind,
- das Unternehmen voraussichtlich Gewinne erwirtschaftet.

9.7.2 Betriebliche Kapitalbeteiligungen

Betriebliche Kapital-beteiligung

Die betriebliche Kapitalbeteiligung umfasst sowohl die Beteiligung der Mitarbeiter am Fremdkapital als auch am Eigenkapital der Unternehmung, in der sie beschäftigt sind. Sie umfasst auch die Frage, ob die Beteiligung direkt oder indirekt erfolgt. Eine direkte Beteiligung des Mitarbeiters an der Unternehmung impliziert ein „unmittelbar schuld- oder gesellschaftsrechtliches Verhältnis“ (Quelle: Schanz, G.: Personalwirtschaftslehre, München, 2000, S. 543). Das bedeutet, dass der Mitarbeiter „unmittelbarer Kapitalgeber“ seiner Unternehmung wird.
Direkte Kapitalbeteiligung kann auf verschiedene Weise erfolgen.

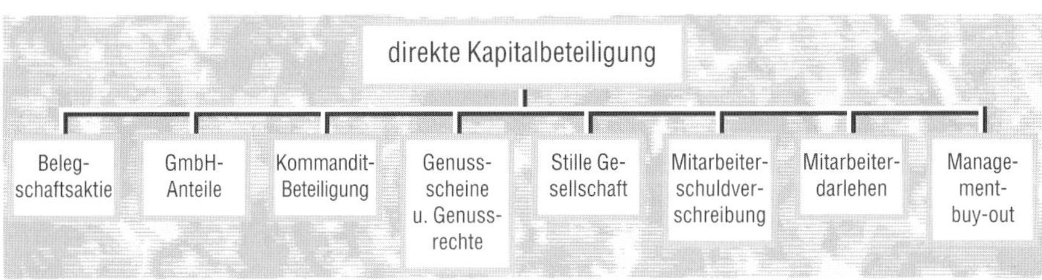

Abb. 9-24

Formen der direkten Kapitalbeteiligung

1. Die Belegschaftsaktie

Diese Form der Beteiligung spielt in der Praxis eine zunehmend wichtige Rolle.

Begünstigt wird diese Entwicklung durch die Förderung seitens des Gesetzgebers im Vermögensbildungsgesetz sowie Einkommensteuergesetz. Bei positiver Kursentwicklung hat der Mitarbeiter außer der Kapitalbeteiligung auch einen **Anteil am Produktivvermögen**. Ein weiterer Vorteil für den Mitarbeiter besteht darin, dass er die Aktie – meist nach einem festgelegten Zeitraum – wieder verkaufen kann.

Vorteile für die Unternehmung sind darin zu sehen, dass **keine Zahlungen** geleistet werden müssen. Ferner ist die Liquidität der Unternehmung nicht von einem Verkauf berührt, der außerhalb der Sperrfrist stattfindet.

2. GmbH-Anteile

Da dieses Verfahren **sehr aufwändig** ist, ist der Erwerb von GmbH-Anteilen bislang wenig verbreitet. Gesellschaftsvertrag sowie jede Änderung der Anzahl der Gesellschafter und jede Änderung der Höhe der Einlage müssen notariell beurkundet werden.

3. Kommandit-Beteiligung

Aufgrund von steuerlichen Vorschriften ist die Kommandit-Beteiligung ebenfalls wenig verbreitet. Da der Kommanditist nach dem Steuerrecht **Mitunternehmer** wird, gilt sein Lohn bzw. Gehalt als Gewinnvorwegnahme.

Diese bisher genannten Formen der direkten Kapitalbeteiligung zählen zu den **Kapitalbeteiligungen am Eigenkapital**.

4. Genussscheine und Genussrechte

Hierbei handelt es sich um eine **eigenkapitalähnliche Beteiligung**. Genussscheine sind **verbriefte**, Genussrechte **unverbriefte Beteiligungswerte**. Für die Unternehmung hat diese Form den Vorteil, dass die Mitarbeiter am Gewinn beteiligt werden, ohne dass sie, wie bei der Aktie, Stimmrechte erhalten.

5. Stille Gesellschaft

Auch hier handelt es sich um eine eigenkapitalähnliche Beteiligung. Der Stille Gesellschafter leistet eine **Einlage in eine Unternehmung**, die damit in das Vermögen des Inhabers der Unternehmung übergeht.

Jedoch haftet der Stille Gesellschafter bis zur Höhe dieser Einlagen.

Für den beteiligten Mitarbeiter ist weiterhin von Vorteil, dass er zwar in jedem Fall am Gewinn beteiligt ist, aber eine Beteiligung am Verlust ausgeschlossen werden kann.

6. Mitarbeiterschuldverschreibung

In der Praxis sind Mitarbeiterschuldverschreibungen selten. Es handelt sich dabei um **festverzinsliche Wertpapiere**, für die auch Zusatzrechte (Mitspracherechte) vereinbart werden können.

Die Mitarbeiterschuldverschreibung kommt nur bei den Unternehmungen in Betracht, die emissionsfähig sind, d.h. Zugang zum organisierten Wertpapiermarkt haben. De facto ist diese Form der **Fremdkapitalbeteiligung** auf die Großunternehmungen beschränkt.

7. Mitarbeiterdarlehen

Die Gewährung eines Darlehens an die Unternehmung ist für den Mitarbeiter eine **Fremdkapitalbeteiligung**. Der hierfür notwendige **Vertrag** unterliegt keinen Formvorschriften und kann frei gestaltet werden, beispielsweise in Bezug auf die Laufzeit.

Das Mitarbeiterdarlehen ist nicht an eine bestimmte Rechtsform gebunden.

8. Management-buy-out

Das Management-buy-out ist eine spezielle Form der **Kapitalbeteiligung**. Das Management bzw. eine Gruppe der Belegschaft übernehmen hierbei mehrheitlich **Kapitalanteile** der Gesellschaft, in der sie beschäftigt sind. Möglich ist auch, einzelne Abteilungen, Konzerntöchter oder sämtliche Kapitalanteile der Unternehmung zu übernehmen.

Im Gegensatz zu den bisher betrachteten Formen, bei denen die Mitarbeiter zusätzlich zu den Unternehmenseignern Kapitalanteile erwerben können, geben beim buy-out die bisherigen Unternehmenseigner ihre Anteile zurück und bemühen sich u. U. mit dem Management/der Belegschaft um neue Anteile.

Bewertung

Die hier vorgestellten Möglichkeiten der Erfolgs- und Kapitalbeteiligung erfreuen sich in der Praxis unterschiedlicher Beliebtheit. Die Unternehmer forcieren diese Möglichkeiten als Beitrag zu einer freiheitlichen Wirtschaft. Ein weiteres Argument bezieht sich darauf, dass die Mitarbeiter eine sehr starke Motivation zur Leistungssteigerung entwickeln. Die Gewerkschaften haben dazu etliche Gegenargumente, u. a., dass der Mitarbeiter im Falle des Konkurses „seiner" Unternehmung nicht nur seinen Arbeitsplatz, sondern auch sein Vermögen verliert.

Sofern Topmanager einen Teil ihrer Vergütung in Form von Aktien erhalten, besteht die Gefahr einer Manipulation. Topmanager könnten aufgrund ihrer Insiderkenntnisse die Börsenkurse beeinflussen und zulasten der Unternehmung Gewinne erzielen. Dieses auch international zu beobachtende Phänomen hat zu entsprechenden Änderungen von Bilanzvorschriften geführt.

Bei einer **indirekten Kapitalbeteiligung** ist eine Zwischen- bzw. Beteiligungsgesellschaft zwischengeschaltet, sodass der Mitarbeiter nicht direkt an der Unternehmung, sondern an der Zwischengesellschaft beteiligt ist. Diese wiederum hält Anteile an der Unternehmung. In der Praxis sind drei Formen möglich:

Formen der indirekten Kapitalbeteiligung

1. Kapitalbündelung

Die Mitarbeiter, die zur Beteiligung berechtigt sind, werden zu einer BGB-Gesellschaft, einer Stiftung oder einem eingetragenen Verein zusammengefasst. Die Beteiligung kann hier in Form von Darlehen bis zur Stillen Gesellschaft oder vollgesellschaftlichen Anteilen erfolgen.

2. Zwischenschaltung einer Institution

Hier wird zwischen die beteiligten Mitarbeiter und die Unternehmung, in der die Mitarbeiter arbeiten, eine Institution, i. d. R. eine GmbH, zwischengeschaltet. D. h. die Mitarbeiter sind stille Gesellschafter der GmbH, die wiederum stille Gesellschafterin der betreffenden Unternehmung ist.

3. Belegschaftsfonds

Ein Belegschaftsfond (Mitarbeiterfond) basiert wie ein Wertpapier-Investmentfond auf dem Prinzip der Risikostreuung. Die Mittel dieses Fonds werden demnach überwiegend am Kapitalmarkt angelegt. Sie unterliegen daher dem Gesetz über Kapitalanlagegesellschaften. Dem Bundesaufsichtsamt für Kreditwesen obliegt die Kontrolle.

A Aufgaben

1. Erläutern Sie die Vorteile des Prämienlohns
   a) für die Mitarbeiter,
   b) für die Unternehmung.

2. Begründen Sie die Notwendigkeit gesetzlicher Sozialleistungen.

3. Es wird behauptet, dass Akkordentlohnung überproportional hohe Kosten der Qualitätssicherung erfordert und unter Umständen auch eine Material- und Energieverschwendung hervorrufen könnte. Welche Anhaltspunkte sprechen Ihrer Meinung nach für diese These?

4. Ihre Unternehmung hat Liquiditätsprobleme. Es wird diskutiert, Mitarbeiter in die Kapitalbeteiligung einzubeziehen. Sie erhalten den Auftrag, die zur Liquiditätsverbesserung möglichen Formen zusammenzustellen und zu beurteilen.

5. Als Personalreferent eines mittelständischen Unternehmens haben Sie die Aufgabe, das seit Gründung der Unternehmung vor 35 Jahren bestehende System der betrieblichen Sozialleistung neu zu gestalten. Entwickeln Sie einen begründeten Vorschlag, der insbesondere die Leistungsmotivation berücksichtigt.

6. Die Mitarbeiter einer öffentlichen Verwaltung werden nach einem Vergütungssystem entlohnt, das insbesondere den Sozialstatus der Bediensteten betont. Jeder verheiratete Mitarbeiter erhält einen „Verheiratetenzuschlag“. Kinder werden ebenfalls durch einen gesonderten Zuschlag berücksichtigt, der zusätzlich zum staatlichen Kindergeld gezahlt wird. Darüber hinaus erhalten die Mitarbeiter alle zwei Jahre eine weitere Zulage aufgrund ihrer längeren Betriebszugehörigkeit.

   Machen Sie einen geeigneten Vorschlag zur Einbeziehung leistungsbezogener Vergütungselemente, ohne dass es zu einer Erhöhung der Personalkosten kommt.

7. Entwickeln Sie einen Fragebogen zur Ermittlung der Arbeitsschwierigkeiten in Ihrer Abteilung. Orientieren Sie sich dabei an dem von der REFA entwickelten Anforderungsschema. Der Fragebogen sollte mittels Selbsteinschätzung der Mitarbeiter bearbeitet werden können.

8. Führen Sie das im Teilabschnitt 9.3 vorgestellte Beispiel zur Flexibilitätsentlohnung weiter, indem Sie
   a) ein Bewertungsformular als Grundlage für eine Entlohnungsdifferenzierung entwickeln,
   b) einen geeigneten Vorschlag zur Umwandlung der im Bewertungsbogen ermittelten Werte in Entgeltbestandteile machen.

Projektaufgabe

Führen Sie eine Marktuntersuchung zur Ermittlung einer vergleichenden Gehaltsübersicht für eine bestimmte Tätigkeit Ihrer Wahl durch. Gehen Sie dabei zweckmäßigerweise von einer tarifvertraglich definierten Gehaltsgruppe aus.

B Methodische Empfehlungen

Um **Verhandlungssicherheit** zu **gewinnen**, befassen Sie sich mit Grundsätzen für Gesprächsführung, Argumentationstechnik und Konfliktbehandlung.[1]

◆ Gesprächsführung

Fragenkatalog zur Gesprächsvorbereitung, -durchführung und -nachbereitung

- **Gesprächsziele festlegen**
  - Welche Einzelziele werden angestrebt?
  - Welche Hierarchie besteht zwischen den Einzelzielen?
  - Welches Gesamtziel könnte maximal erreicht werden?
  - Welche Einzelziele könnte ggf. auf einen späteren Gesprächstermin verschoben werden?
- **Gesprächsteilnehmer**
  - Wer nimmt auf unserer Seite und auf der Gegenseite am Gespräch teil?
  - Sind die Vollmachten für einen Abschluss vergleichbar?
  - Wer soll das Gespräch auf unserer Seite leiten?
  - Was soll geschehen, wenn die Gegenseite unerwartet zusätzliche Personen mitbringt (z. B. Experten)?
- **Gesprächsatmosphäre**
  - Welche Gesprächsatmosphäre ist zu erwarten?
  - Sind die diesbezüglichen Erwartungen für die Teilthemen unterschiedlich?
  - Gibt es Teilthemen mit wahrscheinlich leichter Konsensfindung, die man an den Anfang setzen sollte?
  - Bestehen vergleichbare oder unterschiedliche Persönlichkeitsvariablen (Einstellungen, Vorurteile, Gefühle)?
  - Ist mit grundsätzlicher gegenseitiger Wertschätzung der Verhandlungspartner zu rechnen?
- **Argumente**
  - Welche positiven Argumente sind für die Teilthemen zu finden?
  - Mit welchen Gegenargumenten ist zu rechnen? Welche Vorbereitungen sind ggf. möglich?
- **Planung des Gesprächsverlaufs**
  - Wie lässt sich der Einstieg am besten gestalten?
  - Wie soll der Hauptteil aufgebaut werden?
  - Welche Problembündelungen sind möglich und sinnvoll?
- **Planung des Ortes und der Dauer**
  - Ist ein geeigneter, für alle Teilnehmer günstig erreichbarer Ort festgelegt?
  - Ist die Verhandlung dort störungsfrei?
  - Ist für technische Hilfsmittel, für Getränke etc., gesorgt?
- **Zeitpunkt und Dauer**
  - Wann soll das Gespräch stattfinden (Datum, Wochentag, Uhrzeit)?
  - Welche Gesprächsdauer ist vorgesehen? Ab wann ist mit Vertagung zu rechnen?
  - Wie erfolgt die Information der Gesprächsteilnehmer?

[1] *Vgl. dazu auch Elias, K.; Schneider, K. H.: Kommunikation, Troisdorf, 2010*

- **Kommunikationsstrukturen**
  - Soll ein Verhandlungsführer das Gespräch leiten und jeweils von „seinen Leuten" Rat einholen?
  - Soll jeder Teilnehmer zu jedem Teilnehmer in Interaktion treten können?

- **Gesprächsdurchführung**
  - Sind unsere Teilnehmer mit Gesprächstechniken vertraut?
  - Ist für unsere Seite eine besondere Rollenverteilung festzulegen?
  - Wer übernimmt die evtl. mögliche Bündelung der Ergebnisse, wer die ggf. nötigen Protokollnotizen?

- **Gesprächsnachbereitung**
  - Ist eine Dokumentation der Ergebnisse vorgesehen?
  - Wie erfolgt die Umsetzung der erreichten Gesprächsziele?
  - Wie ist mit den nicht erreichten Zielen umzugehen?

◆ **Argumentationstechnik**

Kernpunkt jeder Verhandlungsführung muss es sein, dem Verhandlungspartner Erkenntnisse und Einsichten zu vermitteln, die ihm die Zustimmung zu dem jeweils vorgetragenen Projekt ermöglichen. Dabei ist vorrangig, die Vorteile zu betonen, die ihm aus seiner Zustimmung erwachsen. Bei Produkten, die zum Verkauf anstehen, wird man demgemäß auf seine Bedürfniserfüllung abheben.
Im personalwirtschaftlichen Handlungsfeld geht es um andere Vorteile, z. B. den der kostengünstigen Durchführung, um erhöhte Arbeitszufriedenheit oder Leistungsbereitschaft mit den positiven Folgen für Sicherheit oder verbesserter Produktivität etc.
Folgende Methoden sind erfahrenen Verhandlungspartnern geläufig:

Ja-aber-Methode

Bei einem starken Gegenargument stimmt man global und unverbindlich zu, findet dann aber Eingang in die „Argumentations-Festung".

Beispiel Grundsätzlich gebe ich Ihnen Recht, aber man sollte doch dies (und später ein weiteres) nicht aus dem Auge verlieren.

Antizipations-Methode

Man erwartet bestimmte Einwände und nennt diese bereits beim Namen. Damit nimmt man dem Verhandlungspartner den Wind aus den Segeln. Außerdem klingen Gegenargumente aus dem eigenen Mund anders als beim Verhandlungspartner.

Beispiel Sie finden vielleicht, dass der Preis hoch ist. Der Vorteil dieses Produktes besteht besonders darin, …

Rückfragemethode

Bei Stockungen im Verhandlungsfluss ist es ggf. ratsam, nach den Ursachen der Zurückhaltung zu fragen. Daraus ergeben sich u. U. neue Argumentationsansätze.

Beispiel Ich merke, dass Sie sich nicht entschließen können. Ich kann die eigentlichen Ursachen nicht erkennen.

Referenzmethode

Man verweist auf anerkannte Kapazitäten, auf führende Unternehmen etc., die auch der Auffassung sind, die hier von der eigenen Seite vorgetragen wird.

Überstrahlungseffekt

Das Hauptargument wird so geschickt ins Licht gerückt und derart mit einem Begriff belegt, dass Einwendungen bedeutungslos werden.

Bündelung

Man ist zwar in der Lage, mehrere Vorteile aufzuführen, aber kein Vorteil ist von großer Zugkraft. Man bündelt die Argumente, indem man sie zu einem Begriff zusammenfasst.

Ein-Boot-Argument

Man appelliert an das Gemeinsame der Situation, um den Verhandlungspartner zu Zugeständnissen zu bewegen.

Beispiele Unser gemeinsames Interesse kann ja nur darin liegen, die Unternehmung zu sichern. Deshalb müsste jeder ...

Wir haben schon Beispiele unserer Solidarität geliefert, jetzt wäre es an der Zeit, dass auch Sie ...

Wir-sind-gemeinsam-die-Besten-Methode

Vorreiter in einer Sache zu sein, bei der man viele Nachahmer und Bewunderer erwartet, bringt immer ein besonderes Ansehen.

Beispiel Wir könnten mit diesem Projekt wieder mal zeigen, wo in unserer Wirtschaft (wo in unserem Betrieb) Entscheidendes vorgedacht und realisiert wird.

- ◆ **Konflikte und Konfliktbehandlung**
- Konfliktursachen

Konflikte in Unternehmungen beruhen auf vier Hauptursachen:
(1) Das Unternehmen bildet einen Herrschaftsverband, in dem Über- und Unterordnungsbeziehungen herrschen **(Hierarchiekonflikte)** und in dem Verteilungskämpfe um Erträge, Ressourcen etc. ausgetragen werden **(Verteilungskonflikte)**.
(2) Die Tatsache, dass Arbeitsteilung und Arbeitszusammenführung besteht, führt zu **Kooperations-** und **Koordinations**konflikten.

Beispiele Mehrere Personen stellen an eine Person Anforderungen, die sich widersprechen. Beispielsweise fordert in einer Matrixorganisation der Funktionsmanager etwas anderes als der Produktmanager.

Eine Person, die widersprüchliche Anforderungen stellt, z.B. große Schnelligkeit und große Sorgfalt, bringt den Empfänger in eine Konfliktsituation.

(3) Da Menschen mit ihren individuellen Zielen und Bedürfnissen im Unternehmen tätig sind, gibt es **persönliche Konflikte**, z. B. um Anerkennung, bei denen aber auch Misstrauen, Zurückweisung, Angst und Ärger eine Rolle spielen können. Hinzu kommen die Konflikte aus den sozialen Anbindungen, z. B. in Form von **Inter-Rollen-Konflikten**. In diesem Fall gerät der Mitarbeiter durch seine gleichzeitigen Rollen als Partner, Mutter/Vater oder Vereinsmitglied in Konflikt, wenn etwa Überstundenanordnungen die privaten Verpflichtungen beeinträchtigen.

(4) **Wertekonflikte** entstehen dadurch, dass die im Betrieb tätigen Menschen unterschiedliche Vorstellungen von Moral und Ethik haben bzw. realisieren. Anforderungen dieser Art gehen von „Mal-fünf-gerade-sein-lassen" bis zu Grundprinzipien, z.B. bei bestimmten Eingriffen im Krankenhaus (Gentechnik etc.). In diesem Zusammenhang spricht man von **Person-Rollen-Konflikten** (vgl. dazu Staehle, S. 365).

- Konfliktparteien

  Konfliktparteien können einzelne Personen, Personengruppen, Abteilungen oder auch die Unternehmung als Rechtsperson sein, wobei jede Partei mit jeder Partei in Konflikt geraten kann.

  Beispiele
  - Konflikt einer Einzelperson mit einer anderen Einzelperson um eine Begünstigung oder eine Anerkennung
  - Einzelperson gegen Gruppe um einen Urlaubstermin
  - Einzelperson gegen Abteilung um eine Beförderungsstelle
  - Einzelperson gegen Unternehmung um eine als ungerechtfertigt empfundene Kündigung

- Konfliktbehandlung

  Konflikte werden in ihrer Funktion unterschiedlich beurteilt. Die positive Seite besteht darin, dass durch Konflikte Unstimmigkeiten, Unklarheiten oder Ungerechtigkeiten deutlich werden und auf Abhilfe drängen. Andererseits werden durch Konflikte Kräfte absorbiert, die in vielen Fällen besser produktiver verwendet werden könnten. Manche Personalberater schätzen, dass viele Vorgesetzte ein Drittel ihrer Kräfte darauf verschwenden, Angriffe auf ihre Position abzuwehren. Solche Konflikte könnten z. B. durch eine transparente Nachfolgeregelung von vornherein vermieden werden.

  Als Empfehlung zur Konfliktbehandlung haben sich folgende Regeln herausgebildet:
  - Die optimale Anwendung von Führungsprinzipien und Führungsstilen, die den Mitarbeiter in seinen Bedürfnissen akzeptieren, ist geeignet, Hierarchiekonflikte einzuschränken. Das Gleiche gilt für transparente Nachfolgeregelungen.
  - Klare und deutliche Anweisungen eignen sich dazu, Überschneidungen und Fehlinterpretationen zu vermeiden. Eine Ausnahme bilden solche Überschneidungen, die gewollt sind und zu kreativen Lösungen herausfordern sollen. Das gilt z. T. für die Matrixorganisation.
  - Für Verteilungskämpfe ist Kompromissbereitschaft ein möglicher Lösungsansatz.
  - Wenn Mitarbeiter sich in ihren Persönlichkeitsmerkmalen so unterscheiden, dass Übereinstimmungen nicht zu erwarten sind, bieten sich Veränderungen im Team als Lösung an.
  - Bei Konflikten aufgrund von Wertdifferenzen ist in der Regel eine Konfliktlösung nur in einer Trennung zu sehen.
  - Dialoge und Verhandlungen, evtl. mit Hilfe Dritter, können bei Konflikten auf sachlicher Ebene zu einem Vergleich verhelfen (kognitive Lösungsansätze).
  - Konflikte im personalen Bereich können evtl. durch Kommunikationstraining oder ähnliche Maßnahmen bereinigt werden, weil damit Einstellungen und Wahrnehmungsstrukturen geändert werden können (affektive Lösungsansätze).
  - Für Dauerkonflikte oder Konflikte mit einer langen Geschichte sind externe Prozessberater zu empfehlen.

C Literatur

Brökermann, R.: Personalwirtschaft, Stuttgart, 2010.

Drumm, H. J.: Personalwirtschaftslehre, Berlin/Heidelberg, 2008.

Dülfer, E.: Internationales Management in unterschiedlichen Kulturbereichen, München-Wien, 2001.

Elinn, K.; Schneider, K. H.: Kommunikation, Troisdorf, 2010.

Hentze, J.: Personalwirtschaftslehre, Band 1 u. 2, Bern und Stuttgart, 2001/2005.

Jung, H.: Personalwirtschaft, München, 2008, 2011.

Kaspar, H., Mayrhofer, W.: Organisation, Wien, 2002.

Kupsch, P.; Marr, R.: Personalwirtschaft, in: Heinen, E. (Hrsg.): Industriebetriebslehre, Wiesbaden, 1994.

Rausch, J.: Auswirkungen neuer Fertigungstechniken auf die Entlohnung bei Volkswagen, in: Schanz, G. (Hrsg.): Handbuch Anreizsysteme in Wirtschaft und Verwaltung, Stuttgart, 1991.

Ridder, H.-G.: Personalwirtschaftslehre, Stuttgart, 2009.

RKW – Rationalisierungs-Kuratorium der Deutschen Wirtschaft: RKW-Handbuch Personalplanung, Neuwied, 1990.

Schanz, G.: Personalwirtschaftslehre, München, 2000.

Scholz, C.: Personalmanagement, München, 2011.

Sprenger, R.: Mythos Motivation, Frankfurt/New York, 2002.

Staehle, W.: Management, München, 1999.

Zander, E.: Personalwesen im gemeinsamen Binnenmarkt, in: Wagner, D.; Zander, E.; Hauke, C. (Hrsg.): Handbuch der Personalleitung, München, 1992.

10 Personal sach- und personenorientiert führen

Wie soll das Verhältnis zwischen Vorgesetzten und Mitarbeitern sowie der Mitarbeiter untereinander vor allem unter dem Gesichtspunkt der Integration von Unternehmens- und Individualzielen gestaltet werden?

Das familiengeführte Modehaus Hesse feiert sein 50-jähriges Bestehen. Zu diesem Anlass übergibt Herr Hesse Senior die Leitung des Geschäftes an seine beiden Kinder, Thomas und Sabrina Hesse.

Herr Hesse Senior gründete den Familienbetrieb nach seiner Ausbildung zum Industriekaufmann vor 50 Jahren und führte diesen mit strenger Hand sehr erfolgreich. Das Geschäft galt lange als renommierte Einkaufsadresse und war daher einer der meist gefragten Ausbildungsbetriebe. Herr Hesse Senior hatte den Ruf bei seinen Mitarbeitern, ein strenger Chef zu sein. Er war für seine straffe Lenkung und deutliche Anordnungen bekannt. Dies wurde unter anderem dadurch deutlich, dass er sich vor dem Abschluss von Verträgen diese stets vorlegen ließ und selbst über alle Konditionen entschied. Auch ließ er sich jede Zahlungsanweisung und Bestellung stets zur Kontrolle in einer Unterschriftenmappe vorlegen.

Er kontrollierte regelmäßig ausgehende Schreiben selbst auf Rechtsschreibfehler. Über das Sortiment entschied er stets alleine und auf Modemessen war er stets persönlich anwesend. Kreative Vorschläge zur Verbesserung der Organisation lehnte er weitgehend ab. Auch Kritik an seinen Entscheidungen wurde von ihm nicht gern gesehen. Die Meinung über Herrn Hesse war unter seinen Mitarbeitern zweigeteilt. Vor allem unter den jungen Mitarbeitern führte die Frustration über seine Führung zu einer sehr hohen Fluktuation, auch unter ehemaligen Auszubildenden. Es hieß, dass man hier nur Karriere machen könne, wenn man sehr pflichtbewusst und diszipliniert den Anweisungen von Herrn Hesse folge. Die meisten älteren Kollegen standen ihm nicht ganz so kritisch gegenüber; viele waren mit dem Unternehmen groß geworden und vertrauten auf Herrn Hesses Erfahrungen und Fürsorge für das Unternehmen. Mit den Jahren hat der Erfolg des Unternehmens spürbar nachgelassen, bedingt auch durch zahlreiche stationäre und nicht-stationäre Konkurrenz im Handel. Herr Hesse Senior hatte keinerlei Affinität zu den neuen Medien und lehnte einen Online-Shop streng ab. Die Korrespondenz zu Lieferanten und Kunden wurde erst spät und auch nur teilweise auf Emailverkehr umgestellt; den Mitarbeitern war die Nutzung des Internets im Büro streng untersagt.

Nun sollen die Kinder, Sabrina und Thomas, die Führung des Unternehmens übernehmen. Beide haben 6 Jahre studiert und sind hoch motiviert. Sabrina und Thomas wollen vieles anders machen. Sie bieten den Mitarbeitern bereitwillig das „du“ an und schwören auf zweiseitige Kommunikation statt auf reine Anordnungen. Eine ihrer ersten Maßnahmen ist die Einführung eines Jour Fixe, an dem organisatorische Diskussionen und Erfahrungsaustausche stattfinden sollen. Die Mitarbeiter im Einkauf und Verkauf erhalten umfangreiche Vollmachten und im Einkauf werden alle Mitarbeiter in die Sortimentsauswahl mit einbezogen. Regelmäßige Mitarbeitergespräche werden einberufen und die Mitarbeiter sollen von nun an anhand von Zielvereinbarungsgesprächen geführt werden. Diese sind auch Grundlage der Personalbeurteilung, die von nun an regelmäßig stattfinden soll. Sie fordern die Mitarbeiter zu konstruktiver Kritik auf und wollen gute Vorschläge auch prämieren. Der Geschäftsverkehr soll so schnell wie möglich online abgewickelt werden.

Vorbemerkung

Ableitung des Wortes Führen

Das Wort Führen hat eine lange Geschichte. Ursprünglich hat es mit fahren zu tun, in Bewegung setzen, fahrbar machen, dabei dann leiten, die Richtung bestimmen. Die Zusammensetzungen anführen, aufführen, ausführen, verführen, vollführen, wegführen, irreführen haben einen gemeinsamen Nenner: Der Führende nimmt Einfluss auf andere, und dieser Einfluss ist in seiner Wirkung und Richtung vielschichtig.

Wie das Wort, so hat auch der Inhalt viele Schattierungen und Ausprägungen. Uns begegnet in der Unternehmung eine Vielzahl von Begriffen und eine Vielzahl von Inhalten, z. B. Führungsanspruch, Führungskompetenz, Führungsstil, Führungstechnik, Führungskonzeptionen, Führungsleitlinien. Hinzu kommt, dass statt Führung auch die Wörter Management und Leadership gebraucht werden, sodass weitere Ausprägungen zu nennen sind.

Steigende Bedeutung der Personalführung

Der Personalführung werden heute umfangreiche Aufgaben zugeschrieben. Weil der motivierte und qualifizierte Mitarbeiter für die Zielerreichung eines Unternehmens ein entscheidender Faktor ist, ***wird auch die Qualität der Personalführung zum strategischen Wettbewerbsfaktor (Lutz von Rosenstiel)***. Die Bedeutung der Personalführung leitet sich aus verschiedenen Entwicklungen ab. Dazu zählen:

- die sich verkürzende Halbwertzeit des Wissens,
- die sich rasch entwickelnden Informationstechniken,
- die komplexer und funktionsübergreifender werdende Aufgabenstruktur,
- der nachhaltige Trend zur Internationalisierung der Wirtschaftsbeziehungen und der daraus ableitbaren Verpflichtung zur interkulturellen Zusammenarbeit,
- der ständig differenzierter werdende Bildungsstand der qualifizierten Mitarbeiter,
- der Wandel der Wertorientierungen und der Lebensstile.

Der gesuchte Vorgesetzte

Nach v. Rosenstiel (vgl. Rosenstiel, L. von; Regnet, E.; Domsch, M. (Hrsg.): Führung von Mitarbeitern, Stuttgart, 2003) wird ein Vorgesetzter gesucht, der

- durch vorbildliches Verhalten,
- durch authentischen Umgang mit anderen und
- durch kommunikative Kompetenz
- selbstbewusste Spezialisten zu koordinieren weiß,
- der sie gleichzeitig fördert,
- ihnen Perspektiven aufzeigt und sie dadurch motiviert und qualifiziert.

10.1 Gestaltungsideen der Führung im Zeitablauf

Führen in der Unternehmung **heißt zielbezogene Einflussnahme.** Die Führung im Betrieb erstreckt sich auf zwei Handlungsfelder.

Unternehmensführung und Personalführung

Einerseits erstreckt sich Führung auf die **Unternehmung** als Ganzes mit ihrem Aufbau, ihren Ablaufprozessen, ihren inneren und äußeren Strukturen. Dieses Führungsgeschehen heißt **Unternehmensführung.** Andererseits geht es um die Führung der **Mitarbeiter.** Dieser Teil des Führungsgeschehens wird als **Personalführung** bezeichnet.

Unternehmensführung sowie Personalführung haben eine lange Tradition. Vor der industriebestimmten Zeit waren beide Handlungsfelder Teile der ständischen Ordnung, also der Zünfte (Handwerker) und Gilden (Kaufleute). Hierarchiefragen waren geklärt, Absatzmärkte waren festgelegt, Berufsausbildung und Weiterbildung waren geregelt, um nur einige Aufgabenfelder zu nennen.

Drei-Abschnitte in der Führungsentwicklung

Seit Beginn der Industrialisierung sind drei große Entwicklungen im Führungsprozess zu beobachten, die heute alle noch ihre Bedeutung haben:

1. Der arbeitende Mensch wird in seinem Arbeitsverhalten durch **monetäre Anreize** bestimmt, am besten durch ein leistungsabhängiges Entgelt. Die Führung erfolgt in zumeist autoritären Strukturen und durch monetäre Anreize.

2. In der Qualität der sozialen Beziehungen erkennt man einen wichtigen Bestimmungsfaktor für das Arbeitsverhalten. Gleichzeitig erkennt man, wie wichtig es ist, die physischen Arbeitsbedingungen nach dem Menschen auszurichten. Die Betonung dieser beiden Elemente hat die Bezeichnung **Human-Relations-Bewegung**; sie begann in den 20er-Jahren des letzten Jahrhunderts. Das Führungsgeschehen wurde durch diese Einsichten stark geprägt.

Die neuzeitlichen Strömungen ab der Mitte des Jahrhunderts

3. Ab der zweiten Hälfte des 20. Jahrhunderts setzten **neue Strömungen** ein, die auf Psychologie und Organisationsentwicklung beruhten, sich aber in mehreren Unterströmungen manifestierten.

   (1) Die erste weitreichende Erkenntnis heißt: Das Arbeitsverhalten ist stark von der **Motivation** des Mitarbeiters bestimmt. Seinem Streben nach Selbstbestimmung und Verantwortung muss Rechnung getragen werden. Diese Entwicklung lässt sich als Führen durch Motivation bezeichnen.

   (2) In der starken Betonung der Motivation wird eine gewisse Einseitigkeit erkannt. Der neue Ansatz lautet: Das Verhalten der Mitarbeiter ist so komplex, dass eindeutige Abhängigkeiten des Verhaltens, z. B. Abhängigkeit von Motivationsbemühungen, von Auswirkungen der Organisationsstrukturen oder von betrieblichen Regelungen, nicht ausgemacht werden können. Für alles, speziell auch für das Führungsverhalten, ist vor allem die **betriebliche Situation** entscheidend.

   (3) Die immer komplizierter und störanfälliger werdende Technik ist es, die eine neue Erkenntnis einleitet. Die Unternehmung braucht den fähigen <u>und</u> loyalen Mitarbeiter, der bereit ist, auch technische und andere Engpässe auszugleichen. Daraus leitet sich ab: Der Mensch am Arbeitsplatz muss die Möglichkeit haben, sich mit seiner Arbeit und mit seinem Unternehmen zu identifizieren. Die **Identifikation mit der Arbeit** kann wegen der immer noch sehr weit gehenden Taylorisierung (Aufsplitterung) der Arbeitsvorgänge nur teilweise gelingen, **mit der Unternehmung** aber sehr wohl **durch** die **Unternehmenskultur**. Der betriebliche Interaktionsprozess mag für den Mitarbeiter im Einzelnen schwer verständlich sein, aber die Unternehmung als Ganzes mit ihren Grundsätzen, Wertvorstellungen und Symbolen vermag es, ein Identitätsgefühl und eine gemeinsame Wertvorstellung zu erzeugen. Der Führer des Ganzen gewinnt dann auch ein hohes Ansehen.

   (4) Die folgende Phase ist durch Gedanken um verbesserte Teamfähigkeit, vermehrte Verantwortung und optimaleres Führungsverhalten geprägt. Sie mündet in der Überlegung: Das Arbeitsverhalten und insbesondere die Leistungsfähigkeit lässt sich durch ein Bündel organisatorischer Maßnahmen verbessern, insbesondere durch Verkleinerung der Anzahl der Hierarchiestufen und Einführung von Teamarbeit. Diese Idee ist unter dem Begriff **lean-management** bekannt und hatte zeitweise weltweite Auswirkungen.

   (5) Die Gedanken über Unternehmenskultur und Identität werden fortgesetzt, aber um **ethische Zielvorstellungen** ergänzt. Unternehmensleitsätze orientieren sich beispielsweise an der Wertvorstellung einer humanen (multikulturellen) Gesellschaft.

(6) Ende des vergangenen Jahrhunderts setzte sich zunehmend die **Globalisierung** als dominierende Idee der Unternehmensführung durch; damit unterlag bzw. unterliegt jedes Führungshandeln dem Erfordernis internationaler **Wettbewerbsfähigkeit**.

Aktualität, Berechtigung und Wirtschaftsräume übergreifende Bedeutung der Führungsansätze

Jeder Ansatz hat für die Gestaltung von Führungsaufgaben Bedeutung erlangt, allerdings mit unterschiedlichem Gewicht auf Unternehmensführung und Personalführung. Lean-Management als Gestaltungsidee gehört z. B. sowohl zur Führung der Unternehmung als auch zur Personalführung, während die Betonung der Motivation selbstverständlich zum Aufgabenkomplex Personalführung gehört.

Alle Ansätze haben, wie gesagt, für die Gestaltungsaufgaben in der Unternehmung auch heute noch Bedeutung. Wenn auch der Begriff Mode nicht ganz zutrifft, so ist doch festzustellen, dass Gestaltungsideen einer Zeitströmung unterliegen und je-weils eine besondere Dominanz erlangen.

Keine der Gestaltungsideen kommt sozusagen aus heiterem Himmel. Sie werden gewöhnlich aus einer Notwendigkeit heraus entwickelt und stellen die Lösung des Hauptproblems in Aussicht, nämlich leistungsfähige und einsatzfreudige Mitarbeiter an die Unternehmung zu binden sowie nicht mehr benötigte Mitarbeiter sozialverträglich zu entbinden.

Die Bedeutung einer Gestaltungsidee ist wirtschaftsraumübergreifend. Ideen, die heute in den USA oder Japan hochrangige Bedeutung haben, werden morgen in der Bundesrepublik Deutschland diskutiert und bilden zum Beispiel die Hauptthemen der Managerschulungen.

Social Media bedeutet Veränderung für die Führungskultur in den Unternehmen. Gerade in Großunternehmen wie der Daimler-Benz AG, Siemens AG und der Linde AG bieten Blogs, Microblogs und Wikis gute Möglichkeiten, um Mitarbeiter und Kollegen über aktuelle Themen auf dem Laufenden zu halten. Unabhängig vom Einsatz konkreter Instrumente ist es sicher, dass sich die Personalführung in den kommenden Jahren im Zuge der durch Social Media veränderten Informationsmöglichkeiten ebenfalls verändern wird, da es eine viel höhere Informationstransparenz und mehr Kommunikation geben wird. So werden Führungskräfte offener werden und sich vom Hierarchiedenken lösen müssen.

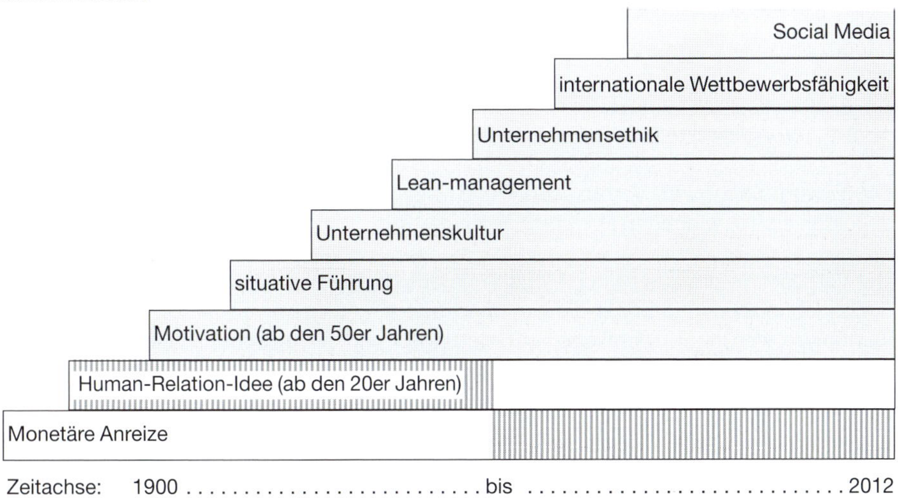

Abb. 10-1: Gestaltungsideen der Führung im Zeitablauf

10.2 Die Beteiligten im Führungsgeschehen

Doppelperspektive der Führung

Führen als zielbezogene Einflussnahme in Form von Beeinflussung, Lenkung oder Gestaltung von Anreizsystemen betrifft immer mindestens zwei Personen, nämlich den Führenden und den Geführten.

In der hierarchisch gestalteten Unternehmung ist – mit Ausnahme der obersten und der untersten Rangstufe – **jeder gleichzeitig Führender und Geführter** bzw. Vorgesetzter und weisungsabhängiger Mitarbeiter (Sandwich-Position). Insofern sind Kenntnisse der Personalführung für fast jeden Betriebsangehörigen in doppelter Hinsicht bedeutsam.

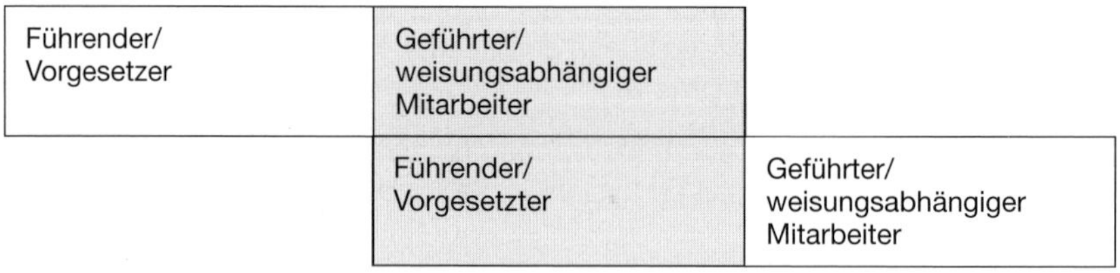

Abb. 10-2: Die Doppelfunktion der Betriebsangehörigen im Führungsgeschehen

Führende sind Menschen wie Sie und ich

Bei allen Überlegungen zum Führungsgeschehen sollte man sich nie den Vorgesetzten abgehoben und wie auf einem Sockel vorstellen. **Jedes Mitglied der Unternehmung ist ein Mensch mit seinen Stärken und Schwächen**, seinen Urteilen und Vorurteilen, seiner ganz spezifischen Sozialisation (Erziehung), seinen Werten und Normen, seinen Wünschen, Zielen und Absichten, seinem Bild von sich selbst und von anderen, seinem Alter, seinem Aussehen, seinem Geschlecht und seinem sozialen Umfeld. Diese Überlegungen sollen dazu beitragen, dass sich Beteiligte im Führungsgeschehen nicht selbst auf ihre Rolle als Positionsinhaber oder Träger bestimmter Funktionen zurückziehen und entsprechend verkürzt agieren.

Diese Erkenntnis veranlasst den Personalreferenten zu folgenden Fragestellungen: Ist ein erwachsener Mensch, insbesondere der mit langjähriger Prägung durch seine Rollen im Betrieb, in seiner Struktur veränderbar? Kann das überhaupt gewünscht sein? Muss ein Seminar auch einen Einstieg in Selbsterfahrungsprozesse enthalten oder genügt die Vermittlung von Erkenntnissen zur Menschenführung?

10.2.1 Vorgesetzte und weisungsgebundene Mitarbeiter

Erwartungen des Vorgesetzten

Die Erwartungen von Vorgesetzten und weisungsgebundenen Mitarbeitern unterscheiden sich in wichtigen Punkten.

Der Vorgesetzte hat aus seiner Aufgabe heraus die generelle Erwartung, dass der weisungsgebundene Mitarbeiter die ihm übertragenen Aufgaben erfüllt. Die generellen Erwartungen werden in rechtliche Anforderungen und psychische Erwartungen aufgeteilt. Zu den **rechtlichen Anforderungen** gehören Anwesenheit, Pünktlichkeit und Arbeitsausführung.

Die **psychischen Erwartungen des Vorgesetzten** gehen einen Schritt weiter. Er erwartet, dass der Mitarbeiter die Leistungsanforderungen und die Verhaltensanforderungen optimal und auf Dauer erfüllt, also vor allem Leistungen, Einsatz und Fairness zeigt. Diese gegenüber den rechtlichen Anforderungen erweiterten Erwartungen spiegeln die Seite des psychologischen Vertrages zwischen Vorgesetztem und weisungsgebundenem Mitarbeiter wider.

Der Vorgesetzte nimmt durch seine **Macht** Einfluss darauf, dass seine Erwartungen erfüllt werden. Seine **Macht** hat verschiedene Wurzeln.

- Sie kann auf seiner **Persönlichkeit** beruhen, die sich z. B. durch hervorragende Kenntnisse und soziale Intelligenz auszeichnet.

Wurzeln der Macht

- Die Macht des Führenden beruht fast immer auf seiner **Amtsautorität**. Mit diesem aus dem Staatswesen abgeleiteten Begriff ist gemeint, dass aus der Position heraus feststeht, wie weit die Befugnisse des Führenden gehen. Die durch die Stellenbeschreibung festgelegten Befugnisse umfassen ein breites Spektrum.

  Beispiel Einstellungen, Entlassungen, Beförderungen, Belohnungen, Beurteilungen, Beurlaubungen, Versetzungen, Einsatzplanungen oder nur die täglichen Anweisungen und Einweisungen.

- Eine dritte Wurzel der Macht kann in dem **Informationsvorsprung** des Führenden sowie in seinem Wissen als Experte liegen. Eine positive Nutzung dieser Macht liegt dann vor, wenn der Vorgesetzte seine Beziehungen zu Personen mit größerem Überblick zugunsten seiner Mitarbeiter nutzt.

- Schließlich entsteht in einer Hierarchie Macht auch aus der Tatsache, dass der Vorgesetzte Zugang zu seinen Vorgesetzten hat und diese Beziehung seinem Untergebenen gegenüber deutlich macht. Man spricht in diesem Zusammenhang von **Referenzmacht**. Referenzmacht kann auch an scheinbar in der Hierarchie weniger bedeutende Funktionen gekoppelt sein, z. B. an die der Sekretärin.

Erwartungen der Geführten

Der weisungsgebundene Mitarbeiter hat ebenfalls Erwartungen. Von den **rechtlichen Ansprüchen,** die sich im Prinzip an die Unternehmung als Institution richten, sind die **psychischen Erwartungen** an den Vorgesetzten zu trennen. Zu dem oben angeführten psychologischen Vertrag gehören von seiner Seite, dass sich seine Vorgesetzten für ihn einsetzen, wenn es um seine Grundbedürfnisse und um weitere Bedingungen seines Arbeitslebens handelt. Zu den Grundbedürfnissen zählen ein hohes, langfristig gesichertes Einkommen, ein angemessener Beitrag zur Altersversorgung, ein gutes Arbeitsklima und gerechte Behandlung. Seine weiteren Erwartungen richten sich u. a. auf Handlungsspielräume bei seiner Tätigkeit, Entwicklungsmöglichkeiten und Aufstiegsmöglichkeiten.

Der psychologische Vertrag

Wenn die beiderseitigen Erwartungen des psychologischen Vertrages im Prinzip erfüllt werden bzw. wenn das gegenseitige Bemühen um Erfüllung dieses imaginären Vertrages erkannt wird, ist damit eine entscheidende Grundlage für ein gutes Verhältnis zwischen Vorgesetztem und weisungsgebundenem Mitarbeiter geschaffen.[1]

Führung durch mehrere Personen

Auf der Seite des Führenden wurde bisher gedanklich von einer Person ausgegangen, deren Handlungsfeld durch die entsprechende hierarchische Struktur festgelegt ist und deren Führungsentscheidungen im Prinzip von nur einer Person getroffen werden. Diese Annahme muss dahingehend erweitert werden, dass mehrere Personen gemeinsam führen und entscheiden (lateral, lat. = seitlich). Für diese Problematik hat sich der Begriff **laterale Führung** gebildet.

[1] *Zu der Idee, von einem psychologischen Vertrag zu sprechen, der in seinen Erwartungen über den Arbeitsvertrag hinausgeht, vgl. Staehle, W. H.: Management, München, 1999, S. 545 f.*

Auf der Seite der weisungsgebundenen Mitarbeiter wurde ebenfalls gedanklich von einem einzelnen Mitarbeiter und dessen Erwartungen ausgegangen. Hier ist die Situation fast immer anders: Meistens treffen Führungsentscheidungen für mehrere Mitarbeiter gleichzeitig zu. Deshalb müssen auch **Gruppenprozesse** einbezogen werden.

10.2.2 Laterale Führung und Gruppenprozesse

Führung im Team

Als zukunftsorientierte Entwicklung ist anzusehen, dass Entscheidungen generell und führungsbezogene Entscheidungen speziell verstärkt im Team erfolgen. Das Kollegialprinzip als Führungsprinzip auf höchsten hierarchischen Stufen ist seit langem bekannt. Matrixorganisationen mit dem daraus abgeleiteten Handlungs- und Entscheidungsbedarf gehen ebenfalls in die Richtung kooperativer Führung. Ein starker Impuls zum **Führungsverhalten im Team** wird vermutlich aus der Projektarbeit erwachsen.

Definition

Der Kernpunkt der **lateralen Führung** ist darin zu sehen, dass Führungsaufgaben grundsätzlich nicht mehr aus einer Positionsmacht heraus gelöst werden können. Hier definiert sich **Führung** dann **„als zielorientierte, soziale, interpersonelle Verhaltensbeeinflussung mithilfe von Kommunikationsprozessen zur Erfüllung gemeinsamer Aufgaben“**.[1]

Wenn z. B. die Projektgruppe sich selbst führt, müssen eigene Strukturen gefunden werden. In diesen Situationen spielen Kommunikations- und Kooperationsfähigkeit, Integrationsfähigkeit, Konsensstreben, Unterdrückung von Wettbewerbsstreben, Aufgeschlossenheit für die Vorstellungen anderer und emotionale Stabilität der Beteiligten für die Aufgabenlösung einschließlich der Lösung von Führungsaufgaben eine besondere Rolle.

Auch dann, wenn einem Projektgruppenmitglied die Koordinierungsaufgabe von der Unternehmensleitung übertragen wurde, sind Instrumente wie Anweisungen und Zuweisungen von Aufgaben nicht mehr aktuell. Die Führungsaufgabe ist, wie oben ausgeführt, neu zu definieren.

Gerechtigkeit in der Führung

Auf der Seite der weisungsgebundenen Mitarbeiter geht es neben vielen anderen Problemen um den **Vergleich in der Behandlung durch den Vorgesetzten**. Die Verletzung von Gerechtigkeitsgefühlen wirkt tief und nachhaltig. Selbst dann, wenn z. B. beabsichtigt ist, bestimmte Verteilungen im Anreizsystem geheimzuhalten, sollte realistischerweise von einer gewissen Öffentlichkeit ausgegangen werden. Möglicherweise stellt sich diese erst nach Jahren ein, wirft dann aber auch noch nachhaltige Schatten auf die Glaubwürdigkeit und die Gerechtigkeit der Führung.

Mitarbeiter reagieren, auf als ungerecht empfundene Behandlung in der Regel äußerst sensibel. Gerechte Behandlung zählt zu einem wichtigen Bestandteil des psychologischen Erwartungsvertrages. Die Verletzung kann leicht zur inneren Kündigung, d. h. zur einseitigen Auflösung des psychologischen Vertrages, führen.

◆ **Exkurs**

Berater von außen

Zu den Beteiligten im Führungsprozess werden auch **Berater von außen** gerechnet. Diese wirken mit ihren Menschenbildern und Instrumenten u. U. sehr intensiv auf das Führungsgeschehen ein. Schließlich gehört auch der **Coach** zu den Beteiligten, insbesondere dann, wenn er zur Lösung von Führungsschwierigkeiten beitragen soll.

---

[1] *Jochum, E.: „Laterale“ Führung und Zusammenarbeit, in: Rosenstiel, L. von (Hrsg.): Führung von Mitarbeitern, Stuttgart, 1999, S. 430*

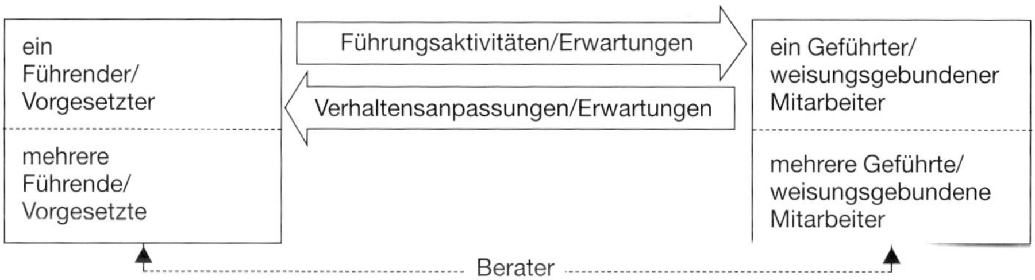

Abb. 10-3: Die Beteiligten im Führungsgeschehen

10.3 Faktoren des Führungsverhaltens

Frage-stellungen

Das Handlungsfeld Personalführung wurde bisher unter den Aspekten „Gestaltungsideen im Zeitablauf" und „Beteiligte" erörtert. Die sich weiter aufdrängenden Aspekte sind:

- Welche einzelnen Faktoren kommen für die **Erklärung von Führungserfolg** in Betracht? Welche dieser Faktoren beziehen sich vorrangig auf die Führenden, welche auf die weisungsabhängigen Mitarbeiter?
- Welche **komplexen Führungsmodelle für Führungserfolg** sind bedeutsam und sollen demgemäß vorgestellt werden? Welche Wirkungszusammenhänge sind zu erkennen und wie bestimmen diese den Führungserfolg?

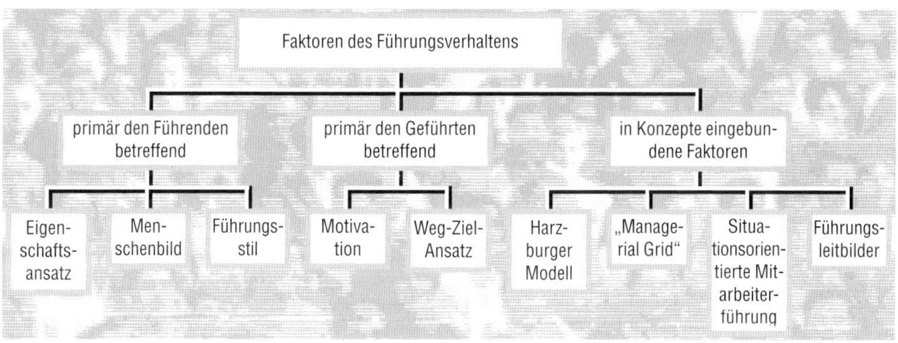

Abb. 10-4

Faktoren des Führungserfolges

◆ Was ist mit **Führungserfolg** gemeint?

Führungserfolg heißt, dass der Mitarbeiter die von den Vorgesetzten angestrebten und übermittelten sachlichen und formalen **Ziele richtig wahrnimmt, anerkennt und zur Grundlage seines Handelns macht**.

Es ist also zu klären, ob z. B. die Persönlichkeit des Vorgesetzten, eine bestimmte Aktivität des Vorgesetzten oder die Reaktionsweise der Mitarbeiter über den Führungserfolg entscheiden.

Natürlich können das auch alle drei oder weitere Faktoren sein. Im letzten Fall muss der spezielle Wirkungszusammenhang untersucht werden; diese Fragestellung ist dem Abschnitt 10.4 vorbehalten.

10.3.1 Eigenschaften des Führenden als Grundlage des Führungserfolges

Eigenschaftsansatz

These: „Um Führungsaufgaben meistern zu können und Führungserfolg zu haben, muss man über bestimmte persönliche Eigenschaften verfügen."

Mit dieser These ist die Grundidee des **Eigenschaftsansatzes** gekennzeichnet. Die erste Frage, die sich stellt, ist notwendigerweise die nach den Eigenschaften selbst. Sollen es angeborene oder erworbene Eigenschaften sein? Sollen auch Ausprägungen von Eigenschaften, die sich als Haltungen, Kompetenzen oder Fähigkeiten darstellen, einbezogen werden? Wenn die Frage bejaht wird: An welche Haltungen, Kompetenzen und Fähigkeiten ist im Einzelnen zu denken?

Der erweiterte Eigenschaftsansatz

Der **erweiterte Eigenschaftsansatz** ist in der Praxis weit verbreitet. Auch spezielle Verfahren, um Führungsqualitäten festzustellen (Assessment-Center), knüpfen daran an (vgl. dazu auch Fliegner, M.; Schönleben, M.: Anmerkungen zum Personalmanager der Zukunft, in: Marer, W.; Fröhlich, W. (Hrsg.): Personalmanagement in der Praxis – Konzepte für die 90er-Jahre, Wiesbaden, 1991, S. 30/31).

Die folgende Aufstellung von Führungseigenschaften soll als Beispiel für eine spezielle Zusammensetzung und Gewichtung dienen:

Komponenten des Eigenschaftsansatzes

- **Fachkompetenz**
  - in Wissensgebieten, die für die Branche relevant sind
  - Führungsfachkompetenzen im Hinblick auf Methoden, Konzepte und Stile der Führung (Beherrschen von Management-Skills)
  - in Methoden zur Erkenntnisgewinnung und Erkenntnisverwendung
- **Werthaltungen und Integrität**
  - Erhaltung der persönlichen Unabhängigkeit
  - Achtung gegenüber anderen Personen und Personengruppen sowie deren berechtigten Interessen
  - gesellschaftliche Verantwortung und Verantwortung gegenüber der Umwelt
- **Soziale Kompetenz, auch als soziale Intelligenz oder Beherrschung von social skills bezeichnet**
  - Kommunikationsfähigkeit
  - Kooperationsfähigkeit mit Einzelpersonen, aber auch mit Gruppen und Institutionen
  - Durchsetzungsvermögen
  - Konfliktfähigkeit
  - Integrationsfähigkeit
  - Motivationsfähigkeit
  - Begeisterungsfähigkeit
  - Weitblick
- **Praktische Intelligenz**
  - Befähigung zur Arbeitsplanung im operationalen, taktischen und strategischen Bereich; kennt er/sie Problemlösungswege, hat er/sie realistische Zielkonzeptionen?
  - analytisches Denkvermögen; kann er/sie strukturieren?
  - Organisationsgeschick
  - Fähigkeit zur Veranschaulichung und Generalisierung
- **Persönliche Kompetenzen**
  - Entscheidungsfähigkeit
  - Belastbarkeit und Beharrlichkeit
  - Konzentrationsvermögen

- Verantwortungsgefühl
- Ambiguitätstoleranz (= gegensätzliche Anforderungen aushalten können) und Toleranz gegenüber unklaren Verhältnissen
- Kritik- bzw. Kontrollfähigkeit gegenüber der eigenen Person

- Beim Einsatz im Ausland sind **Sprachkenntnisse** und **Einfühlungsvermögen** in die Mentalität der Partner notwendig.

Kritische Rückfragen

Eine solche Aufstellung von Führungseigenschaften ist umfangreich und grenzt schon deshalb Kritik weit gehend aus. Dennoch sind kritische Fragen zu stellen:

- Durch welche Aktivitäten werden die Führungseigenschaften tatsächlich in Führungsverhalten umgesetzt?
- Wirken Führungsverhalten und die notwendigerweise einzuschließende Umsetzung auf alle geführten Personen in gleicher Weise ein?
- Soll die Situation, in der Führende und Geführte agieren, unberücksichtigt bleiben?

Antworten auf die Frage nach den Aktivitäten (Umsetzung), nach der Wirkung in den Köpfen der Geführten und der Bedeutung von situativen Bedingungen gibt der Eigenschaftsansatz nicht. Dazu sind weitere Überlegungen erforderlich.

Wie ist trotz der ungeklärten Fragen die **breite Akzeptanz** des Eigenschaftsansatzes zu erklären?

Gründe für die breite Akzeptanz des Eigenschaftsansatzes

- Offenbar haben viele Beteiligte die Erfahrung gemacht, dass Personen mit hervorragenden Ausstrahlungen, hoher allgemeiner und sozialer Intelligenz und einem entsprechenden Durchsetzungswillen leichter als andere die erstrebten Positionen erreichen. Möglicherweise wirkt hier der Effekt der „sich selbst erfüllenden Prophezeiung (self-fulfilling-prophecy)“ mit.
- Auch aus der Umkehrung des Eigenschaftsansatzes lassen sich Schlüsse ziehen: Wenn Positionsinhaber wichtige Fähigkeiten und Kompetenzen nicht haben, können sie ihre Führungsaufgabe in der Regel nur mäßig erfüllen.

Beispiele Der Vorgesetzte in einem Dienstleistungsunternehmen verfügt nicht über die erforderliche Kommunikationsfähigkeit. Er bespricht sich nur mit seinem unmittelbaren Stellvertreter, ansonsten macht er schriftliche Entwürfe.
Der Vorgesetzte in einer Unternehmung, die vor großen Umstellungsproblemen steht, kann sich nicht durchsetzen.

Hier gilt das allgemeine Minimumgesetz, im Sprichwort bekannt durch die Annahme, dass das schwächste Glied der Kette die Stärke der Kette bestimmt. Hervorragende Fähigkeiten auf anderen Gebieten ersetzen nicht die mangelhaften Fähigkeiten auf einem Gebiet. Da die Erfahrung lehrt, welche Eigenschaften als Minimumsektoren in Betracht kommen und jeweils das ganze Führungsverhalten und den Führungserfolg bestimmen, braucht man eigentlich nur die in Betracht kommenden Minimumsektoren zu addieren, um die notwendigen Führungseigenschaften zu kennen.

Diskussionspunkt Fachkompetenz

Bezüglich der **Fachkompetenz** in betrieblichen Fragen und in Branchenkenntnissen gibt es immer wieder Diskussionen. Die eine These besagt: Der Manager in Unternehmungen kann nach einer gewissen Zeit in der Führungsposition eigentlich in Fachfragen kaum noch auf der Höhe der Zeit sein. Demnach spiele Fachkompetenz eher eine untergeordnete Rolle. Die andere These sieht Fachkenntnisse nach wie vor als wichtigen Maßstab für die Anerkennung durch die Mitarbeiter an. Auf diesem Hintergrund sind die Ergebnisse einer internationalen Befragung interessant.

„Es ist wichtig für einen Manager, präzise Antworten für die meisten Fragen zu haben, die Mitarbeiter bezüglich ihrer Arbeit stellen.“		
USA	138 Teilnehmer	13 % Zustimmung
Schweden	90 Teilnehmer	13 % Zustimmung
Niederlande	134 Teilnehmer	18 % Zustimmung
Dänemark	102 Teilnehmer	27 % Zustimmung
Großbritannien	349 Teilnehmer	30 % Zustimmung
Deutschland	161 Teilnehmer	40 % Zustimmung
Schweiz	88 Teilnehmer	40 % Zustimmung
Belgien	81 Teilnehmer	49 % Zustimmung
Frankreich	382 Teilnehmer	59 % Zustimmung
Italien	91 Teilnehmer	59 % Zustimmung
Indonesien	92 Teilnehmer	67 % Zustimmung
Japan	54 Teilnehmer	77 % Zustimmung

Abb. 10-5

(Quelle: Scholz, C.: Personalmanagement, München, 2011, S. 857)

Das Menschenbild der Führungskräfte

10.3.2 Das Menschenbild der Führungskräfte als Bestimmungsgrund von Führungsverhalten

Wenn die Führungskraft bei ihren Aktivitäten und Entscheidungen die Mitarbeitererwartungen gemäß deren Lebenssituation und Mentalität genau treffen könnte, bestünde bezüglich der Auswirkungen von Aktivitäten und Entscheidungen eine große Erfolgswahrscheinlichkeit. Durch die Individualität eines jeden Mitarbeiters, aber auch durch die Individualität der Führungskraft selbst ist die vielleicht erstrebenswerte Passung jedoch schon im Ansatz nicht leistbar. Das gilt erst recht dann, wenn eine Führungsaktivität mehrere Mitarbeiter gleichzeitig betrifft.

Eine gedankliche Abhilfe besteht darin, die **Menschen**, mit denen man zu tun hat, **in Kategorien einzuteilen**. Ziel dieses Vorgehens ist es, die Komplexität der Wirklichkeit zu verringern. Die Führungskraft hat dann nicht mehr mit der Individualität des Mitarbeiters A zu tun, sondern erkennt in der Person des Mitarbeiters A den Typ Z, der – einigermaßen feststehend – so und so auf die Aktivität der Führungskraft reagieren wird. Die Zuordnung ist – auch nicht sehr verwunderlich – wiederum ein kompliziertes und risikoreiches Geschäft für sich.

Typenlehren mit allgemeiner Verbreitung

◆ Die Typenbildung hat in der Menschheitsgeschichte eine lange Tradition. Seit 2 500 Jahren ist die **Einteilung des griechischen Arztes Hippokrates** in Sanguiniker, Phlegmatiker, Choleriker und Melancholiker bekannt. Der Philosoph und Pädagoge Eduard Spranger hat in seinem Buch „Lebensformen“ (1914) sechs Grundtypen menschlichen Verhaltens zu den großen Kulturgebieten ausgewiesen. Er unterscheidet den theoretischen, ökonomischen, ästhetischen, sozialen und religiösen Menschen sowie den Machtmenschen.

Der amerikanische **Soziologe David Riesmann** nennt in dem Buch „Die einsame Masse“ (1958) als Grundtypen den traditionsgeleiteten, den innengeleiteten und den – durch die Verstädterung ständig nach der Anzahl ansteigenden – außengeleiteten Menschen (weitere Typenbildungen u. a. bei Elias, K., Schneider, K. H.: Kommunikation, Troisdorf 2010).

Fachspezifische Typenlehren

In der personalwirtschaftlichen Führungslehre sind besonders einige amerikanische Wissenschaftler bekanntgeworden. Dazu zählen insbesondere **McGregor, Schein und Maccoby**.

- Die 1960 erschienene Veröffentlichung von **Douglas McGregor** unterscheidet zwei polare Menschenbilder, nämlich den Menschen der Theorie X und den Menschen der Theorie Y.

  Polare Menschenbilder nach McGregor

  - Der **Mensch der Theorie X** hat eine angeborene Abneigung gegen Arbeit. Damit er positive Beiträge zur Erfüllung der Organisationsziele leistet, muss er geführt und gezwungen werden.
  - Der **Mensch der Theorie Y** lehnt Arbeit nicht prinzipiell ab. Wenn er sich den Zielen der Organisation verpflichtet fühlt, entwickelt er Eigeninitiative und Selbstkontrolle. Den Zielen der Organisation fühlt er sich dann verpflichtet, wenn seine Ich-Bedürfnisse und seine Bedürfnisse nach Selbstverwirklichung befriedigt werden. Unter speziellen Bedingungen übernimmt er auch Verantwortung und ist bereit, sein Kreativitätspotenzial zu nutzen.

  Es ist deutlich darauf hinzuweisen, dass McGregor sich dafür ausspricht, nur vom Menschenbild Y auszugehen. Wenn Vorgesetzte sich am Menschenbild X orientieren, brauchen sie sich – nach dem Prinzip der sich erfüllenden Vorhersage – über das Ergebnis nicht zu wundern (vgl. dazu Schanz, Seite 405).

- Nach **Edgar H. Schein** (1965) muss der Vorgesetzte die Bedürfnisse der Mitarbeiter erfüllen helfen.

  Das an den Bedürfnissen der Mitarbeiter orientierte Menschenbild nach Schein

  Dazu gehören vor allem Anerkennung, Zugehörigkeitsgefühl zu einer sozialen Gruppe und der Wunsch nach Selbstverwirklichung. Von ganz entscheidender Bedeutung ist die Erkenntnis, dass der Mensch komplex angelegt sowie lern- und wandlungsfähig ist. Die Grundtypen nach Schein (Quelle: Scholz, C.: Personalmanagement, München, 2000, S. 407) sind der folgenden Übersicht zu entnehmen:

Der rational-ökonomische Mensch (Annahmen der Theorie X):
- Der Mensch ist primär durch monetäre Anreize motivierbar.
- Aus diesem Grunde ist er manipulierbar und passiv.
- Der Mensch hat irrationale Gefühle, strebt aber trotzdem nach rationaler Bewältigung seiner Probleme.
- Organisationen können und müssen deshalb irrationale Gefühlssteuerungen ausschalten.

Der soziale Mensch (Annahmen der Human-Relations-Bewegung):
- Der Mensch wird in erster Linie durch soziale Bedürfnisse motiviert und benötigt Interaktionen mit anderen Personen.
- Da aber die organisatorische Arbeitsgestaltung aufgrund ihrer Rationalisierungswirkung häufig zu Isolation und Sinnentleerung führt, sind derartige soziale Beziehungen verstärkt erforderlich.
- Die sozialen Kräfte innerhalb der Gruppe wirken stärker als Maßnahmen des Vorgesetzten.
- Der Untergebene reagiert auf Führungsinformationen nur in dem Ausmaß, in dem der Vorgesetzte auf die sozialen Bedürfnisse des Untergebenen und speziell auf das Anerkennungs- und Zugehörigkeitsstreben des Untergebenen Rücksicht nimmt.

Der sich-selbst-verwirklichende Mensch (Annahmen der Theorie Y):
- Die Bedürfnisse des Menschen lassen sich hierarchisch anordnen, wobei das Bedürfnis nach Selbstverwirklichung die zentrale Rolle spielt.
- Der Mensch will und kann seine Aufgabe erfüllen. Er strebt deshalb nach Autonomie.
- Der Mensch ist selbstmotiviert und bevorzugt die Selbstkontrolle.
- Es gibt keinen zwangsläufigen Konflikt zwischen der Selbstverwirklichung und der Erreichung organisatorischer Ziele.

Der komplexe Mensch (Annahmen der Situationstheorie):
- Der Mensch ist komplex, vielschichtig und wandlungsfähig.
- Der Mensch ist lernfähig und kann neue Motive erlernen.
- Der Mensch verhält sich situativ differenzierend, strebt also in unterschiedlichen Situationen nach unterschiedlichen Zielen.
- Es gibt verschiedene Kombinationsmöglichkeiten, um aus Fähigkeiten, Motiven und Führungsformen ein effektives Verhalten hervorzurufen.
- Es gibt keine allgemein gültige Führungsstrategie.

Abb. 10-6

Die Konsequenzen für Führungsverhalten nach Schein münden in der Feststellung, dass gemäß der Komplexität des Menschen unterschiedliche Führungsansätze angebracht sind.

Das an Aufgabenkategorien orientierte Menschenbild nach Maccoby

Michael Maccoby hat in einer Fragebogenaktion unter 250 amerikanischen Managern deren Einstellung und Verhaltensweisen ermittelt und die Ergebnisse 1976 veröffentlicht. Bei Scholz findet sich eine Zusammenfassung der Managertypen.

Fachleute („Craftsmen"):
Ihr Selbstwertgefühl basiert auf ihrem Fachwissen und ihrer Disziplin, sie erlangen Befriedigung durch das Lösen von Problemen in ihrem Arbeitsbereich. Ihnen liegt die strukturierte Projektarbeit; sie sind Perfektionisten, die vor allem im F&E-Bereich (Forschung und Entwicklung) operieren und (fast kindliche) Freude an der Entwicklung eines technisch überlegenen Produktes haben.

Dschungelkämpfer („Jungle fighters"):
Sie streben die Dominanz in allen Bereichen an, bauen persönliche Machtbasen auf und erkämpfen davon ausgehend für sich selbst sowie für ihren Unternehmensbereich Vorrangstellungen. Dabei brechen sie oft mit Traditionen und missachten die Spielregeln. Charakteristisch für sie ist ein sehr stark ausgeprägtes Selbstbewusstsein.

Firmenmenschen („Company men"):
Sie fühlen sich als integrierter Teil des Unternehmens und halten Regeln strikt ein. Die zukünftige Entwicklung des Unternehmens ist ihnen genauso wichtig wie die eigene Karriere, somit werden sie zu wichtigen Stützen des Unternehmens. Aufgrund der fehlenden Energie und Risikobereitschaft für eine Führungsposition an der Spitze sind sie besonders für bürokratische Funktionen im mittleren Management geeignet.

Spielmacher („Games men")
Sie sehen ihre persönliche Situation, aber auch ihre Position im Geschäftsleben als Wettbewerb an, in dem sie aus Prinzip immer gewinnen wollen und müssen. Dabei kämpfen sie fair und mit kalkuliertem Risiko. Sie sind trotzdem kooperativ und zur Teamarbeit bereit, stets flexibel und durchaus innovativ.

Abb. 10-7 (Quelle: Scholz, C.: Personalmanagement, München, 2011, S. 408)

Eine der von Maccoby gezogenen Konsequenzen besteht darin, dass er den Managertypen bestimmte Aufgabenkategorien zuweist, und zwar solche Aufgabenkategorien, die mit der Produktlebenskurve in Verbindung stehen:

- Für die Marktentwicklung ist der Dschungelkämpfer geeignet, der zusätzlich die Fähigkeit des Fachmanns hat.
- In der Wachstumsphase hat der Spielmacher das entscheidende Wort, unterstützt von Fachleuten.
- Die Reifephase prägen am besten die Firmenmenschen.
- In der Abschwungphase sind wieder die Dschungelkämpfer gefragt, weil diese notfalls auch Tabus brechen.

Wenn Managertypen spezifischen Verwendungen zuzuordnen sind, wird damit den Situationen in der Unternehmung oder den Abteilungen entsprochen. Insofern nähert sich diese Theorie dem in der Übersicht bereits genannten Situationsansatz.

Exkurs

Neuere Forschungsansätze

Zur Typologie und zu Menschenbildern gibt es eine Fülle von neuen Forschungen. Hervorzuheben ist beispielsweise der Ansatz von Fritz Riemann, der vier „Grundformen der Angst“ (vor Nähe, vor Distanz, vor Veränderung, vor Beständigkeit) unterscheidet.

Weitere Ansätze aus dem Bereich der Psychoanalyse besagen, dass sich z. B. Störungen im Interaktions- und Kommunikationsprozess aus frühkindlichen Erlebnissen erklären lassen. Verhaltensmanifestation wie Verfolgungswahn, Hilflosigkeitswahn, Großartigkeitswahn, Kontrollwahn und Abkopplungswahn kommen, so ist anzunehmen, auf allen Ebenen der Hierarchie vor und können u. a. als Erklärungsmodell für spezifische Verhaltensweisen auch im Führungsbereich dienen. Die Erwähnung solcher Sachverhalte wird bei Scholz (S. 365 ff.) als wichtiger Denkanstoß bezeichnet.

Durch die Hirnforschungen der letzten Jahrzehnte angeregt, sind inzwischen Modelle bekanntgeworden, die von bio-psychischen Strukturen des Gehirns ausgehen. Danach prägen jeweils dominante Gehirnteile das vorherrschende Verhalten der Menschen. So kommt man z. B. zu den Handlungsstilen „Theoretiker“, „kontrolliert Handelnder“, „sozial Handelnder“ und „Innovator“.[1]

10.3.3 Führungsstile als Ausprägungen des Führungsverhaltens

Führungsstile

These: „Das tatsächliche Führungsverhalten ist geprägt durch Verhaltensmuster, die in der Person angelegt und nur durch längerfristige Entwicklungen veränderbar sind. Der Geführte empfindet das Führungsverhalten als eine Ganzheit.“ (Quelle: Staehle, W. H.: Management, München, 1999, S. 3/4)

In der Literatur wird das Führungsverhalten, also die vorherrschende Verhaltensweise des Führenden zur Durchsetzung seiner Ziele gegenüber dem Geführten, in Grundmuster eingeteilt. Diese werden als Führungsstil bezeichnet.

Merkmale des autoritären und kooperativen Führungsstils im Vergleich

Zwei Stile werden vor allem als Grundmuster ausgewiesen, nämlich der **autoritäre Führungsstil** und der **kooperative Führungsstil**.

- Der autoritäre Stil ist durch **Abstand** und **Höherstellung** des Vorgesetzten gegenüber dem weisungsgebundenen Mitarbeiter gekennzeichnet, der kooperative durch **Nähe** und **Gleichstellung.**
- Der autoritär Führende betont seine **Autorität** auch durch **Repräsentation,** der kooperativ Führende zieht **Schlichtheit** vor und **verzichtet auf Förmlichkeiten**.
- Während der autoritär Eingestellte den fügsamen, willigen und **disziplinierten Mitarbeiter** schätzt, der sich durch Pflichtbewusstsein auszeichnet, zieht der kooperativ Eingestellte die **geprägte, geistig selbstständige Persönlichkeit** vor, deren Handeln durch Einsicht und Verantwortungsgefühl gekennzeichnet ist.
- Das **soziale Klima** ist in autoritär geführten Unternehmungen leicht **gespannt** und nicht frei von Cliquenbildung, während im kooperativ geführten Haus eher **Vertrauen und Offenheit** herrschen.
- Ein autoritärer Führungsstil ist leichter durchzusetzen, wenn zwischen den Führenden und Geführten ein **Bildungsgefälle** herrscht, während bei **gleichem Bildungsniveau** der kooperative Führungsstil naheliegt.
- Ein großer Vorteil des autoritären Führungsstils liegt darin, dass **Entscheidungen rasch gefällt** werden können. Wenn die Vorgesetzten höchste Selbstkontrolle, Selbstverantwortung und Voraussicht einbringen, können die Entscheidungen selbstverständlich qualitativ gut sein.

---

[1] *(Vgl. dazu das Hirndominanzmodell von Ned Herrmann, in Kurzform dargelegt bei Elias, K.; Schneider, K. H.: Kommunikation, Troisdorf, 2010; vgl. auch Schanz, G.: Personalwirtschaftslehre, München, 2000, S. 520).*

Beim kooperativen Führungsstil ist die **richtige Entscheidung wahrscheinlicher**, weil sie der Mitkontrolle aller Beteiligten unterliegt. Das kooperativ geführte Unternehmen ist wahrscheinlich krisenfester, weil viele geistig aufgeschlossene und bewegliche Mitarbeiter an der Führung beteiligt sind. Zum Führungsnachwuchs lässt sich vermuten, dass beim kooperativen Führungsstil eine natürliche Auslese durch erkennbare und zugelassene Aktivitäten erfolgen kann (Ausführungen nach Bornemann).

Modell des kontinuierlichen Überganges im Entscheidungsspielraum

Nach dem Entscheidungsspielraum von Vorgesetzten und der Gruppe (Mitarbeiter) lässt sich ein Modell aufbauen, das den **kontinuierlichen** Übergang von „nur der Vorgesetzte entscheidet“ bis „nur die Gruppe entscheidet“ verdeutlicht und deshalb von seinen Erfindern Robert **Tannenbaum** und Warren H. **Schmidt** (1958) **Kontinuum-Theorie** genannt wird.

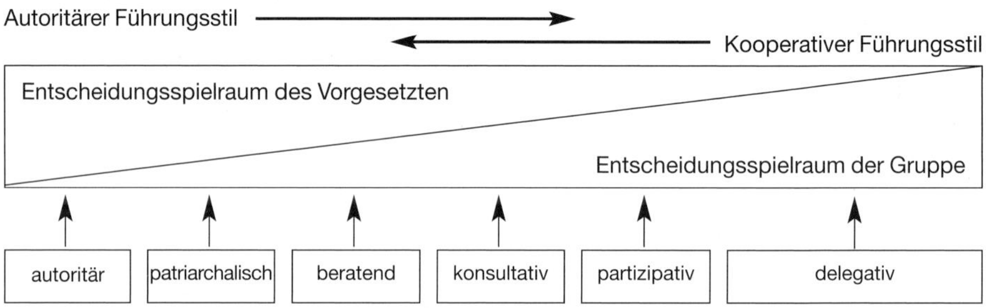

Vorgesetzter entscheidet und ordnet an.	Vorgesetzter entscheidet; er ist aber bestrebt, die Untergebenen von seinen Entscheidungen zu überzeugen, bevor er sie anordnet.	Vorgesetzer entscheidet; er gestattet jedoch Fragen zu seinen Entscheidungen, um durch deren Beantwortung deren Akzeptierung zu erreichen.	Vorgesetzter informiert seine Untergebenen über seine beabsichtigten Entscheidungen; die Untergebenen haben die Möglichkeit, ihre Meinung zu äußern, bevor der Vorgesetzte die endgültige Entscheidung trifft.	Die Gruppe entwickelt Vorschläge; aus der Zahl der gemeinsam gefundenen und akzeptierten möglichen Problemlösungen entscheidet sich der Vorgesetzte für die von ihm favorisierte.	Die Gruppe entscheidet, nachdem der Vorgesetzte zuvor das Problem aufgezeigt und die Grenzen des Entscheidungsspielraumes festgelegt hat.	Die Gruppe entscheidet; der Vorgesetzte fungiert als Koordinator nach innen und nach außen.

Abb. 10-8: Autoritärer und kooperativer Führungsstil nach Tannenbaum/Schmidt
(Quelle: Staehle, W. H.: Management, München, 1999, S. 317)

Der ursprüngliche Ansatz der Führungsstiltheorie

Die Führungsstiltheorie hat ihren **Ursprung** in soziologischen Untersuchungen, die der österreichische und nach den USA emigrierte Wissenschaftler **Kurt Lewin** 1939 durchführte. Er fand in Felduntersuchungen mit Jugendgruppen drei Führungsstile bzw. Führertypen, nämlich

- den **autokratischen Führer**, der die Aktivitäten und Ziele der Beteiligten lenkt,
- den **demokratischen Führer**, der die Beteiligten zu eigenen Aktivitäten und Zielen ermuntert, sowie
- den **Laissez-faire-Führer**, der sich passiv verhält und „es laufen lässt, wie es läuft“.

Der Weg von Lewin bis zu den differenzierten Erkenntnissen, die Schein oder Maccoby vorgelegt haben, ist keineswegs beendet. Zunächst ist darauf hinzuweisen, dass eine Vielzahl von später zu erörternden Ansätzen (Blake und Mouton, Reddin sowie Hersey und Blanchard) an die vorliegenden Führungsstilerkenntnisse anknüpfen.

◆ Die transformationale Führung

Transformationale Führung

Ein neueres Konzept wird als transformationale Führung vorgestellt. Vor allem geht es um die intensive Auseinandersetzung und Kommunikation der Führungsperson mit ihren Mitarbeitern. Dieses führt nachgewiesenermaßen dazu, dass diese sich über ihre eigentlichen Aufgaben hinausgehend engagieren und sich emotional mit dem Unternehmen verbunden fühlen (Felfe, J.: Transformationale und charismatische Führung, 2006, S. 167). Vier Charakteristika (Felfe, S. 164 f.) stehen für diesen Führungsbegriff:

1. Idealized Influence: Die Führungsperson ist eine Identifikationsfigur für die Mitarbeiter und steht für die Vision und Mission der Organisation oder eines akut anstehenden Wandels ein.
2. Inspirational Motivation: Die Führungsperson stellt für die Mitarbeiter eine Vorbildfigur dar und kommuniziert ihnen hohe Leistungserwartungen, dies soll für hohe Motivation und außerordentliches Engagement sorgen.
3. Intellectual Simulation: Den Mitarbeitern werden neue Perspektiven aufgezeigt und ihr kreatives Problemlösen wird gefördert.
4. Individualized Consideration: Die Führungsperson widmet sich ihren Mitarbeitern auf individueller Ebene, fungiert als Coach und fördert individuelle Fähigkeiten und Potentiale.

Der transformationalen Führung bedarf es insbesondere, wenn eine unsichere Situation wie ein Wandel (wie beispielsweise eine Übernahme oder Stellenkürzungen) im Unternehmen ansteht, da eine hohe Wandlungsbereitschaft seitens der Mitarbeiter erreicht werden kann (Krüger, W.: Führungsstile zum erfolgreichen Wandel. In: H. Bruch, S. Krummaher, B. Vogel, Leadership – Best Practices and Trends, 2006, S. 108).

Dieses Führungskonzept ist nicht ohne weiteres als ein bestimmter Führungsstil einzuordnen, denn die Führungskraft stellt einerseits eine Autoritätsperson dar, die führt und delegiert. Dennoch wird das selbstständige Arbeiten der Mitarbeiter gefördert. Es konnte gar ein größeres Selbstvertrauen bei Mitarbeitern unter transformationaler Führung nachgewiesen werden (Felfe, S. 164). Aus diesen Gründen ist die transformationale Führung eher als Konzept denn als Stil anzusehen.

Der Erfolg ist inzwischen empirisch überprüfbar nachgewiesen (Felfe, S. 167). Ebenfalls weitgehend erfolgreich erwies sich das Trainieren von transformationalem Führungsverhalten, was ein interessanter Aspekt in der Führungskräfteentwicklung darstellt (Felfe, S. 163).

Motivation

10.3.4 Die Motivation der Mitarbeiter

Während sich die bisherigen Ausführungen zum angestrebten Führungserfolg primär auf den Führenden bezogen, konzentrieren sich die folgenden auf die Geführten. Der erste Abschnitt befasst sich mit deren Motivation.

These: Um Energie dafür aufzubringen, mit Initiative und Interesse die betrieblichen Aufgaben zu erfüllen und regelmäßig am Arbeitsplatz zu erscheinen, muss der Mensch motiviert sein. Je stärker seine Motive sind, desto intensiver ist seine Bereitschaft, Kenntnisse, Fähigkeiten und Potenziale zur Zielerreichung einzusetzen. Die Motivation erfolgt durch Vorbilder, gute Arbeitsbedingungen und gutes Betriebsklima, aber zur Hauptsache über die Aussicht, durch sein Einkommen in der Lage zu sein, seine persönlichen Bedürfnisse zu befriedigen.

Das **Hauptproblem** der Motivationstheorie ist durch folgende Frage zu kennzeichnen: Welche Auswirkungen hat es auf die Stärke der Motivation, wenn die Wünsche erfüllt sind?

Die Bedürfniskategorien nach Maslow

In seiner Theorie über die menschliche Motivaton geht der Amerikaner **Abraham Maslow** (zuerst 1943) von fünf Bedürfniskategorien aus:

1. Die Befriedigung physiologischer Bedürfnisse wie Hunger, Schlafbedürfnis und Sexualität sichert die physische Existenz.
2. Sicherheitsbedürfnisse (safety needs) beziehen sich auf die Gefahren, die dem Menschen aus seiner Umwelt erwachsen. Ordnung und Risikobegrenzung tragen zur Befriedigung der Sicherheitsbedürfnisse bei.
3. Mit sozialen Zugehörigkeitsbedürfnissen (belongingness and love needs) sind die Wünsche nach sozialen Kontakten und dem Zusammenleben in Gruppen umschrieben.
4. Der Wunsch nach Anerkennung durch Dritte, aber auch nach Selbstachtung gehören zu den Anerkennungsbedürfnissen (esteem needs).
5. Das Bedürfnis nach Selbstverwirklichung oder Entfaltung (self-actualization) steht an oberster Stelle der Skala und wird – im Gegensatz zu den vier unteren Defizitbedürfnissen – als Wachstumsbedürfnis bezeichnet.

Wirkungszusammenhänge

Natürlich sind die Bedürfnisse nicht exakt in die vorgegebenen Kategorien einzuteilen, aber vom Prinzip her lässt sich durch die Einteilung und durch die Hierarchisierung ein Modell aufbauen:

- Je mehr Bedürfnisse einer niedrigeren Kategorie erfüllt sind, desto stärker werden die höheren.
- Erfüllte Bedürfnisse werden verhaltensunwirksam.

Wenn die Bedürfnis- oder Motivskala auf das Arbeitsleben umgedacht wird, ergibt sich der in Abb. 10-9 dargestellte Sachverhalt.

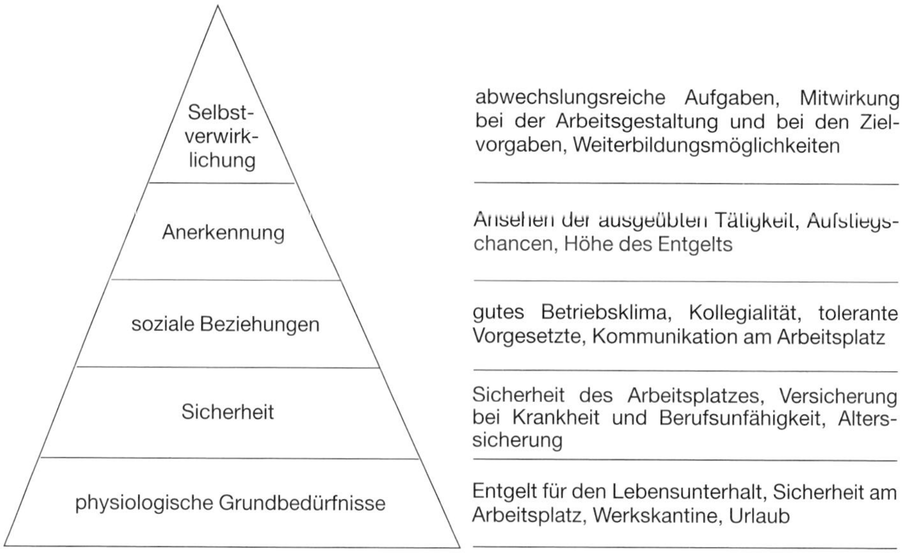

Abb. 10-9: Die Bedürfnispyramide von Maslow mit Beispielen aus dem Arbeitsleben

In der Literatur findet sich eine ganze Reihe von Gesichtspunkten, die die große Bedeutung des Maslowschen Theorems infrage stellen (vgl. dazu Staehle, S. 156 und 157). An erster Stelle steht die Mehrdeutigkeit der Begriffe. Es folgt die Feststellung, dass sich speziell die Bedürfnisse höherer Ordnung, das sind die Bedürfnisse oberhalb der Sicherheitsbedürfnisse, nicht in einer Rangfolge vorstellen lassen. Mithilfe des Maslowschen Konzepts lässt sich auch keine gültige Verhaltensvorhersage des Individuums erreichen, was für die Anwendung eines bestimmten Führungskonzeptes ja außerordentlich wichtig wäre. Für Zeiten globaler Wirtschaftstätigkeit ist auch der Kritikpunkt bedeutsam, dass die Bewertung von Bedürfnissen kulturbedingt ist.

Die Motivationstheorie von Herzberg

Frederick Herzberg, ebenfalls Amerikaner, richtet seine Untersuchungen (1968) primär auf die Frage nach der Zufriedenheit am Arbeitsplatz.

Grundfaktoren/ Hygienefaktoren

- Unzufrieden wird der Mitarbeiter, wenn sich die **Grundfaktoren wie**
  - Bezahlung,
  - Qualität der Personalführung,
  - Arbeitsbeziehungen zwischen Vorgesetzten, Kollegen und Untergebenen,
  - Arbeitsbedingungen und die
  - Arbeitsplatzsicherheit

  verschlechtern.

Motivatoren

Verbesserungen wirken sich relativ neutral auf die Zufriedenheit aus. Die Grundfaktoren nennt Herzberg **Hygienefaktoren**. Dieser für den deutschen Sprachgebrauch seltsam klingende Ausdruck ist als Analogie zu verstehen. Hygienische Verhältnisse, wie sie im Krankenhaus herrschen, müssen, tragen zwar nicht zur Heilung (im übertragenen Sinne: zur Zufriedenheit) bei, aber ohne Hygiene verschlechtern sich die Heilungschancen. Die Hygienefaktoren sind also als Rahmenbedingungen für die Leistungserstellung zu verstehen.

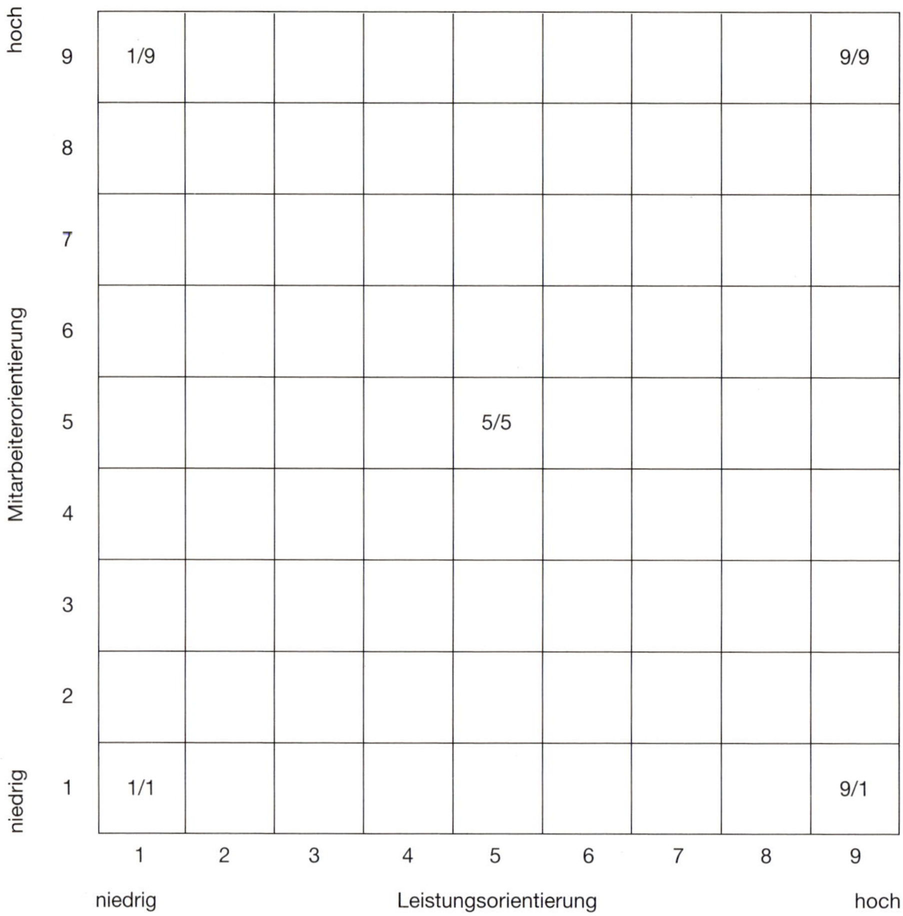

Abb. 10-13: Verhaltensgitter oder Managerial Grid nach Blake und Mouton

Beschreibung von fünf Kombinationen

Da die Führenden immer Mitarbeiterorientierung und Leistungsorientierung kombinieren müssen, entstehen 9 x 9 = 81 Kombinationsmöglichkeiten. Um das ganze System überschaubar zu halten, greift man jetzt fünf Kombinationen heraus und beschreibt sie wie folgt (Quelle: Schanz, G.: Personalwirtschaftslehre, München, 2000, S. 584):

1/1 „Ausharren“: Eine minimale Arbeitsleistung reicht aus, um die Zugehörigkeit zur Organisation zu sichern.

1/9 „Nach Zuneigung und Zustimmung suchen“: Sorgfältige Beachtung der Bedürfnisse der Menschen nach befriedigenden Beziehungen führt zu einem bequemen und freundlichen Organisationsklima und entsprechendem Arbeitstempo.

5/5 „Beliebt sein und dazugehören“: Eine angemessene Organisationsleistung wird durch das Gleichgewicht zwischen zufrieden stellender Arbeitsleistung und befriedigendem Betriebsklima ermöglicht.

9/1 „Herrschen und Kontrollieren“: Man erreicht Arbeitsleistungen durch die Schaffung von Bedingungen, die menschlichen Einfluss so weit wie möglich ausschalten.

9/9 „Bedeutsame Beiträge liefern“: Die Arbeitsleistung wird von engagierten Menschen erbracht. Das gemeinsame Engagement für ein Organisationsziel führt zu Beziehungen, die sich durch Vertrauen und Respekt auszeichnen.

Verhaltensgitter als Veranschaulichungsmittel für Führungsverhalten

Durch das Verhaltensgitter hat man sich nun ein Instrument geschaffen, um Führungsverhalten zu veranschaulichen. Wenn man mit diesem Instrument einen Vorgesetzten bei 1/1 oder in der Nähe positioniert, weiß man, daß hier erhebliche Entwicklungsarbeit in beiden Richtungen zu leisten ist. Wird ein Vorgesetzter bei 1/9 oder in der Nähe positioniert, muss eine verstärkte Leistungsorientierung angestrebt werden. Ein Vorgesetzter, der Position 9/9 besetzt, gilt als in jeder Hinsicht vorbildlich.

Das Ziel der Beschäftigung mit dieser Theorie wird darin gesehen, (1) das Führungsverhalten aller Beteiligten in Richtung auf Position 9/9 zu entwickeln bzw. (2) verbesserte Bedingungen für die mögliche Realisation zu schaffen.

Führungsseminare

Unternehmungen, die mit dem „managerial grid“ arbeiten, gehen z. B. von einem 3-Jahres-Programm aus. Die ersten beiden Halbjahre widmet man der Entwicklung der Führungskräfte durch Verhaltenstraining und Teamentwicklung, die folgenden vier Halbjahre der Organisationsentwicklung. Bei der Organisationsentwicklung wird der Schwerpunkt z. B. darin gesehen, Beziehungen zwischen Gruppen und Abteilungen neu zu gestalten, Führungsgrundsätze zu entwickeln sowie deren Umsetzung bzw. Stabilisierung zu gewährleisten.

Die gegen den Ansatz von Blake/Mouton erhobene **Kritik** bezieht sich hauptsächlich darauf, dass die Situationsabhängigkeit des Führungsverhaltens nicht thematisiert wird. Als weiterer Kritikpunkt lässt sich anführen, dass die formale Struktur des Verhaltensgitters zwar sehr einleuchtend ist, aber die inhaltliche Zuordnung doch Schwierigkeiten bereitet.

Beispiel Die hohe Mitarbeiterorientierung von 1/9 repräsentiert vermutlich ein anderes Beziehungsverhalten als die Mitarbeiterorientierung bei Typ 9/9. Bei 1/9 kann man sich einen überaus zuvorkommenden und jovialen Vorgesetzten vorstellen, dem die Belange der Mitarbeiter fast wichtiger sind als die Ziele der Unternehmung. Die Mitarbeiterorientierung bei 9/9 ist möglicherweise ein vom Gedanken sozialer Gerechtigkeit geprägter Vorgesetzter, der dabei aber nie vergisst, dass Leistung die ökonomische Grundlage von allen sozialen Anliegen ist und dass nur über Leistung und damit Erreichung der Unternehmensziele langfristig soziale Beziehungen im Betrieb überhaupt möglich sind.

Fazit: Man kann die formale Kennzeichnung inhaltlich nicht gleichsetzen. In der Sprache personalwirtschaftlicher Theorien: Es besteht zwischen Beziehungsorientierung und Aufgabenorientierung ein Kontinuum, also ein fließender Übergang und ein gegenseitiges Abhängigkeitsverhältnis.

Neuere Version

Diese Erkenntnis wurde in die Überarbeitung der Grundtheorie aufgenommen. Eine äußerliche Konsequenz besteht darin, dass man die Schreibweise z. B. von 9/9 in 9,9 geändert hat. Übrigens wurde auch das einseitige Training in Richtung auf Führungsstil 9,9 eingeschränkt. Die weltweit angebotenen Grid-Seminare orientieren sich heute, wie auch andere Anbieter, an Führungssituationen und beziehen auch Organisationsentwicklungen ein (vgl. dazu Staehle, W. H.: Management, München, 1999, S. 793 und S. 800).

10.4.3 Situationsorientierte Konzeptionen der Personalführung

Ansatz von Reddin

◆ Der Ansatz von Reddin (1967)

Ausgangspunkte des Ansatzes von William J. Reddin sind ebenfalls die Grunddimensionen „Beziehungsorientierung“ und „Aufgabenorientierung“ des Führungsverhaltens.

Sein formaler und inhaltlicher Ansatz ist in drei Gedankenschritten nachvollziehbar:

Aufteilung der orientierungen

1. Schritt

Reddin teilt beide Orientierungen in zwei Hälften, nämlich in eine

- niedrige und eine hohe Beziehungsorientierung sowie in eine
- niedrige und eine hohe Aufgabenorientierung.

Bildung der vier Stile

2. Schritt

Aus der Kombination dieser Hälften entstehen vier Felder:

- niedrige Beziehungsorientierung und niedrige Aufgabenorientierung nennt er **Verfahrensstil**,
- hohe Beziehungsorientierung und niedrige Aufgabenorientierung heißt **Beziehungsstil**,
- niedrige Beziehungsorientierung und hohe Aufgabenorientierung heißt **Aufgabenstil**,
- hohe Beziehungsorientierung und hohe Aufgabenorientierung nennt er **Integrationsstil**.

Die Stile werden wie folgt beschrieben:

Beschreibung der Stile

Verfahrensstil

Der Stil ist durch Regeln und Vorschriften geprägt und in dynamischen Situationen nicht anwendbar.

Beziehungsstil

Der Stil ist durch Dominanz eines guten Verhältnisses zwischen Vorgesetzten und weisungsgebundenen Mitarbeitern geprägt.

Aufgabenstil

Leistungen und Arbeitsergebnis stehen im Vordergrund.

Integrationsstil

Der Stil berücksichtigt sowohl die Aufgabenerfüllung als auch die gute Beziehung zwischen Vorgesetzten und weisungsgebundenen Mitarbeitern.

Differenzierung der Stile in eine effektive und eine wenig effektive Ausprägung

3. Schritt

Die Führungsstile sind je nach der Situation effektiv oder ineffektiv.

- Führt der Verfahrensstil in einer dynamischen Situation zur schnellen und sicheren Anpassung durch entsprechendes handling der Regeln, so ist der Stil vorteilhaft eingesetzt („Bürokrat“ ist im deutschen Wortsinn hier eher „solider Beschleuniger“). Beharrt der Führende auf Regeln und Vorschriften, statt die notwendige Anpassung zu vollziehen, ist er ein „Kneifer“.
- Dem Beziehungsstil entspricht in seiner effektiven Ausprägung der „Förderer“, der die Mitarbeiter motiviert. In seiner negativen Ausprägung wird er als „Gefälligkeitsapostel“ bezeichnet.
- Der „Macher“ ist die positive Ausprägung im Aufgabenstil. Er führt seine Gruppe mit Erfahrung, Fleiß und Initiative zum Erfolg, diskutiert auch mit ihnen, aber behält die Entscheidung. Der ineffektive Typ ist der „Autokrat“. Ohne Beziehung und Vertrauen zu den Mitarbeitern kann er Leistungen nur mit Druck erreichen, was Reibungsverluste zur Folge hat.
- Beim Integrationsstil findet man die positive Ausprägung in der Form des „Integrierers“. Dieser akzeptiert seine Mitarbeiter, nimmt ihre Vorschläge ernst, koordiniert

die Aktivitäten und erzielt hohe Leistungen. Der „Kompromissler“ als ineffiziente Ausprägung lässt viel Diskussion zu, fühlt sich aber dadurch zu Kompromissen gezwungen. Kompromisse brauchen Zeit und demotivieren die Mitarbeiter.

Die Zuordnungen sind der Abb. 10-14 zu entnehmen.

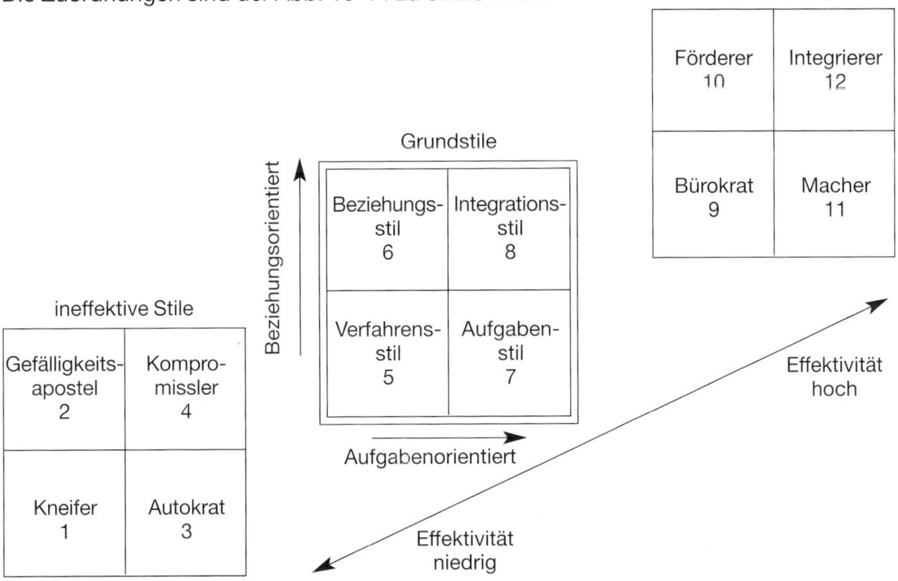

Abb. 10-14: Die drei Dimensionen des Führungsmodells nach Reddin

Reddin hat somit **drei Dimensionen des Führungsverhaltens** für seinen Ansatz verwendet, nämlich die Beziehungsorientierung, die Aufgabenorientierung und die Effektivität. Daher stammt die häufig zu findende Bezeichnung 3-D-Ansatz.

Die Effektivität eines Stils ist situationsabhängig

Effektiv ist ein bestimmter Stil dann, wenn er zur Situation passt. Ganz wichtig ist natürlich, die Situation richtig einzuschätzen. Verlangt eine komplizierte Situation stärker die Beziehungen zu den Mitarbeitern, ist der Beziehungsstil angebracht; verlangt die komplizierte Situation stärker die Aufgabenlösung, ist der Aufgabenstil vorzuziehen. Gleicherweise können auch die beiden anderen Stile gefragt sein. Die Kunst besteht darin, das Anforderungsprofil der Situation (durch Situationsanalyse) zu erkennen und diesem Anforderungsprofil das Führungsprofil anzupassen. Effektive Führung setzt also Analysefähigkeit und Anpassungsbereitschaft voraus. Die entsprechenden Seminare zielen dementsprechend mehr auf diese beiden Eigenschaften ab als auf Einübung des richtigen Führungsstils.

◆ Der Ansatz von Hersey/Blanchard (1974)

Ansatz von Hersey/ Blanchard

Paul Hersey und Kenneth H. Blanchard haben dem bekannten Grundsatz der Beziehungsorientierung und Aufgabenorientierung einen speziellen Impuls gegeben.[1]

Dimensionen des Führungsverhaltens

- Für die Autoren ist der **Reifegrad des Mitarbeiters** die dritte Größe im Wirkungszusammenhang des Führungsverhaltens. Sie unterscheiden demgemäß:
  - **Aufgabenorientiert** ist Führung dann, wenn sie mittels Anordnungen, Regeln, Vorgabe von Zeitrahmen und Kontrolle erfolgt.
  - **Beziehungsorientiert** ist ein Führungsverhalten, das auf Gedankenaustausch, Förderung der Selbstständigkeit der Mitarbeiter, Übertragung von Verantwortung und Anerkennung basiert.

---

1 *Vgl. Scholz, C.: Grundzüge des Personalmanagements, München, 2011, S. 399 f. sowie Drumm, H. J.: Personalwirtschaftslehre, Berlin/Heidelberg, 2008, S. 424.*

- **Der Reifegrad eines Mitarbeiters** wird danach ermittelt, in welchem Maße er durch die Arbeit selbst motiviert ist und ob Fähigkeit und Bereitschaft zur Übernahme von Verantwortung vorliegt. Dabei sind folgende Stufen zu unterscheiden.

Stufen des Reifegrades eines Mitarbeiters

geringe Reife

Der Vorgesetzte muss die Aufgaben erklären und anweisen („Telling"). Er handelt überwiegend aufgabenorientiert. Es liegt eine Ein-Weg-Kommunikation vor.

mäßige Reife

Der Vorgesetzte muss nicht die Einzelanweisungen und Einzelaufgaben erklären, wohl aber die Akzeptanz der Aufgabenstellung vermitteln („Selling"). Er handelt aufgaben- und beziehungsorientiert.

höhere Reife

Vorgesetzte und Mitarbeiter stehen in Gedankenaustausch. Entscheidungen werden so getroffen, dass die Ansichten beider in die Entscheidungsfindung gehen („Participating"). Die Kommunikation ist beziehungsorientiert.

höchste Reife

Der Mitarbeiter führt die Aufgaben selbstständig aus und entscheidet im Prinzip allein („Delegating"). Die Orientierungen sind auf dieser Stufe ohne Bedeutung, weil die Aufgabe des Vorgesetzten vor allem in der Grundentscheidung zur Delegation besteht.

Leistung des Vorgesetzten

- Die Führungsleistung des Vorgesetzten besteht erstens darin, die **Situation**, in der sich die Mitarbeiter befinden, richtig zu erkennen. Zweitens wird erwartet, dass er sein **Führungsverhalten** darauf abstellt, d.h. auch ein hohes Maß an Flexibilität einbringt. Drittens kann er den **Reifegrad des Mitarbeiters** positiv beeinflussen.

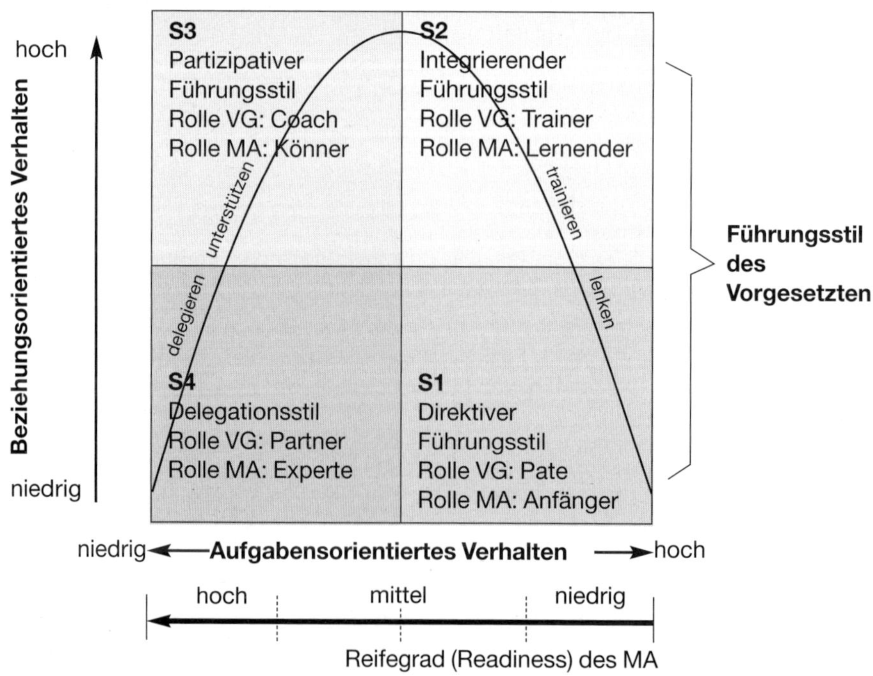

Abb. 10-15: Führungsansatz von Hersey/Blanchard

Ermittlung der Flexibilität des Vorgesetzten

Welches Maß an Flexibilität vorliegt und was eventuell noch zu entwickeln ist, lässt sich mit einem relativ einfachen Instrument in drei Schritten feststellen:

1. Schritt

Die Autoren geben 12 Situationen vor, und jeder Situation werden vier Handlungsalternativen zugeordnet. Im Folgenden finden Sie die ersten vier Situationen mit den entsprechenden Handlungsalternativen A, B, C und D (vgl. Scholz, C.: Grundzüge des Personalmanagements, München, 2011, S. 533).

Situation	Alternative Handlung
1. Die Untergebenen reagieren neuerdings nicht auf deine freundliche Konversation und die Sorge um ihr Wohlergehen. Deine Leistung ist zurzeit unbeständig.	A Forciere die Anwendung eines einheitlichen Vorgehens und betone die Wichtigkeit der Aufgabenerfüllung. B Stelle dich für Diskussionen zur Verfügung, aber dränge nicht. C Unterhalte dich mit deinem Untergebenen und setze dann die Ziele. D Misch dich nicht vorsätzlich ein.
2. Die wahrnehmbare Leistung deiner Gruppe wächst. Du hast dich versichert, dass sich alle Gruppenmitglieder ihrer Rolle und ihren Anforderungen bewusst sind.	A Sorge für freundliche Interaktionen, aber fahre fort, Rollen und Anforderungen klar zu stellen. B Unternimm keine bestimmten Aktionen. C Sorge mit allen Mitteln dafür, dass sich die Gruppe wichtig und beteiligt fühlt. D Betone die Wichtigkeit von Terminen und Aufgaben.
3. Mitglieder der Gruppe sind nicht in der Lage, Probleme selbst zu lösen. Normalerweise hast du dich nicht darum gekümmert. Gruppenleistung und zwischenmenschliche Beziehungen waren gut.	A Ziehe die Gruppe bei der Problemlösung hinzu. B Lass die Gruppe eine eigene Lösung finden. C Handle schnell und sicher, um zu korrigieren und delegieren. D Ermutige die Gruppe, an dem Problem zu arbeiten, und stehe für Diskussionen zur Verfügung.
4. Du erwägst eine größere Veränderung. Deine Untergebenen erbringen gute Leistungen. Sie respektieren die Notwendigkeit der Veränderung.	A Ermögliche der Gruppe ein Mitwirken an der Veränderung, aber dränge nicht. B Kündige die Veränderung an und implementiere sie unter enger Kontrolle. C Erlaube der Gruppe, ihre eigenen Richtlinien zu formulieren. D Beziehe Vorschläge aus der Gruppe mit ein, aber übernimm selbst die Führung.

Abb. 10-16

2. Schritt

Die Führungskraft wählt aus den angegebenen Handlungsalternativen jeweils eine aus, Führungskraft X z. B. für die vier Situationen A, D, C, B oder Führungskraft Y z. B. D, B, B, C. Aus diesen Angaben wird die Führungsstilbandbreite ermittelt. Man fragt: Ist die Führungskraft flexibel in der Wahl ihres Stils?

3. Schritt

Für die Situationen hat man vorher die effektivste Handlungsalternative festgelegt. Das wäre nach der Vorstellung der Wissenschaftler bei Situation 1 = A, bei Situation 2 = A, bei Situation 3 = D, bei Situation 4 = C.

Die Bewertung sieht im Einzelnen wie folgt aus:

Situationen	Alternative Handlungen			
	(A)	(B)	(C)	(D)
I	+2	–I	+I	–2
2	+2	–2	+1	–1
3	+1	–1	–2	+2
4	+1	–2	+2	–1

Abb. 10-17

Mithilfe dieser Tabelle ermittelt man den Punktwert, den die Führungskraft durch ihre Auswahl erzielt hat. Führungskraft X erzielte +2, –1, –2, –2 = –3 Punkte. Da bei 4 Situationen eine Punktezahl von +8 bis –8 erreichbar ist, kann man bei –3 auf Schulungsbedarf schließen.

Positiv wird an dem Ansatz von Hersey/Blanchard die Situationsorientierung des Führungsverhaltens hervorgehoben. Die Berücksichtigung der Entwicklungsstufe eines Mitarbeiters hat, ähnlich wie der Weg-Ziel-Ansatz, eine pädagogische Entsprechung. In der Pädagogik hat der Grundsatz der Lernerorientierung bei eigentlich allen pädagogischen Aktivitäten des Lehrers oder Ausbilders einen hohen Stellenwert.

Kontingenzansatz von Fiedler

◆ Der Kontingenzansatz von Fiedler (1967)

Fred E. Fiedler legte die so genannte Kontingenztheorie vor. Das Wort hat englischen Ursprung (contingence) und bedeutet hier „gegenseitige Abhängigkeit". Gegenseitig abhängig sind nach dieser Theorie **Führungssituation** und **Führungsstil**. Mit Führungssituation ist hier die Aufgabe des Führenden in einer bestimmten Situation gemeint.

Die Besonderheiten der vorgelegten Theorie bestehen zunächst in den begrifflichen Festlegungen.

Dimensionen der Führungssituation

- Die **Führungssituation** ist durch drei Dimensionen gekennzeichnet:
  1. Welches Vertrauen und welche Bereitschaft zum Folgen wird dem Führenden entgegengebracht? Der Grad des Vertrauens und der Folgebereitschaft **(= Führer-Mitglieder-Beziehung)** wird durch geschickte Fragen an die Gruppe ermittelt und mit Plus oder Minus bewertet.
  2. Sind die Aufgaben des Führenden klar strukturiert und umrissen? Ist es möglicherweise so, dass Aufgaben, Wege und Ziele nur vage formuliert sind? Eine gute **Aufgabenstruktur** wird mit einem Plus bewertet, eine schlechte mit einem Minus.
  3. Die dritte Dimension ist die **Positionsmacht** des Vorgesetzten. Hat er überhaupt Positionsmacht oder nicht? Welche Rechte stehen ihm diesbezüglich zu (Belohnung, Versetzung etc.)? Große Positionsmacht wird mit einem Pluszeichen verdeutlicht, geringe mit einem Minuszeichen.

  Zur Kennzeichnung, ob die Führungssituation als günstig oder ungünstig aufzufassen ist, werden acht Stufen vorgesehen:

	Für die Führungskraft günstige ..... bis ..... ungünstige Situationen in Abstufungen von 1 – 8							
	1	2	3	4	5	6	7	8
1. Beziehung	+	+	+	–	+	–	–	–
2. Aufgabenstruktur	+	+	–	+	–	+	–	–
3. Positionsmacht	+	–	+	+	–	–	+	–

Abb. 10-18

Demnach können sich Führungskräfte in recht unterschiedlichen Positionen befinden. Kritisch zu diesem Vorgehen ist zu bemerken, dass die Zuordnung, mit Plus oder Minus, vor Ort schwer fallen dürfte.

Bestimmung des Führungsstils mittels LPC-Skala

- Die **Bestimmung des Führungsstils** ist das zweite wesentliche Teilstück im Ansatz von Fiedler.
  Um den Führungsstil eines Vorgesetzten erkennen zu können, bekommt dieser eine bestimmte Aufgabe. Diese Aufgabe heißt:
  (a) Erinnern Sie sich an einen Mitarbeiter, mit dem Sie am schlechtesten zusammenarbeiten konnten und der nach Ihrer Ansicht die größten Schwierigkeiten bei der Erledigung der Sachaufgaben hatte.
  (b) Machen Sie in dem vorliegenden Beurteilungsmuster kenntlich, wie Sie diesen „Least-Preferred Coworker" (LPC) beurteilen.

LPC-Skala

angenehm	8	7	6	5	4	3	2	1	unangenehm
freundlich	8	7	6	5	4	3	2	1	unfreundlich
zurückweisend	1	2	3	4	5	6	7	8	entgegenkommend
gespannt	1	2	3	4	5	6	7	8	entspannt
distanziert	1	2	3	4	5	6	7	8	persönlich
kalt	1	2	3	4	5	6	7	8	warm
unterstützend	8	7	6	5	4	3	2	1	feindselig
langweilig	1	2	3	4	5	6	7	8	interessant
streitsüchtig	1	2	3	4	5	6	7	8	ausgleichend
verdrießlich	1	2	3	4	5	6	7	8	heiter
offen	8	7	6	5	4	3	2	1	verschlossen
verleumderisch	1	2	3	4	5	6	7	8	loyal
unzuverlässig	1	2	3	4	5	6	7	8	zuverlässig
rücksichtsvoll	8	7	6	5	4	3	2	1	rücksichtslos
widerlich	1	2	3	4	5	6	7	8	nett
akzeptabel	8	7	6	5	4	3	2	1	nicht akzeptabel
unaufrichtig	1	2	3	4	5	6	7	8	aufrichtig
gefällig	8	7	6	5	4	3	2	1	nicht gefällig

Abb. 10-19: LPC-Skala nach Fiedler

Das Ergebnis, das zwischen 18 und 144 Punkten liegen kann, wird folgendermaßen interpretiert: Vorgesetzte, die eine hohe Punktzahl erreichen, sind stark personenorientiert (= beziehungsorientiert), weil sie den LPC so wohlwollend beurteilen. Bei einer niedrigen Punktzahl ist die Interpretation umgekehrt: Hier hat man es mit einem aufgabenorientierten (= leistungsorientierten) Vorgesetzten zu tun.

Die Zuordnung von Führungsstil und Führungssituation

- Entscheidend ist jetzt die Frage, **welcher Führungsstil in welcher Führungssituation am besten geeignet** ist, um akzeptable Leistungen durch die Mitarbeiter erwarten zu können. Fiedler legte nach seinen ersten Forschungen folgende Ergebnisse vor:
  (1) Bei einer vollen Günstigkeit der Situation und bei einer vollen Ungünstigkeit der Situation soll sich der aufgabenorientierte Führungsstil am besten eignen.
  (2) Bei mittlerer Günstigkeit soll sich der personenorientierte Führungsstil am besten eignen.

Die Erklärung kommt folgendermaßen zustande: Bei voller Günstigkeit sind die Verhältnisse völlig klar. Es gibt sozusagen nichts zu diskutieren; die Gruppe konzentriert sich auf die Aufgabe. Bei völliger Ungünstigkeit sind die Verhältnisse ebenfalls klar. Sie sind zwar für den Führenden schlecht, aber die Gruppe nimmt sie so, wie sie sind, und konzentriert sich auf ihre Aufgabe. In den Mittellagen der Günstigkeit ist der personenorientierte Führungsstil gefragt, weil hier Verhandlungs- und Diskussionsbedarf gegeben ist.

Folgerungen

- Die Konsequenzen aus den Erkenntnissen sind unterschiedlich. Eine Möglichkeit wäre, Vorgesetzte der Führungssituation entsprechend auszusuchen und einzusetzen. Der umgekehrte Weg wäre, den Vorgesetzten auszusuchen und die Situation an den Vorgesetzten anzupassen. Fiedler sieht in dem 2. Vorgehen größere Erfolgsaussichten, weil sich das Führungsverhalten, wenn überhaupt, dann nur sehr langfristig ändern lässt (vgl. dazu Staehle, W. H.: Management, München, 1999, S. 352).

Kritik

- Die Kritik an dem Ansatz von Fiedler bezieht sich vor allem auf drei Punkte:

(1) Mit den drei Variablen ist die Führungssituation nur unvollständig zu erfassen. Beispielsweise sind die persönlichen Merkmale der Geführten völlig außer Acht gelassen.

(2) Die Messung des Führungsstils ist eindimensional „entweder personenorientiert" „oder aufgabenorientiert" angelegt. Die beiden Orientierungen bedingen sich aber gegenseitig.

(3) Die Überprüfung der Effektivität ist außerordentlich schwierig. In nachfolgenden Untersuchungen konnten die Ergebnisse auch nur teilweise verifiziert werden.

Nach fünf Monaten ziehen Thomas und Sabrina eine erste Bilanz. Sie sind ein wenig ernüchtert, sie haben sich von ihren Änderungen mehr erhofft. Vor allem enttäuscht sie, dass an den Jour fixe die Beteiligung nicht so breit ist, wie erwartet. Vor allem die älteren Mitarbeiter ziehen sich immer mehr zurück, bei diesen bemerken sie sogar teilweise eine Zunahme der Arbeitsunlust und geringere Eigenaktivität. Sie scheuen sich auch, sich von den jüngeren Kollegen beim Emailverkehr helfen zu lassen. Der Umgangston unter den Mitarbeitern ist rauer geworden, die älteren Mitarbeiter geben scheinbar Frust an die Jüngeren ab und deren Verbesserungsvorschläge werden von ihnen bei den Jour fixe oft abgelehnt. Sabrina und Thomas hatten zwei Mitarbeiter aus dem Einkauf auf eine wichtige Messe geschickt und von den Lieferanten Beschwerden darüber erhalten, dass die Mitarbeiter nicht kompetent genug auftraten. Thomas ist auch persönlich sehr frustriert, denn er schwört darauf, in die Beziehungsarbeit zu seinen Mitarbeitern zu investieren und ärgert sich, dass nur wenige dies durch motivierten Einsatz honorieren.

*Um den Generationswechsel im Unternehmen besser bewältigen zu können, haben die Geschwister Thomas und Sabrina Hesse nun einen erfahrenen externen Coach engagiert. Dieser arbeitet unter anderem gerne mit dem Führungskonzeptansatz von **Hersey und Blanchard**.*

Versetzen Sie sich in die Rolle des Coaches und begleiten Sie den Change Prozess.

10.5 Personalführung als Teil der Unternehmenskultur

Personalführung ist Teil der Unternehmenskultur

Unternehmenskultur ist die Bezeichnung für die **gewachsene informelle Struktur eines Unternehmens**. Eingeschlossen in die Individualität der Unternehmung sind die nach innen und außen wirkenden Denkweisen, Handlungsmaximen und Verhaltensregeln. Eingeschlossen ist ferner das Wert- und Normengefüge, das als Grundlage für den Umgang mit der sozialen Außen- und Innenwelt, aber auch mit den staatlichen Institutionen und mit der realen Umwelt schlechthin gelten kann. Schließlich gehört zur Unternehmenskultur auch ein integriertes Konzept der Unternehmenskommunikation, die das „Wie" ihrer Signale nach außen und innen prägt und gewöhnlich als **Corporate Identity** verstanden wird.

Unternehmenskultur ist, wie gesagt, eine informelle Struktur. Sie wirkt dennoch auf das Verhalten der Angehörigen des Unternehmens prägend, wie auch das Verhalten der Angehörigen umgekehrt die Unternehmenskultur mitprägt.

10.5.1 Mitarbeiterführung durch Corporate Identity

Führung durch Corporate Identity

Unternehmenskultur drückt sich in verschiedenen Elementen aus und wird von verschiedenen Elementen geprägt.

Prägende Elemente

- Ein solches prägendes Element kann die **Sprache** sein. Gemeint sind hier bestimmte Legenden, z. B. über die Gründung, oder bestimmte Mythen, Episoden, Slogans oder Devisen.
- Daneben gibt es **Handlungen**, die wegen ihrer Wiederholung Traditionscharakter bekommen haben und insoweit das Leben in der Unternehmung mitprägen. Das sind z. B. bestimmte Begrüßungsrituale, Feste oder Zeremonien.
- Eine dritte Kategorie ist in **Gegenständen** oder Objekten zu sehen, die durch ihr reales Vorhandensein wirken.

  Beispiel
  - Arbeitskleidung
  - das Logo auf Betriebskleidung, Briefpapier, Freistempler, Firmenwagen usw.
  - Gestaltung der Arbeitsräume

  Diese überwiegend visuellen Elemente werden als **Corporate Design** bezeichnet. Sofern gleiche Elemente auch in der Werbung und im Personalmarketing verwendet werden, ist auch der Ausdruck **Corporate Communications** angebracht.

- Auf einer deutlich höheren Ebene sind solche Elemente anzusiedeln, die in das Verhalten der Führenden und der Mitarbeiter eingehen. Dazu zählen beispielsweise eine Annäherung in der Sprechweise, die Anwendung eines vergleichbaren Führungsstils oder das gleiche Auftreten in der Öffentlichkeit, bei Messen und Präsentationen. In diesen Fällen spricht man von **Corporate Behaviour**.

  Alle genannten Elemente wirken prägend auf die Mitglieder der Organisation ein. Sie schaffen Wir-Gefühle und Identitätsempfinden und sind demgemäß wichtige Bausteine dessen, was man als Corporate Identity bezeichnet.

10.5.2 Unternehmensgrundsätze, Führungsgrundsätze und Führungsrichtlinien als Ausprägungen der Unternehmenskultur

Konkrete Verhaltensvorschriften sind aus einer informellen Struktur nicht abzuleiten. Hierzu ist es nötig, aus den Unternehmensgrundsätzen **personalpolitische Leitbilder** bzw. Führungsgrundsätze abzuleiten und daraus wiederum konkrete Führungsrichtlinien zu formulieren.

Unternehmensgrundsätze

- Die **Unternehmensgrundsätze** sind relativ offen formuliert.

Beispiel
- Einsetzen für wirtschaftlichen Erfolg als dem oberstes Ziel
- Handeln auch aus Verpflichtung gegenüber den Kunden und Verbrauchern
- soziale Verantwortung für die Mitarbeiter
- sich der Bedeutung als Wirtschaftsfaktor in der Region bewusst sein
- Vermeidung von Umweltbelastungen und sparsame Verwendung begrenzter Ressourcen

Führungsgrundsätze

- **Führungsgrundsätze,** auch als personalpolitische Leitbilder oder Führungsleitsätze bezeichnet, beziehen sich auf das generelle Verhältnis der Unternehmensleitung zu den Mitarbeitern.

Beispiel Bedeutung der Arbeitnehmer für den Unternehmenserfolg
- offene Kommunikation als Grundsatz in der Zusammenarbeit der personalpolitisch wichtigen Entscheidungsträger
- kooperativer Führungsstil als Basis für das Verhältnis zwischen Führung und Mitarbeiter
- transparente Informationspolitik des Unternehmens

Führungsrichtlinien

- Auf der Basis der Führungsgrundsätze lassen sich dann in einem dritten Schritt **Führungsrichtlinien** entwickeln.

Beispiel
- Aufgaben und Pflichten der Vorgesetzten
- Verantwortung für die Einführung von Mitarbeitern
- Beteiligung der Mitarbeiter an Entscheidungen
- gerechte Entlohnung
- Gleichbehandlung von Mann und Frau
- sichere Arbeitsplatzgestaltung
- Stellenbeschreibung
- Anerkennung der Leistung und gerechte Beurteilung (Beurteilungssystem)
- Bereitstellung von Ausbildung sowie Fortbildungs- und Weiterbildungsmöglichkeiten
- Kontrollformen
- Einsatz von Führungstechniken

Unternehmensgrundsätze, Führungsgrundsätze und Führungsrichtlinien sind freiwillige Offenbarungen. Sie haben auch keinen Rechtscharakter in dem Sinne, dass jemand bei Nichterfüllung von Zielen auf Erfüllung klagen könnte. Sie vermitteln allerdings ein Grundverständnis und einen Grundkonsens und wirken insofern verhaltensbestimmend.

Inhaltliche Unterschiede bestehen auf allen drei Ebenen zwischen den Betrieben. Verständlich ist aber auch, dass die Inhalte einem zeitlichen Wandel unterliegen. So wurde der Blick für die Erhaltung der Umwelt erst Ende der 60er-Jahre des vergangenen Jahrhunderts geöffnet und in relativ neu formulierte Grundsätze aufgenommen. Die Beschwörung von Solidarität für das Erreichen von Unternehmenszielen verliert an Bedeutung gegenüber einer Mitarbeiterführung, die auf Selbstständigkeit und Eigenverantwortung setzt und damit dem Wertewandel entspricht.

Führungsgrundsätze sind in einem mittleren Abstraktionsniveau formuliert. Sie gelten für alle Mitglieder der Unternehmung gleicherweise und auch für alle Situationen.

Management-by-Techniken

10.5.3 Management-by-Techniken als Ausdruck der Führungsgrundsätze

Führungsgrundsätze und Führungsrichtlinien erfahren eine weitere Konkretisierung in Führungstechniken. Seit Ende der 60er-Jahre sind die Management-Techniken Bestandteil der Personalführung. Folgende drei Hauptarten werden unterschieden:

Wichtige Ausprägungen im Führungsgeschehen

- **Management by Exception (MbE)**

Der Vorgesetzte greift in das Betriebsgeschehen nur in Ausnahmefällen ein. Die Ausnahmefälle werden durch Abweichungskontrollen sichtbar.

- **Management by Delegation (MbD)**
Die Mitarbeiter werden an Führungsaufgaben beteiligt, indem Kompetenzen und Handlungsverantwortung auf sie übertragen werden.

- **Management by Objectives (MbO)**
Die Führung erfolgt durch Zielvereinbarung, wobei auch Planungs- und Zielbildungsprozesse eingeschlossen sind.

Die Management-Technik MbO hat inzwischen einen hohen praktischen Nutzwert erzielt, weil sie sich zur Förderung der Leistungsmotivation und der Verantwortungsbereitschaft der Mitarbeiter ebenso eignet wie zur zielorientierten Leistungs- und Personalbeurteilung.

Eine Randbemerkung sei zu diesem Thema erlaubt. An die Einführung der Management-by-Technik wurden große Hoffnungen geknüpft, etwa noch durch Propagierung des Management by Systems (MbS), wonach Führung durch Systemsteuerung, also quasi-automatische Steuerung, erfolgen könne. Volksmund bzw. Betriebswitz haben die Management-by-Techniken, insbesondere die Übertreibungen, dann auf ihre Weise glossiert. Neuere Versionen sind z. B. Management by Nilpferd: Auftauchen, Maul aufreißen, wieder untertauchen, Management by Dübel: Lücke erkennen, schnell „reinquetschen" und sofort breit machen, Management by Ping-Pong: Jeden Vorgang so lange hin- und herleiten, bis er sich von selbst erledigt hat. Inzwischen sind MbS-Techniken übrigens teilweise realisiert, z. B. in der Form der „ereignisgesteuerten Prozesskette".

10.5.4 Das Mitarbeitergespräch als Führungsmittel

Mitarbeitergespräch als Führungsmittel

Ein Gespräch zwischen Vorgesetztem und Mitarbeiter, das als spezielle Form der Mitarbeiterführung anzusehen ist, hebt sich von der Alltagskommunikation ab. Für Gespräche mit speziellem Führungsansatz wird z. B. in der Regel ein Termin vereinbart, es findet vielfach in einem ruhigen Raum statt, meistens wird das Gesprächsergebnis dokumentiert, und vor allem unterscheidet es sich inhaltlich von Tagesgesprächen.

Fördergespräche

(1) Für **Fördergespräche** gibt es unterschiedliche Anlässe, und entsprechend unterschiedlich sind auch die Bezeichnungen. Einführungsgespräche dienen dazu, den Mitarbeiter in die personalen und organisatorischen Strukturen seines Aufgabenfeldes einzuweisen. **Beurteilungs- bzw. Zielvereinbarungsgespräche** sollen dem Mitarbeiter den gegenwärtigen und den erwarteten Leistungs- und Verhaltensstand vor Augen führen. Kritikgespräche werden als notwendig erachtet, wenn der gegenwärtige Leistungsstand bzw. das gegenwärtige Verhalten des Mitarbeiters nicht den betrieblichen Erwartungen entspricht. Konfliktgespräche sollen dazu beitragen, Konflikte z. B. zwischen Mitarbeitern und Organisationsanforderungen abzubauen.

Um die Atmosphäre eines Fördergespräches nicht zu belasten, wird neuerdings häufig auf die aus den Anlässen (Beurteilung, Kritik, Konflikt) abgeleiteten Bezeichnungen verzichtet und stattdessen der Begriff **Standort- und Fördergespräch** verwendet. Mit der veränderten Bezeichnung geht insofern auch eine Institutionalisierung einher, als Standort- und Fördergespräche häufig für alle Mitarbeiter verbindlich gemacht werden, und zwar in jährlichem Turnus. Auch kurz nach der Einstellung ergeben sich häufig schon Probleme, die in einem frühzeitigen Gespräch aufgelöst werden können, bevor daraus handfeste Probleme entstehen.

Aus-prägungen

(2) Für das Standort- und Fördergespräch lassen sich **zwei grundsätzliche Ausprägungen** denken:

1. Wenn die berufliche und persönliche Entwicklung des Mitarbeiters positiv verläuft, gemessen z. B. auch an früheren Zielvereinbarungen, steht die **Erörterung der Potenziale** im Vordergrund. Speziell ist zu klären, ob vorhandene Potenziale hinlänglich genutzt und ob durch die übertragenen Aufgaben entsprechende Fähigkeiten selbststeuernd eingefordert werden.

2. Verläuft die berufliche und persönliche Entwicklung nicht optimal, so wird einerseits die **Erforschung der Ursachen** notwendig, andererseits muss nach **Lösungswegen** und neuen, möglicherweise modifizierten Zielvereinbarungen gesucht werden.

Ursachen-erforschung

(3) Die **Ursachenerforschung** umfasst eine erhebliche Bandbreite. Das Nichterreichen von Zielen kann z. B. in der Person selbst liegen (Krankheit, Motivationsverlust, persönliche Krisen), in den personalen oder organisatorischen Bedingungen des Betriebes (Kooperatonsprobleme bzw. fehlender Teamgeist, Mobbing, unklare Kompetenzabgrenzungen, Leerlauf oder Doppelarbeit durch organisatorische Mängel etc.) sowie darin, dass Personen und Anforderungen am Arbeitsplatz nicht zusammenpassen (Unterforderung, Überforderung, falsch eingeschätzte Fähigkeiten und/oder Potenziale etc.).

Anforderungen an den Vorgesetzten

(4) Es ist selbstverständlich, dass Standort- und Fördergespräche beider Ausprägungen an den Vorgesetzten **hohe Anforderungen** stellen. Dabei spielt die Persönlichkeit des Vorgesetzten eine genauso wichtige Rolle wie die erworbenen Kompetenzen in der Gesprächsführung, von den Kenntnissen der Betriebsabläufe gar nicht zu reden.

Für das erfolgreiche Führungsgespräch ist natürlich auch das **Verhalten des Mitarbeiters** bedeutsam. An erster Stelle steht seine Bereitschaft zur Offenheit, dann auch die Bereitschaft und die Fähigkeit, die gemeinsam gefundenen Wege und Ziele umzusetzen.

Kompetente Hilfe

Trotz eines ausgeglichenen Persönlichkeitsprofils und gut entwickelter Kommunikationskompetenz kann sich der Vorgesetzte **im Einzelfall überfordert** fühlen. Das ist regelmäßig dann der Fall, wenn die negative Entwicklung des Mitarbeiters auf Persönlichkeitsdefizite oder auf schwere persönliche Krisen zurückgehen und somit Intensivberatungen notwendig werden. In solchen Fällen, etwa bei Alkoholsucht, wird der Vorgesetzte sich um kompetente Hilfe in der Unternehmung bemühen bzw. auch zu entsprechenden Therapien durch Fachleute raten. Unter Umständen ist es für den Vorgesetzten selbst wichtig, an einer Supervision teilzunehmen bzw. einen Coach anzufordern. **Supervision** ist die Beratung durch Personen mit besonderen psychologischen und pädagogischen Fähigkeiten, die sich insbesondere an Personen wenden, die ihrerseits mit Menschen zu tun haben. Dabei geht es z. B. um die Förderung der selbstkritischen Wahrnehmungsfähigkeit, die Reflexion der eigenen beruflichen Situation oder die Vermittlung von Methodenkompetenz zum Umgang mit anderen. **Coaching** ist genauso eine befristete Beratung, die aber immer für spezielle berufliche Situationen vorgesehen ist, z. B. bei Übernahme einer neuen Aufgabe, festgestellter Defizite in der personalen Akzeptanz oder einfach nur zur Leistungssicherung oder Leistungssteigerung. Weil der fachliche Anteil der Beratung nicht unerheblich ist, muss der Coach Kenntnisse über die Berufssituation haben.

ntnisse nuni- ns- in

(5) Kommunikationskompetenz hat ganz sicher viel mit Übung und Erfahrung zu tun. Voraussetzung für ein gelungenes Gespräch – als ein wichtiges Teilstück der Kommunikation – sind **gediegene Kenntnisse von Kommunikationsregeln**. Auf drei grundlegende Ansätze wird unter der Überschrift „Methodische Empfehlungen“ eingegangen.

Sie haben inzwischen eine Anzahl von Anregungen für die Seminargestaltung in der Multi-Media GmbH gesammelt.

(a) Ist es ratsam, alle Vorgesetzten – möglicherweise nach einem abgestuften Zeitplan – zu einem Führungsseminar zu entsenden? Die Alternative wäre die freiwillige Meldung. Das Problem liegt Ihrer Meinung nach darin, dass gerade der Teil der Vorgesetzten, für den die stärkere Sensibilisierung in Richtung auf ein neues Führungsverhalten am dringlichsten wäre, möglicherweise gar keinen Handlungsbedarf bei sich erkennt und sich demgemäß nicht melden wird.

(b) Ist den Teilnehmern zuzumuten, vor Beginn der Seminarveranstaltung einen Fragebogen zur Führungspraxis in ihrem Bereich auszufüllen, der in der Seminarveranstaltung ausgewertet werden könnte? An interessanten Fragen stellen Sie sich beispielsweise vor (vgl. Staehle, W. H.: Management, München, 1999, S. 463):

1. *Wie viel Vertrauen schenkt man in Ihrem Arbeitsbereich den Mitarbeitern?*
2. *Können Ihre Mitarbeiter mit Ihnen oder Ihren Kollegen über Arbeitsprobleme diskutieren?*
3. *Wann haben Sie zuletzt einen nachgeordneten Mitarbeiter nach einer Idee gefragt?*
4. *Welche der folgenden Anreize haben in Ihrem Wirkungskreis die größte Bedeutung: Drohung, Entlohnung, Lob?*
5. *Erkennen Sie Widerstände gegen die Unternehmensziele?*

(c) Um neuen Führungskräften ihre Aufgabe zu erleichtern, lassen sich Leitfäden zu den folgenden Themen entwickeln:

1. *Wie motiviere ich meine Mitarbeiter?*
2. *Wie delegiere ich wirkungsvoll an Mitarbeiter?*
3. *Welche Fachkompetenz und wie viel Fachkompetenz ist notwendig für eine gute Führungskraft?*
4. *Wie erfahre ich, wie meine Mitarbeiter mich sehen und wahrnehmen?*
5. *Wie verhalte ich mich, wenn ich in meiner bisherigen Abteilung zur Führungskraft werde?*

Entwickeln Sie in kleinen Gruppen jeweils einen Leitfaden zu Ihrem Thema, der auch eine theoretische Begründung Ihrer Vorschläge und eine Beispielsituation enthält.

10.5.5 Weitere Führungsmittel in praktischer Anwendung

Eine Führungskraft, die im betrieblichen Alltag erfolgreich bestehen will, kann auf die Führungsmittel „Delegieren“, „Zielvereinbarung“ sowie „Anerkennung und Kritik“ nicht verzichten.

◆ Erfolgreiches Delegieren

„Nur wenn Sie delegieren erweisen Sie sich als echte Führungskraft!“ Solche oder ähnliche Empfehlungen findet man in nahezu allen Führungsratgebern. Dieses leuchtet jeder angehenden Führungskraft vermutlich sofort (vom Kopf her) ein, denn sie will sich ja dadurch auszeichnen, dass sie eben nicht die gleichen Aufgaben erledigt wie ihre Mitarbeiter. In der Praxis zeigen sich jedoch zahlreiche Widerstände, die dem erfolgreichen Delegieren entgegen stehen und die es zu überwinden gilt:

Zeitaufwand	• Häufig entsteht das Gefühl, eine Aufgabe viel schneller selbst erledigen zu können als sie zu delegieren. • Die Aufgabendelegation steht immer auch in Verbindung mit der Übergabe entsprechender Befugnisse und Verantwortung; Letzteres erscheint mancher Führungskraft so aufwändig, dass sie gleich ganz auf die Delegation verzichtet. • Viele Führungskräfte vermeiden es allein deshalb zu delegieren, weil sie befürchten, unangemessen viel Zeit für nachfolgende Fehlerkorrekturen aufwenden zu müssen. **Empfehlungen:** • zwischen kurz- und langfristigen Effekten unterscheiden • klare Aufgabenzuordnung einschließlich entsprechender Handlungsverantwortung sicher stellen • Aufgabenverantwortung von Führungsverantwortung unterscheiden • sorgfältige Auswahl „delegationsfähiger" Mitarbeiter
Bedeutungsverlust	• Viele Vorgesetzte befürchten, bei Delegation überflüssig zu werden. • Häufig stellt sich auch die Sorge ein, von eigenen Mitarbeitern überflügelt zu werden. **Empfehlungen:** • Vertrauen in die eigenen Stärken entwickeln • die der Führungsposition entsprechenden Aufgaben mehr ins Zentrum rücken
Durchsetzungsprobleme	• Manchmal erscheint es schwierig, klar abgegrenzte Delegationsbereiche durchzusetzen. • Unter Umständen fürchten sich manche Vorgesetzte davor, dass Mitarbeiter eine Delegation nicht annehmen wollen. **Empfehlungen:** • Klarheit durch entsprechende Anweisungen schaffen • Delegation als Prinzip betrachten und entsprechend im Rahmen von Zielvereinbarungen mit den Mitarbeitern kommunizieren • mögliche Widerstände (z. B. mangelndes Selbstvertrauen, Kompetenzdefizite, Verantwortungsscheu) der eigenen Mitarbeiter antizipieren und diesen mit System und Fingerspitzengefühl entgegen wirken

Abb. 10-20

◆ Integrative Zielvereinbarung

Das unter dem Stichwort „Management by objectives" bekannte Prinzip der Zielvereinbarung wird in der Praxis häufig zu eng bzw. einseitig genutzt.

Beispiel Im Rahmen des Mitarbeiterjahresgespräches legt der Vorgesetzte die vom Mitarbeiter zu erfüllenden Ziele fest, ohne dem Mitarbeiter zu verdeutlichen, welche Rolle der zu erwartende Zielerreichungsbeitrag innerhalb des Unternehmens spielt und wie er sich in die Ziele der Abteilung sowie die des übergeordneten Bereichs einordnen lässt.

Hier müsste der Vorgesetzte im Gespräch einsichtig machen, wie das vom Mitarbeiter zu erfüllende Ziel im Zusammenhang mit den Unternehmenszielen steht. Daraus kann sich dann eine **integrative** Zielvereinbarung entwickeln, die es dem Mitarbeiter erleichtert, für seinen Zielbeitrag entsprechende Verantwortung zu übernehmen.

Zielvereinbarungen sollten grundsätzlich auf einen klar definierten Zeitraum bezogen sein und so formuliert werden, dass sie für den Mitarbeiter motivierend sind. Dies ist dann anzunehmen, wenn der Mitarbeiter die Ziele für sich als

- eindeutig,
- konkret,
- beeinflussbar,
- herausfordernd sowie
- realistisch erreichbar

anerkennt und sich in seiner Arbeit danach ausrichtet.

Solche Zielvereinbarungsgespräche können unter Umständen auch notwendige Fördermaßnahmen einbeziehen, insbesondere dann, wenn der Mitarbeiter neue Aufgabenbereiche übernehmen soll. Empfehlenswert ist es, die getroffene Zielvereinbarung schriftlich zu fixieren und dem Mitarbeiter ein Exemplar auszuhändigen.

◆ Anerkennung und Kritik

Kritik und Anerkennung sind wichtige und effektive Führungsmittel in der täglichen Arbeit. Mitarbeiter, deren Führungskräfte gute Leistungen angemessen zu würdigen wissen, sind nachweislich höher motiviert. Doch viele Führungskräfte tun sich schwer bei der Vergabe von Anerkennung und auch bei der Kritik von nicht zu akzeptierenden Verhaltensweisen.

Eine **Anerkennung** sollte sich üblicherweise nur auf solche Mitarbeiterleistungen beziehen, die **über das normale Maß** hinausgehen, denn eine „normale" Leistung gilt ja als vertraglich geschuldet, muss demnach nicht gesondert herausgestellt werden.

Folgende Gesichtspunkte sollten vor allem beachtet werden:

- Anerkennung und Kritik deutlich **trennen**.
- Inhaltlich **konkret** auf eine über das normale Maß gehende Leistung des Mitarbeiters eingehen; eine übliche zu erwartende Leistung sollte nicht besonders anerkannt werden.
- Anerkennung **zeitnah** zur erbrachten Leistung geben.
- Für die Anerkennung **maßvolle Formulierungen** nutzen, nicht übertreiben und auch keine schematisch wirkenden Floskeln benutzen.
- Mitarbeiter **nicht auf Kosten anderer** anerkennen.
- Die Anerkennung muss insgesamt **glaubwürdig** wirken.

Die **Kritik** als Führungsmittel sollte insgesamt mit Bedacht eingesetzt werden. Einerseits ist ein zu langes Schweigen zu vermeiden, um rechtzeitige Verhaltensänderungen zu ermöglichen. Andererseits sollte auch nicht jede falsche Handlung gleich kritisiert werden, was schnell zu einer Verängstigung führen könnte. Fehler beinhalten immer zugleich Chancen für positive Veränderung und kreative Entwicklungen.

Folgende Gesichtspunkte sollten bei der Kritik beachtet werden:

- Bei einem lernenden Mitarbeiter geht grundsätzlich die **Korrektur** vor der Kritik.
- Kritik ist immer im **persönlichen** Gespräch anzubringen, daher verbietet sich jede kritische Äußerung in Abwesenheit der zu kritisierenden Person. Außerdem ist darauf zu achten, dass Kritik nicht im Beisein anderer Kollegen ausgesprochen wird.
- Kritik muss sich auf einen **konkreten Sachverhalt** beziehen und darf nicht personenbezogen sowie auch nicht pauschaliert formuliert werden (z. B. „Sie sind nicht fähig...")
- Kritik muss immer **begründet** ausgesprochen werden; dabei sind Soll- und Istverhalten vergleichend gegenüber zu stellen.
- Das Kritikgespräch ist **sachlich** und **fair** zu führen; die Stellungnahme des Mitarbeiters ist ernst zu nehmen.
- Die Kritik soll **konstruktiv** zu einer Erreichung des Soll-Zustandes beitragen, d. h. sie soll positive Wirkungen und nicht Widerstände erzielen.

A Aufgaben

◆ Wiederholungsaufgaben

1. Welches Führungsverständnis verbindet sich mit den nachfolgenden Definitionen?
   a) Führen ist zielbezogene Einflussnahme durch Beeinflussung, Lenkung und Gestaltung.
   b) Führen ist, anderen zu helfen, erfolgreich zu sein.
   c) Führen ist Steuerung des Verhaltens anderer Personen.
   d) Führen ist zielorientierte, soziale und interpersonelle (inter = zwischen) Verhaltensbeeinflussung mithilfe von Kommunikationsprozessen zur Erfüllung gemeinsamer Aufgaben.
2. Sie haben als Auszubildender bzw. Trainee mehrere Abteilungen einer Unternehmung kennengelernt und sich immer wieder gewundert, auf welche Verhaltenselemente in den einzelnen Abteilung jeweils besonders geachtet wurde. In Abteilung X war Pünktlichkeit oberstes Gebot, in Abteilung Z stand die Leistung an erster Stelle, wobei es nicht so wichtig war, wann sie erbracht wurde. In Abteilung Z war die Anwesenheit am Arbeitsplatz von äußerster Wichtigkeit.

   Sie haben diese Sachverhalte in einer Schulung als „die vorherrschende Gedankenrichtung einer Abteilung" richtig einzuschätzen gelernt, nämlich als ein ungeschriebenes Gesetz, das man nicht verletzen sollte.

   Wie ordnen Sie diese Sachverhalte nach Ihrem jetzigen Kenntnisstand ein?
3. Welche Rolle spielt das Prinzip der sich selbst erfüllenden Prophezeiung (self-fulfilling prophecy) in der Personalführung?
4. Beschreiben Sie die Vorzüge der aufgabenorientierten (leistungsorientierten) Personalführung.
5. Beschreiben Sie die Vorzüge der beziehungsorientierten (personenorientierten, mitarbeiterorientierten) Personalführung.
6. Sie haben als Personalverantwortlicher das sogenannte „Managerial Grid" kennen gelernt und fühlen sich dazu angeregt, sich selbst, aber auch Vorgesetzte, Kollegen und nachgeordnete Mitarbeiter den Feldern des Verhaltensgitters zuzuordnen.

Außerdem nehmen Sie sich vor, bei den Routinebeurteilungen, die Sie jährlich für ca. 15 weisungsgebundene Mitarbeiter durchzuführen haben, mit diesem Instrument zu arbeiten, indem Sie die Mitarbeiter um Selbstzuordnung bitten werden. Der Vorstand erwartet von Ihnen eine Begründung für Ihr Vorgehen.

7. In den Führungsgrundsätzen eines großen Unternehmens findet sich der Satz: „Lasst uns zu einer Gruppe von positiven Fanatikern zusammenwachsen, die sich mit unerschütterlicher Hartnäckigkeit weigern, das Unmögliche zu akzeptieren. Was wir wollen, können wir, und das werden wir auch gemeinsam tun – wunderbare Zukunft".

   Bei einem anderen Unternehmen findet sich die Formulierung: „Zusammenarbeit und Führung in unserem Unternehmen orientieren sich am Leitbild einer Leistungsgemeinschaft qualifizierter, motivierter und engagierter Mitarbeiter. Diese Leistungsgemeinschaft, die durch Partnerschaft und Vertrauen geprägt ist, soll unsere Wettbewerbsfähigkeit auch zukünftig sichern".

Vergleichen Sie die Auszüge nach dem Gesichtspunkt, welches Menschenbild den jeweiligen Ausführungen zugrunde liegt, und begründen Sie Ihre Auffassung.

8. Ein bekannter Personalberater für Führungskräfte charakterisiert Leadership durch folgende Eigenschaften bzw. Merkmale:
   Charakter, Demut (im Sinne von Hingabe, Opferbereitschaft, Zurückstellen der eigenen Person zugunsten der Sache), Humor;
   seine Grenzen erkennen;
   lebenslange Lernbereitschaft;
   Vision, Intuition, Kommunikation;
   soziale Kompetenz;
   Provokation der Führung (Provokation und Widerspruch dulden, Individualität fördern, aber das verbindende gemeinsame Ziel betonen);
   ethisches Bewusstsein;
   ökologisches Denken.

Prüfen Sie, inwieweit Sie persönlich die angegebenen Führungseigenschaften für erforderlich halten.

◆ Situationsaufgaben

1. In der Literatur wird das Führungsverhalten – die vorherrschende Verhaltensweise des Führenden zur Durchsetzung seiner Ziele gegenüber dem Geführten – in Grundmuster eingeteilt. Diese werden als Führungsstil bezeichnet.

   a) Charakterisieren Sie den Führungsstil von Herrn Hesse Senior. Welches Führungsverständnis und welches Menschenbild verbirgt sich hinter diesem Führungsstil?

   b) Charakterisieren Sie den Führungsstil von Thomas und Sabrina Hesse. Welches Verständnis von Führung, welches Menschenbild liegen ihrem Führungsstil zugrunde?

   c) Informieren Sie sich in Kap. 10.3.3 über Führungsstile anhand des Modells von Tannenbaum/Schmidt und ordnen sie beide Führungsstile hier ein.

   d) Stellen Sie Vor- und Nachteile der beiden Grundformen, des autoritären und des kooperativen Führungsstils, in einer Tabelle gegenüber. Denken Sie hierbei auch an die Überlegungen zur Motivationstheorie, zum Beispiel von Herzberg und Maslow.

2. Fünf Monate nach Übernahme der Führung durch Thomas und Sabrina Hesse müssen diese ernüchtert feststellen, dass es insgesamt nicht so gelaufen ist, wie sie gedacht hatten. Daraufhin entschließen sie sich, für den Change Prozess die Hilfe eines Coaches in Anspruch zu nehmen, wie in der Situation bereits beschrieben wurde.

   a) Analysieren Sie in der Rolle des Coaches, welche Herausforderung in Bezug auf die Mitarbeiterführung von Sabrina und Thomas Hesse zu meistern ist.

   b) Entwickeln Sie Verhaltensregeln anhand des Projekts „Online-Shop" für bzw. mit Sabrina und Thomas, damit diese verständlich kommunizieren und alle Mitarbeiter ansprechen.

   c) Erstellen Sie eine Übersicht über die Managementtechniken im Rahmen eines kooperativen Führungsstils.

   d) Erarbeiten Sie einen Gesprächsleitfaden für erfolgreiche Delegation anhand eines konkreten Beispiels aus dem Arbeitsalltag.

B Methodische Empfehlungen

◆ Verständigungsregeln[1]

- Sachaussage und Beziehungsaussage
  Eine Information beschränkt sich nie lediglich auf die Sachaussage; in jeder Information steckt auch eine Aussage über die Beziehung zwischen Sender und Empfänger.

Beispiele „Über das Wetter kann man heute wirklich nicht klagen."
Sachaussage: Ich meine, dass das Wetter gut ist.
Beziehungsaussage: Ich formuliere die Aussage so allgemein und unverbindlich, dass Sie mir wirklich zustimmen und damit ‚das und das' zum Ausdruck bringen können, z. B. Gesprächsbereitschaft, meine Akzeptanz als Gesprächspartner u. a. m.

Führungskraft zum Mitarbeiter:
„Das haben Sie dieses Mal aber wirklich gut gemacht."

Sachaussage: Das Arbeitsergebnis ist einwandfrei.

Mögliche Beziehungsaussage: Ich habe Sie bisher nicht so eingeschätzt, dass Sie das können.

- Decodierung und Feedback
  Die häufigste Ursache von Missverständnissen liegt darin, dass der Empfänger die codierte Information nicht vollständig entschlüsselt (decodiert). Ein Feedback seinerseits könnte Missverständnisse leicht aufklären.

- Aktives Zuhören
  Zuhören ist ein sehr wichtiger Teil der Kommunikation. Wer nicht nur hinhört, sondern – erkennbar durch Mimik und Gestik – aktiv zuhört und dem Gesprächspartner sein Interesse an der Botschaft signalisiert, trägt zur Optimierung der Kommunikation bei.

---

[1] *Vgl. dazu die ausführlichen Darlegungen in Elias, K.; Schneider, K. H.: Kommunikation, Troisdorf, 2010.*

- Ich-Botschaft statt Du-Botschaft
  Wer vom Gesprächspartner Ratschläge oder eine Ermahnung bekommt (Beispiel: Könnten Sie das Rauchen hier nicht lassen?), fühlt sich bevormundet. Äußert der Gesprächspartner dagegen beispielweise: „Ich fühle mich durch das Rauchen gestört“, dann nimmt der Empfänger diese Botschaft mit deutlich weniger Aggression auf. Ich-Botschaften tragen also zur störungsfreien Kommunikation bei.

- Offene Fragen statt geschlossene Fragen
  Auf geschlossene Fragen oder Alternativ-Fragen (Beispiel: Wann ist die Angelegenheit erledigt? Wird die Sache heute oder morgen fertig?) sind die Antworten gewöhnlich knapp. Ein Gedankenaustausch kommt nicht zustande. Offene Fragen erweitern dagegen die Gesprächsbasis (Beispiel: Was ist eigentlich noch zu erledigen?)

- Metakommunikation
  In kritischen Gesprächssituationen, beispielweise bei einem Streit, ist es ratsam, die Situation grundlegend zu ändern, indem man z. B. vorschlägt, einmal inne zu halten und über die Art und Weise der bisherigen Kommunikation zu sprechen.

◆ Kommunikationsbarrieren

Es gibt Verhaltensweisen im Kommunikationsprozess, die als Störungen des Kommunikationsflusses eingeordnet werden müssen. Solche Kommunikationsbarrieren sollte man vermeiden.

Beispiele
- zuviel von sich selbst reden statt den Partner zu Wort kommen lassen
- Ratschläge erteilen, die selten jemand gerne hört
- Probleme des Gesprächspartners, die man mitgeteilt bekommt, herunterzuspielen (bagatellisieren)
- jemanden ausfragen
- jemanden dirigieren wollen (ihm zeigen, „wo es lang geht“)
- jemandem Vorwürfe machen bzw. jemanden sogar bedrohen
- dem Kommunikationspartner erklären, wie er sein eigenes Verhalten am besten interpretiert

◆ Kritik vorsichtig äußern

Kritikgespräche, auch wenn man sie nicht als solche bezeichnet, sind schwierig zu führen. Wenn diese eine Veränderung herbeiführen sollen, sind bestimmte Kommunikationsregeln zu beachten.

Beispiel
- keine Eigenschaften kritisieren, sondern nur tatsächliche Verhaltensweisen
- nur unter vier Augen sprechen, um das Selbstwertgefühl des Gesprächspartners nicht vor anderen zu verletzen
- auch im Vier-Augen-Gespräch eine Wortwahl treffen, die den Gesprächspartner nicht das Gesicht verlieren lässt
- eine klare Sprache wählen
- konstruktiv kritisieren, d. h. immer Wege zeigen bzw. gemeinsam finden, die aus der schwierigen Situation herausführen
- solche Hilfen und solche Ziele vereinbaren, die realistisch sind
- die Wortwahl bei Wegen und Zielvereinbarungen so treffen, dass überprüfbar ist, ob die Wege beschritten bzw. die Ziele erreicht wurden.

C Literatur

Atkinson, J. W.; Kuhl, J.: Motivation, Thought, and Action. New York, 1986.

Blake, R. R.; Mouton, J. S.; Lux, E.: Verhaltensgitter der Führung (Managerial Grid). In: Kieser, A.; Wunderer, R. (Hrsg.): Handwörterbuch der Führung, Stuttgart, 1987.

Blank, A.; Rösener, M.: Marketing, Troisdorf, 2008.

Bornemann, E.: Betriebspsychologie, Wiesbaden, 1967.

Bröckermann, R.: Personalführung, Arbeitsbuch für Studium und Praxis, Stuttgart, 2007.

Csikszentmihalyi, M.: Das flow-Erlebnis, Stuttgart, 1999.

Drumm, H. J.: Personalwirtschaftslehre, Berlin, 2011.

Eisele, D.; Doyle, T.: Praxisorientierte Personalwirtschaftslehre – Wertschöpfungskette Personal, Stuttgart, 2010.

Elias, K.; Schneider, K. H.: Kommunikation, Troisdorf, 2010.

Felfe, J.: Transformationale und charismatische Führung – Stand der Forschung und aktuelle Entwicklungen. Zeitschrift für Personalpsychologie, 2006.

Fleishmann, E. A.; Harris, E. F.: Muster des Führungsverhaltens und die Beschwerde- und Fluktuationsrate von Arbeitnehmern, in: Kunczik, M. (Hrsg.): Führungs-Theorien und Ergebnisse, Düsseldorf/Wien, 1972, S. 246–259.

Fliegner, M.; Schönleben, M.: Anmerkungen zum Personalmanager der Zukunft, in: Maier/Fröhlich, a. a. O., Seite 30 bis Seite 35.

Hentze, J.; Brose, P.: Personalführungslehre, Bern/Stuttgart, 1990.

Huber, A.: Personalmanagement, München, 2010.

Jochum, E.: „Laterale" Führung und Zusammenarbeit – Der Umgang mit Kollegen. In: Rosenstil, L. von; Regnet, E.; Domsch, M. (Hrsg.): Führung von Mitarbeitern, Stuttgart, 1999, S. 429–438.

Krüger, W.: Führungsstile zum erfolgreichen Wandel. In: Bruch, H.; Krummaker, S.; Vogel, B.: Leadership – Best Practices and Trends, Wiesbaden, 2006.

Maier, W.; Fröhlich, W. (Hrsg.): Personalmanagement in der Praxis, Konzepte für die 90er-Jahre, Wiesbaden, 1991.

Rosenstiel, L. v.; Regnet, E.; Domsch, M. (Hrsg.): Führung von Mitarbeitern, Stuttgart, 1999.

Sattelberger, T.: Innovative Personalentwicklung, Wiesbaden, 2002.

Schanz, G.: Personalwirtschaftslehre, München, 2000.

Scholz, C.: Personalmanagement, München, 2000 und 2011.

Staehle, W. H.: Management, München, 1999.

Wunderer, R.; Dick, P.: Personalmanagement – Quo Vadis, Neuwied, 2006.

Wunderer, R.; Kuhn, T.: Unternehmerisches Personalmanagement, Konzepte, Prognosen und Strategien für das Jahr 2000, Frankfurt, 2006.

11 Personal differenziert beurteilen

Auf welche Weise kann das Leistungspotenzial der Mitarbeiter als Basis für personalwirtschaftliche Entscheidungen zur optimalen Zielerfüllung für alle am Unternehmen Beteiligten erfasst und angemessen eingeschätzt werden?

Die Geschäftsführung eines mittelständischen Unternehmens mit 400 Mitarbeitern sah bisher keine Veranlassung, ein Personalbeurteilungssystem einzuführen. Ein kürzlich abgeschlossenes Beförderungsverfahren hat nun eine beachtliche Unruhe hervorgerufen. Mehrere Kandidaten, die sich auf eine interne Stellenausschreibung beworben hatten und nicht berücksichtigt wurden, haben ein Gespräch mit dem Betriebsrat geführt und sich für ein überschaubares Beurteilungssystem ausgesprochen. Der Geschäftsführer hatte bereits aus mehreren Artikeln der Zeitschrift „Personalführung" verschiedene Anregungen zur Einführung von Beurteilungsgrundsätzen gesichtet. Anlässlich der jetzt entstandenen Unruhe stellt er dem Betriebsrat ein bestimmtes Modell zur Zustimmung gemäß § 94 Absatz 2 BetrVG vor. Der Betriebsrat begrüßt den Vorschlag des Geschäftsführers grundsätzlich, braucht aber noch Zeit, sich mit Alternativen zu beschäftigen. Er beauftragt den Betriebsausschuss, sich – über das vorgeschlagene Modell hinaus – mit Grundlagen der Personalbeurteilung zu befassen, ebenfalls Modelle zu sichten und ihm entsprechende Informationen zu geben. Versetzen Sie sich in die Lage eines der drei Ausschussmitglieder.

11.1 Zielsetzung und Gegenstand der Personalbeurteilung

Zielsetzung

Die Personalbeurteilung gehört zu den wesentlichen Führungsinstrumenten zur Unterstützung personalwirtschaftlicher Planungs- und Entscheidungsaufgaben. Die **Zielsetzung** besteht grundsätzlich darin, Aussagen darüber zu machen, ob und inwieweit die Mitarbeiter jeweils hinsichtlich Leistung und Eignung den vom Unternehmen gestellten Anforderungen entsprechen und welche Konsequenzen daraus zu ziehen sind. Mit diesem Führungsinstrument lassen sich verschiedenartige **Zwecke** erfüllen, wie der folgenden Abbildung 11-1 zu entnehmen ist.

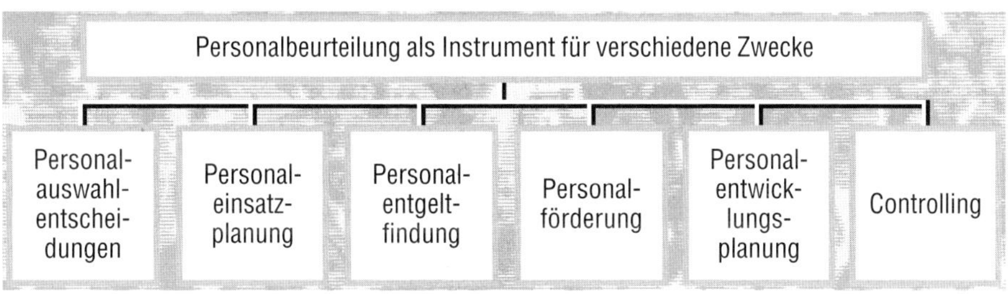

Abb. 11-1

Verschiedene Zwecke der Personalbeurteilung

◆ **Zwecke der Personalbeurteilung**

- **Personalauswahlentscheidungen**
  Im Zusammenhang mit **Einstellungen** (vgl. Kapitel 5), **Versetzungen** (vgl. Kapitel 4) und **Entlassungen** (vgl. Kapitel 14) von Mitarbeitern besteht die Notwendigkeit, mithilfe rationaler Entscheidung diejenigen auszuwählen, die jeweils am ehesten für bestimmte Maßnahmen infrage kommen. Im Falle der Entlassung geht es dabei unter Umständen mehr um die Frage des Verbleibens im Unternehmen.

- **Personaleinsatzplanung**
  Die Personalbeurteilung soll im Zusammenhang mit dem **Personaleinsatz** (vgl. Kapitel 7) dazu beitragen, dass die vorhandenen Potenziale eines Mitarbeiters unter Beachtung seiner Bedürfnisse so für die Verwirklichung der Unternehmensziele genutzt werden, dass **Unter- und Überforderungen** vermieden werden.

- **Personalentgeltfindung**
  Die **Entgeltfestlegung** (vgl. Kapitel 9) orientiert sich neben anforderungs- und sozialbezogenen Kriterien auch an Gesichtspunkten, die das Leistungspotenzial der Mitarbeiter betreffen. Dies bezieht sich zunächst auf Kriterien, die die **erbrachte Leistung** betreffen. Beispielsweise wird der Akkordlohn auf der Basis der produzierten Stücke ermittelt. Durch eine nachvollziehbare Umsetzung der Personalbeurteilung in Entgeltbestandteile kommt es auf diese Weise zu einer als gerecht empfundenen **Entgeltdifferenzierung**. Als Entlohnungsgrundlage kommt aber nicht mehr nur die tatsächlich erbrachte Leistung infrage, sondern auch die Qualifikationen des Mitarbeiters werden berücksichtigt, was sich als **Potenziallohn** niederschlägt.

- **Personalförderung**
  Mitarbeiter haben gewöhnlich das Bedürfnis, im Wege der Information und Beratung Rückmeldung über das von ihnen Geleistete zu erhalten, was ihnen durch den **Vergleich von Selbst- und Fremdbild** eine genauere Standortbestimmung ermöglicht und die **motivationale Basis** für die Weiterarbeit bietet.

- **Personalentwicklungsplanung**
  Mithilfe der Personalbeurteilung können gezielt Qualifikationslücken ermittelt werden. Auf dieser Grundlage ergibt sich der für den einzelnen Mitarbeiter erforderliche **Entwicklungsbedarf**, für dessen Deckung dann gleichzeitig geeignete Personalentwicklungsmaßnahmen festzulegen sind.

- **Controlling**
  Unter dem Controllingaspekt wird weniger der einzelne Mitarbeiter als vielmehr die **systemische Steuerung** betrachtet. In diesem Zusammenhang liefert das Beurteilungssystem wesentliche Informationen zur Analyse, Kontrolle und Steuerung personalwirtschaftlicher Konzepte und Programme. Beispielsweise lässt sich so erkennen, dass das Einarbeitungsprogramm für neue Mitarbeiter aufgrund bestimmter Schwächen dringend überarbeitet werden muss.

Sie werden in die Diskussion um ein neues Beurteilungssystem einbringen, dass Ihr vorrangiges Interesse darin besteht, das System als Personalentwicklungs- und Förderinstrument genutzt zu sehen.

◆ Ansprüche an die Personalbeurteilung

Ansprüche an die Personalbeurteilung

Mit den vielfältigen Zwecken von Personalbeurteilungen verbinden sich unterschiedliche **Ansprüche**. Eine entsprechende Übersicht zeigt die nachfolgende Abbildung.

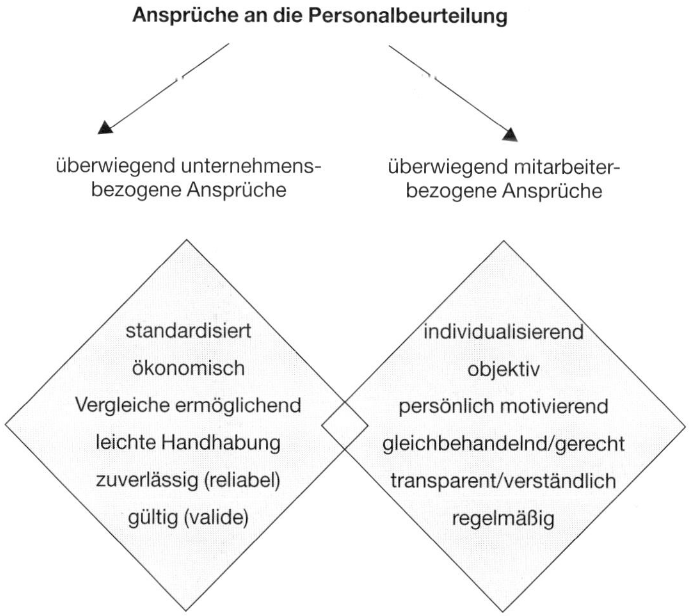

Abb. 11-2: Ansprüche an die Personalbeurteilung

Perspektiven der Beurteilung

Die in Abbildung 11-2 zusammengestellten Ansprüche an das Personalbeurteilungssystem zeigen, dass verschiedene Perspektiven mit unterschiedlichen Interessen zu beachten sind. In der Regel repräsentiert der Beurteiler das **Unternehmensinteresse**, was sich vor allem auf Standardisierung mit guter Verwertbarkeit für planerische Zwecke unter rein **ökonomischen Gesichtspunkten** bezieht. Dagegen hat der Beurteilte in der **Mitarbeiterrolle** vor allem ein Interesse an einem seiner **Individualität** gerecht werdenden Verfahren unter Beachtung seiner Persönlichkeitsrechte. Dies schließt das Bedürfnis nach klaren, verständlichen und nachvollziehbaren Maßstäben mit ein. In mancher Hinsicht überschneiden sich auch die Interessen, wie zum Beispiel bei den Aspekten Transparenz, Vergleichbarkeit sowie Regelmäßigkeit. Auch ist zu berücksichtigen, dass der Beurteiler sich häufig in der Doppelrolle befindet, da er selbst auch beurteilt wird.

Um den aufgezeigten Ansprüchen an ein leistungsfähiges Beurteilungssystem als Kern eines ausgebauten Personalmanagements zu genügen, ist es zunächst erforderlich, die relevanten **Bezugspunkte** einer zielorientierten Personalbeurteilung zu identifizieren. Auf dieser Basis sind dann geeignete **Beurteilungsverfahren** auszuwählen und methodengeleitet zu nutzen. Dieses geschieht im Bewusstsein der **Grenzen** solcher Verfahren und macht zugleich erforderlich, die **Trends** in der Personalbeurteilung als Anregung für eine ständige Verbesserung bestehender Systeme zu beachten. Daraus ergibt sich die nachfolgende Struktur der Abbildung 11-3.

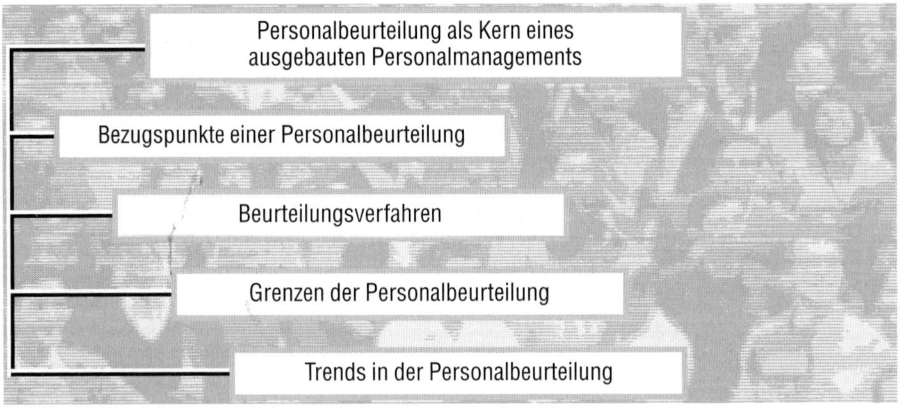

Abb. 11-3

11.2 Bezugspunkte einer zielorientierten Personalbeurteilung

Ausgangspunkt für die Überlegungen ist die **individuelle Leistung** des Mitarbeiters einschließlich der sie beeinflussenden Faktoren als Ansatzpunkt für eine Beurteilung. Auf dieser Basis lassen sich dann jeweils geeignete **Kriterien zur Personalbeurteilung** aufstellen. Damit verbindet sich gleichfalls die Notwendigkeit, sich Klarheit darüber zu verschaffen, inwieweit bei der Beurteilung mehr die Person oder die jeweilige Aufgabe im Vordergrund steht, was sich zusätzlich noch verbindet mit einer mehr vergangenheits- oder mehr zukunftsbezogenen Orientierung in der Beurteilung. Diese Gesichtspunkte betreffen die Frage nach den zu beachtenden **Beurteilungsdimensionen**.

11.2.1 Die individuelle Leistung als Ansatzpunkt für die Beurteilung

Individuelle Leistung als Ansatzpunkt

Wenn Leistung als Beitrag des Mitarbeiters zu den Unternehmenszielen aufgefasst werden kann, so besteht Leistungsbeurteilung in dem Versuch, diesen Beitrag zu erfassen. Dabei ist allerdings zu berücksichtigen, dass die „Leistung an sich" nicht gemessen werden kann, weil sie im Rahmen des Arbeitsprozesses verschiedenen Einflussfaktoren unterliegt und allenfalls über Indikatoren zu erfassen ist. Um einen geeigneten Ansatzpunkt für solche Indikatoren zu finden, muss die individuelle Leistung eines Mitarbeiters im Zusammenhang der verschiedenen Einflussgrößen betrachtet werden. Die nachfolgende Abbildung 11-4 veranschaulicht in die Beziehungszusammenhänge.[1]

[1] *Quelle: Scholz, C.: Personalmanagement, München, 2000, S. 155.*

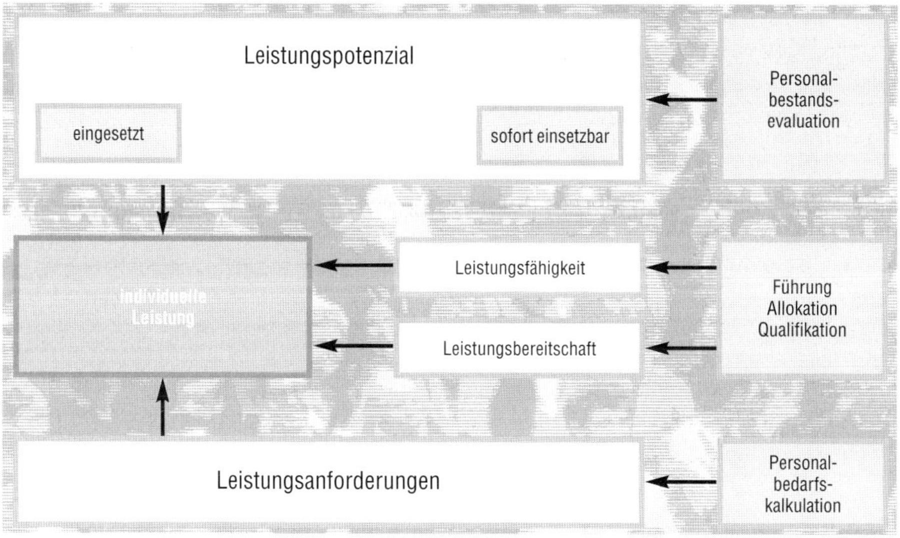

Abb. 11-4: Bestimmungsfaktoren der individuellen Leistung

Abbildung 11-4 soll aufzeigen, dass die individuelle Leistung beeinflusst wird durch die Größen **Leistungsfähigkeit, Leistungsbereitschaft, Anforderungen** und **Leistungsbedingungen**.

Leistungs-fähigkeit

◆ Leistungfähigkeit

Die Leistungsfähigkeit gibt Auskunft über die Voraussetzungen für die Leistungserbringung. Dabei greift der Mitarbeiter auf seine grundlegenden körperlichen, geistigen und persönlichen Anlagen bzw. Eigenschaften sowie seine erworbenen fachlichen und sozialen Kompetenzen, kurz seine **Fähigkeitsmerkmale** zurück. Allerdings spiegelt die individuelle Leistung häufig nur einen Teil der Leistungsfähigkeit wider, weil der Mitarbeiter möglicherweise Fähigkeiten besitzt, die an seiner Stelle nicht bzw. zurzeit nicht abverlangt werden. Dieser sofort abrufbare Teil gehört zum **latenten Leistungspotenzial,** das zusätzlich noch das Entwicklungspotenzial umfasst, nämlich denjenigen Teil des **individuellen Leistungspotenzials**, der erst nach entsprechenden Personalentwicklungsmaßnahmen verfügbar gemacht werden kann.

Leistungs-bereitschaft

◆ Leistungsbereitschaft

Die Leistungsbereitschaft des Mitarbeiters wird geprägt durch seine grundlegenden Wertvorstellungen und Motive, allerdings auch durch situationsspezifische Einflüsse, wie zum Beispiel Stimmungen oder spezielle Anreize.

Anforde-rungen

◆ Anforderungen

Maßgeblich für die individuelle Leistung des Mitarbeiters sind auch die Anforderungen der Stelle. Liegen diese beispielsweise unter den Fähigkeiten des Mitarbeiters, muss die individuelle Leistung auch zwangsläufig unterhalb der möglichen Fähigkeiten liegen. Im umgekehrten Fall (Überforderung) können erhebliche Probleme entstehen, da die Stellenanforderungen nicht erfüllt werden.

Leistungsbedingungen

◆ Leistungsbedingungen

Letztlich sind auch die Bedingungen, unter denen die Leistung abverlangt wird, für deren Höhe maßgebend. So ist beispielsweise leicht einsehbar, dass organisatorische Mängel (z. B. mangelnde Information) oder ergonomisch ungünstig gestaltete Arbeitsplätze die tatsächliche Leistung negativ beeinflussen.

11.2.2 Kriterien zur Mitarbeiterbeurteilung

Leistungsindikatoren

Vor dem Hintergrund der Beziehungszusammenhänge um die inviduelle Leistung ist zu prüfen, worauf die Personalbeurteilung nun Bezug nehmen soll. Da die Leistung, wie dargestellt, an sich nicht fassbar ist, muss zwangsläufig auf Indikatoren zurückgegriffen werden, die in einem funktionalen Verhältnis zur Leistung stehen. Ansatzpunkte ergeben sich dabei aus dem Leistungsergebnis selbst, dem Leistungsverhalten, das zum Leistungsergebnis führt, sowie aus den Fähigkeits- bzw. Persönlichkeitsmerkmalen als Voraussetzung der individuellen Leistung (vgl. Drumm, H. J.: Personalwirtschaftslehre, Berlin/Heidelberg, 2005, S. 99 f.). Je nach Wahl des Bezugspunktes ergeben sich unterschiedliche Arten von Beurteilungsmerkmalen. Die dargestellten Zusammenhänge ergeben sich aus der nachfolgenden Abbildung 11-5.

Beurteilungsmerkmale zur Erfassung von Leistungsindikatoren

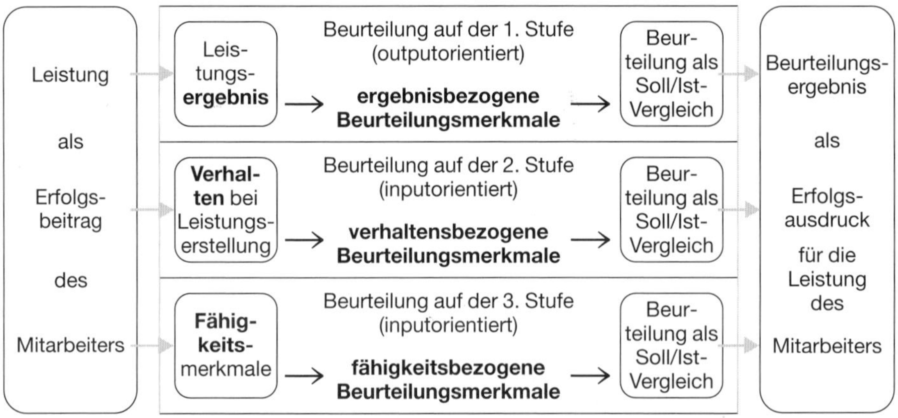

Abb. 11-5: Beurteilungsmerkmale als Indikatoren zur Erfassung von Leistungsindikatoren

Ergebnisbezogene Beurteilungsmerkmale

◆ Die Beurteilung mithilfe ergebnisbezogener Beurteilungsmerkmale

Eigentlich ist es naheliegend, für die Beurteilung einer Leistung nach Möglichkeit auf konkrete, fassbare Ergebnisse (als output) zurückzugreifen, die sich hinsichtlich Qualität und/oder Quantität einschätzen lassen.

Quantität

Die **Quantität der Leistung** ist dabei zum Beispiel überprüfbar anhand der Anzahl verkaufter Produkte, der Menge erstellter Halbfertigteile oder der benötigten Zeit zur Durchführung einer bestimmten Wartungsarbeit.

Qualität

Die **Qualität der Leistung** macht sich beipielsweise fest an der Häufigkeit von Fehlern bei der Erstellung von Geschäftskorrespondenz, der Einhaltung von Toleranzen bei der Zuschneidung von Stoffen oder der Anzahl von Kundenreklamationen nach Service-Leistungen.

Leistungsvorgaben als Maßstab

Als **Maßstab für die Beurteilung** bietet sich in diesen Fällen jeweils eine bestimmte Soll-Vorgabe an. Beispielsweise wird für die Routinewartung einer bestimmten Maschine eine Sollzeit von 20 Minuten als Normalleistung vorgegeben. Solche Vorgaben ergeben sich aus **arbeitswissenschaftlichen Zeitstudien,** die üblicherweise als Basis für die quantitative Personalbedarfsplanung sowie die Akkordentlohnung genutzt werden. In dem Maße, wie nun der Mitarbeiter die Vorgabezeit für die Maschinenwartung über- oder unterschreitet, kann seine Leistung auch beurteilt werden, vorausgesetzt es handelt sich tatsächlich um eine Wartung mit festgelegten Routinen ohne besondere Vorkommnisse. Leistungsvorgaben können sich auch aus Zielvorgaben oder Zielvereinbarungen im Rahmen des **Managements by Objectives (MbO)** mit einzelnen Mitarbeitern ergeben.

Beispiel Das Management einer Großbank vereinbart mit dem Leiter einer Geschäftsstelle als Ziel „Erhöhung der Kundenspareinlagen um 5 % innerhalb eines Jahres". Die Leistungsbeurteilung orientiert sich dann am Grad einer solchen Zielerreichung.

Vergleich mit anderen Mitarbeitern

Neben der Vorgabe von Soll-Größen als Vergleichsmaßstab für eine zu bewertende Leistung könnte als Maßstab auch der **Vergleich mit anderen Mitarbeitern** aus der gleichen Arbeitsgruppe oder Abteilung herangezogen werden. Abschließend ist auch denkbar, dass ein Mitarbeiter nach der **Entwicklung der Leistungsergebnisse** beurteilt wird, zum Beispiel in Form eines Vergleichs zu den Ergebnissen des letzten Jahres.

Probleme

Die aufgezeigten Beispiele machen zugleich die **Problematik einer ergebnisorientierten Beurteilung** deutlich, da

- der Einfluss des Mitarbeiters auf das Arbeitsergebnis häufig sehr gering ist, wie zum Beispiel bei der Überwachung von computergesteuerten Fertigungsprozessen,
- das Arbeitsergebnis sich oft als sehr komplexes Leistungsbündel erweist, das erst mithilfe zahlreicher Vorleistungen zustande kommt, wie zum Beispiel bei der Installation und Inbetriebnahme eines DV-gestützten Fertigungsinformationssystems, und
- Ziele als theoretische Konstrukte sich meist nicht genügend operational definieren lassen, wie zum Beipiel die folgende Zielvereinbarung: „Imageverbesserung der Produktmarke Apha innerhalb des kommenden Geschäftsjahres."

Das heißt, dass für eine ergebnisorientierte Personalbeurteilung bestimmte Voraussetzungen gegeben sein müssen, wenn dieser Ansatz nicht als unbrauchbar abqualifiziert werden soll (vgl. Drumm: Personalwirtschaftslehre, Berlin/Heidelberg, 2005, S. 107):

- Erwartete Ergebnisse müssen klar als Zielsetzung definiert sein.
- Erreichte Ergebnisse müssen auf bestimmte Ziele zuordnungsfähig sein.
- Erreichte Ergebnisse müssen der Person zurechenbar sein, mit der das entsprechende Ziel vereinbart wurde.

Verhaltensbezogene Beurteilungsmerkmale

◆ Die Beurteilung mithilfe verhaltensbezogener Beurteilungsmerkmale

Da in sehr vielen Fällen nicht die Voraussetzungen für eine ergebnisorientierte Personalbeurteilung gegeben sind, kann die Beurteilung auch auf der 2. Stufe (vgl. Abb. 11-5), d. h. am Leistungs**verhalten** des Mitarbeiters, anknüpfen. Hier wird dann ein **bestimmtes Soll-Verhalten**, was als erfolgsrelevant gilt, als Maßstab vorgegeben, anhand dessen das tatsächliche Mitarbeiterverhalten zu beurteilen ist. Dies gilt unter der Hypothese, dass die Leistung des Mitarbeiters eine Funktion seines Verhaltens ist. Das heißt, dass man das **Mitarbeiterverhalten** im Sinne eines Inputs **als Indikator** für die Güte seiner zu bewertenden Leistung betrachtet.

Beispiel Ein im Beratungsdienst eingesetzter Mitarbeiter produziert im engeren Sinne keine messbaren oder beobachtbaren Leistungsergebnisse. Er wird daher beurteilt anhand seines Verhaltens, zum Beispiel an der Art und Weise, wie er zu Kunden Kontakt aufbaut, ihnen aktiv zuhört, ihre Probleme und Wünsche aufnimmt und in mögliche Vorschläge umsetzt.

In der Praxis gibt es eine Vielzahl möglicher Beurteilungsmerkmale zum Verhalten, wie zum Beispiel Kommunikationsverhalten, Teamverhalten, Service-Verhalten, Sicherheitsverhalten, organisatorisches Verhalten, Führungsverhalten, Beratungsverhalten, Lernverhalten. Es gibt bisher noch keine allgemeine Begriffsklärung und Begriffsübereinkunft für verhaltensorientierte Bewertungsansätze analog zum **Genfer Schema** der Arbeitsbewertung. Drumm schlägt in diesem Zusammenhang sieben verschiedene Dimensionen für eine **Mindestdifferenzierung** der **Verhaltensanforderungen** vor (vgl. Drumm: Personalwirtschaftslehre, Berlin/Heidelberg, 2005, S. 197).

Dimensionen für Verhaltensanforderungen

Dimensionen für Verhaltensanforderungen	
• Arbeitsverhalten • Kooperationsverhalten • Zeitverhalten • Kontrollverhalten	• Entscheidungsverhalten • Führungsverhalten • Planungsverhalten

Abb. 11-6

Auch beim verhaltensorientierten Beurteilungsansatz zeigen sich erhebliche Probleme, da zumeist Beurteilungskriterien verwendet werden, die als **theoretische Konstrukte** zunächst einmal erläutert und definiert werden müssen. Dabei gehen die Anschauungen über das, was jeweils gemeint ist, weit auseinander. Beispielsweise gibt es bestimmt sehr unterschiedliche Vorstellungen darüber, was unter sozialem Verhalten zu verstehen ist. Neuere Bewertungsansätze, die unter dem Sammelbegriff **Verhaltensorientierte Beurteilungsskalen (VOBS)** zusammengefasst werden, knüpfen an diesen Mängeln an und versuchen, über mehrere methodische Schritte Übereinkunft in den unterschiedlichen Auffassungen zu bestimmten Verhaltensdimensionen herzustellen. Dabei „bauen sie" jedoch „auf der Prämisse auf, dass die Leistung am Arbeitsverhalten und nicht am Arbeitsergebnis abgelesen werden kann." (Quelle: Drumm, H. J.: Personalwirtschaftslehre, Berlin/Heidelberg, 2005, S. 105) Ihre Anwendbarkeit muss daher auch kritisch gesehen werden.

Fähigkeitsbezogene Beurteilungsmerkmale

◆ **Die Beurteilung mithilfe fähigkeitsbezogener Beurteilungsmerkmale**

Wie im vorhergehenden Abschnitt aufgezeigt, führt die verhaltensbezogene Personalbeurteilung ebenso wie die ergebnisbezogene Beurteilung in vielen Fällen zu erheblichen Problemen in der Anwendung. Beispielsweise lässt sich bei kreativen oder innovativen Arbeiten ein Sollverhalten kaum so beschreiben, dass es als Beurteilungsgrundlage dienen könnte. Hier setzt ein weiterer Beurteilungsansatz auf der 3. Stufe (vgl. Abb. 11-5) bei den **Fähigkeits- bzw. Qualifikationsmerkmalen** als Voraussetzung für die Leistung an. Ähnlich wie das Verhalten können auch die Fähigkeiten als Input für ein bestimmtes Leistungsergebnis betrachtet werden. Als **Maßstab** dienen die aus den **Anforderungsprofilen** abgeleiteten **Soll-Fähigkeiten**.

Beispiel Ein Personalentwicklungsreferent kann aufgrund einer NLP[1]-Fortbildung seine Grundbefähigung als Berater vorweisen. Der Blick in das Anforderungsprofil der Referentenstelle zeigt, dass NLP-Fähigkeiten über die für diese Stelle zu fordernden Kenntnisse und Fähigkeiten hinausgehen. Die Leistung des Personalentwicklungsreferenten kann daher in dieser Hinsicht als überdurchschnittlich eingeschätzt werden.

[1] *NLP = Neurolinguistische Programmierung.*

Vielfalt von Beurteilungskriterien

In der Praxis werden viele unterschiedliche, teilweise sich überschneidende Beurteilungsmerkmale genutzt, wobei sich auch zeigt, dass sich verhaltens- und fähigkeitsbezogene Merkmale sprachlich vermischen, wie zum Beispiel bei dem „Fähigkeitsmerkmal" Verhandlungs**fähigkeit.** Einen kleinen Einblick in die Vielfalt genutzter Beurteilungskriterien gibt die nachfolgende Abbildung 11-7.

Anpassungsfähigkeit	Durchsetzungsvermögen	Kreativität
Ansehen	Ehrlichkeit	Menschenkenntnis
Arbeitseinsatz	Einsatzbereitschaft	Organisationstalent
Arbeitseinstellung	Entwicklungsfähigkeit	Pflichtbewusstsein
Arbeitsqualität	Entscheidungsbereitschaft	Sachkenntnis
Arbeitsquantität	Fachkönnen	Selbstständigkeit
Arbeitsverhalten	Fachwissen	Sicherheitsverhalten
Arbeitstempo	Führungsfähigkeit	Sorgfalt
Aufrichtigkeit	Informationsbereitschaft	Tatkraft
Auftreten	Initiative	Umsicht
Ausdrucksfähigkeit	Kontaktfähigkeit	Verhandlungsfähigkeit
Belastbarkeit	Kontrolle	Verantwortungsfreude
Benehmen	Kooperationsfähigkeit	Verträglichkeit
Delegation	Kostenbewusstsein	Zusammenarbeit

Abb. 11-7: Häufig vorkommende Beurteilungskriterien

(Quelle: Mentzel, W.: Unternehmenssicherung durch Personalentwicklung, Freiburg, 1997, S. 87)

Scholz schlägt in Anlehnung an Rumpf eine Übersicht grundsätzlich denkbarer Fähigkeitsmerkmale mit den Kategorien „Identifizierende, Kenntnisbezogene, Physische sowie Psychische Merkmale" vor. Die nachfolgende Abbildung 11-8 zeigt den entsprechenden Katalog.

Kategorie	Beispiele
Identifizierende Merkmale	Personalnummer, Name
Kenntnisbezogene Merkmale	
Ausbildungsstand	
– Ausbildungsabschlüsse	Studiengänge, Akademischer Grad, Lehrgänge, Seminare
– Zusatzqualifikationen	Fremdsprachen, REFA-Kurse
beruflicher Werdegang	vorherige Arbeitgeber, innerbetriebliche Laufbahn
Physische Merkmale	
physischer Zustand	Körpermaße, Körpergewicht, chronische Erkrankungen und Behinderungen
körperliche Fähigkeiten	Funktionstüchtigkeit der Körperteile, Bewegungsbereiche
körperliche Beanspruchbarkeit	
– aktiv	Ausdauer, Kraft, Geschicklichkeit
– passiv	Lärm, Klima, Schwingungen
Psychische Merkmale	
geistige Leistungsfähigkeit	Auffassungsgabe, Kreativität, Gedächtnisleistung
Arbeitsverhalten	
– aufgabenbezogen	Pünktlichkeit, Exaktheit
– personenbezogen	Hilfsbereitschaft, Teamarbeitsfähigkeit
psychomotorische Fähigkeiten	Auge-Hand-Koordination
psychische Beanspruchbarkeit	im Hinblick auf Zeitdruck (Stress) oder Verantwortung

Abb. 11-8: Kategorien und Unterkategorien von Fähigkeitsmerkmalen

(vgl. Scholz, C.: Grundzüge des Personalmanagements, München, 2011, S. 155)

Diese Daten dürfen jedoch nur dann gespeichert werden, wenn der jeweilige Mitarbeiter damit einverstanden ist (Datenschutzgesetz). Die Beispiele zeigen, dass sich auch der fähigkeitsbezogene Beurteilungsansatz auf **theoretische Konstrukte** als Beurteilungsmerkmale bezieht, was zu den bereits beim verhaltensbezogenen Beurteilungsansatz beschriebenen Definitions- und Abgrenzungsschwierigkeiten führt.

VOBS

Im Vergleich der verschiedenen aufgezeigten Beurteilungsansätze wird dem verhaltensorienten Ansatz in Zukunft wohl die größte Bedeutung zu kommen, da sich hier mit den **verhaltensorientierten Beurteilungsskalen (VOBS)** vielversprechende Ansätze zu einer mehr situations- und anforderungsgerechten Operationalisierung zeigen.

Die Ausführungen zu den Kriterien der Personalbeurteilung haben insgesamt deutlich gemacht, dass es in diesem Bereich noch viele ungelöste Probleme gibt. Auch in der Literatur wird dieser Frage eine große Bedeutung zugemessen. Das Problem, welche Beurteilungsmerkmale herangezogen werden sollen, um die Leistung des Mitarbeiters zu messen, wird als eines der schwierigsten Bereich der Personalführung überhaupt angesehen. Die gleiche Problematik ist **analog** auch auf die Aufstellung von **Anforderungskriterien** im Zusammenhang mit der Entwicklung von Anforderungsprofilen zu übertragen, weil Anforderungs**kriterien** und Beurteilungs**merkmale** die beiden Aspekte der Soll-Ist-Betrachtung widerspiegeln.

Dem vorangegangenen Abschnitt wurde deshalb ein relativ großer Raum beigemessen, weil die **Merkmals-** bzw. **Kriterienfestlegung**, sei es in Form von **Anforderungskriterien** oder **Beurteilungsmerkmalen**, eine **zentrale Bedeutung** in der gesamten Personalwirtschaft hat.

Beispiel

Verhaltensorientierte Beobachtungsskala				
Liefert Arbeitsergebnisse fristgerecht ab				
Trifft voll zu				Trifft nie zu

11.2.3 Die Berücksichtigung unterschiedlicher Beurteilungsdimensionen

Klare Trennung der Beurteilungsdimensionen erleichtert die Umsetzung

Trotz vielfach aufwändig konstruierter Beurteilungssysteme zeigen sich in der Praxis immer wieder Umsetzungsprobleme, was unter anderem auch darauf zurückzuführen ist, dass die unterschiedlichen **Beurteilungsdimensionen** nicht erkannt und beachtet werden. Beispielsweise reagieren Mitarbeiter häufig mit Widerstand, wenn im Rahmen der jährlich stattfindenden Leistungs**ergebnis**beurteilung **Verhaltens**merkmale bei ihnen kritisiert werden. Ein anderes Beispiel bezieht sich auf die Situation, dass ein Mitarbeiter, dem die Zusammenhänge um die Begriffe **Potenzial-** und **Fähigkeits**beurteilung nicht klar sind, mit Unverständnis darauf reagiert, dass in seinem Beurteilungsbogen steht „Das **Potenzial** von Herrn/Frau .... lässt zurzeit eine alternative Verwendung nicht zu".

Vor diesem Hintergrund wird hier ein **Modell integrierter Personalbeurteilung** vorgeschlagen, das von einer **zweidimensionalen** Betrachtungsweise ausgeht. Dabei geht es in einer Dimension um **Aufgabenorientierung** versus **Personenorientierung**, in der anderen Dimension um **Vergangenheitsorientierung** versus **Zukunftsorientierung**. Auf diese Weise entstehen vier verschiedene Quadranten, denen jeweils unterschiedliche Formen der Personalbeurteilung zugeordnet werden können. Die dargestellten Zusammenhänge ergeben sich auch aus der nachfolgenden Abbildung 11-9.

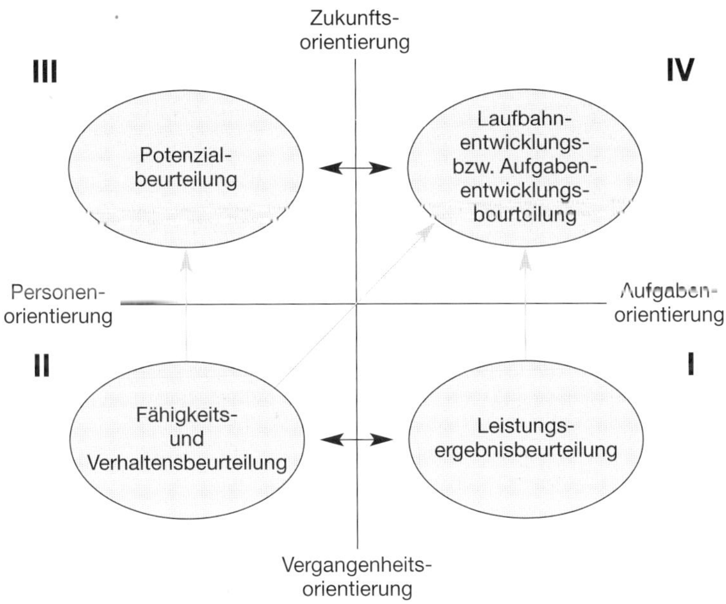

Abb. 11-9: Die Formen der Personalbeurteilung im Lichte verschiedener Dimensionen

Zu beachten ist, dass das Instrument Personalbeurteilung grundsätzlich alle in der Abbildung 11-9 dargestellten Formen integriert in sich vereinen kann. Die Pfeile deuten auf die bestehenden Verbindungen hin. Die **analytische Trennung** der Dimensionen soll aber vor allem dazu beitragen, das Bewusstsein für die jeweils angesprochenen Dimensionen mit ihren unterschiedlichen **Leitfragen** zu schärfen. Gleichzeitig erweitert sich mit einem solchen Modell auch das Feld möglicher personalwirtschaftlicher Handlungsalternativen, wie noch zu zeigen sein wird.

Leistungsergebnisbeurteilung

◆ Leistungsergebnisbeurteilung

Diese Beurteilungsform ist durch die Dimensionen Vergangenheits- und Aufgabenorientierung geprägt. Die damit verbundene Leitfrage lautet: *Welche Ergebnisse kann der Mitarbeiter aufgrund vereinbarter Ziele konkret vorweisen?*
Als wesentlich ist hier vor allem der jeweilige **Anforderungsbezug** im Sinne eines Soll-Ist-Vergleichs zu beachten. Dieses macht sich in der Regel an entsprechenden Zielvereinbarungen fest.

Beispiel Ein bisher überwiegend mit anspruchsvollen Stabsaufgaben betrauter Personalmanager erhielt vor einem Jahr den Auftrag, ein in Schwierigkeiten geratenes Tochterunternehmen personell so zu reorganisieren, dass eine Basis für das Überleben dieses Unternehmensteiles gesichert werden kann. Das Ziel wurde so konkretisiert, dass innerhalb eines Jahres die Belegschaft um 30 % reduziert sowie die Personalleitung mit einer erfahrenen Kraft besetzt sein müsse. Mittlerweile kann anhand konkreter Ergebnisse in Form von Dokumenten und Zahlen festgestellt werden, dass die Leistungsvorgabe vom Personalmanager erfüllt worden ist. Gleichzeitig zeigt sich bei der Beurteilung seiner Leistung, dass im Zuge der Reorganisation im Konzern noch weitere Probleme im Tochterunternehmen zur Erledigung anstehen. Hier wird zurzeit geprüft, ob der Personalmanager in diesem Zusammenhang weitere Aufgaben übernehmen soll.

Die mehr aufgabenorientierte Beurteilung gibt an dieser Stelle zugleich einen Blick frei für neue oder möglicherweise veränderte Aufgabenstellungen. Dieses wird im Modell durch den in den IV. Quadranten weisenden Pfeil angedeutet.

Fähigkeits- und Verhaltensbeurteilung

◆ Fähigkeits- und Verhaltensbeurteilung

Diese Beurteilungsform ergibt sich aus der Kombination der Dimensionen Vergangenheits- und Personenorientierung. Sie erschließt sich mit folgender Leitfrage: *Welche Fähigkeiten, Eigenschaften und Verhaltensweisen hat der Mitarbeiter bis jetzt als sein Fähigkeits- und Persönlichkeitsprofil entwickelt?*

Hier wird bewusst auf den möglichen Soll-Ist-Vergleich verzichtet, der sich durch den Vergleich mit dem jeweiligen Anforderungsprofil ergeben könnte. Auf diese Weise können nämlich auch die zum **latenten Leistungspotenzial** zählenden Fähigkeiten identifiziert werden, die zwar möglicherweise vorhanden sind, aber aufgrund der Stellenanforderungen nicht abgerufen werden (vgl. 11.2.1).

Beispiel Der Personalreferent aus dem obigen Beispiel zum Beurteilungsansatz mithilfe fähigkeitsbezogener Beurteilungsmerkmale könnte aufgrund seiner NLP-Fortbildung künftig spezielle Beratungsaufgaben übernehmen, die bisher weder in seiner Stellenbeschreibung vorgesehen waren noch als unternehmensinterne Aufgabenstellung überhaupt existierten, da diesbezüglich nur von Fall zu Fall externe Personalberater eingeschaltet wurden.

Damit wird der Tatsache Rechnung getragen, dass das Fähigkeitsprofil in der Regel umfangreicher ist als das Anforderungsprofil. Unternehmen, die dieses in der Beurteilung beachten, halten sich Türen für **flexible Personaleinsatzmöglichkeiten** offen.

Potenzialbeurteilung

◆ Potenzialbeurteilung

Diese Beurteilungsform ergibt sich aus der Kombination der Dimensionen Zukunfts- und Personenorientierung. Die damit verbundene Leitfrage lautet: *Welche **möglichen** Fähigkeiten des Mitarbeiters als Teil seines Entwicklungspotenzials sind ansatzweise erkennbar und entwickelbar?*

Auch hier zeigt die Fragestellung die bewusste Trennung von zugrunde liegenden Anforderungen. Das heißt, es geht zunächst nur um den Versuch, festgestellte Qualifikationen in die Zukunft fortzuschreiben. Erst danach stellt sich die Frage nach möglichen Verwendungsmöglichkeiten. Auf diese Weise stehen dem Unternehmen für einen Mitarbeiter **verschiedene Optionen** offen.

Beispiel Im Rahmen einer Potenzialbeurteilung wird einem jungen kaufmännischen Mitarbeiter der Personalabteilung überdurchschnittlich hohes Potenzial für konzeptionelles Arbeiten zuerkannt. Dieses Urteil stützt sich bezüglich der **vorhandenen** konzeptionellen Fähigkeiten auf die Beobachtungen durch verschiedene Personen in jeweils unterschiedlichen Arbeitszusammenhängen. Das Urteil bezüglich noch **weiterer** konzeptioneller Fähigkeiten stützt sich auf die übereinstimmende Beobachtung der **kontinuierlichen Entwicklung** dieser Fähigkeit. Als Optionen für künftige Einsatzmöglichkeiten kommen neben diversen Stabsaufgaben für die Personalleitung auch fachübergreifende Projektleitungsaufgaben in Betracht.

Das methodisch schwierige Problem liegt vor allem in der Identifizierung bestimmter bisher nicht erkannter Potenziale sowie in ihrer Fortschreibung. Als spezielle Instrumente werden dazu insbesondere die **Assessment-Center-Technik** sowie die systematische Personalentwicklungsplanung hinzugezogen.

◆ Laufbahnentwicklungs-bzw. Aufgabenentwicklungsbeurteilung

Laufbahnentwicklungs- bzw. Aufgabenentwicklungsbeurteilung

Diese Beurteilungsform ergibt sich aus der Kombination der Dimensionen Zukunfts- und Aufgabenorientierung. Folgende Leitfrage erschließt die Zusammenhänge: *Welche **möglichen** künftigen Aufgabenstellungen können dem Mitarbeiter in absehbarer Zeit übertragen werden?*

Die Fragestellung stellt zunächst die Aufgabenentwicklung in den Vordergrund. Dies geschieht vor dem Hintergrund, dass sich nicht nur Personen, sondern auch die Aufgabenstellungen ändern. Erst dann beziehen sich die Überlegungen auf die personelle Passung.

Beispiel Ein bisher traditionell orientierter Herrenausstatter möchte neben seinem bisherigen Verkauf über Filialen mit seinem Angebot ins Netz gehen. Dazu wird eine Fachkraft angeworben, die bereits in einem vergleichbaren Unternehmen den Internetverkauf aufgebaut hat. Damit die bestehende Unternehmenspolitik einschließlich der Kenntnisse über Sortiment und Abnehmerkreise hinlänglich berücksichtigt werden, wird ein junger Mitarbeiter aus einer der erfolreichsten Filialbetriebe ausgesucht, um das Aufbauteam zu ergänzen.

Im Zuge der abflachenden Hierarchien in den Unternehmen muss der Begriff Laufbahnentwicklung im Sinne einer **Aufgabenentwicklung** umgedeutet werden; denn nicht jede neue Aufgabenstellung muss zwangsläufig mit einer vertikal orientierten Laufbahnänderung verbunden sein. Vielmehr werden sich Mitarbeiter künftig verstärkt auf **parallele Laufbahnentwicklungen** einstellen müssen. Bei der personellen Zuordnung für künftige Aufgabenstellungen liegt die methodische Schwierigkeit vor allem darin, dass die Eignung eines Mitarbeiters für Aufgabenerfüllungen beurteilt werden soll, mit denen dieser bislang noch nicht konfrontiert worden war. Verschärft wird das Problem unter Umständen dadurch, dass die Aufgabenstellungen selbst noch unscharf sind.

Insgesamt zeigt sich also, dass mithilfe der analytischen Trennung der Beurteilungsdimensionen **zusätzliche Erkenntnisse** gewonnen werden, die sowohl für das Unternehmen wie auch für den betroffenen Mitarbeiter als **Flexibilitätspotenzial** nutzbar gemacht werden können.

*Sie werden der Geschäftsführung den Vorschlag unterbreiten, eine organisatorische Trennung von Leistungsbeurteilung als **„wertgebundener“** Vergangenheitsbetrachtung und Potenzialbeurteilung als **„neutraler“** Zukunftsbetrachtung durchzuführen. Diese Potenzialbeurteilung soll in der ersten Stufe eine neutrale Einschätzung der persönlichen Eignungen und Fähigkeiten des Mitarbeiters leisten, um in einer zweiten Stufe daraufhin zu überprüfen, inwieweit diese den Anforderungen aus bestimmten Aufgabenstellungen entsprechen.*

11.3 Das Verfahren der Personalbeurteilung

Verfahren der Personalbeurteilung

Im Zusammenhang mit der Anwendung konkreter Beurteilungsverfahren sind die notwendigen **Schritte einer Personalbeurteilung** in Verbindung mit den zu nutzenden **Methoden der Beurteilung** zu bedenken. Jede Beurteilung sollte in einem **Beurteilungsgespräch** vermittelt sowie die notwendigen **Konsequenzen** daraus gezogen werden. Schließlich sind auch noch die **betriebsverfassungsrechtlichen** Beteiligungsrechte zu beachten. Daraus ergibt sich die in der nachfolgenden Abbildung 11-10 dargestellte Struktur.

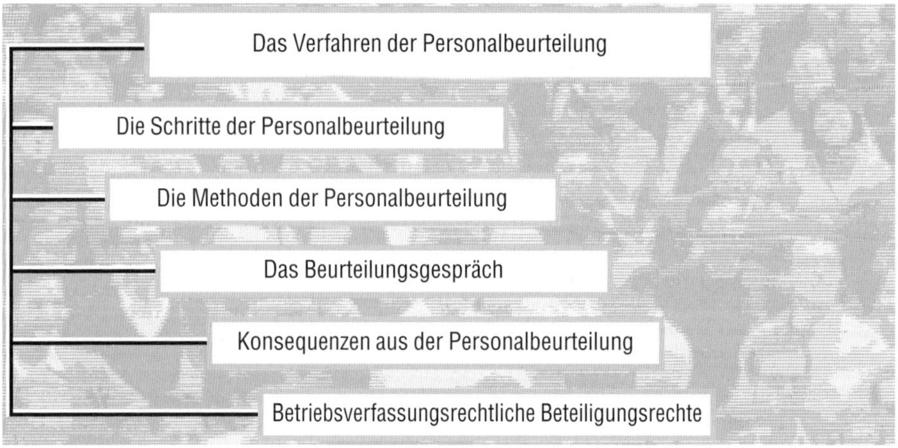

Abb. 11-10

Schritte der Personalbeurteilung

11.3.1 Die Schritte der Personalbeurteilung

Die Schritte der Personalbeurteilung sind gemäß der folgenden Abbildung 11-11 mit Festlegung der **personellen** Zuständigkeit, Aufstellung der **Beurteilungsmerkmale**, Sammeln von **Beobachtungen**, **Beschreibung** der Beobachtungen sowie **Bewertung** der Beobachtungen zu kennzeichnen.

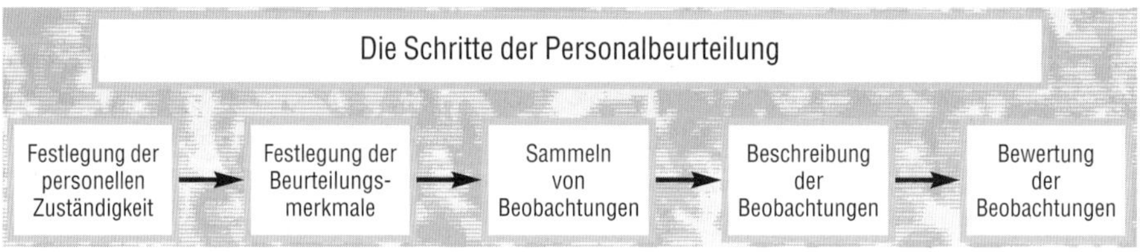

Abb. 11-11

Personelle Zuständigkeit

◆ Festlegung der personellen Zuständigkeiten

Die Personalbeurteilung sollte nach Möglichkeit vom unmittelbaren Vorgesetzten durchgeführt werden, weil dieser den zu beurteilenden Mitarbeiter in seiner Persönlichkeit am besten kennt und dessen Leistung und Verhalten auch am ehesten einzuschätzen vermag. Daneben kann auch noch der übernächste Vorgesetzte hinzugezogen werden, um die Gefahr mangelnder Objektivität auszugleichen. Ein Beurteiler sollte insbesondere folgenden Ansprüchen genügen:

Ansprüche an einen Beurteiler
• Er sollte die Anforderungen des Arbeitsplatzes eines Mitarbeiters kennen. • Er sollte in ständigem Kontakt zum Mitarbeiter stehen. • Er muss die Beurteilung auf eigene Beobachtungen stützen, keinesfalls auf unbegründete Meinungen oder Aussagen seitens Dritter. • Er muss sich über die jeweilige Beurteilungsdimension im Klaren sein. • Er muss sich seiner Subjektivität bewusst sein und um Vermeidung von Beobachtungs- und Bewertungsfehlern ständig bemüht sein. • Er muss zu Vergleichszwecken auch die Leistungen anderer Mitarbeiter kennen.

Abb. 11-12 (vgl. Curth, M.; Lang, B.: Management der Personalbeurteilung, München, 1999, S. 25)

◆ Festlegung der Beurteilungsmerkmale

Beurteilungsmerkmale

Grundsätzlich lässt sich die Personalbeurteilung, ähnlich wie die Arbeitsbewertung (vgl. Kapitel 9), **summarisch** oder **analytisch** durchführen. Im Gegensatz zu den Arbeitsbewertungsverfahren hat sich allerdings bei der Personalbeurteilung das analytische Verfahren in der Praxis durchgesetzt. Daher wird nachfolgend nur noch darauf Bezug genommen. Bei der Festlegung der Beurteilungsmerkmale muss ein **Kompromiss** gefunden werden zwischen einer umfassenden, auf den jeweiligen Mitarbeiter **individuell** zugeschnittenen Merkmalsliste sowie einer eher **allgemeinen** auf alle Mitarbeiter des Unternehmens anwendbaren Liste. Im Sinne einer besseren Vergleichbarkeit der Mitarbeiter empfiehlt sich eine Merkmalsauswahl, die jeweils für möglichst viele Mitarbeiter genutzt werden kann. Den individuellen Erfordernissen der jeweiligen Arbeitsstellen kann dadurch Rechnung getragen werden, dass die Merkmale je nach Bedeutung für die Arbeitstätigkeit **unterschiedlich gewichtet** werden.

Beispiel Ein Industrieunternehmen nutzt ein Beurteilungssystem mit Merkmalen, die grundsätzlich für alle Mitarbeiter gelten, allerdings muss der Beurteiler jeweils kenntlich machen, ob für die Stelle ein bestimmtes Merkmal als sehr wichtig, wichtig, eher unwichtig oder bedeutungslos eingeschätzt wird. Letzteres trifft beispielsweise zu für die Führungsfähigkeit von Stabsmitarbeitern.

Die Anzahl der ausgewählten Beurteilungsmerkmale sollte in einem engen Rahmen bleiben. Als Obergrenze werden in der Literatur zehn Kriterien angegeben, bei denen geschulte Beurteiler noch angemessen differenzieren können (vgl. Schanz: Personalwirtschaftslehre, München, 2000, S. 506). Domsch/Gerpott empfehlen in diesem Zusammenhang die **Beschränkung auf fünf bis neun Beurteilungsmerkmale** mit jeweils höchstens 7 Skalenstufen, um Scheingenauigkeiten zu vermeiden (vgl. Domsch, M.; Gerpott, T.: Personalbeurteilung, Stuttgart, 2004, S. 1438). Auch sollte sich der Beurteiler Klarheit über die **Gewichtung der Beurteilungsmerkmale untereinander** verschaffen. Für die Beurteilung von Werbetextern einer Werbeagentur wird beispielsweise das Merkmal Kreativität ein größeres Gewicht als das Merkmal Arbeitsorganisation tragen.

◆ Sammeln von Beobachtungen

Sammeln von Beobachtungen

Ein Mitarbeiter sollte nach Möglichkeit in seinen jeweiligen **Arbeitszusammenhängen** beobachtet werden. Dies erleichtert insbesondere die Beachtung des erforderlichen Anforderungsbezuges. Bei der Beobachtung ist so zu verfahren, dass der Mitarbeiter nicht das Gefühl hat, sich kontrolliert verhalten zu müssen. Es darf weder zu einem Versagen unter Stressbelastung kommen, noch darf sich der Mitarbeiter zu einer Mehrleistung veranlasst fühlen. Die Beobachtungen sollten grundsätzlich über den gesamten Beobachtungszeitraum **verteilt** sein, um Leistungsentwicklungen beim Mitarbeiter erkennen zu können. Dabei ist auf jeweils **wechselnde Tageszeiten** in der Wahl der Beobachtungszeitpunkte zu achten, da der biologische Tagesrhythmus für erhebliche Leistungsschwankungen sorgen kann. Letztlich bietet es sich an, die Wahrnehmung auch auf „besondere Vorkommnisse" zu richten. Das heißt alle Ereignisse, die spezielle Hinweise auf besonders positive oder negative Leistungen oder Verhaltensweisen des Mitarbeiters liefern, sollten bewusst registriert werden. Dies wird auch als Verfahren kritischer Vorfälle bzw. **„critical incidents method"** bezeichnet.

Beispiel Im Rahmen einer Dienstbesprechung fällt eine Sachbearbeiterin durch eine besonders anschauliche und prägnante Präsentation der bisherigen Teamarbeitsergebnisse auf. Demgegenüber kann ihre Kollegin keine der an sie gestellten Rückfragen zufriedenstellend beantworten.

Beschreibung der Beobachtungen

◆ Beschreibung der Beobachtungen

Die gesammelten Beobachtungen sollten nach Möglichkeit **schriftlich** in Form von Notizen festgehalten werden, um später konkrete Anhaltspunkte als Basis für die Beurteilung zu haben. Dabei gilt vor allem der Grundsatz strikter **Trennung zwischen Beobachtung und Bewertung**. Dadurch wird nämlich der Beurteiler gezwungen, die notwendige Verbindung zwischen Beobachtungen und Beurteilungsmerkmalen herzustellen.

Bewertung der Beobachtungen

◆ Bewertung der Beobachtungen

Erst in der letzten Stufe erfolgt der eigentliche Bewertungsvorgang. Dabei kommt es darauf an, die vielfältigen Beobachtungen in eine in sich stimmige Bewertung zu verdichten. Wesentliche Voraussetzung dafür ist, dass ein geeigneter **Beurteilungsmaßstab** gefunden wurde. In der Regel wird sich ein solcher Maßstab an einer Zielvorgabe orientieren. Häufig ergibt sich der Beurteilungsmaßstab aber auch durch den Vergleich mit anderen Mitarbeitern oder aber durch den Vergleich mit vorangegangenen Beurteilungen des gleichen Mitarbeiters.

Sie werden die Geschäftsleitung bitten, bei der Einführung des neuen Beurteilungssystems dafür zu sorgen, dass die Beurteiler intensiv in Beobachtung und Bewertung geschult werden. Dies sollte nicht als Einmal-Maßnahme „erledigt", sondern im Sinne der Prozessorientierung laufend mit entsprechenden Workshops begleitet werden.

Methoden der Personalbeurteilung

11.3.2 Methoden der Personalbeurteilung

Im Zusammenhang mit den Methoden der Personalbeurteilung konzentrieren sich die in der Praxis verwendeten Verfahren neben der **freien Beurteilungsform** auf drei verschiedene traditionelle **Grundformen der gebundenen Beurteilung**. Daneben sollte auch ein Augenmerk auf **neuere methodische Entwicklungen** in der Personalbeurteilung gerichtet werden.

◆ Die freie Beurteilungsform

Freie Beurteilungsform

Bei der freien Beurteilungsform muss der Beurteiler seine Einschätzungen mit eigenen Worten formulieren. Dieses ist grundsätzlich ohne jegliche Vorgaben möglich. In einem solchen Fall (z. B. bei der Anfertigung von Referenzen – vgl. Kapitel 5) verfasst der Beurteiler nach selbst gewählten und gewichteten Kriterien eine Beurteilung in **freier Gutachtenform**. Daneben bestehen auch noch Abwandlungen darin, dass der Beurteiler im Rahmen des Beurteilungsverfahrens vorgegebene **Fragen frei beantworten** muss. Schließlich ist auch noch denkbar, dass in einem Beurteilungsbogen die Kriterien einschließlich einer dazugehörenden Skala zwar vorgegeben sind, die entsprechenden Einstufungen aber mit **frei formulierten Begründungen** versehen werden müssen. Ein solcher Bogen ist im Abschnitt 11.3.3 als Abbildung 11-21 abgedruckt.

◆ Die traditionellen Grundformen der gebundenen Beurteilung

Gebundene Beurteilungen

Das allgemeine Kennzeichen **gebundener** Beurteilungsverfahren besteht darin, dass der Beurteiler durch feste Vorgaben so gelenkt wird, dass er weitgehend nur noch anzukreuzen braucht. Die traditionellen Grundformen, manchmal auch als standardisierte Verfahren bezeichnet, werden unterschieden nach **Kennzeichnungsverfahren, Rangordnungsverfahren** und **Einstufungsverfahren**. In der Praxis werden mittlerweile fast ausschließlich Einstufungsverfahren verwendet, die meist noch durch frei zu formulierende Teile – beispielsweise Anmerkungen, Besonderheiten, Zielvereinbarungen sowie vereinbarte Entwicklungsmaßnahmen – ergänzt werden.

Kennzeichnungsverfahren

Kennzeichnungsverfahren

Bei diesen Methoden wird auf die Vorgabe eines Merkmalsrahmens verzichtet. Die Vorgesetzten erhalten lediglich eine Liste mit gemischten Aussagen **(check-lists)** zur Kennzeichnung ihrer Mitarbeiter. Dabei geht es um Eigenschaftswörter oder kurze Verhaltensbeschreibungen, die für die Aufgabenerfüllung von Bedeutung sind. Der Vorgesetzte kreuzt in der Liste die auf den zu beurteilenden Mitarbeiter zutreffenden oder nicht zutreffenden Aussagen an. Die Auswertung der Liste und Beurteilung des jeweiligen Mitarbeiters erfolgt letztlich in der Personalabteilung. Diese Verfahren können auch noch mit verschiedenen Varianten (Listen mit oder ohne Wahlzwang) durchgeführt werden. Allerdings sind die Kennzeichnungsverfahren heute insgesamt von **untergeordneter Bedeutung** in der Praxis.

Rangordnungsverfahren

Rangordnungsverfahren

Das besondere Merkmal dieser Verfahren besteht darin, dass der Beurteiler die zu beurteilenden Mitarbeiter in eine Rangordnung bringen muss, aus der zu ersehen ist, wer jeweils der Beste und wer der Schlechteste ist. Dieses kann sowohl **summarisch** als auch **analytisch** durchgeführt werden. Bei Letzterem wird der Beurteiler gezwungen, seine Mitarbeiter im Hinblick auf jedes einzelne Beurteilungsmerkmal in eine Rangfolge zu bringen. Bei großen Gruppen werden dazu im Rahmen von **erzwungenen Verteilungen** manchmal auch bestimmte **Quoten** vorgegeben. Das heißt, dass zum Beispiel nur maximal 25% der Beurteilten als gut eingestuft werden dürfen. Zur Unterstützung der aufwändigen Vergleichsarbeit kann die Methode des **Paarvergleichs** genutzt werden. Bei dieser Methode wird die Leistung eines Mitarbeiters je Merkmal mit jeder anderen Person verglichen. Anschließend wird ausgezählt, wie häufig jede Person als jeweils bessere aus den Paarvergleichen hervorgegangen ist. Aus diesen Häufigkeiten können dann die entsprechenden Rangreihen ermittelt werden. Allerdings bleibt die Anwendung dieser Methode wegen der progressiv anwachsenden Zahl der zu beurteilenden Paare auf kleinere Gruppen beschränkt.[1]

Einstufungsverfahren

Einstufungsverfahren

Bei diesem Verfahren werden zu jedem Beurteilungsmerkmal Stufen der Leistungsausprägung festgelegt, die in geordneter Folge eine Skala ergeben, die von minimalen bis maximalen Leistungen reicht. Der eigentliche Bewertungvorgang erfolgt durch die Einstufung der beobachteten Leistung auf dieser Skala durch den Beurteiler. Eine Übersicht der verschiedenen Möglichkeiten von Skalenverankerungen, die in diesem Zusammenhang verwendet werden können, zeigt die nachfolgende Abbildung 11-13. Hierbei lassen sich durchaus mehrere Skalenarten miteinander verbinden.

---

[1] *Die Formel für die Berechnung lautet: Anzahl der Paare =* $\frac{n\,(n-1)}{2}$.

<table>
<tr><td>Skalenwert-beschreibung</td><td>Bei ihr werden für jeden Skalenwert textliche Beschreibungen vorgegeben, z. B.:
<table><tr><th>Beurteilungskriterium</th><th>Fehlerhäufigkeiten</th></tr><tr><td>Beurteilungsskala</td><td>• Arbeitet ohne vermeidbare Fehler.
• Manchmal unterlaufen vermeidbare Fehler.
• Häufig vermeidbare Fehler verursacht.</td></tr></table></td></tr>
<tr><td>Nominalskala</td><td>Bei ihr verzichtet man auf textliche Beschreibungen und gibt die Skaladefinition mit einzelnen Begriffen vor:
• Sehr gut/gut/zufriedenstellend/schlecht
• Stets/häufig/manchmal/selten/nie
• Hoch/mittel/schwach
• Überdurchschnittlich/durchschnittlich/unterdurchschnittlich</td></tr>
<tr><td>Nummerische Skala</td><td>Bei ihr werden unmittelbar zifferndefinierte Beurteilungswerte vorgegeben. Das können z. B. die Ziffern von 1 bis 10 sein. Dabei findet man sowohl auf- und absteigende Skalen in der betrieblichen Praxis vor. Die Skalenart erinnert an Schulnoten</td></tr>
<tr><td>Grafische Skala</td><td>Bei ihr erfolgt eine grafische Darstellung, die in zwei Arten gestaltet sein kann:
• Skalenstrahl
• Skalenscheibe
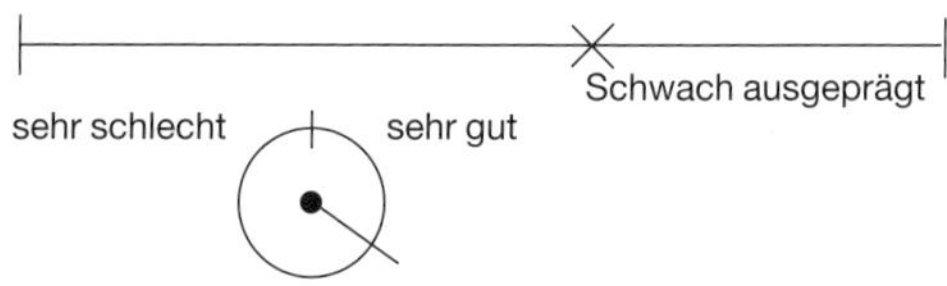
</td></tr>
</table>

Abb. 11-13
(Quelle: Olfert, K.: Personalwirtschaft, Herne, 2010, S. 257)

Ein Beispiel aus der Praxis wird in folgender Abbildung gezeigt:

Beurteilungskriterium: Leistungsqualität	
5	Es wird sehr schnell gearbeitet. Alles geht sehr flott von der Hand. Stets wird die jeweils höchstmögliche Menge ohne Überhastung geschafft.
4	Es wird schnell gearbeitet. Die Arbeit geht flott von der Hand. Die jeweils mögliche Menge wird ohne Überhastung geschafft.
3	Es wird gleichmäßig, wenn auch nicht sehr schnell, gearbeitet. Mengenmäßig wird das geschafft, was man im Durchschnitt erwarten kann.
2	Es wird langsam gearbeitet und zu allem etwas mehr Zeit gebraucht, aber beständig bei der Sache geblieben. Die durchschnittliche Mengenleistung wird nicht ganz erbracht
1	Es wird müde und lahm gearbeitet. Nichts kommt richtig vorwärts. Die zu erwartende Mengenleistung wird bei Weitem nicht erbracht.

Abb. 11-14
(Quelle: Olfert, K.: Personalwirtschaft, Herne, 2010, S. 258)

Wie die nachfolgende Abbildung 11-15 zeigt, sind alle gängigen methodischen Verfahren der Personalbeurteilung mit Schwächen behaftet.

Probleme bei der Anwendung von Verfahren zur Leistungsbeurteilung
Freie Eindrucksschilderung: • Qualität des Gutachtens abhängig von Differenzierungsvermögen und Ausdrucksfähigkeit des Vorgesetzten • Mögliche Überforderung des Vorgesetzten • Mangelnde Vergleichbarkeit der Gutachten • Subjektivität, Willkür
Kennzeichnungsverfahren: • Intransparenz des Verfahrens • Akzeptanzprobleme bei Vorgesetzten und Mitarbeitern • Ungenügende Grundlage für Mitarbeitergespräch oder Stellungnahmen des Beurteilten
Rangordnungsverfahren: • Akzeptanzprobleme besonders bei Mitarbeitern: niedrige Einstufung wird persönlich gewertet • Negative Folgen: Konkurrenzdenken, Misstrauen, Konflikte
Einstufungsverfahren: • Bei zu vielen Merkmalen Überforderung der Beobachter • Bei zu wenigen Merkmalen Einordnungsschwierigkeiten • Vollständigkeit der Merkmale, doch ohne Überschneidungen • Versteckte Gewichtungen, wenn zu Kriterien unterschiedlich viele Unterpunkte gebildet werden • Tendenz zur positiven Einstufung

Abb. 11-15: Probleme bei der Anwendung von Verfahren zur Leistungsbeurteilung
(Quelle: Riekhof, H.-C.: Mitarbeiterbeurteilung – Es ist nicht alles echt, was glänzt, in: Betriebs-Wirtschafts-Magazin, 52. Jg., 6/1984, S. 9–14)

◆ Neuere methodische Entwicklungen der Personalbeurteilung

Neuere methodische Entwicklungen

Die Ansatzpunkte für weiterentwickelte Personalbeurteilungsverfahren beziehen sich zum einen auf **verhaltensbezogene** Merkmale. Dabei werden vor allem **Assessment-Center-Verfahren** (vgl. dazu Kapitel 5) sowie **Verhaltensorientierte Beurteilungsskalen (VOBS)** eingesetzt. Zum anderen liegen die Bezugspunkte für Weiterentwicklungen auf **persönlichkeitsbezogenen** Merkmalen. Hier konzentriert sich das Interesse vor allem auf die Nutzung von **Biographischen Fragebögen** (vgl. dazu Kapitel 5) sowie **Psychobiologischen Verfahren.** Nachfolgend sollen kurz die Ansatzpunkte zu den VOBS sowie den psychobiologischen Verfahren erläutert werden. Ergänzend wird noch auf die als Balanced Scorecard bekannt gewordene Form der Zielvereinbarung sowie auf Policy Deployment eingegangen.

◆ Die Anwendung Verhaltensorientierter Beurteilungsskalen (VOBS)

Verhaltensorientierte Beurteilungsskalen

Das Wesentliche dieser Verfahren liegt darin begründet, dass Mitarbeiter nur anhand von **Kernanforderungen**, die sich aus bestimmten **arbeitsplatztypischen Arbeitssituationen** ergeben, angemessen beurteilt werden können. Daher werden in methodisch aufwändigen Verfahren die „kritischen" Arbeitssituationen ermittelt sowie diejenigen Verhaltensweisen beschrieben, mit denen diese Situationen mehr oder weniger gut bewältigt werden können. Diese Verhaltensbeschreibungen werden dann in mehreren methodischen Schritten in Form von **Ankertexten** einer mehrstufigen Skala zugeordnet. Der Beurteiler kann dann das tatsächliche Verhalten der zu beurteilenden Mitarbeiter beobachten und der Beurteilungsskala zuordnen. Die nachfolgende Abbildung 11-16 zeigt ein Beispiel für eine Verhaltensorientierte Beurteilungsskala.

Leistungsdimension: Führung des Verkaufspersonals

Vermittelt dem Verkaufspersonal klare Vorstellungen über dessen Aufgaben und Verantwortungsbereiche; arbeitet taktvoll und freundlich mit Untergebenen zusammen, nimmt effiziente und gerechte Arbeitsungsteilung vor und ergänzt formale Trainingsmaßnahmen durch persönliche Anleitung: hält sich laufend informiert über das, was sein Verkaufspersonal am Arbeitsplatz tut und hält sich bei Vereinbarungen mit Untergebenen an die Unternehmenspolitik.

Leitet sein Personal durchweg effektiv an und erreicht durch geschickte Förderung und geschickte Motivierung Spitzenleistung seiner Mitarbeiter	9	Man könnte von diesem Abteilungsleiter erwarten, dass er für neue Mitarbeiter ein ganztägiges Verkaufspraktikum durch führt und sie so in die Gruppe der besten Verkaufsmitarbeiter der Abteilung führt.
	8	Man könnte von diesem Abteilungsleiter erwarten, dass er seinen Mitarbeitern ein starkes Gefühl des Vertrauens und der Verantwortlichkeit vermittelt, indem er viele wichtige Aufgaben an sie deligiert.
	7	Man könnte von diesem Abteilungsleiter erwarten, dass er es nie versäumt, wöchentliche Trainingsveranstaltungen mit seinen Mitarbeitern zu festgelegten Terminen durchzuführen und ihnen genau mitzuteilen, was er von ihnen erwartet.
	6	Man könnte von diesem Abteilungsleiter erwarten, dess er sich gegenüber seinen Mitarbeitern höflich und korrekt verhält.
Leitet sein Personal überwiegend befriedigend an und fördert und motiviert seine Mitarbeiter so, dass sie ihr Aufgaben zumeist befriedigend bewältigen.	5	Man könnte von diesem Abteilungsleiter erwarten, dess er Verkaufspersonal daran erinnert, auf Kunden zu warten, anstatt sich untereinander zu unterhalten.
	4	Man könnte von diesem Abteilungsleiter erwarten, dass er sich vor seinen eigenen Mitarbeitern kritisch über die Qualität des Kaufhauses äussert und so die Entwicklung negativer Einstellungen bei den Mitarbeitern riskiert.
	3	Man könnte von diesem Abteilungsleiter erwarten, dass er einen Mitarbeiter auch dann auffordert zur Arbeit zu kommen, wenn dieser angerufen hat, um mitzuteilen, dass er krank sei.
	2	Man könnte von diesem Abteilungsleiter erwarten, dass er die einem Mitarbeiter gemachte Zusage, dass dieser in seine frühere Abteilung zurückkehren könne, wenn es ihm in der neuen Abteilung nicht gefällt, nicht einhält.
Verhält sich gegenüber seinem Personal so, dass dessen Leistungsbereitschaft und -fähigkeit durch ihn eher verschlechtert wird.	1	Man könnte von diesem Abteilungsleiter erwarten, dass er einem Mitarbeiter eine umsatzorientierte Gehaltsfestsetzung verspricht, obwohl er weiß, dass ein solches Verfahren gegen die Unternehmenspolitik verstößt.

Bitte geben Sie von Ihnen tatsächlich beobachtete Verhaltensbeispiele an und stufen Sie diese unter Zugrundelegung der obigen Skala ein: ______________________

____

Abb. 11-16: Beispiel für eine Verhaltensorientierte Beurteilungsskala

(Quelle: Domsch, M.; Gerpott, T.: Verhaltensorientierte Beurteilungsskalen, in: Die Betriebswirtschaft, Jg. 45/1985, S. 671)

Als Problem erweist sich bei diesen Verfahren, dass die über das Anforderungsprofil hinausgehenden Fähigkeiten des Mitarbeiters kaum auf diese Weise identifiziert werden können, da das Instrument **streng anforderungsbezogen** ausgelegt ist.

◆ Psychobiologische Verfahren

Psychobiologische Verfahren

Mithilfe psychobiologischer Verfahren, die auf neueren **Erkenntnissen der Gehirnforschungen** basieren, wird eine spezielle Möglichkeit zur Bestimmung der Persönlichkeitsstruktur von Menschen geboten. Dabei wird unterstellt, dass es beim menschlichen Gehirn unterschiedliche Arbeitsweisen und Zuständigkeiten gibt. Dieses betrifft nicht nur die verschiedenen Hirnteile Großhirn, Zwischenhirn und Stammhirn, sondern auch die beiden Hirnhälften (Hemisphären). Als wesentliches Ergebnis der psychobiologischen Untersuchungen wird festgestellt, dass jeder Mensch eine ganz **bestimmte Grundstruktur der Persönlichkeit** aufweist, die sich an ganz bestimmten **Gehirndominanzen** festmacht (vgl. Schanz, S. 415 ff.). Das heißt, jeder Mensch nutzt bevorzugt ganz bestimmte Gehirnteile, die wiederum für bestimmte bevorzugte Denk- und Verhaltensweisen stehen. Der Amerikaner Ned Hermann hat in langjährigen Versuchen eine Methode entwickelt, mit deren Hilfe sich die unterschiedlichen Ausprägungen des gespaltenen Hirns als **Hirn-Dominanz-Profil (HDI)** visualisieren lassen. Ein solches Profil ist Ergebnis eines etwa 130 Einzelfragen umfassenden Fragebogens, der in einer **Selbsteinschätzung** von den Teilnehmern beantwortet wird. Wie ein solches Profil aussehen kann, zeigt die nachfolgende Abbildung 11-17.

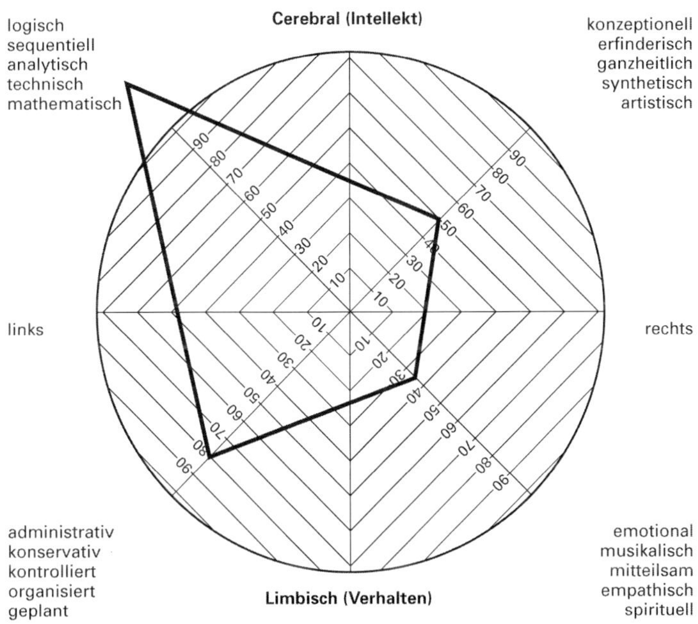

Die Punktwerte in den vier Quadraten ergeben sich aus den Antworten auf die erwähnten ca. 130 Einzelfragen. Es wird davon ausgegangen, daß Werte von 67 und darüber eine bevorzugte Denk- und Verhaltensweise anzeigen, Werte zwischen 34 und 66 einen Bereich angeben, der genutzt werden kann, und Werte zwischen 0 und 33 auf eine Vermeidungstendenz schließen lassen (Spinola/Peschanel 1988, S.52).

Abb. 11-17: Individuelles Hirn-Dominanz-Profil

(Quelle: Spinola, R.; Peschanel, F. D.: Das Hirn-Dominanz-Instrument (HDI): Grundlage und Anwendungen des Ned-Herrmann-Modells für die Personalentwicklung, Spayer 1988, S. 45)

Anwendungsbereiche

Das Konzept ist schwerpunktmäßig auf **Selbsterkenntnisprozesse** im Sinne einer Stärken-Schwächen-Analyse ausgelegt. Insoweit handelt es sich auch um die Ursachenfindung persönlicher Erfolge und Misserfolge. In der Unternehmenspraxis findet das vorgestellte Modell Anwendung bei der **Zusammenstellung von Teams** und Projektgruppen. Beispielsweise kann auf diese Weise sichergestellt werden, dass Teams mit Mitgliedern unterschiedlicher Dominanzprofile besetzt werden. Ein weiteres Einsatzgebiet dieses Instruments betrifft die **Analyse und Veränderung von Unternehmenskulturen**. Dieses geschieht zum Beispiel dadurch, dass die Einzelprofile aller Mitarbeiter quasi übereinandergelegt werden, um somit „Einseitigkeiten" der bestehenden Unternehmenskultur transparent zu machen.

Das von Hans-Georg Häusel vorgelegte Buch „Limbic Success" geht von einem „Verhaltensraum" des Menschen aus, der durch drei limbische Instruktionen bestimmt ist. Diese als Stimulanz (die Kraft der Entdeckung und Innovation), Dominanz (die Kraft der Expansion und Zerstörung) und Balance (die Kraft der Bewahrung) bezeichneten Instruktionen bestimmen das menschliche Verhalten schlechthin, also auch die Werte und Ziele des Menschen. Das Konzept ist, wie das oben genannte, auf Selbsterkenntnisprozesse angelegt, schließt allerdings neue Betrachtungsweisen ein. Auch Organisationen mit ihren Zielrichtungen lassen sich in das Konzept einordnen, z. B. Unternehmungen mit ihren Marketingkonzeptionen. Als Beispiele seien die Ausprägungen des Stimulanzverhaltens bei IKEA, das Dominanzverhalten bei Media-Markt und die Mischung aus Balance und Dominanz bei Aldi mit den speziellen Ausprägungen Disziplin, Kontrolle, Sparsamkeit und Ehrlichkeit genannt. Übrigens ist dem Buch ein „Limbic Personality Check" beigefügt, der es dem Leser erlaubt, sich mithilfe von 45 Fragen selbst zu positionieren und – ähnlich wie bei Ned Herrmann – ein Persönlichkeitsprofil anzufertigen.

◆ Balanced Scorecard

Eine sehr detaillierte Form der Zielvereinbarung ist die Balanced Scorecard (etwa „gewichtete Bewertungsübersicht"), die auch im Personalbereich ihre Anwendung findet. Hier wird eine Verbindung zwischen den Zielen des Unternehmens und den Aktivitäten des Mitarbeiters hergestellt. Die Arbeitsaufgaben des Mitarbeiters werden aus vier Perspektiven betrachtet:

- Was bringt es dem (internen und/oder externen) Kunden?
- Welchen wirtschaftlichen Nutzen hat es?
- Werden Arbeitsabläufe verbessert?
- Wird zur Zukunft des Unternehmens beigetragen?

Aus diesen unterschiedlichen Blickwinkeln werden jeweils Ziele ermittelt, die durch Kennzahlen quantifiziert werden. Wichtig ist, dass exakte Messkriterien gemeinsam mit dem zu beurteilenden Mitarbeiter erarbeitet werden, damit die Ziele auch realistisch sind.

Darüber hinaus enthält eine Balanced Scorecard für jedes der Ziele auch die vereinbarten Maßnahmen, die die Erreichung sicherstellen sollen.

◆ Policy Deployment

Im Rahmen der Unternehmensplanung werden die Ziele für das nächste Jahr festgelegt und an die Bereiche kommuniziert. Innerhalb eines festgelegten Zeitrahmens haben die Bereiche wiederum Abteilungsziele und die Abteilungen dann die daraus abzuleitenden Zielvorgaben für die einzelnen Teams oder Mitarbeiter zu ermitteln. Der Begriff des Policy Deployment stammt aus dem militärischen Vokabular und bedeutet, dass die Unternehmensziele in einer Kaskade bis auf den Leistungsbeitrag des einzelnen Mitarbeiters konkretisiert werden. Der Mitarbeiter erhält dann eine Übersicht, in der neben seinem persönlichen Beitrag auch die jeweils übergeordneten Ziele der Abteilung sowie des Bereichs bis hin zu den Unternehmenszielen stehen. So weiß er, wie die weitere Planung seines Betriebes ist, und kann sich selbst in dieser Planung wiederfinden.

Sie werden der Geschäftsleitung vorschlagen, im Rahmen einer Projektarbeit Verhaltensorientierte Beurteilungsskalen zu entwickeln. Zu diesem Zweck schlagen Sie als ersten Schritt die Bildung von ***Jobprofilen*** *vor, um die verschiedenen Tätigkeiten in Ihrem Unternehmen zu Gruppen zusammenzufassen.*

11.3.3 Das Beurteilungsgespräch

Beurteilungsgespräche

Verhaltenssteuernde Wirkungen der Personalbeurteilung sind grundsätzlich nur dann zu erwarten, wenn die Soll-Ist-Abweichungen einschließlich etwaiger Ursachen zwischen Mitarbeiter und Vorgesetztem diskutiert werden. Diese Funktion übernimmt das Beurteilungsgespräch, das somit als **notwendige Ergänzung** der Personalbeurteilung betrachtet werden muss. Becker definiert diese Gesprächsart[1] als *„periodisches Gespräch zwischen Vorgesetztem und Mitarbeiter, das einmal oder zweimal im Jahr stattfindet und von der täglichen Einwirkung durch Mitarbeitergespräche abzugrenzen ist."* Solche Gespräche sind gekennzeichnet durch bestimmte **Inhalte bzw. Funktionen**, **Phasen** sowie durch die Art der **Dokumentation**.

◆ Inhalte und Funktionen des Beurteilungsgespräches

Wie der nachfolgenden Abbildung 11-18 zu entnehmen ist, übernimmt das Instrument Beurteilungsgespräch mittlerweile weit mehr Aufgaben als nur die Mitteilung eines bestimmten Beurteilungsergebnisses.

Inhalte und Funktionen

Inhalte von Beurteilungsgesprächen und ihre Funktionen

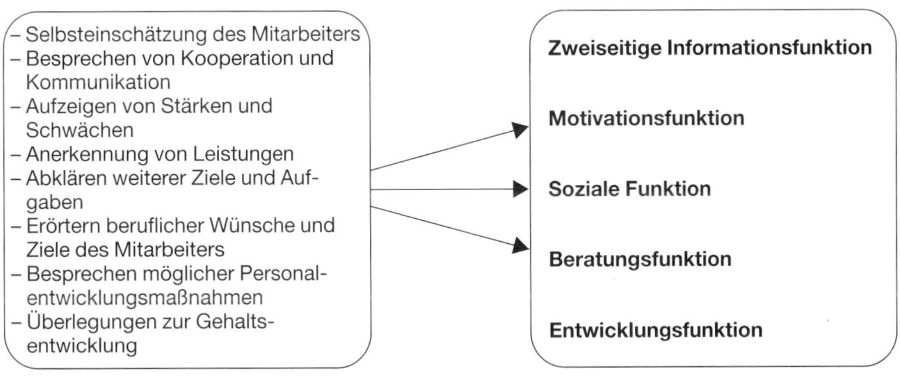

Abb. 11-18: Inhalte und Funktionen von Beurteilungsgesprächen
(in Anlehnung an Becker, M.: Potentialbeurteilung, in: Gangler, E.; Weber, W. (Hrsg.): Handwörterbuch des Personalwesens, Stuttgart, 2004, S. 265 f.)

---

[1] *Für den Begriff werden zahlreiche Alternativen verwendet, so zum Beispiel Mitarbeiterjahresgespräch, Standortgespräch, Fördergespräch, Qualifikationsgespräch.*

Nach dem Prinzip *„weg von der Benotung, hin zum Dialog“* entsteht das eigentliche Beurteilungs**ergebnis** erst am Ende des Gespräches, das somit als Führungsinstrument im Rahmen eines **dialogischen Managements** aufgefasst werden muss. In diesem Sinne wird der Mensch nicht als Mittel – als „Personal“ – betrachtet, er hat vielmehr einen Eigenwert als Person.

Phasen

◆ Phasen des Beurteilungsgespräches

Das Beurteilungsgespräch sollte, wie jedes andere Mitarbeitergespräch (vgl. Kapitel 10), sorgfältig vorbereitet, durchgeführt und ausgewertet werden. Dazu empfiehlt sich die Nutzung von Gesprächsleitfäden. Als Beispiel sei auf den Leitfaden nach Knecht in der nachfolgenden Abbildung 11-19 hingewiesen.

Gesprächsleitfaden für Beurteilungs- bzw. Qualifikationsgespräche

1. Vorbereitung

1.1 Information des Mitarbeiters

1.2 evtl. Räumlichkeiten reservieren

1.3 voraussichtliche Störungen verhindern

1.4 erforderliche Unterlagen bereitstellen
- Qualifikationsblatt
- evtl. weitere Angaben zur Person
- Arbeitsprogramme
- Stichworte für das Gespräch
- usw.

1.5 Rücksprache mit dem nächsthöheren Vorgesetzten

1.6 Konzentration auf den Gesprächspartner

2. Das eigentliche Qualifikationsgespräch

2.1 Gesprächseröffnung
- durch den Vorgesetzten
- ist der Untergebene über die Ziele und Merkmale des Qualifikationssystems informiert?
- Gesprächsziele festlegen
- Vorgehen klären
- Aktivierung des Gesprächspartners

2.2 Gesprächskern
- klare Strukturierung
- Konzentration auf das Wesentliche
- Beurteilungsresultate begründen
- schrittweises Vorgehen: Möglichkeiten und Zeit für Fragen und Entgegnungen einräumen.

2.3 Gesprächszusammenfassung
- durch den Vorgesetzten
- Einverständnis des Untergebenen
- Dank

3. Die Auswertung des Qualifikationsgesprächs

3.1 Ergänzung des Beurteilungsformulars

3.2 Überprüfung der eigenen Gesprächsführung

Abb. 11-19: Gesprächsleitfaden für Beurteilungs- bzw. Qualifikationsgespräche

(Quelle: Becker, M.: Potentialbeurteilung, in: Gangler, E.; Weber, W. (Hrsg.): Handwörterbuch des Personalwesens, Stuttgart, 2004, S. 267)

Die Gesprächsführung ist als Dialog zu gestalten unter Beachtung wesentlicher Instrumente und Regeln der Kommunikation, wie zum Beispiel **Paraphrasieren, Aktives Zuhören,** Verwendung von **Ich-Botschaften** sowie **Metakommunikation.**[1]

[1] *vgl. Elias, K.; Schneider, K. H.: Kommunkation, Troisdorf, 2010*

Beispielhaft sei in diesem Zusammenhang auf die Vorbereitungs- und Durchführungshinweise eines großen Industrieunternehmens zum Mitarbeiterjahresgespräch hingewiesen.

	Vorbereitung des Gesprächs
Gesprächsrahmen	Es liegt an Ihnen, dem Gespräch einen passenden Rahmen zu geben. Oftmals sind es Kleinigkeiten und Äußerlichkeiten, die bereits von Beginn an dem Gesprächserfolg im Wege standen.
	● Bereiten Sie sich sorgfältig auf jedes Gespräch vor. Die Gesprächsbögen der vergangenen Jahre sollten Sie „auswendig“ kennen, um dem Mitarbeiter seine Entwicklung aufzeigen zu können.
	● Vor allem die Ansprache der Kritikpunkte und Schwächen müssen Sie detailliert vorbereiten, um diese mit konkreten Beispielen belegen zu können.
Zeit	● Nehmen Sie sich genügend Zeit! Kalkulieren Sie mit Vor- und Nachbereitung mindestens 2 Stunden für jedes Gespräch.
	● Führen Sie nicht zu viele Gespräche an einem Tag! Die Qualität würde gezwungenermaßen leiden.
Störungen	● Vermeiden Sie Störungen! Ein Besprechungsraum **ohne** Telefon ist fast ein **Muss** für das Gelingen des Gesprächs.
	● Verlassen Sie demonstrativ das Alltagsgeschäft, indem Sie für das Gespräch weder Ihren noch den Arbeitsplatz Ihres Mitarbeiters wählen.
	Durchführung des Gesprächs
	Der Gesprächsverlauf lebt von der offenen, vertrauensvollen Atmosphäre, die Sie bereits durch den äußeren Rahmen unterstrichen haben.
Einstieg	● Stellen Sie durch einige persönliche Bemerkungen Kontakt zu Ihrem Gesprächspartner her.
	● Verdeutlichen Sie nochmals den Zweck des Gesprächs und machen Sie unmissverständlich klar, dass Sie dem Instrument großen Wert beimessen und auch offenes Feedback erwarten.
Rückblick	● Lassen Sie gemeinsam die Ziele des letzten Jahres Revue passieren!

Selbsteinschätzung Ihres Mitarbeiters	● Fragen Sie den Mitarbeiter zunächst nach seiner Selbsteinschätzung. Hören Sie zu! – Lassen Sie Ihren Mitarbeiter reden! Eine Gesprächspause muß nicht peinlich sein! – Wenn Sie Ihrem Mitarbeiter auch 'mal wieder den Faden aufnehmen lassen, zeigen Sie, wie ehrlich es Ihnen mit der „gemeinsamen Sache" ist.
Paraphrasieren	● Paraphrasieren Sie! Wiederholen Sie die Gedanken Ihres Mitarbeiters mit Ihren eigenen Worten. Vergewissern Sie sich, daß Sie ihn richtig verstanden haben.
Ich-Botschaften	● Senden Sie Ich-Botschaften. Sagen Sie, was Sie gesehen haben und was Sie dabei empfanden.
Mitarbeiterpotenzial nutzen	● Greifen Sie seine Gedanken und Vorschläge auf! – Entwickeln Sie sie fort.
	● Beginnen Sie Ihr Statement mit den positiven Arbeitsergebnissen und Stärken Ihres Mitarbeiters.
Sachlichkeit	● Sprechen Sie nicht erbrachte Ziele und Schwächen deutlich aber **vorwurfsfrei** an!
	● Fassen Sie am Ende zusammen! Füllen Sie den Bogen gemeinsam aus.

Abb. 11-20 (Mitarbeiterjahresgespräch, firmeninterne Empfehlungen, o. J.)

Dokumentation

◆ Die Dokumentation von Beurteilung und Beurteilungsgespräch

Jede Beurteilung sollte durch eine **schriftliche** Dokumentation festgehalten werden. Dabei erhält sowohl der Vorgesetzte als Beurteiler wie auch der Mitarbeiter als Beurteilter eine Ausfertigung. Unter Umständen können auch andere Stellen im Unternehmen eine Kopie des Beurteilungsbogens erhalten. Der in der nachfolgenden Abbildung 11-21 abgedruckte Leitfaden zum Beurteilungs- und Führungsgespräch zeigt beispielhaft auf, wie Elemente gebundener und freier Beurteilungsformen miteinander verknüpft werden können.

Leitfaden zum Beurteilungs- und Führungsgespräch (MA)

Name der Führungskraft / Personal-Nr.:
Name des Mitarbeiters / Personal-Nr.:
Beurteilungszeitraum vom ____________ bis ____________
Zielsetzung für das Geschäftsjahr:

Datum des Beurteilungsgesprächs:
Geschäftsstelle: __________________________ Bereich: __________________________

Als Zeichen der Kenntnisnahme unterschrieben (mit Datum) in der angegebenen Reihenfolge:
1. Führungskraft:
2. Mitarbeiter O einverstanden: O nicht einverstanden:

Stellungnahme MA (falls gewünscht):

3. nächsthöhere Führungskraft: 4. Personalleiter/in:

A. Leistungsergebnisse

Zusammenfassung der erreichten Ergebnisse (Menge, Qualität, Zeit), siehe wichtigste Verantwortlichkeiten, erwartete Arbeitsergebnisse der letzten Beurteilungsperiode

Verantwortlichkeit / Arbeitsergebnis 1 – Ergebnisse::

Verantwortlichkeit / Arbeitsergebnis 2 – Ergebnisse:

Standardaufgaben – Ergebnisse:

Sonderaufgaben – Ergebnisse:

B. Verhaltensbeurteilung / (Fragenkatalog in Klammern, erhebt keinen Anspruch auf Vollständigkeit)

1. Kundenzufriedenheit

(Sind den Kunden die wesentlichen Arbeitsergebnisse bekannt? Weiß der MA, was der Kunde will und stellt sich auf dessen Bedürfnisse ein? Werden Vereinbarungen mit Kunden eingehalten?)

○ besondere Stärke ○ in Ordnung ○ entwicklungsbedürftig

2. Persönliche Einstellung zur Arbeit

(Identifikation mit Aufgabenstellung? Eigenständiges Vorantreiben der Aufgaben und Projekte? Ergreifen der Initiative, um auftretende Probleme zu lösen?)

○ besondere Stärke ○ in Ordnung ○ entwicklungsbedürftig

3. Umgang mit Menschen

(Aufbau und Pflege von Kontakten? Unterstützung anderer bei ihrer Arbeit? Einstellen auf andere? Offenes Ansprechen von Konflikten und Bemühen um faire Klärung?)

○ besondere Stärke ○ in Ordnung ○ entwicklungsbedürftig

4. Problembearbeitung

(Beherrschen des Fachgebiets? Lösung der Probleme sachbezogen und auf der Basis von Fakten? Offen für neue Vorschläge?)

○ besondere Stärke ○ in Ordnung ○ entwicklungsbedürftig

5. Arbeitsorganisation

(Effiziente Arbeitsorganisation? Kostenbewusster und sorgfältiger Umgang mit anvertrauten Arbeitsmitteln? Vertretung durch Kollegen gut möglich?)

○ besondere Stärke ○ in Ordnung ○ entwicklungsbedürftig

C. Vereinbarung über die wesentlichen Verantwortlichkeiten, Arbeitsergebnisse und Standards für das Geschäftsjahr ______ Datum: ______________

Welches sind die wichtigsten Verantwortlichkeiten, Arbeitsergebnisse , Standard- und Sonderaufgaben? Welche Erwartungen haben Sie bezüglich Menge, Qualität, Zeit?

Verantwortlichkeit/Arbeitsergebnis 1:

Erwartung:

Verantwortlichkeit/Arbeitsergebnis 2:

Erwartung:

Standardaufgaben:
Erwartung:

Sonderaufgaben:
Erwartung:

Unterschrift

Führungskraft: Mitarbeiter:

Nächsthöhere Führungskraft:

D. Verhaltenbereiche, an denen in der nächsten Beurteilungsperiode gearbeitet werden muss

Bereich:

On the job Unterstützung:

Trainingsbedarf für das kommende Jahr:

Abb. 11-21: Leitfaden zum Beurteilungs- und Führungsgespräch (MA)

Wesentlich ist, dass der Beurteiler sich die Mühe machen muss, mit **eigenen Worten** die jeweilige Einstufung zu **begründen.** Damit kann er sich nicht mehr durch einige „Kreuzchen" der lästigen Beurteilungspflicht entziehen, wie bei der rein gebundenen Beurteilung, sondern er muss sich intensiv mit dem zu beurteilenden Mitarbeiter auseinandersetzen. Dies schafft gleichzeitig Transparenz in den Begründungszusammenhängen für den betroffenen Beurteilten, der ohnehin zur **eigenen Stellungnahme** im Beurteilungsbogen aufgefordert wird.

*Sie werden den Vorschlag einbringen, das Beurteilungsgespräch so zu strukturieren, dass systematisch **Verbesserungsvorschläge** in das Beurteilungssystem integriert werden können. Dies könnte so aussehen, dass der Vorgesetzte den Mitarbeiter im Beurteilungsgespräch darüber informiert, wie er die zukünftige Entwicklung seiner Abteilung sieht und welche Entwicklungsschritte im gesamten Arbeitsgebiet vom ihm geplant sind. Umgekehrt hat der Mitarbeiter die Möglichkeit, aus seiner Sicht die Entwicklungen darzustellen. Gleichzeitig kann und sollte er auch eigene Vorstellungen hinsichtlich der Verbesserung organisatorischer Abläufe sowie anderer Dinge einbringen.*

11.3.4 Konsequenzen aus der Personalbeurteilung

Konsequenzen aus der Personalbeurteilung

Das Personalbeurteilungsverfahren kann verschiedene Arten von Konsequenzen zur Folge haben. Die nachfolgende Abbildung 11-22 zeigt die verschiedenen Möglichkeiten auf.

Konsequenzen aus Mitarbeiter-Beurteilungen

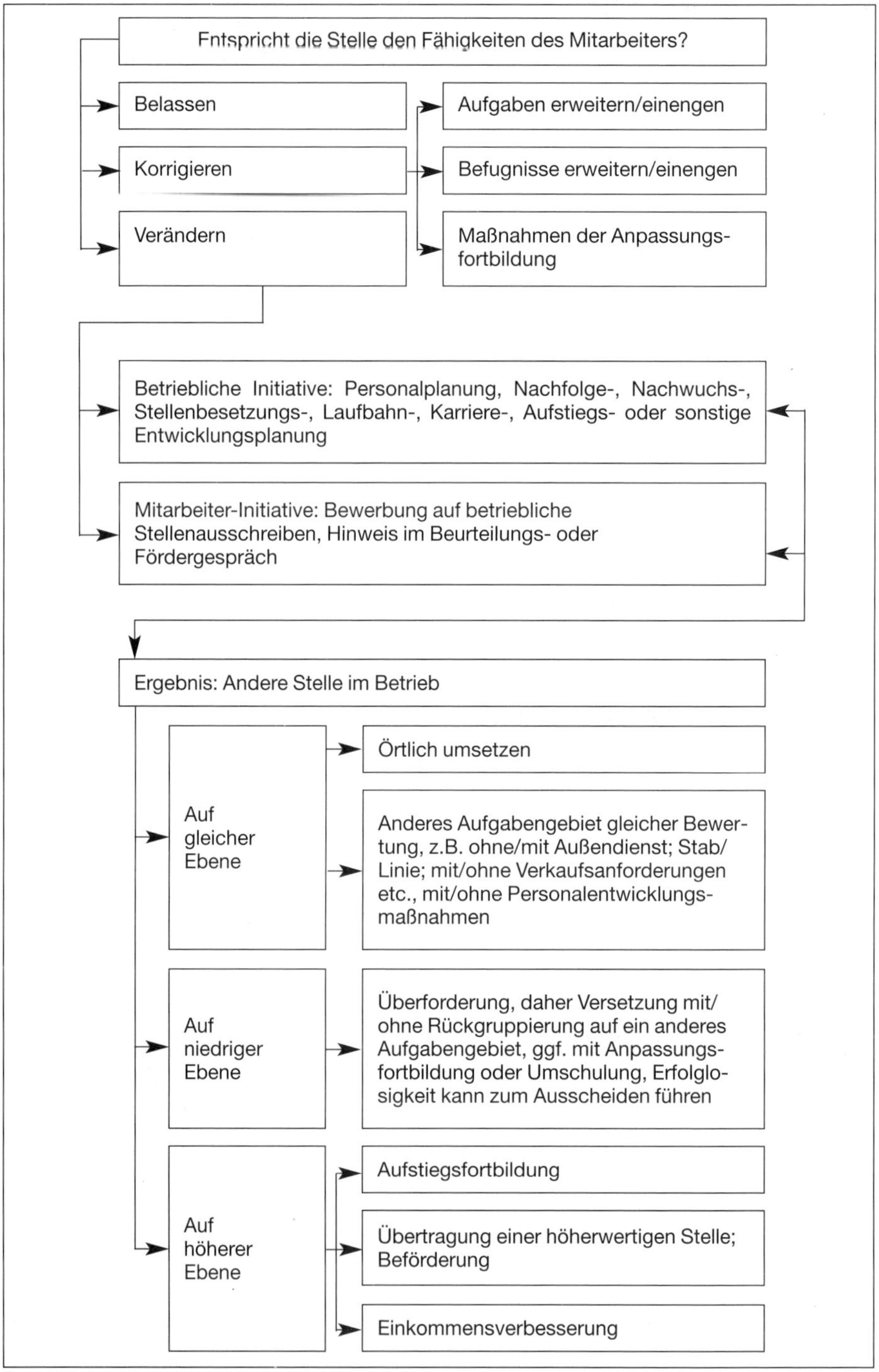

Abb. 11-22: Konsequenzen aus Mitarbeiter-Beurteilungen

(Quelle: RKW – Rationalisierungs-Kuratorium der Deutschen Wirtschaft (Hrsg.): RKW-Handbuch Personalplanung, Neuwied, 1990, S. 385)

Grundsätzlich kann dabei nach **personaleinsatz**bezogenen, **stellen**bezogenen sowie **personalentwicklungs**bezogenen Konsequenzen unterschieden werden. Als Instrumente zur Dokumentation dieser Konsequenzen bieten sich neben **Stellenbeschreibungen, Laufbahn- bzw. Nachfolgeplänen vor allem Personal-Portfolios** an (vgl. Kapitel 2). Die nachfolgende Abbildung 11-23 zeigt das Beispiel eines Portfolios in Tabellenform mit entsprechender Maßnahmenzuordnung.

Mitarbeiter Potenzialeinschätzung

Abteilung: ______________________

Unterschrift Vorgesetzter: ______________________

1) heute beförderungswürdig **Maßnahmen:** systematische Personalentwicklung für Aufgaben im Unternehmen	**2) innerhalb der nächsten 2 Jahre beförderungswürdig** **Maßnahmen:** systematische Personalentwicklung für Aufgaben im Unternehmen	**3) innerhalb des Fachbereiches entwicklungsfähig** **mögliche Maßnahmen:** Zusatzaufgaben, zusätzliche Verantwortlichkeiten, Ausbildung	**4) Mitarbeiter und Arbeitsaufgabe passen zusammen** **mögliche Maßnahmen:** fachliche Anpassungsweiterbildung	**5) Mitarbeiter und Arbeitsaufgabe harmonieren nicht** **Maßnahmen soweit möglich:** Versetzung auf passenden Arbeitsplatz

Abb. 11-23: Mitarbeiter Potenzialeinschätzung

Es hat sich als zweckmäßig erwiesen, die Dokumentationen nicht nur als Absichtserklärungen zu erstellen, sondern gleich entsprechende operative Maßnahmen einzubeziehen. Dies kann beispielsweise durch eine Anmeldung für konkrete Personalentwicklungsmaßnahmen geschehen, die dem Beurteilungsbogen angeheftet ist und im Beurteilungsgespräch ausgefüllt wird. Als Beispiel für ein solches Instrument dient die Abbildung 11-24.

Beispiel zur personalentwicklungsbezogenen Konsequenz aus einer Personalbeurteilung

Anmeldung an das Trainingszentrum für Personalentwicklungsmaßnahmen

Name, Vorname:	____________	Niederlassung:	____________
tätig als:	____________	zuständ. Vorgesetzter:	____________
Telefon-Nr.:	____________	E-Mail:	____________
Kostenstelle:	____________	Personal-Nr.:	____________

a) Welche Maßnahmen für das Trainingszentrum sind vereinbart worden (siehe Punkt 5 „Entwicklungsmaßnahmen")?
Welche Ziele wollen Sie mit den Maßnahmen erreichen?

Ziele	Maßnahmen	1. Hj.	2. Hj.
1.	1.		
2.	2.		
3.	3.		
4.	4.		

Wünschen Sie darüber hinaus eine Beratung zur Konkretisierung und Umsetzung von Entwicklungsmaßnahmen, wenden Sie sich bitte an das Trainingszentrum.
Wenn ja, zur Erreichung welcher Ziele, Aufgaben bzw. zur Behebung welcher Schwächen?

____

____

____

____

____

Datum	Vorgesetzter	Mitarbeiter

Abb. 11-24: Beispiel zur personalentwicklungsbezogenen Konsequenz aus einer Personalbeurteilung

11.3.5 Betriebsverfassungsrechtliche Beteiligungsrechte

Beteiligungsrechte nach BetrVG

Betriebsverfassungsrechtliche Beteiligungsrechte im Zusammenhang mit der Personalbeurteilung stehen sowohl dem **Betriebsrat** als auch dem **einzelnen Mitarbeiter** als Beurteiltem zu.

Betriebsrat

◆ **Beteiligungsrecht des Betriebrates**

Soweit für die Personalbeurteilung bestimmte Grundsätze (z. B. die Verwendung bestimmter Kriterien und Verfahren) maßgeblich sein sollen, greift das Mitbestimmungsrecht des Betriebsrates. Gemäß § 94 Abs. 2 BetrVG unterliegt die Aufstellung von **Beurteilungsgrundsätzen** der Zustimmungspflicht des Betriebsrates (vgl. auch Kapitel 5). Falls für die Beurteilung **technische Hilfsmittel** eingesetzt werden sollen, wie zum Beispiel Video-Anlagen, um das Verhalten und die Leistung der Mitarbeiter zu kontrollieren, ist dazu die Zustimmung des Betriebsrates gemäß § 87 Abs. 1 Ziff. 6 BetrVG erforderlich, die nur durch den Spruch der Einigungsstelle ersetzt werden kann.

Beurteilter Mitarbeiter

◆ **Beteiligung des beurteilten Mitarbeiters**

Jeder einzelne Mitarbeiter hat gemäß § 82 Abs. 2 BetrVG das Recht, dass mit ihm die **Beurteilungen** seiner Leistungen sowie die Möglichkeiten seiner beruflichen Entwicklung im Betrieb **erörtert** werden. Er kann ein Mitglied des Betriebsrats hinzuziehen. Er hat ferner gemäß § 83 Abs. 1 BetrVG das Recht auf **Einsicht in seine Personalakte**, zu der ja auch die Beurteilungen gehören. Erklärungen des Mitarbeiters zum Inhalt der Personalakte, und damit auch zum Inhalt von Personalbeurteilungen, sind der Akte auf sein Verlangen gemäß § 83 Abs. 2 BetrVG beizufügen.

Sie werden in der Diskussion um das neue Beurteilungssystem vorschlagen, die Vorgesetztenbeurteilung als Aufwärtsbeurteilung gleich mit einzubeziehen.

11.4 Grenzen der Personalbeurteilung

Grenzen der Personalbeurteilung

Aufgrund vielfältiger, komplexer Zusammenhänge sind der Personalbeurteilung eindeutige Grenzen gesetzt, die jedem Beurteiler bewusst sein sollten. Diese Grenzen sind zum einen **methodisch** begründet, zum anderen ergeben sie sich aus **Problemen in der praktischen Anwendung**, was sich wiederum in **Akzeptanz-** sowie **Kompetenzproblemen** der Beurteiler zeigt. Die nachfolgende Abbildung 11-25 verdeutlicht die Struktur.

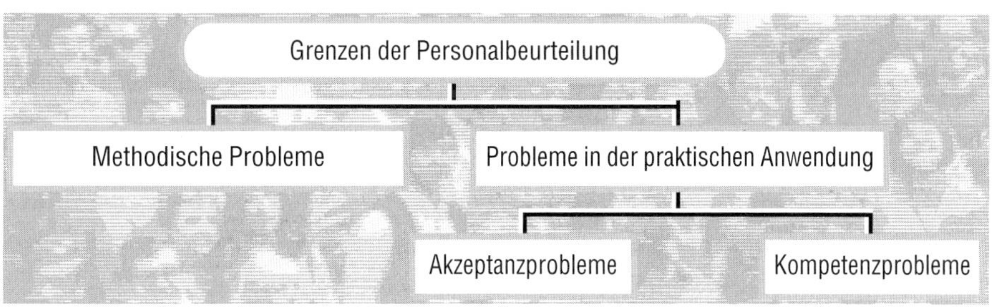

Abb. 11-25

11.4.1 Methodische Probleme

Validität

Die methodische Qualität von Beurteilungsverfahren misst sich vor allem an den Gütekriterien **Reliabilität** und **Validität** (vgl. Kapitel 5). Insbesondere unter dem Gesichtspunkt der Validität – damit verbindet sich die Frage „inwieweit liefert das Beurteilungsergebnis gültige Aussagen über die tatsächliche Leistung des Mitarbeiters" – ergeben sich Zweifel an der Aussagekraft von Beurteilungssystemen. Denn wie aus den Ausführungen im Abschnitt 11.2 zu den Einflussgrößen der individuellen Leistung deutlich wurde, kann die „Leistung an sich" nicht gemessen werden. Neben der Problematik, ob die Größen **Leistungsergebnis, Leistungsverhalten** und **Leistungsfähigkeiten** mit ihren jeweiligen Beurteilungsmerkmalen als geeignete Indikatoren für die Leistungsmessung gelten können, existiert noch das ungelöste Problem der nicht berücksichtigten Einflussfaktoren (vgl. Abbildung 11-4). Dies gilt insbesondere für die Faktoren **Leistungsbedingungen** sowie **Leistungsbereitschaft**. Wie soll beispielsweise ein Außendienstmitarbeiter angemessen beurteilt werden, wenn nicht klar ist, unter welchen erschwerten Bedingungen (z. B. widrige Wetterverhältnisse) er ein bestimmtes Verkaufsergebnis erbracht hat? Große methodische Schwierigkeiten stecken neben der anforderungsgerechten **Kriterienauswahl** auch hinter der Frage nach der angemessenen **Konkretisierung der Kriterien bis hin zu messbaren Handlungsergebnissen und der Gewichtung** dieser Beurteilungskriterien.

Zuordnung von Einflussfaktoren

11.4.2 Probleme in der praktischen Anwendung von Personalbeurteilungen

Umsetzungsprobleme

Die Anwendungsprobleme zeigen sich vor allem in **Akzeptanzschwierigkeiten** bei den Beurteilern sowie in deren **mangelnden Kompetenz**. Letzteres erklärt sich aber teilweise mit Gründen, die in der Person des jeweiligen Beurteilers selbst liegen.

Akzeptanz

◆ **Akzeptanzprobleme**

Viele gut entwickelte Beurteilungssysteme scheitern in der Praxis daran, dass die Beurteiler **zu wenig Zeit** für die Durchführung aufbringen können oder auch wollen. Dies liegt teilweise auch an der **fehlenden Einsicht** in die Funktionsweise solcher Systeme. Ein nicht zu unterschätzendes Problem ist in dem **Egoismus** vieler Vorgesetzter begründet. Dies äußert sich beispielsweise darin, dass schwache Mitarbeiter durch eine zu gute Beurteilung „weggelobt" werden, oder im umgekehrten Falle gute Mitarbeiter in ihrer Beurteilung gedrückt werden, um sie in der eigenen Abteilung nicht zu verlieren.

Kompetenz

◆ **Kompetenzprobleme**

Neben der Möglichkeit, dass ein Beurteiler persönlich und fachlich überfordert ist, weil ihm die intellektuelle Voraussetzung für eine gezielte Beobachtung und differenzierende Deutung fehlt, ergeben sich die größten Probleme aus den **Beobachtungs-** sowie den **Beurteilungsfehlern**. Am ehesten lassen sich dabei noch diejenigen Beurteilungprobleme ausräumen, die sich auf mangelndes Beobachtungs- und Bewertungstraining zurückführen lassen.

◆ Beobachtungsfehler

Beobachtungsfehler

Jeder Mensch nimmt unbewusst nur einen bestimmten, „gefilterten" Teil seiner Umgebung wahr. Aufgrund seiner Interessen, Einstellungen, Bedürfnisse und physischen Möglichkeiten wählt der Beurteiler daher immer nur eine begrenzte Anzahl möglicher Informationen aus, verarbeitet sie zu Werturteilen und **konstruiert** sich so auch eine **eigene Wirklichkeit,** die sich von der Wirklichkeit anderer Beurteiler unterscheidet.

Beispiel Ein Vorgesetzter beobachtet, dass einer seiner neuen Mitarbeiter im ersten Monat dreimal zu spät zur Arbeit kommt. Daraus leitet er möglicherweise die Generalisierung ab, dieser Mitarbeiter sei ein unpünktlicher Mensch, obwohl in allen Fällen widrige Umstände eine Rolle für die Verspätungen gespielt haben.

Nach Domsch/Jochum ist in diesem Zusammenhang ein dreistufiger Selektionsprozess zu unterscheiden, wie nachfolgender Abbildung 11-26 zu entnehmen ist.

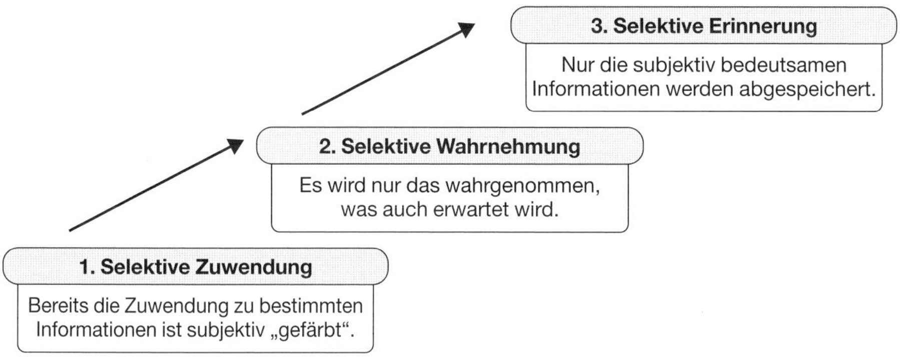

Abb. 11-26: Der dreistufige Selektionsprozess (vgl. Becker, M.: Personalentwicklung: Die personalwirtschaftliche Herausforderung der Zukunft, Bad Homberg v. d. Höhe, 1998, S. 224)

◆ Beurteilungsfehler

Beurteilungsfehler

Der Nutzen von Beurteilungen kann beeinträchtigt werden durch Beurteilungsfehler, die auf Fehleinschätzungen gegenüber Personen, Sachverhalten oder Situationen beruhen. Es gibt die verschiedensten Bezeichnungen für solche Fehler, deren Ursachen teilweise in der Persönlichkeit des Beurteilers selbst liegen. Die nachfolgende Abbildung 11-27 zeigt eine Auswahl der in der Praxis verwendeten Begriffe.

Typische in der Praxis vorkommende Beurteilungsfehler	
Tendenz zur Mitte	Viele Beurteiler scheuen sich vor Extremwerten, z. B. wegen Unsicherheit, falscher Rücksichtnahme; ein ähnlicher Fehler, allerdings in anderer Richtung, liegt vor bei der Tendenz zur **Strenge** bzw. **Milde**.
Halo-Effekt	Der Beurteiler schätzt den Beurteilten im Hinblick auf eine bestimmte Eigenschaft besonders hoch ein, überträgt diese „Qualität" jedoch auf andere Eigenschaften des Beurteilten **(Überstrahlung, Mondhof-Effekt)**.
Hierarchie-Effekt	Mitarbeiter höherer hierarchischer Ebenen werden tendenziell besser beurteilt als Mitarbeiter niederer Ebenen. In die gleiche Richtung wirken auch Titel oder akademische Grade **(Statusfehler)**.
Bezugspersonen-Effekt	Ein Mitarbeiter, der bei Vorgesetzten des unmittelbaren Vorgesetzten in gutem Ansehen steht, wird ungeachtet der tatsächlichen Leistung positiv beurteilt.
Inter-Group-Effekt	Je häufiger ein Vorgesetzter einen Mitarbeiter sieht und mit ihm beruflichen Kontakt hat, desto positiver fällt die Beurteilung aus.
Nikolaus-Effekt	Dieser Effekt beruht auf der Vermutung, dass die Leistungen der Mitarbeiter kurz vor einer anstehenden Beurteilung ansteigen.
Maßstab-Fehler	Der Beurteiler nimmt sich selbst als Maßstab: Je ähnlicher der Beurteilte gegenüber dem eigenen Profil (insbesondere den eigenen Stärken) wahrgenommen wird, desto besser wird die Beurteilung.
Sympathie-Fehler	Sympathie und Antipathie wirken immer unbewusst auf das Urteil ein. Mit in dieses Feld gehört auch die gegenseitige Anziehungskraft zwischen den Geschlechtern.
Vorurteils-Fehler	Alle Menschen entwickeln aufgrund ihrer Lebenserfahrungen **subjektive Persönlichkeitstheorien**, aus denen kaum korrigierbare Vorurteile erwachsen. Für den Beurteiler A sind alle Menschen, die ordentlich gekleidet sind, auch charakterfest. Der Beurteiler B hält alle sparsamen Menschen für fleißig. In der Welt des Beurteilers C gibt es keinen Zweifel daran, dass zurückhaltende Menschen konzentriert arbeiten können.
Benjamin-Effekt	Jemand, der noch sehr jung ist, kann noch keine gute Beurteilung bekommen.

Abb. 11-27

Auch wenn sich persönliche Einflüsse in der Beurteilung kaum ganz ausschließen lassen, könnten die Auswirkungen zumindest dadurch eingeschränkt werden, dass die potenziellen Beurteiler sich die verschiedenen Fehlerquellen als Möglichkeit und vor allem in ihren Auswirkungen bewusst machen.

Trends in der Personalbeurteilung

11.5 Trends in der Personalbeurteilung

Wie aus der bisherigen Darstellung bereits ersichtlich wurde, hat sich das System der Personalbeurteilung von der ursprünglichen Funktion als Instrument zur leistungsgerechten Entlohnung weiterentwickelt zu einem Kerninstrument des **integrierten Personalmanagements**. Dies zeigt sich insbesondere in der Verknüpfung von **vergangenheitsorientierter Leistungsbeurteilung** mit **zukunftsorientierter Potenzialbeurteilung** als Basis für eine strategisch orientierte Personalentwicklungsplanung.

Besondere Beachtung verdienen die Entwicklungsstendenzen von Beurteilungssystemen im Zusammenhang einer veränderten bzw. sich **verändernden Organisationskultur**. Die allgemeine Abflachung der Hierarchien, ganzheitliche Aufgabengestaltung mit einer nach innen und außen gerichteten Kundenorientierung, größere Partizipation der Mitarbeiter an Entscheidungen und Verantwortung sowie das aufgrund des Wertewandels zunehmende Bewusstsein für eine sich an ethischen Grundwerten orientierende Unternehmenskultur werden sich zwangsläufig auch auf ein Beurteilungssystem auswirken müssen. Ansätze dazu finden sich in der stärkeren Einbeziehung der zu Beurteilenden in das Beurteilungssystem. Dies konkretisiert sich zum Beispiel in Konzepten zur **Selbstbeurteilung, Kollegenbeurteilung** sowie Vorgesetztenbeurteilung als **Aufwärtsbeurteilung**.

Selbst-
Kollegen-
Vorgesetzten-
Beurteilung

Die Vorgesetztenbeurteilung wird in der Praxis unter anderem als begleitendes Personalentwicklungsinstrument im Rahmen der Einführung von TQM (Total Quality Management) eingesetzt; denn gerade im Zusammenhang mit der kundenorientierten **TQM-Philosophie** wollen die Führungskräfte gerne Informationen darüber erhalten, wie die Mitarbeiter als ***Kunden des Führungsverhaltens*** das Verhalten ihrer Vorgesetzten sehen und bewerten. Als Beispiel für ein Formular zur Vorgesetztenbewertung dient die nachfolgende Abbildung 11-28.

	Vorgesetztenbewertung					
Zu bewerten	– –	–	○	+	++	Bewertung nicht möglich
Bitte zurück an E/PE	mangelhaft	ausreichend	befriedigend	gut	sehr gut	
1. Ich erhalte von meinem Vorgesetzten rechtzeitig alle nötigen Informationen.						
2. Ich werde von meinem Vorgesetzten in ausreichendem Maße unterstützt.						
3. Ich werde an Entscheidungsprozessen beteiligt.						
4. Mein Vorgesetzter trägt gemeinsame Entscheidungen.						
5. Mein Vorgesetzter steht zu seinen Aussagen.						
6. Mein Vorgesetzter kann gut zuhören.						
7. Mein Vorgesetzter sorgt für gezielte Teilnahme an Weiterbildungsmaßnahmen.						
8. Mein Vorgesetzer lässt auch andere Meinungen gelten.						

9. Mein Vorgesetzter delegiert Aufgaben und auch Verantwortung.					
10. Ich werde entsprechend meiner Kenntnisse und Fähigkeiten eingesetzt.					
11. Mein Vorgesetzter motiviert mich durch Anerkennung und geschickte Kritik.					
12. Durch regelmäßige Besprechungen fördert mein Vorgesetzter den Informationsaustausch.					
13. Mein Vorgesetzter geht auf meine Ideen zur Veränderung/Verbesserung ein.					
Kommentare/Bemerkungen:					

Abb. 11-28: Formular zur Vorgesetztenbewertung

Funktionen der Aufwärtsbeurteilung

In der Literatur werden in diesem Zusammenhang der anonymisierten Aufwärtsbeurteilung drei wesentliche Funktionen zugeordnet, nämlich die **Diagnose-**, **Entwicklungs-** und **Beteiligungsfunktion**, die in der nachfolgenden Abbildung 11-29 kurz erklärt werden. Damit erhält dieses Instrument, ähnlich wie die Mitarbeiterbefragung, gleichzeitig **Informations- und Aktionscharakter**.

Funktionen der Aufwärtsbeurteilung	
Diagnosefunktion	Der Vorgesetzte soll Informationen über sich selbst, sein Verhalten und dessen Wirkung auf die Mitarbeiter erhalten.
Entwicklungsfunktion	Die Beurteilung soll die Anwendung zeitgemäßer Führungsmodelle unterstützen und soll insbesondere zu einem verbesserten gegenseitigen Verständnis beitragen.
Beteiligungsfunktion	Dieses Instrument soll den Mitarbeitern eine stärkere Beteiligung an der Ausgestaltung der Führungsbeziehung ermöglichen.

Abb. 11-29

Besondere Bedeutung wird in Zukunft der Beurteilung von Leistungen zukommen, die im Zusammenhang mit Gruppenarbeitskonzepten erbracht werden. Dabei wird sich die **Gruppenbeurteilung** neben der Erfassung und Bewertung der Gruppenleistung unter anderem auf den **Grad erreichter Flexibilität** der einzelnen Gruppenmitglieder beziehen. In diesem Zusammenhang ist zwischen **Intra-Team-Flexibilität** und **Inter-Team-Flexibilität** zu unterscheiden, die sich auf jeweils unterschiedliche Beurteilungskriterien beziehen und in der nachfolgenden Abbildung 11-30 kurz erklärt werden.

Gruppenbeurteilung

Intra- und Inter-Team-Flexibilität

Intra-Team-Flexibilität	Diese Art der Flexibilität gibt an, wie viele der im Team wahrzunehmenden Aufgaben ein Mitarbeiter beherrscht.
Inter-Team-Flexibilität	Diese Art der Flexibilität gibt an, welche zusätzlichen Aufgaben in anderen Arbeitsgruppen ein Mitarbeiter wahrnehmen kann.

Abb. 11-30

Trends

Hier zeigt sich, dass sich die Leistungsbeurteilung im Kern abwendet von der Erfassung und Bewertung der tatsächlich erbrachten Leistung, sondern sich vielmehr orientiert an der Leistung, die im Bedarfsfalle abgerufen werden könnte. Damit enthält die gruppenbezogene Leistungsbeurteilung potenzialorientierte Beurteilungselemente, die ihre Entsprechung in einer zunehmenden Bedeutung des **Potenziallohns** finden. Entlohnt wird in diesem Sinne das Potenzial, verschiedene Aufgaben je nach Bedarf wahrnehmen zu können, zusätzlich zur anteiligen Vergütung der tatsächlichen Gruppenleistung.

Abschließend sei noch auf eine generelle Entwicklung für die kommenden Jahre hingewiesen: Die im Rahmen des Leitbildes der **„Dezentralisation“** entstehenden Konzepte, wie zum Beispiel **„Business Reengineering“** und **„Virtuelle Organisation“**, lassen vermuten, dass die traditionellen Formen der Leistungsbeurteilung an Bedeutung abnehmen werden; denn *„in diesem Leitbild mit Selbstorganisation, Selbstabstimmung und Selbstkontrolle als organisatorischen Bausteinen hat die Beurteilung des Personals durch Dritte keinen Platz mehr“* (Quelle: Drumm, H. J.: Personalwirtschaftslehre, Berlin/Heidelberg, 2005, S. 107).

A Aufgaben

1. Begründen Sie, warum eine Mitarbeiterbeurteilung immer mit Zielsetzung und Feedback gekoppelt sein muss.

2. Entwickeln Sie einen Bogen, mit dessen Hilfe Mitglieder eines Arbeitsteams ihre jeweilige Gruppenleistung in Selbst- und Fremdeinschätzung beurteilen können.

3. In die Unternehmensgrundsätze eines mittelständischen Unternehmens sollen in Kürze auch Grundsätze zu einem leistungs- und mitarbeiterorientierten Beurteilungssystem aufgenommen werden. Verfassen Sie ein Manuskript mit geeigneten Beurteilungsgrundsätzen, die in die Unternehmensgrundsätze aufgenommen werden können.

4. Aus Seminarunterlagen liegt Ihnen die nachfolgende Übung vor, die Sie als Instrument zur Potenzialbeurteilung im Rahmen eines Assessment Centers nutzen wollen.

AC-Übung

Ihre Geschäftsführung beabsichtigt, auf Anregung der verschiedenen Führungsebenen innerhalb der nächsten Monate „FÜHRUNGSLEITLINIEN“ zu erarbeiten und zu veröffentlichen. Diese Leitlinien sollen unter Einbeziehung aller Führungsebenen entwickelt werden. Sie sind in diesem Prozess als **Gruppe von Abteilungsleitern** aufgefordert, Vorschläge für die Formulierung dieser Leitlinien zu erarbeiten. Für Sie ist diese Thematik schon deshalb wichtig, da Sie selbst Mitarbeiter sind und gleichzeitig aber auch Vorgesetztenfunktion im Hinblick auf Ihre Gruppenleiter innehaben. Ziel dieser Sitzung ist es nun, 6–8 kurze und prägnante Formulierungsvorschläge zu entwickeln und diese als abgestimmte Gruppenmeinung an Ihren Hauptabteilungsleiter weiterzugeben. Diese „FÜHRUNGSLEITLINIEN“ haben zum Ziel, verbindliche Maßstäbe für das Handeln der Führungskräfte (vom Gruppenleiter bis zum Geschäftsführer) zu setzen, um damit dauerhaft die Mitarbeiterführung zu verbessern.

Für diese Aufgaben haben Sie insgesamt 30 Minuten Zeit. Ihr Ziel ist erreicht, wenn Sie zum Schluss mindestens 6 abgestimmte Leitlinien auf dem Flipchart stehen haben.

a) Ermitteln Sie geeignete Beurteilungskriterien, die zu dieser Übung passen.

b) Formulieren Sie zu den ermittelten Kriterien **beobachtbare** Verhaltensweisen, anhand derer Sie eine Beurteilung vornehmen wollen. Stufen Sie die Verhaltensbeschreibungen in mehreren Stufen so ab, dass eine **differenzierte** Beurteilung möglich ist.

c) Erläutern Sie die wesentlichen Voraussetzungen, unter denen die AC-Übung zu aussagefähigen Ergebnissen führen kann.

◆ Projektaufgabe

Ein größeres Unternehmen aus Ihrer näheren Umgebung möchte sein veraltetes Beurteilungsverfahren durch ein neues zukunftsorientiertes System ersetzen. Das neue

Beurteilungssystem soll vorrangig als Förderinstrument entwickelt werden und die Mitarbeiter weit gehend einbeziehen. Zu diesem Zweck werden Sie sich zunächst nach bestehenden Beurteilungssystemen anderer Unternehmen erkundigen, diese analysieren und vergleichen, um dann im Team ein eigenständiges Konzept für ein neues Beurteilungssystem aufstellen zu können.

Aufgabenstellung
Bereiten Sie ein Konzept zur Einführung des neuen Beurteilungssystems vor und präsentieren Sie dieses Konzept an geeigneter Stelle (Projektgruppe, Abteilungsleiter, Personalleitung, Geschäftsleitung und/oder Betriebsrat).

B Methodische Empfehlungen

◆ Hilfsmittel zur Einschätzung der eigenen Lebenssituation

Um sich über die eigenen Voraussetzungen zum beruflichen und gesellschaftlichen Aufstieg Klarheit zu verschaffen, ist es nützlich, sein Fähigkeitsprofil zu erstellen. Dazu bieten sich zwei Methoden an.

Das Stärken-Schwächen-Profil

Der Kerngedanke besteht darin, an einem selbstgebildeten Merkmalskatalog den vorhandenen Ausprägungsgrad eines Merkmals einzuschätzen und dann auszumachen, welche Veränderungen im Hinblick auf die gewünschte Position nötig sind.

Beispiel Mir werden berufliche Aufgaben gestellt, die Kreativität erfordern. Meine Möglichkeiten sind in diesem Punkt bisher begrenzt. Gleichzeitig höre ich ständig, welche höheren Kreativitätsanforderungen mit einer höheren Position in meinem Beruf verbunden sind. Auf die Frage, wie ich meine diesbezüglichen Fähigkeiten einschätze, muss ich „mittelmäßig" antworten. Frage ich nach den Anforderungen, speziell für den angestrebten beruflichen Aufstieg, antworte ich „hoch". Die Differenz ist mein Qualifikationsbedarf.

Verfahren

1. Ich stelle einen Merkmalskatalog (Profil) für alle Merkmale auf, die mein berufliches und soziales Leben charakterisieren.
2. Danach überlege ich, welchen Rangplatz von 7 Möglichkeiten ich mir pro Merkmal einräume.
3. Jetzt überlege ich, welchen Rangplatz ich sinnvollerweise anstreben muss, um in der gewünschten Position bestehen zu können. Ich weiß zwar, dass ich auf Schätzungen angewiesen bin, aber da es sich um ein Aufgabenfeld handelt, das ich ernsthaft im Auge habe, kann ich mit einem gewissen Grad an richtiger Einschätzung rechnen. Bedenken muss ich allerdings auch, dass meinem Vorhaben Grenzen in der Begabung gesetzt sein können. Ich werde also auch nichts Unmögliches anstreben.
4. Die Differenzen bilden meinen Bildungs-, Korrektur- bzw. Qualifikationsbedarf.
5. Ich informiere mich über Bildungsmöglichkeiten in meinem „Minimumsektor" und stelle einen Plan mit Zeitangaben auf.
6. Das Verfahren wiederhole ich jährlich.

Bei diesem Vorgehen werde ich in aller Regel einen Zuwachsbedarf feststellen, eventuell aber auch, dass kein Handlungsbedarf besteht. In Einzelfällen ermittle ich, dass der hohe Erfüllungsgrad meinem Berufs- und Lebensplan hinderlich ist.

Beispiel Die Pflichtauffassung eines Profilerstellers veranlasst ihn, seine Aufgaben mit äußerster Korrektheit und Genauigkeit zu erfüllen, sodass sowohl Kooperationsprobleme (bei Führungsaufgaben) als auch Zeitprobleme entstehen. Der Ersteller empfindet sein hohes Maß an Pflichtauffassung und Einfühlungsvermögen daher als für sein Fortkommen hinderlich.

Die Stärken-Schwächen-Analyse hat noch einen Nebeneffekt, der sich als Haupteffekt herausstellen kann. Schwächen sind nicht nur als Manko anzusehen; wenn sie zu schwer ausgeglichen werden können, sind korrespondierende Fähigkeiten auszubauen.
Standardregel: Wer nicht gut sehen kann, muss besser hören, fühlen und riechen lernen.

Analyse der Stärken und Schwächen nach der Fall-Filter-Methode

Der Bewerber notiert für sich eine Reihe von Fallbeispielen (vielleicht 10), bei denen er betriebliche oder andere Probleme gut gelöst hat, sowie einige Fallbeispiele (vielleicht 3), wo die Problemlösung nicht gelang. Jedes Beispiel wird nach folgendem Muster beschrieben:

1. Beschreibung des Problems bzw. der Aufgabe, die zu lösen war
2. Ermittlung der Aktivitäten, die man zur Lösung eingesetzt hat
3. Darstellung der Ergebnisse, die erzielt wurden

Die Hauptaufgabe besteht darin, alle Fähigkeiten, Kenntnisse und Eigenschaften herauszufiltern, die in den Fallbeispielen positiv oder negativ ins Gewicht gefallen sind. Damit hat man den gewünschten Katalog seiner Stärken und Schwächen.

Diese Methode wird u. a. auch von Beratern eingesetzt, die Stellenbewerber auf Bewerbungsgespräche vorbereiten (vgl. dazu Bredow, Jochen von, Seite 133).

Wer genug Analysefähigkeit besitzt und auch mit genügender Objektivität und Selbstkritik an die Aufgabe geht, kann sie für sich selbst lösen.

Beispiel
Allgemeines Profil zum Standpunkt: Ich kenne meine Stärken

Bewertung der Merkmale	–3	–2	–1	0	+1	+2	+3
Auflistung der Merkmale							
1. Gesellschaftliche Sicherheit							
– Umgangsformen						○	X
– Kontaktfähigkeit				○		X	
2. Eigenschaften							
– Pflichtauffassung						X	○
– Vitalität				○		X	
– Einfühlungsvermögen/Empathie						X	○
– Erfolgszuversichtliche Grundhaltung			○		X		
3. Begabungen							
– Gedächtnis						○X	
– Auffassungsgabe					○X		
– Kreativität				○		X	
4. Kenntnisse							
– Englisch für den Beruf				○	X		
– Mathematik			○		X		
– Kenntnisse von wirtschaftlichen Zusammenhängen					○	X	
– EDV-Kenntnisse	○				X		
– philosophische Kenntnisse				○	X		
– Kenntnisse in „Geldsachen“				○	X		
– Wissen um Gesundheit und Krankheit					○	X	
5. Fähigkeiten							
– Fähigkeit zur Teamarbeit			○		X		
– Kommunikationsfähigkeit					○	X	
– Begeisterungsfähigkeit				○	X		
– Erlebnisfähigkeit					○	X	
– Denkvermögen						○X	
6. Strategien/Managementfähigkeiten							
– Stressbewältigung					○	X	
– Zeitmanagement				○		X	
– Prüfungssicherheit allgemein	X				○		
– Körperbeherrschung						○X	
Legende Rangplätze –3 bis +3 gegenwärtiger Stand = ○ angestrebter Stand = X Qualifikationsbedarf = ———							

Abb. 11-31

C Literaturempfehlungen

Becker, F.: Potentialbeurteilung. In: Handwörterbuch des Personalwesens, hrsg. v. E. Gaugler u. W. Weber, Stuttgart, 1992.

Becker, M.: Personalentwicklung: Die personalwirtschaftliche Herausforderung der Zukunft, Bad Homburg v. d. Höhe, 1998.

Bredow, J. v.: Outplacement-Service löst Positionswechsel im Management konfliktfrei, einvernehmlich und fair. In: Maier/Fröhlich (Hrsg.): Personalmanagement in der Praxis, Wiesbaden, 1991.

Crisand, E.; Schöne, M.; Kramer, S.: Personalbeurteilungssysteme, Heidelberg, 2003.

Curth, M.; Lang, B.: Management der Personalbeurteilung, München, 1999.

Domsch, M.; Gerpott, T.: Personalbeurteilung. In: Handwörterbuch des Personalwesens, hrgs. v. E. Gaugler u. W. Weber, Stuttgart 2004, Sp. 1431–1441.

Domsch, M.; Gerpott, T.: Verhaltensorientierte Beurteilungsskalen, in: Die Betriebswirtschaft, Jg. 45/1985, S. 666–680.

Drumm, H. J.: Personalwirtschaftslehre, Berlin/Heidelberg, 2008.

Elias, K.; Schneider, K. H.: Kommunikation, Troisdorf, 2010.

Häusel, H.-G.: Limbic Success, So beherrschen Sie die unbewussten Regeln des Erfolgs – die besten Strategien für Sieger, Freiburg, Berlin, München, 2006.

Hentze, J.: Personalwirtschaftslehre, Bern 2001/2005.

Mentzel, W.: Unternehmenssicherung durch Personalentwicklung, Freiburg, 1997.

Olfert, K.: Personalwirtschaft, Herne, 2010.

Riekhof, H.-C.: Mitarbeiterbeurteilung – Es ist nicht alles, was glänzt, in: Betriebs – Wirtschafts – Magazin, 52. Jg., 6/1984, S. 9–14.

RKW – Rationalisierungs-Kuratorium der Deutschen Wirtschaft: RKW-Handbuch Personalplanung, Neuwied, 1990.

Schanz, G.: Personalwirtschaftslehre, München, 2000.

Scholz, C.: Personalmanagement, München, 2000.

Spinden, R.; Beschanel, F. D.: Das Hirn-Dominanz-Instrument (HDI): Grundlagen und Anwendungen des Ned-Herrmann-Modells für die Personalentwicklung, Speyer, 1988.

12 Personal verantwortlich ausbilden

Wie und unter welchen rechtlichen Rahmenbedingungen werden zukünftige Mitarbeiter verantwortlich, d. h. unter Berücksichtigung individueller, betrieblicher sowie gesellschaftlicher Erfordernisse, ausgebildet?

Im Rahmen des deutsch-französischen Jugendaustausches besucht eine Schülergruppe der Höheren Wirtschaftsfachschule der Industrie- und Handelskammer Paris eine berufsbildende Schule in Köln. Das 10-Tage-Programm sieht unter anderem die Besichtigung einer Kölner Industrieunternehmung vor. Sie übernehmen als Beauftragter für die kaufmännische Ausbildung dieser Unternehmung sowohl die Führung als auch die anschließend vorgesehene Aussprache. Ein besonderes Anliegen der französischen Schüler besteht darin, Informationen über die duale Ausbildung in der Bundesrepublik Deutschland zu erhalten. Bei Ihrer Vorbereitung wird Ihnen bewusst, dass Sie auch über Kenntnisse der in Frankreich üblichen Berufsausbildung verfügen müssen, um bei Rückfragen und Vergleichen antworten zu können.

Berufsbildung umfasst nach dem Berufsbildungsgesetz die **Berufsausbildung**, die **berufliche Fortbildung** und die **berufliche Umschulung.** Das Kapitel „Personalausbildung" ist grundsätzlich auf die **Berufsausbildung** konzentriert.

12.1 Grundlagen der Berufsausbildung

Die Ausbildung junger Menschen im Betrieb ist für Unternehmen eine Chance, qualifizierten Nachwuchs heranzubilden, und für viele Jugendliche der Einstieg in das Erwerbsleben direkt im Anschluss an ihre Schulausbildung.

Dennoch sehen es viele Betriebe als eine Last, selbst auszubilden und sich den damit verbundenen Aufgaben zu stellen. Zum einen spielen die Kosten eine Rolle, denn die zu zahlende Ausbildungsvergütung ist eine Investition in die Zukunft. Zum anderen sind die Einstellungszahlen eines Unternehmens häufig gering und es gelingt nicht immer, dem Jugendlichen im Anschluss an die Ausbildung eine Übernahme in ein festes Anstellungsverhältnis zu ermöglichen. Dennoch haben viele Unternehmen die Vorteile erkannt, die eine Ausbildung mit sich bringt. Durch die Ausbildung haben junge Menschen schon frühzeitig den Alltag des Unternehmens kennen gelernt und können sich schnell zu kompetenten Mitarbeitern entwickeln. Darüber hinaus besteht auch die gesellschaftspolitische Verantwortung, der nachfolgenden Generation Zukunftsmöglichkeiten zu eröffnen.

Anders als bei schulischen Ausbildungssystemen kann bei der betrieblichen Ausbildung auf eine formale Zugangsqualifikation verzichtet werden. Gerade Jugendlichen, die zuvor mit ihrem schulischen Alltag nicht zurecht kamen sowie Spätentwicklern kann sich dadurch eine Perspektive eröffnen. Dennoch wird bei einem Bewerberüberhang üblicherweise der höheren schulischen Qualifikation Vorrang eingeräumt.

12.1.1 Das duale System

In Europa herrscht eine bunte Vielfalt im Bereich der Berufsausbildung, die von einer rein schulischen bis hin zu einer rein betrieblichen Ausbildung reicht.

Bedeutung von „DUAL“

Die Bezeichnung „duales System“ hat sich für wesentliche Teile der Berufsausbildung in der Bundesrepublik Deutschland seit Mitte der sechziger Jahre eingebürgert. Dabei hebt die Bezeichnung **dual** auf drei Tatbestände ab:

- Die Ausbildung findet gleichzeitig in Betrieb und Schule statt.
- Es besteht eine Verbindung von privater und öffentlicher Verantwortung und Trägerschaft der Ausbildung.
- Für die betriebliche Seite liegt die öffentlich-rechtliche Zuständigkeit auf Bundesebene, für die schulische Seite auf Landesebene.

◆ Die didaktische, administrative und politische Ebene des dualen Systems

Das hervorragendste Merkmal des dualen Systems ist die Tatsache, dass sowohl der ausbildende Betrieb als auch die Berufsschule für den Auszubildenden zuständig sind.

Didaktische Ebene

Für den Auszubildenden sind die beiden Lernorte aus unterschiedlichen Ansätzen bzw. unterschiedlichen Zielrichtungen heraus zuständig.

Lernorte

Der Betrieb zielt auf die Vermittlung der unmittelbar praktischen Handlungsfähigkeit ab.

Zielrichtung: Arbeiten im Betrieb

Die Berufsschule hat die Aufgabe, Erkenntnisse über die Praxis durch praxisnahe Zusammenhänge und durch unternehmensübergreifende Inhalte zu vermitteln.

Zielrichtung: Erkenntnisse über die Praxis

Doppelfunktion

Durch diese Doppelfunktion soll der Auszubildende sowohl eine anwendungsbezogene Ausbildung als auch eine durch übergreifende Qualifikationen wie Fach-, Methoden- und Sozialkompetenz gekennzeichnete, individuelle, berufliche und gesellschaftliche Bildung erfahren.

Administrative Ebene

Ausbildung im Betrieb

- Die **Ausbildung im Betrieb** unterliegt der Aufsicht und Beratung durch die sogenannte zuständige Stelle.

  Für die Berufsausbildung zuständige Stellen sind vor allem die Kammern wie Industrie- und Handelskammern, Handwerkskammern, Landwirtschaftskammern und die Kammern für die freien Berufe, dann aber auch bestimmte Behörden für den öffentlichen Dienst und für Berufsausbildungen der Hauswirtschaft. Insgesamt werden in der Broschüre „Ausbildung und Beruf“ (Herausgeber: Der Bundesminister für Bildung und Wissenschaft) ca. 500 zuständige Stellen mit Anschriften aufgeführt. Die zuständigen Stellen kooperieren mit den jeweils ihnen nahestehenden Verbänden.

Die wichtigsten Einzelaufgaben der zuständigen Stellen sind:

Aufgaben der zuständigen Stellen

- Überwachung der Eignung der Ausbildenden, der Ausbilder und der Ausbildungsstätten,
- Entscheidung über die Zulassung zur Abschlussprüfung der Aus- und Fortbildung,
- Führung des Verzeichnisses der bestehenden Berufsausbildungsverhältnisse,
- Errichtung eines Berufsbildungsausschusses, der in allen wichtigen Fragen der Berufsbildung zu hören und zu unterrichten ist sowie Rechtsvorschriften wie Prüfungsordnungen beschließt,
- Ausbildungsberatung.

Die **Berufsbildungsausschüsse** bestehen aus je 6 Arbeitgeber-, Arbeitnehmer- und Lehrervertretern.

Berufsschule

- Die **öffentlichen Berufsschulen** unterstehen der Aufsicht und Beratung durch die Schulbehörden.

In der Regel sind bestimmte Dezernate der Regierungspräsidien für Lehrer, Lehrpläne, Lehrerfortbildung etc. zuständig, während die kommunalen Behörden als Schulträger u. a. für die Ausstattung der Berufsschulen verantwortlich sind.

Die politische Ebene

Bund

- Die berufliche Bildung ist auf politischer Ebene Sache des Bundes, soweit es um die betriebliche Ausbildung geht.

Gemäß § 25 des Berufsbildungsgesetzes kann der Bundesminister für Wirtschaft oder der sonst zuständige Fachminister im Einvernehmen mit dem Bundesminister für Bildung und Wissenschaft Ausbildungsberufe staatlich anerkennen.

Wichtige Aufgaben hat auch das Bundesinstitut für berufliche Bildung (BiBB). Diesem unterliegen u. a. die Entwicklung und Erforschung von Berufsbildern und die Erarbeitung von Richtlinien. Es führt und veröffentlicht das Verzeichnis der anerkannten Ausbildungsberufe einschließlich aller speziellen Bestimmungen wie Ausbildungsdauer, Inkrafttreten der Regelungen etc. Die Ministerien geben vor allem die Ausbildungsordnungen bzw. die Ausbildungsrahmenpläne verantwortlich heraus. Die Richtlinien sind verbindliche Maßstäbe für die zuständigen Stellen und damit für die Ausbildung im Betrieb.

Länder

- In Fragen der beruflichen Bildung sind auf politischer Ebene die Länder zuständig, soweit es um den Unterricht in der Berufsschule geht.

Die entsprechenden Erlasse bzw. schulischen Richtlinien werden überwiegend von den Kultusministerien bzw. – wie in Nordrhein-Westfalen – vom Ministerium für Schule, Wissenschaft und Forschung herausgegeben, und zwar auf der Basis der sog. Rahmenrichtlinien bzw. Rahmenlehrpläne auf Bundesebene. Den Ländern sind Landes- institute zugeordnet, die z. B. Curricula entwickeln und landesweite Lehrerfortbildungen bzw. landesweite Tagungen etc. organisieren.

Auf Bundesebene erfolgt eine Koordination durch die ständige Kultusministerkonferenz.

Generell hat die Ständige Konferenz der Kultusminister der Länder die Aufgabe, Angelegenheiten der Kulturpolitik von überregionaler Bedeutung mit dem Ziel einer gemeinsamen Meinungs- und Willensbildung und der Vertretung gemeinsamer Anliegen zu behandeln. Ein Beispiel sind die Rahmenrichtlinien je Ausbildungsberuf.

In **Fachausschüssen** werden im Auftrag der Minister Rahmenvereinbarungen und Empfehlungen vorbereitet, die von der Kultusministerkonferenz im Plenum beschlossen werden. Die Umsetzung dieser Empfehlungen an die Länder ist eigenverantwortliche Angelegenheit der Länderregierungen, der einzelnen Kultusministerien bzw. der Länderparlamente.

Institutionelle Verklammerung der dualen Partner

- Auf der politischen Ebene besteht eine **institutionelle Verklammerung** zwischen den dualen Partnern. Die Koordination der Aufgaben erfolgt durch den 1972 begründeten Bund-Länder-Koordinierungsausschuss. Außerdem besteht unter Federführung des Bundesinstituts für Berufsbildung (BiBB) ein Ausschuss für Berufsbildung, in dem je 11 Arbeitgeber-, Arbeitnehmer- und Ländervertreter sowie 5 Bundesvertreter zusammenarbeiten. Auch auf Landesebene besteht ein Ausschuss für Berufsbildung. Dieser umfasst je vier Arbeitgeber- und Arbeitnehmervertreter sowie vier Vertreter von Landesministerien.

Sozialpartner

Von erheblicher Bedeutung auf allen drei Ebenen ist der Einfluss der Sozialpartner. Ohne Mitwirkung von Unternehmerverbänden und Gewerkschaften erfolgen keine wesentlichen Änderungen in der Berufsausbildung. Durch das Berufsbildungsgesetz sind viele ständige Kooperationsverpflichtungen vorgesehen.

Kooperationsnotwendigkeit

Kooperation zwischen Betrieben, Berufsschulen, schulfachlichen Dezernenten und Vertretern der Schulträger, der Arbeitsagentur und vieler weiterer Stellen sind einerseits institutionalisiert, andererseits durch die handelnden Personen getragen. Die **persönlichen Beziehungen zwischen den handelnden Personen** sind teilweise so bedeutsam, dass von ihrem systemtragenden Charakter gesprochen werden kann. In der Berufsausbildung sind viele Entscheidungen von gegenseitigem Wohlwollen getragen.

Beispiel
- Bereitstellung von Räumen und Mithilfe bei der Aufsicht durch die Berufsschulen bei Berufsabschlussprüfungen
- Terminabsprachen zwischen Vertretern der Arbeitgeber, der Arbeitnehmer und Lehrervertretern bei praktischen Prüfungen

Kooperationsgebot

Nach allgemeiner Auffassung dient die Kooperation
- der gegenseitigen Information über Konzeptionen,
- der gegenseitigen Beratung in pädagogischen Fragen,
- der Absprache über außerunterrichtliche Vorhaben,
- der Vermittlung von Anschauung und Hintergrundwissen für den eigenen Unterricht (Praxis-Know-how) durch Besichtigungen und Betriebspraktika,
- der gemeinsamen Schulung von Prüferinnen und Prüfern,
- der Bereitstellung praxisüblicher Materialien und Arbeitsmittel,
- der Feststellung gemeinsamer Fortbildungsinteressen und -möglichkeiten.

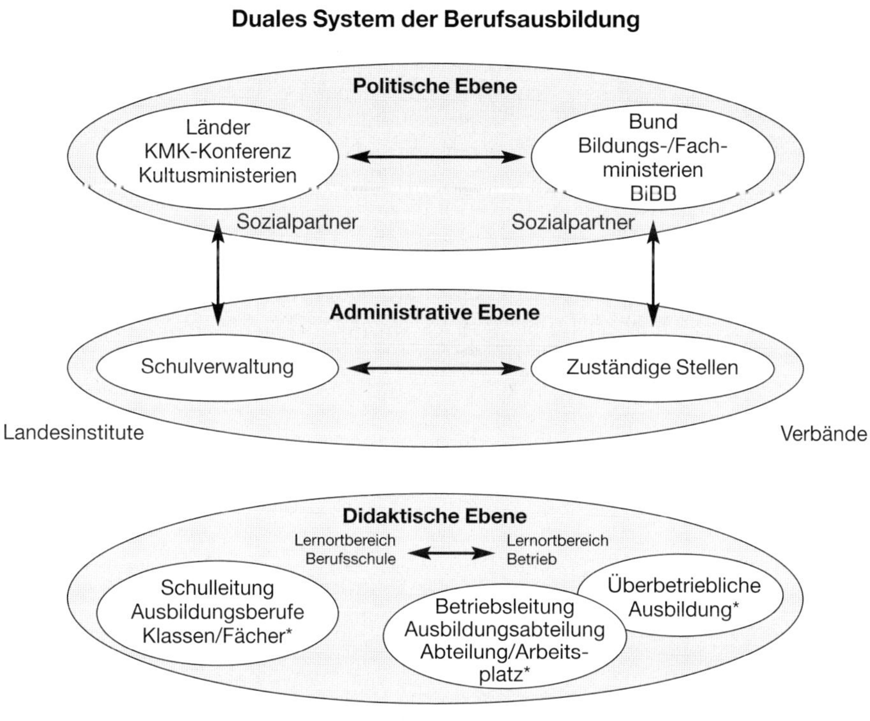

* Es können jeweils weitere Organisationsformen innerhalb der Lernortbereiche vorhanden sein, z. B. in Form von Übungsfirmen, innerbetrieblichem Unterricht oder Prüfungsvorbereitungskursen.

Abb. 12-1: Ebenen des Dualen Systems

◆ Der schulische Teil der Ausbildung

Berufsschule

Partner im dualen System ist auf schulischer Seite die **Berufsschule.** Die Berufsschule ist Teil des großen Komplexes der **berufsbildenden** oder **beruflichen** Schulen. Die berufsbildenden Schulen sind Teil des gesamten Bildungswesens der Bundesrepublik Deutschland.

Der Aufbau des allgemein bildenden Schulwesens

Aufbau des allgemeinbildenden Schulwesens/ Abschlüsse

Die nachfolgende Abbildung 12-2 gibt den Aufbau des gesamten Bildungswesens der Bundesrepublik Deutschland wieder.

Ein besonderes Augenmerk ist auf die Stufungen der formalen Abschlüsse zu richten, also auf Hauptschulabschluss, Fachoberschulreife, Fachhochschulreife und Hochschulreife. Die einzelnen Bestimmungen sind in der darauf folgenden Übersicht (Abb. 12-3) enthalten.

Der in wesentlichen Teilen vertikale Aufbau mit großer Durchlässigkeit und der insbesondere im Bereich der Sekundarstufe I parallele Aufbau des Schulwesens ist darauf angelegt, dass eine möglichst große Chancengerechtigkeit verwirklicht wird.

Das berufsbildende Schulwesen

Das berufsbildende Schulwesen

Die Beschreibung der einzelnen **Schultypen, die das berufsbildende Schulwesen ausmachen** bzw. eng mit der Berufsausbildung zusammenhängen, sind der Broschüre „Beruf aktuell“ entnommen. Diese Broschüre wird von der Bundesagentur für Arbeit, Nürnberg, herausgegeben und jährlich erneuert. Sie fußt in ihren Angaben auf den Mitteilungen der Ständigen Kultusministerkonferenz.

In der nachfolgenden Aufstellung (Abb. 12-4) sind die einzelnen Schultypen nach dem Prinzip angeordnet, ob der Besuch der betreffenden Schule **vor, während** oder **nach** der betrieblichen Berufsausbildung erfolgt. Die besondere Situation, dass eine Schule auch schon während der Berufsausbildung besucht werden kann, ist durch die Lage in der Aufstellung gekennzeichnet. Schulen, die durch Praktika etc. in gewisser Kooperation zur Berufsausbildung stehen, sind gesondert aufgeführt.

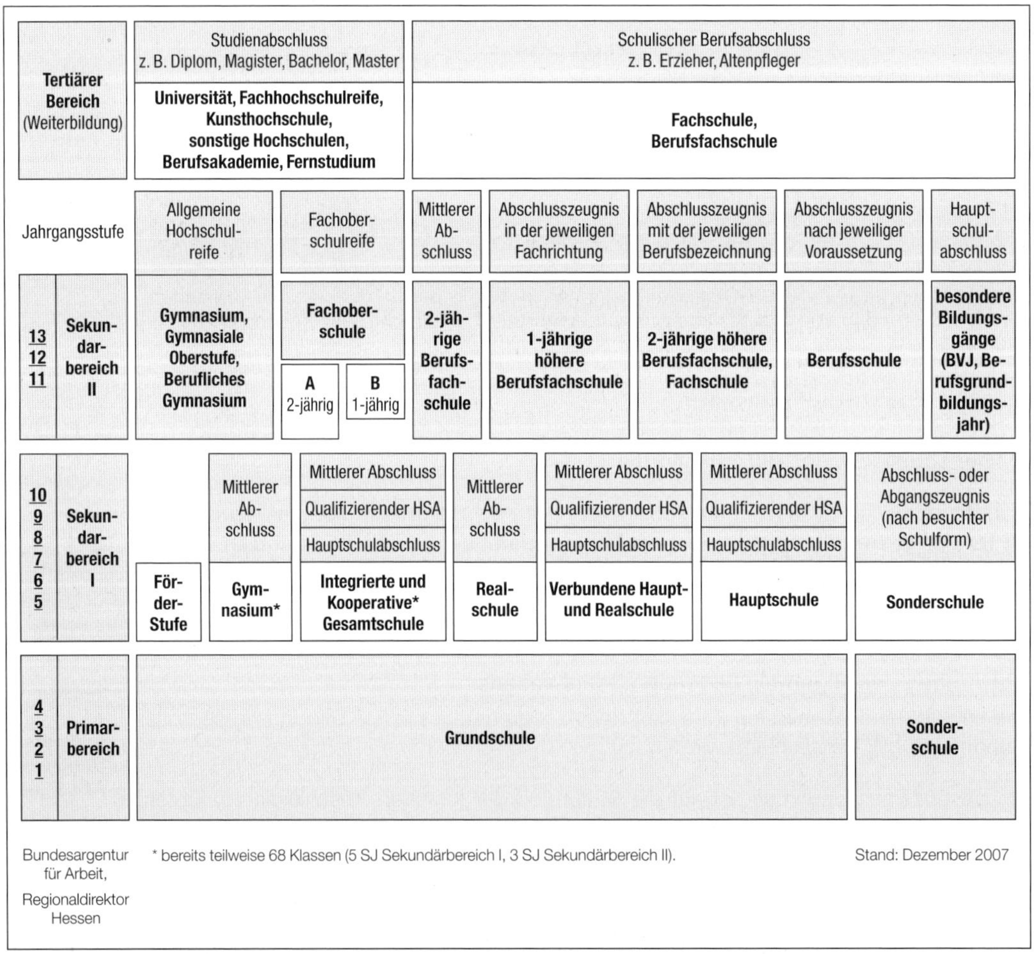

Abb. 12-2: Das Bildungssystem der Bundesrepublik Deutschland unter besonderer Berücksichtigung der beruflichen Bildung

Arten der Abschlüsse

Hauptschulabschluss

Der Hauptschulabschluss wird nach erfolgreichem Besuch der 9. Klasse einer Hauptschule bzw. der entsprechenden Jahrgangsstufen in Gesamtschulen oder vergleichbarer Klassen in Sonderschulen erreicht. In einigen Bundesländern dauert die allgemeine Schulpflicht 10 Vollzeitschuljahre. Der Hauptschulabschluss berechtigt zum Besuch beruflicher oder weiterführender allgemein bildender Schulen, um beispielsweise den mittleren Bildungsabschluss zu erlangen. Der Hauptschulabschluss lässt sich auch nachholen, so zum Beispiel durch:

- ○ erfolgreichen Abschluss eines Berufsvorbereitungsjahres (1)
- ○ Besuch des Berufsgrundbildungsjahres (1)
- ○ erfolgreichen Abschluss der Berufsschule (1)
- ○ Besuch einer Abendhauptschule (wie in Berlin, Bremen, Hessen)
- ○ Ablegung der Schulfremdenprüfung nach dem Besuch von Vorbereitungskursen (zum Beispiel in Volkshochschulen)

Realschulabschluss/mittlerer Bildungsabschluss

Der Realschulabschluss wird nach erfolgreichem Besuch der 10. Klasse einer Realschule bzw. der entsprechenden Jahrgangsstufen an Gesamtschulen erreicht. Der „mittlere Bildungsabschluss" ist eine Bezeichnung für verschiedene, dem Realschulabschluss meist gleichzusetzende Schulabschlüsse (zum Beispiel Fachschulreife, Fachoberschulreife). Für den Erwerb des mittleren Bildungsabschlusses gibt es in den einzelnen Bundesländern unterschiedliche Regelungen. So kann der Realschulabschluss oder ein vergleichbarer Abschluss zum Beispiel erreicht werden:

- ○ mit dem Versetzungszeugnis in die Klasse 11 eines Gymnasiums oder in die entsprechende Jahrgangsstufe einer Gesamtschule
- ○ mit staatlich anerkanntem Abschluss einer 2-, 3- oder 4-jährigen Berufsfachschule
- ○ mit Abschluss einer Abendrealschule (ausbildungsbegleitend oder nach abgeschlossener Berufsausbildung oder beruflicher Tätigkeit)
- ○ mit Ablegung der Schulfremdenprüfung (externe Prüfung) nach entsprechenden Vorbereitungskursen
- ○ durch den Besuch einer Berufsaufbauschule, bestimmter Berufsfachschulen und Fachschulen (Fachschulreife)
- ○ mit Abschluss der Klasse 10 B der Hauptschule (1)
- ○ mit einem guten Berufsschul- und Berufsschulabschluss (1)

Fachhochschulreife

Die Fachhochschulreife erlangt man beispielsweise durch:

- ○ den Abschluss einer Fachoberschule
- ○ den Abschluss einer Höheren Handelsschule mit einem zusätzlichen ½- oder 1jährigen gelenkten Praktikum (1)
- ○ Staatliche Abschlussprüfung an einer Fachschule (1)
- ○ Ablegung einer Ergänzungsprüfung in Verbindung mit der staatlichen Abschlussprüfung an einer Fachschule, an einer Fachakademie (Bayern) oder an einem Berufskolleg
- ○ den erfolgreichen Abschluss des Telekollegs II
- ○ Ablegung der Schulfremdenprüfung
- ○ den Abschluss eines 1-jährigen Berufskollegs nach Abschluss einer Ausbildung (Baden-Württemberg)

Fachgebundene Hochschulreife

Die fachgebundene Hochschulreife wird erworben zum Beispiel durch:

- ○ Abschluss der Berufsoberschule (Bayern), der Technischen Oberschule, Wirtschaftsoberschule oder eines beruflichen Gymnasiums (Baden-Württemberg)
- ○ Ergänzungsprüfung an Fachakademien (Bayern)
- ○ Ablegung der Schulfremdenprüfung nach entsprechenden Vorbereitungskursen

Allgemeine Hochschulreife

Die Hochschulreife wird zum Beispiel erworben durch:

- ○ den Abschluss eines Gymnasiums, der Oberstufe eines beruflichen Gymnasiums oder einer Gesamtschule
- ○ den Abschluss eines Abendgymnasiums (nach abgeschlossener Berufsausbildung oder beruflicher Tätigkeit)
- ○ den erfolgreichen Besuch eines Kollegs (Institut zur Erlangung der allgemeinen Hochschulreife)
- ○ die staatliche Abschlussprüfung (Diplomierung) an einer Fachhochschule
- ○ den Abschluss der gymnasialen Oberstufe eine Höheren Berufsfachschule (nur in Nordrhein-Westfalen)
- ○ Ablegung der Schulfremden Abschlussprüfung nach entsprechenden Vorbereitungskursen
- ○ Abschluss der Begabtensonderprüfung
- ○ In einigen Bundesländern haben ferner Berufstätige ohne Hochschulreife unter bestimmten Voraussetzungen die Möglichkeit, ein Studium aufzunehmen.

(1) nur in einigen Bundesländern

Abb. 12-3: Abschlüsse im Schulwesen der Bundesrepublik Deutschland

(Quelle: Bundesagentur für Arbeit (Hrsg.): Beruf aktuell, Ausgabe 2004/2005, Bad Homberg, 2004)

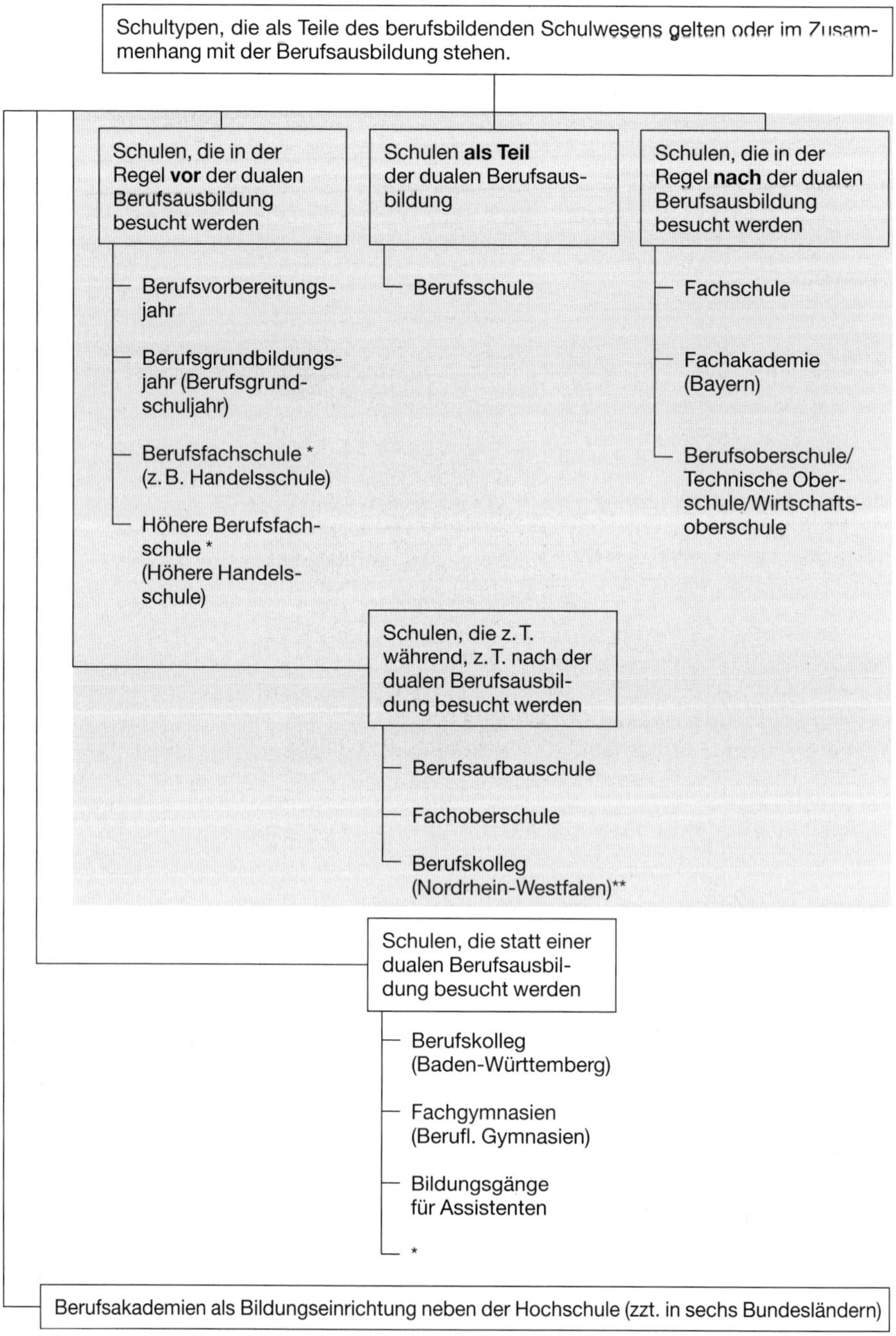

*) Berufsfachschulen, Höhere Berufsfachschulen und Fachschulen ersetzen im Bildungsbereich Ernährung und Hauswirtschaft, im sozialen Bereich und im pädagogischen Bereich eine duale Ausbildung.

**) Das Berufskolleg umfasst die Bildungsgänge Berufsschule, Berufsfachschule, Fachoberschule und Fachschule.

Abb. 12-4: Schultypen des berufsbildenden Schulwesens

12.1.2 Bildungssysteme in der Europäischen Union (EU)

Europäische Bildungssysteme

Berufliche Bildung lässt sich grundsätzlich in drei Systemen vermitteln, nämlich in
- rein betrieblichen Unterweisungen,
- betrieblich-schulischen Mischsystemen,
- rein schulischen Bildungsgängen.

Alle drei Grundformen finden sich, mehr oder weniger idealtypisch ausgeprägt, in den zur Europäischen Union zusammengeschlossenen Staaten. Abbildung 12-5 vermittelt einen Überblick.

Insgesamt ist festzustellen, dass die vollschulischen Systeme dominieren. Eine Harmonisierung ist schwer vorstellbar und deshalb auch zurzeit nicht absehbar. Die Vielzahl von Abschlüssen und Berechtigungen ist naturgemäß ein Mobilitätshemmnis für die europäische Integration. Zwei Lösungsansätze sollen die Integrationshindernisse abbauen helfen:

Integrationsansätze

- Verbindliche gegenseitige Anerkennung von Abschlüssen
- Unverbindliche Gegenüberstellungen der Abschlüsse mit der Empfehlung, die sich entsprechenden Abschlüsse zu berücksichtigen. Dieser Weg geht einher mit der Koordinierung der Rechts- und Verwaltungsvorschriften.

Wenn in der Übersicht die Bundesrepublik Deutschland als ein Land mit überwiegend dualer Ausbildung bezeichnet wird, so ist das richtig. Allerdings ist festzuhalten, dass auch wichtige Berufsgruppen überwiegend schulisch ausgebildet werden. Das trifft beispielsweise für den gesamten Bereich der Sozialpädagogik und teilweise auch der Hauswirtschaft und für Spezialgebiete der Krankenpflege zu. In der Sozialpädagogik, um ein Beispiel zu nennen, wird die berufliche Erstausbildung durch zwei Schuljahre und ein anschließendes Praktikum von einem Jahr durchgeführt.

Berufsbildungssysteme im internationalen Vergleich

Idealtypisch lassen sich drei Grundsysteme unterscheiden

	überwiegend **betriebliches** Ausbildungssystem	vorherrschend **duales** Ausbildungssystem	überwiegend **schulisches** Ausbildungssystem
typische Staaten	England	Deutschland Schweiz Österreich Irland Dänemark	Belgien Frankreich Niederlande Italien Spanien usw.
typische Problemfelder	theoretische Zusammenhänge	– häufig Abstimmungsprobleme zwischen Schule/Betrieb – Zugang nur über privatrechtliche Verträge	unmittelbare Berufsfertigkeiten fehlen häufig

Abb. 12-5: Berufsbildungssysteme im internationalen Vergleich

12.2 Die Planung der Ausbildung im Grundriss

Ein Unternehmen der EDV-Branche beschäftigt 27 Mitarbeiter im Hardware-Bereich und sechs in der kaufmännischen Verwaltung. Der Umsatz ist in den vergangenen Jahren stetig gestiegen. Jetzt überlegt der Inhaber, ob er nicht auch eine Ausbildung anbieten könnte, z. B. von IT-Kaufleuten, um eine eigene Personalreserve zu schaffen. Hierzu sind Annahmen zu treffen, wie sich die Nachfrage entwickeln wird, wie die Unternehmensplanung aussieht und wie sich der Arbeitskräftebedarf in den nächsten drei bis zehn Jahren gestaltet. Wenn die Entscheidung für die Einrichtung eines Ausbildungsplatzes gefallen ist, sind die Rahmenbedingungen der Planung zu untersuchen.

Eignungsvoraussetzungen

12.2.1 Planungsdaten im Handlungsfeld Ausbildung

Zu den Planungsdaten zählen vorrangig die Eignungsvoraussetzungen und die Berufsordnungsmittel.

Betrieb

◆ **Eignungsvoraussetzungen des Betriebes, des Ausbildenden und des Ausbilders**

- Der Betrieb muss in der Lage sein, die wesentlichen Inhalte der Ausbildung zu vermitteln. Des weiteren müssen die Schutzvorschriften für die Beschäftigung Jugendlicher erfüllt werden.
  Die Anzahl der Ausbildungsbeauftragten muss im angemessenen Verhältnis zur Zahl der Auszubildenden stehen.

Ausbildender

- Der Ausbildende muss persönlich geeignet sein sowie die entsprechende fachliche Vorbildung besitzen (siehe § 30 BBiG).

Ausbilder

- Für den Ausbilder, also für die Person, die mit der Durchführung der Ausbildung vom Ausbildenden beauftragt wird, gibt es gemäß Ausbildereignungsverordnung spezielle Vorschriften. Danach sind neben der persönlichen und fachlichen Eignung berufs- und arbeitspädagogische Kenntnisse vorgeschrieben, die in folgende vier Handlungsfelder gegliedert sind:
  - Ausbildungsvoraussetzungen prüfen und planen
  - Ausbildung vorbereiten und bei der Einstellung von Auszubildenden mitwirken
  - Ausbildung durchführen
  - Ausbildung abschließen

Ausbilder-eignungs-verordnung

  Eine Ausbilder-Eignungsverordnung wurde am 21. Januar 2009 vom Bundesministerium für Bildung und Forschung erlassen. Sie gilt für die Ausbildung in allen anerkannten Ausbildungsberufen.

Ärztliche Untersuchung

- Auszubildende, sofern sie Jugendliche sind, müssen vor Antritt des Ausbildungsvertrages durch eine ärztliche Untersuchung nachweisen, dass sie für den betreffenden Beruf körperlich geeignet sind.

◆ **Die Ordnungsmittel als Eckdaten der Ausbildung**

Berufsordnungsmittel

- Im Berufsbildungsgesetz bzw. in vergleichbaren Gesetzen – beispielsweise für die Krankenpflege im Krankenpflegegesetz (KrPflG), zuletzt geändert durch Artikel 7 des Gesetzes vom 24. Juli 2010, werden Berufsordnungsmittel als Rechtsnormen vorgeschrieben.

Ausbildungsordnung

- Die Ausbildungsordnung ist die rechtsverbindliche Grundlage der betrieblichen Berufsausbildung (siehe § 5 BBiG). Sie enthält mindestens
  1. die Bezeichnung des Ausbildungsberufes
  2. die Ausbildungsdauer

3. das Ausbildungsberufsbild mit den Fertigkeiten und Kenntnissen, die Gegenstand der Berufsausbildung sind
4. den Ausbildungsrahmenplan als Anleitung zur sachlichen und zeitlichen Gliederung der Fertigkeiten und Kenntnisse
5. die Prüfungsanforderungen

Alle Ausbildungsordnungen sind auf der Internetseite des Bundesministeriums für Wirtschaft und Technologie veröffentlicht. Dort können Interessenten sich über die Ausbildungsberufe informieren.

Ausbildungsrahmenplan

- Im **Ausbildungsrahmenplan** sind alle Kenntnisse und Fertigkeiten aufgeführt, die in der betreffenden Berufsausbildung erforderlich sind und vermittelt werden müssen. Zu jeder einzelnen Position wird angegeben, in welchem Ausbildungsabschnitt/Ausbildungshalbjahr diese Kenntnisse und Fertigkeiten vermittelt werden sollten. Hinzu kommen Angaben über den Zeitbedarf. Bei der **Zeitrichtwertmethode** wird der Zeitbedarf, der zur Vermittlung einzelner Fertigkeiten und Kenntnisse benötigt wird, in Ausbildungswochen angegeben. Diese Methode wird bei gewerblichen Ausbildungen bevorzugt. Bei kaufmännischen Ausbildungen ist die **Zeitrahmenmethode** angebracht. Hier enthält der Ausbildungsrahmenplan Angaben darüber, in welchem Zeitraum (z. B. drei bis vier Monate innerhalb eines Ausbildungsjahres) schwerpunktmäßig bestimmte Fertigkeiten und Kenntnisse vermittelt werden sollen.

Zeitrichtwertmethode

Zeitrahmenmethode

Ausbildungsrahmenplan für die Berufsausbildung zum Kaufmann für Dialogmarketing/zur Kauffrau für Dialogmarketing – Zeitliche Gliederung –

Erstes Ausbildungsjahr
(1) In einem **Zeitraum von insgesamt drei bis fünf Monaten** sind schwerpunktmäßig die Fertigkeiten, Kenntnisse und Fähigkeiten der Berufsbildpositionen
1.1 Stellung, Rechtsform und Struktur,
1.2 Berufsbildung, arbeits-, sozial- und tarifrechtliche Vorschriften, Lernziele a bis d
1.3 Sicherheit und Gesundheitsschutz bei der Arbeit,
1.4 Umweltschutz,
2. Dienstleistungsangebot,
5.1 Sprachliche und schriftliche Kommunikation,
6.1 Software, Netze und Dienste, Lernziele a und b,
zu vermitteln.

(2) In einem **Zeitraum von insgesamt drei bis fünf Monaten** sind schwerpunktmäßig die Fertigkeiten, Kenntnisse und Fähigkeiten der Berufsbildpositionen
3. Arbeitsorganisation, Kooperation, Teamarbeit, Lernziele e und f,
5.2 Kundenbetreuung,
6.1 Software, Netze und Dienste, Lernziel c,
6.2 Datenbanken, Datenschutz und Datensicherheit, Lernziele b und c,
zu vermitteln.

(3) In einem **Zeitraum von insgesamt drei bis fünf Monaten** sind schwerpunktmäßig die Fertigkeiten, Kenntnisse und Fähigkeiten der Berufsbildpositionen
3. Arbeitsorganisation, Kooperation, Teamarbeit, Lernziele a und b,
5.3 Kundenbindung,
6.2 Datenbanken, Datenschutz und Datensicherheit, Lernziele d und e,
zu vermitteln.

Abb. 12-6 (BGBl. I 2006, §§ 1236-1237)

Betrieblicher Ausbildungsplan

- Dem der zuständigen Stelle zur Eintragung in das gültige Verzeichnis eingereichten Ausbildungsvertrag ist ein **betrieblicher Ausbildungsplan** beizufügen. Dieser Plan enthält eine zeitliche und sachliche Gliederung darüber, wie die Ausbildung entsprechend der betrieblichen Besonderheiten im Regelfall vollzogen werden soll.

Schulische Richtlinien

- Über die Berufsschulen sind die für jeden Ausbildungsberuf durch die zuständigen Landesminister herausgebenen schulischen Richtlinien zu bekommen. Bei den schulischen Richtlinien handelt es sich zwar nicht um ein Ordnungsmittel der Ausbildung, aber die Richtlinien (mit Fächerverteilung etc.) können als Richtgröße für eigene Planungen dienen. Die Länder orientieren sich mit ihren Richtlinien an den Rahmenrichtlinien, die von Bund und Ländern gemeinsam entwickelt werden. Diese Rahmenrichtlinien haben allerdings für die Länder im Hinblick auf Fächer und Stundenzahlen keine Verbindlichkeit.
- Nicht zuletzt geben auch die **Prüfungsanforderungen** des jeweiligen Ausbildungsberufes wesentliche Hinweise auf die „Endqualifikation" der Ausbildung. Damit werden wichtige Informationen für die Ausbildungsplanung vermittelt.

Fallschilderung

Ein praktischer Fall

Erstellen Sie für die Zeit von Januar bis einschließlich Juni 2009 in Matrixform den Belegungsplan der Ausbildungsabteilungen. Dabei haben Sie zu beachten, dass in keinem Fall mehr als ein(e) Auszubildendende(r) gleichzeitig in einer Abteilung ausgebildet wird. Hinsichtlich der Reihenfolge der Ausbildungsstationen gibt es für Sie keine Vorgaben.

Fünf Auszubildende zum Industriekaufmann/Industriekauffrau werden in einer Kölner Unternehmung ausgebildet und unterstehen Ihnen als verantwortlichem Ausbilder. Da der Einsatz der Auszubildenden in den verschiedenen Abteilungen bisher nicht genügend koordiniert war, werden Sie künftig schriftlich fixierte Belegungspläne als Instrument zur Ausbildungsplanung nutzen. Aufgrund des betrieblichen Ausbildungsplanes liegen die notwenigen Ausbildungszeiten für die verschiedenen Abteilungen jeweils vor. Zur Wahrung einer notwendigen Kontinuität in der Ausbildung dürfen die Einsatzzeiten jeweils **nicht unter einem Monat** liegen (nach Möglichkeit mindestens zwei Monate). Weiterhin haben Ihnen die Auszubildenden jeweils eine Zusammenstellung ihrer bisherigen Ausbildungszeiten in den Abteilungen (bis einschließlich Dezember) eingereicht. Die Abteilungsleiter der Abteilungen Produktionswirtschaft und Verkauf haben Ihnen bereits Sperrzeiten, in denen dringend keine Auszubildenden wegen Überlastung gewünscht werden, signalisiert. Beim Verkauf handelt es sich um den Monat März (Messegeschäft), und bei der Produktionsabteilung geht es um den Monat April (Beginn von Umstrukturierungsmaßnahmen).

Ausbildungsabteilung	erforderliche Ausbildungszeiten
Produktionswirtschaft	5 Monate
Materialwirtschaft	4 Monate
Personalwirtschaft	4 Monate
Verkauf	6 Monate
Versand	5 Monate
Kostenrechnung	6 Monate
Geschäftsbuchführung	6 Monate

Ausbildungszeiten F. Abel – 1. Jahr
Buchführung (–)
Kostenrechnung (–)
Materialwirtschaft (2 M.)
Personalwirtschaft (–)
Produktionswirtsch. (–)
Verkauf (2 M.)
Versand (2 M.)

Ausbildungszeiten H. Bertram – 2. Jahr
Buchführung (–)
Kostenrechnung (4 M.)
Materialwirtschaft (4 M.)
Personalwirtschaft (4 M.)
Produktionswirtsch. (2 M.)
Verkauf (2 M.)
Versand (2 M.)

Ausbildungszeiten H. Christ – 3. Jahr
Buchführung (5 M.)
Kostenrechnung (4 M.)
Materialwirtschaft (4 M.)
Personalwirtschaft (4 M.)
Produktionswirtsch. (5 M.)
Verkauf (3 M.)
Versand (5 M.)

Ausbildungszeiten F. Haase – 2. Jahr
Buchführung (6 M.)
Kostenrechnung (4 M.)
Materialwirtschaft (–)
Personalwirtschaft (–)
Produktionswirtsch. (3 M.)
Verkauf (3 M.)
Versand (2 M.)

Ausbildungszeiten H. Esser – 3. Jahr
Buchführung (6 M.)
Kostenrechnung (6 M.)
Materialwirtschaft (4 M.)
Personalwirtschaft (–)
Produktionswirtsch. (3 M.)
Verkauf (6 M.)
Versand (5 M.)

Abb. 12-7

Lösungen unter Beachtung der Engpassbereiche

Lösung

Grundsätzlich gibt es für diese Aufgabenstellung mehrere Lösungen. Zu berücksichtigen sind insbesondere drei verschiedene Engpassbereiche. Eventuell denkbare sinnvolle Abfolgen in den Ausbildungsstationen bleiben aufgrund des damit verbundenen hohen Schwierigkeitsgrades außer Betracht.

- Berücksichtigung 3. Ausbildungsjahr: Den Auszubildenden fehlen noch ganz bestimmte Ausbildungszeiten, die zuerst berücksichtigt werden müssen, da sonst die Ausbildung nicht ordnungsgemäß abgewickelt werden kann.
- Berücksichtigung der Sperrzeiten: Diese Zeiten sollten entsprechend markiert sein und werden somit auch nicht entsprechend der Vorgabe belegt.
- Berücksichtigung der Kontinuität: Nach Möglichkeit sollten die Belegungszeiten so zusammenhängend gelegt werden, dass jeweils mindestens zwei Monate ausgebildet werden kann. Ausnahme: Herr Christ muss nach den vorliegenden Informationen noch einen Monat in der Abteilung Geschäftsbuchhaltung absolvieren.

Aus der nachfolgenden Aufstellung ergibt sich ein möglicher Belegungsplan.

	Januar	Februar	März	April	Mai	Juni
Produktion					H. Esser	H. Esser
Material	F. Haase	F. Haase	F. Haase	F. Haase		
Personal	H. Esser	H. Esser	H. Esser	H. Esser	F. Haase	F. Haase
Verkauf	F. Abel	F. Abel		H. Christ	H. Christ	H. Christ
Versand	H. Bertram	H. Bertram	H. Bertram			
Kostenrechnung	H. Christ	H. Christ	F. Abel	F. Abel	F. Abel	F. Abel
Buchführung			H. Christ	H. Bertram	H. Bertram	H. Bertram

Abb. 12-8

◆ Die Prüfung der Ausbildungsstätten

Die **Eignung der Ausbildungsstätte** lässt sich anhand von zwei Bedingungen prüfen, die der Gesetzgeber festgelegt hat (§ 27 BBiG):

- Die Ausbildungsstätte muss nach Art und Einrichtung die vorgeschriebene Berufsausbildung gewährleisten können.
- Die Zahl der Auszubildenden hat in einem angemessenen Verhältnis zur Zahl der Ausbildungsplätze oder der Fachkräfte im Betrieb zu stehen.

Wenn der eigene Betrieb nicht alle Inhalte der Ausbildungsordnung vermitteln kann, weil es z. B. die Ausstattung nicht zulässt, so kann die Möglichkeit einer Ausbildung im **Verbund** mit anderen Betrieben oder in einer **überbetrieblichen Ausbildungsstätte** in Betracht gezogen werden, um so die Ausbildung durchführen zu können.

12.2.2 Das Gebot der Lernortkooperation

Gebot der Lernortkooperation

Die Berufsausbildung wird durch zwei Lernortbereiche repräsentiert. Da die beiden Lernorte aber ein gemeinsames Oberziel verfolgen, sind Kooperationen vorteilhaft. Andererseits dürfen Schwierigkeiten nicht verkannt werden.

Jeder der beiden Lernorte hat **eigene Strukturen** und ist in seinen Zielsetzungen nicht nur auf die Ausbildung begrenzt.

Strukturen im Betrieb

- Für den Betrieb ist Ausbildung ein Teilgebiet der Personalwirtschaft und die Personalwirtschaft ein Teilbereich der gesamten Unternehmung. In Unternehmungen ist ein Trend zu verstärkten und auf kürzere Perioden angelegten Erfolgskontrollen festzustellen. In diesem Lichte erscheint die Ausbildung als sehr zeitintensiv und schwer überprüfbar.

Strukturen in der Schule

- Eine berufsbildende Schule umfasst in aller Regel mehrere Schultypen, wobei die Berufsschule nur eine von mehreren Schultypen bildet. Die Schultypen haben innerhalb einer Schule sehr unterschiedliche Gewichtungen.

  Im Schulleben wirken Schulleitung und Lehrerkollegium, aber auch Schülervertretungen, Elternvertreter sowie Vertreter der Ausbildenden und der Auszubildenden mit. Die Belange der Berufsschule sind, wie damit angedeutet, nur ein Teilaspekt neben den Belangen anderer Schultypen, wiewohl durch den gesetzlichen Auftrag ein bedeutender. Die personalen und sächlichen Ressourcen sind in Schulen im Durchschnitt aller Fälle knapp. Dadurch entstehen Konflikte, z. B. um Stundenkontingente, Lehrereinsatz, Fachraumbelegung und Unterrichtszeiten zwischen den einzelnen Schultypen bzw. Abteilungen.

Abstimmung zwischen Betrieb und Schule

Häufige Kontakte zwischen Betrieb und Berufsschule helfen dabei, eine für beide Partner realisierbare **zeitliche Abstimmung** herbeizuführen. Die Berufsschulzeit von zwölf Stunden pro Woche ist von vierzig Stunden pro Woche abzuziehen, die laut Festlegung durch das Bundesarbeitsgericht als Ausbildungszeit im Betrieb zur Verfügung steht. Als Varianten kommen

- Teilzeitform,
- Blockunterricht und
- Mischformen infrage.

Bei einer **inhaltlichen Abstimmung** ist es wichtig, dass der Berufsschullehrer den Ausbildungsrahmenplan ebenso wie der Ausbilder den Berufsschullehrplan kennt. Beide Seiten orientieren sich bei ihrem Aufgabenfeld an der Entwicklung und Förderung beruflicher Handlungskompetenzen, wobei die Schule gleichzeitig auf eine erweiterte Allgemeinbildung und Branchenkenntnis ausgerichtet ist, während der Betrieb mehr den Blick auf die betriebliche Realität richtet.

Inhalte der Kooperation

Mögliche Inhalte der Kooperation sowie das damit intendierte Verhalten sind in der nachfolgenden Abbildung 12-9 in Form einer Matrix aufgeführt. Unterschieden wird in dieser Matrix einerseits danach, auf welche Inhalte sich die Kooperation beziehen kann, andererseits sind die zur Kooperation notwendigen Aktivitäten (= Verhalten) festzulegen.

Beispiel Zum Austausch über die Lernvoraussetzungen der Auszubildenden (Inhalt) sind Gespräche am Sprechtag (Verhalten/Aktivität) vorzusehen.
Um für die Berufsabschlussprüfungen eine gemeinsame Basis zu haben (Inhalt), wird für Ausbilder und für Lehrer, die gemeinsam in Prüfungsausschüssen der zuständigen Stelle tätig sind, ein Prüferseminar durchgeführt (Verhalten/Aktivität).

Inhalte / Verhalten	Lernvoraus-setzungen/ Lernstand	Aus-bildungs-ziele/ -inhalte	Aus-bildungs-methoden/ -medien	Aus-bildungs-prüfungen	...
Information					
Abstimmung					
Zusammenwirken					

Kooperationsinstrumente
– Beispiele –

- curriculare Arbeitsgruppen
  Entwicklung von lernortübergreifend einsetzbaren Medien
- gegenseitiger Erfahrungsaustausch
  Veranstaltungen, Sprechtage
  Mitteilungsblätter; Ausbildungsnachweis
- gegenseitige/gemeinsame Weiterbildung

Abb. 12-9: Zieldimension der Kooperationsformen

Als Grundlage eines Kurzreferates zur dualen Ausbildung bereiten Sie eine Folie vor, die drei Spalten umfasst, und zwar „Stichwort“, „betriebliche Ausbildung“ und „schulische Ausbildung“. Sie strukturieren anhand eines Fragenkataloges und nehmen jeweils die Zuordnung zur betrieblichen bzw. zur schulischen Ausbildung vor:

1. *Rechtliche Stellung*
   Welche ***rechtliche Stellung*** *hat der Lerner?*
   Auszubildender (Arbeitnehmer) – Schüler

2. *Zuständigkeit*
   Wer ist für die Lerner ***unmittelbar zuständig****?*
   Ausbildungsbetrieb – Schule

3. *Überwachung*
   Wer ***überwacht*** *die unmittelbar Verantwortlichen?*
   zuständige Stelle (Kammer) – Schulbehörde

4. *Finanzierung*
   Wer ***finanziert*** *den jeweiligen Teil der Ausbildung?*
   Ausbildungsbetrieb – öffentliche Haushalte (Land, Kommune)

5. *Teilnehmer*
   Wer bestimmt darüber, ob der Interessierte in die Ausbildung ***aufgenommen*** *wird?*
   Ausbildungsbetrieb – bei Vorliegen eines Ausbildungsvertrages besteht gesetzlicher Anspruch

6. *Ausbildungsinhalte*
   Wer bestimmt über die Ausbildungsinhalte?
   Ausbildungsordnungen (Bund) – Lehrpläne, Richtlinien (Länder)

7. *Hauptprobleme*
   *Wo liegen die **Hauptprobleme** der dualen Ausbildung?*
   - ***Abstimmung** zwischen Betrieb und Schule*
   - *ausreichende **Bereitstellung von Ausbildungsplätzen** bei großer Nachfrage nach Ausbildungsplätzen*
   - *ausreichende **Besetzung der Ausbildungsplätze** bei großem Angebot von Ausbildungsplätzen*
   - *partielle **Ungleichgewichte** von nachgefragten bzw. angebotenen Ausbildungsplätzen (Berufe)*
   - *mangelnde Flexibilität hinsichtlich notwendiger Anpassungen an veränderte Rahmenbedingungen*

12.3 Der Ausbildungsplatz und die an der Ausbildung Beteiligten

Dieses Kapitel bezieht sich im Wesentlichen auf
- die Auswahl und Gestaltung der Arbeitsplätze,
- die veränderte Rolle des Ausbilders sowie
- die Einbindung des Ausbildungsbeauftragten.

Nach wie vor, vielleicht sogar in verstärktem Maße, ist die Ausbildung direkt am Arbeitsplatz im Betrieb von besonderer Bedeutung, weil hier die Berufsrealität hautnah erlebt wird. Lernbüro, bzw. Übungsfirma sind im Vergleich hierzu eher Schonräume, in denen der Auszubildende einen speziell aufbereiteten Ausschnitt der Wirklichkeit erlebt. Demgemäß ist besondere Sorgfalt und Flexibilität notwendig, die Ausbildungsinhalte mit dem nicht immer planbaren Tagesgeschäft im Betrieb zu verbinden.

12.3.1 Auswahl und Gestaltung geeigneter Ausbildungsplätze

Ausbildungsplätze/ Auswahl und Gestaltung

Bei der Auswahl des Ausbildungsplatzes muss immer ein Abgleich zwischen den erforderlichen Ausbildungsinhalten und den Bedürfnissen des Betriebes gefunden werden. Unter dem Postulat des selbstständigen Lernens ist es notwendig, den Auszubildenden Gelegenheit zu geben, sich selbstständig mit den Ausbildungsprozessen in ihrer Ausbildung auseinander zu setzen, um sich entsprechende Fähigkeiten, Fertigkeiten und Kenntnisse anzueignen. Da die Erfüllung jeder betrieblichen Funktion auch von Routinetätigkeiten begleitet ist, erhalten die Auszubildenden gleichzeitig ein realistisches Bild ihrer zukünftigen Tätigkeit. Durch die Ausbildungsinhalte ergeben sich wichtige Hinweise, in welchen Abteilungen diese Inhalte am ehesten vermittelt werden können.

Falls die vollständige Ausbildung nicht im eigenen Unternehmen erfolgen kann, können Kooperationen mit anderen Unternehmen in Betracht gezogen werden.

Die Ausbildungsplätze gerade im produzierenden Gewerbe müssen wegen der verschiedenen Beanspruchungen daraufhin überprüft werden, ob sie den gesetzlichen Anforderungen genügen, z. B. nicht zu dauernden Fehlhaltungen führen, wenn ein Auszubildender besonders groß oder besonders klein ist.

Damit der Auszubildende so früh wie möglich Gelegenheit hat, sich ein Gesamtbild vom Betrieb zu machen und Zusammenhänge erkennen zu können, sollte er sich bald nach dem Beginn der Ausbildung durch eine Betriebserkundung einen Überblick über die betrieblichen Zusammenhänge verschaffen können. Dies ist ebenso abzustimmen und vorwie nachzubereiten, damit im Feedbackgespräch eventuell vorschnelle und spontane Eindrücke relativiert werden können, weil solche ersten Eindrücke sich ggf. festsetzen.

12.3.2 Die Rolle des Ausbilders

Neues Rollenverständnis

Der Ausbilder wird bei der Förderung der Selbstständigkeit von Auszubildenden in deren Ausbildungsprozess zunehmend zum Lernberater.

Er organisiert die Umsetzung des Ausbildungsplans im Betrieb und ist der Ansprechpartner für die Geschäftsführung ebenso wie für die Mitarbeiter und die Auszubildenden in allen Fragen der Ausbildung. Durch die Qualifizierung zum Ausbilder und eine entsprechende Prüfung soll der Ausbilder selbst in die Lage versetzt werden, Lernprozesse handlungsorientiert zu gestalten, d. h. Lernarrangements vorzubereiten, durch die die Auszubildenden die Fähigkeit zum selbstständigen Planen, Durchführen und Kontrollieren von Ausbildungstätigkeiten erwerben können. Vor diesem Hintergrund ist es sinnvoll, dass die Ausbildung der Ausbilder als Qualifizierungsmaßnahme selbst auch handlungsorientiert angelegt ist. In seinem neuen Rollenverständnis begegnet der Ausbilder seinem Auszubildenden als kooperativer Partner, der seine Weisungsbefugnis aufgrund eines persönlichen Respekts anstelle von Amtsautorität durchsetzt. Durch das persönliche Erleben eines kooperativen Führungsstils in der Ausbildung wird das Verhalten der Auszubildenden im Unternehmen positiv beeinflusst. Sie erfahren, dass sich der Ausbilder Zeit für Gespräche mit ihnen nimmt, an ihren Eindrücken und Vorschlägen interessiert ist und ihnen Anerkennung bei guten Leistungen zuteil werden lässt. Bei der Erteilung von Aufgaben gibt der Ausbilder Hilfestellung, damit die Auszubildenden die Aufgabe weit gehend selbstständig lösen können. So weit wie möglich hält er sich im Hintergrund und greift nur dann lenkend ein, wenn Umwege nicht mehr vertretbar sind.

Ebenso sorgt er dafür, dass alle Auszubildenden gleichermaßen ihre Chance erhalten, sich selbst und ihre Meinung einzubringen. Dies wird durch eine Moderatorenrolle z. B. bei Gruppendiskussionen sichergestellt, bei denen der Ausbilder die Diskussion leitet, die Ergebnisse festhält und visualisiert. Ein so gestaltetes Vorleben veranschaulicht die veränderte Ausbilderrolle, durch die das selbstständige Handeln der Auszubildenden gefördert wird.

12.3.3 Die Einbindung der Ausbildungsbeauftragten

Schon bevor sich ein Betrieb entscheidet, ob er ausbilden will, ist es hilfreich, die Mitarbeiter einzubeziehen, die zukünftig mit der Ausbildung zu tun haben können. Das Betriebsklima bzw. die Unternehmenskultur sollte dazu geeignet sein, dass die notwendigen Voraussetzungen für eine erfolgreiche Durchführung geschaffen werden können. In einem autokratisch geführten, streng hierarchischen Unternehmen sind kooperative Verhaltensweisen und selbstständiges Lernen vermutlich schwieriger zu erfahren. Die Mitarbeiter sind als Ausbildungsbeauftragte zugleich wesentliche Mitgestalter des Ausbildungsprozesses und müssen ebenso die Möglichkeit haben, diesen Prozess mitzugestalten, wie dies innerhalb der Ausbildung von ihnen im Umgang mit den Auszubildenden erwartet wird.

Unmittelbare Vorbildfunktion

Hierzu gehört nicht zuletzt, dass sie eine angemessene Schulung erhalten, um sich im Umgang mit handlungsorientierten Lernmethoden sicher fühlen zu können. Der Ausbilder steht ihnen beratend und kontrollierend zur Seite. Die unmittelbare Ausbildungssituation am Arbeitsplatz im direkten Kontakt von Ausbildungsbeauftragtem und Auszubildendem im Verhältnis 1:1 hat durch die unmittelbare Lernerfahrung auch weiterhin eine nicht zu unterschätzende Einflussmöglichkeit. Die Ausbildungsbeauftragten müssen wissen, was sie mit dem jungen Menschen überhaupt anfangen können, z. B. wenn es darum geht, Ideen zu Lernaufträgen zu entwickeln, aber auch die Grenzen entsprechend der gesetzlichen Rahmenbedingungen für den Einsatz im betrieblichen Alltag kennen. Neben ihrer üblichen Tätigkeit haben sie sich um die Unterweisung zu kümmern, ohne dass dies zu größeren Leistungseinbußen führt. Für diese Aufgaben zeigen Mitarbeiter unterschiedliches Interesse und es hilft sicher keinem, wenn Mitarbeiter gegen ihren Willen dazu gezwungen werden, sich mit Ausbildung zu beschäftigen. Gerade in der Beobachtung der Ausbildungsbeauftragten bei ihrer Tätigkeit liegen viele Lernmöglichkeiten für die Auszubildenden, die sich an der Persönlichkeit des jeweiligen Ausbildungsbeauftragten orientieren. Durch offenes persönliches Verhalten und hohe Arbeitsmotivation der Ausbildungsbeauftragten können sich die Auszubildenden eher mit der Tätigkeit und dem Unternehmen identifizieren.

Auswahl

12.4 Die Einstellung der Auszubildenden

Für die Einstellung von Auszubildenden gelten grundsätzlich die gleichen Kriterien wie für die Einstellung anderer neuer Mitarbeiter. Selbstverständlich gilt es zu berücksichtigen, dass es sich hier überwiegend um junge Menschen handelt, die erstmals in das Berufsleben eintreten.

Neben den Ausbildern sollten nach Möglichkeit auch die Führungs- und Fachkräfte der Abteilungen als künftige „Abnehmer" der Auszubildenden in den Einstellungsprozess einbezogen werden.

Anforderungen/Auswahl kriterien

12.4.1 Anforderungen und Auswahlkriterien

Die an die Bewerber zu stellenden Anforderungen ergeben sich zunächst aus den künftigen Aufgaben gemäß Berufsbild. Daneben werden die Anforderungen aber auch maßgeblich von der **Kultur** des Unternehmens und den dort herrschenden **Unternehmensgrundsätzen** bestimmt. Die an der Ausbildung beteiligten Personen sollten sich bereits im Vorfeld über das Anforderungsprofil verständigen. So wird das Auswahlkriterium „Schulabschluss" z. B. auch von der Selbstpositionierung des Unternehmens und der Situation am Ausbildungsstellenmarkt abhängen und regelmäßigen Überprüfungen unterworfen sein.

Zur Auswahl geeigneter Bewerber richten Ausbildungsbetriebe ihren Blick auf unterschiedliche Kompetenzbereiche, nämlich Fachkompetenz, Sozialkompetenz und Selbstkompetenz.

Um die notwendige **Fachkompetenz** zu erwerben, ist in vielen Berufen eine rasche Auffassungsgabe und ein gutes Gedächtnis von Vorteil. Systematisches Arbeiten setzt voraus, dass Arbeitsschritte identifiziert und in einen logischen Ablauf gegliedert werden können und dass die Kenntnis möglicher Methoden zu Erledigung dieser Arbeiten vorhanden ist. In handwerklichen Berufen ist auch manuelles Geschick von unschätzbarem Vorteil. Weiterhin muss der Bewerber in der Lage sein, Ideen zu entwickeln, wie er sich Informationen und Hilfen zur Lösung von neuen bzw. unbekannten Aufgaben beschaffen kann. Alles in allem wird vom Bewerber verlangt, dass er berufstypische Arbeitsvorgänge selbstständig planen, durchführen und kontrollieren kann.

Sozialkompetenz ist inzwischen in allen Berufen gefordert, weil es kaum noch Arbeitsplätze gibt, in denen nicht eine Zusammenarbeit mit Kunden und Kollegen erforderlich ist. Daher wird in den Anforderungen auch der Wunsch nach offenem Umgang mit anderen und nach Kritikfähigkeit gegenüber sich selbst und anderen Berücksichtigung finden. Weiterhin ist das angemessene Auftreten ebenso von Bedeutung wie die Kommunikationsfähigkeit.

Mit **Selbstkompetenz**, gelegentlich auch als Humankompetenz oder Personalkompetenz bezeichnet, ist in diesem Kontext die Fähigkeit gemeint, sich mit unbekannten Situationen als Person offen auseinander zu setzen, Durchhaltevermögen zu zeigen sowie Eigeninitiative zu entfalten. Hier sind die persönlichen Fähigkeiten gefragt, die Bewerber in die Lage versetzen, eine Ausbildungsphase erfolgreich zu bestehen.

Zu den Auswahlverfahren ist ergänzend zu den Ausführungen in Kapitel „Personal auswählen und rechtssicher einstellen“ zu sagen, dass bei der Auswahl geeigneter Auszubildender häufig Testverfahren und Assessmentcenter zum Einsatz kommen. Zum einen hat man so die Möglichkeit, vielen Bewerbern eine Chance zu geben. Zum anderen sind die Bewerbungsunterlagen zwar im Hinblick auf ordentliche Zusammenstellung und formalen Eindruck sehr aussagefähig, doch die jugendlichen Bewerber können selten mehr als Praktikumsbescheinigungen als berufliche Erfahrung vorweisen. Der notwendige Verzicht auf Angaben zu bisher ausgeübten Tätigkeiten bzw. auf Arbeitszeugnisse wird durch die Eignungstests ausgeglichen.

Ähnlich wie bei sonstigen Auswahlverfahren ist das Vorstellungsgespräch bei der Auswahl geeigneter Kandidaten wesentlicher Bestandteil, weil sich alle Beteiligten ein persönliches Bild voneinander machen können.

12.4.2 Der Abschluss des Ausbildungsvertrages

Die Ausbildung orientiert sich an den festliegenden Rechtsvorschriften, den so genannten Ordnungsmitteln. Daher gibt die Kammer als zuständige Stelle auch Musterverträge heraus, die alle wesentlichen und zu beachtenden Bestandteile des Ausbildungsvertrages enthalten.

Ausbildungsvertrag/Inhalt

Darüber hinaus sind beide Vertragspartner zu folgenden Vorgehensweisen verpflichtet:

1. Zur Berufsausbildung muss zwischen dem Ausbildenden und dem Auszubildenden ein **schriftlicher Vertrag** geschlossen werden. Die zuständigen Stellen verfügen über entsprechende **Formulare**.
2. Der Vertrag muss bei der zuständigen Stelle in ein **Verzeichnis der Berufsausbildungsverhältnisse eingetragen** werden. Die Eintragung erfolgt nur bei einem anerkannten Ausbildungsberuf.
3. Diesem Vertrag ist eine **zeitliche und sachliche Gliederung** über die vorgesehenen Ausbildungsabschnitte beizufügen. Diese Gliederung orientiert sich am Ausbildungsrahmenplan. Neben der einzureichenden zeitlichen und sachlichen Gliederung wird im Betrieb noch ein Versetzungsplan erstellt. Dieser enthält genaue Angaben über den geplanten Einsatz des Auszubildenden in den Abteilungen.
4. Die Beschäftigung eines Jugendlichen darf nur erfolgen, wenn eine **ärztliche Untersuchung** ergeben hat, dass der Jugendliche den Anforderungen des gewählten Berufes körperlich gewachsen ist.
5. **Rechte und Pflichten des Auszubildenden** sowie des **Ausbildenden** sind genau vorgeschrieben. Beide Vertragspartner sind dafür verantwortlich, dass das Ausbildungsziel erreicht wird.

   Der Ausbildende hat vor allem die Pflicht, dem Auszubildenden die in der zutreffenden Ausbildungsordnung vorgeschriebenen Kenntnisse und Fertigkeiten zu vermitteln. Der Auszubildende hat vor allem die Pflicht, sich diese Kenntnisse und Fertigkeiten anzueignen. Der Ausbildende stellt dem Auszubildenden die Materialien zur Durchführung der Ausbildung zur Verfügung. Zu den sog. Ausbildungsmitteln gehören Lernmittel (Lehrbücher, Tabellen usw.), Lehrmittel (Modelle usw.) und Medien (DVDs usw.).
6. Aus dem Ausbildungsvertrag müssen **Dauer** der Ausbildung, **Probezeit, Urlaub, Ausbildungsvergütung** und ähnliche Regelungen hervorgehen.
7. Der Auszubildende führt ein Nachweisheft (Berichtsheft) über seine Tätigkeiten im Betrieb.
8. Der Ausbildende meldet den Auszubildenden zur **Zwischenprüfung** und zur **Berufsabschlussprüfung** an und trägt die Kosten.
9. Mit der **bestandenen Berufsabschlussprüfung endet die Berufsausbildung.** Der Ausgebildete erhält von der zuständigen Stelle ein **Zeugnis** über die bestandene Ab-

schlussprüfung mit Ausweis der Noten. Sollte die Berufsabschlussprüfung nicht bestanden sein, wird der Ausbildungsvertrag um ein halbes Jahr verlängert.

10. Der Ausgebildete erhält ein **abschließendes Zeugnis über seine betriebliche Ausbildung.**
   In aller Regel werden die Beurteilungen aus den Abteilungen für die Ausfertigung des abschließenden Zeugnisses herangezogen.
   Da er auch noch ein Abschlusszeugnis der Berufsschule erhält, verfügt er also insgesamt über drei Zeugnisse.

12.5 Die didaktische Aufbereitung der Ausbildung

Der ständige Ausbilderarbeitskreis für den Ausbildungsberuf A bei der Industrie- und Handelskammer B lädt nach jedem Prüfungsdurchgang, also zweimal im Jahr, zu einer Aussprache über Anforderungen, Ablauf und Probleme der Berufsabschlussprüfung ein. Da die Teilnehmer fast alle auch Mitglieder von Prüfungsausschüssen sind, ist in einer solchen Sitzung viel Sachkompetenz vertreten. Neben den Erfahrungen aus Prüfungen können auch Erkenntnisse aus Abschlussinterviews mit Auszubildenden eingebracht werden.
Viele schon häufiger diskutierten Problembereiche erhalten durch die praktische Prüfung eine besondere Brisanz. Folgende Feststellung gilt ziemlich allgemein: Zu den häufiger aufgetretenen Problemen zählte u. a. der Sachverhalt, dass Auszubildende die am Ausbildungsplatz erlernten praktischen Fähigkeiten nur unter großer Mühe mit den unterrichtlich vermittelten Kenntnissen koppeln können. Wenn vorhandene Kenntnisse mit Beispielen aus dem betrieblichen Anwendungsbereich erläutert werden sollten, herrschte nicht selten Sprachlosigkeit. Auch der umgekehrte, also induktive Weg von der praktischen Situation zu systematischen Kenntnissen zeigt Schwierigkeiten; hierbei ist die Verhaftung im praktischen Fall typisch, d. h. eine Ausweitung auf Systemkenntnisse erweist sich als kaum leistbar.
Die situationsorientiert angelegte praktische Prüfung verschärft das Problem, weil jetzt die Verknüpfung von Wissen und praktischem Können zum Thema wird.
Offenbar lässt sich mit den bisherigen betrieblichen und schulischen Vermittlungsformen nicht die erforderliche gegenseitige Durchdringung von Kenntnissen und praktischem Tun erreichen. Es wird vorgeschlagen, zusammen mit Lehrervertretern, die gleichzeitig Prüfer bei der betreffenden Berufsabschlussklasse sind, über neue methodische Gestaltungen von Ausbildung und Unterricht zu beraten. Dabei sollen auch die Vermittlungsmöglichkeiten der neu geforderten fächerübergreifenden Qualifikationen bzw. Kompetenzen in den Blick genommen werden.

Zur didaktischen Aufbereitung der Ausbildung wird zunächst auf die Grundlagen des Lernens, speziell auf Gedächtnisleistungen und auf die Konzentration als wichtige Voraussetzungen für sicheres Lernen eingegangen. Sodann sind die Bedingungsfaktoren, Ziele und Inhalte der Lernprozesse zu thematisieren. Die Ausführungen zur methodischen Gestaltung der Lernprozesse im Rahmen der Ausbildung gehören ebenfalls zur didaktischen Aufbereitung der Ausbildung.

12.5.1 Grundlagen des Lernens

Lernbegriffe

◆ **Lernbegriffe**

Lernen ist die dauerhafte Änderung einer Verhaltensweise in eine andere Verhaltensweise. In der Regel ist das neue Verhalten höherrangig. Zwei Verhaltensänderungen werden allerdings aus dem Lernbegriff herausgenommen, und zwar einerseits solche, die auf angeborenen Reaktionen beruhen (beim Säugling beispielsweise das Schlucken und das Greifen), andererseits solche, die Reifungsvorgänge darstellen (z. B. die Veränderung der Stimmbänder in der Pubertät).

Wenn ein Lernvorgang gewollt ist, spricht man von **intentionalem** Lernen. Es gibt aber auch ungewollte Lernvorgänge, z. B. durch einfaches Nachmachen von Verhaltensweisen in der sozialen Umgebung. Solche Lernvorgänge werden als **funktionales** Lernen bezeichnet.

Ein weiterer Lernbegriff wird in der modernen Personallehre sehr häufig verwendet: das **lebenslange** Lernen („lifelong learning"). Die Notwendigkeit, sich ständig in neue Lernprozesse zu begeben, beruht auf der Tatsache, dass viele der gelernten Inhalte relativ schnell veralten, besonders im Bereich der Technik. In diesem Zusammenhang spricht man von der **sinkenden Halbwertzeit des Wissens**. Gemeint ist damit die Zeitspanne, in der die Hälfte des Wissens wertlos geworden ist.

Halbwertzeit

Andererseits ist es auch so, dass nur der lerngeübte Mensch sich den ständig veränderten Anforderungen in Wirtschaft, Technik und Gesellschaft anzupassen vermag. Dieser Anpassung dienen im Betrieb auch die vielfältigen Maßnahmen der Weiterbildung.

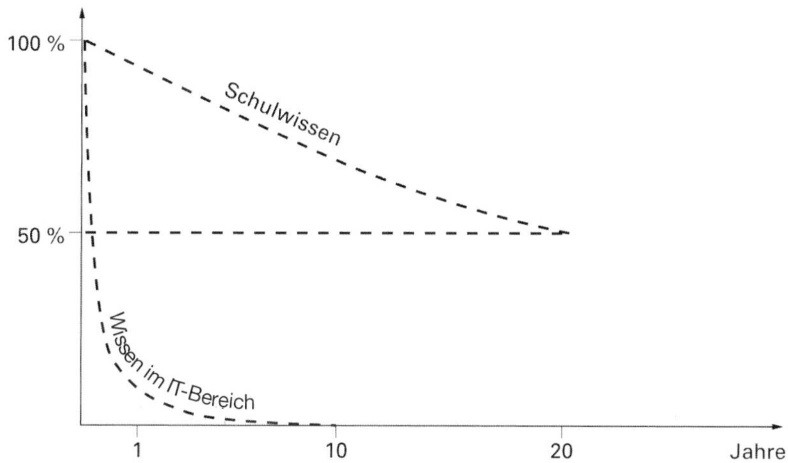

Abb 12-10: Halbwertzeiten des Wissens

Entsprechend der obigen Abbildung verliert das Schulwissen innerhalb von 20 Jahren die Hälfte seiner ursprünglichen Bedeutung. Für Fachwissen im IT-Bereich rechnet man innerhalb eines Jahres mit 50 % „Schwund". Für berufliches Grundwissen lassen sich 10 Jahre ansetzen, für berufliches Fachwissen 5 Jahre und für technologisches Wissen allgemein 3 Jahre.

◆ Das Gedächtnis

Gedächtnis

Das Gedächtnis ist die Funktion des Gehirns, Lerninhalte wahrzunehmen, zu speichern und wiederzugeben.

Grundstrukturen des Gedächtnisses

- **Wahrnehmungsspeicher** (= sensorischer Speicher)

  Wahrnehmungsspeicher

  Reize gelangen über die Sinne in den Wahrnehmungsspeicher. An diesem Vorgang ist das Bewusstsein nicht beteiligt. Der Umfang der unterbewussten Wahrnehmungen ist enorm. Hirnforscher nehmen beispielsweise an, dass mit einem Blick bis etwa 16 000 bits erfasst werden.

Kurzzeitspeicher

- **Kurzzeitspeicher**
  Der Kurzzeitspeicher nimmt in einem Zeitraum von zwei bis drei Minuten durchschnittlich sieben Informationen auf. Dabei ist es prinzipiell gleich, ob es sich um sieben Zeichen, Buchstaben, Worte oder Sätze handelt, entscheidend ist die magische Zahl sieben. Wie singulär oder komplex die aufnehmbaren Informationen sein können, richtet sich nach dem Vorwissen der betreffenden Person. Daraus resultiert auch die Beobachtung, dass der gut Gebildete z. B. aus Fernsehsendungen mehr behält als der weniger Gebildete. Personen mit großem Vorwissen haben die Möglichkeit, sich vorübergehend etwa sieben verschieden komplexe Informationen zu merken.
  Übrigens ist es so, dass – unabhängig vom Vorwissen – die ersten und die letzten der sieben Informationen am besten behalten werden.

Langzeitspeicher

- **Langzeitgedächtnis**
  Im Langzeitgedächtnis sind bei (fast) allen Menschen **enthalten**:
  - die Muttersprache
  - die frühen Kindheitserlebnisse
  - die persönlichen Daten (Name, Geburtstag, Geburtsort)

  Weiterhin wird ins Langzeitgedächtnis aufgenommen, was für den Menschen bedeutsam ist.

  Das Gleiche gilt für Informationen, die gedanklich verarbeitet wurden.

Bearbeitung und Verarbeitung des Wahrgenommenen

◆ **Die Bearbeitung und Verarbeitung des Wahrgenommenen**

Die Bearbeitung und Verarbeitung des Wahrgenommenen gelingt dann gut, wenn
- **möglichst viele und unterschiedliche Lernwege benutzt** und
- die **Informationen über verschiedene Lernwege ins Langzeitgedächtnis transportiert** und dort **„angedockt“** wurden.

Beispiel Inhalte zusammenfassen, Tabellen anlegen, Inhalte unterstreichen, Gliederungen anfertigen, Wichtiges markieren, mit Randzeichen versehen, sich abhören, laut vortragen, Merksätze auf Karten festhalten, eine Matrix anfertigen. Bei diesen Bearbeitungen sollten möglichst viele verschiedenen Sinne (Augen, Ohr, Tastsinn ...) angesprochen werden, um auch möglichst viele Großhirnregionen zu beanspruchen. Diese Vielfalt ist für das spätere Auffinden von Informationen besonders bedeutsam.

Folgerungen für die Lernmethoden

Die Bearbeitung und Verarbeitung ist nicht nur so zu verstehen, dass die Informationen gespeichert werden. **Andere Lernmethoden bei der Verarbeitung**, z. B. inhaltlich gleiche Zusammenstellungen, jetzt aber in einer Lerngruppe erarbeitet, bewirken ebenfalls neue Sinneseindrücke und erweiterte Möglichkeiten der Speicherung. Neben anderen Gründen erwächst daraus die Forderung nach Wechsel der Sozialformen (Gruppenunterricht, Partnerarbeit usw.).

Folgerungen für das Wiederholen

Sind **Informationen auf verschiedenen Wegen und in verschiedenen Zusammenhängen** gespeichert worden, nimmt die **Sicherheit und Schnelligkeit des Rückgriffs** zu. Deshalb ist es so wichtig, sich die Lerninhalte unter verschiedenen Gesichtspunkten verarbeitend anzueignen. Das heißt gleichzeitig: Die **einfachen Wiederholungen** des Lernvorganges, also die Erarbeitung von Lerninhalten nach dem gleichen Schema, haben kaum Wirkung. Dagegen ist die Erarbeitung unter **neuen Gesichtspunkten** von erheblicher Lernwirkung. Einfache Wiederholungen dienen bestenfalls der Automatisierung der Wiedergabe, was natürlich auch gewisse Vorteile hat, z. B. beim Singen, Auswendiglernen und Tanzen.

Arten des Lernens

◆ **Die Arten des Lernens**

In der Psychologie bzw. Pädagogik unterscheidet man verschiedene Arten des Lernens:

- **Lernen durch bedingte Reaktion**
  Diese Art wird auch als konditioniertes Lernen oder Reiz-Reaktions-Lernen bezeichnet. Gemeint ist folgender Vorgang: Der Lerner empfängt einen Reiz, der z. B.

in einer gezeigten Frucht oder dem Versprechen einer Frucht bestehen kann. Dieser Reiz löst die beabsichtigte Reaktion aus, z. B. darin, sich das Gewünschte zu holen.

- **Lernen durch Erfolg und Misserfolg**
  Vielfach befindet sich der Lerner in der Lage, dass er den Erfolg oder Misserfolg einer Handlung nicht im Voraus übersehen kann und probiert deshalb.
  Wenn sich der Erfolg einstellt, hat er den gesuchten Weg gefunden. Beschreitet er den Erfolgsweg mehrfach, verfestigt sich dieser und gehört dann zum festen Verhaltensbestandteil. Lernwege, die von Misserfolg gekennzeichnet sind, werden naturgemäß nicht wiederholt.
- **Imitationslernen**
  In den ersten Lebensjahren spielt das Imitationslernen eine große Rolle. Das Kind macht aus seiner natürlichen Veranlagung unbewusst das Verhalten seiner Bezugsperson nach.
- **Beobachtungslernen**
  Das Beobachtungslernen, auch als Modelllernen bekannt, stellt gegenüber dem Imitationslernen schon eine höhere Stufe dar. Beobachtungslernen wird als ein bewusster Nachahmungsvorgang verstanden. Der Lerner beobachtet bewusst und macht das Beobachtete bewusst nach.
- **Lernen durch Einsicht**
  Der Lerner ist in der Lage, sich die gewünschte Verhaltensweise und den Weg dahin vorzustellen. Diesen Überlegungen bzw. Einsichten folgt er in seinen Handlungen.
- **Lernen durch Transfer**
  Der Lerner kann erworbene Verhaltensweisen auf bisher nicht erlebte Situationen vordenken. Er kann sie also übertragen (transferieren). Dieser Vorgang ist, genau wie das Lernen durch Einsicht, mit einer erheblichen Denkleistung verbunden.

◆ Lernhilfe durch verbesserten Umgang mit Informationen

Lernhilfen

Der verbesserte Umgang mit Informationen kann zur Verbesserung der Lernprozesse und damit der Lernleistung beitragen. Bei der nachfolgenden Hervorhebung von Informationsaufnahme, Informationsverarbeitung und Informationswiedergabe als Teilaspekte des Lernens darf natürlich nicht vergessen werden, dass Lernen ein weitaus komplexeres Geschehen ist und z. B. auch den Erwerb von sozialen und methodischen Kompetenzen umfasst.

1. **Informationsaufnahme**

Durch verbesserte Informationsaufnahme

Beispiele
- Die **Wahrnehmungsbereitschaft** und **Wahrnehmungsgenauigkeit** wird durch Aufmerksamkeit beim Zuhören, Lesen etc. verbessert. Beides hängt von der inneren Bereitschaft und damit der Motivation ab.
- **Wahrnehmungsselektion** bedeutet u. a., Informationen nicht wahllos, sondern ausgewählt aufzunehmen. Hier besteht durch systematische Vorauswahl und Vorprüfung, z. B einer Zeitung oder des Fernsehprogramms, eine gute Chance für eine bewusste Selektion.
- **Wahrnehmungssicherung** erfolgt dann, wenn eine aufgenommene Wahrnehmung auf ihre Echtheit geprüft wird. Typische Hilfen dazu sind z. B. Rückfragen von Seiten des Lernenden im Unterricht bzw. bei Unterweisungen.

2. **Informationsverarbeitung/Informationsspeicherung**

Durch verbesserte Informationsverarbeitung/-speicherung

Beispiele
- Informationen lassen sich dem bereits vorhandenen Wissen zuordnen. Auch praktische systematische Speicherungsvorgänge werden im Gedächtnis behalten, z. B. die Ablage von Arbeitsunterlagen.
- Man kann einen Teil der Informationen nach verschiedenen Gesichtspunkten bearbeiten, z. B. in Form von Gliederungen, Schaubildern, Synopsen, Mind-

Mapping. Diese Informationsumwandlungen bzw. -bearbeitungen lösen gleichzeitig Speichervorgänge im Gehirn aus. Synopsen sind vergleichende Übersichten, in welchen die interessierenden Aussagen übersichtlich nebeneinander gestellt werden. Ein Mind-Map ist die bildhafte Darstellung von Schlüsselbegriffen, wobei die Aufzeichnung ein besonders kreativer Prozess ist.
- Die Lerner üben das Behalten von Sachverhalten mithilfe von Bedeutungsbildern (Mnemotechnik). Das Gedächtnis wird dadurch unterstützt, dass man an die Stelle eines Begriffes oder einer Zahl einen bildhaften Gegenstand setzt, also z. B. ein Gebäude, einen Baum, ein Tier etc.

Durch verbesserte(n) Informationswiedergabe und Transfer

3. **Informationswiedergabe und Transfer**

Beispiel
- Als nützlich erweisen sich z. B. Aufzeichnungen für Vorträge, die man in weiteren Vorbereitungsschritten systematisch verkürzt, sodass man zum Schluss mit wenigen Notizen auskommt.
- Für eine freie Rede ist eine gedankliche Gliederung nützlich.
- Bei Vorbereitungen von Handlungen und Vorträgen erweist sich als hilfreich, mit Schemata zu arbeiten (Fragewörter: wer, was, wann, wo, warum / Zeitschema: früher, heute, später / Nutzen: nützlich für – schädlich für).

Lernen in übergeordneten Lebensbezügen

4. **Lernvorgänge in übergeordneten Lebensbezügen**

Alle Denk- und Lernvorgänge sind in größere Zusammenhänge der menschlichen Existenz einzuordnen.

Beispiele
- Es ist wichtig, denkgewohnt und lerngewohnt zu sein und zu bleiben.
- Die Motivation für Handeln fördert aktives Denken und Lernen.
- Zur Förderung spezieller Denkleistungen, z. B. für produktives Denken, kreatives Denken oder schlussfolgerndes Denken, gibt es spezielle Übungen.
- Der Denk- und Lernvorgang wird durch Eustress (= Stress, der den Menschen herausfordert) begünstigt.
- Konzentrationsfähigkeit wirkt sich positiv auf den Denk- und Lernvorgang aus.
- Konzentrationsmängel gelten als eine sehr wichtige Lernstörung.

Lernhilfe durch Steigerung der Konzentration

◆ Lernhilfe durch Steigerung der Konzentration

Mit Konzentrationsfähigkeit ist die Fähigkeit gemeint, Gedächtnis- und Denkleistungen, die erbracht werden müssen, soweit zu steuern, dass innere, äußere und situative Ablenkungen diese Gedächtnis- und Denkleistungen nicht behindern. Konzentrationsschwäche erkennt man an äußerer Unruhe, an Resignation oder Verträumtheit, an Streitsucht, an ungenauer Arbeitsausführung, an Unaufmerksamkeit bei der Informationsaufnahme, an Fahrigkeit bei der Informationswiedergabe u. a. m.

Konzentrationsschwächen

• Ursachen von Konzentrationsschwächen

Ursachen von Konzentrationsschwächen können in der Person des Lerners liegen, z. B. Krankheit, konstitutionell schwache Nerven, oder an schlechten Vorbildern.

Andere Ursachen kommen aus der materialen und sozialen Umwelt, z. B. stickige Luft (material) oder permanente Störungen durch Kontakte (sozial).

Eine weitere Ursache lässt sich als Lebenssituation ausmachen. Dazu zählen Überforderung, Unterforderung, falsche Lebensführung, überhöhte Lebensziele, falsche Einschätzung der Anforderungen u. a. m.

Schließlich wirken sich auch Enttäuschungen über die eigene Lernleistung negativ auf die Konzentration aus. Die Ursache für schwache Lernleistungen und dadurch beeinträchtigte Konzentration können auch darin liegen, bestimmte Lernhemmnisse nicht zu kennen:

- Wer zu viel auf einmal lernen will, setzt sich lernhemmenden Belastungen aus. Empfehlung: Etappen bilden, also z. B. nicht 12 Handgriffe auf einmal, sondern 4 mal 3 Handgriffe lernen.

- Wer ähnliche Inhalte zu schnell aufeinander folgen lässt, kommt in Gefahr, dass ungewollte Vermischungen stattfinden. Es empfiehlt sich, sich jeweils unterschiedliche Inhalte vorzunehmen.
- Gleichzeitig aufgenommene Informationen blockieren sich gegenseitig. Beispiel: Radiosendung und Buch. Die Empfehlung heißt, sich jeweils auf eine Informationsquelle zu beschränken.
- Neue Informationen aufzunehmen, wenn man sich in einer Verarbeitungs- und Erinnerungsphase für bereits Erlerntes befindet, schadet nur. Beispiel: Der Lerner hat sich auf eine Prüfung solide vorbereitet. Im letzten Moment will er noch Neues „draufsetzen“. Empfehlung: Waldlauf, Schwimmen, Freunde besuchen ...

- **Ratschläge zum Umgang mit Konzentrationsproblemen**

Umgang mit Konzentrationsproblemen

Die Ratschläge zum Umgang mit Konzentrationsproblemen sind relativ einfach zu formulieren:

1. Alles, was Hektik und Angst macht, muss vermieden werden.
2. Reizüberflutung ist so weit wie möglich einzuschränken.
3. Situationen, die durch Überforderung und Unterforderung zu bezeichnen sind, müssen erkannt und wegen ihrer demotivierenden und konzentrationsschwächenden Auswirkung ausgeschlossen werden.
4. Ungünstige Lebensformen, die z. B. mit Schlafdefizit, zu geringer Bewegung oder falscher Ernährung zu tun haben, sollten als solche erkannt und dann vermieden werden.
5. Viele der bekannten Konzentrationsübungen haben Ähnlichkeit mit Meditations-, Atem- und Entspannungstechniken. Nutzen Sie auch diese Möglichkeiten. Betrachten Sie solche Anregungen durchaus als „Sprechstunde für die Seele“. Wer Alltagshektik ablegen kann, findet Sammlung, und Sammlung bedeutet innere Konzentration. Einfachste körperliche Konzentrationsübungen können u. U. zum Wohlbefinden beitragen.

   Beispiel
   - entspannt hinsetzen, Schulter senken, Hände öffnen, Augen schließen, durch die Nase ein- und durch den Mund etwas länger ausatmen
   - beim Einatmen die 2 x 4 Fingerkuppen (ohne Daumen) unterhalb des Haaransatzes auf die Stirn legen; beim Ausatmen die Finger über das Gesicht gleiten lassen. Hände in den Schoß legen
   - beide Daumen seitlich an den Schädel setzen und mit den Fingerkuppen die Kopfhaut massieren; dann Hände in den Schoß legen
   - gerade und entspannt hinsetzen, Hände reiben, als ob man eine Kugel formen wollte, die warmen Hände eine kleine Weile auf die Augen legen, dann die Hände in den Schoß legen
6. Wenn die Konzentrationsfähigkeit durch schicksalhafte oder existenzielle Ereignisse erschüttert wurde, wird man Gedanken, die darin ihre Ursache haben, vielleicht unterdrücken wollen, aber nicht können. In solchen Fällen ist es richtiger, bestimmte zeitliche Phasen für das Verarbeiten der Ereignisse vorzusehen. Der ständige Versuch, die Gedanken zu unterdrücken, ist meist vergeblich.
7. Gedanken, die einem beim konzentrierten Denkvorgang in die Quere kommen und ablenken, sollte man kurz notieren und auf später verschieben. Die Annahme, sie im Kopf behalten zu können und zur Seite zu stellen, ist falsch. Sie bleiben „Störenfriede“.

12.5.2 Bedingungsfaktoren, Ziele und Inhalte von Lernprozessen im Rahmen der Ausbildung

Unterricht und Unterweisungen sind Hilfestellungen für die Lernprozesse, die Schüler bzw. Auszubildende in sich vollziehen. Wenn es sich um Jugendliche oder junge Erwachsene als Schüler bzw. Auszubildende handelt, ist selbstverständlich, dass diese selbst die Hauptverantwortung für ihren Lernprozess tragen. Anders betrachtet: Ohne die Selbstverantwortung und ohne das notwendige Wollen aufseiten des Lerners kann kein Lernprozess stattfinden.

Rahmenbedingungen für Unterricht und Unterweisung

◆ Die Bedingungsfaktoren als Rahmenbedingungen für Unterricht und Unterweisung

Die Funktion von Lehrern und Ausbildern besteht in erster Linie darin, die **Lernausgangslage** mit ihren zahlreichen Faktoren zu erfassen und richtig einzuschätzen. Im ganz großen Rahmen geht es im Weiteren darum, die für den **Lerner relevanten Inhalte** auszuwählen, zu strukturieren und so in ein methodisches Arrangement zu bringen, dass der Lerner im Erwerb beruflicher Handlungskompetenzen gefördert werden kann; gleichzeitig sind **geeignete Verfahren zur Sicherung des Lernerfolgs** mit vorzusehen.

Viele Fragen, die auf einzelne, den Lernprozess bestimmende Faktoren abzielen, müssen beantwortet sein, bevor mit der Planung von Unterricht bzw. Unterweisung begonnen werden kann.

Leitfragen für den ersten Überblick

Die folgenden Leitfragen sollen einen ersten Überblick geben:

1. Welche Schüler / Auszubildende sollen an der Lernveranstaltung teilnehmen?
2. Welche Ziele sollen mit der Lehr-Lern-Veranstaltung verfolgt werden (Intention)?
3. Welche Unterrichtsprinzipien sind bei dem gesamten Lernprozess zu berück-sichtigen (Aktualität, Lebensnähe etc.)?
4. Welche Lerninhalte sind auszuwählen?
5. Wie soll der Lernprozess arrangiert werden?
6. Welche Medien können den Lernvorgang unterstützen?
7. Haben die Schüler/Auszubildenden gelernt, was sie lernen sollten (Lernzielkontrolle)?

Zwei wichtige Anmerkungen zu den Leitfragen:

Interdependenzen

1. Zwischen den Faktoren bestehen vielfache Abhängigkeiten bzw. wechselseitige Beziehungen. Der Lehrer/Ausbilder kann beispielsweise keine Ziele planen oder Lerninhalte auswählen, für die der Schüler/Auszubildende noch nicht den genügenden Reifegrad oder die ausreichende Kenntnisgrundlage hat. Die Planungsfaktoren stehen also zueinander in **Interdependenzen**.

Einzelfragen

2. Jede Leitfrage muss, um konkrete Antworten zu bekommen, in viele Einzelfragen aufgelöst werden. Beispielsweise ist die Frage nach den Lernern weit über Jahrgangsgruppe/Ausbildungsjahr bzw. Alter hinaus zu differenzieren. Zum Beispiel sollten tatsächlicher Kenntnisstand, Motivation, Gruppenzusammenhalt u. v. a. m. bekannt sein. Die folgenden Ausführungen werden im Übrigen auf eine Fülle von Einzelfragen eingehen.

Ziele und Inhalte von Unterricht und Unterweisung

◆ Ziele und Inhalte von Unterricht und Unterweisung

Die didaktische Planungsaufgabe des Lehrers bzw. Ausbilders ist an Vorgaben in Form von Lehrplänen und Rahmenplänen gebunden. Allerdings bildet die Lerngruppe als solche bzw. bilden die Lerner mit ihren personenbezogenen (anthropogenen) und soziokulturellen Voraussetzungen die entscheidende Planungsbedingung.

Thema festlegen

Festlegen des Themas der Unterrichtsstunde bzw. der Unterweisung

Die Vorgaben werden unter gleichzeitiger Berücksichtigung der durch die Lerngruppe bestimmten Planungsbedingungen nach verschiedenen Gesichtspunkten bearbeitet:

Didaktische Analyse

1. Didaktische Analyse

Lehrer und Ausbilder betrachten den Lerngegenstand unter dem Gesichtspunkt, welche Bedeutung er für diese Lerner in der vorliegenden beruflichen Lebenssituation hat. Welche Zugangsmöglichkeiten gibt es für den Lerner? Welche Schwierigkeiten sind zu erwarten? Welche Begründung gibt es dafür, gerade diesen Inhalt und nicht etwa vergleichbare Inhalte mit anderen Teilinhalten auszuwählen?

2. Lernzielebenen

Lernziel-ebenen

Unterrichts- und Unterweisungsinhalte werden vorstrukturiert und übrigens auch vergleichbar gemacht, indem das angestrebte Lernverhalten der Lernenden durch Lernziele unterschiedlicher Konkretierungsstufen vorgegeben werden. Solche Vorgaben enthalten demgemäß vielfach Richtziele und Grobziele, im Einzelfall auch Feinziele. Es handelt sich bei diesen Lernzielebenen um Abstufungen nach dem Grad der Abstraktion, d. h. vom Allgemeinen zum Konkreten.

Richtziele

Richtziele sind Lernziele auf hoher Abstraktionsstufe. Beispielsweise sollen die Schülerinnen und Schüler u. a.

- ein breites, nicht nur auf einen einzelnen Wirtschaftszweig bezogenes kaufmännisches Grundwissen erwerben und – darauf gestützt – wirtschaftliche, technische und soziale Zusammenhänge in der Arbeitswelt und in der Gesellschaft erkennen sowie befähigt werden, ihren Einsichten entsprechend verantwortungsbewusst zu handeln,
- Informations- und Kommunikationstechniken als Hilfsmittel bei der Aufgabenbewältigung einsetzen,
- selbstständig schriftliche Informationen sprachlich angemessen und formgerecht abfassen,
- mündliche Informationen sach- und situationsgerecht aufnehmen und weitergeben können.

Grobziele

Grobziele sind Lernziele auf mittlerer Abstraktionsstufe.
Dazu könnte im Lernbereich Personalwirtschaft beispielsweise formuliert werden:
„... in der Lage sein, die rechtlichen Rahmenbedingungen der Personalarbeit zu kennen und zu berücksichtigen."
Damit ist ein überprüfbares Endverhalten beschrieben, jedoch werden nicht alle Alternativen erfasst bzw. ausgeschlossen.

Feinziele

Feinziele sind Lernziele auf niedriger Abstraktionsstufe.
Hier könnte es sich beispielsweise um die rechtlichen Rahmenbedingungen personalwirtschaftlicher Entscheidungen handeln, z. B. Arbeitsvertragsrechte, Arbeitsschutzrechte oder Bestimmungen der Sozialversicherung, deren wesentliche Bestandteile zu nennen und in berufsrelevanten Situationen anzuwenden sind.

3. Lernzieldimensionen (= Lernbereiche)[1]

Lernziel-dimensionen (= Lernziel-bereiche)

Durch die Einteilung in Lernzielebenen sind Aussagen über den Grad der Konkretisierung gemacht. Geklärt ist damit aber noch nicht, welche Kräfte des Lernenden mit dem jeweils beschriebenen Lernziel angesprochen werden sollen. Pestalozzi fordert für seine Zöglinge, dass jeder Lernvorgang Kopf, Herz und Hand beschäftigen soll. Die damit angesprochenen Zieldimensionen des Lernens werden heute als

- kognitive Dimension (die verstandesmäßige Seite),
- gefühlsmäßige Dimension (das affektive Erleben),
- instrumentale oder psychomotorische Dimension (die körperliche Seite)

bezeichnet.

---

[1] *In Veröffentlichungen der Kammern zur Ausbilderprüfung spricht man nicht von Lernzieldimensionen, sondern von Lernbereichen. Dieser Sprachgebrauch hat den Vorteil, dass Überschneidungen mit dem Dimensionsbegriff bei der Definition der Handlungskompetenz vermieden werden.*

Abstufungen

Jede Dimension ist durch Abstufungen gekennzeichnet. Bei der **kognitiven Dimension** unterscheidet man beispielsweise Wissen, Verstehen, Anwenden, Beurteilen. In Richtlinien oder Rahmenlehrplänen findet man teilweise Erklärungen darüber, was mit den einzelnen Begriffen konkret in der jeweiligen Vorgabe gemeint ist.

Beispiele Im Rahmenlehrplan für einen kaufmännischen Beruf wurde formuliert:

a) Wissen
grundlegende elementare Kenntnisse,
d. h. Aufnahme und Wiedergabe von Begriffen, Sachverhalten, Merkmalen, wenig verbundenen Informationen

b) Verstehen
funktionale Kenntnisse,
d. h. Wiedergabe von Informationen (Verfahren, Regeln, Gesetzmäßigkeiten, Abläufen) nach Sinn, Zweck und Zusammenhängen

c) Anwenden
Aufgaben lösendes Denken,
d. h. Lösung von Aufgaben durch Anwenden von „Wissen"(a) und „Verstehen"(b) in konkreten Situationen

d) Beurteilen
problemlösendes Denken,
d. h. Lösungen von Aufgaben und gedankliche Durchdringung von Problemen, bei denen Auswahlentscheidungen zu treffen, Verfahren zu entwickeln oder eigene Stellungnahmen abzugeben sind.

Bei der **gefühlsmäßigen Dimension** wird beispielsweise aufgeführt, mit welcher inneren Einstellung ein Lerngegenstand aufgenommen wird bzw. mit welcher Einstellung man sich einer Arbeit widmet.

Im **psychomotorischen/instrumentalen Bereich** kennt man das Nachmachen, die Präzision, die Automatisierung u. a. m.

In einer tatsächlichen Handlung sind die Lernzielbereiche bzw.die Dimensionen des Handelns schwer zu trennen. Für die Planung eines Lernprozesses ist dagegen wichtig, sich über die angestrebte Dimension bzw. deren Stufung Klarheit zu verschaffen.

Thema aufschlüsseln

4. Aufschlüsselung des Themas

Eine vierte Aufgabe des planenden Lehrers bzw. Ausbilders besteht darin, das Thema **aufzuschlüsseln,** um möglichst alle Einzelheiten und auch Randbereiche im Voraus genau zu kennen und bereitzuhaben. Hilfsmittel dazu sind eine ausführliche Gliederung, eine Matrix oder ein Strukturbaum (Untergliederung von Begriffen).

Gedankliche Zerlegung des Handlungsablaufs

5. Handlungsablauf zerlegen

Das Lernen kann sich natürlich auch auf die Beherrschung eines Handlungsablaufs beziehen. In solchen Fällen muss eine vorherige **gedankliche Zerlegung** erfolgen. Bei Handlungsabläufen sind entsprechende Veranschaulichungsmittel notwendig, z. B. eine Ablaufskizze.

Reihenfolge der Lerninhalte festlegen

6. Die Reihenfolge von Lerninhalten kann von weiteren Prinzipien abhängen. Gewöhnlich wird man beispielsweise den einfach strukturierten Inhalt vor den komplexen Inhalt legen.

Handlungskompetenz

◆ Förderung beruflicher Handlungskompetenz

Seit den 90er-Jahren hat sich die Handlungsorientierung für die Gestaltung von Unterricht und Unterweisung als didaktisches Leitprinzip herausgebildet. Nicht mehr die jeweilige Fachsystematik bildet die Grundlage der Strukturierungen, sondern Handlungsfelder als Aufgabenkomplexe mit beruflichen, lebens- und gesellschaftsbedeutsamen Problemstellungen. Lernsituationen tragen in erheblichem Maße dazu bei, die Lerninhalte zu verstehen. Nachfolgendes Schaubild (12-11) verdeutlicht die entsprechenden Zusammenhänge.

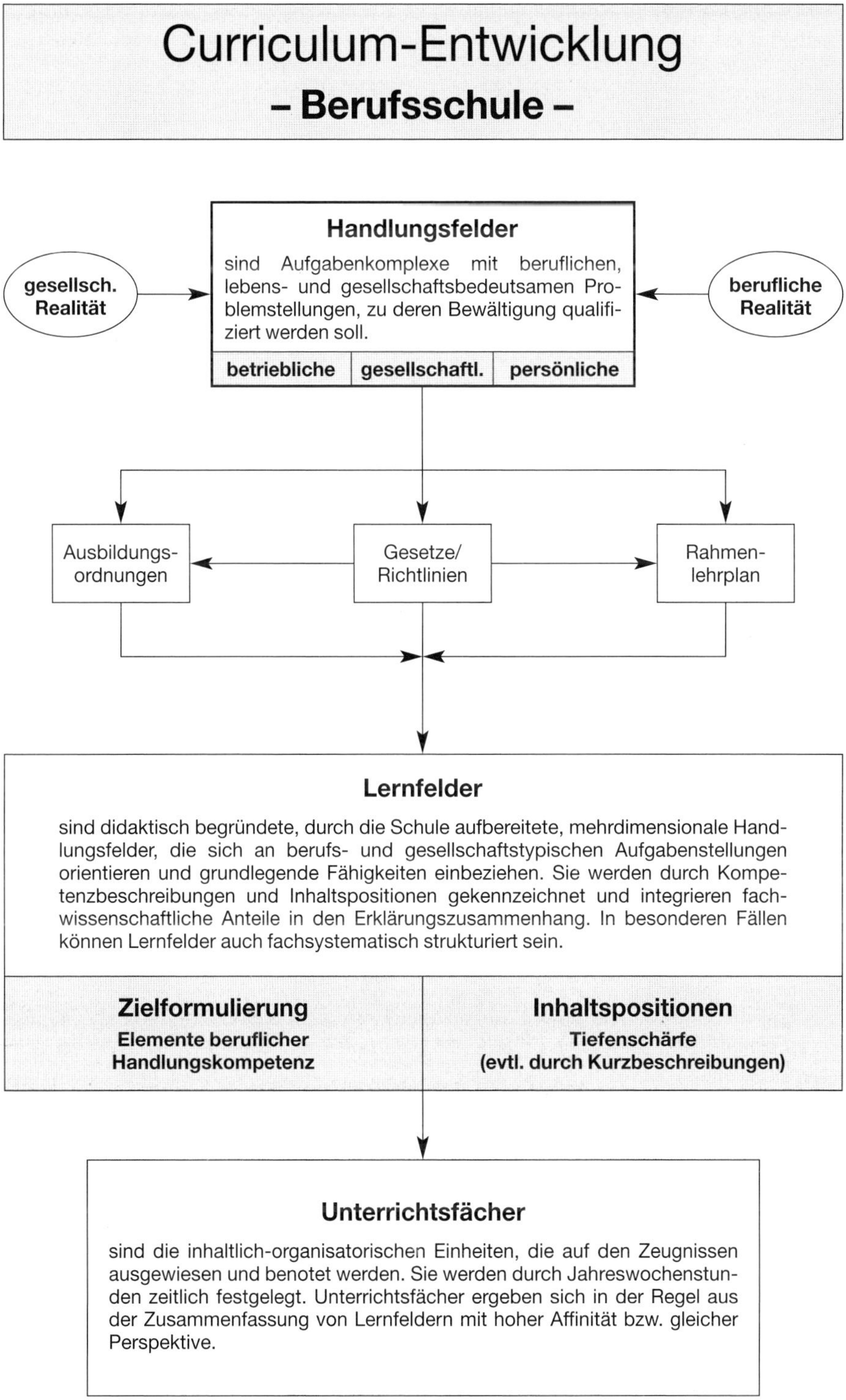

Abb. 12-11: Curriculum-Entwicklung Berufsschule

Der Begriff **Berufliche Handlungskompetenz** wird – mit gewissen Modifizierungen – heute auf fast allen Ebenen der beruflichen Bildung verwendet. Er lässt sich folgendermaßen ableiten:

Kompetenzen

Unter **Kompetenzen** sind allgemein solche persönlichen Fähigkeiten und Bereitschaften eines Subjekts zu verstehen, die sich auf Wissen, Können sowie Einstellungen und Haltungen beziehen. In diesem Zusammenhang ist grundsätzlich zwischen den Begriffen „Kompetenz" und „Qualifikation" zu unterscheiden.

Kompetenz bezeichnet den Lernerfolg in Bezug auf den einzelnen Lernenden und seine Befähigung zu eigenverantwortlichem Handeln in beruflichen, gesellschaftlichen und privaten Situationen. Demgegenüber wird unter **Qualifkation** der Lernerfolg in Bezug auf die Verwertbarkeit, d. h. aus der Sicht der Nachfrage in beruflichen, gesellschaftlichen und privaten Situationen, verstanden (vgl. Deutscher Bildungsrat, Empfehlungen der Bildungskommission zur Neuordnung der Sekundarstufe II). In einem noch weiteren Begriffsverständnis lässt sich der Qualifikationsbegriff sogar personenunabhängig auslegen.

Beispiel Ein Unternehmer benötigt für eine Aufgabenentwicklung bestimmte Qualifikationen, die jedoch nicht über Mitarbeiter eingelöst werden, sondern mittels einer Software „ersetzt" werden.

Handlungskompetenz

Das Wort **Handlungskompetenz** lässt sich als Präzisierung des allgemeinen Kompetenzbegriffes verstehen, nämlich als Bereitschaft und Fähigkeit eines Menschen,

- in beruflichen und außerberuflichen Situationen,
- problem- und sachorientiert,
- in individueller und gesellschaftlicher Verantwortung zu handeln. Der Erwerb von Handlungskompetenz kann lebenslang erfolgen.

Berufliche Handlungskompetenz

Berufliche Handlungskompetenz ist zu verstehen als die Fähigkeit und Bereitschaft des Menschen, in beruflichen Situationen sach- und fachgerecht, persönlich durchdacht und in gesellschaftlicher Verantwortung zu handeln, d. h. anstehende Probleme zielorientiert auf der Basis geeigneter Handlungsmöglichkeiten selbstständig zu lösen, die gefundenen Lösungen zu bewerten und das Repertoire seiner Handlungsmöglichkeiten weiterzuentwickeln. Berufliche Handlungskompetenz ist das Ziel beruflicher Bildung.

Fachkompetenz

Handlungskompetenz erschließt sich im Wesentlichen in folgenden Dimensionen:

- **Fachkompetenz** ist die Fähigkeit und Bereitschaft, auf der Grundlage fachlichen Wissens und Könnens Aufgaben und Probleme zielorientiert, sachgerecht, methodengeleitet und selbstständig zu lösen und das Ergebnis zu beurteilen. Methodenkompetenz bedeutet in diesem Zusammenhang, die auf das Fachgebiet bezogenen Methoden zu beherrschen und einzusetzen.

  Typische Ausprägungen sind:
  - Aufgaben erfassen, analysieren und strukturieren können
  - erreichte Lösungen in ihrer Komplexität und Vernetzung verstehen
  - Sachmittel ökologisch verantwortlich einplanen

Personalkompetenz

- **Personalkompetenz** (= Selbstkompetenz oder Humankompetenz) ist die Fähigkeit und Bereitschaft, als eigenständige Persönlichkeit die Entwicklungschancen – und Einschränkungen – in Beruf, Familie und öffentlichem Leben zu durchdenken und zu beurteilen, eigene Begabungen zu entfalten sowie Lebenspläne zu fassen und fortzuentwickeln. Hierzu gehört insbesondere auch die Entwicklung eigener Wertvorstellungen und auch die selbstbestimmte Bindung an Werte.

Typische Ausprägungen sind:

- Verantwortungsbewusstsein für sich und andere vorleben
- die eigenen Kräfte und die Kräfte anderer einschließlich der Potenziale und der Belastungsgrenzen richtig einschätzen und danach handeln
- persönliche Perspektiven in das Gesamtgefüge der sozialen Verpflichtungen einordnen können und danach entscheiden

Sozialkompetenz

- **Sozialkompetenz** ist die Fähigkeit und Bereitschaft, soziale Beziehungen und Interessenlagen zu erfassen und zu verstehen sowie sich mit anderen rational und verantwortungsbewusst auseinander zu setzen und zu verständigen.

  Typische Ausprägungen sind:

  - Team- und Kooperationsfähigkeit entwickeln und Beiträge zu einer Arbeitsverteilung leisten, die als gerecht empfunden wird
  - Konflikte erkennen und ohne Gesichtsverlust der Beteiligten lösen helfen
  - Kontaktsignale erfassen und Integrationsbemühungen fördern

Methoden-, Lern- und Sprachkompetenz sind wichtige Bestandteile aller drei Dimensionen. Sie stellen einen integralen Bestandteil von Handlungskompetenz dar.

Methodenkompetenz

- **Methodenkompetenz** bezeichnet die Fähigkeit und Bereitschaft zu zielgerichtetem, planmäßigem Vorgehen bei der Bearbeitung beruflicher Aufgaben und Probleme. Hierbei werden Denkmethoden, Arbeitsverfahren bzw. Lösungsstrategien zur Bewältigung von Aufgaben und Problemen selbst angewandt und gegebenenfalls weiterentwickelt.

Lernkompetenz

- **Lernkompetenz** meint, Informationen über Sachverhalte und Zusammenhänge selbstständig und gemeinsam mit anderen zu verstehen, auszuwerten und in gedankliche Strukturen einzuordnen. Zur Lernkompetenz gehört insbesondere die Fähigkeit und Bereitschaft, im Beruf und über den Berufsbereich hinaus Lernstrategien und Lerntechniken zu entwickeln, anzuwenden und diese für die Weiterentwicklung der Handlungskompetenz zu nutzen.

Sprach- bzw. Kommunikationskompetenz

- **Sprachkompetenz** bzw. **Kommunikationskompetenz** bedeutet, kommunikative Situationen zu erfassen sowie die Fähigkeit, hierauf sowohl im beruflichen als auch im privaten Bereich angemessen kommunikativ zu reagieren.

Die im pädagogischen Sprachgebrauch inzwischen häufig verwendeten „Dimensionen der Handlungskompetenz", also Fach-, Personal-, Sozial-, Methoden-, Lern- und Sprachkompetenz, können als eine Weiterentwicklung des seit den 70er-Jahren des vergangenen Jahrhunderts verwendeten Begriffs der Schlüsselqualifikation verstanden werden. Dieser Begriff ist eine Metapher dafür, dass bestimmte Fähigkeiten vielseitig und zeitüberdauernd dazu geeignet sein sollen, Probleme zu lösen. Gedacht ist z. B. an Selbstständigkeit, Initiative, Eigenverantwortung, Lernbereitschaft, aber auch an Kooperations- und Teamfähigkeit. In einem engeren Sinne wird der Begriff gelegentlich aber auf „fächerübergreifende Qualifikationen" beschränkt.

Eine Abstimmung zwischen Berufsschule und Ausbildenden könnte sich darauf beziehen, Lerninhalte, die vom Betrieb besser als in der Schule vermittelt werden können, weil sie dort konkret erfahrbar sind, im Betrieb forciert zu vermitteln, z. B. Teile des Schriftverkehrs. Eine Abstimmung dieser Art ist aber nur möglich, wenn die Auszubildenden einer Klasse zu einem oder wenigen Ausbildungsbetrieben gehören.

Wünschenswert ist dagegen in jedem Falle, einen Katalog von berufstypischen Handlungssituationen zu entwerfen, die mit den Lernern unter den jeweils dominanten Aspekten in Betrieb und Schule eingeübt und dem Prüfungsausschuss zur Kenntnis gebracht werden.

12.5.3 Die methodische Gestaltung der Lernprozesse im Rahmen der Ausbildung

◆ **Traditionelle und handlungsorientierte Methoden**

Traditionelle Gestaltung der Lernprozesse

- Die **traditionelle** Gestaltung von Unterricht und Unterweisung stellte die fachsystematische Orientierung mit viel Information und Belehrung in den Vordergrund. Unterschieden wird dabei nach eher passiven bzw. eher aktiven Lernmethoden.

  Aus der Sicht des Lerners sind Referat und Vorträge des Lehrers **passive** Lernmethoden.

  Referat: Der Referent trägt seine geplanten Informationen über das Thema sachlich vor. Die Rolle der Zuhörer/Lerner ist auf Aufnahme und persönliche Verarbeitung der Informationen beschränkt.

  Vorträge: Die Grundsituation ist dem Referat sehr ähnlich. Der Vortrag ist häufig subjektiver und weniger theoretisch gestaltet.

  - Zu den mehr **aktivierenden** Lernmethoden sind das **fragend-entwickelnde Lehrgespräch** sowie die **Vier-Stufen-Methode** der Unterweisung zu zählen.

Handlungsorientierte Lernmethoden

- Die **handlungsorientierte** Gestaltung sieht den Bezugsrahmen eher in Handlungssituationen der Berufswirklichkeit und in diesem Rahmen tätige Lerner. Demgemäß gewinnt die Frage an Bedeutung, wie viel Aktivität und eigene Handlung dem Lerner mit den realisierbaren Lernmethoden eingeräumt wird.

Die nachfolgend dargestellten Lernmethoden können dieses besonders unterstützen.

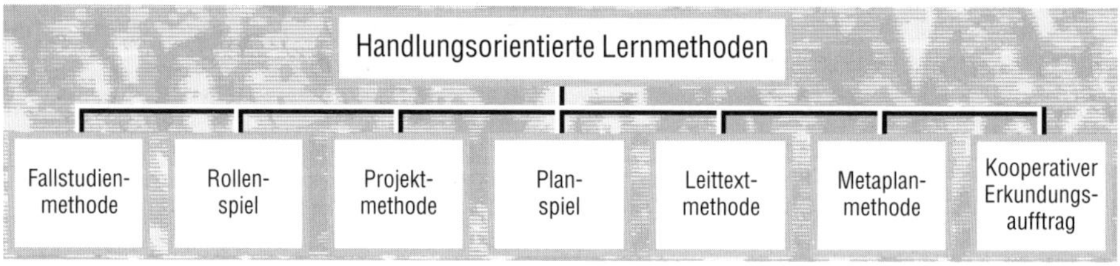

Abb. 12-12

Fallstudienmethode

1. Die Fallstudienmethode

Eine möglichst wirklichkeitsnahe Beschreibung eines praktischen Falls bzw. einer Entscheidungssituation aus der Berufswirklichkeit, ergänzt durch Fakten, Meinungen oder Erwartungen, wird der Lerngruppe zur Problemlösung (in Kleingruppen) vorgestellt. Die Ergebnisse werden untereinander und mit den in der Realität gefundenen Lösungen verglichen und bewertet.

> Die Fallstudienmethode eignet sich besonders zur Verbindung und zur Vertiefung von bereits gewonnenen Einzelerkenntnissen.

Rollenspiel

2. Das Rollenspiel

Die aus einer lebensnahen Situation erwachsenden Aktionen und Reaktionen werden mit vorher festgelegten Rollen von Darstellern aus der Lerngruppe in einer Szene vorgespielt. Der Verlauf des Spiels wird in der Lerngruppe erörtert.

> Rollenspiele sind besonders für das Einüben von Sozialverhalten geeignet.

3. Die Projektmethode

Projektmethode

Ein von der Projektgruppe gemeinsam geplantes Vorhaben, das an eine Realsituation anknüpft und gewöhnlich nicht einem speziellen Fachgebiet zuzuordnen ist, wird strukturiert, realisiert und das Ergebnis bewertet. Der Prozess beruht weitgehend auf Eigeninitiative der Teilnehmer. Dabei erleben sie arbeitsteiliges und gemeinsames Tun. Sie erfahren ihr eigenes Durchsetzungsvermögen in der Gruppe, aber auch ihre Artikulationsfähigkeit, ihre Grenzen und Erfolge.

> Die Projektmethode eignet sich besonders zum Erwerb von Handlungs- und Entscheidungskompetenz bei der Bewältigung von Vorhaben mit offenen Lösungen.

4. Das Planspiel

Planspiel

Für die Lerngruppe wird ein Modell entworfen, das prinzipiell der Berufswelt entspricht, wobei eine didaktische Reduktion selbstverständlich ist. Die Lerner nehmen z. B. innerhalb einer Betriebssimulation die den verschiedenen Funktionen entsprechenden Berufsrollen (Einkäufer, Verkäufer, Lagerverwalter etc.) wahr. Als günstig erweisen sich Modelle, in denen Kleingruppen aufgabengleich operieren, z. B. als unterschiedliche Unternehmen innerhalb eines Marktes. Hierbei lässt sich nämlich der Erfolg am Markt und damit die Entscheidungsfähigkeit der Spieler gut vergleichen und bewerten.

> Das Planspiel eignet sich besonders für Lerner, die ihr Basis- und Fachwissen auf Praxisrelevanz überprüfen und ihre eigene Entscheidungs- und Urteilsfähigkeit ermitteln wollen.

5. Die Leittextmethode

Leittextmethode

Mit dieser Methode werden die Lerner durch ein Set von Fragen und erklärenden Texten so **geleitet,** dass sie eine Problemstellung selbstständig lösen können.

Durch die Leittexte, Leitfragen sowie methodischen Hinweise erhalten die Lerner die Vorgaben, die zur Bewältigung der Problemstellung benötigt werden. Diese Vorgaben enthalten z. B. Hinweise auf die erforderliche Informationsbeschaffung und auf das Erstellen eines Arbeitsplanes. Der Arbeitsplan muss vom Ausbilder genehmigt werden. Durch die Rückgriffsmöglichkeit auf Vorgaben und Planungsunterlagen wird der Arbeits- und Lernprozess gesichert, das Tempo selbst bestimmbar und durch die erfolgende Selbstkontrolle erfolgreich.

Am Ende des Prozesses steht das Abschlussgespräch zwischen Lerner und Ausbilder, das natürlich auch zu Leistungskorrekturen anregen kann.

> Die Leittextmethode eignet sich für Lerninhalte, deren Erfassung in überschaubare Schritte aufgeteilt werden kann. Sie ist für das Lernen im technischen Bereich bisher besonders erfolgreich, gewinnt aber im kaufmännisch-verwaltenden Bereich an Boden. Leittexte werden auch als Elemente anderer Methoden verwendet. So können z. B. die Anweisungen für einzelne Positionen bei Planspielen in der Form von Leittexten gegeben werden. Auch bei der Fallstudie können Elemente der Leittextmethode zur besseren Strukturierung genutzt werden.

Metaplan-Methode

6. Die Metaplan-Methode

Die Lerner werden aufgefordert, alle möglichen Aspekte zu einem Thema schriftlich zu fixieren. Die Ergebnisse werden gebündelt und an Tafeln visualisiert. Der Vorgang kann wiederholt, spezifiziert und ergänzt werden, sodass sich das Problemthema voll entfaltet.

> Die Metaplan-Methode eignet sich besonders dazu, in Seminaren und Kursen die Erwartungen der Teilnehmer zu ermitteln.

Kooperativer Erkundungsauftrag

7. Der kooperative Erkundungsauftrag

Der Lerner beschafft sich eigenständig im Betrieb Informationen, vor allem verwendungsbezogene Details, nachdem er in der Schule den betriebsübergreifenden Überblick erhalten hat. Damit soll erreicht werden, dass der Lerner sowohl die allgemeinen Zusammenhänge konkretisieren als auch die konkreten betrieblichen Situationen im Lehrinhalt der Berufsschule wiedererkennen kann.

Als Metapher kann das Wort „Helikopterqualifikation" dienen, d. h. Überblick von oben und landen an bestimmten Stellen bzw. umgekehrt von bestimmten Stellen aufsteigen und Überblick gewinnen.

> Kooperative Erkundungsaufträge sollen dazu beitragen, unverbundenes Detailwissen aus Betrieb und Schule in einen größeren Komplexzusammenhang einzuordnen.

Neue Rolle des Lehrers/ Ausbilders

Bei allen neueren aktivierenden Methoden geht es vor allem um die Unterstützung des selbstständigen Lernens durch den Lehrer bzw. Ausbilder. Der Lehrende ist Moderator, Lernbegleiter und Lernberater.

Die Auswahl der Methode hängt von verschiedenen Kriterien ab, wobei nicht zuletzt die persönliche Erfahrung bzw. die Methodenkompetenz des Lehrenden eine entscheidende Rolle spielt. Ansonsten geht es auch um die Zielsetzung, die Eignung des Themas, die vorhandene Zeit, die Lerngruppe selbst mit ihren Bedingungen und Erfahrungen, um Materialien und um zur Verfügung stehende Räumlichkeiten.

Phasen der Lernprozesse

◆ Gestaltungsphasen der Lernprozesse

Lernprozesse sind auf vielfältige Art zu gestalten. Für die meisten Methoden lässt sich ein typischer Verlauf beschreiben. Im Folgenden wird auf die Phasen (Stufen) des Unterrichts bei der fragend-entwickelnden Methode des Unterrichtes bzw. auf die Stufen in der häufig vorkommenden Unterweisungspraxis eingegangen.

Phasen des Unterrichts

Phasen (Stufen) des Unterrichtes

Innerhalb einer **Unterrichtsreihe**, die aus mehreren Unterrichtsstunden zur Behandlung eines Themas besteht, hat die einzelne Unterrichtsstunde durchaus unterschiedliche Schwerpunkte. So wird die Einführungsstunde zu der Unterrichtsreihe anders gestaltet als eine zusammenfassende Übungsstunde bzw. eine eventuelle Vorbereitungsstunde auf die Leistungsmessung. Dennoch lässt sich ein typischer Stundenverlauf angeben, wie im Folgenden für die Normalstunde innerhalb der Unterrichtsreihe und für die methodische Konzeption des fragend-entwickelnden Unterrichts dargestellt.

Stufe A

A Die Unterrichtsstunde beginnt mit der **Anbahnung des Lernprozesses**. Die Anbahnung kann in einer speziellen Problemfindung und dem damit geweckten Interesse bestehen, im Eingehen auf unklar gebliebene Sachverhalte aus der letzten Stunde, Besprechung der selbstständig angefertigten Aufgaben u. v. m.

Stufe B

B Aus dieser ersten Phase heraus wird die zweite Phase initiiert: die **Phase der Schwierigkeiten**. Bisherige Erkenntnisse werden z. B. durch Beobachtung und Entwicklung (Wahrnehmen, Untersuchen, Vergleichen, Beziehungen herstellen) erweitert oder infrage gestellt. Dabei werden ggf. Lösungsansätze und Lösungen erörtert oder aufgezeigt, um dem Lerner zu neuen Erkenntnissen zu verhelfen.

Stufe C

C Die dritte Phase dient der **Erfolgssicherung**. Das kann z. B. durch Tun, Ausführen, Gestalten, Anwenden und Üben geschehen. Die Erfolgssicherung ist erst richtig gelungen, wenn der Lerner das Neue zu einer auf neue Situationen übertragbaren Fähigkeit, Fertigkeit oder Erkenntnis und damit Bestandteil seiner Persönlichkeit gemacht hat. Er muss das Neue nicht nur sicher beherrschen und die Zusammenhänge verstehen, sondern gleichzeitig zur Anwendung bereit haben.

Stufen der Unterweisung

Die Stufen der betrieblichen Unterweisung

Die unter der Bezeichnung „Training-Within-Industry" Methode (TWI) bekannt gewordene Vier-Stufen-Methode unterscheidet:

Stufe 1

Vorbereiten des Auszubildenden

Der Ausbilder nennt das Thema, geht kurz auf Ziel, Sinn und Zweck der Unterweisung ein und stellt damit die Lernsituation in den notwendigen Zusammenhang. Damit ist die motivationale Einstimmung erfolgt.

Stufe 2

Vormachen und Erklären

Der Lerngegenstand, um den es geht, also eine Sache, ein Vorgang etc., wird verständlich erklärt. „Was", „wie", „warum" sind dabei wichtige Fragen. Selbstverständlich kann der Auszubildende rückfragen.

Stufe 3

Nachmachen lassen

Der Auszubildende wird jetzt selbstständig tätig. Er macht den Vorgang nach und erklärt ihn gleichzeitig. Der Ausbildende korrigiert eventuelle Fehler und stärkt durch Loben den gelungenen Lernfortschritt.

Stufe 4

Selbstständig ausführen lassen

Gewissermaßen handelt es sich um eine Wiederholung der dritten Stufe, allerdings sollte hier der Auszubildende den Vorgang wirklich selbstständig ausführen. Geringfügige Korrekturen sind allerdings nicht auszuschließen.

Der Unterweisungsvorgang wird durch Lob, Dank für die Mitarbeit und ggf. Hinweis auf die nächste Unterweisung abgeschlossen.

Beispiel In der Personalabteilung ist eine Personalakte anzulegen. Die Ausbilderin hat die notwendigen Registerunterlagen und einen Ordner, ebenso wie die bereits vorliegenden Unterlagen des neuen Mitarbeiters wie Bewerbungsunterlagen, Personalbogen, Gesundheits- und Führungszeugnis mitgebracht. Im ersten Schritt erklärt sie im fragendentwickelnden Dialog dem Auszubildenden, welchen Aufbau eine Personakte in diesem Unternehmen hat, stellt dann die Akte zusammen. Anschließend bearbeitet der Auszubildende einen weiteren Fall selbstständig unter Aufsicht der Ausbilderin und erklärt dabei die einzelnen Schritte, bevor er anschließend weitere Akten ganz allein anlegt, die anschließend von der Ausbilderin auf ihre Richtigkeit geprüft werden.

◆ Die Frage in Unterricht und Unterweisung

Grundsätzlich ist die Frage des Lehrenden von der Frage des Lernenden zu unterscheiden. Die Frage des Lernenden ist – von „Effekthascherei" einmal abgesehen – eine echte Frage. Die zum Unterrichten bzw. Unterweisen gehörende Frage des Lehrenden ist so gesehen in der Regel eine unechte Frage, weil der Frager die Antwort kennt. Man nennt solche Fragen

Lehrerfragen

- **rhetorische Fragen,** wenn sie vom Lehrenden gestellt und auch noch selbst beantwortet werden,
- **didaktische Fragen,** wenn sie in Wirklichkeit für den Lerner eine Anregung zum Mitdenken, Nachdenken und Antworten sein soll.

Anforderungen

Wenn mit einer **didaktischen Frage** das gewünschte Ziel erreicht werden soll, muss die Frage

- **adäquat sein** (die Frage muss inhaltlich auf den Lernstand und auf die Fähigkeiten des Lerners abgestellt und damit beantwortbar sein).
- **verständlich** sein (die Frage darf nicht zu kompliziert formuliert sein. Doppelfragen sollten vermieden werden).
- vom Satzbau her **richtig** sein (das Fragewort steht am Anfang).

Unterrichts- und Unterweisungsgespräch

Gespräch im Unterricht

◆ Das Unterrichts- bzw. Unterweisungsgespräch

Das Gespräch im Unterricht ist der entscheidende Teil der als fragend-entwickelnden Unterrichts bekannten Unterrichtsmethode. Der Lehrende entwickelt auf der Basis seiner Fragen, seiner Impulse und seines Schweigens bestimmte Sach- und Problemzusammenhänge. Seine Aktivitäten erfolgen auf einem Sprech- und Denkniveau, das den Vorkenntnissen der Lerner entspricht und diese zu eigenständigen Denk- und Sprechaktivitäten anregt. Die Frage ist, welchen Anteil die Lerner am Gespräch nehmen. Der innere Anteil kann, wenn die sonstigen Bedingungen (Aufmerksamkeit, keine Störungen, deutliche Sprache etc.) gut sind, recht hoch sein. Der Sprechanteil des einzelnen Schülers hängt u. a. von seinem Temperament, aber auch von der Anzahl der Lerner ab. Ganz wichtig ist aber auch die Rolle des Lehrenden. Damit ist einerseits gemeint, auf welchen Sprechanteil er sich beschränkt, andererseits geht es aber auch um seine Fähigkeit, alle Lerner angemessen in das Unterrichtsgepräch einzubeziehen.

Gespräch in der Unterweisung

Das Gespräch in der Unterweisung wird als **Lehrgespräch** oder gelenktes Unterrichtsgespräch bezeichnet. Es unterscheidet sich vom Unterrichtsgespräch vor allem durch die meist engere Zweckbindung. Im Lehrgespräch wird durch konkrete Fragen dazu beigetragen, den Lerner zu Problem lösenden Antworten zu führen. Die Fragen sind dabei selbstverständlich auf den jeweiligen Kenntnisstand des Lerners abzuheben. Wenn es um den Einstieg in ein Thema geht, handelt es sich um ein **Einführungsgespräch**. Ist die Planung weiterer Arbeitsschritte das Thema, so spricht man von einem **Planungsgespräch**. Ein **Auswertungsgespräch** wird dann geführt, wenn die geleistete Arbeit zu bewerten ist.

Medieneinsatz

◆ Medieneinsatz

Als Hilfsmittel bei der Gestaltung von Unterricht bzw. Unterweisung werden die unterschiedlichsten Medien eingesetzt. Diese sollen dazu beitragen, die Lerner zu motivieren, den Lernprozess einzuleiten und zu begleiten sowie die Lernergebnisse zu sichern.

Ob ihr Einsatz möglich und sinnvoll ist, hängt von verschiedenen Faktoren ab, u.a. von den Kosten, den Unterbringungsmöglichkeiten, vom Alter und der Medienerfahrenheit der Lerner sowie von Verschleißerscheinungen bei übermäßigem Medieneinsatz (im Sinne von Übersättigung).

Unter dem Gesichtspunkt, dass Handlungsorientierung und Schüleraktivität wichtige Zielsetzungen von Unterricht bzw. Unterweisung sind, sollte auch der Medieneinsatz von diesen Zielsetzungen her geplant werden.

Beim Bundesinstitut für Berufsbildung, Hauptabteilung Medienforschung, ist übrigens ein jeweils aktuelles Gesamtverzeichnis für Ausbildungsmittel erhältlich, in dem ein beachtlicher Anteil neuzeitlicher Medien aufgeführt ist.

Unterrichtsprinzipien/ Unterweisungsprinzipien

◆ **Unterrichts- bzw. Unterweisungsprinzipien**

In Wissenschaft und Praxis wird eine Fülle von Prinzipien angeführt, die bei der Gestaltung von Unterricht und Unterweisung berücksichtigt werden sollten. In der folgenden Aufstellung sind die wichtigsten aufgeführt:

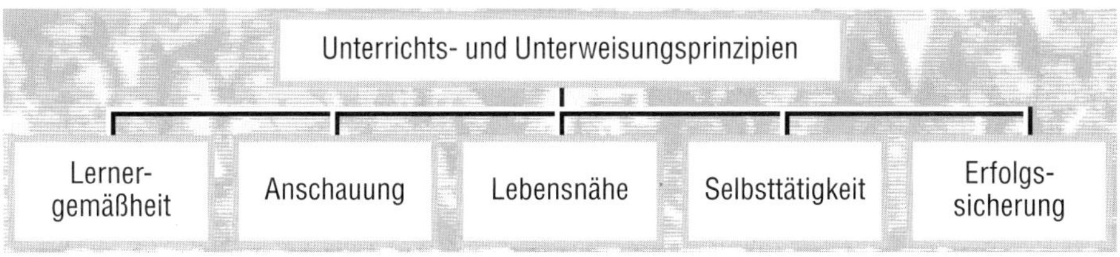

Abb. 12-13

1. **Prinzip der Lernergemäßheit**
   Alter, Geschlecht, Kenntnisstand, Erfahrung, Motivation der Lerner u. v. m. sind zu berücksichtigen.

2. **Prinzip der Anschauung**
   Die Lerngegenstände der beruflichen Bildung sind häufig sehr kompliziert und unanschaulich.
   Beispiel „Der Wert der Währungen“ oder „Die Funktionsweise eines Kopierers“.
   Vielfach ist konkret nichts zu sehen oder äußerlich nichts zu verstehen (Black-Box-Charakter). Die Forderung nach Anschauung, z. B nach Funktionsskizzen, ist gerade deshalb berechtigt.

3. **Prinzip der Lebensnähe**
   Lerninhalte mit existentieller Gegenwartsbedeutung vermitteln den Sinngehalt des Lernens unmittelbar.

4. **Prinzip der Selbsttätigkeit**
   Der Lerner muss die Überwindung der Schwierigkeit beim Lernprozess selbst erfahren.

5. **Prinzip der Erfolgssicherung**
   Erfolgssicherung ist notwendig, um die erzielte Lernleistung zu stabilisieren und bereitzuhaben. Auf dem Lernweg selbst müssen Rückmeldungen erfolgen, um ggf. rechtzeitig Korrekturen einzuleiten.

◆ Darstellung und Bedingungsfaktoren von Projekt- und Leittextmethode

Die Projektmethode

Die Projektmethode

Im Rahmen der Methodenübersicht wurde die Projektmethode bereits dargestellt. Wegen ihrer zunehmenden Bedeutung sollen hier einzelne Aspekte vertieft aufgenommen werden.

Stufen

Im Rahmen eines vorgeschlagenen oder selbstgewählten Projektes lösen die Mitglieder einer Lerngruppe eine umfassende, komplexe Aufgabe. Der Lernprozess vermittelt den Teilnehmern in **Stufen**,

- das bereitgestellte oder selber beschaffte Material für die Aufgabe zu erschließen,
- ihre Vorgehensweise bzw. ihre Arbeitsplanung einschließlich der Zeiteinteilung und Verteilung der Arbeit auf die Gruppenmitglieder selbst zu gestalten,
- die Durchführung der Arbeitsschritte einschließlich der Erfolgsmessung und der Berücksichtigung von zeitlichen Vorgaben fachgerecht zu erledigen,
- das Ergebnis zu prüfen, zu bewerten und vorzustellen.

Projektleiterrolle

Die **Rolle des Projektleiters** wird überwiegend als die eines Beraters verstanden. So lernen die Teilnehmer weitgehend **selbstständiges Planen, Durchführen und Bewerten einer Handlung** und damit z. B. Problemlösungsfähigkeit, Durchhaltevermögen und Kritikfähigkeit. Das schließt ein, im Verlaufe der Projektarbeit Teamarbeit mit Verständnis, Rücksichtnahme, Durchsetzungsvermögen und Solidarität sowie Kommunikationsfähigkeit einzuüben.

Aspekte

Der **fachlich wichtige Aspekt** besteht überwiegend darin, fächerübergreifend zu lernen sowie durch Handeln Fachkenntnisse zu erwerben und einzuüben. In allgemein bildenden Schulen wird übrigens Projektarbeit vielfach in sogenannten Projektwochen realisiert. Dabei lösen sich die Klassenverbände bzw. Kursgruppen auf, und die Lerner ordnen sich nach ihrer Wahl einer Projektgruppe zu.

Für Projektarbeit in Fachschulen kristallisieren sich folgende Anforderungen bzw. Vorgehensweisen heraus:

1. Die Projektarbeit muss eine komplexe Handlungssituation umfassen.
2. Die Lerner sollen im Team
   - eine Projektidee auswählen, planen sowie inhaltlich und zeitlich strukturieren,
   - sich Informationen beschaffen,
   - Erfolgskriterien festlegen und Kontrollkriterien vorsehen,
   - selbstständige Lösungswege realisieren,
   - Dokumentationswege und Präsentationswege auswählen,
   - Reflexionen anstellen.
3. Projektarbeit soll so gestaltet sein, dass neben der fachlichen und methodischen Kompetenz die Sozialkompetenz der Lerner gefördert wird.

Leittextmethode

Die Leittextmethode

In der Methodenübersicht wurde die Leittextmethode aufgeführt. Unter dem Gesichtspunkt der **Erstellung von Leittexten** wird sie hier speziell dargestellt.
Das Bundesinstitut für Berufsbildung hat eine Lernanleitung zur Leittextausbildung veröffentlicht. Mithilfe der Arbeitsschritte, hier an der Metaplan-Methode orientiert, können Ausbilder oder Lehrer selbst Leittexte erstellen.
Die folgende Auflistung der Arbeitsschritte, hier nicht eingeschlossen dagegen die Ausführungen zu den Arbeitsschritten, sollen eine Anregung für Ausbilder- und Lehrer-

Arbeitsschritte der vollständigen Handlung

teams sein, um dem Gedanken der Selbsterstellung von Leittexten näherzutreten. Die Arbeitsschritte selbst bauen auf dem Modell der vollständigen Handlung auf. Dieses Modell enthält:

1. Informieren
2. Planen
3. Entscheiden
4. Ausführen
5. Kontrollieren
6. Auswerten

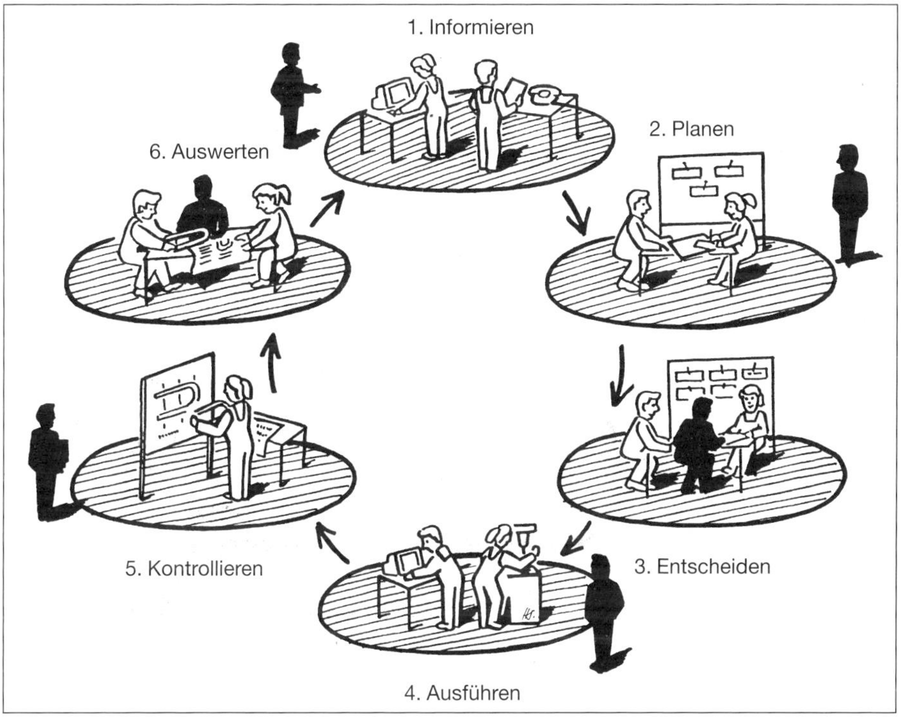

Abb. 12-14: Lernen mit Leittexten

(Schaubild aus: Koch, J.; Selka, R.: Leittexte, ein Weg zu selbstständigem Lernen, Teilnehmer-Unterlagen, Bielefeld, 1991, S. 55)

Zur Erstellung von Leittexten

Verfahren zur Erstellung von Leittexten

1. Arbeitsschritt: Nehmen Sie eine Pinnwand und unterteilen Sie die Arbeitsfläche in vier große Spalten.
2. Arbeitsschritt: Beschriften Sie die vier Spalten mit den Bezeichnungen: Tätigkeit, Kenntnisse, Informationsquelle, Leitfrage.
3. Arbeitsschritt: Führen Sie nun alle Tätigkeiten auf, die von den Auszubildenden ausgeführt werden sollen.
4. Arbeitsschritt: Schreiben Sie in die zweite Spalte, über welche Kenntnisse die Auszubildenden verfügen müssen, um ihren Arbeitsauftrag ausführen zu können.
5. Arbeitsschritt: Nennen Sie die Quelle, aus der die Auszubildenden die notwendigen Informationen entnehmen können, und schreiben Sie diese in die dritte Spalte.
6. Arbeitsschritt: Überprüfen Sie die Verständlichkeit der Begriffe.
7. Arbeitsschritt: Formulieren Sie eine Einleitung.
8. Arbeitsschritt: Gestalten Sie ein Deckblatt.
9. Arbeitsschritt: Ergänzen Sie den Leittext um notwendige Unterlagen.

◆ Ablaufphasen neuzeitlicher Methoden an Beispielen

Ablaufphasen der Fallmethode

Mögliche Ablaufphasen der Fallmethode (Fallstudienmethode) bei Gruppenarbeit

1. **Das Problem bzw. die Situation wird der Lerngruppe vorgestellt.**
   Die Lerner werden mit den Zusammenhängen und Abhängigkeiten des Falles bekannt gemacht. Im ersten Zugriff geht es darum, das Problem zu erkennen. Dadurch soll gewährleistet sein, dass sich jedes Mitglied der Lerngruppe die grobe Richtung der anschließenden Erörterungen vorstellen kann (Problemstrukturierung). Damit werden gleichzeitig schon Handlungsaspekte deutlich.

2. **Die Kleingruppen werden gebildet.**
   Hierbei geht es sowohl um die personelle Zusammensetzung der Kleingruppen als auch um die Verteilung der Arbeitsaufträge.

   Beispiel
   - Alle Kleingruppen haben dieselbe Aufgabe.
   - Die Kleingruppen bearbeiten spezielle Aspekte des Falles.
     Dadurch lässt sich eine Niveaudifferenzierung verbinden.
     Anschließend werden die Arbeitsschritte geplant und strukturiert.

3. **Es erfolgt die Informationsaufbereitung.**
   Die für eine geeignete Lösung erforderlichen Informationen werden gesammelt, gesichtet und aufbereitet. Da sich die Bearbeitung eines Falles über einen längeren Zeitraum erstrecken kann, sind Informationen auch durch Erkundungsaufträge einzuholen.

4. **Lösungen werden in der Kleingruppe erarbeitet.**
   Anhand vorher erarbeiteter Kriterien werden verschiedene Lösungsmöglichkeiten des Problems in der Kleingruppe ermittelt und festgehalten (Lösungssuche).

5. **Eine geeignete Lösung wird in der Kleingruppe ausgesucht.**
   Die Kleingruppe entscheidet sich für eine Lösung, die sie im Plenum vortragen will (Lösungsauswahl).

6. **Die Kleingruppen stellen ihre Lösung vor.**
   Unter Einsatz verschiedener Hilfsmittel stellt jede Kleingruppe ihre optimale Lösung im Plenum vor. Die Lösungen werden erörtert und bewertet (Lösungsbewertung).

7. **Es erfolgt eine Gesamtauswertung und ein allgemeiner Erfahrungsaustausch.**

   Im Plenum werden die gefundenen Lösungen mit der in der Realität getroffenen Entscheidung verglichen. Dabei können die Kriterien, die zu den Lösungen geführt haben, einbezogen werden. Um den Lernerfolg abzusichern, werden wesentliche Erkenntnisse zusammengefasst. In diesem Kontext ist es wichtig, die im Lern- und Arbeitsprozess aufgetretenen Schwierigkeiten zu thematisieren. Hierbei ist bewusst zwischen Lernprozess und Arbeitsprozess zu unterscheiden. Der Arbeitsprozess ist auf die Erstellung eines Produktes (sachliches Ergebnis) ausgerichtet. Dieses wiederum dient als Vehikel dafür, Lernprozesse in Gang zu setzen.

   Unterscheidung Lernprozess/ Arbeitsprozess

   Gegebenenfalls kann auch die gewählte Unterrichtsmethode erörtert und möglicherweise ein modifizierter Fall für einen zweiten Durchgang vorgeschlagen werden (Gesamtbewertung der Lösung, der Lösungswege und der Methode). Kleinere Anwendungsfälle lassen sich als Prüfungsvorbereitungen besonders einüben.

Mögliche Ablaufphasen eines Kooperativen Erkundungsauftrages (KEA)

Ablaufphasen des „KEA“

1. Das **Problem** bzw. die Situation wird der Lerngruppe **vorgestellt**. Daraus lassen sich die relevanten Problemstellungen ableiten, z. B. als These, die zu überprüfen ist (Problemstrukturierung).

2. Die Lerner reklamieren für sich oder für eine Kleingruppe den speziellen **Arbeitsauftrag**, der innerhalb eines vorgegebenen **Zeitrahmens** zu erfüllen ist.

3. Der **Erkundungsauftrag wird präzisiert**, z. B. mithilfe eines Fragenkatalogs sowie einer Ablaufbeschreibung.

4. Die vorgesehenen **Informationsquellen** werden festgehalten, z. B. Befragung von Sachbearbeitern, Befragung eines Vorgesetzten, eigene Beobachtungen, Sammlung von Arbeitsunterlagen/Formularen.

5. Die **Anforderungen an die Ergebnisdarstellung** werden konzipiert, z. B. schriftliche Darstellung, Thesenpapier, Hand-out (= Zusammenfassung für die Zuhörer), Präsentation mittels geeigneter Medien.

6. **Durchführung und Auswertung der Erkundung**
   Für die Durchführung ist es nötig, dass Rücksprache mit dem Ausbilder, Terminabsprachen, Genehmigung für Herausgabe von Arbeitsunterlagen etc. erfolgen.

7. **Präsentation** in der Schule einschließlich kritischer Würdigung und Reflexion.
   Darstellung der Auswertungsergebnisse innerhalb der gesamten Lerngruppe sowie Erarbeitung ihres Lösungsbeitrages hinsichtlich der eingangs gestellten Problemsituation. Danach können die neuen Erkenntnisse in eine erweiterte Struktur integriert werden.

Problemerkennungsphase → Erkundungsauftrag → Erkundung im Betrieb → Problemlösung und Integration in eine erweiterte Struktur

Abb. 12-15

Ablaufphasen eines Rollenspiels

Mögliche Ablaufphasen eines Rollenspiels

1. **Die Lerngruppe wird mit einer Problemsituation konfrontiert.**
   Das vom Initiator oder den Gruppenmitgliedern ausgewählte Thema, z. B. eine problematische betriebliche Situation, wird vorgestellt.

   Beispiel schwierige Verkaufsgespräche; Erörterungen über alternative Ausstattungen in der Abteilung; Verteilung einer begrenzten Ressource auf die Mitarbeiter zwischen den Abteilungen.

2. **Die Rollendarsteller werden ausgesucht.**
   Die vorgesehenen Rollen werden auf die Darsteller verteilt. Die Darsteller erhalten Anweisungen über den Inhalt ihrer Rolle, z. B. mittels Rollenkarten. Die Anzahl der Rollen ist im Allgemeinen auf drei bis sieben begrenzt. Die Rollen sollten freiwillig übernommen werden.

3. **Der Szenenablauf wird geplant.**
   Es wird der Inhalt der Szenen vereinbart. Eine Szene ist dann zu beenden, wenn die wesentlichen Argumente gefallen sind und erste Wiederholungen vorkommen.

4. **Die Zuschauer werden auf ihre Beobachterrolle vorbereitet.**
   Die Gruppenmitglieder ohne Rollen erhalten Anregungen bzw. Anweisungen über Beobachtungsgesichtspunkte. Dazu können je nach Zielsetzung z. B. zählen:
   - Kreativität und Spontaneität der Darsteller in ihren Aktionen und Reaktionen,
   - sprachliche Ausdrucksfähigkeit und Argumentationsfähigkeit,
   - Durchsetzungsvermögen,
   - Übereinstimmung zwischen verbalen und nonverbalen Äußerungen.

5. **Die eigentliche Spielphase läuft ab.**
   Nach den genannten Vorbereitungen und dem Startzeichen sollte das Rollenspiel ein „Selbstläufer" sein. Die Szenen leben davon, inwieweit sich die Darsteller mit ihrer Rolle identifizieren und wie stark sie auf die Äußerungen der Mitspieler eingehen.

6. **Darsteller und Zuschauer äußern ihre Beobachtungen und bewerten die Vorgänge.**
   Zunächst wird den Darstellern Gelegenheit gegeben, sich über ihre Gefühle und Gedanken zu äußern. Damit sollen sie sich ggf. entlasten können. Erst dann nehmen die Zuschauer zur Darstellungsweise und zum inhaltlichen Ablauf Stellung. Alle Äußerungen sollten zunächst keine Bewertungen enthalten, sondern sich ausschließlich auf Beobachtungen stützen. Auf dieser Basis können sich dann Deutungen und Wertungen anschließen.

7. **Es erfolgt eine Phase der Sicherung und Generalisierung.**
   Die Sicherung kann sich je nach Zielsetzung sowohl auf die Inhaltselemente des Rollenspiels, als auch auf das Rollenspiel selbst als Methode beziehen: Welche Erkenntnisse konnten durch dieses Rollenspiel gewonnen werden? Fand die Einübung von Sozialverhalten (Kooperation, Artikulation, Durchsetzung, Argumentation u. a. m.) statt? Eventuell wird ein weiteres oder ein modifiziertes Rollenspiel vereinbart.

12.5.4 Kontrolle des Lernerfolges

Lernerfolgs-kontrollen/ Formen

Die Komplexität des Lernprozesses wächst, wenn einerseits aktivierende Lehrmethoden verstärkt eingesetzt werden und andererseits dem Auszubildenden der notwendige Handlungsspielraum eingeräumt wird. Idealerweise beinhaltet die selbstständige Tätigkeit alle Elemente einer vollständigen Handlung, nämlich

- selbstständiges Planen (analysieren, untersuchen, ermitteln),
- Durchführen (entscheiden, verhandeln, koordinieren),
- Kontrollieren (prüfen und bewerten).

Um so notwendiger ist es, diesen Lernprozess durch regelmäßige Lernerfolgskontrollen sicherzustellen.

Insbesondere der **ständige Kontakt** zwischen Ausbilder und Auszubildendem, das häufige Gespräch über die Situation und die regelmäßige Durchsicht des Berichtshefts zeigen dem Auszubildenden das dauerhafte Interesse an seinem Leistungsstand.

Innerhalb des **Lehrgesprächs** kann der Ausbilder in den Phasen, in denen der Auszubildende seine Vorgehensweise und ihre Begründung schildert, erkennen, ob der Sachverhalt verstanden wurde. Gegebenenfalls vermag er hier korrigierend einzugreifen, damit sich keine falschen Erkenntnisse einprägen.

Am Arbeitsplatz erfolgt die Kontrolle über den Grad der Selbstständigkeit und die Fehlerquote bei der Durchführung von Arbeitsaufträgen. Ebenso sind der Grad an Selbstbeurteilung und mögliche Verbesserungsvorschläge zu durchgeführten Abläufen ein Messinstrument dafür, wie gut der Auszubildende eine Tätigkeit für sich erschlossen hat.

In einem **Rollenspiel** kann ein Wechsel der Perspektive umgesetzt werden, sodass der Auszubildende sich z. B. bei einem Telefonat in die Situation des unzufriedenen Kunden versetzen muss. Anschließend wird das Verhalten kritisch reflektiert.

Eine regelmäßige Kontrollinstanz ist das turnusmäßig festgelegte **Feedbackgespräch**, in dem auch Fehlentwicklungen in der Ausbildung aufgedeckt und analysiert werden können.

Auch Auszubildende haben neben den Prüfungen in **Beurteilungsgesprächen**, die den Regeln der Beurteilungsgespräche zwischen Führungskraft und Mitarbeiter folgen, die Gelegenheit, von ihrem Ausbilder eine Beurteilung der gegenwärtigen Situation zu erfahren und möglichen Entwicklungsbedarf gemeinsam festzulegen. Viel leichter als bei Mitarbeitern lässt sich Fortbildungsbedarf bei Auszubildenden im Rahmen der weiteren Ausbildung realisieren.

Als ein Gradmesser für den Erfolg der Ausbildung kann die **Zwischenprüfung** gelten, die nach der Hälfte der Ausbildungszeit zu absolvieren ist, soweit sie in der jeweiligen Ausbildungsordnung vorgesehen ist. Hier wird durch eine außerbetriebliche und auch außerschulische Stelle ein Leistungsstand festgestellt und ein Vergleich zwischen Soll und Ist ermöglicht. Nicht nur der Auszubildende, auch Ausbilder und Berufsschule fühlen sich auf dem Prüfstand. Bei Leistungsschwächen verbleibt in den restlichen Monaten die Zeit, Defizite auszugleichen. So wird mit der Zwischenprüfung ein Hinweis gegeben, ob man sich auf dem richtigen Weg befindet, die Abschlussprüfung erfolgreich zu bestehen.

Weiterhin kann gerade bei einer Ausbildung, die auf der Grundlage der vollständigen Handlung beruht, in der **Bewertungsphase** immer wieder eine Selbstkontrolle der Auszubildenden erfolgen, die auch dem Ausbilder einen Aufschluss über den jeweiligen Kenntnisstand ermöglicht.

Gegenseitige Anregungen und Unterstützungen zwischen Schule und Ausbildenden hinsichtlich Methodenwahl und Methodeneinsatz werden in den Gesprächen als sehr nötig erachtet. Das gilt insbesondere für Projekte, Fallsituationen, Leittexte und für den Erkundungsauftrag.

Für Projekte sind Abstimmungen nötig. Für Fallsituationen und Leittexte wird der gegenseitige Austausch von Unterlagen vereinbart. Bei der neuen Methode des Erkundungsauftrages sind konkrete Vereinbarungen möglich. Für Mittel- und Oberstufen werden je zwei Lernfelder festgelegt.

Ausbildungscontrolling

12.6 Ausbildungscontrolling

In diesem Abschnitt wird an verschiedenen Stellen auf das Kapitel Personalbeurteilung zurückgegriffen.

Zweck und Ziel

12.6.1 Zwecksetzung und Zielsetzungen des Ausbildungscontrollings

Mit Ausbildungscontrolling sind alle Maßnahmen gemeint, die geeignet sind, die Effizienz (Wirksamkeit, Wirtschaftlichkeit) des Ausbildungswesens zu ermitteln und Wege einer Effizienzsteigerung aufzuweisen. Gleichzeitig könnten sich aufgrund der Ermittlungen auch Zielkorrekturen als notwendig erweisen.

Es kommen drei mögliche Ansätze in Betracht:

Effizienz der Ausbildungsmaßnahmen

Alle realisierten **Ausbildungsmaßnahmen** werden auf ihre **Effizienz** hin untersucht. In Betracht kommen vor allem

- der Einsatz der Auszubildenden in den Abteilungen einschließlich der dort stattfindenden Anleitungen,
- die Gestaltung von Seminarveranstaltungen,
- die Teilnahme der Auszubildenden an überbetrieblichen Maßnahmen,
- die Gestaltung von Prüfungsvorbereitungen.

Die Überprüfung schließt natürlich die Kostenanalysen mit ein.

Häufig entsteht in der Öffentlichkeit der Eindruck, dass sich die Ausbildung wegen zu hoher Kosten ökonomisch nicht lohnt. Hier ist auf die Publikation des BiBB zu verweisen, die zu dem Ergebnis kommt, dass sich die Ausbildung sehr wohl rechnet. In diesem Zusammenhang wird auch betont, dass nicht quantifizierbare Nutzen gesehen werden sollten. Dazu zählen insbesondere das geringere Fehlbesetzungsrisiko und eine niedrigere Fluktuation, die Vermeidung von Ausfallkosten bei Fachkräftemangel, die Verbesserung des betrieblichen Images in der Öffentlichkeit sowie das Vermeiden längerfristiger Leistungsunterschiede zwischen selbst Ausgebildeten und externen Fachkräften. Definitive Einsparungen sind vor allem in wegfallenden Rekrutierungskosten pro Fachkraft sowie verminderten Einarbeitungs- und Weiterbildungskosten zu sehen.

Erfolg der Auszubildenden

Da sich alle Ausbildungsmaßnahmen im **Erfolg der Auszubildenden** niederschlagen müssten, könnte sich ein Ausbildungscontrolling auch darauf beziehen. Denkbare Ansätze sind dann

- die Ergebnisse der internen und externen Prüfungen,
- die Anzahl der als Mitarbeiter übernommenen Auszubildenden und deren Bewährung in der nachfolgenden Beschäftigung.
  Hierbei ist positiv zu bedenken, dass durch Übernahme von Auszubildenden Einstellungskosten gespart werden. Auch ist der eingestellte Mitarbeiter drei Jahre im Betrieb bekannt.

Bewertung des Lernfortschritts

Der Weg der Auszubildenden ist vom ersten Tag an mit **Messung des Kenntnisstandes** und der **Bewertung der Fortschritte** verbunden, bis ihn am Ende der Ausbildung drei Zeugnisse erwarten (Betrieb, Prüfungsausschuss, Berufsschule).

Die Lernstandsmessungen sind aber nicht Selbstzweck, sondern das Spiegelbild der Entwicklung des Auszubildenden. Ausbildungscontrolling kann deshalb auch folgendermaßen ansetzen:

Wenn die Ausbildung gut ist, müssen die Erfolgsnachweise dieses nachzeichnen. Solche Schlussfolgerungen sind allerdings nur vertretbar, wenn die Methoden zur Messung der Erfolge wirklich geeignet sind. Es könnte schließlich sein, dass die **Methoden** gute Ausbildungserfolge signalisieren, die Wirklichkeit der Ausbildung aber anders aussieht.

Beispiel Wenn die externe Berufsabschlussprüfung nicht die Güte der Ausbildung misst, sondern überwiegend die in der Berufsschule vemittelten kognitiven Fähigkeiten einfachster Prägung, also z. B. Reproduktionsfähigkeit, dann ist die Gleichsetzung mit „gut bestandener Berufsabschlussprüfung" und „gute Ausbildung" nicht berechtigt.
Anders formuliert: Ein Controlling, das sich auf die Methoden der Messung und Beurteilung von Ausbildungsleistungen bezieht, ist für sich genommen bereits von großem Nutzen.

Es ist leicht nachzuvollziehen, dass ein leistungsfähiges Controlling alle drei dargelegten Ansätze angemessen berücksichtigen sollte.

12.6.2 Kriterien der Leistungsermittlung und Leistungsbewertung für Auszubildende

Grundsätzlich ist zwischen der **Ermittlung einer Leistung** und der **Bewertung dieser Leistung** zu unterscheiden, obwohl beide Vorgänge zeitlich häufig zusammenfallen.

Beispiel Die Bewerter im Tanzsport ermitteln die Leistung und bewerten diese innerhalb weniger Minuten.

Ermittlung der Leistung

Die **Ermittlung einer Leistung** hängt ab von

- der fachgerechten und objektiven **Wahrnehmung der Leistung.**

  Beispiel Wahrnehmung der mündlichen Beiträge des Seminarteilnehmers; Wahrnehmung über die Vollständigkeit von Erklärungen des Auszubildenden zu einem Arbeitsablauf

- den fachgerechten und nachvollziehbaren **Kriterien der Messung**

  Beispiel
  - Tragen die Beiträge durch ihre Qualität zum Fortgang des Gesprächs positiv bei? Heben sie auf unbedeutende Kleinigkeiten ab? Sind sie dem Gesprächsklima förderlich?
  - Sind die Darstellungen vollständig?
  - Sind die Ausführungen fachgerecht?
  - Ist die Fachsprache richtig angewendet worden?

Bewertung der Leistung

Die **Bewertung der Leistung** ist dagegen ein anderes Handlungsfeld. Grundsätzlich stehen dem Beurteiler drei Maßstäbe der Beurteilung bzw. Bewertung zur Verfügung:

1. Die Leistung wird bewertet nach den **Vorgaben** (Sachorientierung). Das können operationalisierte Feinlernziele sein, gröbere Prüfungsrichtlinien, betriebsinterne Richtlinien zu Ausführungen am Arbeitsplatz usw.

2. Die Leistung wird bewertet an den **Leistungen der Bezugspersonen** (Sozialorientierung). Im Seminar sind es die anderen Teilnehmer, in der Abteilung sind es die Mitarbeiter auf gleicher oder anderer Hierarchiestufe usw.

3. Die Leistung wird an der **vorhergehenden Leistung des Beurteilten** bewertet (Individualorientierung). Es wird also in der Bewertung berücksichtigt, ob der Beurteilte seine Leistung verbessert, seinen Kenntnisstand erweitert oder sein Verhalten im Sinne der Arbeitsnormen angepasst hat.

Orientierung an der Sachnorm

(1) Mit der **Orientierung der Bewertung an der Sachnorm (an Standards)** soll eine möglichst große Objektivität erreicht werden. Die Hauptschwierigkeit besteht darin, dass allgemein gehaltene Aussagen in den Vorgaben unterschiedlich interpretiert werden können. Ein Groblernziel „den bargeldlosen Zahlungsverkehr kennen" ist beispielsweise dahingehend zu hinterfragen, ob damit nur der Kenntnisbereich gemeint ist bzw. welche Kenntnisse verfügbar sein sollen. Z. B. ist es ein großer Unterschied, ob vom Lerner erwartet wird, die Zahlungsmöglichkeiten in ihren technischen Abläufen zu beschreiben oder ob der Lerner die Zahlungsmöglichkeiten richtig einschätzen und situationsorientiert anwenden kann. Wenn Objektivität zu erreichen ist, dann über sehr konkret gehaltene, operationalisierte Feinlernziele. Hier kommt allerdings ein weiteres Problem auf: Sind alle Lernziele operationalisierbar? Anders formuliert: Lässt sich für alle Lernziele ein beschreibbares Endverhalten definieren und dann auch noch überprüfen? Beides ist, z. B. bei fast allen Lernzielen, die zum affektiven Lernbereich gehören, nicht der Fall. Es ist darauf hinzuweisen, dass die Formulierung „Orientierung" angebracht ist. Bis auf Stellen nach dem Komma ist auch bei operationalisierten Feinlernzielen des kognitiven Lernbereichs eine Bewertung nicht möglich.

Eine an Vorgaben orientierte Bewertung hat im betrieblichen Beurteilungssystem noch eine wichtige Ausprägung. Wenn dort Personalführung durch das sog. Management by Objectives erfolgt, arbeitet man in den Mitarbeiter- und Beurteilungsgesprächen mit Zielvereinbarungen, d.h. mit vereinbarten Vorgaben. Jede nach einer vorherigen Zielvereinbarung erfolgende Mitarbeiterbeurteilung kann sich demgemäß auf die gemeinsam vereinbarten Vorgaben beziehen.

Orientierung an der Gruppe

(2) Relative Gerechtigkeit soll dadurch erreicht werden, dass man nicht die **Leistung** einer Person bewertet, sondern **mehrerer Personen,** an die zu Recht die gleichen Anforderungen gestellt werden. Wenn es sich z. B. um alle Auszubildende des Ausbildungsberufes Industriekaufmann in einem großen Kammerbezirk handelt, ließe sich eine Norm, die für die ganze Gruppe gültig sein soll, einigermaßen konstruieren. An den Ergebnissen der Berufsabschlussprüfung allerdings kann der Ausbildende nicht messen, ob seine Ausbildung gut oder schlecht war. Nicht berücksichtigt sind nämlich die Eingangsvoraussetzungen (Beispiel: Abitur, Höhere Berufsfachschule, Realschule, Hauptschule), nicht berücksichtigt wird ferner, in welchem Umfang, in welcher Intensität und in welcher Lerngruppe Berufschulunterricht stattgefunden hat und manches andere mehr.
Bei Anwendung von normierten Testfahren zur Leistungsmessung wird angenommen, dass sich die Leistungen in einer typischen Weise verteilen, wie aus der nachfolgenden Abbildung hervorgeht. Der überwiegende Teil der getesteten Personen weist durchschnittliche Leistungen auf, während die sehr guten und sehr schlechten Leistungen nur minimal vertreten sind. Wegen des Kurvenverlaufs wird die sog. **Gaußsche Normalverteilungskurve** auch als Glockenkurve bezeichnet.

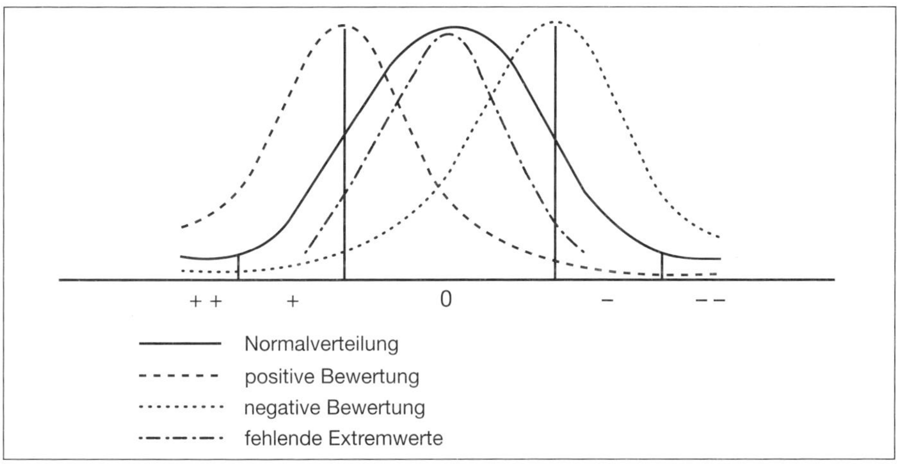

Abb. 12-16: Gaußsche Normalverteilungskurve

Bei Anwendung dieser Idee muss die entscheidende Frage heißen: Ist die Anzahl der gemessenen Leistungen bzw. der Testpersonen groß genug, um die Normalverteilung überhaupt messen zu können? Sofern sich Leistungsmessung auf die Auszubildenden des eigenen Betriebes oder auf eine Berufsschulklasse bezieht, ist die Normalverteilungskurve nicht anzuwenden. Sie ist dagegen realistisch, wenn man beispielsweise die Prüfungen eines ganzen Prüfungsjahrganges in einem großen Kammerbezirk betrachtet.

Zum Begriff der normierten Tests ist noch folgende Erklärung nötig. Als normiert werden Tests bezeichnet, wenn sie auf Gültigkeit (Validität), Zuverlässigkeit (Reliabilität, Stabilität) und Objektivität erprobt wurden. Valide ist ein Test dann, wenn er realitätsgerecht ist, d. h. wenn er prüft und beurteilt, was er prüfen und beurteilen soll. Als reliabel wird ein Test bezeichnet, wenn der Messvorgang messzuverlässig ist, d. h. wenn eine Prüfungsleistung zu verschiedenen Zeiten gleich bewertet wird. Objektiv ist ein Test, wenn er sich als personenunabhängig erweist, d. h. wenn andere Beurteiler zum gleichen Ergebnis kommen.

Subjektiver Fortschritt als Maßstab

(3) Der dritte Maßstab ist der **subjektive Fortschritt des Lerners**. Subjektive Fortschritte sind am ehesten am Arbeitsplatz zu beobachten. Insofern eignet sich auch dieser Maßstab für die betriebliche Ausbildung besonders gut. Er ist, wie auch die Bewertung nach Vorgaben, am besten mit den heute üblich gewordenen Mitarbeitergesprächen zu koppeln:

- Der Vorgesetzte geht auf die gegenwärtigen Leistungen ein und lässt durch den Mitarbeiter die besonderen Umstände erläutern, die diese Leistung gefördert bzw. behindert haben.

- Sodann wird die nächstschwere Etappe mit den Anforderungen und Bedingungen erörtert und möglichst ein Ziel vereinbart, das es in einer umrissenen Zeit zu erreichen gilt.

Dieses Verfahren, als Management by Objectives bezeichnet, lässt sich gut auf die Situation von Ausbildern und Auszubildenden übertragen. Dass dabei besondere Bedingungen gelten, etwa im Hinblick auf den Zeitbedarf bzw. im Hinblick auf eventuelle Vergünstigungen oder Folgen, versteht sich von selbst.

Die Messung bzw. Ermittlung sowie die Bewertung bzw. Beurteilung von Leistungen sind Vorgänge von ganz besonderem Schwierigkeitsgrad. Aus den Orientierungen lassen sich für den einzelnen Fall hinlänglich viele Handlungsrichtlinien ableiten. Niemand, der mit Bewertung von Leistungen zu tun hat, wird das jedoch ohne Herzklopfen leisten können. Unwägbarkeiten gehören dazu.

12.6.3 Formen der Beurteilung von Auszubildenden

Mündliche Beurteilungen

Mündliche Beurteilungen über Leistungsstand, Anstrengungen und Erfolg von Auszubildenden sind „offiziell", d. h. in Form von Anweisungen, relativ selten. Dass sie dagegen – mindestens als Bemerkungen oder Antworten auf Rückfragen – häufig vorkommen, entspricht der Lebenserfahrung. Mündliche Beurteilungen sind spontaner als schriftliche Beurteilungen, allerdings sind Missverständnisse nicht ausgeschlossen und werden kaum korrigiert, weil keine Grundlage vorliegt.

Schriftliche Beurteilungen

In mittleren und größeren Betrieben sind die Formen der Beurteilung meistens festgelegt. Das gilt auch für die Anlässe der Beurteilung.

Für Auszubildende sind gewöhnlich **schriftliche Formen** der Beurteilung schon bei der Einstellung üblich. Es folgen die Beurteilungen nach Durchlauf eines Ausbildungsabschnittes. Am Ende der Ausbildung ist ein Ausbildungszeugnis zu schreiben.

1. **Die Berufseignung wird ggf. durch Intelligenztests, Berufseignungstests sowie durch ein Einstellungsgespräch – mit oder ohne Protokoll – ermittelt.**

2. **Während der Ausbildung erfolgt,** wie gesagt, **die Beurteilung regelmäßig nach Durchlauf durch eine Abteilung.** Hier wird **gewöhnlich mit Formularen** gearbeitet, die unterschiedlich aufgebaut sind. Aus der Vielfalt der in der Praxis vorkommenden Formen hier eine Auswahl:

Ausprägungen

- **Der Beurteilungsbogen enthält Fragen, die in einem vorgegebenen Feld frei beantwortet werden sollen.** Die Beurteilung enthält eine Struktur durch den sinnvollen Aufbau der erfragten Komplexe.

  Beispiel Beurteilungsfeld „Arbeitsverhalten"
  Fragen: Ist Interesse an der Arbeit festzustellen?
  Wie ist die Konzentration bei der Arbeit zu beurteilen?

- **Die Fragen des Beurteilungsbogens sind mit Stichwörtern beantwortet. Der Beurteiler hat die zutreffenden Stichwörter zu unterstreichen.**

  Beispiel Beurteilungsfeld „Arbeitsverhalten"
  Untergliederung: Konzentration/Gewissenhaftigkeit
  Stichwörter: Sehr gewissenhaft, gewissenhaft, wenig gewissenhaft, sehr konzentriert, konzentriert, ablenkbar, selbstständig, umsichtig, wenig selbstständig, braucht viele Hilfen

- **Die auf die Fragen zutreffenden Stichwörter sind zu unterstreichen. Gleichzeitig soll aber für die Angaben ein Punktewert angegeben werden.** Ist das Interesse des Auszubildenden sehr groß und vielseitig, würde man ihm dafür 10 Punkte anrechnen. Die pro Feld ermittelten Punkte werden addiert und in eine Gesamtnote umgewandelt. Sind beispielsweise 10 Felder vorgesehen, ist eine maximale Punktzahl von 100 erreichbar. Für 91 bis 100 Punkte bekommt der Auszubildende dann die Gesamtnote sehr gut.

  Beispiel Beurteilungsfeld „Arbeitsverhalten"
  Untergliederung: Interesse
  Stichwörter: Aufgeschlossen, begrenzt interessiert, einseitig, großes Interesse, mangelndes Interesse, mehrere erkennbare Interessen, sehr interessiert, sehr rege, vielseitig, wechselhaft

Punkte	10	9	8	7	6	5	4	3	2	1
Bewertung	sehr gut . . . . bis . . . . nicht ausreichend									

3. **Die Anzahl der Beurteilungsfelder und die Inhalte sind sehr unterschiedlich gestaltet.**

Beurteilungsfelder

Beispiele für in der Praxis gewählte **Beurteilungsfelder**

Lernbereitschaft
... erarbeitet aus eigenem Antrieb Lerninhalte, die mit der Ausbildung zusammenhängen

Auffassungsgabe
... ist fähig, neue Informationen sachgerecht wahrzunehmen und in das vorhandene Wissen und Können einzuordnen

Theoretisches Wissen
... kann aufgrund vorhandenen Wissens eine Aufgabe einordnen und findet verständige Lösungssätze

Arbeitssorgfalt (Arbeitsverhalten, Arbeitstempo)
... berücksichtigt die erforderlichen Einzelheiten bei der Lösung einer Aufgabe, und zwar in einem sachgemäßen Verhältnis zwischen Zeitaufwand und Arbeitsumfang

Zahlenverständnis
... kann logische Operationen im Zahlenbereich verstehen und durchführen

Ausdrucksvermögen
... drückt sich schriftlich und mündlich verständlich aus

Einsatzbereitschaft (Interesse, Zielstrebigkeit, Pünktlichkeit)
... Verhalten ist durch Leistungswillen, Engagement und Initiative gekennzeichnet

Kooperationsfähigkeit (Kontaktfähigkeit, Hilfsbereitschaft)
... ordnet sich angemessen in das Sozialgefüge ein und kann Kontakte schließen und aufrechterhalten

Verantwortungsbewusstsein (Pflichtbewusstsein)
... nimmt seine Aufgaben ernst und sieht auch Verantwortung für das Ganze

technische Begabung
... ist handgeschicklich und im Umgang mit Hilfsmitteln verständig

Abb. 12-17

Beobachtungssituationen

Beobachtungssituationen als Grundlage der Beurteilung:
- bei der Beobachtung praktischen Tuns am Arbeitsplatz/in der Lernecke
- bei der Vermittlung von Fachwissen in Gruppen durch den Ausbilder
- bei den Erklärungen der Sachbearbeiter
- im Unterricht
- bei Gesprächen zwischen Ausbildern und Auszubildenden
- aus Fachberichten
- beim Schriftverkehr
- bei Rückfragen
- bei Telefongesprächen
- bei Gesprächen mit Geschäftspartnern, Kollegen und Vorgesetzten
- bei Referaten
- in Diskussionen
- bei Arbeitsbesprechungen
- bei Präsentationen
- in Konfliktsituationen
- bei Termindruck/erhöhtem Arbeitsanfall
- bei neuartigen Aufgabenstellungen
- aus außerbetrieblichen Aktivitäten (Fachvorträgen etc.)

Abb. 12-18

Zeugnis des Ausbildungsbetriebes

4. **Am Ende der Ausbildung erhält der Auszubildende vom Betrieb ein Zeugnis,** das über Art, Dauer und Ziel der Berufsausbildung sowie über die erworbenen Fertigkeiten und Kenntnisse des Auszubildenden Auskunft gibt.
Auf Wunsch werden auch Angaben über Führung, Leistung und besondere fachliche Fähigkeiten aufgenommen (vgl. dazu BBiG § 8).
Hierbei handelt es sich um eine freie Form, d. h. die Beurteilung ist in Aufsatzform abgefasst.
Der Hauptvorteil der freien Beurteilung besteht in der Möglichkeit des Beurteilers, durch eine geschickte Auswahl der Beurteilungskriterien und Beurteilungsmaßstäbe seine Aussage gezielt auf den jeweiligen Anlass und die individuelle Eigenart des Beurteilten abzustellen. Ein wesentlicher Nachteil der freien Beurteilung liegt in der fehlenden Vergleichbarkeit verschiedener Beurteilungen untereinander, die für zahlreiche Personalentscheidungen unbedingt erforderlich ist. Außerdem sind die Anforderungen an das Einfühlungsvermögen und die Formulierungsfähigkeit der Beurteiler sehr hoch, sodass diese Beurteilungform – vom Ausbildungszeugnis einmal abgesehen – im Allgemeinen nicht üblich ist.

12.6.4 Bewertung des Ausbildungswesens

Bewertung des Ausbildungswesens

Mithilfe der folgenden Checkliste soll ein Überblick über mögliche Ansätze zur Effizienzkontrolle des betrieblichen Ausbildungswesens geschaffen werden.

1 Ausbildungsmaßnahmen

Fragen zur Ausbildung in den Abteilungen

1.1 Ist die Ausbildung in den Abteilungen optimal gestaltet?
- a) Sind alle Abteilungen zur Ausbildung personell, fachlich und räumlich geeignet?
- b) Wird die Ausbildungskapazität der Abteilungen richtig genutzt? Ist die Dauer der Anwesenheit von Auszubildenden für jede Abteilung richtig gewählt?
- c) Welche speziellen Hilfen werden in den Abteilungen zur Sicherung des Ausbildungserfolges angeboten?
- d) Ist das Verhältnis zwischen Fachkräften als Ausbildungsbeauftragte und Auszubildenden angemessen?
- e) Gibt es Berechnungen oder Schätzungen über das Verhältnis der durch Ausbildung entstehenden Kosten und des entstehenden Nutzens?

Fragen zur überbetrieblichen Ausbildung

1.2 In welchem Rahmen findet überbetriebliche Ausbildung statt?
- a) Ist die inhaltliche Abstimmung bzw. Verzahnung zwischen betrieblicher und überbetrieblicher Ausbildung gewährleistet?
- b) Gibt es persönliche Verbindungen zwischen den Ausbildern im Betrieb und den Ausbildern in der überbetrieblichen Ausbildung?
- c) Halten die Auszubildenden während der Zeit der überbetrieblichen Ausbildung Kontakt zum Betrieb?
- d) Sind von betrieblicher Seite fachliche oder sonstige Unterstützungen der Auszubildenden während der Zeit der überbetrieblichen Ausbildungen vorgesehen?

Fragen zu sonstigen Ausbildungsaktivitäten

1.3 Welche sonstigen Ausbildungsaktivitäten sind als Dauereinrichtungen realisiert?
- a) Sind die evtl. durchgeführten Einführungsseminare auf ihren Nutzen untersucht worden? Welche Abstimmungen gab es diesbezüglich mit der Berufsschule?
- b) Findet eine spezielle Vorbereitung auf die Zwischenprüfung und/oder die Berufsabschlussprüfung statt? Welche Kosten entstehen durch diese Veranstaltungen?
- c) Ist ein betriebsinterner Unterricht bzw. sind ständige Seminarveranstaltungen von Fachleuten aus dem Betrieb eingeführt? Gibt es Kostenberechnungen dazu?
- d) Ist gesichert, dass bei allen sonstigen Ausbildungsaktivitäten ausbildungs- und betriebsspezifische Ziele, Inhalte und Methoden besonders berücksichtigt werden?

Fragen zur Kooperation mit der Berufsschule

1.4 Welche Kooperationsformen bestehen zwischen Betrieb und Berufsschule?
- a) Erfolgt ein regelmäßiger Austausch zwischen den Vertretern des Betriebes und der Berufsschule hinsichtlich des Gesamtausbildungserfolges der Auszubildenden? (Sprechtag; sonstige Abstimmungen, speziell bei Fehlzeiten etc.)
- b) Sind fachliche und methodische Abstimmungen vorgesehen?
- c) Gibt es gemeinsame Veranstaltungen von Betrieb/Betrieben und Berufsschule?
- d) Gibt es sachliche Transfers zwischen Betrieb und Berufsschule?

2 Erfolge der Auszubildenden

Fragen zur Berufsabschlussprüfung

2.1 Werden die Berufsabschlussprüfungen im Prinzip erfolgreich bestanden?
   a) Welcher Zusammenhang wurde zwischen formaler Vorbildung und den Ergebnissen der Berufsabschlussprüfung ermittelt?
   b) Deckt sich die betriebliche Beurteilung (und das Berufsabschlusszeugnis) mit den Ergebnissen der Berufsabschlussprüfung?
   c) Sind die Erfolge der Auszubildenden in der Berufsabschlussprüfung und in der betrieblichen Ausbildung (Ausbildungszeugnis des Betriebes) einigermaßen identisch?
   d) Welchen Weg gehen als erfolgreich bewertete Auszubildende nach der Ausbildung? Besteht ein Zusammenhang zwischen formaler Vorbildung, erfolgreicher Ausbildung und Verbleib im Betrieb?
   e) Lässt sich durch erfolgreiche Tätigkeit nach der Ausbildung nachweisen, dass während der Ausbildung berufliche Handlungskompetenz und berufsübergreifende Kompetenzen erworben wurden?

Frage zur Zwischenprüfung

2.2 Wird die Zwischenprüfung im Durchschnitt mit Noten abgeschlossen, die auf einen erfolgreichen Start der Auszubildenden schließen lassen?

3 Die Bewertung als solche

Fragen zu den Berichten/ Bewertungen aus den Abteilungen

3.1 Sind die Bewertungen, wie sie in den Abteilungen vorgesehen sind, aussagefähig?
   a) Entsprechen die Formulare, die ggf. verwendet werden, noch den neuesten Erkenntnissen? Sind die Beurteilungsfelder noch repräsentativ?
   b) Sind die Mitarbeiter, die die Beurteilung durchführen, auf ihre Aufgabe vorbereitet? Bekommen sie Anregungen zu Verhaltensbeobachtung und Verhaltensbewertung?
   c) Werden alle Gesichtspunkte berücksichtigt, um die Beurteilung zu einem guten Personalführungsinstrument zu machen (Gespräch mit Zielvereinbarungen; guter Zeitpunkt der Beurteilung, um noch Verhaltensänderungen zu ermöglichen u. a. m.)?
   d) Werden die Beurteilungen insgesamt so behandelt, dass jeder Mitarbeiter die Bedeutung einer Beurteilung richtig einschätzt?

3.2 Sind die Bewertungsmaßstäbe der überbetrieblichen Ausbildung bekannt?

3.3 Nach welchen Prinzipien erfolgt die Beurteilung der Seminarteilnehmer?

3.4 Haben sich die Eignungstests zur Einstellung als valide erwiesen, d. h. messen sie, was sie messen sollen?

3.5 Ist untersucht worden, ob die Berufsabschlussprüfung inhaltlich und methodisch so angelegt ist, dass sich in ihrem Ergebnis die betriebliche und berufsschulische Leistung des Auszubildenden widerspiegelt?

12.6.5 Die Personalausbildung im Zielsystem der Unternehmung

Die Personalwirtschaft hat einen fest umrissenen Anteil an der Realisation der Unternehmensziele. Sofern eine Unternehmung ausbildet, stellt die Personalausbildung einen wichtigen Teilbereich der Personalwirtschaft dar und ordnet sich demgemäß auch den Unternehmenszielen unter.

Gründe für Personalausbildung

Für eine Personalausbildung im Unternehmen sprechen verschiedene Gründe:

- Durch eigene Ausbildung verschafft sich die Unternehmung die in der Regel erforderlichen Nachwuchskräfte. Dadurch entfallen anderweitig anfallende Personalbeschaffungskosten. Außerdem hat man den Vorteil, die junge Kraft schon länger zu kennen, sodass das mit einer Einstellung verbundene Risiko deutlich verringert wird.

- Ob der Arbeitsmarkt die benötigten Mitarbeiter nach Quantität, Qualität und Einstellungszeitpunkt wirklich bereitstellt, hängt von kulturellen und strukturellen Faktoren ab. Wenn die Personalausbildung in die Personalplanung und Personalentwicklung integriert ist, lässt sich mithilfe der Personalausbildung langfristig gut planen. Auch auf die Ausbildung von Spezialqualifikationen, die ggf. im Betrieb nötig sind, kann früh genug abgehoben werden.

- Personalausbildung hat akquisitorische Wirkungen.

- Die duale betriebliche Ausbildung stellt in der Bundesrepublik Deutschland ein systemimmanentes Element dar. Ohne sie wären die Jugendlichen auf schulisch organisierte Bildungsgänge angewiesen. Insofern haben die Unternehmungen eine gesellschaftliche Verantwortung.

12.7 Der Jugendliche in der Ausbildung

Der Beratungslehrer einer Realschule wird von Schulleitung und Schulkonferenz beauftragt, Kontakt zu mehreren Berufsschulen und zu vier größeren Unternehmungen der Region (Industrie, Bank, Großhandel, Klinik) aufzunehmen, um die Vertreter aller Einrichtungen zu einer Podiumsdiskussion für Eltern, Schüler und Lehrer einzuladen. Als Thema ist an den Slogan „Karriere durch Lehre“ oder an „Berufsausbildung, ein Weg mit Chancen, Sicherheit und Zukunft“ gedacht.
Sie als engagierter Ausbilder werden von der Personalleitung gebeten, an der Veranstaltung aktiv teilzunehmen. Bereiten Sie sich sowohl auf das Vorgespräch der verantwortlichen Beteiligten als auch auf die Podiumsdiskussion selbst vor.

Erwartungen des Auszubildenden

12.7.1 Erwartungen der Auszubildenden an die Ausbildung und die Ausbilder

- Mit einer Ausbildung verbinden Jugendliche generell die Vorstellung, eine wichtige **Grundlage für die spätere Berufstätigkeit** zu erhalten bzw. mit abgeschlossener Ausbildung die **Voraussetzung für weitere berufliche Bildungsabschnitte** zu erwerben. Speziell erwarten sie eine ihren Möglichkeiten und Fähigkeiten entsprechende individuelle Förderung sowie Gelegenheiten zur individuellen Bewährung und Verantwortung.

- Vom Ausbildenden erwarten Jugendliche die **Erfüllung des Ausbildungsvertrages** sowie meistens auch ein Übernahmeangebot nach erfolgreich abgeschlossener Ausbildung und bestandener Berufsabschlussprüfung.

Wie man „behandelt“ sein möchte

- Von den ausbildenden Personen erwarten Jugendliche **fachliche Betreuung** durch professionelle Einweisungen, Unterweisungen und Unterrichtung, **persönliche Integrität und Autorität** sowie Kommunikationsfähigkeit, Kontaktfähigkeit, Einfühlungsvermögen und Verständnis für die Belange junger Menschen.
  - Mit Kommunikationsfähigkeit ist hier vor allem die Fähigkeit zu aktivem Zuhören (einfühlendem Verstehen) sowie die Stimmigkeit zwischen verbalem und nonverbalem Verhalten gemeint.
  - Kontaktfähigkeit umfasst die Fähigkeit zur Kontaktaufnahme und zur Aufrechterhaltung von Kontakten, z. B. durch bewusstes Einstellen auf sein Gegenüber.
  - Einfühlungsvermögen meint hier vor allem, aus einer positiven Grundeinstellung heraus Handlungen zu verstehen und nicht als erstes zu bewerten.

Faktoren, die die Berufswahl beeinflussen

12.7.2 Die Wahl des Ausbildungsberufes

Die Entstehung eines Berufswunsches und die Informationsaufnahmen bilden zusammen einen langen Prozess. Schon **als Kind entwickelt der Mensch Vorstellungen** über sein späteres Berufsleben, indem gedachte und vorgelebte Lebens- und Berufsrollen spielerisch eingeübt und teils von Erwachsenen verstärkend, neutral oder ablehnend begleitet werden.
Von solchen oder vergleichbaren Vorprägungen einmal abgesehen, erfährt das heranwachsende Kind bzw. der junge Jugendliche Orientierungshilfen der verschiedensten Art:

- Beruf und Berufsausübungen erleben Kinder und Jugendliche individuell in den **Familien,** wobei die berufsbedingten Lebensumstände (z. B. Arbeitszeit, Einkommen, Freiheiten und Verpflichtungen in der Berufsrolle, Berufskleidung) sowie Belastungen (Stress) und Freuden (Zufriedenheit) die wichtigsten Faktoren sind.

- Vorstellungen über Berufe, wie sie sich in den **peer-groups** bilden, werden übernommen. Unter peer-groups versteht man die Gruppe der jeweils Gleichaltrigen, die verbindliche Maßstäbe setzt.

- Durch **Schulen werden Praktikumsplätze** vermittelt. Dadurch erfolgt ein auf Anschauung und Erleben beruhender (wenn auch nicht immer realistischer) Einblick in ein berufliches Tätigkeitsfeld. Die Vorstellungen der die Praktika begleitenden Lehrer spielen sicher für die Bewertung der Beobachtungen eine wichtige Rolle.

- **Informationsveranstaltungen** der verschiedensten Art, z. B. Besuche im Berufsinformations-Zentrum der Arbeitsagentur oder von Berufsmessen sowie Betriebsbesichtigungen, tragen dazu bei, weitere Vorstellungen von Berufstätigkeit und Berufen zu gewinnen.

- Durch **Medien** nimmt der Jugendliche Eindrücke über Marktchancen und Unterschiede in der Existenzsicherung einzelner Berufe oder Berufsgruppen auf. Das sich dadurch abzeichnende Bild ist naturgemäß wenig präzise. Andere Informationen durch die Medien sind dagegen wesentlich informativer, z. B. ein Filmbeitrag zur Herstellung bestimmter Güter.

Die aufgenommenen Eindrücke über Berufe und Berufsaussichten werden in einem dem Feed-back ähnlichen Prozess mit den eigenen Interessen, Möglichkeiten und Voraussetzungen verglichen. Dieser Prozess führt zu unterschiedlichen Ergebnissen, wobei die Spannbreite von recht konkreten Vorstellungen bis zu einem vagen Bild über den Beruf bzw. das Berufsfeld reicht.

Faktoren, die die Berufswahlentscheidungen beeinflussen

Die **Berufswahlentscheidung** ist das Ergebnis der Berufswunschentwicklung und eines realistischen Vergleiches mit den tatsächlichen Möglichkeiten. Für die Berufswahl sind folgende Faktoren entscheidend:

- **Einfluss der Bezugspersonen**
  Bei der Entwicklung des Berufswunsches war dieser Einfluss ohnehin schon groß. Für die eigentliche Berufswahlentscheidung bleiben die Bezugspersonen wichtig. Ausgeprägt ist der Einfluss der Eltern bei ausländischen Jugendlichen.
- **Lebensalter**
  Mit zunehmendem Lebensalter kann der Jugendliche den Ausgleichsprozess zwischen Berufswunsch und realistischen Chancen in der Berufswahl besser austarieren. Außerdem sind Ausbildungsberufe ggf. auch an Altersstufen gekoppelt, z. B. in der Krankenpflege.
- **Vorbildung**
  Im Durchschnitt steigen die Zutrittschancen mit der höheren Vorbildung.
- **Eignung und Interesse**
  Schon bei der Entwicklung des Berufswunsches spielen diese beiden Faktoren eine große Rolle, und zwar durch Selbsteinschätzung und durch Beratungen. Für die Berufswahl sind sie erneut kritisch einzubeziehen.
- **Ausbildungsmarktlage**
  Eine Berufswahl muss sich an den realen Möglichkeiten des Ausbildungsplatzangebotes orientieren.

Bewerber für Berufsausbildungsstellen und Berufsausbildungsstellen in Deutschland – Zeitreihe der Berichtsjahre 1991/92-2009/10

(ab 2008/09 inkl. der von den zugelassenen kommunalen Trägern gemeldeten Bewerber)

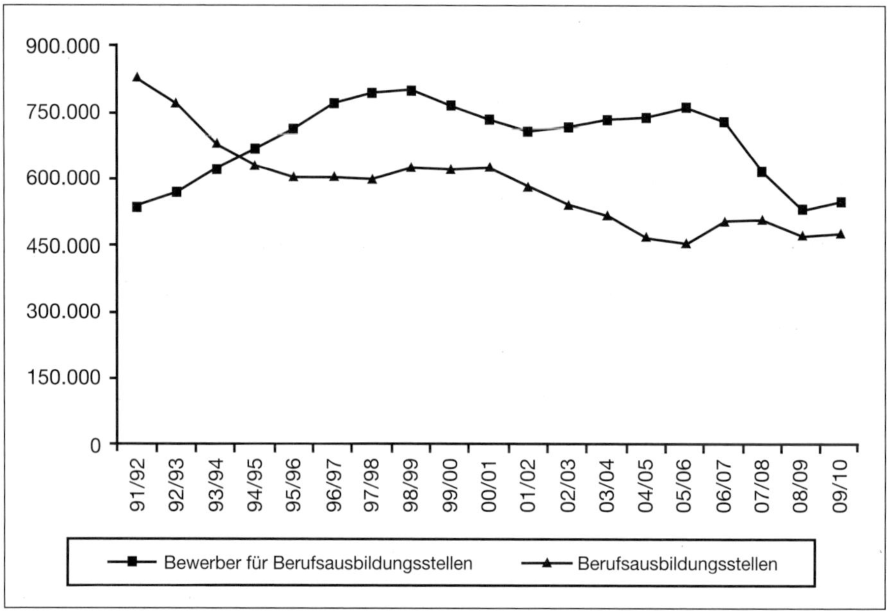

Abb. 12-19 (nach Zahlen der Bundesagentur für Arbeit)

Berufsbildungsbericht

Berufsbildungsbericht 2011

Die Ausbildungslage 2010 hat sich für Ausbildungsbewerber und Ausbildungsbewerberinnen weiter verbessert – geprägt vom demografisch bedingten Bewerberrückgang, der Zunahme der Zahl betrieblicher Ausbildungsverträge, der Verringerung der Zahl der Altbewerber und der Zahl junger Menschen im Übergangssystem.

Zentrale Herausforderungen zur künftigen Fachkräftesicherung bleiben

- der demografisch bedingte Rückgang von Schulabgängern und Schulabgängerinnen,
- die in diesem Kontext unabdingbare Verbesserung des Zugangs für junge Menschen aus dem Übergangssystem in berufliche Bildung,
- die Attraktivitätssteigerung der dualen Ausbildung,
- die Berücksichtigung europäischer und internationaler Entwicklungen bei der Gestaltung der nationalen Berufsbildungspolitik.

Ziel ist es, die berufliche Bildung als Gesamtsystem von Aus- und Weiterbildung zu gestalten und eng mit den anderen Bildungsbereichen zu verzahnen. Das bedeutet:

- strukturelle Verbesserung der Durchlässigkeit in die duale Ausbildung,
- organische Verbindung von beruflicher Aus- und Weiterbildung,
- Modernisierung, Flexibilisierung und Attraktivitätssteigerung der Berufsbildung,
- Ausbau der beruflichen Weiterbildung,
- Durchlässigkeit von dualer Ausbildung und Weiterbildung in den Hochschulbereich.

12.7.3 Die Wahl der ausbildenden Unternehmung

Wahl des Ausbildenden/ Fragenkatalog

An die ausbildende Unternehmung werden alle die Erwartungen gerichtet, die auch an die Ausbildung und an die mit der Ausbildung betrauten Personen gerichtet werden, nur dass jetzt konkrete Fragen beantwortet werden müssen.

- Welche Unternehmung bildet in dem gewünschten Beruf aus?
- Mit welchen Anforderungen ist im Hinblick auf Schulabschlüsse zu rechnen?
- Mit welchen Auswahlverfahren ist zu rechnen?
- Ist der Weg zur ausbildenden Unternehmung täglich zu überbrücken oder ist mit der Einstellung ein Wohnortwechsel – mit allen seinen Konsequenzen – in Kauf zu nehmen?
- Muss man mit der Bewerbung warten, bis die Unternehmen inserieren?
- Kann man sich auf Fürsprecher beziehen?
- Wie ist die Bewerbung im Einzelnen zu gestalten? Wo wird ein Bewerbungstraining durchgeführt?

Bewerbungen

Die Anzahl der Bewerbungen richtet sich u. a. nach der Marktlage. Wenn es schwierig ist, einen Ausbildungsplatz zu besetzen, sind die Anstrengungen entsprechend groß. Besonders mühevoll gestaltet sich die Besetzung von Ausbildungsplätzen, wenn die Bewerber generell und individuell die Erwartungen der ausbildenden Unternehmen nicht erfüllen. Eine besondere Schwierigkeit entsteht durch die Mehrfachbewerbungen, und zwar auf beiden Seiten.
Bekommt ein Bewerber Zusagen von mehreren ausbildenden Unternehmungen, steht er vor einer schweren Entscheidung. Folgende Fragen drängen sich auf:

- Welche der Unternehmungen hat die beste Ausbildung (Ruf)?
- In welcher Unternehmung ist die Chance, nach der Ausbildung übernommen zu werden, am größten?
- Gibt es Unterschiede in den Sozialleistungen (während der Ausbildung und später)?
- Welche Belastung entsteht durch die Fahrwege?

Wünschenswert ist in dieser Situation die baldige Entscheidung. Ausgesprochen unerwünscht ist es, mehrere Ausbildungsverträge zu unterschreiben und die endgültige Entscheidung erst kurz von Antritt der Ausbildung zu treffen. Von rechtlichen Problemen einmal abgesehen, die einem Vertragspartner daraus entstehen können, ist auf Folgendes hinzuweisen: Die Unternehmen verfügen vielfach über sog. Reservelisten und können den Platz noch zum Einstellungstermin besetzen, aber es entsteht insgesamt ein großer Aufwand (in der Unternehmung, in der zuständigen Stelle, bei der zuständigen Schule), von der zwischenzeitigen Beunruhigung der bis dahin nicht mit einem Ausbildungsplatz versorgten jungen Menschen gar nicht zu sprechen.

Abb. 12-20 Marktlage – Seelenlage

Sie vertreten in der Diskussion sowohl die ausbildende Unternehmung als auch die Branche. Gehen Sie bei Ihren Vorbereitungen davon aus, dass Sie den Ausbildungsstellenmarkt nicht beeinflussen können. Auf die möglichen Fragen, die an Sie voraussichtlich gerichtet werden, bereiten Sie sich durch eine Checkliste vor:

1. *Welche Anforderungen werden an den ausgebildeten Mitarbeiter in der Branche gestellt?*
2. *Welche Unternehmungen der Branche bilden aus? Wie viele Ausbildungsplätze werden angeboten?*
3. *Wodurch zeichnet sich die Branche aus?*
4. *Welche Anforderungen werden an den Bewerber gestellt?*
5. *Welche Bewerbungsmodalitäten sind von den Bewerbern zu berücksichtigen?*

12.7.4 Merkmale des Jugendlichen

Merkmale des Jugendlichen

Das Alter der Mitarbeiter ist für personalwirtschaftliche Entscheidungen von großer Bedeutung. Bei Jugendlichen fällt allerdings gleichzeitig ins Gewicht, welche Entwicklungsstufe der Jugendliche erreicht hat.

◆ Alter als Merkmal

Alter

Von besonderen Anlässen wie Einschulung in die Grundschule oder Anwendung von Strafrechtsvorschriften abgesehen, ist im Rechtsleben das Alter das entscheidende Datum, z. B. für die Geschäftsfähigkeit, die Fahrerlaubnis, die Inanspruchnahme von Jugendschutzvorschriften oder die Wehrpflicht.

Ab dem vollendeten 13. Lebensjahr bis zum vollendeten 17. Lebensjahr ist der junge Mensch Jugendlicher, also von 14 bis 18 Jahren. In der nachfolgenden Zeit bis zum 20. Lebensjahr ist man Heranwachsender.

◆ Entwicklungsstand als Merkmal

Entwicklungsstand

Die Gesamtentwicklung wird nach körperlicher, geistiger und beruflich-sozialer Entwicklung unterschieden, obwohl der Prozess ganzheitlich ist.

In der Tabelle sind die Entwicklungsphasen aufgezeigt, wie sie sich heute in unserer Gesellschaft darstellen.

Vorpubertät	beginnender primärer Gestaltwandel, Beginn der Reifung primärer Geschlechtsorgane Mädchen ab ca. 10 1/2 Jahre, Jungen ab ca. 12 Jahre
Pubertät	sich vollziehender Gestaltwandel/Phase geschlechtlicher Reifung/ Verhalten geprägt durch Unausgeglichenheit/Kritik an der sozialen Umwelt/ausgeprägtes Eigenleben Mädchen ab 12 1/2 Jahre, Jungen ab ca. 13 1/2 Jahre
Adoleszenz	Heranwachsen zum Erwachsensein Frauen ab 17 Jahre, Männer ab ca. 19 Jahre

Abb. 12-21

Anmerkung: Aufgrund vielfältiger Einflüsse, insbesondere Ernährung, hat sich die beginnende Entwicklung gegenüber früheren Zeiten nach vorne verlagert = Akzeleration. Verzögerungen in der Entwicklung werden als Retardierung bezeichnet.

- **Merkmale der körperlichen Entwicklung**

  Körperliche Entwicklung

  Der Jugendliche hat die körperliche Umstellung vom Kind zum Erwachsenen zu bewältigen. Die allgemeinen Merkmale sind:
  - das Wachstum generell und die Tatsache, dass sich das Wachstum unproportional vollzieht (Längenwachstum, Breitenwachstum, Körpergewicht, vorgezogenes Wachstum der Extremitäten, langsameres Wachstum von Herz und Lunge u. a. m.)
  - die Herausbildung und die Funktionsfähigkeit der Geschlechtsorgane

Das Wachstum erzeugt Engpässe,

- die meist nur durch Rücksichtnahme und Abwarten sowie vorsichtige Übungen überwunden werden können, z. B. Schwache der Bänder, Sehnen, Muskeln und der Wachstumszonen der Knochen,
- die zwar entstehen (Knochenwachstum, Vergrößerung des Blutbedarfs), aber denen entgegengewirkt werden kann, z. B. durch mehr Proteine, Vitamine (D) und Mineralstoffe (Kalzium, Eisen).

Hormonelle Umstellungen führen u. a. zu

- Gefühlsinstabilität mit starken Ausschlägen zwischen Optimismus und Niedergeschlagenheit, insgesamt aber auch mit erhöhter Aggressivität, Reizbarkeit oder Trägheit,
- zu speziellen Erscheinungen wie leichtem Erröten oder Jugendakne (Verstopfung der Talgdrüsen) mit Rückwirkungen auf das soziale Verhalten.

Geistige Entwicklung

- **Merkmale der geistigen Entwicklung**

Die geistige Entwicklung wird in intellektuelle und emotional-geistige Entwicklung unterteilt. Getrennt wird die Wertebildung dargestellt.

Die **intellektuelle Entwicklung** des Jugendlichen zeigt sich vor allem in zwei Ausprägungen:

- Das anschauliche Denken des Kindes wird zunehmend von der Fähigkeit zum abstrakten Denken und Denken in Begriffen überlagert. Gleichzeitig wächst die Fähigkeit, sich komplexe Situationen vorzustellen und diese auch zu analysieren.
- Mechanische Gedächtnisleistungen, die sich z. B. im Auswendiglernen oder im Vokabellernen zeigten, werden durch logisches, d. h. auch in Zusammenhängen erfolgendes Denken abgelöst. Verstehen und Zuordnung sind nunmehr für das Behalten von entscheidender Bedeutung.

Die **emotionale Entwicklung** ist durch folgende Merkmale bestimmt:

- Der junge Jugendliche gerät in eine Phase des Schwärmens für die Gegenstände erotischer Empfindungen. Eine längere Zeit bleiben noch die Gegenstände der Erotik von den Gegenständen des Sexualbegehrens getrennt. Erst in der Adoleszenz werden Erotik und Sexualität zu einer Erlebnistotalität verbunden.
- Nach einer Zeit der so genannten Rudelfreundschaften erfolgt die Hinwendung zu den eigenen Gefühlen (Ich-Findung), die mit einer Vertiefung der Innenwelt einhergeht, aber auch Freundschaften entstehen lässt. Nach außen erscheinen Jugendliche in dieser Phase teils als gleichgültig, teils als renitent. In der Adoleszenz erfolgt die Du-Findung gegenüber dem anderen Geschlecht zum Zwecke der Wir-Bildung. Das Interesse an Natur und Kunst ist in dieser Phase stark ausgeprägt.

Wertebildung

- Die Entwicklung des **Wollens** und der **Wertebildung** erfolgt gewöhnlich in folgenden Stufen:
  - Zunächst entstehen erhebliche Zweifel an den Werten der Erwachsenen. Die für den jungen Jugendlichen geltenden Werte bestimmt die peer-group.
  - Danach entwickelt sich ein Ich-Standpunkt, der häufig zu einem Entweder-Oder-Standpunkt führt. Gleichzeitig entsteht eine starke Sensibilität für Scheinwerte der Erwachsenen.
  - In der Adoleszenzphase entwickelt sich das eigene Wertgefüge, das auch die eigene Lebensform mitbestimmt.

- **Merkmale der beruflich-sozialen Entwicklung**
  Während frühe Sozialisationsformen (Familie, Grundschule) die ganze Persönlichkeit prägten, treten jetzt Gemeinschaftsformen in das Blickfeld des Jugendlichen, die als rational organisierte Zweckverbände nur Teile der Person ansprechen, z. B. den Staatsbürger in ihm, das Mitglied der sozialen Sicherungssysteme, den Berufstätigen. Auf die unabhängig von seiner Einflussnahme existierenden Gemeinschaftsformen reagiert der Jugendliche zunächst befremdet, weil sie von seiner Realität weit entfernt sind. Durch die für viele Jugendliche bald einsetzenden tatsächlichen beruflichen Verpflichtungen entsteht zur Unternehmung ein durchschnittlich positives Verhältnis, insbesondere durch die sozialintegrative Seite der Unternehmung. Über die Leistung und Solidaritätsanforderungen entsteht eine Identifikation mit der Berufsrolle, was wiederum günstige Auswirkungen auf die Einstellung zu den anderen rational organisierten Zweckverbänden hat.

Beruflich-soziale Entwicklung

- Am **Ende der Entwicklung hat der Jugendliche erreicht**
  - seinen Körper zu akzeptieren und mit den Veränderungen fertigzuwerden,
  - eine angemessene Geschlechtsrolle einzunehmen,
  - von der Lenkung durch Erwachsene weitgehend unabhängig zu leben,
  - eine Berufsrolle oder zumindest die Grundlage für eine Berufsrolle gewonnen zu haben,
  - sich durch ein eigenes Wertesystem leiten zu lassen, wobei das in der Gesellschaft geltende Normensystem zwar nicht ganz, aber doch im Prinzip verinnerlicht wurde,
  - einen im Wesentlichen bestimmbaren Status für sich auszumachen und anzuerkennen.

Merkmale für die abgeschlossene Entwicklung

Gerade die **Anerkennung eines eigenen Status** ist ein Vorgang, der wenig erforscht wurde. Es wird davon ausgegangen, dass der Jugendliche dieses durch Anpassungstechniken, die auch die Erwachsenen verwenden, erreicht. **Anpassungstechniken**, wie sie in der Psychologie unterschieden werden, sind beispielsweise Rationalisierungen (andere Begründungen finden als der Wirklichkeit entsprechen), Projektion (Eigenschaften, die man nicht wahrhaben will, auf andere Personen übertragen) oder Regression (Enttäuschungen kompensieren, z. B. durch Erfüllung von Wünschen, die früheren Lebensphasen zugehören).

Anpassungstechniken

In der **Post-Adoleszenz**, also der Anfangsphase des Erwachsenenalters, ist für die meisten jungen Erwachsenen die **Statusfindung** durch die Eingliederung in den Beruf erleichtert. Keine Schwierigkeiten haben auch Studierende, weil deren Status anerkannt ist. Schwierig dagegen ist die Lage der jungen Arbeitslosen mit und ohne Berufsausbildung. Wer sich in der Umschulung oder in anderen Qualifizierungsmaßnahmen befindet, ist auf dem Wege zu einer neuen beruflichen Statusbestimmung.

Statusfindung durch Eingliederung in den Beruf

12.7.5 Der Einsatz Jugendlicher im Betrieb

Einsatz Jugendlicher

Die Arbeitswissenschaft vermittelt eine Reihe von Erkenntnissen, die für den Einsatz Jugendlicher im Betrieb eine erhebliche Bedeutung hat.

- Bedingt durch den Wachstumsprozess, in dem sich Jugendliche befinden, können Überbelastungen insbesondere der Skelettknochen und der Bänder zu dauerhaften Schäden führen (zu schweres Heben, zu langes Stehen, einseitige Bewegungen etc.). Abhilfe ist durch Variabilität des Einsatzes und durch Sport erreichbar.

Wachstumsbedingte Schäden

Unpassende Arbeitsmittel

- Arbeitsmittel, die nicht den Körpermaßen, dem Greifraum oder anderen körperlichen Gegebenheiten entsprechen, führen zu körperlichen Fehlentwicklungen. Dazu zählen auch Kopfschmerzen als Folge einer Rückgratverkrümmung.

  Abhilfe ist durch passende Arbeitsmittel, die den ergonomischen Grundsätzen entsprechen, zu erreichen.

schädliche äußere Reize

- Schädigungen der Augen, der Lunge, des Kreislaufs und des Gehörs sind als Folge übermäßiger Reize durch Lichteinfall, Staub, Hitze und Lärm zu verzeichnen. Abhilfe ist technisch in der Regel möglich. Schutzvorrichtungen bzw. Schutzhilfsmittel sollen in jedem Fall benutzt werden (Ohrenschützer, Schweißbrillen etc.).

Sicherheitsbestimmungen

- Sicherheitsbestimmungen spielen für Jugendliche eine besondere Rolle. Das hängt zusammen
  - mit der jugendlichen Selbstüberschätzung, der nicht nur durch Appelle, sondern auch durch kontrollierte Schutzmaßnahmen begegnet werden muss.
  - Eine andere Form der Selbstüberschätzung liegt in der ungleichen Verteilung der Arbeitsanstrengungen. Der Jugendliche neigt dazu, beim Arbeitsanfang zuviel Kraft einzusetzen, die ihm später fehlt. Eine Erziehung zur gleichmäßigen Leistungsabgabe ist daher notwendig.

Seelische Belastungen

- In manchen Berufen ist das Maß an seelischen Belastungen sehr groß, beispielsweise im Krankenpflegebereich oder in der Altenpflege bestimmter Ausprägungen. Hier sind sowohl helfende Gespräche als auch gewisse Zurückhaltungen im Arbeitseinsatz angebracht, um in solche Berufswelten hineinwachsen zu können.

12.7.6 Sozialisation im Beruf

Sozialisation

Als Sozialisation wird der Prozess bezeichnet, in dem Kinder, Jugendliche und junge Erwachsene mit den Normen und Werten der Gesellschaft vertraut gemacht werden und diese übernehmen. Nach der primären Sozialisation in Familie, Kindergarten und Grundschule und der sekundären Sozialisation durch die anschließenden Sozialkontakte (Sportvereine, weiterführende Schulen, peer-groups) erfolgt die tertiäre Sozialisation für große Anteile eines Jahrgangs in den Betrieben bzw. berufsnahen Schulen.

Kooperation/ Sozialkompetenz/ ökologische Kompetenz

Die Zusammenarbeit von vielen Menschen im Betrieb setzt Arbeitsteilung und Arbeitszusammenführung voraus. Grundlage ist Kooperationsbereitschaft und Kooperationsfähigkeit, eng verbunden mit Vertrauen auf die Zuverlässigkeit der Partner. Gemeinsames Handeln setzt u. a. Anwesenheit, Pünktlichkeit, gewissenhafte Arbeitsausführung und Ehrlichkeit (z. B. der die Arbeit begleitenden Dokumentationen) voraus, alles Tugenden bzw. Muss-Erwartungen, auf die nicht verzichtet werden kann.

Kooperation verlangt Artikulationsfähigkeit, Einhalten der Höflichkeitsregeln, Anerkennung des personalen Spielraums (tabuisierte Körperzone) u. v. a. m. Diese Fähigkeiten, als Sozialkompetenz zusammengefasst, werden am Arbeitsplatz eingeübt.

Der Erwerb ökologischer Kompetenz gilt heute als ein weiteres wichtiges Lernfeld im Betrieb.

12.7.7 Der ausländische Jugendliche

Ausländische Jugendliche

Die Anzahl der ausländischen Jugendlichen bzw. der Jugendlichen ausländischer Herkunft in Ausbildungsstellen ist relativ gering. Als Ursachen dafür werden genannt

- sprachliche Schwierigkeiten

  Da viele als Ausländer geltende Jugendliche in der Bundesrepublik Deutschland geboren wurden und dieser Teil der Jugendlichen deutsche Schulen besucht hat, sind sprachliche Schwierigkeiten zu relativieren.

- kulturelle Unterschiede

  Probleme werden u. U. in besonderen Formen der Religionsausübung gesehen, aber auch in Unterschieden der kulturellen Sozialisation.

- In Migrantenfamilien sind häufig nur schulische Ausbildungen bekannt. Vom Elternhaus kann daher kaum Unterstützung in Richtung auf eine Ausbildung, von anderen Hemmnissen abgesehen, erwartet werden.

  Inzwischen gibt es eine Fülle von Initiativen, um den Anteil ausländischer Jugendlicher in Ausbildungen deutlich zu erhöhen. Ein gutes Beispiel ist die Initiative unter der Federführung der Kölner Industrie- und Handelskammer. Dort hat sich eine Beratungsstelle zur Qualifizierung ausländischer Nachwuchskräfte (BQN) gebildet, die im Übrigen kopierfähiges Dozentenmaterial zur Verfügung stellt, um das Thema in Kursen zur Ausbildereignungsprüfung besser bearbeiten zu können.

12.7.8 Der Umgang des Ausbilders mit Störungen im Lern- und Leistungsprozess des Jugendlichen

Umgang mit Jugendlichen

In der Eigenschaft des mit pädagogischen Aufgaben betrauten Fachmannes ist der Ausbilder zur fachlichen Förderung sowie zur Förderung der Entfaltung der geistigen und sozialen Kräfte der Jugendlichen verpflichtet. Bei Störungen in der Entwicklung des jugendlichen Auszubildenden bietet er seine Hilfe an. Dabei ist der generellen Situation der Jugendlichen genauso Rechnung zu tragen wie einer speziellen persönlichen Situation.

Generell

- Generell gilt, dass der Jugendliche bei seinem teils übersteigerten Ehrgefühl und seinem Drang zur Ich-Findung autoritäre Eingriffe oder Hilfen ablehnt, aber auch durch das Gegenteil, nämlich einer allzu liberalen Haltung, nicht den gewünschten Halt bekommt. Der Ausbilder muss demgemäß einen mittleren, von Kenntnissen – und erkennbarer Zuwendung geprägten Stil finden, um den jugendlichen Auszubildenden z. B. vor überstürzten Entscheidungen zu bewahren, dafür aber auch den von Eigenverantwortung geprägten Weg zu vermitteln. Generell ist das Übertragen von Verantwortung einschließlich der Beteiligung von Auszubildenden an der Ausbildungsplanung ein wichtiger Bestandteil einer entwicklungsgemäßen Ausbildung.

In Krisen-situationen

- In persönlichen Krisensituationen des Jugendlichen wird er ein Beratungsgespräch anbieten, eventuell aber auch Hilfen von anderen Stellen in der Unternehmung oder von außerhalb einbeziehen.

Von großer Bedeutung sind die vielfältigen Kontakte, die der Ausbilder im Betrieb hat. Sich anbahnende Konflikte lassen sich häufig durch ein Gespräch im Vorfeld auffangen. Die Kontakte zur Berufsschule sind gleichermaßen notwendig, weil auch hier ein Gespräch klärend wirken kann und auf diesem Weg professionelle Hilfe abrufbar ist (schulpsychologischer Dienst, Gesundheitsamt etc.).

Als Ausbilder kennen Sie Merkmale jugendlichen Verhaltens. Nach der Podiumsdiskussion werden von den anwesenden Jugendlichen teilweise provokative Fragen gestellt. Sie führen sich vor Augen, dass Gelassenheit am meisten honoriert wird.

12.7.9 Veränderte Jugend?

Die typischen Erscheinungen des Jugendalters hat es immer gegeben. Geradezu klassisch ist das folgende Zitat geworden:

> „Die Jugend liebt heutzutage den Luxus. Sie hat schlechte Manieren, verachtet die Autorität, hat keinen Respekt vor den älteren Leuten und schwatzt, wo sie arbeiten sollte." (Sokrates, 400 Jahre vor Christus)

Merkmale heutiger Jugend

Dennoch ist zu fragen, ob sich die Jugend von heute in ihrer technisch bestimmten und sozial komplizierten Umwelt anders verhält als die Jugend früherer Generationen.

- Der gesundheitliche Allgemeinzustand wird als gut bezeichnet. Die Sterblichkeitsrate ist geringer als früher; Todesfälle sind überwiegend auf Unfälle zurückzuführen, wobei die Reize des Kraftfahrzeuges eine besondere Rolle spielen. Gesundheitliche Schäden als Haltungsschäden, Kreislaufschäden, Fettsucht und Stoffwechselerkrankungen sind vorhanden, wobei Bewegungsmangel, falsche Ernährungsformen, Genussmittel und nervöse Überbeanspruchung als Hauptursache ausgemacht werden (Schmiel I, S. 82).

- In der Lebensführung und Lebensplanung ist eine gewisse Veränderung erkennbar. Ältere Jugendliche und junge Erwachsene verbleiben relativ lange in unverbindlichen Lebenssituationen, d. h. sie neigen dazu, sich Optionen so lange wie möglich offen zu halten. Damit geht die Fragestellung einher, was die eine oder andere Bindung (persönliche, betriebliche, politische etc.) zu ihrem Lebensplan beiträgt. Einige Forscher sprechen von illusionslosem Austesten von individualistischen Einstellungen, Leitideen und Haltungen (vgl. dazu Leggewie). Zu dieser Einstellung passt auch die beobachtbare Verlängerung eines jugendlichen Lebensstils, bezeichnet als eine Forever-Young-Haltung, die ohnehin in der gesamten Gesellschaft als Orientierungsmuster einen hohen Stellenwert einnimmt.

- Unverkennbar ist auch die Faszination der Technik, die Jugendliche und junge Erwachsene zu entsprechenden Anschaffungen führt, die diese Generation wiederum in die Lage von Könnern (EDV) versetzt. Eine Änderung der Einstellung zu Bildungsangeboten ist zu beobachten. Beklagt wird in Betrieben und Schulen eine gewisse Konsumentenhaltung, gewissermaßen eine Umkehrung von „Bildung als Holschuld“ in „Bildung als Bringschuld“. Wer in dieser Mentalität verbleibt, verliert seinen Erfahrungsvorsprung, was mit großer Wahrscheinlichkeit auch Einfluss auf Autoritätsstrukturen im Allgemeinen nach sich zieht. Ein Verlust der Erziehungsautorität der Eltern bzw. der Erziehungsberechtigten wird ohnehin konstatiert. In diesem Zusammenhang wurde schon vor Jahrzehnten von der „Sozialisation in eigener Regie“ gesprochen (Tenbruck, F. H., S. 98).

12.8 Rechtsgrundlagen der Berufsausbildung

Die Geschäftsleitung der Roland Röhren GmbH, ein mittelständisches Unternehmen der Metall verarbeitenden Industrie mit Sitz in Köln und mehreren Zweigwerken in der Region, hat Ihnen vor kurzer Zeit die Verantwortung für die Ausbildungsleitung im Unternehmen übertragen. Zurzeit befinden sich im gesamten Unternehmen 23 Auszubildende, davon 18 im gewerblich-technischen Bereich, die Übrigen werden im Beruf Industriekaufmann/Industriekauffrau ausgebildet.

Angesichts der angespannten Ausbildungsmarktsituation sind in der Vergangenheit bereits mehrfach Kammern und Verbände an Ihre Unternehmensleitung herangetreten mit der Bitte um Bereitstellung zusätzlicher Ausbildungsstellen. Nach eingehender Prüfung möglicher zusätzlicher Ausbildungskapazitäten hat die Geschäftsleitung nun beschlossen, weitere Ausbildungsplätze anzubieten, und zwar für den Ausbildungsberuf Bürokaufmann/Bürokauffrau. Da für diesen Beruf noch nicht in der Roland Röhren GmbH ausgebildet wurde, wird Ihnen die Aufgabe übertragen, entsprechende Maßnahmen zur Aufnahme einer ordnungsgemäßen Ausbildung einzuleiten. Als Ort für die Durchführung des ersten Ausbildungsganges wurde das Zweigwerk in Olpe ausgesucht. In diesem Werk werden zur Zeit 115 Mitarbeiter beschäftigt, davon 12 im Verwaltungsbereich. Nach Ihren ersten Erkundungen haben Sie feststellen müssen, dass dort keiner der Mitarbeiter bisher Erfahrungen und Kenntnisse in kaufmännischer Ausbildung besitzt. Dementsprechend liegt auch diesbezüglich keine Formalqualifikation vor. Nach Durchsicht der Qualifikationsprofile ist Ihnen bekannt, dass zwei Sachbearbeiter und die Personalassistentin eine Ausbildung zum Bürokaufmann bzw. Bürokauffrau nachweisen können. Diese Ausbildung liegt allerdings in allen Fällen bereits mehr als 15 Jahre zurück. Die Personalleiterin in dem Werk hat eine Ausbildung als Diplom-Ingenieurin.

12.8.1 Prüfkriterien für die Eignung

Die Prüfung der Eignungsvoraussetzungen für die Ausbildungsstätte bezieht sich auf die persönliche Eignung, die fachliche Eignung und die Eignung der Ausbildungsstätte als Ort, an dem Ausbildung stattfindet. Der ausgewiesenen Checkliste sind die entscheidenden Prüfkriterien zu entnehmen.

◆ **Checkliste der Prüfkriterien**

Prüfkriterien

- Ist die **persönliche Eignung** als Ausbildender bzw. als Ausbilder gegeben?
  - Wurde in der Vergangenheit ein Verbot zur Beschäftigung Jugendlicher erteilt?
  - Wurde in der Verhangenheit in schwerer Weise gegen die Bestimmungen des Berufsbildungsgesetzes verstoßen?

- Liegt die **fachliche Eignung** des Ausbilders bzw. des Ausbildenden, der selbst ausbildet, vor?
  - Hat der Ausbilder einen dem Ausbildungsberuf entsprechenden Ausbildungsabschluss?
  - War der Ausbilder eine angemessene Zeit in einem praktischen Beruf tätig?

- Ist die **Ausbildungsstätte** geeignet?
  - Bietet die Ausbildungsstätte die Möglichkeit, alle wesentlichen Inhalte der Ausbildung zu vermitteln?
  - Entsprechen die betrieblichen Einrichtungen den Schutzvorschriften für die Beschäftigung Jugendlicher?
  - Ist das Zahlenverhältnis zwischen Ausbildungsbeauftragten und Auszubildenden angemessen?

Der Ausbildungsleiter prüft, ob im Zweigwerk Olpe die formalen Voraussetzungen gegeben sind.
Gemäß Berufsbildungsgesetz (§§ 20, 21, 22, 76) sind mehrere formale Prüfungen im Hinblick auf die Eignungsvoraussetzungen zur ordnungsgemäßen Durchführung einer Ausbildung erforderlich. Zu unterscheiden ist grundsätzlich die Eignung als ***Ausbildender*** *sowie die Eignung als* ***Ausbilder****. Die Prüfung des Ausbildenden als Vertragspartner braucht nicht mehr gesondert durchgeführt werden, da das Unternehmen ja bereits als Ausbildender tätig ist und somit die erforderliche persönliche Eignung unterstellt werden kann. Anders stellt sich die Frage im Zusammenhang mit dem zuständigen* ***Ausbilder****. Dieser ist erforderlich, da der Ausbildende die Ausbildung nicht selbst durchführen kann. Die Bestellung einer eventuell geeigneten Person aus der Kölner Zentrale kommt nicht in Betracht, da aufgrund der großen Entfernung nach Olpe die erforderliche Nähe zur Ausbildung nicht gesichert ist.*

Demnach muss eine Person aus dem Olpener Werk der zuständigen Stelle als verantwortliche(r) Ausbilder(in) angezeigt werden.

Hier ist zu prüfen:

Liegt die persönliche Eignung vor?
Es gilt das Prinzip der gesetzlichen Vermutung. Das heißt, jeder gilt als persönlich geeignet, soweit nicht andere Tatbestände bekannt sind, die die persönliche Eignung ausschließen (z. B. das Verbot gemäß § 25 JArbSchG, Jugendliche zu beschäftigen).

Liegt die fachliche Eignung vor?

Diese Eignung liegt bei drei Personen des Olpener Werkes bezüglich der beruflichen Fertigkeiten und Kenntnisse vor, da die entsprechende Ausbildung erfolgreich absolviert wurde. Unerheblich ist der Umstand, dass die Ausbildungen der möglichen Ausbilderkandidaten zeitlich weiter zurückliegen.

Hinsichtlich der pädagogischen Eignung werden die formalen Voraussetzungen allerdings nicht erfüllt, da keinerlei Erfahrung und auch nicht die Ausbildereignung als Formalqualifikation vorliegt.

Ist die Ausbildungsstätte geeignet?

Hier ist zu prüfen, ob das Werk in Olpe als Ausbildungsstätte nach Art und Einrichtung für die Ausbildung geeignet ist sowie die Zahlenverhältnisse (Fachkräfte/Auszubildende) im angemessenen Rahmen bleiben. Letzteres gibt Anhaltspunkte für eine zahlenmäßige Obergrenze für die Anzahl der Ausbildungsplätze. Laut Empfehlung des Bundesinstitutes für Berufsbildung gilt ein Verhältnis von 3 Fachkräften : 1 Auszubildenden als angemessen. Somit sollten nicht mehr als drei Ausbildungsplätze angeboten werden. Hinsichtlich der Ausbildungsstätte selbst muss insbesondere geprüft werden, ob alle in der Ausbildungsverordnung vorgesehenen Inhalte auch tatsächlich vor Ort vermittelt werden können. Würde beispielsweise in dem Werk eine Personalabteilung fehlen, könnten wesentliche Teile des Ausbildungsberufsbildes nicht vermittelt werden, es sei denn, der Mangel könnte durch eine zusätzliche Ausbildung an einem anderen Ort geheilt werden. Dieses müsste dann allerdings ausdrücklich im Ausbildungsvertrag kenntlich gemacht werden. Der beauftragte Ausbildungleiter der Zentrale sollte in jedem Fall rechtzeitig Kontakt mit dem Ausbildungsberater der zuständigen Stelle aufnehmen.

12.8.2 Der Ausbildungsvertrag

Gemäß § 10 BBiG muß derjenige, der einen anderen zur Berufsausbildung einstellt, mit diesem einen Berufsausbildungsvertrag schließen.

◆ Allgemeine Bestimmungen

Allgemeine Bestimmungen

Zustandekommen und Form

Der Berufsausbildungsvertrag wird geschlossen zwischen dem Ausbildenden und dem Auszubildenden vor Beginn einer Berufsausbildung (§ 11). Ist der Auszubildende minderjährig, muss vor Vertragsabschluss die Zustimmung des gesetzlichen Vertreters eingeholt werden.

Der Vertrag muss nach Zustandekommen, aber vor Beginn der Berufsausbildung, in seinen wesentlichen Inhalten schriftlich niedergelegt werden (§ 4 BBiG). Sowohl der Auszubildende und sein gesetzlicher Vertreter einerseits als auch der Ausbildende andererseits müssen den Vertrag unterzeichnen.

Inhalt

Inhalt des Berufsausbildungsvertrages

Der Vertrag muss gem. § 11 BBiG enthalten:

- Art, sachliche und zeitliche Gliederung sowie Ziel der Berufsausbildung,
- die Berufstätigkeit, für die ausgebildet werden soll,
- Beginn und Dauer der Berufsausbildung,
- Ausbildungsmaßnahmen außerhalb der Ausbildungsstätte,
- die Dauer der regelmäßigen täglichen Ausbildungszeit,
- Dauer der Probezeit (maximal 4 Monate),
- Zahlung und Höhe der Vergütung,
- Dauer des Urlaubs,
- Voraussetzungen, unter denen der Berufsausbildungsvertrag gekündigt werden kann.

Im Vertrag dürfen keine Klauseln vereinbart werden, nach denen die Auszubildenden nach der Ausbildung in ihrer Berufsausübung beschränkt werden.

Des Weiteren ist nichtig, wenn

- Vertragsstrafen vereinbart werden,
- der Auszubildende sich verpflichtet, für die Ausbildung eine Entschädigung zu zahlen,
- Schadensersatzansprüche ausgeschlossen oder beschränkt werden,
- die Höhe eines Schadensersatzes in Pauschalbeträgen festgesetzt wird (§ 5 BBiG).

Vergütung

Vergütung (§§ 17 bis 19 BBiG)

Der Auszubildende hat Anrecht auf eine angemessene Vergütung. Die Höhe richtet sich nach dem Lebensalter. Mit fortschreitender Berufsausbildung, aber mindestens jährlich, ist sie zu erhöhen.
Sachleistungen können angerechnet werden, aber nicht über 75 % der Bruttovergütung.
Beschäftigungen, die über die vereinbarte regelmäßige tägliche Ausbildungszeit hinausgehen, sind extra zu vergüten. Die Vergütung wird auf der Basis eines Monats à 30 Tagen berechnet.
Die Vergütung muss auch dann gezahlt werden, wenn der Auszubildende nach § 7 BBiG freigestellt ist, sowie bis zur Dauer von sechs Wochen, wenn er

- sich für die Berufsausbildung bereithält, diese aber ausfällt,
- infolge unverschuldeter Krankheit, Sterilisation oder Schwangerschaftsabbruch durch einen Arzt oder,
- aus einem sonstigen Grund unverschuldet verhindert ist, die Pflichten aus dem Ausbildungsvertrag zu erfüllen.

Die Vergütung ist nicht pfändbar.

Kündigung

Kündigung (§ 22 BBiG)

Das Ausbildungsverhältnis kann während der Probezeit, die zwischen mindestens einem und höchstens vier Monaten liegt, jederzeit gekündigt werden.
Nach der Probezeit kann nur aus einem wichtigen Grund ohne Einhaltung einer Kündigungsfrist gekündigt werden. Der Auszubildende kann mit einer Kündigungsfrist von vier Wochen kündigen, wenn er die Berufsausbildung aufgeben bzw. sich für eine andere Berufstätigkeit ausbilden lassen will.
Die Kündigung muss schriftlich und außerhalb der Probezeit unter Angabe von Gründen erfolgen.

Ein Kündigung aus einem wichtigen Grund ist unwirksam, wenn die Tatsachen, die der Kündigung zugrunde liegen, demjenigen, der zur Kündigung berechtigt ist, länger als zwei Wochen bekannt sind.
Kündigt der Ausbildende, muss der Betriebsrat gehört werden.

◆ Pflichten aus dem Ausbildungsvertrag

Pflichten

Für Ausbildende und Auszubildende ergeben sich Rechte und Pflichten aus dem Berufsausbildungsvertrag. Die Pflichten des einen sind hierbei die Rechte des anderen.

Pflichten des Ausbildenden

des Ausbildenden

Die Pflichten des Ausbildenden sind vornehmlich im § 14 BBiG dargelegt. Zu den Pflichten, die der Ausbildende dem Auszubildenden gegenüber hat, gehört, dass

- dem Auszubildenden Fertigkeiten und Kenntnisse zu vermitteln sind, die zum Erreichen des Ausbildungsziels in der vorgesehenen Ausbildungszeit erforderlich sind,
- der Ausbildende selbst ausbildet oder einen Ausbilder beauftragt,
- dem Auszubildenden die Ausbildungsmittel kostenlos und in ausreichender Menge zur Verfügung gestellt werden,
- der Auszubildende zum Besuch der Berufsschule und zum Ablegen von Prüfungen freigestellt wird,
- der Auszubildende zum Führen eines Berichtsheftes angehalten wird,
- nur die Verrichtungen übertragen werden, die dem Ausbildungszweck dienen und die der Auszubildende seinen körperlichen Kräften nach verrichten kann,
- der Auszubildende charakterlich gefördert und sittlich und körperlich nicht gefährdet wird,
- nach Beendigung der Ausbildung der Auszubildende ein Zeugnis erhält. Das Zeugnis muss Angaben enthalten über Art, Dauer und Ziel der Berufsausbildung sowie über die erworbenen Fertigkeiten und Kenntnisse des Auszubildenden (§ 8 BBiG),
- Urlaub gewährt wird nach § 19 JArbSchG,
- eine angemessene Vergütung gem. § 10 BBiG gezahlt wird.

Pflichten des Auszubildenden

des Auszubildenden

Die Pflichten des Auszubildenden finden sich im § 13 BBiG. Der Auszubildende hat sich zu bemühen,

- die Fertigkeiten und Kenntnisse zu erwerben, die erforderlich sind, um das Ausbildungsziel zu erreichen,
- die ihm aufgetragenen Verrichtungen sorgfältig auszuführen.

Des Weiteren ist er verpflichtet,

- am Berufsschulunterricht und anderen Ausbildungsmaßnahmen teilzunehmen,
- das Berichtsheft als Tätigkeitennachweis zu führen,
- die Anweisungen von Ausbilder und anderen weisungsberechtigten Personen auszuführen,
- die Betriebsordnung, die für die Ausbildungsstätte gilt, zu beachten,
- Werkzeuge, Maschinen und sonstige Einrichtungen sorgfältig zu behandeln,
- über Betriebs- und Geschäftsgeheimnisse nicht zu reden,
- vor Beginn der Ausbildung und vor Ablauf des ersten Ausbildungsjahres sich ärztlich untersuchen zu lassen.

Bestimmungen des Arbeits- und Sozialrechts

12.8.3 Wesentliche Bestimmungen des Arbeits- und Sozialrechts

Für das Ausbildungsverhältnis sind Bestimmungen aus dem kollektiven und individuellen Arbeitsrecht heranzuziehen.
Die folgende Aufstellung vermittelt eine Übersicht:

- Berufsbildungsgesetz
- Betriebsverfassungsgesetz/Personalvertretungsgesetz
- Tarifvertragsrecht
- Arbeitszeitgesetz
- Arbeitsförderungsgesetz
- Jugendarbeitsschutzgesetz
- Mutterschutzgesetz
- Bundeserziehungsgeldgesetz
- Arbeitsplatzschutzgesetz
- Bundesurlaubsgesetz
- Sozialversicherungen
- Unfallschutzbestimmungen

BBiG

◆ Das Berufsbildungsgesetz

Das Berufsbildungsgesetz ist die rechtliche Grundlage für die berufliche Erstausbildung, die berufliche Fortbildung und die berufliche Umschulung.
Dieses Gesetz gilt für die Berufsbildung in Betrieben der Wirtschaft und vergleichbaren Einrichtungen außerhalb der Wirtschaft, z. B. des öffentlichen Dienstes, der Angehörigen freier Berufe und in Haushalten. Außer den Inhalten des Berufsbildungsvertrages regelt das Gesetz die Inhalte des Ausbildungsverhältnisses. Ferner werden die Bedingungen der Ausbildungsvoraussetzungen im Gesetz geregelt.

JArbSchG

◆ Das Jugendarbeitsschutzgesetz

Jugendlicher i. S. des Jugendarbeitsschutzgesetzes ist, wer 14, aber noch nicht 18 Jahre alt ist. Die Beschäftigung von Kindern und Jugendlichen unter 15 Jahren ist verboten.
Das Jugendarbeitsschutzgesetz gilt für alle Ausbildungs- und Arbeitsverhältnisse. Im Jugendarbeitsschutzgesetz finden sich Schutzbestimmungen zu Gesundheits- und Unfallschutz, Arbeitszeitschutz sowie Urlaubsbestimmungen Jugendlicher. Mit diesem Gesetz sollen die Jugendlichen vor Überforderung am Arbeitsplatz und vor gesundheitsgefährdenden Arbeitsbedingungen geschützt werden.

BetrVG

◆ Die Betriebsverfassung: Jugend- und Auszubildendenvertretung

Alle jugendlichen Arbeitnehmer, die das 18. Lebensjahr noch nicht erreicht haben, können, sofern die Unternehmung mindestens fünf Jugendliche beschäftigt, eine eigene Jugendvertretung wählen. Diese ist kein selbstständiges Organ der Betriebsverfassung und kann ohne Mitwirkung des Betriebsrates keine Beschlüsse fassen, die dem Arbeitgeber gegenüber wirksam sind, sondern sie hat lediglich die Aufgabe, die besonderen Belange der jugendlichen Arbeitnehmer wahrzunehmen.

12.8.4 Die öffentlich-rechtliche und privatrechtliche Verantwortung für die Einhaltung des Ausbildungsvertrages

◆ Die öffentlich-rechtliche Verantwortung

Öffentlich-rechtliche Verantwortung

Die Ausführungen über das Berufsbildungsgesetz und über die Berufsordnungsmittel haben gezeigt, dass der Staat der Berufsausbildung eine besondere Bedeutung zumisst. Die unmittelbare Zuständigkeit in der Überwachung von Ausbildung liegt bei den sog. **zuständigen Stellen**. Die zuständigen Stellen sind in ihrer überwiegenden Anzahl Kammern und insofern Körperschaften öffentlichen Rechts. Soweit es sich um zuständige Stellen für Ausbildungsberufe im Haushalt und im Bereich der Kirche handelt, übernehmen die Regierungspräsidenten bzw. die kirchlichen Ämter die Funktion.

Die öffentlich-rechtliche Verantwortung zeigt sich in unterschiedlichen Funktionen.

- Eintragung der Ausbildungsverhältnisse in Verzeichnisse
  Ausbildungsverhältnisse sind keine Privatsache der beteiligten Vertragspartner. Zur Wirksamkeit des Vertrages gehört, dass sie in das bei der zuständigen Stelle geführte Verzeichnis eingetragen werden.

- Überwachung der Eignung
  Die ordnungsgemäße Durchführung einer Ausbildung ist nur möglich, wenn der ausbildende Betrieb sowohl durch die mit der Ausbildung befassten Personen als auch durch den vorhandenen betrieblichen Umfang sowie durch die Einrichtungen die Gewähr dafür bietet. Bei erstmaliger Ausbildung werden deshalb die Voraussetzung durch die zuständige Stelle geprüft. Weitere Überprüfungen finden statt, wenn Veranlassungen bestehen (Ausbildungsmängel, die sich in Prüfungen zeigen; Beschwerden u. a. m.).

- Schlichtungsausschuss
  Streitigkeiten aus dem Ausbildungsvertrag werden einem bei den zuständigen Stellen eingerichteten Schlichtungsausschuss vorgetragen.

◆ Privatrechtliche Konsequenzen

Privatrechtliche Konsequenzen

Privatrechtliche Konsequenzen kommen immer dann in Betracht, wenn die Vertragspartner ihre Pflichten aus dem Vertrag nicht erfüllen. Es kann sich dabei um das grundsätzliche Missverständnis handeln, das Ausbildungsverhältnis mit einem Arbeitsverhältnis zu verwechseln, bei dem Arbeitsleistung und Entgelt, aber nicht das Lernen und die Vermittlung des Lernens den entscheidenden Vertragsinhalt bilden. Ähnlich ist die rechtliche Situation zu bewerten, wenn die Eintragung des Vertrages bei der zuständigen Stelle schuldhaft versäumt wurde oder die Anmeldung zur Berufsabschlussprüfung nicht erfolgte. Bei Schadensersatzforderungen ist naturgemäß ein Schaden nachzuweisen.

Es wurde bereits dargestellt, dass nach § 12 BBiG z. B. keine Vertragsstrafen oder Schadensersatzansprüche vereinbart werden dürfen. Insofern sind privatrechtliche Konsequenzen, wie sie sich sonst aus einer Vertragsgestaltung ergeben könnten, von vornherein ausgeschlossen.

12.9 Beendigung der Ausbildung

Abschlussprüfungen

Die Berufsausbildung findet ihren erfolgreichen Abschluss in der Abschlussprüfung bei der zuständigen Stelle. Hier soll der Auszubildende vor einem externen Gremium in einer mehrstündigen Prüfung zu unterschiedlichen Themengebieten der Ausbildung seine Fähigkeiten unter Beweis stellen. Die Prüfungssituation stellt eine zusätzliche Belastung dar, auf die der Auszubildende innerhalb der dualen Ausbildung vorbereitet werden muss. Ob durch diese punktuelle Leistungsüberprüfung wirklich festgestellt werden kann, ob eine berufliche Eignung vorliegt, ist sicherlich fraglich, doch es gibt bisher keine besseren Methoden. Zusätzlich zur schriftlichen Prüfung können auch mündliche Ergänzungsprüfungen durchgeführt werden, um die Note abzusichern oder zu verbessern. In vielen Unternehmen gilt, dass die Note der schriftlichen Prüfung entweder über die Übernahme überhaupt oder über den Zeitpunkt der Festeinstellung entscheidet. In gewerblich-technischen Berufen werden auch die praktischen Kenntnisse in einer Prüfung bewertet, die aus Prüfungsstücken und/oder Arbeitsproben besteht. Neben dem Ergebnis ist hier auch die Art und Weise, wie der Prüfling bei der Aufgabenlösung vorgeht, für die Bewertung von Bedeutung.

Beim Bemühen um Praxisnähe werden zunehmend Fallbeispiele und branchentypische Probleme als Grundlage der Aufgaben verwendet, anhand derer dann Schwierigkeiten erkannt, analysiert und mögliche Lösungswege erarbeitet und bewertet werden.

Ohne dass dies ständig artikuliert wird, steht doch die Erwartung der Abschlussprüfung über der schulischen und betrieblichen Ausbildung, sodass an beiden Lernorten die Inhalte bearbeitet und der Auszubildende auf die Form und den Ablauf der Prüfung vorbereitet wird. Die Gebühren für die Prüfung trägt der Ausbildungsbetrieb.

Besonders leistungsstarke Auszubildende können auch die Ausbildungszeit verkürzen und im Normalfall sechs Monate früher zur Prüfung angemeldet werden.

Falls die Prüfung nicht bestanden wird, hat der Auszubildende das Recht, bis zum nächsten Wiederholungstermin, längstens ein Jahr, weiter ausgebildet zu werden. Dieses ist im Berufsbildungsgesetz festgelegt, damit der Auszubildende die Chance hat, sich in der vertrauten Umgebung auf die Wiederholungsprüfung vorzubereiten. In die Ursachenanalyse für das Versagen bei der ersten Prüfung sollten alle an der Ausbildung beteiligten Personen einbezogen werden. Ziel ist es, dem Auszubildenden doch noch einen erfolgreichen Abschluss und damit einen seiner Ausbildung entsprechenden Einstieg in das Erwerbsleben zu ermöglichen.

Der Abschluss der Ausbildung führt im Idealfall direkt in ein Übernahmeangebot des ausbildenden Unternehmens oder eine Einstellung im erlernten Beruf bei einem anderen Unternehmen. Wenn der Ausbildungsbetrieb den Auszubildenden nicht übernehmen kann oder will, so muss dies dem Auszubildenden rechtzeitig vor Ende der Ausbildung mitgeteilt werden, damit er sich um einen anderen Arbeitsplatz bemühen kann. Rechtzeitig bedeutet in diesem Falle konkret, dass der Auszubildende drei Monate vor Beendigung der regulären Ausbildung davon in Kenntnis gesetzt werden muss.

Abschlussdokumente

Nach dem Abschluss der Ausbildung hält der Jugendliche im Regelfall drei Dokumente in Händen:

1. Das Prüfungszeugnis der zuständigen Stelle bzw. einen Bescheid über die erbrachten Leistungen, wenn die Prüfung nicht bestanden war.

2. Das Berufsschulzeugnis, das die Noten der Fächer aufweist, die in der Berufsschule erteilt wurden und den Hinweis enthält, ob der Auszubildende den Leistungsanforderungen genügt hat oder nicht.

3. Das Zeugnis des Ausbildungsbetriebes, das normalerweise der Ausbilder erstellt und das ein qualifiziertes Zeugnis sein sollte.

Die Dokumente geben gemeinsam ein Bild vom Erfolg der absolvierten Ausbildung.

Innerhalb der Ausbildung sollte der Auszubildende gelernt haben, dass mit dem Abschluss der Ausbildungszeit seine Lernphase nicht endet. Schon während der Ausbildung sind Weiterbildungsmöglichkeiten ein Thema. Wenn über die Halbwertzeit des Wissens gesprochen wurde, so wird deutlich, das heute **lebenslanges Lernen** gefragt ist, um mit der technischen Entwicklung Schritt zu halten. Die Arbeitswelt ist permanenten Veränderungen unterworfen, die von den arbeitenden Menschen mithilfe erworbener Schlüsselqualifikationen und Kompetenzen gut bewältigt werden sollen. Doch bereits den jugendlichen Absolventen einer Ausbildung muss klar sein, dass es auch in der Verantwortung des Mitarbeiters selbst liegt, sich durch Aktualisieren seiner Kenntnisse und Fertigkeiten zu einem interessanten Bewerber auf dem Arbeitsmarkt zu machen.

A Aufgaben

1. Beschreiben Sie die didaktische, administrative und politische Ebene der Dualität in der Berufsausbildung der Bundesrepublik Deutschland nach dem Berufsbildungsgesetz.

2. Welche Berufsordungsmittel sind Ihnen bekannt? Nennen Sie die wesentlichen Inhalte.

3. Durch das Gebot der Lernortkooperation soll das Duale System noch effizienter werden. Nennen Sie Hemmnisse, Erfordernisse und Gestaltungsmöglichkeiten der Kooperation.

4. Nehmen Sie zu den aufgeführten Lernarten Stellung. Welche Lernart ist aus Ihrem persönlichen Erleben heraus die beste?

5. Unterscheiden Sie Richtlernziele, Groblernziele und Feinlernziele.

6. Sie haben die Lernzieldimensionen kognitiv, affektiv und psychomotorisch kennengelernt. Bilden Sie je ein Beispiel aus den Bereich der Personalwirtschaft.

7. Die Berücksichtigung von Handlungsorientierung, Handlungskompetenzen und Schlüsselqualifikationen repräsentieren eine didaktische Umorientierung. Nehmen Sie zu dieser Aussage Stellung.

8. Zeigen Sie Wege auf, wie die Qualität der Ausbildung überprüft werden kann.

9. Welche Erwartungen verbinden Jugendliche mit der Wahl ihres Ausbildungsberufes und ihres Ausbildenden?

10. Welche Verhaltensweisen werden den Jugendlichen zugeschrieben?

11. Der Beruf wird als wichtige Sozialisationsinstanz betrachtet. Können Sie sich dieser Auffassung anschließen?

12. Unter welchen Bedingungen gelten Betriebe, Ausbildender und Ausbilder als für eine Ausbildung geeignet?

13. Nennen und erläutern Sie die Pflichten und Rechte aus dem Ausbildungsvertrag.

14. Nennen Sie einige wesentliche Bestimmungen aus dem Arbeitsrecht, die in der Berufsausbildung zu berücksichtigen sind.

◆ Situationsaufgaben

1. Ein junges Unternehmen im Bereich der Computerhardware-Installation und Softwareerstellung sucht im Zuge der Expansion seit einiger Zeit geeignete Nachwuchskräfte. Die Teilhaber kommen im Verlauf des Personalauswahlverfahrens zu dem Schluss, in Zukunft selbst auszubilden. Diese Entscheidung ist von der Hoffnung getragen, in langfristiger Perspektive geeignete Mitarbeiter an die Unternehmung zu binden. Einer der Teilhaber übernimmt die Aufgabe, alle die Ausbildung betreffenden rechtlichen Voraussetzungen und aus einer Ausbildung entstehenden Verpflichtungen zu prüfen.
2. Aufgrund zahlreicher in der vergangenen Zeit geführten Einzelgespräche mit Ausbildungsbeauftragten Ihres Unternehmens, in denen Sie sich ein genaueres Bild von den Problemen der täglichen Ausbildungspraxis verschaffen wollten, sind Ihnen die vielfältigen Spannungen zwischen den meist jugendlichen Auszubildenden und den durchweg arbeitserfahrenen, routinierten Fachkräften bewusst geworden. Die häufigsten Klagen der Ausbildungsbeauftragten bezüglich der Auszubildenden beziehen sich auf mangelnde bzw. schnell wechselnde Konzentration, häufig wechselhaftes, manchmal launisches Verhalten, Zurückziehen in Cliquen unter Gleichaltrigen sowie starke Schwankungen im Leistungsverhalten. In dieser Situation erscheint es Ihnen ratsam, den Ausbildungsbeauftragen eine Hilfestellung im Umgang mit jugendlichen Ausbildenden zu geben, und zwar in Form eines kleinen Informationspapieres.

Aufgabenstellung
Verfassen Sie ein Manuskript als Basis für ein Informationspapier, das dem jetzigen und den künftigen Ausbildungsbeauftragten eine Hilfestellung im Umgang mit jugendlichen Auszubildenden geben soll (eine Hilfestellung finden Sie unter B. Methodische Empfehlungen).

B Methodische Empfehlungen

◆ Gesichtspunkte für die Durchführung von Beratungsgesprächen

Die Entwicklung von Auszubildenden bzw. jungen Mitarbeitern verläuft nicht immer geradlinig und problemlos. Ein beratendes Gespräch kann z. B. bei Leistungseinbrüchen oder Konflikten am Arbeitsplatz erhebliche Verbesserungen der Situation herbeiführen. Im Folgenden werden Gesichtspunkte aufgeführt, die zur optimalen Gestaltung von Beratungsgesprächen beitragen können.

- Berater und Ratsuchender sind Menschen, für die **unterschiedliche Merkmale** zutreffen. Unterschiede bestehen in den Wertvorstellungen und in den Rollen bzw. Abhängigkeiten.
  Sie haben unterschiedliche Erfahrungen, eine andere Lebensgeschichte, unterscheiden sich ggf. vom Typ her, haben unterschiedliche Charaktere und Eigenarten. Menschen haben ihre eigene Sprache und verfügen über unterschiedliche Kompetenzen. Es verbindet sie das gemeinsame Interesse an der Lösung eines Problems.

- Als wichtige Voraussetzungen für eine Beraterfunktion werden genannt (vgl. Bachmair, S.: Beraten will gelernt sein, Weinheim, 2001, S. 29f.):
  - **Akzeptanz des Klienten**
    Der Berater akzeptiert den Ratsuchenden als Person und begegnet ihm grundsätzlich mit emotionaler Wärme. Dass der Berater das Problem distanziert sieht, fördert seinen Überblick.
  - **Empathie** (Einfühlungsvermögen)
    Der Berater sollte in der Lage sein, sich in die Gefühlslage des Ratsuchenden zu versetzen. Probleme haben häufig ihre Ursache in Gefühlen; so muss der Berater die Kompetenz entwickeln, dem Ratsuchenden bei der Verbalisierung seiner Gefühle zu helfen.
  - **Kongruenz** (Übereinstimmung)
    Die Haltung, die der Berater dem Ratsuchenden entgegenbringt, muss echt sein. Was der Berater sagt, muss mit seiner positiven Einstellung übereinstimmen.

- Berater können zwar nach dem Stellenplan die Position eines Vorgesetzten innehaben, aber diese Position müssen sie als Berater ablegen. Als Vorgesetzter gibt man, z. B. durch seinen Informationsvorsprung, die Ziele und den richtigen Weg vor. Als Berater sucht man gemeinsam mit dem Rat Suchenden nach einer Zielkonzeption und den richtigen Wegen.

- Beratungsgespräche haben eine innere Struktur, einen inneren Aufbau.
  - Nach Begrüßen und Herstellen einer positiven Atmosphäre besteht häufig der erste Abschnitt darin, die Situation zu erörtern. Diese wird genannt oder gesprächsweise gemeinsam gefunden.
  - Sodann wird das Bedingungs- oder Entstehungsfeld der Problemsituation aufgezeigt bzw. gemeinsam erkundet. Eine bestimmte Situation, etwa eine Minderleistung am Arbeitsplatz, kann ja vielfältige Ursachen haben.
  - In einem dritten Abschnitt wird das Ziel festgelegt bzw. vereinbart.
  - Der vierte Schritt besteht darin, die Schritte zur Zielerreichung und den Zeitabschnitt, in dem die Ziele erreicht werden sollen, festzulegen.
  - Ziele, Schritte und Zeitabschnitte werden häufig schriftlich festgehalten.

- Wenn der Berater nicht die erforderlichen Kenntnisse hat, kann das Gespräch an vielen Stellen blockiert werden. Thomas Gordon (Lehrer-Schüler-Konferenz, Hoffmann und Campe, Seite 51 f.) weist auf 12 „Straßensperren" hin.

  Beispiel Kommandieren, warnen, moralisieren, belehren, verurteilen, beschimpfen, beruhigen, verhören, ablenken.

- Wichtig ist natürlich für den Berater, Gesprächstechniken zu kennen, die das Gespräch fördern.

  – aktives Zuhören praktizieren
  Der Berater macht verbal und/oder nonverbal deutlich, dass er zuhört (Kopfnicken, Körperhaltung, Mimik ...).

  – zu weiteren Äußerungen auffordern bzw. ermuntern

  Beispiel „An welche negativen Äußerungen des Gruppenleiters können Sie sich erinnern?"
  „Das hat Sie wohl sehr berührt?"
  „Möchten Sie noch mehr dazu sagen?"

  – Wiederholungen bzw. Umschreibungen einbringen
  Mit dieser auch als ‚Paraphrasieren' bezeichneten Technik will man die Gesprächsbasis erweitern bzw. Stockungen auffangen.

  Beispiel „Habe ich Sie richtig verstanden: Sie haben heftig reagiert und dabei versehentlich den Stuhl umgeworfen?"
  „Sie meinen also, dass ...?"

  – Verallgemeinerungen in konkrete Äußerungen umzuwandeln helfen
  Mit Verallgemeinerungen, die beispielsweise Anklagen darstellen, kommt man meistens nicht weiter. Wenn der Rat Suchende äußert: ‚Die ganze Abteilung war von Anfang an gegen mich eingestellt', dann löst man am besten diesen Block auf.

  Beispiel „Aus welchen Äußerungen haben Sie auf Ablehnung geschlossen?"
  „Spielte jemand bei diesen Vorkommnissen, die Sie als Ablehnung empfunden haben, eine besondere Rolle?"

  – Ich-Botschaften abgeben
  Im Gespräch kann allzuleicht die Sie-Formulierung gewählt werden: „Machen Sie das doch so und so" oder „Sie können doch das und das tun."
  Richtiger, weil nicht in die Handlungskompetenzen des Gesprächspartners eingreifend, ist die Ich-Formulierung.

  Beispiel „Ich sehe das Problem so und so."
  „Ich stelle mir vor ..."

  – das Gespräch anders dimensionieren
  Der Berater kann beispielsweise
  – Konfliktsituationen genau beschreiben lassen,
  – nach vermuteten Gefühlen Dritter fragen,
  – die Zukunft einbeziehen,
  – Vergleiche mit früheren Situationen anstellen lassen
  – Bedingungszusammenhänge erfragen.

  Beispiel „Was müsste der Sachbearbeiter tun, damit Sie das und das so und so sehen können?"
  „Unter welchen Bedingungen könnten Sie sich bereit erklären, die Aufgabe zu übernehmen?

  – Wörter präzisieren lassen

  Beispiel „Was meinen Sie mit dem Wort ‚Ablehnung'?"

- Die äußeren Bedingungen für Beratungsgespräche bedürfen einer besonderen Beachtung.
  - Man wird einen Raum aussuchen, in dem frei von Störungen gesprochen werden kann.
  - Der Zeitrahmen muss vorher festgelegt sein. Dadurch erspart man dem Rat Suchenden möglicherweise auch Enttäuschungen. (Das Gespräch wird schon beendet? Also war dem Berater mein Problem wohl nicht so wichtig!)
  - Wenn der Rat Suchende einen Gefühlsausbruch hat, sollen Dritte nichts davon erfahren, jedenfalls nicht durch äußere Bedingungen.
    (Negativ-Beispiel: Der Rat Suchende muss mit verweinten Augen durch das Vorzimmer.)

Anfertigung von Informationspapieren als Hilfestellung für Mitarbeiter (gleichzeitig Lösungshilfe der entsprechenden Situationsaufgabe)

Im Zusammenhang mit der Beschäftigung Jugendlicher bzw. junger Erwachsener sind Spezifika zu beachten, deren Kenntnis das Verständnis für die besonderen Probleme dieses Personenkreises erheblich erleichtern kann.

Die mehr juristische Eingrenzung des Personenkreises auf Personen mit einem Alter zwischen 14 Jahren und 18 Jahren ist unter sozialpsychologischen Gesichtspunkten kaum haltbar. Es geht insgesamt um solche Personen, die sich in einer Übergangssituation zwischen sozialer Unreife und sozialer Reife befinden. Damit sind auch die in der Adoleszenz befindlichen jungen Erwachsenen mit eingeschlossen. Das Besondere an dieser Situation ist die Tatsache, dass einerseits die biologische Geschlechtsreife erreicht ist, ohne dass gleichzeitig die soziale Reife (z. B. in Form der Berufsreife) zuerkannt wird.

Daraus ergeben sich zwangsläufig zahlreiche Spannungen. Der „Jugendliche" befindet sich auf dem Weg der Identitätsfindung, was sich gleichzeitig mit entsprechenden Ablöseprozessen von gewohnten Bindungen und übernommenen Verhaltensmustern verbindet. Typische Merkmale einer solchen Situation sind oft unausgeglichenes emotionales Verhalten („Überreaktionen"), ausgeprägtes Eigenleben, Suche nach neuen Orientierungen (z. B. durch die Bindung an die Cliquen) sowie die Häufung von sehr kritischem Verhalten gegenüber bestehenden Systemen und Einrichtungen. Das Leistungsverhalten Jugendlicher ist dadurch gekennzeichnet, dass sie noch kein Bewusstsein für die Dauerleistungsgrenze entwickelt haben und somit zu unausgeglichenem Kräfteeinsatz neigen, mit der Folge, dass die Leistungen teilweise abrupt abfallen.

Empfehlungen

- Unausgeglichenheiten nicht als vermeidbare Empfindlichkeiten interpretieren, sondern grundsätzliches Verständnis signalisieren
- möglichst eine Häufung von Belehrungen vermeiden, Kritik immer konstruktiv ausüben
- durch häufige Anerkennung und Ermutigung das jugendliche Selbstbewusstsein stärken
- möglichst nicht mit Ratschlägen sich aufdrängen, sondern eher unauffällig Hilfen bereitstellen

- die stützende Funktion der Peer-groups für den Jugendlichen akzeptieren und sogar fördern
- durch gezielte Pausengestaltungen (kurze Abstände) das unausgeglichene Leistungsverhalten stabilisieren
- Ausbildungsanforderungen der biologischen Leistungskurve anpassen (z. B. Ausbildungsteile mit hoher Beanspruchung der Konzentration nicht im „Nachmittagstief" platzieren)

Zu gezielten Beratungen sollte man anregen, wenn die Ursachen von Lernstörungen und Leistungsabfall nicht in den erwartbaren Ausprägungen des Jugendalters liegen, sondern in der Persönlichkeit (Charakter, Krankheiten etc.) oder im sozialen Umfeld (Spannungen in der Familie, mit Geschwistern, im Freundes- und Bekanntenkreis, unter Kollegen u. v. a. m).

C Literatur

Bachmair et.al.: Beraten will gelernt sein, Weinheim, 2005.

Crisand, E.; Kiepe, K.: Psychologie der Jugendzeit, Heidelberg 1996.

Diepold, P. (Hrsg.): Modellversuch WOKI, Göttingen 1991.

Euler, D.; Twardy, M.: Duales System oder Systemdualität. Überlegungen zu einer Intensivierung der Lernortkooperation; in: Twardy, M. (Hrsg.): Duales System zwischen Tradition und Innovation, Köln, 1991, S. 197–221.

Halfpap, K.: Ganzheitliche Umweltbildung. Lernortkooperation zwischen Betrieb und Schule; in: BbSch, 44. Jg. (1992), Heft 9, S. 521–529.

Jongebloed, H.-C.; Twardy, M.: Lernzielformulierung und -präzisierung, in: Twardy; M. (Hrg.): Kompendium Fachdidaktik Wirtschaftswissenschaften, Teil II, Düsseldorf, 1983.

Kaiser, F.-J.; Kaminski, H.: Methodik des Ökonomie-Unterrichts, Bad Heilbrunn, 1999.

Kaiser, S.: Wirtschaftsrecht, Troisdorf, 2009.

Landsberg, G. v.; Weiss, R. (Hrsg.): Bildungs-Controlling, Stuttgart, 1995.

Leggewie, C.: Die 89er – Porträt einer Generation, Hamburg, 2001.

Leischner, D.: Berufs- und Arbeits-Pädagogik, Köln, 2000.

Manstetten, R.: Pädagogische Beratung, Bd. 3 der Reihe Wirtschaftspädagogische Perspektiven, Darmstadt, 1987.

Metzig, W.; Schuster, M.: Lernen zu lernen, Berlin, Heidelberg, 2003.

Neidhart, F.: Die junge Generation. In: Deutsche Gesellschaft im Wandel 2, Opladen, 1970.

Schannewitzky, G.: Zentralbegriffe der Didaktik, Bd. 8 der Reihe Wirtschaftspädagogische Perspektiven, Darmstadt, 1986.

Schmiel, M.: Berufspädagogik, Teil 1, Trier, 1982.

Tenbruck, F. H.: Jugend und Gesellschaft, Freiburg, 1965.

Tumlirz, O.: Die Reifejahre, Bad Heilbrunn, 1954.

Twardy, M. (Hrsg.): Beurteilung in Schule und Betrieb, Sonderband 5 der Reihe Wirtschafts-, Berufs- und Sozialpädagogische Texte, Köln, 1994.

13 Personal zukunftsorientiert entwickeln

Wie können die Qualifikationen der Mitarbeiter im Hinblick auf gegenwärtige und zukünftige Entwicklungen angepasst beziehungsweise erweitert werden? Ebenfalls ist zu fragen, wie bisher ungenutzte Potenziale erfasst und zukünftig für die betriebliche Zielerfüllung genutzt werden können.

Im Industrieunternehmen Metallbau AG steht im Rahmen größerer Umstrukturierungen unter anderem auch der Personalentwicklungsbereich zur Diskussion. Interne Analysen haben ergeben, dass der Nutzen sehr vieler Personalentwicklungsmaßnahmen als recht fragwürdig einzuschätzen ist. Offensichtlich erscheint es so, dass viele Mitarbeiter Weiterbildungsmaßnahmen durchlaufen, ohne dass der Transfer auf die eigene Arbeitssituation möglich ist. Insbesondere von den Fachvorgesetzten kommen zunehmende Klagen hinsichtlich der „realitätsfremden" Bildungsmaßnahmen, die am grünen Tisch der weit entfernten Personalentwicklungsabteilung entworfen würden. Im Jargon spricht man gar schon von „Fortbildungstourismus", der im Grunde genommen nichts anderes als eine besondere Art von Incentive darstellen würde. Am meisten werden von allen Beteiligten fehlende Rückkoppelungen bemängelt, die schon vom Ansatz her positive Veränderungen bzw. Anpassungen ausschließen würden.

Vor diesem Hintergrund hat nun die Geschäftsleitung den Auftrag gegeben, ein tragfähiges Konzept zur Neuordnung der Personalentwicklung zu entwerfen.

13.1 Gegenstand und Zielsetzung der Personalentwicklung

Unter Personalentwicklung (PE) sei nach Schanz zunächst die Gesamtheit aller Maßnahmen verstanden, welche die Verbesserung der Mitarbeiterqualifikation zum Ziel haben.

Steigende Bedeutung

Zahlreiche Gründe haben zu einem immensen **Aufschwung der Personalentwicklung** geführt, beispielsweise

- rascher Fortschritt in der Technik,
- dynamische Veränderung der Märkte,
- zunehmende Internationalisierung (Globalisierung),
- Ansteigen der Forschungs-, Entwicklungs- und Beratungstätigkeit,
- Verkürzung der Halbwertzeit des Wissens,
- Umkehr der Arbeitsteilung aufgrund zunehmender Vernetzung.

Zielsetzungen

Nicht zuletzt ist auch von der Mitarbeiterseite durch hohe Erwartungen zunehmender Druck auf die Ausgestaltung einer anspruchsvollen Personalentwicklung ausgegangen. Die meisten Mitarbeiter haben nämlich mittlerweile den Stellenwert von Bildung erkannt. Daher besteht für viele Unternehmen, insbesondere Großunternehmen, die Notwendigkeit, die Personalentwicklung als wesentlichen Faktor innerhalb des akquisitorischen Potenzials[1] zu verankern. Die aufgezeigten Zusammenhänge zeigen, dass Unternehmen und Mitarbeiter unterschiedliche Erwartungen und Zielsetzungen mit der PE verbinden. Die nachfolgenden Abbildungen 13-1 und 13-2 zeigen eine Gegenüberstellung der verschiedenen Ziele.

[1] *Vgl. Kapitel 4.2.4.*

Ziele der Personalentwicklung

Ziele aus der Sicht der Unternehmung

• Sicherung des notwendigen Bestands an Führungskräften und Spezialisten,	• Erhaltung und Verbesserung der Wettbewerbsfähigkeit,
• Entwicklung von Nachwuchsführungskräften und jüngeren Fachexperten,	• Erhöhung der fachlichen Qualifikation,
• Erzielung einer größeren Unabhängigkeit von den externen Arbeitsmärkten,	• Anpassung an die Erfordernisse der Technologie und der Marktverhältnisse,
• Entdeckung von Fehlbesetzungen innerhalb des Unternehmens,	• Verminderung der Kosten durch Schulung des Kostenbewusstseins und -verständnisses,
• Verbesserung des Leistungsverhaltens bei den Beschäftigten,	• Verbesserung der innerbetrieblichen Kooperation,
• Steigerung der bei den Mitarbeitern vorhandenen Sozialfähigkeiten,	• Erhöhung der Arbeitszufriedenheit und ggf. auch die
• Erhöhung der innerbetrieblichen Kooperation und Kommunikation.	• Senkung der Fluktuation.

Abb. 13-1: Ziele der Personalentwicklung aus der Sicht der Unternehmung
(Quelle: Staehle, W. H.: Management, München, 1999, S. 825)
In der Literatur findet sich an anderer Stelle noch der Hinweis, dass auch die Wertsteigerung des Personals als wichtiges Ziel angesehen wird (vgl. Sprenger).

Ziele der Personalentwicklung

Ziele aus der Sicht des Mitarbeiters

• Aktivierung bisher nicht genutzter persönlicher Kenntnisse und Fähigkeiten,	• Verbesserte Verwendungs- und Laufbahnmöglichkeiten,
• Verbesserung der Selbstverwirklichungschancen durch Übernahme qualifizierterer Aufgaben,	• Übertragung neuer, erweiterter Aufgaben,
• Schaffung karrierebezogener Voraussetzungen für den beruflichen Aufstieg,	• Aufrechterhaltung und Verbesserung der fachlichen Qualifikation,
• Minderung wirtschaftlicher Risiken/Erhöhung des Einkommens,	• Einkommensverbesserung,
• Steigerung der individuellen Mobilität auf den Arbeitsmärkten.	• Erhöhung des persönlichen Prestiges.

Abb. 13-2: Ziele der Personalentwicklung aus der Sicht des Mitarbeiters
(Quelle: Staehle, W. H.: Management, München, 1999, S. 825)

Als Ziele der Personalentwicklung mit gesellschaftlichem Bezug sind zu nennen:

- „Employability i. S. v. langfristiger Beschäftigungssicherung,
- Grundrecht auf Persönlichkeitsentfaltung,
- Chancengleichheit,
- soziale Mobilität,
- optimale Allokation der Humanressourcen"

(Quelle: Gabler Verlag (Hrsg.): Gabler Wirtschaftslexikon online, Stichwort: Personalentwicklung, 14.02.2012, http://wirtschaftslexikon.gabler.de/Definition/personalentwicklung-1.html)

Gegenstände/ Inhalte

Zur Erfassung des Gegenstandes der Personalentwicklung geht es zunächst darum, **Ansatzpunkte für eine zukunftsorientierte PE** zu finden. Des Weiteren sind angesichts knapper Ressourcen die geeigneten **Adressaten der Personalentwicklung** zu finden, das **PE-Instrumentarium** zielorientiert zu nutzen sowie im Rahmen eines **Bildungscontrollings** die eigenen Entscheidungen zu überprüfen. Daraus ergibt sich die nachfolgende Struktur des Kapitels.

13.2 Ansatzpunkte für eine zukunftsorientierte Personalentwicklung

Um zu einer zukunftsorientierten Personalentwicklung zu gelangen, sind die **Perspektiven** hinsichtlich dessen, was Personalentwicklung leisten soll, **schrittweise** zu **erweitern**. Dabei geht es zunächst einmal neben dem Ausgleich bestehender Fähigkeitslücken um die Berücksichtigung der voraussehbaren Anforderungsänderungen. Darüber hinaus sollte allerdings auch bedacht werden, dass Personalentwicklung auf diejenigen Anforderungs- und Strukturänderungen vorbereiten soll, die zum jetzigen Zeitpunkt noch nicht klar erkennbar sind.

13.2.1 Personalentwicklung zum Ausgleich bestehender Fähigkeitslücken

Ausgleich von Fähigkeitslücken

In der vereinfachten Ausgangsperspektive hat die Personalentwicklung die Aufgabe, durch den Vergleich zwischen Mitarbeiterfähigkeiten sowie den jeweiligen Stellenanforderungen (Profilabgleich) **Deckungslücken** festzustellen sowie diese durch geeignete Personalentwicklungsmaßnahmen auszugleichen. Die Zusammenhänge sollen durch die Abbildung 13-3 veranschaulicht werden.

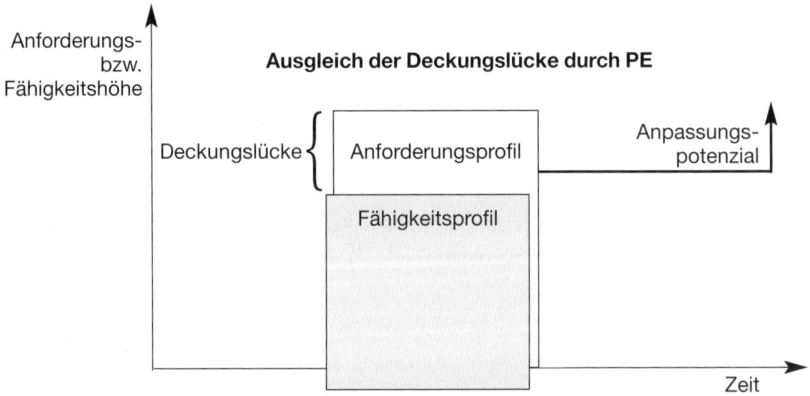

Abb. 13-3: Reaktive Personalentwicklung

Anpassungspotenzial

Die Personalentwicklung zielt in dieser Modellvorstellung auf das **Anpassungspotenzial** der Mitarbeiter, um mit entsprechenden PE-Maßnahmen bestehende Fähigkeitslücken auszugleichen.

Beispiel Die Geschäftsleitung einer Einzelhandelskette stellt bei der Einführung eines neuartigen Scanner-Systems im Kassenbereich seiner Filialen fest, dass die Systemeinführung Probleme bereitet, da die Verkäufer die neue Technik nicht genügend beherrschen. Mittels gezielter Schulungsmaßnahmen sollen die so entstandenen Fähigkeitslücken geschlossen werden.

Das Beispiel macht deutlich, dass es sich um eine **reaktive** Form der Personalentwicklung handelt: Das Unternehmen wartet so lange, bis sich Engpässe oder neue Aufgabenstellungen ergeben. Erst die dann festgestellten Fähigkeitslücken der Mitarbeiter bieten den Anlass, entsprechende PE-Maßnahmen einzuleiten. Unter Umständen müssen sogar kurzfristig Personalumsetzungen bzw. -anpassungen wegen Zeitdrucks vorgenommen werden, die häufig zu sozialen Härten und Motivationsverlusten führen. Dass solche Reibungsverluste kostentreibende Wirkung haben, braucht nicht mehr gesondert betont zu werden.

13.2.2 Personalentwicklung zum Ausgleich des voraussehbaren qualitativen Personalbedarfs

Qualitativer Personalbedarf der Zukunft

In einer auf die nähere Zukunft erweiterten Perspektive hat die Personalentwicklung die Aufgabe, durch Vorausschau auf künftige Aufgabenstellungen erkennbare Anforderungsänderungen bzw. neue Anforderungen zu identifizieren sowie darauf bezogen geeignete Personalentwicklungsmaßnahmen bereitzustellen. Die Zusammenhänge sollen durch die Abbildung 13-4 veranschaulicht werden.

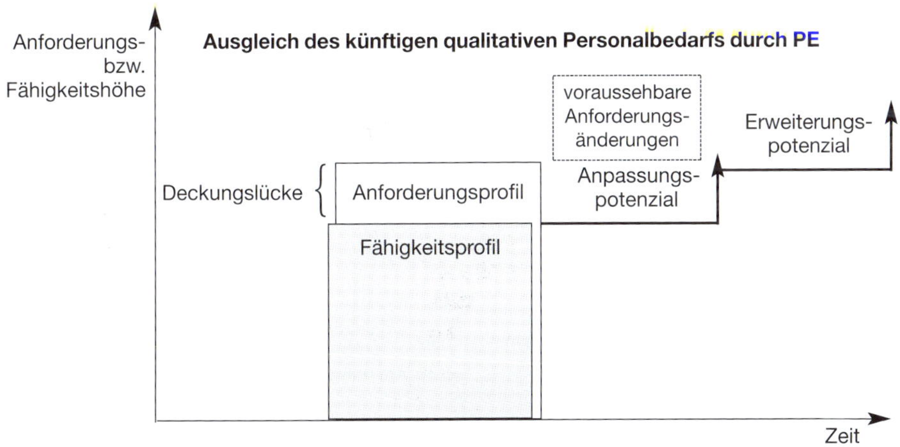

Abb. 13-4: Vorausschauende Personalentwicklung

Erweiterungspotenzial

Die Personalentwicklung zielt in dieser Modellvorstellung auf das **Erweiterungspotenzial** der Mitarbeiter, um mit entsprechenden PE-Maßnahmen das Fähigkeitsprofil auf künftige Anforderungen hin zu erweitern.

Beispiel Ein Industrieunternehmen will im kommenden Jahr eine computergesteuerte Fertigungsstraße einführen. Bereits im Stadium der Entwicklung dieses neuen Fertigungssystems werden die personellen Konsequenzen abgeschätzt sowie vorbereitend bereits Schulungsmaßnahmen zum Umgang mit der neuartigen Technologie eingeleitet.

Bei diesem Ansatz der Personalentwicklung werden die künftigen feststellbaren Aufgabenanforderungen bereits **vorausschauend** mit in die planerischen Überlegungen einbezogen. Daraus ergibt sich dann auch die Möglichkeit, eine Verbindung zwischen den Teilplänen der Personalplanung – Personalbedarfs-, Personalbeschaffungs- und Personalentwicklungsplanung – herzustellen. Es ist nämlich zu berücksichtigen, dass der zusätzliche qualitative Personalbedarf nicht nur durch Personalentwicklung, sondern auch durch andere Beschaffungsmöglichkeiten, wie zum Beispiel Versetzung und externe Beschaffung, gedeckt werden kann (vgl. Kapitel 4).

13.2.3 Personalentwicklung als systematische Verstetigung des individuellen Lernens

Verstetigung des Lernprozesses

Die bisherigen Ansätze der Personalentwicklung bezogen sich auf die festgestellten **bestehenden** Fähigkeitslücken sowie auf die **voraussehbaren** qualitativen Personalbedarfsänderungen. Bisher nicht berücksichtigt sind die **<u>nicht</u> absehbaren Änderungen** in den Anforderungen.

Beispiel Für einen Verkäufer ist heute noch nicht voraussehbar, welche Kenntnisse er benötigt, um zukünftige noch nicht entwickelte Produkte verkaufen zu können

Damit kommt der Personalentwicklung die Aufgabe zu, durch eine **Verstetigung der Personalentwicklung** die Mitarbeiter auf solche noch nicht bzw. nur unscharf erkennbaren Anforderungsänderungen vorzubereiten. Die Strukturzusammenhänge ergeben sich aus der nachfolgenden Abbildung 13-5.

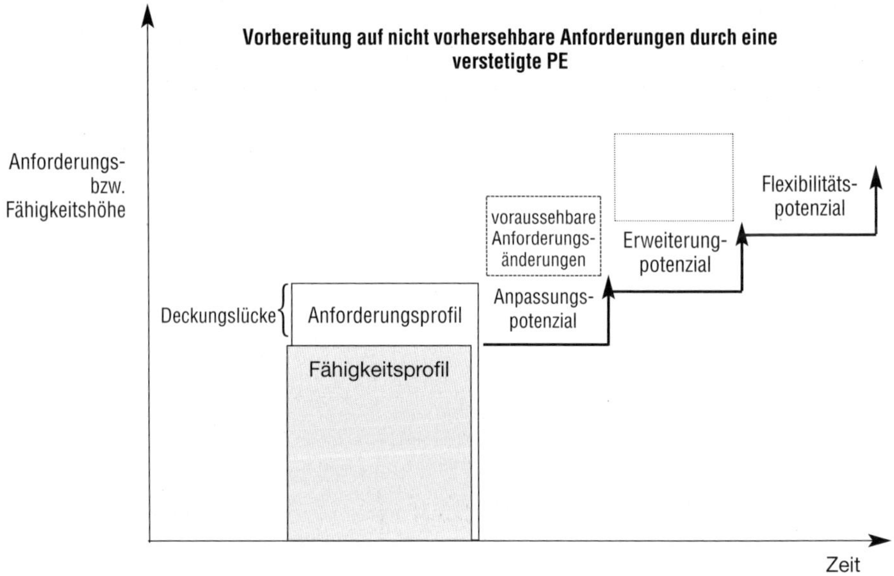

Abb. 13-5: Verstetigte Personalentwicklung

Flexibilitätspotenzial

Die Personalentwicklung zielt in dieser Modellvorstellung auf das **Flexibilitätspotenzial** der Mitarbeiter, um sich auch unter ungewissen Bedingungen und Entwicklungen immer wieder neu und selbstständig orientieren zu können.

Beispiel Die Geschäftsleitung einer mittelständischen Unternehmung der Metall verarbeitenden Industrie geht davon aus, dass der Betrieb in Zukunft verstärkt unter Einsatz moderner Informationstechnologien arbeiten wird. Dabei ist anzunehmen, dass die Qualitätsverantwortung des einzelnen Mitarbeiters noch steigt. Um diesen Herausforderungen gerecht zu werden, setzt man ab sofort auf schlüsselqualifizierte Mitarbeiter.

Um bereits heute Mitarbeiter auf unklare Anforderungen von morgen vorzubereiten, sind vor allem überfachliche Fähigkeiten zu entwickeln, die es den Mitarbeitern ermöglichen, sich flexibel auf immer neue Situationen einzustellen und sie zu bewältigen. Dazu brauchen sie **Schlüsselqualifikationen** im Sinne grundlegender Kenntnisse und Fähigkeiten zur Erschließung neuer Kenntnisse und Fähigkeiten (vgl. auch Kapitel 12). Auf diese Weise bauen sich die Mitarbeiter quasi ein **Flexibilitätspotenzial** auf, um selbstbewusst und angstfrei auf neue Herausforderungen zugehen zu können.

13.2.4 Personalentwicklung als integraler Bestandteil einer systemischen Entwicklung

Integraler Bestandteil einer Systemischen Entwicklung

In der bisherigen Analyse ging es für die Personalentwicklung vor allem darum, dafür zu sorgen, dass sich die Mitarbeiter veränderten Anforderungen – bekannten oder auch unbekannten – **anpassen** können. In einer letzten Perspektivenerweiterung ist nun außerdem zu berücksichtigen, dass Menschen in organisatorischen Systemen bzw. Strukturen eingebunden sind, die sich ebenfalls ändern. Diese Zusammenhänge werden auch als **Organisationsentwicklung (OE)** bezeichnet. Dazu gehört beispielsweise die Tendenz zur Abflachung der Hierarchien in Unternehmen und anderen Organisationen die Schaffung von dezentralen selbstständigen Einheiten als Profit- bzw. Costcenter sowie die Entwicklung virtueller Organisationsstrukturen. Die Personalentwicklung hat hier vorrangig die Aufgabe, die Entwicklung der Mitarbeiter unter Beachtung der sich entwickelnden Organisationssysteme zu fördern. Die Strukturzusammenhänge ergeben sich aus der nachfolgenden Abbildung 13-6.

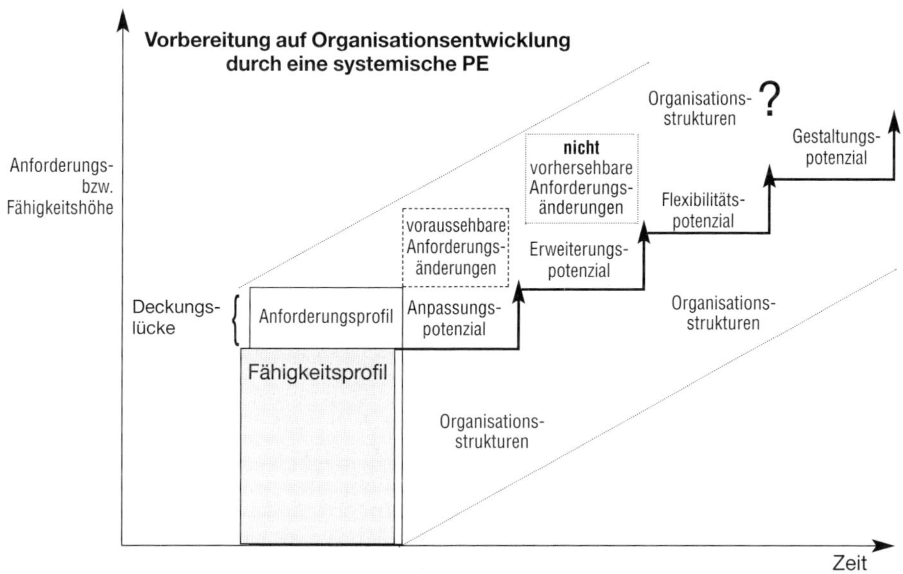

Abb. 13-6: Systemisch orientierte Personalentwicklung

Gestaltungspotenzial

Die Personalentwicklung zielt in dieser Modellvorstellung auf das **Gestaltungspotenzial** der Mitarbeiter, um über die Anpassung an veränderte Gegebenheiten hinaus in der Lage zu sein, die Strukturveränderungen selbst mitzugestalten.

Beispiel Ein mittelständisches Großhandelsunternehmen hat bei der Analyse der Ablaufstrukturen im Bereich Auftragsbearbeitung festgestellt, dass die Durchlaufzeiten der Aufträge unverhältnismäßig lang sind. Um die mittel- bis langfristige Wettbewerbsfähigkeit nicht aufs Spiel zu setzen, werden Projektgruppen gebildet, die jeweils mit Mitarbeitern aller Bereiche und Hierarchien besetzt sein sollen. Diese Projektgruppen sollen nun durch geeignete Vorschläge dafür sorgen, dass die Durchlaufzeiten innerhalb eines Jahres halbiert werden können, ohne dass dabei Qualitätseinbußen für die Auftragsabwicklung hingenommen werden müssen.

Hier zeigt sich, dass in der weitesten Perspektive Personalentwicklung (PE) und Organisationsentwicklung (OE) zu **einem** Prozess als **systemische Entwicklung** zusammenwachsen; denn *„OE ohne flankierende PE-Maßnahmen ist ebenso wenig erfolgreich wie PE ohne die Einbeziehung von das Verhalten stabilisierenden oder verändernden strukturellen Maßnahmen“* (Quelle: Staehle, W. H.: Management, München, 1999, S. 824). In einem so entstehenden **Leitbild einer Organisation als permanent lernendes System** kommen der Personalentwicklung zwei Hauptaufgaben zu:

(1) Simultane Anpassung der Mitarbeiter an strategische und in der Folge auch organisatorische Veränderungen,

(2) Integration der Mitarbeiter in den Veränderungsprozess selbst.

13.2.5 Prinzipien einer zukunftsorientierten Personalentwicklung

Für eine zukunftsorientierte Personalentwicklung stehen die in der nachfolgenden Abbildung 13-7 aufgezeigten Prinzipien im Vordergrund.

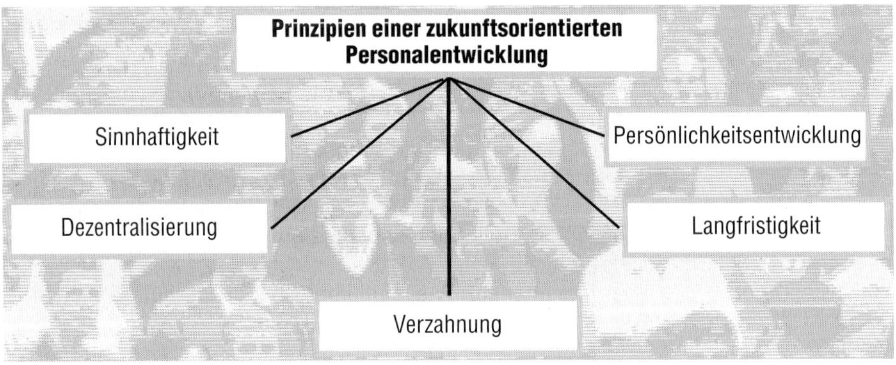

Abb. 13-7 Prinzipien einer zukunftsorientierten PE

Prinzip Sinnhaftigkeit

◆ **Sinnhaftigkeit**

Personalentwicklung muss Sinn stiften, sowohl für die Organisation als auch für den Mitarbeiter. Gefordert sind diesem Zusammenhang PE-Maßnahmen, die sowohl den persönlichen als auch den unternehmerischen Erfordernissen entsprechen. In jedem Fall sind solche Maßnahmen zu vermeiden, die den Mitarbeitern ein zwar angenehmes, aber relativ unwichtiges Beiwerk liefern.

Beispiel Die Anmeldung eines jungen Außendienstreisenden für ein dreitägiges Seminar zur betrieblichen Altersversorgung wird vom Fachvorgesetzten abgelehnt. Stattdessen erhält der Mitarbeiter die Empfehlung, an einer Fortbildung zur Gesprächsführung teilzunehmen.

Prinzip Dezentralisierung

◆ **Dezentralisierung**

Personalentwicklung sollte grundsätzlich so weit wie möglich **„vor Ort“** in Arbeitsplatznähe stattfinden, damit der Tätigkeitsbezug erhalten bleibt. Die relevanten Probleme bzw. Fragestellungen ergeben sich normalerweise aus dem Arbeitsalltag und sollten daher in solchen Zusammenhängen auch bearbeitet werden. Bezüglich der

Verantwortung ist neben dem Mitarbeiter selbst vor allem der jeweilige **Fachvorgesetzte** angesprochen. Dieser wird nämlich im Rahmen seiner eigenen Personalbeurteilung unter anderem daran gemessen, was er für die Entwicklung seiner Mitarbeiter geleistet hat.

In die Personalentwicklung vor Ort sind auch solche Maßnahmen einbezogen, die dem Mitarbeiter Distanz und Reflexion ermöglichen.

Beispiel Die Mitarbeiter einer Abteilung treffen sich einmal im Monat, um unter Anleitung eines Moderators berufliche Probleme des Alltags gemeinsam zu bearbeiten.

Daneben ergibt sich manchmal die Notwendigkeit zu arbeitsplatzfernen Maßnahmen, wie zum Beispiel bei theorieorientierten Kursen oder Lehrgängen.

Beispiel Dem mit Leitungsaufgaben betrauten Lagermeister fehlt jede Art von arbeitsrechtlichen Kenntnissen. Er meldet sich daher mit Zustimmung seines Vorgesetzten zu einem Lehrgang „Arbeitsrecht für Fachvorgesetzte“ an.

Trotz der Tendenz zur dezentralen Verlagerung der Personalentwicklung verbleiben die Aufgaben zur **Konzeptentwicklung und Koordinierung** in einer zentralen Zuständigkeit. Das ist entweder die Personalabteilung oder bei größeren Unternehmen die Personalentwicklungsabteilung.

◆ Persönlichkeitsentwicklung

Prinzip Persönlichkeitsentwicklung

Die Betriebsferne vieler klassischer Bildungsprogramme hat in den vergangenen Jahren große Zweifel an ihrer Wirksamkeit aufkommen lassen. Dies hat mittlerweile in vielen Unternehmen einen Umdenkungsprozess ausgelöst. *„Lernen und Entwicklung ist weniger eine Funktion von formalisiertem Lernen, sondern Ergebnis gelebter und praktizierter Führung und Zusammenarbeit im Unternehmen, Ergebnis der Begegnung und Auseinandersetzung mit betrieblicher Realität und Unternehmenskultur“* (Quelle: Sattelberger, T.: Innovative Personalentwicklung, Wiesbaden, 2002, S. 31).

Vor diesem Hintergrund gewinnen Konzepte an Bedeutung, die die Förderung von **Schlüsselqualifikationen** (vgl. Kapitel 12) in den Vordergrund rücken. Das „eigentliche“ Lernen findet als ganzheitliche Auseinandersetzung in der Person des Lernenden selbst statt und ist untrennbar mit **Persönlichkeitsentwicklung** verbunden. Dabei kommt es weniger darauf an, dass der Lerner bestimmte Erkenntnisse in (wohl gewählte) Worte fassen kann, sondern dass solche Erkenntnisse zu verhaltensbeeinflussenden Wirkungen führen.

Beispiel Im Rahmen eines Seminars zum Verkaufstraining wird einer Schuhverkäuferin durch ein Rollenspiel bewusst, dass sie in ihren bisherigen Verkaufsgesprächen zu stark von ihren eigenen Modeansprüchen ausgegangen ist. Sie weiß nun, dass sie sich kundenorientierter verhalten muss. Sie konzentriert jetzt ihren Lernprozess auf zwei Fragestellungen: (1) Was veranlasst mich eigentlich in meiner persönlichen Neigung, anderen Menschen meinen Geschmack „aufzudrängen“? (2) Wie muss ich mich im Verkaufsgespräch verhalten, damit ich den tatsächlichen Kundenwünschen gerecht werde?

◆ Langfristigkeit

Prinzip Langfristigkeit

Aus der Persönlichkeitsorientierung leitet sich unmittelbar die Langfristorientierung ab, denn Personalentwicklung in diesem Verständnis braucht **„einen langen Atem“**. Veränderung und echtes Lernen wird nicht in Kurzzeitseminaren erreicht.

Beispiel Die Managemententwicklung bei Lufthansa vollzieht sich über längerfristig angelegte Programme, in denen die Teilnehmer zusätzlich zu ihren Aufgaben bis zu eineinhalb Jahren in ein Lernsystem von praktischer Projektarbeit, Praktika in anderen Unternehmensbereichen, Seminarbausteinen und Reflexionstagungen eingebunden sind.

Eine langfristig orientierte PE hat verschiedene Bezugspunkte zu beachten, wie die nachfolgende Abbildung 13-8 zeigt.

Unterschiedliche Zeithorizonte für die Lernprozessorientierung

langfristige Orientierung	Anpassungs- und Veränderungsfähigkeit	Selbstidentität
kurzfristige Orientierung	aktuelles Arbeits- und Leistungsverhalten	momentane Einstellung und Motivation
	Aufgabenorientierung	Personenorientierung

Abb. 13-8: Bezugspunkte einer langfristig orientierten PE (Quelle: Sattelberger, T.: Innovative Personalentwicklung, Wiesbaden, 2002, S. 294)

Vor diesem Hintergrund bietet sich ein völlig **neuer konzeptioneller Ansatz der PE** an. Anknüpfungspunkt für die Personalentwicklung sind nicht mehr ausschließlich Strukturstellen, Positionen und Hierarchieebenen mit entsprechendem Besetzungsbedarf (**strukturorientierte PE**), sondern der Lebenszyklus der Mitarbeiter im Unternehmen (**lebenszyklusorientierte PE**). Mit einem solchen Konzept verbinden sich Entwicklungsprogramme, *„die den individuellen Lebenszyklus eines Mitarbeiters in der Organisation in Phasen des Übergangs, der Veränderung und kritischer Entscheidungen flankierend begleiten“* (Quelle: Sattelberger, T.: Innovative Personalentwicklung, Wiesbaden, 2002, S. 287).

◆ Verzahnung

Prinzip Verzahnung

Wesentliche Voraussetzung für den Erfolg einer zukunftsorientierten Personalentwicklung ist die Verzahnung mit anderen Instrumenten der Personalwirtschaft, insbesondere mit dem Beurteilungssystem, Führungssystem sowie dem Vergütungs- und Anreizsystem.

Beispiel In einem Unternehmen konnte für die mangelnde Akzeptanz der Personalentwicklung als Erklärung herausgefunden werden, dass die im Rahmen der PE angestrebte Fähigkeit zu strategischem Denken nicht zum Leistungsbeurteilungssystem passte, bei dem lediglich die kurzfristige Erfolgsorientierung honoriert wurde.

Es geht also nicht nur um die formale Verknüpfung der Personalentwicklung mit anderen Instrumenten, sondern um die Integration im Rahmen einer in sich stimmigen Unternehmenskultur.

13.3 Die Adressaten der Personalentwicklung

In vielen Unternehmen ist Personalentwicklung nur bestimmten „privilegierten" Personen vorbehalten. Das sind in der Regel die Führungskräfte. Dies allein macht wenig Sinn unter der Voraussetzung, dass die Personalentwicklung einen Beitrag zur Optimierung der Unternehmenszielsetzung liefern soll.

Auswahlkriterien

Grundsätzlich kommen alle diejenigen Mitarbeiter als Entwicklungsadressaten in Frage, die

- Entwicklungs**bedarf** haben,
- Entwicklungs**potenzial** haben sowie
- den **Wunsch** nach Entwicklung haben.

◆ Entwicklungsbedarf

Kriterium Entwicklungsbedarf

Der Entwicklungsbedarf eines Mitarbeiters ergibt sich dadurch, dass beim Vergleich zwischen den individuellen Fähigkeiten sowie den Stellenanforderungen eine Deckungslücke festgestellt wird. Dabei ist auch zu berücksichtigen, dass sich sowohl die Fähigkeiten als auch die Anforderungen im Zeitablauf ändern.

Beispiel Ein Mitarbeiter der Personalverwaltung soll in Zukunft die Personaladministration mit einer neuen Version der bisherigen Software bearbeiten. Aufgrund der beobachteten selbstständigen Arbeitsweise des Mitarbeiters ist davon auszugehen, dass er die neue Anforderung aus sich heraus bewältigen kann. Daher besteht im engeren Sinne für diese Situation kein Entwicklungsbedarf.

◆ Entwicklungspotenzial

Kriterium Entwicklungspotenzial

Ein Entwicklungspotenzial ist nur dann gegeben, wenn vermutet werden kann, dass der Mitarbeiter noch nicht an der Grenze seiner Entwicklungsmöglichkeiten angekommen ist.

Beispiel Ein älterer Mitarbeiter sieht sich für die nähere Zukunft einem völlig neuartigen elektronischen Steuerungssystem an seinem Arbeitsplatz gegenüber. Da er aber bereits bei der vergangenen Automatisierungswelle die neuen Anforderungen erfüllt hat, ist zu vermuten, dass er für den erneuten technischen Fortschritt das nötige Entwicklungspotenzial aufweist.

◆ Entwicklungswunsch

Kriterium Entwicklungswunsch

Als Entwicklungsadressaten eignen sich nur diejenigen, die auch den **Wunsch** haben, entwickelt zu werden. Hier ist auf solche Mitarbeiter zu achten, die aufgrund ihrer Lebensplanung auf eine Personalentwicklung verzichten wollen.

Beispiel Ein Versicherungssachbearbeiter fühlt sich in seinem Arbeitsbereich gut eingearbeitet und kann die Aufgabenstellung voll erfüllen. Seine weiteren Energien investiert er in seine Familie, die für ihn den wesentlichen Lebenssinn ausmacht. Er ist somit rundum mit seiner Situation zufrieden.

Ein solcher Mitarbeiter käme normalerweise als Entwicklungsadressat für spezielle Entwicklungs- und Förderprogramme nicht in Betracht. Allerdings ist zu prüfen, ob sich dieser Mitarbeiter auch über die Tragweite seiner bisherigen Einstellung und Entscheidung bewusst ist. Hier sind zumindest entsprechende Beratungsangebote angezeigt, um solchen Mitarbeitern die Notwendigkeit lebenslangen Lernens aufzuzeigen.

Viele Mitarbeiter machen sich im Hinblick auf die Teilnahme an Weiterbildungsmaßnahmen von ihrem eigenen Unternehmen unabhängig, indem sie sich außerhalb ihrer beruflichen Tätigkeit im **Selbststudium** und auf eigene Kosten weiterbilden. Steigende Anmeldezahlen der Weiterbildungsträger weisen auf diesen Trend zur selbstgesteuerten Personalentwicklung hin. Dieses findet nicht in allen Unternehmen ungeteilte Freude, da das Management auf diese Weise die Personalentwicklung nicht mehr durchgängig nach strategischen Gesichtspunkten steuern kann.

Beispiel Ein Sachbearbeiter, der bisher für die Teilnahme an einem Nachwuchsförderprogramm „übersehen" wurde, besucht berufsbegleitend die Fachschule für Wirtschaft und hofft, durch den Abschluss als „Staatlich geprüfter Betriebswirt" berufliche Alternativen für sich erschließen zu können.

Die Metallbau AG realisiert folgendes Konzept zur Neuorganisation und Qualitätssicherung von Weiterbildungsmaßnahmen:

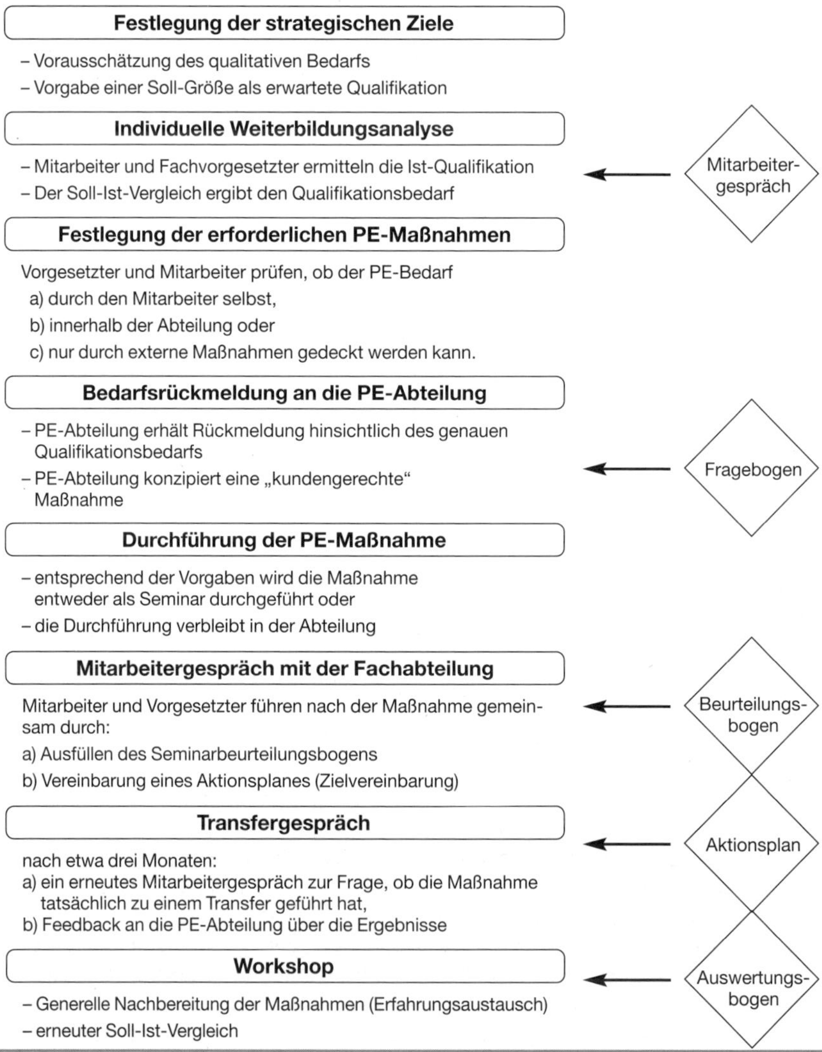

Abb. 13-9

13.4 Das Instrumentarium der Personalentwicklung

Instrumente

Das vielfältige Instrumentarium der Personalentwicklung wird nachfolgend nach dem Kriterium der **Nähe zum Arbeitsplatz** gegliedert (in Anlehnung an Conradi). Daraus ergeben sich sechs verschiedene Gruppen von PE-Instrumenten, wie der Abbildung 13-10 zu entnehmen ist. Manche der nachfolgend dargestellten Instrumente lassen sich verschiedenen Gruppen gleichzeitig zuordnen.

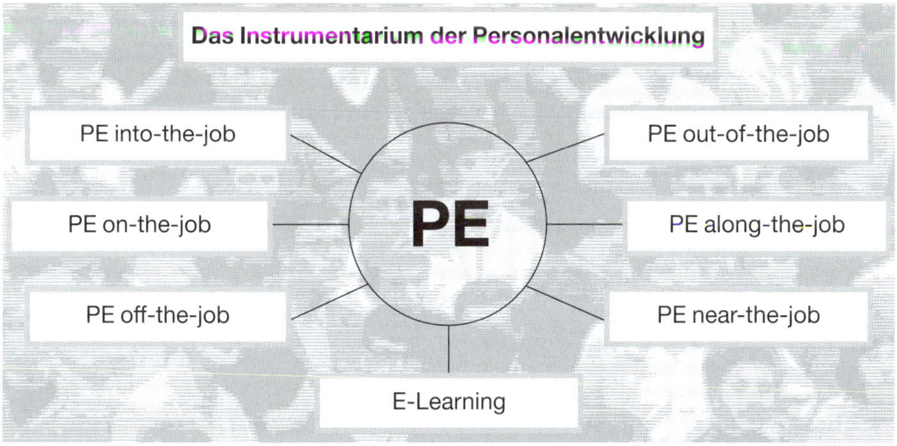

Abb. 13-10

13.4.1 Personalentwicklung into-the-job

Entwicklung into-the-job

Mit PE into-the-job verbinden sich Maßnahmen zur **Eingliederung** in das Unternehmen sowie **Ausbildungsprogramme**. In der Praxis vermischen sich allerdings diese beiden Aspekte.

◆ Eingliederungsprogramme

Eingliederung

Mitarbeiter, die in das Unternehmen neu eintreten, müssen fachlich und persönlich über einen längeren Zeitraum eingegliedert werden. Dieser Prozess ist mit umfassenden Lernprozessen verbunden und muss daher von der Personalentwicklung wirksam unterstützt werden. Die damit verbundenen Aspekte sind im Kapitel 6 bereits dargestellt worden.

◆ Ausbildungsprogramme

Ausbildung

Zur langfristigen Sicherung leistungsfähiger Nachwuchskräfte sind viele Unternehmen mittlerweile dazu übergegangen, die **Personalausbildung** in die Personalentwicklung zu integrieren. Der Schwerpunkt liegt dabei auf der beruflichen Erstausbildung, wie sie bereits in Kapitel 12 umfassend thematisiert wurde. Als spezielle Form der Personalausbildung für Hochschulabsolventen werden von größeren Unternehmen **Traineeprogramme** angeboten. Sie dienen hauptsächlich dazu, den Übergang von der theoretischen Hochschulausbildung zur beruflichen Praxis zu unterstützen. Zu den wichtigsten Merkmalen solcher Programme gehört, dass

- sie zwischen sechs und 24 Monaten dauern,
- als Zielgruppe Hochschul- und Fachhochschulabsolventen angesprochen sind,

- ein planvoll gestaltetes Ausbildungsprogramm zugrunde liegt,
- der Teilnehmerkreis mehrere Personen umfasst,
- ein systematischer Arbeitsplatzwechsel vorgesehen ist und
- die praktische Ausbildung am Arbeitsplatz durch zusätzliche Schulungsmaßnahmen ergänzt wird.

Die Abbildung 13-11 zeigt anhand eines internen Positionspapieres auf, welche Bedeutung große Unternehmen solchen Programmen beimessen.

Im Sinne der Unternehmensgrundsätze und des unternehmensübergreifenden Nachwuchsbedarfs ist eine zentrale Steuerung der Nachwuchsprogramme über das Stammhaus notwendig.

Teil der Nachwuchsprogramme sind die Traineeprogramme. Über ihren Aufbau und ihre Gestaltung erreichen wir, dass

- im Gesamtunternehmen keine zu großen Nachwuchslücken entstehen,
- Führungsnachwuchs breit ausgebildet wird,
- Nachwuchs an Führungskräften zur Verfügung steht, der sich als Vorwerk-Mitarbeiter und nicht als Mitarbeiter ausschließlich eines Bereiches oder einer Einzelgesellschaft versteht,
- Nachwuchskräfte entwickelt werden, die sich als Gestalter verstehen.

Welches sind die Schwerpunkte in den Traineeprogrammen?

Einstellungen/Verhalten	**Programmelemente**
– Bereichsübergreifendes Denken und Handeln	– Auswahl nach fachlichen und verhaltensbezogenen Kriterien
– Sich verhalten in vernetzten Systemen	– Vorwiegend projektorientiertes Arbeiten
– Fachliche und geographische Mobilität (bezüglich Funktionen, Gesellschaften, Ausland)	– Arbeiten in unterschiedlichen Bereichen (z. B. Ingenieure im kfm. Bereich)
– Internationale Ausrichtung	– Einsätze in anderen Gesellschaften
	– Auslandseinsätze
	– Sprachtraining
– Gestaltungswille, -fähigkeit, Breitschaft zum Führen	– Technische und kaufmännische Trainees in gemeinsamen Projekten mit hohem Freiheitsgrad
– Offene Kooperation	
– Positive Einstellung zum Direktvertrieb	– Einsatz im Direktvertrieb für alle Trainees
– Frühzeitiges Verstehen des Gesamtunternehmens einschl. seiner Grundsätze	– Bewertung der Führungspotenziale jedes einzelnen Trainees
– Qualitäts-, Innovations-, Kunden orientierung	– Einstieg ins Unternehmen durch eine Einführungswoche
– „Ich bin für meine eigene Weiterentwicklung mitverantwortlich“	– Verstärkung durch Betreuer in Richtung „Aktiv werden – Gestalten“
	– Erfahrungsaustauch untereinander
	– Fach-, Verhaltens-, Führungsseminare
	– Berücksichtigung der Wünsche/Interessen bzgl. der Einsätze, Trainingsmaßnahmen

Welchen Zusatznutzen hat diese Art von Traineeprogrammen?

– Führungskräfte werden stark in die Traineeauswahl bzw. ins Auswahlverfahren eingebunden.	– Führungskräfte lernen durch die entsprechende Anleitung und Steuerung, Gespräche zu führen, Verhalten zu beobachten und zu bewerten und vor allem, was wichtige Kriterien für eine Vorwerk-Führungskraft sind.
– Fachvorgesetzte/Betreuer begleiten die Entwicklung der einzelnen Trainees und beurteilen sie.	– Sie lernen dabei, Mitarbeiter zu entwickeln, Feedback zu geben, Weiterentwicklung zu planen. Dies hat teilweise positive Auswirkungen auf die anderen Mitarbeiter.
– Schwachstellen/Nicht hinterfragte Routinen werden durch die Trainees deutlich.	– Teilweise führt dies zu Veränderungen.
	– Das Programm und seine Einzelelemente binden den Trainee frühzeitig an unsere Grundsätze.

Abb. 13-11: Auszüge aus einem internen Positionspapier zur Notwendigkeit von Traineeprogrammen

13.4.2 Personalentwicklung on-the-job

Entwicklung on-the-job

PE on-the-job ist gekennzeichnet durch Instrumente, die ein Lernen am eigenen Arbeitsplatz ermöglichen. Dazu gehören **systematische Arbeitsunterweisungen**, die **qualifikationsfördernde Arbeitsstrukurierung** sowie **systematischer Arbeitsplatzwechsel**.

◆ Systematische Arbeitsunterweisung

Unterweisung

Die Arbeitsunterweisung spielt insofern eine entscheidende Rolle, als im Grunde jede Weitergabe von Fertigkeiten und Kenntnissen einen Unterweisungsvorgang darstellt. Je nach der Art der Beteiligung des Lernenden werden hier verschiedene Arten von Methoden der Unterweisung unterschieden (vgl. die ausführliche Darstellung in Kapitel 12). Aus verschiedenen Gründen kommt dabei der traditionellen **4-Stufen-Methode** oder dem Lehrgespräch (vgl. Kapitel 12) immer noch eine große Bedeutung zu:

- Die Mitarbeiter müssen nicht lange herumprobieren, sondern werden sofort auf das Wesentliche hingewiesen und an die richtige Arbeitsweise herangeführt („learning by doing").
- Die Methode führt zu einem sicheren Arbeiten bei geringer Fehlerhäufigkeit.
- Die Mitarbeiter nehmen unmittelbar die Erfahrung des Unterweisenden auf.

Zur kurzfristigen Arbeitseinweisung hat sich die 4-Stufen-Methode zwar als praktikabel erwiesen, für eine Entwicklung von Schlüsselqualifikationen (vgl. Teilabschnitt 13.2.3) ist sie allerdings kaum förderlich. Aus diesem Grund greifen viele Unternehmen zu neueren Methoden, wie zum Beispiel die **Leittextmethode** (vgl. Kapitel 12), mit denen das selbstständige Lernen sehr stark in den Vordergrund gestellt wird. Voraussetzung für den Einsatz solcher Methoden ist allerdings, dass der Mitarbeiter ausreichend Zeit hat, verschiedene Lösungswege auszuprobieren und sich seinen Weg jeweils zu suchen.

Beispiel In der Verwaltung eines Unternehmens wurden von einem Mitarbeiter der Organisationsabteilung einige Abläufe gestrafft und auch gleichzeitig formularmäßig neu gefasst. Nach der 4-Stufen-Methode werden die Sachbearbeiter nun die Bearbeitung des neuen Formulars unter seiner Anleitung in kurzer Zeit durch Vormachen und Nachmachen erlernen und gleichzeitig die Änderung in den Arbeitsabläufen erfassen. Zur Förderung von Schlüsselqualifikationen wäre es sinnvoller gewesen, den Sachbearbeitern das Problem mit dem Auftrag vorzustellen, Vorschläge zur Vereinfachung der Arbeitsabläufe zu machen.

Qualitätsfördernde Arbeitsstrukturierung

◆ Qualifikationsfördernde Arbeitsstrukturierung

Die inhaltliche Gestaltung der Arbeitsaufgabe kann wesentliche Impulse für eine Weiterentwicklung des Mitarbeiters geben. Solche qualifikationsfördernden Anreize verbinden sich vor allem mit den **neuen Gestaltungsformen des Arbeitsinhalts** (vgl. Kapitel 7). Als Instrumente stehen dabei Aufgaben-, Verantwortungs- und Kooperationserweiterungen zur Verfügung.

Beispiel Die Fertigungsprozesse eines Konsumgüterherstellers werden auf Gruppenarbeit umgestellt. Durch die Teamarbeit erhält jedes Gruppenmitglied die Möglichkeit, verschiedenste Tätigkeiten zusätzlich zu erlernen. Gegenüber der vorhergehenden Situation wird also der Aufgabenbereich erweitert und gleichzeitig auch angereichert, denn das Team ist außerdem noch für die vorbeugende Instandhaltung sowie für integrierte Qualitätskontrolle innerhalb seines gesamten Arbeitsbereiches zuständig.

An dieser Stelle sei auch noch einmal auf das im Kapitel 7 dargestellte Konzept der **persönlichkeitsförderlichen Arbeitsgestaltung** hingewiesen, nach dem eine Arbeitsaufgabe durch die Merkmale Ganzheitlichkeit, Anforderungsvielfalt, Möglichkeiten der sozialen Interaktion, Autonomie sowie Lern- und Entwicklungsmöglichkeiten gekennzeichnet sein sollte.

Systematischer Arbeitsplatzwechsel

◆ Systematischer Arbeitsplatzwechsel

Der auch als **job rotation** bezeichnete systematische Arbeitsplatzwechsel hat zwei Funktionen: Im Rahmen der Arbeitsstrukturierung soll damit eine Unterbrechung der Monotonie sowie eine Vermeidung einseitiger physischer und psychischer Belastungen dadurch bewirkt werden, dass die Mitglieder einer Arbeitsgruppe planmäßig die Arbeitsaufgabe oder Arbeitsplätze miteinander wechseln.

Im Rahmen der Personalentwicklung geht es mehr um den Aspekt der zusätzlichen Qualifikationen, die durch den Wechsel erworben werden. Falls ein Mitarbeiter außerdem in einen **anderen Arbeitsbereich** wechselt, lernt er nicht nur fachlich hinzu, sondern er wird auch in seinem Sozialverhalten gefordert, da er mit neuen Kollegen und Mitarbeitern zusammenarbeiten muss. Besondere Bedeutung hat der systematische Arbeitsplatzwechsel für Führungskräfte, die dadurch in ihrer Mobilität sowie in der Vermeidung von Ressortdenken gefördert werden.

Auslandseinsatz

Nicht mehr nur als Form der Job-Rotation, sondern als inzwischen gewöhnliche Maßnahme international agierender Unternehmen bekannt ist der Auslandseinsatz. Eine gängige Bezeichnung für Mitarbeiter, die ins Ausland entsendet werden, ist „Expatriates" (vgl. Festing, M.; Dowling, P. J.; Weber, W.; Engle, A. D.: Internationales Personalmanagement, Wiesbaden, 2011, S. 15). Die internationale Entsendung von Arbeitskräften kann der engeren Kooperation zwischen den einzelnen Häusern dienen, Know-How-Transfer ermöglichen und den Mitarbeitern des gesamten Unternehmens Auslandserfahrungen ermöglichen, die wiederum fachliche wie auch soziale Kompetenzen fördern (vgl. Deller, J.; Kutsch, R. I.: Internationale Personal- und Organisationsentwicklung, in: Straub u. a. (Hrsg.), Handbuch interkulturelle Kommunikation und Kompetenz, Stuttgart/

Weimar, 2007, S. 571 f.). Die Länge eines solchen Auslandsaufenthalts kann zwischen wenigen Tagen und mehreren Jahren variieren (vgl. Kühlmann, T. M.: Auslandseinsatz von Mitarbeitern, Göttingen, 2004, S. 4). Je nach Dauer des Aufenthaltes sind seitens des begleitenden Personalmanagements bestimmte Maßnahmen nötig. Für kürzere Aufenthalte kann ein Personalmanager beispielsweise auf zielkulturspezifische Trainings zurückgreifen, in denen über kulturelle Spezifika referiert und diskutiert wird. Für längere Aufenthalte kann das Unternehmen dem Mitarbeiter und ggf. seinem/r Partner/in oder seiner Familie einen „Look and See"-Aufenthalt im Zielland sowie Trainings anbieten und Begleitung durch Coaching vor Ort organisieren. Nicht zu vergessen sind Reintegrationsmaßnahmen durch Trainings und Coachings, die dem Mitarbeiter bei der Rückkehr angeboten werden können (vgl. Bolten, J.: Einführung in die interkulturelle Wirtschaftskommunikation, Göttingen, 2007, S. 210 ff.). Die Zahl der langzeitigen Auslandseinsätze ist jedoch tendenziell rückläufig, was auf schnellere Transportmöglichkeiten via Flugzeug sowie auf Vernetzung durch neue Medien zurückzuführen ist (vgl. Bolten, J.: Einführung in die interkulturelle Wirtschaftskommunikation, Göttingen, 2007, S. 204 f.).

Jedoch gibt es nicht nur die Entsendung eigener Mitarbeiter. Internationale Unternehmen und Organisationen nehmen auch Mitarbeiter aus Tochtergesellschaften bei sich auf, sogenannte „Impatriates". Für diese Mitarbeiter gibt es in großen Unternehmen verantwortliche Personaler, die sich kümmern und begleiten (vgl. Festing, 2011, S. 17).

Insgesamt zeichnet sich die Personalentwicklung on-the-job vor allem durch den Vorteil der Realitätsnähe aus. Allerdings müssen auch einige Nachteile in Kauf genommen werden. Dazu gehört insbesondere die **fehlende Systematisierung des Lernens**, denn es werden am Arbeitsplatz kaum zusammenhängende Wissensstrukturen aufgebaut. Außerdem steht der Lernende am Arbeitsplatz immer unter dem **Druck des betrieblichen Alltags**, der dem Lernenden kaum die eigentlich notwendigen Reflexionen gestattet.

◆ **Hospitation**

Hospitation

Mitarbeiter werden für eine bestimmte Zeit in einer anderen Abteilung eingesetzt, in der Regel auf hierarchisch gleicher Ebene. Der Vorteil ist vornehmlich in der Erweiterung des Erfahrungshintergrunds zu sehen, aber auch in der Förderung des bereichsübergreifenden Denkens. Ferner kann sich durch persönlichen Kontakt und nähere Kenntnis der Materie die Zusammenarbeit zwischen den Abteilungen verbessern. Bei eingefahrenen Arbeitsprozessen können sich durch den „Blick über den Tellerrand" neue Impulse ergeben (vgl. Scholz, C.: Grundzüge des Personalmanagements, München, 2011, S. 874).

13.4.3 Personalentwicklung near-the-job

Entwicklung near-the-job

Die Personalentwicklung near-the-job ermöglicht zwar tätigkeitsbezogenes Lernen, allerdings geschieht dies nicht unmittelbar am eigenen Arbeitsplatz. Insofern ist der Lernende bei dieser Art der Personalentwicklung im Gegensatz zur PE on-the-job teilweise dem betrieblichen Alltagsdruck entzogen. Als Instrumente kommen die **Lernstatt, Qualitätszirkel** sowie **Sonderaufgaben** in Betracht.

◆ **Lernstatt**

Lernstatt

Das PE-Instrument der Lernstatt geht von der Idee aus, Lernen und praktische Arbeit zu verbinden. Dies wird schon durch die Benutzung des Kunstwortes Lernstatt angedeutet, das sich aus den Begriffen **Werkstatt** und **Lernen** zusammensetzt. Das Konzept wurde bereits Anfang der 70er-Jahre von der Metaplan GmbH entwickelt, und zwar ursprünglich zur Behebung von Sprach- und Lernschwierigkeiten angesichts der gestiegenen Zahl ausländischer Mitarbeiter.

Das Lernen in einer Lernstatt zeichnet sich durch Arbeit in Kleingruppen aus, die sich in der Regel aus den Mitgliedern des jeweiligen Arbeitsbereiches zusammensetzen und durch Moderatoren betreut werden. Die Gruppenmitglieder treffen sich neben ihrer normalen Arbeit, um bestimmte Problemstellungen zu bearbeiten. Dabei verläuft die Lernstattarbeit normalerweise in fünf verschiedenen Phasen ab:

	Phasenstruktur für die Arbeit in einer Lernstatt
1. Phase	Einführung in das Thema und in die Arbeitsmethode
2. Phase	Analyse des Problems
3. Phase	Problembearbeitung in parallelen Kleingruppen
4. Phase	Diskussion der Lösungsvorschläge
5. Phase	Vorbereitung der Präsentation vor dem Management

Abb. 13-12

◆ Qualitätszirkel

Qualitäts-zirkel

Unter Qualitätszirkel bzw. **Quality Circles (QC)** sind sporadisch auf freiwilliger Basis zusammenkommende Mitarbeitergruppen zu verstehen, die das **Ziel ständiger Qualitätsverbesserung** im weitesten Sinne verfolgen. Die ursprünglich aus den 50er-Jahren stammende, amerikanische Idee eines unternehmensweiten Qualitäts-managements (Juran und Deming) fand ihre erste Anwendung bereits 1962 in Japan.

TQM

Die Verbesserungsbemühungen solcher Qualitätszirkel beziehen sich nicht nur auf die Produktqualität, sondern auch auf die Qualität der Sach- und Betriebsmittel, der Arbeitsbedingungen, der Verfahren und Prozesse und letztlich auf die Mitarbeiter selbst. Seit Anfang der 90er-Jahre werden Qualitätszirkel als Teil eines integrierten Qualitätsmanagementsystems (**Total Quality Management – TQM**) auch dazu genutzt, um systematisch **Organisationsentwicklung (OE)** zu betreiben.

Beispiel Die Empfehlungen eines Qualitätszirkels, der sich mit den Problemen der Reklamationsbearbeitung beschäftigt hat, führen zu einer völligen Neuorganisation dieses Aufgabenbereiches.

Vom Ansatz her ähneln Qualitätszirkel sehr stark dem Lernstatt-Konzept. Letzteres betont allerdings mehr den Aspekt des Lernens, während beim Qualitätszirkel mehr die Qualitätsverbesserung im Vordergrund steht. Die methodische Gestaltung der Gruppenarbeit ist aber bei beiden Verfahren weitgehend gleich.

Als Ergebnis von Qualitätszirkelarbeit ergeben sich häufig Verbesserungsvorschläge, die im Rahmen des **betrieblichen Vorschlagswesens** auch materielle Anerkennung finden. Das Instrument des Vorschlagswesen, dessen Wirkung – nicht zuletzt aufgrund des aufwendigen Prüfungsverfahrens – bisher eher bescheiden war, wird wohl in Zukunft aus der Qualitätszirkelarbeit neue Impulse erhalten.

◆ Sonderaufgaben

Projekte

Die Übertragung von Sonderaufgaben soll dem Mitarbeiter Gelegenheit geben, sich in neuen, über die Routinearbeit hinausgehenden Aufgabenstellungen zu bewähren. Dies kann beispielsweise durch **Projekte** geschehen. Eine Projektgruppe besteht nur für ein bestimmtes Projekt und damit auch nur für diese Zeit. Von Task Force spricht man dann, wenn eine Gruppe unter einer Leitung eingesetzt wird, die abteilungsübergreifende Sonderaufgaben erfüllen soll.

Beispiel Die Personalsachbearbeiterin eines Industrieunternehmens wird im Umfang von 10% ihrer normalen Tätigkeit für ein Projekt zur Neubewertung von Sachbearbeiteraufgaben freigestellt.

Eine weitere Möglichkeit, Sonderaufgaben als Instrument der Personalentwicklung zu nutzen, besteht in der **Übertragung begrenzter Verantwortung**. Man spricht in diesem Zusammenhang auch von Entwicklungsarbeitsplätzen.

Beispiel Ein junger Sachbearbeiter, der vor einigen Jahren seine Berufsausbildung mit überdurchschnittlichen Ergebnissen abgeschlossen hat und seitdem längere Zeit berufspraktische Erfahrungen in der Personalwirtschaft gesammelt hat, soll nun innerhalb der kommenden zwei Jahre zusätzlich zu seiner Sachbearbeitertätigkeit **Assistenten-Aufgaben** für den Personalleiter übernehmen und somit stufenweise in die Aufgaben einer Führungsstelle hineinwachsen. Eine Entscheidung über die Nachfolge des in drei Jahren ausscheidenden Personalleiters ist damit allerdings noch nicht gefallen.

Juniorenfirma

Eine aus den USA stammende Variante zur Übernahme von Sonderfunktionen bezieht sich auf die Möglichkeit, für eine begrenzte Zeit im Schatten des realen Managements Leitungsfunktionen zu übernehmen **(Juniorenfirma)**.

Beispiel Die Auszubildenden einer Lebensmittelkette übernehmen für einen ganzen Monat das Management einer einzelnen Filiale. Eine Sondergruppe der Unternehmensleitung steht als Beraterteam zur Verfügung und soll nur in bestimmten Notfällen eingreifen.

13.4.4 Personalentwicklung off-the-job

Entwicklung off-the-job

Die Personalentwicklung off-the-job hat vor allem die Funktion, die Nachteile der PE on-the-job auszugleichen. Diese zeichnen sich insbesondere durch fehlende Systematisierung, mangelnden Theoriebezug sowie durch fehlende kritische Distanz zum Alltagsgeschehen aus. Dies kann eher durch **Studiengänge**, **Seminare** oder **Kurse** geleistet werden, die jeweils nach didaktisch-methodischen Prinzipien aufgebaut sind bzw. sein sollten. Die didaktisch-methodische Gestaltung solcher Maßnahmen ergibt sich analog zur Planung und Durchführung von Ausbildungsmaßnahmen, wie sie bereits in Kapitel 12 dargestellt wurden.

Im Rahmen der Personalentwicklung off-the-job wird grundsätzlich zwischen **internen** und **externen** Bildungsmaßnahmen unterschieden. Bei der Entscheidung für die eine oder andere Form sind die jeweiligen Vor- und Nachteile zu bedenken. Hinzu kommt bei externen Maßnahmen noch die Notwendigkeit, aus einer Vielzahl von Angeboten eine **Auswahl** treffen zu müssen.

◆ Interne Bildungsmaßnahmen

Interne Bildungsmaßnahmen

Die internen Bildungsmaßnahmen im Rahmen der PE off-the-job sind dadurch gekennzeichnet, dass die Verantwortung für Zielsetzung, Planung und Durchführung beim Unternehmen selbst liegt. Dies gilt unabhängig davon, ob die jeweilige Veranstaltung in den Räumen des Unternehmens (Inhouse-Schulung) stattfindet oder nicht.

Beispiel Das Führungsseminar eines Handelsunternehmens findet regelmäßig in einem Tagungshotel am Stadtrand statt. Für den Seminarteil „Führungstheorien" wird üblicherweise ein Gastreferent eingeladen.

Auch die Einschaltung betriebsfremder Referenten ändert den Charakter als interne PE-Maßnahme nicht, solange die Gesamtverantwortung im Unternehmen selbst bleibt. Die Vor- und Nachteile von internen Bildungsmaßnahmen sind der nachfolgenden Übersicht in der Abbildung 13-13 zu entnehmen.

Vorteile und Nachteile

Vorteile interner Bildungsmaßnahmen	Nachteile interner Bildungsmaßnahmen
• Die Maßnahmen können speziell auf die unternehmenseigenen Belange zugeschnitten werden.	• Fremderfahrungen bleiben ungenutzt.
• Die Unabhängigkeit bei der Gestaltung der Maßnahme bleibt gewahrt.	• Der Erfahrungshorizont bleibt auf die internen Strukturen beschränkt.
• Die Umsetzung an den eigenen Arbeitsplatz gelingt leichter.	• Für Spezialthemen können nur schwer geeignete Referenten gewonnen werden.
• Bei guter Auslastung gibt es Kostenvorteile gegenüber externen Maßnahmen.	• Bei kleiner Teilnehmerzahl sind die Kosten relativ hoch.
• Die Maßnahmen sind leichter zu kontrollieren.	• Die eigenen Referenten sind häufig nicht professionell genug.

Abb. 13-13: Vor- und Nachteile intern durchgeführter Bildungsmaßnahmen

◆ Externe Bildungsmaßnahmen

Externe Bildungsmaßnahmen

Zu den externen Bildungsmaßnahmen zählen alle solchen Seminare, Kurse, Planspiele und sonstigen Veranstaltungen, die in Konzeption und Durchführung der Verantwortung eines betriebs**fremden** Bildungsträgers unterliegen. Dies gilt auch dann, wenn ein bestimmtes Seminar vom eigenen Unternehmen initiiert worden ist.

Beispiel Ein Industrieunternehmen stellt Schulungsbedarf für die Ausbildungsbeauftragten fest, um entsprechend der neuen Ausbildungsordnung ausbilden zu können. Dazu wird ein fremdes Trainingsunternehmen beauftragt, ein speziell zugeschnittenes Schulungsprogramm zu konzipieren und in den betriebseigenen Räumen durchzuführen.

Auch die Nutzung der betriebseigenen Räume ändert den Charakter als externe PE-Maßnahme nicht, solange die Gesamtverantwortung beim externen Bildungsträger bleibt. Die Vor- und Nachteile von externen Bildungsmaßnahmen sind der nachfolgenden Übersicht in der Abbildung 13-14 zu entnehmen.

Vorteile und Nachteile

Vorteile externer Bildungsmaßnahmen	Nachteile externer Bildungsmaßnahmen
• Wertvolle Kontakte zu Mitarbeitern anderer Unternehmen sind möglich.	• Vertrauliche Informationen können weitergegeben werden.
• Die eigenen Mitarbeiter werden in ihrer Mobilität gefördert.	• Die Inhalte spiegeln zu wenig die betriebsinternen Probleme wider.
• Der Blick über den betriebsinternen Zaun ist möglich.	• Inhalte, Ziele und Methoden können nicht beeinflusst werden.
• Fremdanbieter bieten größere Professionalität.	• Die Durchführung entzieht sich der Kontrolle.
• Bei kleinen Anmeldezahlen ergeben sich Kostenvorteile gegenüber internen Maßnahmen.	• Der Transfer auf die eigene Arbeitsplatzsituation gelingt nur schwer.

Abb. 13-14: Vor- und Nachteile extern durchgeführter Bildungsmaßnahmen

◆ Die Auswahl externer Bildungsangebote

Auswahl

Angesichts der fast unübersehbaren Vielfalt an externen Bildungsangeboten ergibt sich die Schwierigkeit, eine rationale Auswahl zu treffen. Entscheidungen fallen in diesem Zusammenhang manchmal eher zufällig. Nicht jeder externe Bildungsträger kann in allen Bereichen mit gleich guter Qualität aufwarten. Zur Unterstützung einer gezielten Auswahl externer Bildungsangebote soll der in der nachfolgenden Abbildung 13-15 abgedruckte Fragenkatalog dienen.

1. **Wer ist der Anbieter der externen Bildungsveranstaltung?**
   - Gibt es bereits Erfahrungen mit diesem Anbieter?
   - Verfolgt der Anbieter eine akzeptable bildungs- und gesellschaftspolitische Linie?
   - Welche Einrichtungen und Kapazitäten sind vorhanden?
   - Liegen Referenzen vor (z. B. frühere Seminarteilnehmer)?
   - Ist mit Schwierigkeiten zu rechnen?

2. **Welche Lernziele werden mit den angebotenen Bildungsmaßnahmen verfolgt?**
   - Sind eindeutige Lernziele definiert?
   - Erlauben die Lernziele einen späteren Soll-Ist Vergleich?
   - Entsprechen die Lernziele dem bestehenden Bildungsbedarf im Unternehmen?
   - Können mit diesem Bildungsangebot Probleme gelöst oder verhindert werden?
   - Ist der Veranstalter bereit, spezielle betriebliche Probleme in seinem Programm zu berücksichtigen (z. B. aufgrund einer vorherigen Betriebsstudie)?

3. **Welche Zielgruppen werden angesprochen, und mit welchem Teilnehmerkreisn muss gerechnet werden?**
   - Eignen sich die angebotenen Maßnahmen für den vorgesehenen Mitarbeiterkreis?
   - Werden Angaben über vorausgesetzte Vorbildung und Berufserfahrung gemacht?
   - Ist der voraussichtliche Teilnehmerkreis bekannt?
   - Entsprechen sich die von den voraussichtlichen Teilnehmern im Betrieb wahrgenommenen Funktionen und Kompetenzen?
   - Ist der Teilnehmerkreis zahlenmäßig begrenzt?

4. **Wann findet die Veranstaltung statt, und wie lange dauert sie?**
   - Können die angebotenen Termine wahrgenommen werden?
   - Reicht die vorgesehene Zeit aus, um die angestrebten Lernziele zu erreichen?

5. **Was kann von den eingesetzten Referenten erwartet werden?**
   - Welche Referenten werden tätig sein?
   - Über welche praktische Berufserfahrung verfügen die Referenten?
   - Sind ausreichende Branchenkenntnisse vorhanden?
   - Kann erwartet werden, dass die Referenten über genügend Einfühlungsvermögen in die betriebsspezifischen Probleme verfügen?
   - Stehen die Referenten den Teilnehmern auch für persönliche Gespräche (z. B. abends nach Abschluss des offiziellen Programms) zur Verfügung?
   - Bringen die Referenten ausreichende pädagogische Erfahrungen mit?

6. **Welche Lehrmethoden und Medien werden eingesetzt?**
   - Enthält das Programm Informationen über die zur Anwendung gelangenden Lehrmethoden?
   - Handelt es sich um aktivierende und motivierende Methoden?
   - Verfügt der Bildungsträger über zeitgemäße Unterrichtsräume?
   - Sind sonstige erforderliche unterrichtstechnologische Einrichtungen vorhanden?
   - Werden den Teilnehmern einführende schriftliche Unterlagen zur Verfügung gestellt?

7. **Welche Kontrollmaßnahmen sind vorgesehen?**
   - Wie wird kontrolliert, ob die Lernziele erreicht wurden?
   - Kann der Betrieb die Einhaltung der gesetzten Lernziele überprüfen?
   - Welche seminarbegleitenden Kontrollen (Lernprozesskontrollen) sind geplant?
   - Sind Gegenkontrollen durch die Seminarteilnehmer vorgesehen (z. B. Kritikgespräche)?
   - Gibt es eine Dozentenbeurteilung durch die Teilnehmer?
   - Werden Umsetzungs- und Verwertungshilfen für die Übertragung der erworbenen Qualifikationen in die Praxis geboten?

8. **Welche Kosten entstehen?**
   - Wie hoch sind die voraussichtlichen Gebühren, Spesen und Personalkosten?
   - Entsprechen die anfallenden Kosten dem voraussichtlichen Nutzen?
   - Erscheinen die entstehenden Kosten im Vergleich mit anderen Alternativen vertretbar?

9. **Welche zusätzlichen betrieblichen Leistungen sind über die entstehendenn Kosten hinaus erforderlich?**
   - Müssen Informationen aus dem Betrieb bereitgestellt werden?
   - Sind betriebliche Betreuer oder Hilfsreferenten erforderlich?
   - Welcher Organisationsaufwand entsteht?
   - Welche Sachleistungen fallen an (z. B. Ausstattung der Teilnehmer mit Taschenrechnern)?

10. **Welche Möglichkeiten zu einer Fortsetzung des Qualifikationserwerbs bestehen?**
    - Sind Folgeseminare vorgesehen?
    - Besteht für die Teilnehmer eine Möglichkeit, an einem Erfahrungsaustausch teilzunehmen?

Abb. 13-15 Fragenkatalog zur Analyse externer Bildungsangebote
(Quelle: Mentzel, W.: Unternehmenssicherung durch Personalentwicklung, Freiburg, 1997, S. 215 ff.)

Der Personalreferent empfiehlt der Metallbau AG, eine Seminardatenbank aufzubauen, mit deren Hilfe neben der Kostenerfassung und administrativer Abwicklung von Seminarmaßnahmen auch eine Übersicht und ein Vergleich von externen PE-Veranstaltungen – Trainer, Institute, Themen, Tagungshotels, usw. – möglich wäre.

Abb. 13-16 Menü einer Seminar-Datenbank

Entwicklung along-the-job

13.4.5 Personalentwicklung along-the-job

Die Personalentwicklung along-the-job umfasst diejenigen Maßnahmen, mit denen der berufliche Lebenszyklus eines Mitarbeiters begleitet und der Mitarbeiter dabei in seiner Entwicklung individuell gefördert werden kann. Dazu zählen insbesondere die **Karriereplanung** sowie Coaching und Supervision als Formen **qualifizierter Beratung**.

Karriereplanung

◆ Karriereplanung

Mit Karriereplanung[1] soll *„die gedankliche Vorwegnahme einer Stellenfolge sowohl aus der Sicht der Unternehmung als auch aus der des Mitarbeiters"* (Staehle, W. H.: Management, München, 1999, S. 839) verstanden werden. Der Begriff Stellen**folge** lässt dabei offen, ob es sich dabei jeweils um einen hierarchischen Aufstieg handelt oder nicht.

[1] *Das Instrument der Nachfolgeplanung ist wegen seiner Stellenorientierung eher dem Handlungsbereich der Personalbedarfsplanung zuzuordnen und soll an dieser Stelle nicht weiter thematisiert werden. (Vgl. zum Unterschied zwischen Karriereplanung und Nachfolgeplanung die Ausführung in Kapitel 2.)*

Nach Schein ergeben sich vielmehr drei verschiedene Entwicklungsmöglichkeiten innerhalb einer Karriere bzw. Laufbahn, wie dem **Karrierekegel** der nachfolgenden Abbildung 13-17 zu entnehmen ist.

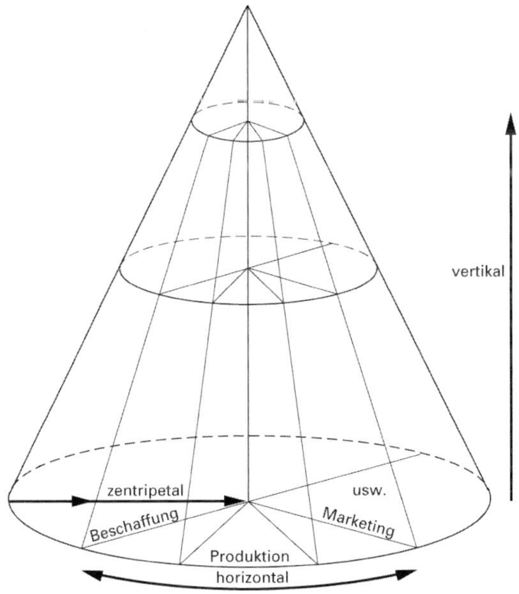

Abb. 13-17 Der Karrierekegel nach Schein
(Quelle: Staehle, W. H.: Management, München, 1999, S. 889, siehe auch Schanz, G.: Personalwirtschaftslehre, München, 2000, S. 506.)

Arten

Die Karriereentwicklung kann sowohl vertikal, horizontal als auch zentripetal verlaufen, wobei Kombinationsmöglichkeiten denkbar sind.

Beispiel Ein Gruppenleiter, bisher zuständig für die Kostenrechnung innerhalb der Rechnungswesenabteilung eines Zweigbetriebes, übernimmt die Abteilungsleitung Personalverwaltung in der Zentrale (zentripetale Entwicklung).

Parallele Laufbahnentwicklung

Die horizontalen und zentripetalen Karriereentwicklungen führen für sich genommen zwar (noch) nicht zu einem hierarchischen Aufstieg, sind aber in der Regel mit materiellen Anreizen verbunden, weil die Mitarbeiter sich bei dieser Art der Karriere entweder als **Spezialisten** oder auch als **Generalisten** weiterentwickeln und dadurch an Wert für das Unternehmen gewinnen. Angesichts der allgemeinen Abflachung von Hierarchien spielt dies in Zukunft eine zunehmende Rolle. Man spricht in diesem Zusammenhang auch von **paralleler Laufbahnentwicklung**.

Orientierung an Lebensphasen

Eine fundierte Karriereplanung setzt die Kenntnis der **typischen Lebensphasen** von Mitarbeitern voraus. Dieses ist insofern von Bedeutung, als das Verhalten der Mitarbeiter je nach Lebensphase unterschiedlich geprägt ist. Die nachfolgende Abbildung 13-18 zeigt den Zusammenhang von Karrierephasen und Lebenssphären auf.

Der Zusammenhang von Karrierephasen und Lebenssphären			
	Lebenszyklus		
	Arbeitssphäre (Karriere-Zyklus)	Soziale Sphäre (Familie, Freunde, Gemeinde)	Biopsychische Sphäre
Frühe Karriere-phasen (15 – 35)	Berufswahl, Ausbildung, Eintritt in Betrieb, Realitätsschock, reguläre Leistungs-beiträge oder Austritt	Kindheit, Heirat, Elternschaft	Entwicklung eines Lebensstils, Entwicklung einer Karriereorientierung
Mittlere Karriere-phase (35 – 50)	reguläre Leistungs-beiträge Beförderungen, „Mid Career Crisis", Umorientierung	erwachsene Kinder verlassen das Elternhaus, Verantwortung für eigene Eltern, neue Freunde	Bewusstsein der Disparität zwischen Traum und Realität, Bilanz
Späte Karrierephase (50 – 65)	reguläre Leistungs-beiträge, Sonderaufgaben Ruhestandskrise, Austritt	evtl. Tod von Freunden und Ehepartnern, Übernahme von Gemeinschafts-aufgaben	Rückblick, Ungewissheit

Abb 13-18: Der Zusammenhang von Karrierephasen und Lebenssphären
(Quelle: Berthel, J.; Koch, H.-E.: Karriereplanung und Mitarbeiterförderung, Stuttgart, 1985, S. 30)

Vor diesem Hintergrund hat nun die Personalentwicklung mehr zu leisten als nur Stellen und Aufgaben im beruflichen Lebenslauf eines Mitarbeiters zuzuweisen. Vielmehr geht es darum, im Sinne einer **lebenszyklusorientierten Personalentwicklung** den Mitarbeiter vom Eintritt in das Unternehmen bis zu seinem Austritt in den jeweiligen kritischen Phasen zu begleiten und zu unterstützen. Das Spektrum möglicher Beratungs- und Entwicklungsmaßnahmen ergibt sich aus der nachfolgenden Abbildung 13-19.

Gravierende personale Veränderung	Thema der Personalentwicklungs- bzw. Beratungsmaßnahmen
Auswahl eines neuen Mitarbeiters bzw. eines neuen Unternehmers	Abgleich der Bedürfnisse und Werte der Organisation mit denen des möglichen neuen Mitarbeiters; Eignung bzw. individuelle Bedürfnisse versus Anforderungen
Eintritt als neuer Mitarbeiter	soziale Integration in das Unternehmen Sozialisationshilfe, „Kulturschock"-Bewältigung, Klärung eines sinnvollen Leistungsbeitrages
Versetzung (neue Abteilung, Funktion, Werk, Auslandseinsatz)	Hilfe beim Wechsel in ein neues soziales Gefüge, Neuorientierung des Lebensraumes
hierarchische Weiterentwicklung, Beförderung	Bedeutung von Karriere und Aufstieg, spezifische Führungsfähigkeiten, Potenzialeinschätzung bzw. -beurteilung, Wachstum und Entwicklung in höherer Verantwortung
in der Mitte des (Berufs-) Lebens	Standortbestimmung, Identifizierung der Karriereanker, Bewältigung von Entwicklungsplateaus, Umgang mit dem Älterwerden und berufliche Neuorientierung (Life-Styling), „Career-planning"
Ausscheiden eines Mitarbeiters (während seiner beruflichen Entwicklung)	„Dehiring"-Hilfe, „Outplacement"-Programme
Vorbereitung auf und Ausscheiden in den Ruhestand	Loslassen können, Stigma des Alters, neuer Lebensabschnitt, Zukunftssicherung, Übernahme einer sinnvollen Beratungs- bzw. Mentorenrolle

Abb. 13-19: Gravierende Änderungen und mögliche PE-Maßnahmen
(Quelle: Sattelberger, T.: Innovative Personalentwicklung, Wiesbaden, 2002, S. 295)

Die Metallbau AG entschließt sich, mit Unterstützung eines Personalberaters ein Seminar für solche Führungskräfte durchzuführen, die in ihrer Entwicklung seit längerer Zeit stagnieren. Das Seminar soll mithilfe des ***„Life-Styling-Konzeptes"*** *gestaltet werden, das in seinen Grundzügen dem von dem amerikanischen Sozialwissenschaftler Lewin entwickelten Phasenschema zum Ablauf von Organisationsänderungen entspricht. Kernelemente sind dabei die Phasen „Auftauen (Unfreezing)", „Ändern (Moving)" und „Einfrieren (Refreezing)". Die einzelnen Schritte des Life-Styling sind den Phasen entsprechend angepasst, wie der nachfolgenden Abbildung zu entnehmen ist.*

Der Veränderungsprozess nach Lewin		**Schritte beim Life-Styling**
Phase 1: Auftauen („Unfreezing")	Das feste und stabile Gleichgewicht, das bisherige Verhaltensweisen, Einstellungen, Leitbilder und Ziele gestützt hat, wird „verflüssigt".	Offenheit, Aufgeschlossenheit und Aufnahmebereitschaft entwickeln. Die Beobachtung akzeptieren und ausleben.
Phase 2: Ändern („Moving")	Neue Informationsquellen und Informationen werden gesucht und verarbeitet mit dem Ziel, ein neues Gleichgewicht für neue Verhaltensweisen und Einstellungen herzustellen.	Die Mosaiksteine verknüpfen, zum Ausdruck bringen und andere daran teilhaben lassen. Erfahrungen bewerten und Entscheidungen treffen.
Phase 3: Einfrieren („Refreezing", „Restabilisation")	Das neue Gleichgewicht wird dauerhaft hergestellt, indem die Änderungen in die eigene Persönlichkeit als neue Einstellung, neues Verhalten, neue Handlungsweise integriert werden.	Die ersten Gehversuche unternehmen, Durchhaltevermögen gegen Widerstände entwickeln und das Neue stabilisieren.

Abb. 13-20: Die Phasen im Life-Styling-Konzept
(Quelle: Sattelberger, Innovative Personalentwicklung, Wiesbaden, 2002, S. 300)

Die erste Phase des Seminars soll durch ein ***Self-Assessment*** *eingeleitet werden, bei dem die Teilnehmer aufgefordert werden, durch Selbsteinschätzung eigene Talente, Wachstumsfelder und Defizite zu inventarisieren, Bilanz zu ziehen und Handlungsfelder der eigenen Entwicklung zu definieren.*

◆ Qualifizierte Beratung

Qualifizierte Beratung

Angesichts tiefgreifender Strukturveränderungen in den Unternehmen mit der Folge ständig steigender Anforderungen an die Mitarbeiter gewinnen die Konzepte qualifizierter beruflicher Beratung immer mehr an Bedeutung. Solche Beratungen sind insbesondere dann erforderlich, wenn bestehende Verhaltensrepertoires nicht mehr reichen, um gegenwärtige und künftige berufliche Handlungssituationen zu meistern.

Beispiel In einem Industrieunternehmen, das vor einiger Zeit den Fertigungsprozess durch Gruppenarbeit umorganisiert hat, tauchten immer wieder erhebliche Abstimmungsprobleme mit den Meistern auf. Hier zeigten sich massive Ängste dieser Meister, die um ihren Arbeitsplatz und um ihre Position innerhalb des Unternehmens fürchteten. Auch die klaren Arbeitsplatz- und Gehaltsgarantien seitens der Unternehmensleitung haben die Probleme nicht wesentlich ändern können. Erst eine Serie qualifizierter Beratungen leitete einen Prozess zur Bewusstseins- und Verhaltensänderung bei den Meistern ein.

Je nach Zielsetzung unterscheidet man bei den Instrumenten zur qualifizierten Beratung zwischen **Coaching** und **Supervision**.

Coaching

◆ **Coaching**

Coaching ist – im Unterschied zur Supervision – in erster Linie auf die Beratung von Führungskräften bezogen und akzentuiert vornehmlich die Förderung ihrer Funktionsfähigkeit im Kontext der Unternehmensziele. Der Begriff steht hinsichtlich seiner Herkunft im Zusammenhang mit einem „Kutscher", der die Aufgabe hat, die Pferde sicher und schnell ans Ziel zu lenken. Thematisch steht die Auseinandersetzung mit der professionellen Rolle im Vordergrund. Coaching ist im Vergleich zur Supervision stärker ziel- und ergebnisbezogen strukturiert.

Beispiel Ein Mitarbeiter aus dem mittleren Management strebt einen Aufstieg ins obere Management an. Um sich gezielt auf das mehrtägige Auswahlverfahren vorzubereiten, begibt er sich in einen Coaching-Prozess. Dort werden die wesentlichen Stationen des zu erwartenden Verfahrens simuliert und analysiert. Die dabei zutage tretenden persönlichen Probleme – beispielsweise Konfliktvermeidungsstrategien – werden in diesem Prozess aufgegriffen und bearbeitet. Ziel ist es, dass der Mitarbeiter den beruflichen Aufstieg schafft.

Mentoring

◆ **Mentoring**

Mentoring wird als Instrument zur Integration von Nachwuchskräften in die Unternehmens- bzw. Branchenkultur aufgefasst. Kennzeichnend ist dabei die Entwicklung einer Beratungs- und Unterstützungsbeziehung zwischen einer (betriebs-) erfahrenen Führungskraft und einer Nachwuchskraft, der Führungs- und Entwicklungspotenzial zugeschrieben wird. Die Beziehung besteht für einen begrenzten Zeitraum von ca. 6 bis 9 Monaten. Man unterscheidet zwischen internem und externem Mentoring. Eine spezielle Form des externen Mentoring ist das so genannte Cross-Mentoring. Dabei werden Mentees und Mentorinnen zwischen zwei oder mehreren Unternehmen ausgetauscht. Mentee und Mentor kommen jeweils aus dem anderen Unternehmen, es entstehen ‚gekreuzte' (Cross-)Beziehungen.

Supervision

◆ **Supervision**

Supervision ist eine personenbezogene, berufliche Beratung von Einzelnen, Gruppen oder Teams mit dem Ziel, die Professionalität des beruflichen Handelns zu optimieren. Supervision setzt an der Schnittstelle zwischen Profession, Person und Organisation an und soll vor allem zur Selbstreflexion befähigen. Im Kern geht es um die Umstrukturierung bzw. Neuentwicklung von Deutungs- und Handlungsmustern im beruflichen Kontext der Supervisanden. Insgesamt ist das Beratungsformat Supervision im Vergleich zum Coaching stärker prozess- und reflexionsbezogen angelegt.

Beispiel Bei der Eröffnungsveranstaltung eines Projekts zur Optimierung des Materialflusses zeigte sich eine starke, störende Rivalitätsbeziehung zwischen zwei Abteilungsleitern, ohne dass dies den beiden bewusst war. Im Rahmen eines Supervisionsprozesses gelang es den beiden Mitarbeitern, ihr Problem aufzuarbeiten.

Entwicklung out-of-the-job

13.4.6 Personalentwicklung out-of-the-job

Die Personalentwicklung out-of-the-job soll den Mitarbeiter bei Problemen unterstützen, die im Zusammenhang mit dem Verlassen des Unternehmens entstehen können. Dies betrifft insbesondere die **Ruhestandsvorbereitung** sowie **Outplacement-Beratung**. Im weiteren Sinne könnten diese PE-Maßnahmen auch zur Personalentwicklung along-the-job gerechnet werden, da ja der berufliche Lebenszyklus bis zum Verlassen der Organisation reicht.

Vorbereitung auf den Ruhestand

◆ **Ruhestandsvorbereitung**

Das Näherrücken des Ruhestandes wird von vielen Mitarbeitern als bedrohlich empfunden. Sie entwickeln **Ängste** vor dem Verlust sozialer Kontakte, der gewohnten Ordnung, der Möglichkeit zur Selbstverwirklichung in der Arbeit und vor finanziellen Einbußen. Nicht zuletzt prägen häufig Gefühle der Nutzlosigkeit diese schwierige Vorruhestandsphase bei den Mitarbeitern.

Vor diesem Hintergrund wurden PE-Maßnahmen entwickelt, um den Übergang in den Ruhestand zu erleichtern. Dazu zählen beispielsweise Ruhestands-Workshops, Seniorenclubs sowie spezielle Vortragsreihen.

Beispiel Die Bayer AG hat ein umfassendes Programm zur Vorbereitung auf den dritten Lebensabschnitt entwickelt. Dazu gehören insbesondere Vortragsreihen sowie Wochenendseminare. Zu den Vortragsthemen gehören unter anderem:
- der Prozess des Älterwerdens aus psychologischer Sicht,
- die dritte Lebensphase aus der Sicht eines Arztes,
- Fragen richtiger Ernährung,
- Bewegung, die Körper und Seele lebendig hält.

Wirksame Unterstützung können solche Maßnahmen durch geeignete **Altersteilzeitmodelle** erfahren (vgl. Kapitel 7). Die Einrichtung von Arbeitszeitkonten bietet die Möglichkeit, Zeitguthaben über einige Jahre anzusparen, um dann in der letzten Phase des Arbeitslebens je nach Modell mit reduzierter Stundenzahl oder gar nicht mehr zu arbeiten.

Outplacement-Beratung

◆ **Outplacement-Beratung**

Unter Outplacement wird ein Beratungsverfahren zur einvernehmlichen Trennung eines Unternehmens mit einem Mitarbeiter verstanden, wobei sich der Beratungsprozess zugleich auf die Vorbereitung auf eine neu zu übernehmende Aufgabe außerhalb des Unternehmens bezieht (Newplacement). Im Grunde genommen handelt es sich hier um eine **spezielle Form des Coachings**. Sie kann sich zum einen auf die Vorbereitung eines Mitarbeiters für eine Neubewerbung beziehen, speziell mit Trainingshilfen zur Bewerbungsvorbereitung und -durchführung. Andererseits kann es auch darum gehen, Mitarbeitern Unterstützung im Rahmen von **Outsourcing-Verfahren** zu geben, wenn sie den Schritt in die Selbstständigkeit wagen sollen.

Beispiel Aufgrund von Strukturproblemen hat die Geschäftleitung eines Industrieunternehmens beschlossen, die Außendienstabteilung schrittweise auszugliedern. In Abstimmung mit dem Betriebsrat soll nun versucht werden, einigen jüngeren Mitarbeitern eine Outplacement-Beratung als Vorbereitung auf eine eventuelle Selbständigkeit anzubieten.

13.4.7 E-Learning

Lerninhalte werden mit Hilfe des Computers transferiert. Dabei unterstützen die modernen Informations- und Kommunikationstechniken die flexible Gestaltung von Lernort und Lernzeit. Lerninhalte werden multimedial aufbereitet und präsentiert. Ein Nachteil besteht jedoch darin, dass der Lernende von der technischen Infrastruktur abhängig ist. Auch hängt der Erfolg in starkem Maße von der Fähigkeit des Lernenden ab, Eigenverantwortung für Motivation und Selbstdisziplin zu übernehmen.

Eine Form des E-Learning ist beispielsweise das Computer-Based-Training (CBT). Dabei werden die Lerninhalte den Lernern auf CD zur Verfügung gestellt. Auch üblich ist das Web-Based-Training (WBT). Hierbei werden die Lerninhalte über Internet oder Intranet des Unternehmens bereitgestellt. Möglich ist auch das zeitgleiche oder zeitversetzte Lernen über virtuelle Seminare. Werden parallel zum E-Learning noch Präsenzseminare angeboten, die für die Lernenden verpflichtend sind, spricht man von der Mischform des Blended Learning.

Die folgende Abbildung zeigt Faktoren, von denen der Erfolg des E-Learning abhängt.

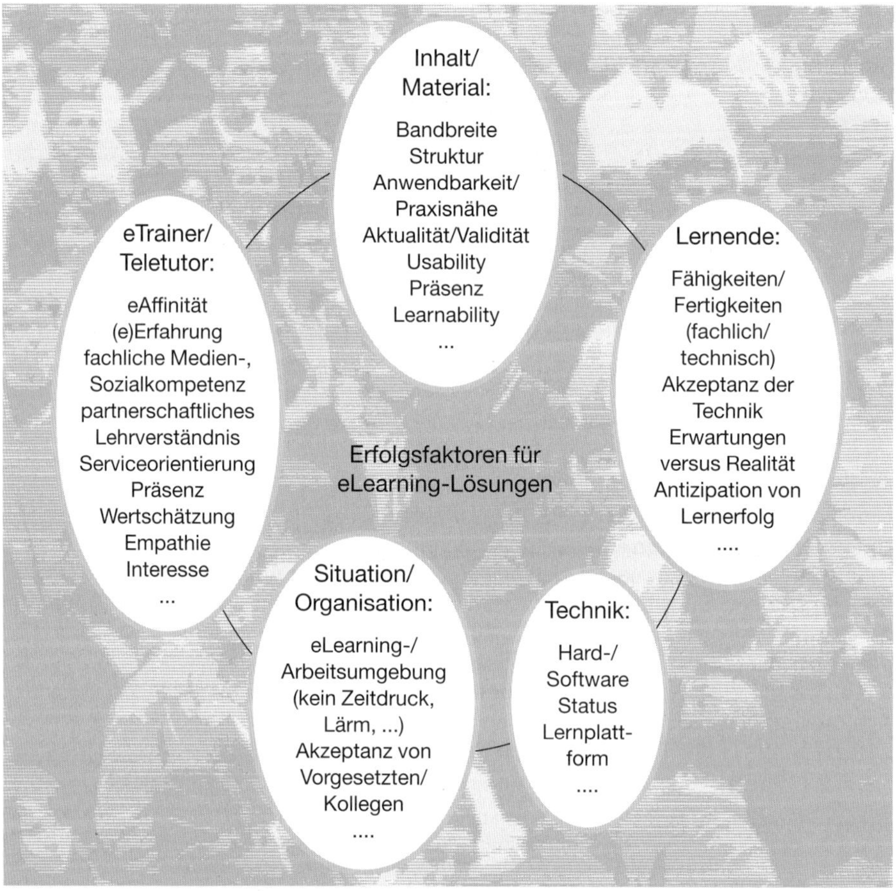

Abb. 13-21 Erfolgsfaktoren von E-Learning
(Quelle: Scholz, C.; Beck, C. H. (Hrsg.): Vahlens Großes Personallexikon, München, 2010, S. 281)

E-Learning ist, allen damit verbundenen Problemen zum Trotz, ein wichtiger Faktor der Personalentwicklung geworden.

Beispiel Von der Ärztekammer in Düsseldorf werden für Mitarbeiterinnen größerer Praxen Weiterbildungslehrgänge auf der Basis von E-Learning kombiniert mit Präsenzseminaren angeboten.

13.5 Controlling in der Personalentwicklung

Personalentwicklungs-Controlling

Personalentwicklungs-Controlling ist als Teil eines allgemeinen Personalcontrollings aufzufassen. Personalwirtschaftliche Maßnahmen werden erfolgsorientiert bewertet, mit anderen Unternehmensbereichen abgestimmt und gegebenenfalls korrigiert (vgl. Scherm, E.: Personalcontrolling: Aufgaben und Instrumente. In: Berthel/Groenewald: Handbuch Personal – Management, Landsberg a. Lech). Im Gegensatz zur rein vergangenheitsorientierten Kontrolle bezieht sich Controlling darüber hinaus auch auf die Gegenwart und die Zukunft und bietet damit als strategisches Steuerungsinstrument die Möglichkeit des Agierens statt des bloßen **Re**agierens.

Neben der Analyse möglicher **Bezugspunkte** eines Bildungscontrollings geht es darum festzustellen, welche **methodischen Ansätze** in der Praxis zur Verfügung stehen und wie die **Grenzen** des Bildungscontrollings einzuschätzen sind.

13.5.1 Bezugspunkte des Bildungscontrollings

Regelkreis

Im Kern hat die Personalentwicklung dafür zu sorgen, dass ein positiver Beitrag zu den Unternehmenszielen geleistet wird. Dementsprechend sind gemäß eines festgestellten Entwicklungsbedarfs Ziele zu setzen, PE-Maßnahmen bereitzustellen sowie nach der Durchführung der Maßnahmen ist der Lernerfolg sowie der Transfer auf die Arbeitssituation sicherzustellen, was unter Umständen einen erneuten Entwicklungsbedarf auslöst. Diese Abfolge entspricht der **Idee eines Regelkreises**, wie nachfolgender Abbildung 13-21 zu entnehmen ist.

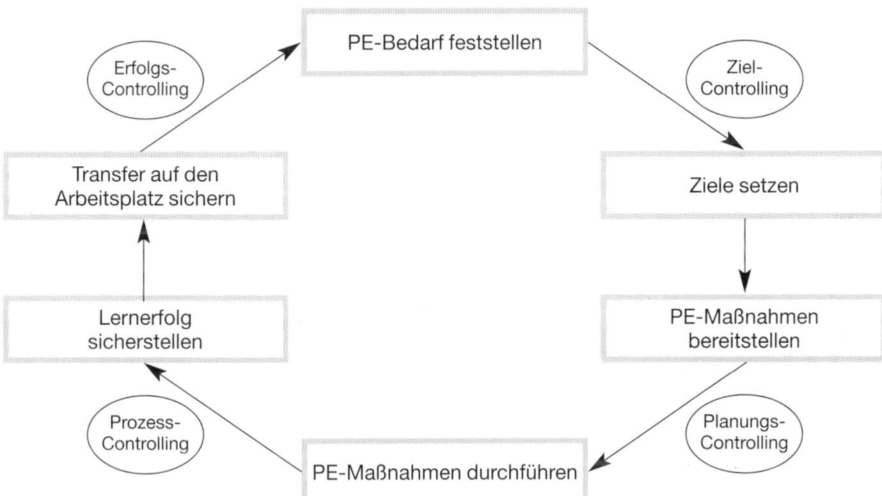

Abb. 13-22: Der Regelkreis der Personalentwicklung

Gegenstände des Bildungs-Controllings

Das Bildungscontrolling kann nun an den verschiedenen Punkten des Regelkreises ansetzen:

- Beim **Zielcontrolling** geht vor allem um die Überprüfung, ob die gesetzten Ziele auf den Entwicklungsbedarf hin abgestimmt und insgesamt sinnvoll sind.
- Beim **Planungscontrolling** werden die entwickelten PE-Maßnahmen daraufhin überprüft, ob sie tatsächlich zur Zielerreichung beitragen können.

- Das **Prozesscontrolling** geht der Frage nach, inwieweit die PE-Maßnahmen nach organisatorischen Gesichtspunkten optimal ablaufen.
- Das **Erfolgscontrolling** hat die Funktion zu überprüfen, inwieweit die vorgegebenen Ziele erreicht wurden.

Das wesentliche Prinzip von Controlling besteht nun darin, dass man sich nicht mit der Feststellung irgendwelcher Abweichungen von Soll-Vorgaben zufrieden gibt, sondern dieses zum Anlass nimmt, unverzüglich **Korrekturmaßnahmen** zu ergreifen. Erst dadurch gewinnt Controlling die **Qualität eines Steuerungsinstrumentes**.

Beispiel Durch die Auswertung des Seminarbeurteilungsbogens kann die PE-Abteilung feststellen, dass das Seminarprogramm an den Bedürfnissen der Teilnehmer vorbeigeplant war. Für die Folgeveranstaltungen soll das Programm nun zunächst überarbeitet werden.

13.5.2 Praxisorientierte Methoden des Bildungscontrollings

Die praxisorientierten Methoden des Bildungscontrollings setzen in der Regel beim **Erfolgscontrolling** an. Daneben gewinnen Bemühungen um eine Zertifizierung der Bildungsarbeit im Rahmen des **Prozesscontrollings** an Bedeutung.

Verfahren

◆ **Praxisorientierte Verfahren des Erfolgscontrollings**

In der Praxis konzentrieren sich die Verfahren vor allem auf das **Kosten-Controlling**, um fassbare und zuordnungsfähige Größen ermitteln zu können. Daneben spielt noch das **ergebnisorientierte Controlling** eine Rolle, und zwar weniger als Erfolgskontrolle in betriebswirtschaftlicher als vielmehr in pädagogischer Hinsicht. Vereinzelt gibt es schließlich Versuche zum **nutzenorientierten Controlling.** Dabei soll die Rentabilität von Bildungsmaßnahmen im Sinne einer Kosten-Nutzen-Analyse festgestellt werden.

Kosten-Controlling

◆ **Kosten-Controlling**

Das Kosten-Controlling bezieht sich auf die Erfassung, Analyse und Überwachung der Höhe, der Zusammensetzung und der Veränderung der Personalentwicklungskosten.

Grundlage dieses Ansatzes ist eine möglichst genaue Kostenerfassung von Bildungsmaßnahmen im Rahmen einer **Kostenartenrechnung**, die sich an dem Gliederungsschema Personalkosten, Sachkosten und Sonstige Kosten orientiert, wie der nachfolgenden Abbildung 13-22 zu entnehmen ist. Die Fragestellung lautet: Welche Arten von Bildungskosten sind entstanden und in welcher Höhe jeweils?

Kostenartenrechnung

1. Personalkosten
1.1 Kosten der Bildungsteilnehmer (= anteiliges Arbeitsentgelt für ausgefallene Arbeitszeit) 1.2 Kosten für interne Lehrkräfte (= anteiliges Arbeitsentgelt der Referenten) 1.3 Kosten für externe Lehrkräfte 1.4 Planungs- und Verwaltungskosten (= anteilige Kosten der Personal- oder Bildungsabteilung)
2. Sachkosten
2.1 Beiträge für externe Seminare 2.2 Kosten für Lehrmittel, Werkzeuge, Arbeitsmaterialien 2.3 Reisekosten 2.4 Kosten für Unterkunft und Verpflegung 2.5 Raumkosten
3. Sonstige Kosten
3.1 Gebühren (z. B. Prüfungsgebühren) 3.2 Kommunikationskosten 3.3 Kosten für Minderleistungen (Opportunitätskosten)

Abb. 13-23: Gliederungsschema für die Erfassung der PE-Kostenarten
(Quelle: Mentzel, W.: Unternehmenssicherung durch Personalentwicklung, Freiburg, 1997, S. 231)

Unter **Opportunitätskosten** (Punkt 3.3 der Kostengliederung) werden in diesem Zusammenhang die Kosten der Minderleistungen erfasst, die dadurch entstehen können, dass ein Mitarbeiter an einer Bildungsmaßnahme teilnimmt.

Beispiel Ein Produktionsfacharbeiter wird zur Teilnahme an einem Fortbildungsseminar freigestellt. Während seiner Abwesenheit fällt eine wichtige Produktionsmaschine aus. Die Arbeitsvertretung benötigt aufgrund fehlender Routine sechs Stunden für die Reparaturarbeiten. Wäre der auf die Maschine spezialisierte Facharbeiter an seinem Arbeitsplatz geblieben, hätte die Reparatur erfahrungsgemäß nur etwa drei Stunden gedauert.

Instrument des Bildungsbudgets

Die Kostenartenrechnung wird allerdings erst dann zu einem Steuerungsinstrument im Sinne eines echten Controllings, wenn durch Abweichungsanalysen ein entsprechender Handlungsbedarf ermittelt werden kann. Dazu bietet sich das Instrument des **Bildungsbudgets** an. Ein mögliches Muster dazu gibt die nachfolgende Abbildung 13-23.

Bildungsbudget			Zeitraum:		
	Vorjahr	Vorkalk.	Nachkalk.	Abweichung	
		Soll	Ist	EUR	%
Personalkosten – Bildungsteilnehmer – Interne Lehrkräfte – Externe Lehrkräfte – Planung und Verw.					
Ges. Personalkosten					
Sachkosten – Geb. f. ext. Seminare – Material, Hilfsmittel – Reisen, Unterkunft – Raumkosten					
Ges. Sachkosten					
Sonstige Kosten – Gebühren – Kommunikation					
Ges. Sonst. Kosten					
Ges. Bildungskosten					

Abb. 13-24: Muster eines Bildungsbudgets
(Quelle: Mentzel, W.: Unternehmenssicherung durch Personalentwicklung, Freiburg, 1997, S. 238)

Beispiel Die PE-Abteilung stellt bei der Überprüfung des letzten Bildungsbudgets fest, dass die Reisekosten zu den Seminaren im Vergleich zum Vorjahr um 20 % gestiegen sind. Dies überrascht insofern, als die Anzahl der Seminare sowie die jeweiligen Teilnehmerzahlen in etwa gleich geblieben sind. Bei der weiteren Ursachenanalyse stellt sich dann heraus, dass die Tagungshotels im Vergleich zum Vorjahr weiter entfernt waren. Daraus könnte nun der Schluss gezogen werden, einen Wechsel der Tagungshotels zu veranlassen. Dies gilt allerdings nur unter der Voraussetzung, dass qualitativ vergleichbare Tagungsbedingungen in einer näheren Entfernung gefunden werden können.

Kostenstellenrechnung

Eine solche Budgetierung kann nun weiter verfeinert werden, indem die Kosten nicht nur als gesamter Block ermittelt werden, sondern nach unterschiedlichen Kriterien im Rahmen einer **Kostenstellenrechnung** aufgeschlüsselt und verrechnet werden. Die Fragestellungen lauten dann: Welche Kosten sind für bestimmte PE-Maßnahmen angefallen? Welche Stellen im Unternehmen haben sie verursacht und müssen daher anteilig belastet werden? Auch der einzelne Mitarbeiter könnte unter Umständen als eine Kostenstelle aufgefasst werden. Dadurch ließe sich im Sinne einer **Humanvermögensrechnung** der aufgelaufene Wert von PE-Maßnahmen bestimmten Mitarbeitern zuordnen.

Humanvermögensrechnung

Der Personalreferent empfiehlt der Metallbau AG, den Mitarbeitern mithilfe einer Humanvermögensrechnung ein Wertbewusstsein von Personalentwicklung zu vermitteln. Ein erster Ansatz dazu könnte nach folgendem Muster aufgebaut werden.

Die in Anspruch genommenen Seminare und ihr Wert: Mitarbeiterin: Frau Nicole Hagedorn
Zeitraum: 1. Dezember 2006 bis 30. November 2011

Seminar NR	Seminar Titel	Beginn	Seminartage*	Teilnehmerkosten°
BD/1001	Führungskräfte-Seminar Teil 1	8. Dez. 2006	3	1 344,50 EUR
BD/1003	Führungskräfte-Seminar Teil 2	15. Jan. 2007	3	1 311,67 EUR
3020	Berufsunfähigkeitszusatzversicherung	26. März 2007	1	120,54 EUR
BD/1005	Erfolgreiche Bewerberauswahl	1. Jun. 2007	2	941,10 EUR
3064	Verbundene Wohngebäude Versicherung	5. Nov. 2007	1	85,76 EUR
1007	Workshop „Kommunikation"	14. Dez. 2007	2	598,58 EUR
3099	Baufinanzierung/Steuern '00/Rente '00	17. Jun. 2008	1	97,57 EUR
3144	Verkaufstraining	26. Mai 2009	1	2 704,74 EUR
3131	Konfliktbewältigung/MA-Führung	30. Mai 2009	2	624,66 EUR
BD01/02	Arbeitsrecht-Seminar I	12. Jan. 2010	1	389,61 EUR
3182	Rentenschulung	16. Feb. 2010	1	254,25 EUR
3158	Motivationstraining	25. Feb. 2010	1	221,63 EUR
3129	Kfz-Versicherung	9. März 2010	1	76,55 EUR
LD/BD 03/02	Führungskräfte-Seminar	22. Sep. 2010	2	1 425,79 EUR
LD/BD 02/03	Mitarbeiterbeurteilung & Qualifikation	18. Jan 2011	2	307,69 EUR
LD/BD 05/03	Gezielter Orga-Ausbau	1. März 2011	2	1 120,10 EUR
LD/BD 08/03	Verhalten in Stress-/Konfliktsituationen	18. Nov. 2011	2	287,28 EUR

Anzahl der Seminare: 17 — Teilnehmerkosten insgesamt: 11 903,14 EUR
Anzahl der Seminartage: 28
Seminartage im Schnitt: 1,65

*Anzahl der Seminartage, an denen der Teilnehmer das Seminar besucht hat
° Zusammensetzung der Teilnehmerkosten:
Fahrtkosten, Spesen und Ausgleichszahlungen
Anteilige Hotel- und Trainerkosten
Anteilige sonstige Kosten

Abb. 13–25: Die in Anspruch genommenen Seminare und ihr Wert

Eine weitere Ausgestaltungsmöglichkeit des Kosten-Controllings ergibt sich durch die **Kostenvergleichsrechnung**. Dazu gehört beispielsweise ein Kostenvergleich zwischen einer intern oder extern durchzuführenden Bildungsmaßnahme. Ein solcher Ansatz kann natürlich auch auf die Bildungsabteilung als Ganzes bezogen werden, die sich dann als **Cost-Center** mit externen Bildungsträgern messen lassen muss. Unter Umständen kann die Bildungsabteilung auch als **Profit-Center** geführt werden. In einem solchen Fall müssen die Bildungsleistungen dann unternehmensintern und eventuell auch extern mit echten Verkaufspreisen vermarktet werden.

Kostenvergleichsrechnung

◆ **Ergebnisorientiertes Controlling**

Ergebnisorientiertes Controlling

Das ergebnisorientierte Controlling knüpft an beobachtbaren Ergebnisveränderungen an. Dies kann sich in **betriebswirtschaftlicher Hinsicht** zum Beispiel auf Umsatz- oder Ausbringungsmengensteigerungen beziehen. Als weitere Indikatoren kommen Kennzahlen zur Materialeinsparung sowie zur Ausschussreduzierung infrage. Die damit verbundenen Zurechnungsprobleme lassen sich allerdings in der praktischen Anwendung kaum lösen.

Beispiel Die Meister eines Produktionsbetriebes haben im Verlauf eines Jahres an mehreren Qualitätssicherungsseminaren teilgenommen. Im Folgejahr erzielt das Unternehmen eine Umsatzsteigerung in Höhe von 17 %. In welchem Ausmaß lässt sich nun die festgestellte Umsatzsteigerung auf diese PE-Maßnahme beziehen?

Das Controlling kann sich auch auf die Erfolgsermittlung in **pädagogischer Hinsicht** beziehen. Hier ist zu fragen, inwieweit die Lernenden die angestrebten Kompetenzen erreicht haben. Gleichermaßen bezieht sich das Controlling auch auf die didaktisch-methodische Gestaltung des Lernarrangements, wobei auch die Personen (Trainer, Moderatoren, Referenten) mit in die Überprüfung einbezogen sind. Einzelheiten zu dieser Art von pädagogischem Controlling wurden bereits in Kapitel 12 thematisiert.

◆ **Nutzenorientiertes Controlling**

Nutzenorientiertes Controlling

Im Rahmen des nutzenorientierten Controllings wird untersucht, inwieweit bestimmte PE-Maßnahmen als rentabel zu bezeichnen sind. Zu diesem Zweck müssen Aufwendungen und Erträge bestimmter PE-Maßnahmen ermittelt und zueinander ins Verhältnis gesetzt werden. Dieses führt dann allerdings zu den bereits oben erläuterten Zurechnungsproblemen.

Rentabilität einer PE-Maßnahme

Der **Opportunitätskostenansatz** gilt als Möglichkeit der praktischen Umsetzung des nutzenorientierten Controllings. Danach bemisst sich die **Rentabilität einer PE-Maßnahme** an dem Nichteintreten von „Nachteilen“, die ohne Durchführung dieser Maßnahme entstanden wären. Solche Nachteile können beispielsweise in erhöhten Fluktuations- und Absenzquoten sowie in zusätzlichen Lohnkosten bestehen. Wird nun ein solcher Nachteil höher bewertet als die Kosten einer bestimmten PE-Maßnahme, so kann diese Bildungsmaßnahme als rentabel bezeichnet werden.

Die Berechnung erfolgt nach folgender Formel:

$$\text{Rendite einer PE-Maßnahme} = \frac{\text{Wert des vermiedenen Nachteils} - \text{Kosten der PE-Maßnahme} \times 100}{\text{Kosten der PE-Maßnahme}}$$

Die nachfolgende Abbildung 13-25 zeigt eine beispielhafte Rentabilitätsberechnung.

Fall: Die Umsatzleistungen im Verkauf eines Markenartikelherstellers bleiben hinter den Erwartungen zurück. Man glaubt, durch ein Verkaufstraining die Leistungen der einzelnen Verkäufer um mindestens 10 % steigern zu können. Dazu werden von einem externen Verkaufstrainer zwei Wochenseminare für jeweils 10 Verkäufer durchgeführt. Die Seminare finden außerhalb in einem Hotel statt; der Referent arbeitet sich während eines zweitägigen Aufenthalts im Unternehmen in die betriebsspezifischen Probleme ein.

Ermittlung der Kosten:

Vorbereitung des Referenten im Unternehmen	
2 Tage zu einem Tagessatz von 1 000,00 EUR	2 000,00 EUR
Spesen (Hotel und Verpflegung) während der Einarbeitung	250,00 EUR
Honorar für Seminardurchführung	
10 Seminartage zu 1 000,00 EUR	10 000,00 EUR
Entgelt für ausgefallene Arbeitszeit der Teilnehmer	
(durchschnittliches Gehalt 3 000,00 EUR + 80 % Nebenkosten je Monat entspricht etwa 1 350,00 EUR je Woche)	
20 Teilnehmer zu 1 350,00 EUR	27 000,00 EUR
Aufenthalt und Fahrt (4 Übernachtungen/Verpflegung/Anfahrt mit Pkw)	
490,00 EUR je Teilnehmer	
20 Teilnehmer zu 490,00 EUR	9 800,00 EUR
Anteilige Organisationskosten der Personal- und Bildungsabteilung	
(Stundensatz 100,00 EUR)	
50 Stunden zu 100,00 EUR	5 000,00 EUR
Kosten insgesamt	54 050,00 EUR

Quantifizierung des Erfolgs:

Es wird unterstellt, dass die angestrebte Umsatzsteigerung im Durchschnitt erreicht wird. Ohne das Seminar hätte man dazu zwei zusätzliche Mitarbeiter benötigt. Das hierfür eingesparte Arbeitsentgelt wird ersatzweise als Wert des Seminars angesetzt. Als Wirkungszeitraum für den Seminarerfolg wird ein Jahr zugrunde gelegt.

Jahresarbeitsentgelt einschließlich Personalnebenkosten	
für zwei Mitarbeiter (2 x 12 x 5 400,00 EUR)	129 600,00 EUR

Berechnung der Rendite:

$$R = \frac{129\,600 - 54\,050}{54\,050} \times 100 = 139{,}8\%$$

Abb. 13-26: Rentabilitätsberechnung eines Bildungsprojektes
(Quelle: Mentzel, W.: Unternehmenssicherung durch Personalentwicklung, Freiburg, 1997, S. 254)

◆ Die Zertifizierung als Möglichkeit praxisbezogenen Prozesscontrollings

Zertifizierungen

In den Unternehmen ist „Qualität" zum Generalthema weltweiter Wettbewerbspolitik geworden. Die „International Organization of Standardization" (ISO) hat mit der Normenreihe ISO 9000-9004 Anforderungen an Verfahren der Qualitätssicherung festgelegt. Eine **Zertifizierung nach DIN EN ISO 9000 ff.** regelt mittlerweile in entscheidender Weise den Marktzugang von Bildungsangeboten, weil externe Bildungsträger nur dann noch als vertragswürdig gelten. Auch die interne Bildungsarbeit der Unternehmen wird mittlerweile durch die Festlegung von Qualitätssicherungssystemen geprägt.

Hierbei hat sich das EFQM-Modell, das von der European Foundation of Quality Management 1988 als Bewertungssystem für die Unternehmensqualität entwickelt wurde, weitgehend durchgesetzt. Mittlerweile gibt es hier Varianten nicht nur für Unternehmen, sondern auch für Bildungsanbieter.

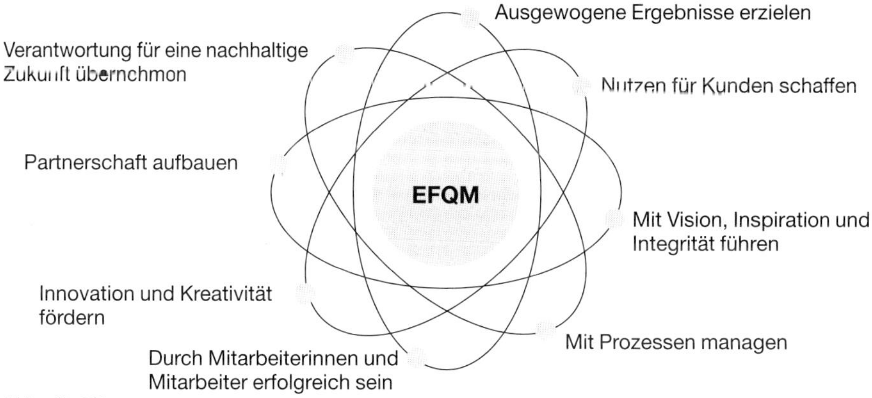

Abb. 13-27

13.5.3 Grenzen des Bildungscontrollings

Grenzen des Bildungs-Controlling

Da sich das eigentliche Lernen in der Person des Lernenden selbst vollzieht, gibt es kaum Anhaltspunkte zur klaren Messung von Qualifikationshöhe und -fortschritt. Auch das Ausmaß an Transferfähigkeiten aufgrund bestimmter Bildungsmaßnahmen bleibt weitgehend verborgen. Der indirekte Versuch, mithilfe von Indikatoren (z. B. Kosten, Ertragsgrößen) Aussagen über die Wirksamkeit von Bildung zu bekommen, birgt in sich die **Gefahr von Einseitigkeit**. Denn das Controlling wird auf diese Weise verengt auf ein daten- und zahlenorientiertes Kontrollsystem, das ohnehin unter großen Zurechnungsproblemen leidet. Alle nicht in Zahlen erfassbaren Tatbestände werden nämlich unter diesem Blickwinkel vernachlässigt.

Beispiel Ein Werkspersonalleiter eines weltweit operierenden Konzerns nimmt an einem internationalen Personalmanagerkongress teil und wird dabei nach seiner eigenen Einschätzung ein Stück mehr sensibel für die Kulturen anderer Länder. Ein solcher „Lernfortschritt" erscheint später in keiner Statistik und keiner Kennzahl. Trotzdem verdient die PE-Maßnahme das Prädikat „sinnhaft", da der Personalleiter seine Qualifikation im Bereich Internationale Verhandlungsführung vermutlich erhöht hat.

Vor dem Hintergrund der „Neuen Dezentralisierung" entsteht mittlerweile das Bild eines selbstbewussten, engagierten Mitarbeiters, der seine anforderungsgerechte Qualifizierung selbst **aktiv mitgestaltet** und **mitverantwortet**. Dies wirkt sich allerdings erschwerend auf ein rein zahlenorientiertes Controlling im traditionellen Sinne aus; denn je dezentraler die Personalentwicklung unter weitgehender Selbststeuerung der Beteiligten wird, desto offener und situationsspezifischer gestaltet sich das Bildungsgeschehen. *„Es ist zu vermuten, dass eine Kultur mit hoher Bewertung von Individualität, Autonomie und gleichzeitiger Ziel- und Leistungsorientierung am ehesten Controlling durch Dritte zurückzudrängen vermag."* (Quelle: Drumm, H. J.: Personalwirtschaftslehre, Berlin/Heidelberg, 2005, S. 588)

A Aufgaben

1. Als Personalreferent sollen Sie unter anderem dafür sorgen, dass eine bereits beschlossene Personalentwicklungsmaßnahme zur Schulung der Präsentationsfähigkeit durchgeführt wird.
   a) Entwerfen Sie einen allgemeinen Ablaufplan zur Durchführung von externen und internen Seminarprogrammen.

b) Formulieren Sie einen geeigneten Text zu der oben genannten Bildungsmaßnahme, der in das unternehmensinterne Bildungsprogramm aufgenommen werden kann.

2. Entwickeln Sie einen geeigneten Fragebogen zur Beurteilung von Seminaren.
3. Zur Vorbereitung einer von der Personalleitung einberufenen Sitzung sollen Sie für eine Mechatroniker-Schulung eine beispielhafte Kostenvergleichsrechnung, bezogen auf einen Mitarbeiter, vorlegen. Unter Berücksichtigung weiterer Gesichtspunkte als den vorgegebenen Berechnungsdaten soll ein begründeter Vorschlag für die bessere Lösung erfolgen.

Berechnungsdaten für die Schulungsmaßnahme „Mechatroniker“

Die Schulungsmaßnahme wird von einem externen Beratungsunternehmen durchgeführt, das schon öfter von Ihrem Unternehmen für vergleichbare Aufträge in Anspruch genommen wurde.

Ein Wochenseminar (à fünf Veranstaltungstage) wird von dem Beratungsunternehmen mit 400,00 EUR pro Teilnehmer in Rechnung gestellt.

Das erforderliche Tagungshotel kalkuliert überlicherweise mit einem Tagessatz von 125,00 EUR pro Person.

Reisekosten für eine ganze Seminarwoche sind mit 125,00 EUR/Teilnehmer zu veranschlagen.

Als Spesen sind noch einmal 25,00 EUR pro Tag und Teilnehmer zu berücksichtigen.

Für Organisationsarbeiten der Personalabteilung sind pro Seminar (= sechs Teilnehmer) 10 Stunden mit einem Verrechnungspreis von 90,00 EUR/Stunde zu kalkulieren.

Das Jahresgehalt (bei 13 Gehältern) der Produktionsfacharbeiter beträgt im Durchschnitt 31 200,00 EUR.

Für die Berechnung werden 220 Jahresarbeitstage zugrunde gelegt.

Der Personalzusatzkostenzuschlag beträgt laut Angaben der Rechnungswesenabteilung 85 %.

Die Opportunitätskosten sollen mit 10 % der gesamten Personalkosten für die ausgefallene Arbeitszeit berücksichtigt werden.

Eine Rücksprache mit der Spezialistin für Arbeitsrecht in der Zentrale hat ergeben, dass Sie im Durchschnitt mit drei Bruttomonatsgehältern als eventueller Abfindung für die Produktionsfacharbeiter im Eifeler Werk rechnen müssen.
Führen Sie eine Kostenvergleichsrechnung anhand der vorliegenden Daten für die Schulungsmaßnahme „Mechatroniker“, bezogen auf einen Mitarbeiter, durch und machen Sie unter Berücksichtigung weiterer Gesichtspunkte einen begründeten Vorschlag, ob die benötigten Mechatroniker intern fortgebildet werden sollen oder eventuell besser extern beschafft werden sollen.

4. Entwickeln Sie ein Budgetierungsformular zur Erfassung und laufenden Kontrolle der Personalentwicklungskosten für eine Fachabteilung Ihrer Wahl.
5. Die zentrale Personalabteilung eines Unternehmens soll in Zukunft als Hilfskostenstelle geführt werden. Das bedeutet, dass alle Kosten dieser Abteilung auf andere Kostenstellen des Unternehmens umgelegt werden müssen. Machen Sie geeignete Vorschläge, mithilfe welcher Schlüssel die Kosten umgelegt werden können.
6. Erläutern Sie anhand eines Beispiels aus Ihrem Erfahrungsbereich, was im Zusammenhang mit Kosten der Personalentwicklung unter Opportunitätskosten zu verstehen ist.
7. Nehmen Sie kritisch Stellung zu folgender These: „Durch ein umfassendes Personalentwicklungskonzept kommen letztlich Managementziele, gesellschaftspolitische Ziele sowie Mitarbeiterziele zum Ausgleich.“

B Methodische Empfehlungen

◆ Planung einer Mitarbeiterbefragung

Die Mitarbeiterbefragung ist (1) als ein **Analyseinstrument** zur Ermittlung von Stärken und Schwächen in Unternehmen aufzufassen, wenn es dabei um Fragen geht, die die Mitarbeiter unmittelbar und mittelbar betreffen.

Beispiele
- Führungsverhalten von Vorgesetzten
- Kommunikationsstrukturen (Information der Mitarbeiter, Informationsbedürfnisse, Medien)
- Arbeitsplatz- oder Aufgabengestaltung
- Neugestaltung des Entlohnungssystems
- Änderungen im Personalbeurteilungssystem

Die Mitarbeiterbefragung kann aber auch (2) als **Personal- und Organisationsentwicklungsinstrument** verstanden werden.

Beispiele
- Die Befragung bezieht sich auf Bildungsmöglichkeiten und Aufstiegsmöglichkeiten.
- Bei allen Themen werden die befragten Mitarbeiter einbezogen, sodass die Akzeptanz von Entwicklungen vorbereitet wird.

Eine Mitarbeiterbefragung sollte so aufgebaut und realisiert werden, dass sie den Grad der Arbeitszufriedenheit ungefiltert widerspiegelt und gleichzeitig die innere Beteiligung der Mitarbeiter ermöglicht. Durch die doppelte Zielsetzung unterscheidet sich eine Mitarbeiterbefragung erheblich von einer Meinungsumfrage.

1. Die **Vorplanung** erstreckt sich auf folgende Sachverhalte:
   - **Inhaltliche Zielsetzung**
     Soll über einen allgemeinen Aspekt oder einen Teilaspekt Klarheit gewonnen werden?
   - **Kreis der Befragten**
     Werden alle Betriebsangehörigen befragt oder nur nach Funktionen, Hierarchiestufen oder anderen Merkmalen ausgesuchte Betriebsangehörige (Teilerhebung)?
     Wird die Geschäftsführung auch einbezogen?
     Letzteres ist wegen der Akzeptanz einer Befragung sehr wichtig.
   - **Akteure**
     Wer führt die Befragung durch? Wird eine externe Beratungsgesellschaft beauftragt? Soll eine Projektgruppe mit Betriebsangehörigen installiert werden?
   - **Kosten und Zeitaufwand**
     Mit welchen Kosten und mit welchem Zeitbedarf ist zu rechnen?
   - **Vergleichbarkeit**
     Soll die Befragung so gestaltet werden, dass die Ergebnisse mit den Ergebnissen anderer Unternehmen verglichen werden können? Ist beabsichtigt, weitere Befragungen folgen zu lassen, sodass sich eine Prozessbeobachtung ergibt?
   - **Schriftliche oder mündliche Befragung**
     Soll die Befragung schriftlich oder mündlich durch Interviews erfolgen?
     Schriftliche Befragungen sind einfacher und kostengünstiger durch Online-Befragung zu gestalten. Bei Interviews ist im Allgemeinen ein größerer „Tiefgang" erreichbar. Des Weiteren ist zu überlegen, ob eventuell die Dienste eines Call-Centers benötigt werden.

- **Menschenbild**
  Von welchem Menschenbild wird bei der Befragung ausgegangen? Sollen die Befragten – sozusagen wie Roboter – die Ergebnisse nur liefern? Ist evtl. nicht ernsthaft beabsichtigt, die Ergebnisse bei der künftigen Unternehmensplanung zu berücksichtigen, sodass die Befragung lediglich als Spielweise dient? Werden die Befragten in ihrer Individualität und als Partner ernst genommen, sodass die Erkenntnisse der Personalentwicklung und Organisationsentwicklung dienen?

2. **Begründung einer Projektgruppe „Mitarbeiterbefragung“**

Beispiel Teilnehmer sind Personalexperten der Unternehmung sowie Betriebsratsvertreter, ein Datenschutzbeauftragter, ein Linienvorgesetzter und ein externer Experte (Beratungsgesellschaft).

3. **Konzeption des Fragebogens**
   Für die vorläufige Version ist Klarheit zu schaffen über Inhalt und Umfang der Fragen, die Art der Fragestellung bei der schriftlichen Befragung oder bei Interviews, die Reihenfolge der Fragen sowie das Layout.

Zur **Art der Fragestellung** sind folgende Erkenntnisse wichtig:

- **Die Fragestellung**
  - **Offene und geschlossene Fragen**
    Die offene Frage erlaubt kurze bis umfassende Antworten. Möglich ist dabei, dass für uns wichtige Aspekte ausgelassen werden. Der Vergleich der Antworten ist bei der Auswertung kompliziert.

    Geschlossene Fragen, z. B. nach dem Lebensalter, lassen nur eine Antwort zu. Eventuell werden Rubriken wie „Lebensalter von 15 bis 20, von 21 bis 25 etc.“ vorgesehen. Möglicherweise arbeitet man auch mit Alternativen, z. B. „Positive Einschätzung: ja/nein.“ Geschlossene Fragen sind in ihrer Aussage genau festgelegt und leicht auszuwerten.

  - **Kontrollfragen**
    Über den ganzen Fragebogen werden Fragen verteilt, die ähnlich sind und deren Beantwortung bei der Auswertung besonders verglichen werden.

  - **Direkte und indirekte Fragen**
    Je nach Inhalt der Frage, etwa dann, wenn Prestige oder Geheimhaltung auf dem Spiel stehen oder wenn die Frage Tabubereiche berührt, werden direkte Fragen vielleicht nicht wahrheitsgemäß beantwortet. In diesem Falle wählt man die indirekte Frage. Beispiel: „Wie denken Ihrer Meinung nach die meisten Angehörigen Ihrer Altersgruppe über das und das?“

  - **Alternativfragen**
    Alternativfragen eignen sich dazu, schnell eine klare und in der Sache eindeutige Antwort zu bekommen. Beispiel: „Halten Sie eine ausführliche Broschüre oder eine eintägige Seminarveranstaltung für den besseren Informationsweg?“

- **Der Inhalt**

  Wie oben schon kurz ausgeführt, ist das Gesamtziel in Teilziele aufzuschlüsseln. Daraus werden Inhaltssegmente gebildet. Zum Inhalt ist zu berücksichtigen:

  Die gewählten Segmente müssen die inhaltliche Absicht voll repräsentieren (Vollständigkeit).

  Sind die Segmente in gleicher Weise wichtig oder nicht? Daraus ergibt sich auch der Anteil der Fragen und der Inhalt der Fragen pro Segment (Gewichtung).

  Kann ich mit den vorgesehenen Fragen wirklich zu den gewünschten Erkenntnissen kommen (Validität)?

  Nach allen Festlegungen werden Fragebogen und Ablaufplan der Geschäftsleitung zur Genehmigung vorgelegt. Die Mitarbeiter werden über die geplante Befragung informiert.

4. Die **Befragung wird** – meistens durch einen speziellen Beratungsdienst – **durchgeführt**

   Schriftliche Befragungen werden anonym durchgeführt. Da bestimmte Merkmale wie Abteilung, Altersgruppe, Geschlecht usw. des Befragten angegeben werden, können Rückschlüsse getroffen werden. Hier sind sensible Klärungen vorher nötig.

   Bei Interviews kommt es sehr stark auf die Sozialkompetenz des Interviewers an. Folgende Erfordernisse sind wichtig:

   - Der Interviewer muss sich mit seiner Aufgabe identifizieren. Dazu gehört u. a., dass er den Aufbau der Befragung kennt und versteht.
   - Der Interviewer muss den Befragten über die ganze Länge der Befragung das Gefühl vermitteln, wie wichtig die (richtigen) Antworten sind. Der Interviewer muss sich demgemäß in die Rolle des Befragten versetzen können.
   - Der Interviewer muss sich über die Wirkung seines Auftretens – das sich in Haltung, gepflegter Kleidung, Sprache, Sprechen, Blickkontakt etc. äußert – im Klaren sein und sich – auch über die ganze Länge der Befragung – danach richten.
   - Angenehme Umgangsformen sind selbstverständliche Voraussetzung für einen Interviewer.

5. **Auswertung der erhobenen Daten**

   Mitarbeiterbefragungen in großen Unternehmungen ergeben in der Regel so umfangreiches statistisches Material, dass eine Auswertung durch Spezialisten erforderlich ist, meist unterstützt durch entsprechende Software. Die Spezialisten stellen dann der Unternehmensleitung und der Projektgruppe die aufgearbeiteten Ergebnisse vor.

   Die Darstellung erfolgt nach

   - Häufigkeiten
     (= Verteilung der Antworten auf die Antwortkategorien),
   - in Kreuztabellen
     (= Häufigkeit der Antworten nach Mitarbeitergruppen),
   - durch Diagnosen bzw. Interpretationen.

Klarheit sollte bei der statischen Aufbearbeitung darüber bestehen, dass zu weitmaschige Zusammenfassungen die Ergebnisse simplifizieren bzw. die Aussagen verwässern.

Der Gesamtbelegschaft sollten in diesem Stadium die wichtigsten Befunde mitgeteilt werden.

6. **Maßnahmenplanung und Maßnahmenrealisierung**

   Die gewonnenen Erkenntnisse sind umzusetzen. Dazu werden diese noch einmal analysiert, und es werden Umsetzungskonzepte entwickelt, z. B. mithilfe von Workshops. Hierzu werden ggf. bereits bis dahin nur passiv beteiligte Mitarbeiter eingeladen.

7. **Kontrolle**

   Die Kontrolle bezieht sich
   - auf den Ablauf der Befragung,
   - auf die Umsetzung der in der Befragung gewonnenen Erkenntnisse und
   - darauf, ob sich die erreichten Umsetzungen als günstig erweisen.

C Literaturangaben

Becker, M. L.: Personalentwicklung, Bildung, Förderung und Organisationsentwicklung in Theorie und Praxis, Stuttgart, 2005.

Berthel, J.; Koch H.-E.: Karriereplanung und Mitarbeiterförderung, Stuttgart, 1985.

Bolten, J.: Einführung in die interkulturelle Wirtschaftskommunikation, Göttingen, 2007.

Deller, J.; Kusch, R. I.: Internationale Personal- und Organisationsentwicklung, in: J. Straub, A. Weidemann & D. Weidemann (Hrsg.): Handbuch interkulturelle Kommunikation und Kompetenz, Stuttgart/Weimar, 2007.

Drumm, H. J.: Personalwirtschaftslehre, Berlin/Heidelberg, 2008.

Elias, K.; Schneider, K. H.: Kommunikation, Troisdorf, 2010.

Festing, M.; Dowling, P. J.; Weber, W.; Engle, A. D.: Internationales Personalmanagement, Wiesbaden, 2011.

Hentze, J.: Personalwirtschaftslehre, Band 1 u. 2, Bern, 2001/2005.

Hopfenbeck, W.: Allgemeine Betriebswirtschaftslehre und Managementlehre, Landsberg, 2002.

König, E.; Vollmer, G.: Handbuch Systemisches Coaching, Weinheim, 2009.

Scholz, C.; Beck, C. H. (Hrsg.): Vahlens Großes Personallexikon, 2010.

Kühlmann, T. M.: Auslandseinsatz von Mitarbeitern, Göttingen, 2004.

Mentzel, W.: Unternehmenssicherung durch Personalentwicklung, Freiburg, 1997.

Neumann-Wirsig, H. (Hrsg.): Supervisions-Tools, Bonn, 2009.

Paus, B.: Internationale Mercer-Studie, 15.09.2010, www.mercer.de/press-releases/ Assignments-Survey-2010.

RKW - Rationalisierungs-Kuratorium der Deutschen Wirtschaft: RKW-Handbuch Personalplanung, Neuwied, 1990.

Sattelberger, T.: Innovative Personalentwicklung, Wiesbaden, 2002.

Schanz, G.: Personalwirtschaftslehre, München, 2000.

Scherm, E.: Personalcontrolling: Aufgaben und Instrumente, in: Berthel, J.; Groenewald, H. (Hrsg.): Handbuch Personal – Management, 11. Nachlieferung, 5/1995, Landberg a. Lech, 1995.

Scholz, Ch.: Personalmanagement, München, 2011.

Staehle, W.: Management, München, 1999.

14 Personal sozialverträglich abbauen

Wie kann in Situationen der Unterbeschäftigung unter Berücksichtigung sozialer Gesichtspunkte oder bei personenbedingter Minderleistung Personal abgebaut werden?

Das Industrieunternehmen Sixtime Deutschland GmbH gehört als Tochterunternehmen zu einem international verzweigten Konzern mit Sitz in den USA. Der Konzern bietet eine vielfältige Produktpalette mit mehr als 2000 Einzelprodukten an, vorwiegend im Bereich Autozubehör, Medizintechnik sowie Zubehör für die Computertechnik. Die Produktion in Deutschland verteilt sich auf fünf verschiedene Werke. Vier dieser Werke haben ihren Standort in Süddeutschland, während das fünfte Werk sich in der strukturschwachen Eifel befindet.

Als neu eingestellter Personalassistent in dem Eifeler Werk wurden Sie vergangene Woche gleich in eine Krisensitzung der Werksleitungskonferenz mit einbezogen. Nach dem Bericht der Werksleitung stellt sich die Situation für das Eifeler Werk wie folgt dar:

Von den fünf voneinander unabhängigen Produktionsmodulen (Polituren, Schleifmittel, Industriefolien, Isoliermatten sowie Kunststoffabdeckungen) ist die Politurenfertigung in ihrem Bestand gefährdet. Die weltweit eingebrochene Auftragslage im Bereich der Lackpolituren hat in der Geschäftszentrale zu der Erkenntnis geführt, dass sich der Lebenszyklus dieses Produkts wider alle Erwartungen drastisch verkürzt hat, sodass nach bisherigen Schätzungen spätestens am Ende des kommenden Jahres dieser Fertigungsbereich eingestellt werden muss.

Betroffen sind in diesem Zusammenhang 56 Arbeitsplätze im Eifeler Werk von insgesamt 300 Plätzen. Im Einzelnen handelt es sich um den Modulleiter, fünf Meister, 10 Maschinenbediener, 30 Produktionsfacharbeiter sowie 10 Produktionshelfer. Bis auf den 54-jährigen Leiter sind alle betroffenen Mitarbeiter unter 50 Jahre alt.

Die Frage, ob eventuell alternative Produktionen in das Werk zu bekommen sind, um die frei werdenden Kapazitäten angemessen auszulasten, ist noch völlig offen. Immerhin bindet die Politurenfertigung ca. 20 % der Werkskapazität. Bei ersatzlosem Wegfall dieses Moduls müssten die verbleibenden, mit guter Auftragslage arbeitenden Produktionsmodule einen entsprechend höheren Anteil an den zu verteilenden Gemeinkosten tragen, was angesichts der harten Wettbewerbssituation die Konzernzentrale zu weiteren; einschneidenden Maßnahmen zwingen könnte. Laut Aussage des Werksleiters hat der Betriebsrat noch keine Kenntnis dieser prekären Situation.

Unabhängig von der Möglichkeit, alternative Produktionsmöglichkeiten in das Werk zu holen, soll zunächst einmal die Bandbreite ***allgemein*** *möglicher Maßnahmen zum Personalabbau für die nächste Werksleitungskonferenz skizziert werden.*

Sie erhalten weiterhin den Auftrag, vor dem Hintergrund der vorliegenden Situation einen Katalog der infrage kommenden Maßnahmen aufzustellen, und zwar mit gleichzeitiger Empfehlung für bestimmte als besonders geeignet zu betrachtende Lösungen.

Hier ist insbesondere eine Konzernleitlinie zur Personalpolitik zu beachten, nach der im Zusammenhang mit unvermeidlichem Personalabbau ***weichen*** *Maßnahmen unbedingter Vorrang einzuräumen ist. Aufgrund einer kürzlich durchgeführten Auswertung der Personalstatistiken des Eifeler Werkes ist bekannt, dass die Fluktuationsrate seit einigen Jahren relativ konstant bei 8 % für den gesamten Fertigungsbereich liegt. Des Weiteren ist zu berücksichtigen, dass entsprechend der langfristigen Personalplanungspolitik von Sixtime Deutschland der gesamte Personal-Sollbestand unter Beachtung der erforderlichen Reservequote nur zu* ***90 %*** *durch unbefristet beschäftigtes* ***Stammpersonal*** *gehalten wird, um mögliche Schwankungen ausgleichen zu können. Überstunden sind im Werk zurzeit nur vereinzelt zur Auftragsabwicklung in Engpasssituationen erforderlich.*

14.1 Begriff und Ursachen des Personalabbaus

14.1.1 Begriff

Begriff

Unter Personalabbau im weitesten Sinne wird jede Verminderung des Arbeitszeitvolumens verstanden. Dabei handelt es sich in erster Linie um die Freistellung von in der Unternehmung tätigen Personen. Andererseits rechnet man auch bereits die Verminderung des Arbeitszeitvolumens der tätigen Mitarbeiter ohne entsprechende Freistellung zum Personalabbau. Dazu zählen u. a. der Wegfall der Überstunden sowie Kurzarbeit.

14.1.2 Ursachen

Die Ursachen für Personalabbau sind vielfältig. In Betracht kommen gesamtwirtschaftliche Entwicklungen, unternehmensspezifische Umstellungen und mitarbeiterspezifische Ursachen.

◆ **Gesamtwirtschaftliche Entwicklungen**

Gesamtwirtschaftliche, konjunkturelle und strukturelle Entwicklungen können Personalabbau verursachen.

- Die **Konjunkturzyklen** mit rhythmischen Schwankungen der wirtschaftlichen Aktivität lassen sich in einem globalisierten Markt nicht mehr vorhersehen. Hier greifen unterschiedliche politische und wirtschaftliche Einflüsse.

  Durch den immer noch steigenden Grad an Automatisierung kommt es in den hoch industrialisierten Ländern zu einem Wegfall von gering qualifizierten Tätigkeiten. Diese Aufgaben werden in Länder verlagert, in denen die Arbeitskosten und die Maßnahmen zum Arbeitsschutz so gering sind, dass sich teure Maschinen nicht lohnen und menschliche Arbeitskraft billiger ist. Hier ist das soziale Gewissen der Unternehmen und auch insbesondere der Konsumenten gefragt, die bereit sein müssen, kostendeckende Preise zu zahlen. Es wird versucht, durch die in den Bilanzen dargestellten Maßnahmen zur sozialen Verantwortung (**C**orporate **S**ocial **R**esponsibility) Bewusstsein zu schaffen, doch diese Entwicklung steckt noch in den Kinderschuhen.

  Der schnelle technologische Wandel und die schnelle Verlagerung von Arbeitsplätzen sind durch die Datenübermittlung in Echtzeit und durch die Beschleunigung der Transportwege noch zusätzlich beschleunigt, so dass in kaum einer Branche langfristig die Personalentwicklung vorhergesagt werden kann.

  Nur in den menschennahen Bereichen wie der Serviceindustrie wird langfristig kein Personalabbau stattfinden, da insbesondere im Bereich der Pflege durch die vorhersehbare demografische Entwicklung zusätzlicher Bedarf entsteht.

Konjunkturelle Entwicklungen

- Das als **Konjunktur** bezeichnete Auf und Ab wirtschaftlicher Aktivitäten ist seit zwei Jahrzehnten im Hinblick auf Personalabbau und Personaleinstellungen neu zu bewerten. Dem Personalabbau im Abschwung folgt zwar auch ein Bestandsaufbau im Aufschwung, allerdings nicht in gleicher Stärke. Der als Sockel bezeichnete Bestand an Arbeitslosen vermehrt sich nach jedem Konjunkturzyklus, d. h. die Zahl der vom Personalabbau betroffenen Arbeitnehmer wächst.

Strukturelle Wandlungen

- Ob bei diesem statistisch augenfälligen Vorgang allein oder zur Hauptsache konjunkturelle Gründe vorliegen, lässt sich schwerlich ausmachen. Tief greifende **strukturelle** Wandlungen müssen nämlich inzwischen als Hauptursache für Personalabbau angesehen werden. Die Unternehmen rationalisieren, wo immer es möglich ist, d. h. sie ersetzen Arbeitskräfte durch Kapital. Rationalisierungen sind die Antwort auf vielfältige Herausforderungen, insbesondere auf
  - den durch die Computertechnik zurückzuführenden Wandel,
  - verstärkte Konkurrenz im internationalen Wettbewerb,
  - Personalkosten bzw. betriebliche Sozialkosten, die als Folge der gesamtwirtschaftlichen Lage und der vorrangigen gewerkschaftlichen Politik, die Besitzstände zu wahren, nur nach oben flexibel waren,
  - steuerliche Begünstigungen von Rationalisierungsinvestitionen, die alle Wirtschaftsbereiche zu Investitionen herausfordern und natürlich auch die Konkurrenz.

Substitution von Arbeit durch Kapital

Ein Strukturwandel vollzieht sich nicht allein in Form der Substitution von Arbeit durch Kapital. Er betrifft auch Beschäftigungsverschiebungen zwischen den Wirtschaftszweigen. Im Primärsektor Landwirtschaft sowie – vor allem – im produzierenden Gewerbe wurden im Verlauf der letzten Jahrzehnte Millionen von Arbeitsplätzen abgebaut. Dagegen wurden im Bereich der privaten und staatlichen Dienstleistungen neue Arbeitsplätze geschaffen, allerdings mit deutlich anderen Qualifikationsanforderungen als die der nicht mehr benötigten Arbeitsplätze in Landwirtschaft und gewerblicher Produktion, sodass in der Regel eine Umbesetzung bzw. eine Umvermittlung nicht erfolgen konnte. Es ist hinzuzufügen, dass sich die nicht mehr benötigten Arbeitskräfte ganz besonders auf Arbeitsplätze mit geringen Qualifikationsanforderungen beziehen.

Die veränderte Auftragslage ist die Folge einer strukturellen Änderung in der Herstellung von Lackpolituren. Der Konzern passt sich der Marktlage an. Das Eifeler Werk hat diese Chance nicht.

Unternehmensspezifische Umstellungen bei Änderung der Marktdaten

◆ Unternehmensspezifische Umstellungen

Unternehmensspezifische Umstellungen bilden die einzelwirtschaftlichen Antworten und Entscheidungen aufgrund der gesamtwirtschaftlichen Daten.

Wenn beispielsweise die Löhne von Textilarbeitern in ostasiatischen Ländern erheblich unter dem heimischen Lohnniveau liegen, wird das preislich ungleich günstigere ostasiatische Warenangebot die Angebote der heimischen Industrie vom Markt verdrängen.
Auf diese Weise werden **Kündigungen,** im Extremfall **Betriebsstillegungen** erzwungen. Um im Geschäft zu bleiben, kann auch ein **Standortwechsel** des ganzen Betriebes oder von betrieblichen Teilbereichen erwogen werden. Dabei werden allerdings nicht nur die Lohn- und Gehaltshöhe der Mitarbeiter als Maßstab herangezogen, sondern auch andere Faktoren.

Beispiel **Große Unternehmen errichten auch Werke in anderen Ländern, u. a. wegen der dort gegebenen Kostenstruktur, der Absatzmärkte und der Steuervorteile.** Insgesamt kann damit festgestellt werden, dass internationale Konkurrenz die Ursache für Betriebsstillegungen und Standortwechsel und damit für Personalabbau sein kann.

Rationalisierungen

Notwendige Rationalisierungen finden häufig in der Form statt, dass computergesteuerte und hochleistungsfähige Maschinen in der Produktion eingesetzt werden. Informationstechnologie in der Auftragsbearbeitung, im Vertrieb und in der Logistik ist in vielen Betrieben inzwischen ebenfalls eine Selbstverständlichkeit. Die Investitionen führen zu den gewünschten Optimierungen betrieblicher Prozesse. Alle Betriebsabläufe werden durchrationalisiert und alle überflüssigen Arbeiten ermittelt, was dann häufig Personalabbau zur Folge hat.

Beispiel Eine Unternehmung mit unterschiedlichen Produktionsprogrammen in ihren sechs Werken an verschiedenen Orten errichtet ein Zentrallager. Die bisher pro Werk erfolgte Kommissionierung wird in Zukunft zentral gehandhabt. Diese Rationalisierung wird von den Kunden, die im Durchschnitt die Produkte aller sechs Werke beziehen, sehr begrüßt, weil für sie eine Arbeitsvereinfachung entsteht. Für die Unternehmung entsteht ein erheblicher Rationalisierungseffekt. Die Personaleinstellung im Zentrallager ist erheblich geringer als der mögliche Personalabbau in den sechs Werken.

Rationalisierungen erfolgen auch in der Weise, dass betriebliche Funktionen ausgegliedert werden **(Outsourcing)**. Dabei kann es sich um sehr verschiedene Aufgaben handeln, z. B. um Aufgaben aus der Produktion, der Logistik und dem Transportwesen, der Reparatur, dem Rechnungswesen, dem Sozialwesen u. v. m.

◆ Mitarbeiterspezifische Ursachen

Mitarbeiterspezifische Ursachen

Beispiel In einer Unternehmung wird eine manuell bediente Schneidemaschine durch eine halbautomatische oder eine vollcomputerisierte Maschine ersetzt.

Veränderte Qualifikationsanforderungen

Mit solchen Investitionen verändern sich die Anforderungen an den Mitarbeiter. Während es bisher sehr auf Geschicklichkeit und körperliche Ausdauer ankam, muss der Mitarbeiter nunmehr Skalen lesen, Feineinstellungen beherrschen und auch leichte Instandsetzungsarbeiten verrichten können. Die nötig gewordene Umstellung kann nicht von jedem Mitarbeiter geleistet werden. Seine subjektiven Voraussetzungen reichen unter Umständen nicht aus, sich den geänderten Arbeitsplatzanforderungen anzupassen, was u. a. an seinem Alter, seiner Vorbildung und an verschiedenen Persönlichkeitsmerkmalen liegen kann. Da in fast allen Betriebsbereichen mit Änderungen der Qualifikationsanforderungen zu rechnen ist, bilden Umsetzungsmöglichkeiten eher die Ausnahme.

Die Veränderung der Arbeitsplatzanforderungen und die nicht darauf abstimmbaren Mitarbeiterqualifikationen sind häufig die Ursache für Personalabbau. Sofern aus diesen Zusammenhängen heraus Neueinstellungen erfolgen, ist von vornherein mit einem Rationalisierungseffekt zu rechnen, d. h. die Personalkosten sind niedriger.

Auf Rückfrage bei der Konzernleitung erfährt die Leitung des Eifeler Werkes, dass von den 40 Produktionsfacharbeitern eventuell 12 als Mechatroniker im Konzern weiterbeschäftigt werden können. Daraufhin wird im Eifeler Werk geprüft, welche Mitarbeiter für die dann notwendige Anpassungsfortbildung zur Erweiterung und Vertiefung ihrer Kenntnisse und Fertigkeiten im Bereich Elektronik und Hydraulik in Betracht kommen. (Das Wort Mechatroniker stellt eine Wortverbindung aus Mechaniker und Elektroniker dar.)

14.2 Maßnahmen des Personalabbaus

Um den Personalbestand an veränderte Wirtschaftsdaten anzupassen, die zu einem Personalabbau zwingen, sind die unterschiedlichsten Maßnahmen denkbar.

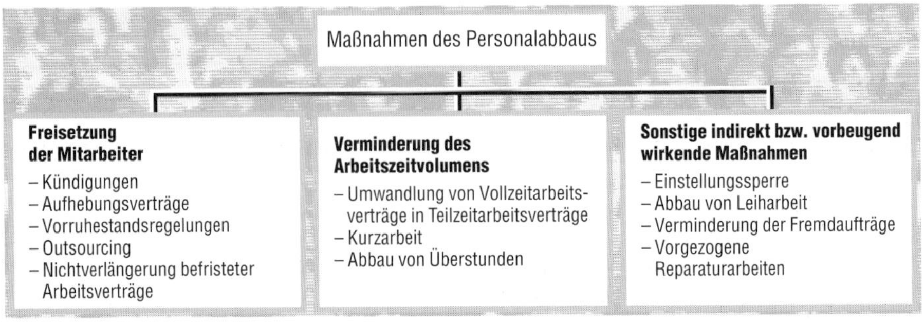

Abb. 14-1

Personalabbaumaßnahmen im Überblick

- **Kündigungen, Aufhebungsverträge** oder **Vorruhestandsvereinbarungen** zählen zu den direkten Maßnahmen. Eine direkte Maßnahme beendet die Zugehörigkeit des Arbeitnehmers zur Unternehmung (Freisetzung).
- Ein Ausscheiden des Mitarbeiters aus der Unternehmung, jedenfalls die Beendigung des Status „Arbeitnehmer", liegt auch beim sog. **Outsourcing** vor. Hier übernimmt der Mitarbeiter eine bis dahin als betriebliche Funktion besetzte Aufgabe, jetzt aber als Selbstständiger.
- Wenn befristete Arbeitsverträge nicht verlängert werden, trifft dieser Tatbestand den Arbeitnehmer wie eine Kündigung.
- Bei Umwandlung von Vollzeitarbeitsverträgen in **Teilzeitverträge,** bei **Kurzarbeit** und beim **Abbau von Überstunden** verringert sich der Umfang des Arbeitszeitvolumens für den betroffenen Arbeitnehmer und für die ganze Unternehmung. Hier erfolgt der Personalabbau also durch veränderte Arbeitsverträge bzw. durch generelle Entscheidungen.
- Wenn die **Einstellungssperre** als Maßnahme gewählt wird, erfolgt der Personalabbau indirekt. Der durch Alter, Tod, Vertragsablauf und/oder Fluktuation ausscheidende Mitarbeiter wird nicht ersetzt; die Planstelle bleibt leer.
- Über die bisher genannten Maßnahmen hinaus ist auf einige Maßnahmen hinzuweisen, die Personalabbau verhindern oder verzögern können. Dazu zählen u. a. der **Abbau von Leiharbeit,** die **Rücknahme von Fremdaufträgen, Streckung der Rationalisierungs-Investitionen, vorgezogene Reparaturarbeiten** und b**esondere Urlaubsregelungen** (unbezahlten Urlaub vermehrt anbieten, Urlaub vorziehen).

Direkter Personalabbau

14.2.1 Der direkte Personalabbau (Freisetzung der Mitarbeiter)

Durch Kündigung, Aufhebungsvertrag, Vorruhestandsregelungen und Nichtverlängerung befristeter Arbeitsverträge werden Mitarbeiter unmittelbar freigesetzt.

Kündigung

◆ Kündigung

Die ordentliche Kündigung, hier als Personalabbaumaßnahme diskutiert, ist die Auflösung eines Arbeitsverhältnisses, das auf unbestimmte Zeit eingegangen wurde. Sie ist an die Einhaltung von Fristen gebunden. Im Zusammenhang mit Personalabbau ist

die Kündigung von Seiten des Arbeitgebers besonders relevant. Selbstverständlich kann auch der Arbeitnehmer den Vertrag nach den gleichen Grundsätzen kündigen. Allerdings ist der Betriebsrat nur zu hören, wenn die Kündigung vom Arbeitgeber ausgeht.
Ob eine Kündigung für den Arbeitnehmer einen tiefgreifenden Einschnitt in seine Lebensführung darstellt, hängt von verschiedenen Fakten ab. Wenn jemandem gekündigt wird, der

- seinen Wohnsitz in einem strukturschwachen Gebiet,
- ein relativ hohes Lebensalter und
- eine relativ geringe Vorbildung und demgemäß eine relativ einfache Tätigkeit hat,

sind seine Chancen auf Wiedereingliederung in das Beschäftigungssystem gering.

◆ Der Aufhebungsvertrag

Aufhebungsvertrag

Durch einen **Aufhebungsvertrag** wird ein Arbeitsverhältnis einvernehmlich aufgehoben. Die Initiative geht vom Arbeitgeber aus. Die Zustimmung des Arbeitnehmers wird durch Zahlung einer entsprechenden Abfindung erreicht.

Aufhebungsvertrag Ort, den ...

Zwischen der Firma MMM GmbH und Ihrem Mitarbeiter ...
besteht Einigkeit, dass das zwischen ihnen seit dem ... bestehende Arbeitsverhältnis aufgrund arbeitgeberseitiger Veranlassung zur Vermeidung einer Kündigung durch die MMM GmbH mit Ablauf des ... enden wird.

Aus Anlass dieser Vertragsaufhebung verpflichtet sich die MMM GmbH, zum Ausgleich für den Verlust sozialen Besitzstandes im Sinne der §§ 9, 10 KSchG eine einmalige freiwillige Abfindung in Höhe von

EUR brutto

zu zahlen. Davon bleiben ... EUR nach den maßgebenden Bestimmungen des EStG für Abfindungszahlungen steuerfrei.

Der Anspruch auf Zahlung der Abfindung entsteht zugleich mit dem vorgenannten Zeitpunkt der Beendigung des Arbeitsverhältnisses. Die Zahlung des Abfindungsbetrages erfolgt zusammen mit der Entgeltabrechnung für den Monat ... .

Im Übrigen sind mit der Abfindungszahlung alle Ansprüche des Mitarbeiters aufgrund des eingangs genannten Arbeitsvertrages und dessen Beendigung abgegolten.

Eine Anwartschaft auf Leistungen aus der betrieblichen Altersversorgung ist hiervon im Falle des Vorliegens der Voraussetzungen einer Unverfallbarkeit nach dem „Gesetz zur Verbesserung der betrieblichen Altersversorgung" nicht betroffen.

MMM GmbH

Mit vorstehendem Aufhebungsvertrag einverstanden:

Datum Unterschrift

Abb. 14-2 Muster eines Aufhebungsvertrages

Abfindung

Zur Höhe der Abfindung gibt es natürlich keine einheitliche Regelung. Im Allgemeinen ist eine große Spannbreite von Unternehmung zu Unternehmung und von Hierarchiestufe zu Hierarchiestufe festzustellen. Im Kündigungsschutzgesetz ist eine Zahlung von bis zu zwölf Monatsverdiensten vorgesehen (§ 10).

Vorruhestandsregelung

◆ Die Vorruhestandsregelung

Eine als Abbaumaßnahme initiierte **Vorruhestandsregelung** ist durch mehrere Elemente gekennzeichnet. Diese Elemente stellen ein Bündel von Einzelmaßnahmen dar, die mit dem Arbeitnehmer abzustimmen sind. Dazu gehören:

- Kündigung durch den Arbeitgeber,
- Zuschüsse des Arbeitgebers zum Arbeitslosengeld, die vielfach so bemessen sind, dass das bisherige Arbeitsentgelt erreicht wird,
- Zuschüsse zu der vom Arbeitnehmer zum frühestmöglichen Zeitpunkt beanspruchten Rente,
- gegebenenfalls noch eine zusätzliche Abfindung.

Von dem teilweise recht erheblichen Aufwand einmal abgesehen, haben Aufhebungsvertrag und Vorruhestandsregelung gegenüber einer Kündigung für den Arbeitgeber mehrere **Vorteile**:

- Vermehrte Rechtssicherheit, weil weitere Rechtsansprüche ausgeschlossen sind, die bei Kündigungen und evtl. anschließenden Rechtsstreitigkeiten durchaus noch auftreten können,
- Vermeidung von Unruhe in der Unternehmung,
- Erhaltung eines positiven Leitbildes, was u. a. für einen guten Nachwuchs von erheblicher Bedeutung ist,
- Verjüngung der Belegschaft,
- Möglichkeiten, für ältere und nicht mehr voll leistungsfähige Arbeitnehmer jüngere Arbeitskräfte mit flexiblen Arbeitszeiten einzustellen.

Arbeitnehmer *erkennen in der Regel in beiden Maßnahmen erhebliche Vorteile für sich. Einerseits ist ihr Lebensstandard gesichert, andererseits steht ihnen in vielen Fällen Kapital für eine zweite Berufskarriere zur Verfügung. Ganz wichtig ist aber auch, dass solche Regelungen geeignet sind, ihr Selbstbewusstsein zu erhalten.*

Altersteilzeit

◆ Die Altersteilzeit

Vonseiten des Staates wird das vorzeitige Ausscheiden aus dem Erwerbsleben durch Altersteilzeitregelungen begünstigt. Üblicherweise wird hier das Blockmodell gewählt. Es besagt: In der Regel hat der Arbeitnehmer 2 1/2 Jahre bei verkürzten Bezügen die volle Arbeitsleistung zu erbringen und erhält während der folgenden 2 1/2 Jahre die gleichen Bezüge, ohne dafür noch eine Leistung zu erbringen. Nach der Rentenreform 2007 sind jedoch beträchtliche Rentenabschläge in Kauf zu nehmen, wenn der Arbeitnehmer vor dem gesetzlichen Renteneintrittsdatum seine Rente in Anspruch nehmen möchte.

Outsourcing

◆ Outsourcing

Unter Outsourcing wird die Durchführung betrieblicher Funktionen durch außenstehende Dritte verstanden. Das Wort ist aus der Zusammenziehung der zwei englischen Wörter „outside“ (außen, außerhalb) und „resourcing“ (Rückgriff auf Hilfskräfte) entstanden, bedeutet also wörtlich, dass Kräfte von außen für die Unternehmung dienstbar gemacht werden.

Outsourcing hat in Zeiten eines relativ starken Personalabbaus eine spezielle Bedeutung bekommen. Es mehren sich die Fälle, in denen von Arbeitslosigkeit bedrohte Arbeitnehmer ein Gewerbe anmelden, um in die Selbstständigkeit einzutreten. Outsourcing ist in diesen Fällen ein Notanker.

Beispiele sind nach einer aktuellen Umfrage der Allgemeinen Ortskrankenkasse bei über 1000 Tätigkeiten zu finden. Typische Beispiele sind der selbständige Kellner sowie das Ein-Mann-Unternehmen im gewerblichen Güterverkehr. Die Anzahl der Scheinselbstständigen wird inzwischen auf über 1 Million geschätzt. Probleme liegen in der mangelhaften vertraglichen Absicherung, weil zunächst bestehende Abnahmeverträge für die Leistungen sehr bald gekürzt werden können, sowie in der nicht mehr gegebenen sozialen Absicherung.

Der Organisationsform des Outsourcing wird man nicht gerecht, wenn Outsourcing nur unter dem Personalabbaugesichtspunkt betrachtet und erörtert wird. Die Anfänge des Outsourcing lagen in Deutschland im Bereich der Datenverarbeitung. Bereits in den 70er-Jahren übertrugen Unternehmungen spezialisierten Dienstleistern solche speziellen Funktionen, um die eigenen Kräfte auf das eigentliche Kerngeschäft konzentrieren zu können. Inzwischen werden größere Aufgaben, z. B. das gesamte Lagerwesen oder das gesamte Lieferwesen, auf selbstständige Unternehmen übertragen. Eine spezielle Erscheinung ist im so genannten „Inhouse-Outsourcing" zu sehen, weil es sich vom Wort her um einen Widerspruch handelt: Bestimmte betriebliche Funktionen, z. B. Sicherheitsdienste oder Kantinenbetrieb, werden rechtlich und wirtschaftlich verselbständigt, verbleiben aber im Bereich der Unternehmung.

Generelle Vorteile aus der Sicht der Unternehmung

Von Outsourcing erwartet man insgesamt eine verbesserte Wirtschaftlichkeit, speziell aber

1. Kostenreduzierung bzw. Umwandlung von fixen Kosten in variable Kosten und damit u. a. verbesserte Liquidität. Die Kostenumwandlung hat ihre Ursache darin, dass ab jetzt nur noch die tatsächlich benötigten Leistungen gekauft werden müssen.
2. verbesserte Transparenz durch klar definierte Leistungen.
3. Flexibilität bei der Inanspruchnahme und gleichzeitig verbesserte Leistung durch Einströmen neuen Wissens und neuer Erfahrungen.

Generelle Nachteile aus der Sicht der Unternehmung

Als Nachteile des Outsourcing fallen u. U. folgende Gesichtspunkte ins Gewicht:

1. Die Unternehmung gewährt Dritten Einfluss auf betriebsinterne Abläufe, ggf. auch Einsicht in Betriebsinterna und in unternehmensspezifische Daten.
2. Ein einmal durchgeführtes Outsourcing ist nur mit großen Schwierigkeiten rückgängig zu machen.
3. Da die Konkurrenz möglicherweise den gleichen Dritten beauftragt hat, gehen u. U. spezielle Imageaspekte oder Akquisitionsvorteile verloren.

Personalwirtschaftliche Bedeutung

Die Personalwirtschaft ist von Outsourcing in zweifacher Hinsicht berührt:
Einerseits werden bestimmte, zur Personalwirtschaft originär gehörende Teilfunktionen ausgegliedert. Insbesondere gilt dies für

- Personalbeschaffung auch auf der Führungsebene,
- Potenzialbeurteilung (durch Assessment-Center) sowie für die
- Weiterbildung, die ganz oder teilweise auf Dritte übertragen wird.

Andererseits ist immer dann, wenn es sich bei Outsourcing um eine bisher in der Unternehmung selber wahrgenommene Aufgabe handelt, Personalabbau, mindestens aber Personalumsetzung erforderlich.

Im vorliegenden Fall fehlt für Vorruhestandsregelungen wegen der gegebenen Altersstruktur die Grundlage. Aufhebungsverträge kommen dagegen in Betracht, Outsourcing eher nicht, jedenfalls gibt es dafür keine Anhaltspunkte.

Befristete Arbeitsverhältnisse

◆ Befristete Arbeitsverhältnisse

Bei einem befristeten Arbeitsvertrag ist nach Ablauf der vereinbarten Zeit das Arbeitsverhältnis beendet. Nach dem Teilzeit- und Befristungsgesetz ist die Höchstdauer der Befristung auf 24 Monate begrenzt. Die Nichtverlängerung befristeter Arbeitsverträge ist rechtlich selbstverständlich keine Kündigung, aber für den betroffenen Arbeitnehmer hat sie dieselbe Wirkung, nämlich Freisetzung aus dem Arbeitsprozess. Insofern lässt sich diese Maßnahme zum direkten Personalabbau zählen.

Änderung bestehender Arbeitsverhältnisse

14.2.2 Personalabbau durch Verminderung des Arbeitszeitvolumens

Oft kann es sinnvoll sein, beispielsweise zur Überwindung konjunktureller Schwierigkeiten, bestehende Arbeitsverträge nicht aufzulösen, sondern zunächst nur verschiedene Möglichkeiten zur Verminderung des Arbeitszeitvolumens zu erwägen. Auf diese Weise können Entlassungen umgangen werden, bis sich die wirtschaftliche Situation der Unternehmung wieder normalisiert hat. Allerdings kann auch der gegenteilige Fall eintreten, indem die Verminderung des Arbeitszeitvolumens die Vorstufe zum Personalabbau wird.

Umwandlung von Verträgen

◆ Umwandlung von Vollzeitverträgen in Teilzeitverträge

Die Umwandlung von Vollzeitverträgen in Teilzeitverträge bewirkt eine Verminderung des Arbeitszeitvolumens. Üblich sind Halb- oder 2/3-Verträge. Bei einem verminderten Arbeitsaufkommen bietet diese Regelung für die Unternehmung den Vorteil, ihre Arbeitnehmer entsprechend des verringerten Arbeitsaufkommens beschäftigen zu können. Gehaltszahlungen sowie Abgaben an die Sozialversicherung vermindern sich anteilig. Finanzielle Nachteile für den Arbeitnehmer werden u. U. durch die Berücksichtigung individueller Wünsche nach flexiblerer Arbeitszeit aufgewogen. Die Umwandlung ist vertraglich zu vereinbaren oder erfolgt über eine Änderungskündigung.

Kurzarbeit

◆ Kurzarbeit

Auch bei der Kurzarbeit wird das Arbeitszeitvolumen der Arbeitnehmer vermindert. Voraussetzung ist die feste Absicht, zu der betriebsüblichen Arbeitszeit zurückzukehren, auch wenn die Dauer der Maßnahme nicht vorhersehbar ist. So lässt sich eine erwartet kurzfristige Krise des Unternehmens – beispielsweise hervorgerufen durch erheblichen Auftragsrückgang – überbrücken.
Kurzarbeit setzt das Unternehmen in die Lage, seinen Personalbestand zu halten, aber grundsätzlich in Höhe der Verminderung des Arbeitszeitvolumens Lohn- und Gehaltskosten einsparen zu können.

Die Einführung von Kurzarbeit kann nicht einseitig vom Arbeitgeber verfügt werden. Zu berücksichtigen sind Bestimmungen nach Sozialgesetzbuch III, Kündigungsschutzgesetz (KSchG), Tarifverträgen, Betriebsvereinbarungen, Einzelarbeitsverträgen sowie Betriebsverfassungsgesetz. Die Betriebsleitung muss Kurzarbeit mit dem Betriebsrat abstimmen (§ 87 BetrVG) und der zuständigen Agentur für Arbeit melden.

Der Arbeitnehmer erhält ab dem 1. Kalendermonat für längstens 6 Monate (§ 177, SGB III) Kurzarbeitergeld. Die Bestimmungen greifen aber nur dann, wenn der Arbeitsausfall

- auf wirtschaftlichen Ursachen oder einem unabwendbaren Ereignis beruht,
- unvermeidbar ist,
- vorübergehend ist,
- mindestens vier Wochen anhält, ein Drittel der beschäftigten Arbeitnehmer betrifft und 10 Prozent des Bruttoentgelts ausmacht. Dabei sind Auszubildende nicht mitzuzählen.

Als konjunkturelle Maßnahme ist in Krisenzeiten der Bezugszeitraum befristet bis zu 24 Monaten verlängert worden.

Abbau von Überstunden

◆ Abbau von Überstunden

Ein weiterer Schritt zur Verminderung des Arbeitszeitvolumens ist der Abbau von Überstunden. Hierbei wird angeordnet, dass die Arbeitnehmer über ihre vertraglich festgelegte Arbeitszeit hinaus keinerlei Mehrarbeit zu leisten haben. Für die Unternehmung bedeutet dies eine entsprechende finanzielle Entlastung durch den Wegfall der Grundvergütung zuzüglich der Überstundenvergütung. Nach Schätzungen liegt die Anzahl der Überstunden zzt. bei ca. 3 Milliarden.

Auf die betroffene Sparte entfallen bei 10 % befristeten Arbeitsverträgen in einem Jahr rund 6 Arbeitsplätze. Die genaue Anzahl lässt sich natürlich aus den Personalunterlagen entnehmen.

Denkbar ist ferner, befristete Arbeitsverträge auch in den von der Absatzschwierigkeit nicht betroffenen Sparten auslaufen zu lassen. Mit dieser Maßnahme lässt sich ein Handlungsspielraum für Versetzungen erzielen.

Exkurs

Die Beendigung eines Arbeitsverhältnisses ist auch dann gegeben, wenn das Arbeitsverhältnis nur zu einem bestimmten Zweck abgeschlossen wurde und der Zweck erreicht ist. Natürlich beendet auch der Tod des Arbeitnehmers das Arbeitsverhältnis, dagegen nicht der Tod des Arbeitgebers.

14.2.3 Sonstige indirekt bzw. vorbeugend wirkende Maßnahmen

Einstellungssperre

- Die Wirksamkeit der **Einstellungssperre** hängt von mehreren Bedingungen ab. Ist beispielsweise mit einer starken Fluktuation zu rechnen, ist die Maßnahme wirksam. Wirksam ist sie ebenfalls, wenn die älteren Jahrgänge relativ stark vertreten sind.

Der Einstellungsstopp ist auf den ersten Blick eine angemessene Maßnahme zum Personalabbau, wenn die sonstigen Bedingungen dazu passen. Günstig ist die Maßnahme dann, wenn der Altersaufbau der Mitarbeiter zu altersbedingtem Ausscheiden führt. Diese Bedingung wird im vorliegenden Fall nicht erfüllt. Günstig für eine weiche Problemlösung wäre ebenfalls eine hohe Fluktuationsrate, die hier mit 8 % angegeben ist und, auf ein Jahr gerechnet, in dem wegbrechenden Produktionsbereich immerhin vier bis fünf Arbeitsplätze ausmacht.

Problematisch ist ein totaler, auch auf Auszubildende ausgelegter Einstellungsstopp. Eine als unsicherer Arbeitsplatz ins Gerede gekommene Unternehmung verliert damit nämlich für leistungsfähige Nachwuchskräfte ihre Anziehungskraft. Eine in diesem Punkt verlorene Reputation ist nur langfristig wieder aufzubauen.

Weitere Maßnahmen

- Der **Abbau von Leiharbeit** schafft Spielräume für die weitere Beschäftigung des Stammpersonals.

- Sofern eine Unternehmung Teile eines bisher fremdgefertigten Produktionsprogramms wieder in **eigene Regie** nimmt, beugt sie einem ggf. drohenden Personalabbau vor.

- Das Vorziehen von Urlaub, vermehrte Gewährung von unbezahltem Urlaub, Verschiebung von Rationalisierungs-Investitionen und vorgezogene Reparaturarbeiten sind weitere Maßnahmen, um ein aktuelles Beschaftigungsproblem zu lösen.

Praktische Beispiele

14.2.4 Praktische Beispiele zum Personalabbau als Maßnahmen-Mix

◆ Zeitungsberichte über Personalabbau

Maßnahmen im Zusammenhang mit einer Betriebsstilllegung in Berlin; 500 Mitarbeiter waren betroffen.

Das Unternehmen beschränkte sich nicht auf einen Sozialplan mit großzügigen Abfindungen, sondern machte allen Mitarbeitern Beratungs- und Qualifizierungsangebote.

- Intensive Beratungen zusammen mit dem Betriebsrat, IG Chemie, Berliner Senat und Agentur für Arbeit.
- Qualifizierungsmaßnahmen nach einem Konzept, das gemeinsam mit der Gesellschaft für soziale Unternehmensberatung (GSUB) als Treuhänderin des Landes Berlin erarbeitet wurde. Dazu gehörte u. a.:
  - Erarbeitung eines kompletten Bewerbungsschreibens für jeden betroffenen Arbeitnehmer,
  - Mitfinanzierung einer Beschäftigungsgesellschaft, die Zuschüsse für Weiterbildungs-Maßnahmen zahlte,
  - Unterhaltung eines Beratungsbüros, in dem alle im Zusammenhang mit der Entlassung stehenden Fragen besprochen werden konnten.

Maßnahmen im Zusammenhang mit dem Abbau der Belegschaft von 1 600 auf 850 Mitarbeiter in einer Unternehmung bei Reutlingen

In der ersten Stufe erhielten 300 Mitarbeiter Abfindungen; zur damaligen Zeit war die Arbeitsmarktlage noch gut.
Nachdem der Arbeitsmarkt schwierig geworden war:

- Bildung eines runden Tisches aus Vertretern der Unternehmung, des Wirtschaftsministeriums, der Agentur für Arbeit, der Handels- und Handwerkskammern
- Ermittlung von offenen Stellen in der engeren und weiteren Umgebung
- Übermittlung von Qualifikationsprofilen der Arbeitssuchenden an die interessierten Unternehmungen. Wirkung: Ein Teil der Arbeitssuchenden wurde in anderen Unternehmungen direkt gebraucht; andere Unternehmen konnten durch die neuen Fachkräfte neue Aufgaben anpacken, für die vorher die geeigneten Mitarbeiter fehlten.
- Gründung einer unternehmensinternen Abteilung „Projekte und Dienstleistungen". Ziel: Bei 100 Prozent Kurzarbeit die Mitarbeiter für andere Berufe qualifizieren und neue Aufgabenfelder für diese Abteilung suchen
- Finanzierungshilfen an andere Firmen, die Mitarbeiter zur Einarbeitung und Qualifikation übernahmen

Maßnahmen im Zusammenhang mit einer Betriebsstillegung in Duisburg

Ein Unternehmen im Duisburger Raum sieht die Notwendigkeit voraus, in absehbarer Zeit Facharbeiter entlassen zu müssen. Diese werden für ca. ein Jahr an kleine bzw. mittlere Unternehmen vermittelt, bleiben aber noch Angehörige der Stammunternehmung. Zwischen den Parteien erfolgt bezüglich Berufszuordnung, Entgeltübernahme sowie genaue Dauer der Übernahme eine individuelle Vereinbarung. Der Arbeitnehmer erhält aber das gleiche Entgelt wie früher. Nach Ablauf des Jahres konnte der überwiegende Teil der Facharbeiter von der neuen Unternehmung übernommen werden.

Die vorgestellte Situation der Sixtime Deutschland GmbH lässt nur ganz bestimmte Personalabbaumöglichkeiten als tatsächlich wirksame Möglichkeiten zu. Davon ist aufgrund der personalpolitischen Leitlinien nur eine begrenzte Anzahl als empfehlenswert zu betrachten.

Da noch über einen Zeitraum von mehr als einem Jahr verfügt werden kann, kommen grundsätzlich vorbeugende Maßnahmen noch in Betracht. Vorgezogene Reparaturarbeiten schaffen heute üblicherweise keine zusätzlichen Arbeitsmöglichkeiten, da nach dem Prinzip der vorbeugenden Instandhaltung im Rahmen von TQM solche Arbeiten bereits zu den regulären Tätigkeiten gehören. Über Rücknahme von Fremdaufträgen gibt der Fall keinen Anhaltspunkt.

Aus dem Maßnahmenkatalog zur Arbeitsgestaltung entfallen als Möglichkeit „Abbau von Überstunden" (da Überstunden nur vereinzelt angeordnet werden) und „Verkürzung der regulären Arbeitszeit" (da die anderen Bereiche voll ausgelastet sind). Eine Umwandlung in Teilzeitarbeitsplätze könnte nur zu einer kurzfristigen Entschärfung beitragen, da ja das gesamte Modul eingestellt wird. Diese Einschätzung trifft analog auch auf die Urlaubsplanung (z. B. in Form von unbezahltem Urlaub) zu. Das Instrument Kurzarbeit kann nur unter dem Gesichtspunkt „vorübergehende Einschränkung der Arbeitszeit" greifen, denn es wird eine grundsätzliche Erhaltung der Arbeitsplätze angenommen.

Das Instrument „Einstellungsstopp" könnte durch die Begrenzung auf das betroffene Fertigungsmodul als qualifizierter Einstellungsstopp wirksam sein. Statistisch betrachtet ergäbe dieses im Verlauf des kommenden Jahres einen Personalabbau von 8 %, was etwa vier bis fünf Arbeitsplätze ausmachen würde.

Ein weiterer wirksamer Abbau von personeller Überkapazität in statistischer Höhe von 10 % (fünf bis sechs Arbeitsplätze) wäre durch den Abbau von Leiharbeit sowie durch das Auslaufenlassen von Zeitverträgen denkbar, da der Zeitrahmen von über einem Jahr dieses weitgehend ermöglicht. Bei weitergehender Betrachtung könnten diese Instrumente auch in den anderen vier Fertigungsbereichen trotz Vollauslastung eingesetzt werden, um interne Versetzungsspielräume für das Stammpersonal der auslaufenden Lackpolituren-Fertigung zu erhalten.

Unter den Maßnahmen des direkten Personalabbaus kommen Vorruhestandsregelungen nicht in Betracht (zu geringes Alter). Damit bleiben Aufhebungsverträge sowie Entlassungen durch Kündigungen als die am wenigsten sozial verträglichen Instrumente.

Nach der vorgegebenen personalpolitischen Leitlinie sollen nach Möglichkeit nur weiche Maßnahmen getroffen werden, d. h. es sind Entlassungen zu vermeiden. Demnach haben sich die Aktivitäten auf folgende Möglichkeiten zu konzentrieren:

1. *Intensive Bemühungen um alternative Fertigungsmodule*
2. *Ausnutzen der natürlichen Fluktuation*
3. *Möglichst weit gehender Abbau der Leiharbeits- und Zeitarbeitsverhältnisse im gesamten Werk*
4. *Schrittweise Anhebung der Stammpersonalquote in Richtung 100 % durch interne Versetzungen (allerdings nur mit mittelfristiger Perspektive, um auch künftig Schwankungen ausgleichen zu können)*
5. *Einleitung qualifizierter Maßnahmen zur Vorbereitung künftiger Versetzungen*
6. *Ausnutzen aller Möglichkeiten zur einvernehmlichen Versetzung (z. B. freiwillige Ortswechsel)*

14.3 Die Kündigung in ihrer wirtschaftlichen, sozialen und rechtlichen Bedeutung

Wenn einer Kündigung eine baldige Neueinstellung folgt, lag für den Arbeitnehmer eine vorübergehende Arbeitslosigkeit vor. Ein solcher Vorgang ist persönlich selbstverständlich mit Umstellungen verbunden, aber eine weitergehende gesellschaftliche und wirtschaftliche Bedeutung hat vorübergehende Arbeitslosigkeit nicht. Ganz anders ist zu urteilen, wenn die Kündigung zu längerer Arbeitslosigkeit führt.

Subjektive Folgen

14.3.1 Subjektive Folgen der Arbeitslosigkeit

- Arbeitslosigkeit bedeutet für den Arbeitnehmer persönlich sowie für seine Familie eine starke **Einkommenseinbuße**. Diese beträgt von über 30 bis über 40 %, wenn ein Anspruch auf Arbeitslosengeld bzw. Arbeitslosenhilfe besteht. Wenn für Arbeitslose ggf. nur Arbeitslosengeld II in Betracht kommt, ist die Einbuße noch größer.

- In unserer Gesellschaft stellen Beruf und Berufstätigkeit die Hauptmerkmale des **sozialen Status** einer Person bzw. der Familie dar. Mit dem Beruf verbunden ist die Berufsrolle. Daraus wird im Wesentlichen die Bedeutung des Rollenträgers für die Gesellschaft abgeleitet.

- So wie die Gesellschaft den sozialen Status durch den Beruf definiert, so definiert die einzelne Person sich in ihrem **Selbstwertgefühl** auch überwiegend durch den Beruf. Eine weitere Einschränkung des Selbstwertgefühls entsteht aus zwangsläufig verminderten **Sozialkontakten**.

Gesellschaftliche Folgen

14.3.2 Gesellschaftliche Folgen der Arbeitslosigkeit

- Wenn größere Anteile der arbeitswilligen und arbeitsfähigen Bevölkerung arbeitslos geworden sind, wächst damit soziale Unzufriedenheit. Soziale bzw. politische Unruhen sind nicht ausgeschlossen.

- In Gesellschaften, in denen die **Rollenverteilung** noch weitgehend von einem Leitbild bestimmt wird, dass der Mann der Ernährer ist, fällt Arbeitslosigkeit des Mannes gegenüber Arbeitslosigkeit der Frau stärker ins Gewicht. Ist die Arbeitslosigkeit in der **jungen Generation** gravierend, wird diese Ausprägung zu Recht besonders kritisch wahrgenommen. Die Frustration der Betroffenen kann nicht, wie bei Arbeitnehmern höheren Alters, durch den Gedanken kompensiert werden, im Berufsleben bereits eine längere und we-sentliche Leistung erbracht zu haben.

Wirtschaftliche Folgen

14.3.3 Wirtschaftliche Folgen der Arbeitslosigkeit

- Im wirtschaftlichen Sinne bedeutet Arbeitslosigkeit in erster Linie **Verminderung des Arbeitseinkommens**, d. h. eine geringere Entlohnung des Produktionsfaktors Arbeit. Bei Substitution von Arbeit durch Kapital bedeutet Arbeitslosigkeit dagegen nicht gleichzeitig eine Verminderung der Gesamtproduktion. Wenn aber private Haushalte verminderte Einkommen hinnehmen müssen, **sinkt die Haushaltsnachfrage**.

- **Die Veränderung der Produktionsstruktur führt nicht zur Verminderung der Güterversorgung**. Das Problem bleibt die **Verteilung** der Arbeit. Möglicherweise müssen kapitalreiche Volkswirtschaften mit der Tatsache leben, dass ein Teil der arbeitsfähigen und arbeitswilligen Bevölkerung nicht im Produktionsprozess verbleibt. In diesem Zusammenhang spricht man von der **Zweidrittelgesellschaft** als Schicksal kapitalintensiver Volkswirtschaften.

14.3.4 Rechtliche Grundlagen der Kündigung

Rechtliche Grundlagen der Kündigung

Die Kündigung ist eine einseitige empfangsbedürftige Willenserklärung, um das Arbeitsverhältnis zu einem bestimmten Zeitpunkt zu lösen. Ihre rechtlichen Grundlagen finden sich in verschiedenen Gesetzen; die wichtigsten sind BGB, KSchG, BetrVG.
Die Kündigung ist grundsätzlich an keine bestimmte **Form** gebunden, es sei denn, der Tarifvertrag bzw. die Betriebsvereinbarung oder der Einzelarbeitsvertrag schreiben die schriftliche Form vor.
Die **Wirksamkeit** der Kündigung ist nicht davon abhängig, ob Kündigungsgründe angegeben wurden. Wichtig für die Wirksamkeit ist jedoch, dass der Betriebsrat vor jeder Kündigung gehört wird (§ 102 BetrVG).

◆ **Arten der Kündigung**

Arten der Kündigung

Grundsätzlich ist zwischen ordentlicher (fristgemäßer) und außerordentlicher (fristloser) Kündigung zu unterscheiden.

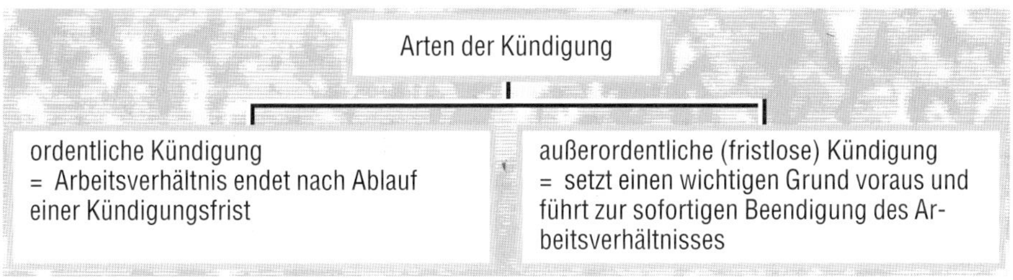

Abb. 14-3: Arten der Kündigung

Ordentliche Kündigung

- ordentliche Kündigung
  Für die ordentliche Kündigung gelten **Kündigungsfristen** und **Kündigungstermine**.

Außerordentliche Kündigung

- außerordentliche Kündigung
  Die außerordentliche Kündigung ist eine **fristlose** Kündigung. Sie kann sowohl für unbefristete wie für befristete Arbeitsverhältnisse ausgesprochen werden.
  Voraussetzung ist, dass ein **wichtiger Grund** vorliegt. Das ist dann der Fall, wenn Tatsachen gegeben sind, aufgrund derer dem Kündigenden – das kann der Arbeitgeber, aber auch der Arbeitnehmer sein – unter Berücksichtigung der Umstände des Einzelfalls sowie unter Abwägung der Interessen beider Vertragspartner eine Fortsetzung des Arbeitsverhältnisses entweder bis zum Ablauf der gesetzlichen Kündigungsfrist oder bis zum Ende des Arbeitsverhältnisses nicht zugemutet werden kann. Typische Beispiele sind Arbeitsverweigerung, Diebstahl, Unterschlagung, tätlicher Angriff u. a. m.
  Die Kündigung kann nur innerhalb einer Frist von 2 Wochen nach Bekanntwerden des Kündigungsgrundes erfolgen.
  Auf Verlangen muss der kündigende Vertragspartner dem anderen den Kündigungsgrund mitteilen.

Kündigungstermine Kündigungsfristen

◆ Kündigungstermine und Kündigungsfristen

Die gesetzlichen Kündigungsfristen für Angestellte und Arbeiter sind gleich. Grund-sätzlich kann der Arbeitnehmer mit einer Frist von vier Wochen zum 15. oder zum Letzten eines Kalendermonats kündigen, und zwar unabhängig von seiner Beschäftigungsdauer.

Beispiel Will der Arbeitnehmer zum 15. Januar des kommenden Jahres kündigen, so muss das Kündigungsschreiben spätestens am 18. Dezember dieses Jahres beim Arbeitgeber eingegangen sein.

Der Arbeitgeber kann ebenfalls zum 15. oder zum Letzten eines Kalendermonats mit einer Frist von vier Wochen kündigen. Allerdings verlängert sich die Kündigungsfrist gemäß § 622 BGB bei längerer Betriebszugehörigkeit (vom 25. Lebensjahr an gerechnet) um folgende Zeiten:

- nach 2 Jahren: 1 Monat
- nach 5 Jahren: 2 Monate
- nach 8 Jahren: 3 Monate
- nach 10 Jahren: 4 Monate
- nach 12 Jahren: 5 Monate
- nach 15 Jahren: 6 Monate
- nach 20 Jahren: 7 Monate

Tarifvertraglich können alle Kündigungsfristen verändert werden, einzelvertraglich kann gemäß § 622 5 (1) BGB eine kürzere Kündigungsfrist vereinbart werden, wenn ein Arbeitnehmer zur vorübergehenden Aushilfe eingestellt ist. Dies gilt nicht, wenn das Arbeitsverhältnis über die Zeit von drei Monaten hinaus fortgesetzt wird.

Kündigungsschutz

◆ Allgemeiner Kündigungsschutz

Arbeitnehmer, deren Arbeitsverträge länger als 6 Monate bestehen, genießen allgemeinen Kündigungsschutz, wenn die Kündigung sozial ungerechtfertigt ist. Dieser Schutz gilt nicht für Arbeitnehmer in „Kleinstbetrieben", d. h. in Betrieben und Verwaltungen mit bis zu 20 Beschäftigen (§ 622 5 (2) BGB).
Wird dem Arbeitnehmer gekündigt, ohne dass er durch sein Verhalten dazu Anlass gibt bzw. ohne dass dringende betriebliche Erfordernisse vorliegen, ist die Kündigung sozial ungerechtfertigt (§ 1 ff. KSchG). Anders formuliert: Sozial gerechtfertigt ist eine Kündigung nur dann, wenn der Kündigungsgrund (a) **in der Person** oder **im (pflichtwidrigen) Verhalten** des Arbeitnehmers liegt bzw. dann, (b) wenn der Kündigungsgrund **in dringenden betrieblichen Erfordernissen** zu sehen ist.

Gründe, die **in der Person** des Arbeitnehmers liegen, sind unter ganz bestimmten Voraussetzungen in längerfristigen Krankheiten und in mangelnder Eignung zu sehen. **Pflichtwidriges Verhalten** kann sich beispielsweise in Nichteinhaltung der Arbeitszeit bzw. der Pausen, Nichteinhaltung von Rauchverbot, Alkoholmissbrauch, Selbstbeurlaubung, Schlechtarbeit oder unsachlicher Kritik an Vorgesetzten ausdrücken. **Dringende betriebliche Erfordernisse**, die als Kündigungsgrund in Betracht kommen, sind z. B. Auftragsmangel mit Produktionseinschränkung, Stillegung von Betriebsteilen oder Rationalisierungsmaßnahmen.

Hält ein Arbeitnehmer seine Kündigung für sozial ungerechtfertigt, kann er innerhalb von einer Woche beim Betriebsrat dagegen Einspruch erheben (§ 3 KSchG). Außerdem muss er innerhalb von drei Wochen nach Zugang der Kündigung Klage beim Arbeitsgericht auf Feststellung erheben, dass das Arbeitsverhältnis durch die Kündigung nicht aufgelöst ist (§ 4 KSchG). Der Arbeitgeber muss bei der Auswahl der ggf. zu kündigenden Arbeitnehmer soziale Gesichtspunkte berücksichtigen. Dazu zählen insbesondere die Dauer der Betriebszugehörigkeit, das Lebensalter, der Familienstand sowie die Anzahl der unterhaltspflichtigen Personen.

Kündigungsschutz	
Grundsätzlicher Kündigungsschutz gemäß § 1 des Kündigungsschutzgesetzes: Die Kündigung des Arbeitsverhältnisses gegenüber einem Arbeitnehmer, dessen Arbeitsverhältnis in demselben Betrieb oder Unternehmen (Ausnahme: Kleinstbetrieb) ohne Unterbrechung länger als sechs Monate bestanden hat, ist rechtsunwirksam, wenn sie sozial ungerechtfertigt ist.	**Einschränkung des Kündigungsschutzes,** wenn – die Kündigung in der Person des Arbeitnehmers begründet ist (Leistungsbereich), – die Kündigung im Verhalten des Arbeitnehmers begründet ist (Verhaltens- und Vertrauensbereich), – betriebliche Notwendigkeiten zur Kündigung zwingen (bei der Auswahl der Arbeitnehmer sind soziale Gesichtspunkte zu berücksichtigen).

Besonderer Kündigungsschutz

◆ **Besonderer Kündigungsschutz**

Einige Personen und Gruppen genießen besonderen Kündigungsschutz.

Dazu gehören:

- Schwerbehinderte
  Nach dem Schwerbehindertengesetz § 15 kann ihnen nur mit vorheriger Zustimmung der Integrationsstelle gekündigt werden.

- Werdende Mütter
  Der Arbeitgeber kann Müttern während der Schwangerschaft und bis zu vier Monaten nach der Entbindung nicht kündigen, wenn ihm die Schwangerschaft bekannt ist bzw. ihm innerhalb von 14 Tagen nach Zugang der Kündigung bekannt gemacht wird (§ 9 MuSchG).
  Ferner besteht Kündigungsschutz während der Elternzeit (§§ 15, 18 BErzGG).

- Arbeitnehmervertreter
  (Betriebsratsmitglieder, Jugend- und Auszubildendenvertreter)
  Während der Amtszeit eines Arbeitnehmervertreters und bis zu einem Jahr danach kann diesem außer bei Vorliegen eines wichtigen Grundes nicht gekündigt werden. Kandidaten zur Wahl des Betriebsrates sowie nicht gewählte Kandidaten bis sechs Monate nach der Wahl des Betriebsrates haben ebenfalls Kündigungsschutz (§ 15 KSchG).

- Auszubildende
  Auszubildenden nach der Probezeit kann während ihrer Ausbildung nur aus einem wichtigen Grund gekündigt werden (§ 15 BBiG). Für Jugend- und Auszubildendenvertreter besteht eine Übernahmeverpflichtung auf Initiative des Auszubildenden nach der Ausbildung gemäß § 78a (2) BetrVG.

- Wehrdienstleistende
  Für die Dauer des Grundwehrdienstes und während einer Wehrübung kann Wehrdienstleistenden nicht gekündigt werden (§ 2 ArbPlSchG).

Mitwirkung des Betriebsrates

◆ **Mitwirkung des Betriebsrates**

Der Betriebsrat hat bei Kündigungen ein Mitwirkungsrecht. Wird eine Kündigung ohne die Anhörung des Betriebsrates ausgesprochen, ist sie unwirksam. Dem Betriebsrat müssen die Kündigungsgründe sowie der Kündigungstermin mitgeteilt werden. Einer ordentlichen Kündigung kann der Betriebsrat innerhalb einer Woche widersprechen, wenn der Arbeitnehmer entweder an einem anderen Arbeitsplatz weiterbeschäftigt

werden kann oder eine Weiterbeschäftigung nach Umschulungsmaßnahmen möglich ist. Widerspruch ist ebenfalls statthaft, wenn der Betriebsrat der Ansicht ist, dass soziale Gesichtspunkte nicht bzw. nicht angemessen berücksichtigt wurden.
Allerdings wird eine Kündigung trotz Widerspruch des Betriebsrates rechtswirksam, wenn die Feststellungsklage nicht rechtzeitig erhoben wurde.
Bei einer außerordentlichen Kündigung kann der Betriebsrat keinen Widerspruch einlegen, aber er kann seine Bedenken unverzüglich, spätestens innerhalb von drei Tagen schriftlich dem Arbeitgeber mitteilen.

Abwicklung der Kündigung

14.3.5 Die Kündigung in ihrer Abwicklung

Die zur Abwicklung notwendigen Maßnahmen unterscheiden sich danach, ob es sich um eine betriebsbedingte oder um eine verhaltensbedingte Kündigung handelt.

Bausteine einer betriebsbedingten Kündigung

◆ **Bausteine einer betriebsbedingten Kündigung**

- Vorauswahl der Personen
- Anhörung des Betriebsrats
- Gespräche mit den betroffenen Mitarbeitern
- Einleiten eines Outplacementprogramms
- Aussprechen der Kündigung
- Freistellung zur Arbeitssuche
- interne Administrationsarbeiten
  - Lohn- und Gehaltsabrechnung
  - Urlaubsbescheinigung
  - Bescheinigung für die Arbeitsagentur
  - Arbeitszeugnis
- Abgangsinterviews
- Aushändigung der Arbeitspapiere

Um die einzelnen Bausteine richtig einzuplanen bzw. termingerecht zu realisieren, ist eine retrograde Ablaufplanung nützlich. Wie diese gestaltet wird, ist in den methodischen Empfehlungen dargestellt.

Verhaltensbedingte Kündigung

◆ **Die verhaltensbedingte Kündigung**

Die vertragsmäßige Leistung am Arbeitsplatz setzt ein bestimmtes Verhalten voraus. Abweichungen davon bzw. Fehlentwicklungen können beispielsweise darin bestehen, dass ein Mitarbeiter häufig fehlt, am Arbeitsplatz Alkohol zu sich nimmt, vorgegebene Richtlinien für Arbeitsausführungen nicht berücksichtigt, sondern starr an einem überholten System hängt, Pausen ständig ausdehnt und damit den Leistungsstandard nicht erreicht bzw. auch ein schlechtes Beispiel bietet, andere Mitarbeiter in der Arbeitsausführung stört u. v. m.

Programme, die die Personalwirtschaft in den Unternehmungen als Antwort auf das störende Verhalten entwickelt haben, sehen zwei Zielrichtungen vor:

- Welche Möglichkeiten gibt es, das **Mitarbeiterverhalten** zu **korrigieren**?
- Welche Schritte sind **arbeitsrechtlich** einzuleiten, wenn eine Verhaltensänderung nicht erreicht werden konnte?

Einflussnahme auf das Verhalten

Die hauptsächliche Möglichkeit der **Verhaltenskorrektur** wird in einem Gespräch bzw. Gesprächen zwischen dem Vorgesetzten und dem betroffenen Mitarbeiter gesehen. Wichtig ist, dass ein erstes Gespräch rechtzeitig stattfindet, eventuell die Schritte nach einem Plan stufenweise und mit entsprechender Zielvereinbarung sowie Erfolgskontrolle stattfinden und dass es gelingt, die innere Einstellung des Mitarbeiters anzusprechen. Die Beurteilungen der Teilerfolge bzw. des Gesamterfolges müssen fair und objektiv sein, die Behandlung in jeder Weise konsequent. Positive Entwicklungen, die möglicherweise bisher noch nicht deutlich wurden, sind ebenfalls zu dokumentieren. Es ist selbstverständlich, dass bei dem gesamten Vorgang auch evtl. anderweitige Hilfe, etwa vonseiten der Personalabteilung, in Anspruch genommen werden kann bzw. muss. Gegebenenfalls ist als Folgerung ja auch eine Versetzung innerhalb der Unternehmung in Betracht zu ziehen. Ziel des ganzen Vorgehens ist es, dem Mitarbeiter eine faire Chance zum Verbleib in der Unternehmung zu geben.

Arbeitsrechtliche Schritte

Arbeitsrechtliche Schritte bedürfen ebenfalls der Abstufung. In der Regel hat einer verhaltensbedingten Kündigung eine Abmahnung vorauszugehen. In der Unternehmung selbst erfolgt eine Dokumentation über das monierte Verhalten und über alle erfolgten Schritte. Die Abmahnung, die zweckmäßigerweise in schriftlicher Form abgefasst wird, enthält drei Punkte:

- Beschreibung des Fehlverhaltens bzw. der Fehlleistung (Grund)
- erwartetes Verhalten
- Konsequenzen, die bei Nichtbesserung gezogen werden

Außerdem findet die Abmahnung Eingang in die Personalakte. Auch muss der Betriebsrat davon Kenntnis erhalten.

Persönlich/Vertraulich

im Hause

Ort, den

Abmahnung

Sehr geehrte ,

leider geben Sie uns * Veranlassung, Ihnen eine schriftliche Abmahnung zu erteilen.

Nachfolgender Sachverhalt:

Ihr Verhalten stellt einen ** Verstoß gegen Ihre arbeitsvertraglichen Pflichten dar und kann von uns in dieser Form nicht hingenommen werden.

Wir müssen Sie dringend bitten, sich an Ihre arbeitsvertraglichen Verpflichtungen zu halten.

Wir weisen Sie nachdrücklich darauf hin, dass wir uns andernfalls vorbehalten, das Arbeitsverhältnis mit Ihnen zu lösen.

* ggf. – bereits zum wiederholten Male
** ggf. – schweren

Abb. 14-4: Muster einer schriftlichen Abmahnung

Textbausteine:

leider geben Sie uns Veranlassung, Ihnen eine schriftliche Abmahnung zu erteilen.

leider geben Sie uns – bereits zum wiederholten Male –
Veranlassung, Ihnen eine schriftliche Abmahnung zu erteilen.

Ihr Verhalten stellt einen Verstoß gegen Ihre arbeitsvertraglichen Pflichten dar und kann von uns in dieser Form nicht hingenommen werden.

Wir müssen Sie dringend bitten, sich an Ihre arbeitsvertraglichen Pflichten zu halten.

Wir weisen Sie nachdrücklich darauf hin, dass wir uns andernfalls weitere arbeitsrechtliche Konsequenzen vorbehalten.

Wir weisen Sie nachdrücklich darauf hin, dass wir uns andernfalls vorbehalten, das Arbeitsverhältnis mit Ihnen zu lösen.

Vertraulich/Persönlich Ort, den

im Hause

Sehr geehrte ,

wir möchten Sie heute davon unterrichten, dass Ihre Abmahnung vom aus Ihrer Personalakte entfernt und vernichtet wurde, da Sie in den darauffolgenden Jahren Ihren arbeitsvertraglichen Pflichten nachgekommen sind.

Wir freuen uns über diese positive Entwicklung und hoffen auf weiterhin gute Zusammenarbeit.

Mit freundlichen Grüßen

Abb. 14-5: Muster einer Rücknahme der Abmahnung

Bevor die endgültige Entscheidung fällt, dass die Kündigung oder eine Änderungskündigung ausgesprochen werden soll, sind folgende Fragen zu beantworten:

- Haben wir als Unternehmung unser Möglichstes getan, um eine Anpassung des Mitarbeiters an erwartete Leistungen bzw. Verhaltensweisen herbeizuführen?
- Ist die Abstimmung mit dem Betriebsrat erfolgt?
- Sind alle Schritte dokumentiert?

Wenn das Besondere einer verhaltensbedingten Kündigung geklärt ist, sind die verbleibenden Bausteine, wie sie bei der betriebsbedingten Kündigung aufgezählt wurden, noch zu beachten.

14.4 Besondere Aufgaben bei der Abwicklung des Personalabbaus

Arbeitszeugnis

14.4.1 Arbeitszeugnis

Der gekündigte Arbeitnehmer kann von seinem bisherigen Arbeitgeber ein schriftliches Zeugnis über das Arbeitsverhältnis und dessen Dauer verlangen. Ferner muss, wenn der Arbeitnehmer dies wünscht, das Zeugnis Angaben über die Leistung und die Führung im Dienst enthalten (§ 630 BGB).

Folgende Grundsätze sind beim Ausstellen eines qualifizierten Zeugnisses zu beachten[1]:

Grundsätze

- Die **Wahrheitspflicht** ist oberster Grundsatz. Das Zeugnis soll dem künftigen Arbeitgeber konkrete Vorstellungen über die Persönlichkeit des Arbeitnehmers und seine betrieblichen Einsatzmöglichkeiten vermitteln.

  Ungünstige Tatsachen sind zu berücksichtigen, wenn sie für die Gesamtbeurteilung kennzeichnend sind. Wer beispielsweise dem wegen Vermögensdelikten entlassenen Arbeitnehmer „Ehrlichkeit" bescheinigt, macht sich schadensersatzpflichtig.

- Das Zeugnis soll von „verständigem **Wohlwollen** gegenüber dem Arbeitnehmer getragen" sein (BGH 1963).

  Ungünstige Vorkommnisse müssen nicht schonungslos dargestellt und beurteilt werden. Der Gesamteindruck ist wichtiger als das Hervorheben von Einzelaspekten.

  Urteile sollen nach Möglichkeit in eine positive Formulierung gebracht, negative Aussagen soweit vertretbar durch Leerstellen vermieden werden, um das berufliche Fortkommen nicht nachteilig zu beeinflussen.

Zeugnissprache

- Als Folge der Schwierigkeit, die teils sich widersprechenden Anforderungen zu erfüllen, haben sich **Eigenheiten der Zeugnissprache** herausgebildet:

Beispiel 1 Er/Sie hat die ihm/ihr übertragenen Aufgaben

... stets zu unserer vollsten Zufriedenheit erledigt und unseren Erwartungen in jeder Hinsicht entsprochen	= überdurchschnittliche Leistungen
... stets zu unserer vollen Zufriedenheit ...	= gute Leistungen
... zu unserer vollen Zufriedenheit ...	= befriedigende Leistungen, evtl. auch etwas schlechter
... zu unserer Zufriedenheit ...	= ausreichende Leistungen
... im großen und ganzen zu unserer Zufriedenheit ...	= mangelhaft

Nur „vollst" heißt sehr gut

Ist ein Arbeitgeber der Meinung, ein Mitarbeiter sei „sehr gut" gewesen, dann darf er im Zeugnis nicht von einer „vollen" Zufriedenheit sprechen. Er muß – entgegen dem Duden – seine „vollste" Zufriedenheit bekunden, weil dieser Ausdruck unter Personalleitern üblich ist.
(Bundesarbeitsgericht, 5 AZR 573/91).

Abb. 14-6: Urteil des Bundesarbeitsgerichtes

Beispiel 2

Wir haben uns in gegenseitigem Einvernehmen getrennt.	= Wir haben ihm/ihr gekündigt bzw. nahegelegt zu kündigen.
Er/sie hat alle Arbeiten ordnungsgemäß erledigt.	= Er/Sie ist ein Bürokrat ohne Eigeninitiative.

14.4.2 Abgangsinterviews

Abgangsinterview

- Der ausscheidende Mitarbeiter verfügt über Kenntnisse der Unternehmung, die für die zukünftige Gestaltung von Abläufen, Mitarbeiterführung u. v. m. sehr nützlich sein können. Solche Informationen sind im Rahmen einer Schwachstellenanalyse wertvoll.
- Möglicherweise lässt sich in einem Abgangsinterview auch einiges an latenter, unausgesprochener Unzufriedenheit auffangen, wenn der – jetzt auch viel freier sprechende – Mitarbeiter das Unternehmen verlässt.

[1] *Vgl. dazu Schanz, G.: Personalwirtschaftslehre, München, 2000, S. 341.*

Out-placement-Beratung

14.4.3 Outplacement-Beratung

Wenn Eignungsprofil und Anforderungsprofil nicht übereinstimmen oder aus Gründen des allgemeinen Personalabbaus die Trennung von einem Mitarbeiter bevorsteht, kann ihm Hilfe in Form des **Outplacement** bzw. Newplacement angeboten werden.
Die Hilfe kann z. B. umfassen:

- Klärung der Wünsche,
- Analyse der Fähigkeiten und Erfahrungen,
- Training von Führungseigenschaften,
- Vorbereitung und Durchführung der externen Suche,
- Hilfe bei der externen Suche.

Erreicht wird damit u. a.

- die Verkürzung des Trennungsprozesses,
- Imageaufwertung des Unternehmens,
- Vermeidung arbeitsrechtlicher Auseinandersetzungen,
- Verhinderung psychischer Schäden.

Die Idee des Outplacements hat ihren Ursprung in den USA und entstand als Folge des Vietnam-Krieges. Damals war eine sehr große Anzahl von Soldaten in das Berufsleben zu integrieren. Das ab den 60er-Jahren in den USA praktizierte Beratungskonzept geht auf Drake Beam Morin Incorporation zurück. In der BRD beschäftigten sich Berater zuerst nur mit Angestellten, die außer Tarif (A. T.) bezahlt werden. Inzwischen ist der Bedarf an Hilfen zur Krisenbewältigung, Analyse der Stärken und Schwächen, Bewerbungstraining und Verhaltenstraining gewachsen; auch Tarifangestellte wenden sich mittlerweile an Berater bzw. Beratungsgesellschaften.

Der mit dem Outplacement verbundene Beratungsaufwand wird als Outplacement-Beratung bezeichnet.

Ein besonderes Problem stellt für Sie der Leiter des Produktionsmoduls dar. Dieser Mitarbeiter hat sich innerhalb seiner über 20-jährigen Betriebsangehörigkeit stetig weiterentwickelt und sich mit viel Energie und Fleiß erfolgreich den immer neuen technischen Herausforderungen gestellt. Leider sind alle seinem Qualifikationsprofil entsprechenden Positionen im gesamten Unternehmen besetzt. Für diesen speziellen Fall wollen Sie dem Werksleiter den Vorschlag unterbreiten, ein Outplacement-Verfahren einzuleiten. Da dieses Instrument noch relativ unbekannt ist, wird es erforderlich sein, das Gespräch mit dem Werksleiter so vorzubereiten, dass Sie ihm ein Informationspapier vorlegen, das einen typischen Outplacement-Prozess in seiner Struktur darstellt sowie die damit verbundenen Vorteile aufzeigt. Gleichzeitig werden Sie zur Vorbereitung auf eventuelle Rückfragen die Frage prüfen, inwieweit das Instrument „Outplacement" auch für die übrigen betroffenen Mitarbeiter genutzt werden könnte.

Hinsichtlich der Übertragbarkeit auf weitere betroffene Mitarbeiter sind zwei Aspekte zu beachten:

Unter betriebsverfassungsrechtlichen Gesichtpunkten ist die Beschränkung auf bestimmte ausgewählte Mitarbeiter bedenklich und wird zu entsprechenden Spannungen mit dem Betriebsrat führen, der hier ein volles Mitbestimmungsrecht anmelden wird. Demnach käme nur die Einbeziehung ***aller*** *Betroffenen in Betracht. Dieses wiederum würde das Unternehmen bei voller Ausnutzung des gesamten Outplacement-Prozesses mit zahlreichen Einzelberatungen finanziell überlasten. Zu überlegen wäre* *allerdings, ob nicht Teile des Verfahrens in Form von Gruppenberatungen als eigenständiges Instrument ausgebildet werden könnten. Dies bezöge sich vornehmlich auf den Aspekt „Bewerbungstraining“. Durch eine Betriebsvereinbarung könnte ein solches Verfahren auch betriebsverfassungsrechtlich abgesichert werden.*

14.4.4 Outsourcing

Outsourcing

Outsourcing kann für einen Teil der von Arbeitslosigkeit bedrohten Mitarbeiter zu einer realen Chance werden, wenn die Bedingungen stimmen. Dazu gehört vor allem die Verpflichtung seitens der Unternehmung, dem neuen Selbstständigen durch Verträge die Abnahme der Leistungen über einen angemessenen Zeitraum hinweg zuzusichern. Ohne diese Zusicherung würde sich diese Ausprägung von Outsourcing vermutlich eher als Entlassung in eine Scheinselbstständigkeit darstellen. Unabhängig davon muss gesichert sein, dass in kurzer Zeit eine vom ehemaligen Unternehmen weit gehend unabhängige Tätigkeit ausgeübt werden kann. Eine Sonderform des Outsourcing ist das sog. Management-buy-out. In diesem Falle wird den Führungskräften eines Unternehmens die Übernahme des Unternehmens gegen eine Beteiligung angeboten.

14.5 Der Personalabbau im Spannungsfeld zwischen Unternehmensleitlinien und sozialer Verantwortung

Spannungen zwischen Unternehmensleitlinien und sozialer Verantwortung

Leitlinien, in denen Unternehmungen ihre Grundsätze der Mitarbeiterführung niederlegen, bauen in aller Regel auf dem Menschenbild des verantwortlichen Mitarbeiters auf. Dieses Menschenbild hat ein früheres abgelöst, nämlich den Arbeitnehmer, der durch eine Vielzahl von Anweisungen zu einem dem Wohl der Unternehmung beitragenden Verhalten veranlasst wird. Das moderne Menschenbild setzt, wie gesagt, auf die selbstverantwortliche Mitarbeiterpersönlichkeit.

Wie schon an anderer Stelle dargestellt, leitet der Mitarbeiter zu Recht wesentliche Aspekte seiner Existenz aus seiner Berufstätigkeit ab:

- Sein Arbeitseinkommen ist im Durchschnitt aller Fälle die Grundlage seiner wirtschaftlichen Existenz.
- Aus der Bedeutung seiner Berufsrolle gewinnt er überwiegend sein gesellschaftliches Ansehen.
- Wesentliche Teile seines Sozialkontaktes entstehen aus der Berufsrolle bzw. aus Rollen, die der Berufstätigkeit nahestehen.

Alle diese existenziellen Beziehungen zwischen Person und Beruf sind nur bei tatsächlich ausgeübter Berufstätigkeit wirksam. Muss jemand gegen seinen Willen die Unternehmung verlassen und hat er wenig Aussichten, in eine andere Unternehmung einzutreten, so verliert er wesentliche Bedingungen seiner Existenz. Die Tatsache, dass ihn in aller Regel ein soziales Netz auffängt, hilft über die Erkenntnis nicht hinweg, dass er in seinem Lebensnerv getroffen ist.

Diese Auswirkung ist an den meist hehren Worten von Unternehmungsleitlinien zu messen, wo von Mitarbeiterpersönlichkeit und Mitarbeitereinsatz gesprochen wird. Die Glaubwürdigkeit von Unternehmensleitlinien beweist sich am sichersten in Krisensituationen. Wenn Personalabbau notwendig geworden ist, sollten auch alle Maßnahmen ausgeschöpft werden, die dem Mitarbeiter die Fortführung seiner Existenz erleichtern.

Für das gegenwärtige Jahrzehnt stellt sich generell die Frage, wann ‚Rationalisierungs- und Anpassungserfolge durch Personalabbau‘ als in weiten Kreisen vorherrschende Gedankenrichtung durch die Sorge abgelöst wird, beim Kampf um die begehrten jungen Fachkräfte ins Hintertreffen zu geraten und so bei der demografischen Entwicklung zu den Verlierern zu zählen.

A Aufgaben

◆ Wiederholungsaufgaben

1. Erläutern Sie den Zusammenhang zwischen gesamtwirtschaftlichen und unternehmensspezifischen Ursachen des Personalabbaus.

2. Welche mitarbeiterspezifischen Ursachen des Personalabbaus können Sie unterscheiden?

3. Durch welche Merkmale sind direkte und indirekte Maßnahmen des Personalabbaus zu unterscheiden?

4. Beurteilen Sie die Vorruhestandsregelung aus der Sicht der Unternehmung und des Arbeitnehmers. Welche volkswirtschaftlichen Aspekte können als weitere Beurteilungskriterien genannt werden?

5. Outsourcing wird von Seiten der Sozialversicherungen sehr kritisch gesehen. Warum?

6. Erläutern Sie alle Ihnen bekannten Aspekte des Kündigungsschutzes.

7. Stellen Sie Beziehungen her zwischen den Leitlinien zur Unternehmensführung und dem bei einer verhaltensbedingten Kündigung vorgesehenen Programm.

◆ Situationsaufgaben

1. Eine mittelständische Unternehmung im Bereich des Apparatebaus ermittelt für das folgende Jahr einen Personalüberhang von etwa 10 %. Bei einem durchschnittlichen Personalbestand von 400 Mitarbeitern handelt es sich um eine Größenordnung von 40 Personen, wobei das Verhältnis von Arbeitern zu Angestellten 3 zu 1 beträgt.

   Es handelt sich um eine traditionsreiche Unternehmung, die zudem in dem strukturschwachen Gebiet einen wichtigen Wirtschaftsfaktor darstellt. Die Unternehmensleitung legt größten Wert darauf, den Personalabbau möglichst ohne Kündigungen abzuwickeln.

   Sie erhalten als Personalbeauftragter die Aufgabe, alle diesbezüglichen Möglichkeiten planerisch auszuschöpfen.

2. Eine Unternehmung der Metallverarbeitung ist gezwungen, ihre Fertigung im Bereich der Kabelherstellung drastisch einzuschränken. Ob und wann der Anschluss an die Glasfaserentwicklung erreicht werden kann, ist zurzeit nicht spruchreif. Im Falle dessen, dass sich auch eine anderweitige Beschäftigung der evtl. zu entlassenden Mitarbeiter der Unternehmung als nicht möglich erweist, sind Kündigungen unvermeidlich.

   a) Unterscheiden Sie die anfallenden Arbeiten in unerlässliche und freiwillige Arbeiten.
   b) Welche Aufgaben sind vor der eigentlichen Kündigung schon zu leisten?

B Methodische Empfehlungen

◆ Zeitmanagement

1. Zeitplanung ist nötig

Erfolg setzt im Normalfall zielgerichtetes Handeln voraus. Sicheres Erreichen des Zieles wird durch einen gut geplanten Weg unterstützt. Gute Planung hat – neben anderen Gesichtspunkten wie Methodenwahl etc. – immer einen Zeitaspekt.
Der italienische Wissenschaftler Wilfredo Pareto hat auf die Bedeutung der Zeitplanung mit einer These hingewiesen: Mit 20 % ihrer Zeit erreichen viele Menschen 80 % ihrer Ergebnisse. Das bedeutet in der Umkehrung: Viele Menschen verbrauchen 80 % ihrer Zeit für nur 20 % ihrer Zielsetzung.
Diese These ist schwer zu beweisen und gilt bestimmt nicht für Fabrikarbeit. Sie kann aber dazu beitragen, über die eigene Zeitverwendung einmal gründlich nachzudenken.

2. „Zeitfresser" am Arbeitsplatz

Jeder Arbeitsplatz scheint seine typischen Zeitfresser zu haben; das sind typische Störungen eines an sich möglichen effizienten Handlungsverlaufs. Nachfolgend einige typische Beispiele und gleichzeitig Empfehlungen, wie Störungen vermieden werden können:

1. Beispiel:
Zeit wird verschwendet durch Suchen, und zwar Suchen nach Unterlagen, nach Handwerkszeug etc.
Empfehlung:
Sich einmal richtig Zeit nehmen für eine radikale Ordnung, und dann diese Ordnung auch wirklich beibehalten.

2. Beispiel:
Überschwemmung mit Informationen, die sich
- *dringend machen, aber nicht dringend sind,*
- *wichtig machen, aber nicht wichtig sind.*

Empfehlung:
Wichtiges **und** Dringendes sofort erledigen, und zwar gut und vollständig, um es nicht noch einmal anpacken zu müssen.
Wichtiges, aber nicht Dringendes auf Termin legen.
Dringendes, aber nicht Wichtiges delegieren.
Unwichtiges und nicht Dringendes in den Papierkorb.

3. Beispiel:
Teilnahme an Besprechungen, die unvorbereitet sind
Empfehlung:
Laden Sie selbst nur zu Besprechungen ein, die gut vorbereitet sind. Vielleicht hat das auf Dauer Vorbildcharakter.

4. Beispiel:
Übertriebener Perfektionismus
Empfehlung:
Gelassener an die Arbeit gehen, um das Wichtige und Dringende wirklich zu schaffen, aber auch ruhig mal holzschnittartige Lösungen tolerieren.

3. Die persönliche Komponente beim Umgang mit Zeit

Die Situation am Arbeitsplatz hat sicher für viele Menschen den Charakter eines Datums, d. h. einer vorgegebenen Bedingung, die man selbst nur begrenzt beeinflussen kann. Vieles liegt aber auch an der eigenen Persönlichkeit.

1. Beispiel:
Jemand klagt darüber, dass seine Konzentration schon nach kurzer Zeit nachlässt.
Empfehlung:
Den typischen Ursachen von Konzentrationsschwächen nachgehen. Zu denken ist vor allem an folgende Ursachen:

innere Ursachen:
gestörte Gesundheit, Ablenkbarkeit, fehlende Zielgerichtetheit

äußere Ursachen:
Lärm, Temperatur, mangelhafte Arbeitsplatzgestaltung, ablenkende äußere Reize, Störungen durch unkontrollierte Kommunikation

Ursachen aus der Lebenssituation heraus:
Überforderung, Unterforderung, falsche Erwartungshaltungen an sich selbst, existenzielle Sorgen

2. Beispiel:
Jemand hat Schwierigkeiten mit dem Anfang. („Ich weiß, dass ich das und das tun muss, aber ich schiebe das Anfangen immer wieder raus.“)
Empfehlung:
Sich selbst einen festen Zeitrhythmus geben, etwa pünktlich eine halbe Stunde nach dem Eintreffen der Post mit einer bestimmten Arbeit beginnen. Im Übrigen sollte man seine Zeiteinteilung am Biorhythmus orientieren. Die Neigung, Arbeiten aufzuschieben, kann auch mit einem Hang zum Perfektionismus zu tun haben. Immer findet man noch eine Voraussetzung für die Arbeit, die nicht optimal erfüllt ist. Empfehlung: Anfangen! Manches klärt sich im Verlauf der Arbeit.

3. Beispiel:
Wenn die Arbeit nicht genügend aus sich heraus motiviert, sollte man an Motivation von außen denken.
Empfehlung:
Man kann sich beispielsweise selbst belohnen mit kleinen Pausen und kleinen Erfrischungen jeweils **nach** einem Arbeitsabschnitt.

4. Strukturhilfen für den Umgang mit Zeit

Strukturhilfen sind in verschiedenen Formen möglich.

Beispiel
- Tagesplanung
- Wochen-, Monats- und Jahresplanung
- retrograde Planung

- Zeitplanung mithilfe der Netzplantechnik

  Ausgehend von einer Vorgangsliste mit Angaben über die Zeitdauer aller notwendigen Arbeitsgänge eines Projektes wird die zeitliche Verknüpfung der Vorgänge dargestellt. Dabei ist zu berücksichtigen, dass bestimmte Vorgänge nur nacheinander, andere parallel angelegt werden können (Beispiel Hausbau).

Die Rückwärtsplanung (retrograde Ablaufplanung)

Ein Termin – entweder von außen oder durch eigene Entscheidung – ist festgelegt. Jetzt ist es zweckmäßig, rückwärts zu planen. Folgende Schritte sind notwendig:

1. Sie ermitteln die **erforderlichen Aktivitäten**, die bis zum Ziel geleistet sein müssen.

2. Sie überschlagen den **Zeitbedarf für die einzelnen Aktivitäten**. Dabei sollten Pufferzeiten bzw. Ausfallzeiten durch unvorhergesehene Ereignisse schon berücksichtigt werden.

3. Sie legen die **Reihenfolge der Aktivitäten** fest. Hierbei sind mehrere Gesichtspunkte wichtig:
   - Aus dem Gesamtziel, das Sie anstreben, ergibt sich u. U. eine sachlogische Reihenfolge, z. B. beim Hausbau.

   - Unter Umständen können bestimmte Aktivitäten parallel verlaufen, die aber zu einem sachlogisch vorgegebenen Zeitpunkt in Gang gesetzt werden müssen. Beim Hausbau ist ggf. die Bestellung der anzufertigenden Fenster zu berücksichtigen, bei der Prüfungsvorbereitung das Beschaffen der notwendigen Informationen.

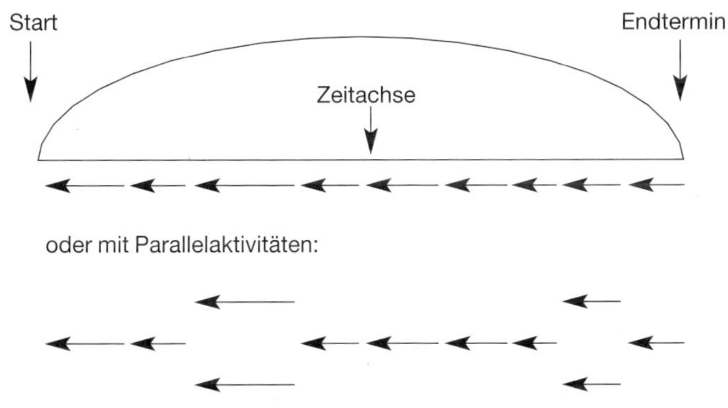

Zu beachten sind einige **weitere Modalitäten**, wenn die Startzeit schon vorbei ist:

- Man versucht, einzelne Aktivitäten zu verkürzen. Bei Prüfungen spricht man gelegentlich vom „Mut zur Lücke“, obwohl man diesen Mut nicht übertreiben soll.

- Gegebenenfalls ist es möglich, mehrere Aktivitäten als bisher geplant parallel laufen zu lassen.

- Vielleicht lassen sich auch einige Aktivitäten delegieren.

- Man führt sich vor Augen, wie wichtig die Zielerreichung zu dem vorgesehenen Zeitpunkt ist und nimmt alle Kräfte zusammen, d. h. man verzichtet ausnahmsweise auf normalerweise notwendige Pufferzeiten.

C Literatur

Christmann, C. M.: Arbeitszeugnisse, Stuttgart, 2001.

Hentze, J.; Graf, A.: Personalwirtschaftslehre 2, Bern, Stuttgart, 2005.

Schanz, G.: Personalwirtschaftslehre, München, 2000.

Schaub, G.: Arbeitsrecht von A – Z, Beck-Rechtsberater im dtv, München, 2004.

Scholz, C.: Personalmanagement, München, 2010.

Literaturverzeichnis

Albach, Horst (Hrsg.): Personalmanagement 2003, XII (ZfB-Ergänzungsheft 4/2003) Wiesbaden, Gabler, 2003.

arbeits-abc.de: Tipps zur Bewerbung via Social Networks, abgerufen am 14.02.2012 unter http://arbeits-abc.de/tipps-zur-bewerbung-via-social-networks/.

Atkinson, John William; Kuhl, Julius (Hrsg.): Motivation, Thought and Action, New York, Praeger, 1986.

Bachmair, Sabine u. a.: Beraten will gelernt sein, Weinheim, Beltz, 2001.

Bax, Miriam: Bewerbungsfalle Social Media?, abgerufen am 14.02.2012 unter www.bildungsxperten.net/job-karriere/bewerbungsfalle-social-media/.

Becker, Fred G.: Potentialbeurteilung, in: Gaugler, Eduard; Weber, Wolfgang (Hrsg.): Handwörterbuch des Personalwesens, Stuttgart, Schäffer-Poeschel, 1992, Sp. 1922–1929.

Becker, Manfred: Personalentwicklung: Die personalwirtschaftliche Herausforderung der Zukunft, Bad Homburg von der Höhe, Verl. für Unternehmensführung Gehlen, 1998.

Becker, Manfred: Personalentwicklung, Bildung, Förderung und Organisationsentwicklung in Theorie und Praxis, Stuttgart, Schäffer-Poeschel, 2005.

Berthel, Jürgen, Becker, Fred G.: Personal-Management – Grundzüge für Konzeptionen betrieblicher Personalarbeit, Stuttgart, Schäffer-Poeschel, 2010.

Berthel, Jürgen; Koch, H.-E.: Karriereplanung und Mitarbeiterförderung, Stuttgart, expert Verlag, 1985.

Blake, R. R.; Mountons, J. S.; Lux, E.: Verhaltensgitter und Führung (Managerial Grid), in: Kieser, A.; Wunderer, R.; Reber, G.: Handwörterbuch der Führung, Stuttgart, Schäffer-Poeschel, 1987, Sp. 2015–2028.

Blank, Andreas; Rösener, Maria: Marketing, Troisdorf, Bildungsverlag EINS, 2009.

Bokranz, Rainer; Landau, Kurt: Einführung in die Arbeitswissenschaft, Stuttgart, UTB, 1991.

Bolten, Jürgen: Einführung in die interkulturelle Wirtschaftskommunikation, Göttingen, Vandenhoeck & Ruprecht, 2007.

Bornemann, Ernst: Betriebspsychologie, Wiesbaden, Gabler, 1967.

Bosch, Gerhard; u. a. (Hrsg.): Handbuch Personalplanung, Köln, Bund-Verlag, 1995.

Bröckermann, Reiner: Personalführung. Arbeitsbuch für Studium und Praxis, Stuttgart, Kohlhammer, 2007.

Bröckermann, Reiner: Personalwirtschaft: Lehr- und Übungsbuch für Human Resource Management, Stuttgart, Schäffer-Poeschel, 2010.

Bundesinstitut für Berufsbildung; Seminar für Wirtschaftspädagogik der Georg-August-Universität Göttingen: Wolfsburger Kooperationsmodell für den Ausbildungsberuf Industriekaufmann/-frau unter besonderer Berücksichtigung neuer Technologien. Modellversuch WOKI – Gemeinsamer Endbericht. Modellversuche zur beruflichen Bildung, Heft 26, Berlin, 1991.

Christmann, Clemens Michael: Arbeitszeugnisse. Rechtsgrundlagen, Stuttgart, Wirtschaftsverlag Bachem, 2001.

Crisand, Ekkehard; Kiepe, Klaus: Psychologie der Jugendzeit, Heidelberg, Sauer-Verlag,1996.

Crisand, Ekkehard; Schöne, Martin; Kramer, Sabine: Personalbeurteilungssysteme, Heidelberg, Sauer-Verlag, 2002.

Csikszentmihalyi, Mihaly: Das flow-Erlebnis: Jenseits von Angst und Langeweile: im Tun aufgehen – Konzepte der Humanwissenschaft, hrsg. von Hans Aebli, übers. von Urs Aeschbacher, Stuttgart, Klett-Cotta Verlag, 2008.

Curth, Michael A.; Lang, Brigitte: Management der Personalabteilung, München/Wien, Oldenbourg, 1999.

Deller, Jürgen; Kusch, René: Internationale Personal- und Organisationsentwicklung, in: Straub, Jürgen; Weidemann, Arne; Weidemann, Doris (Hrsg.): Handbuch interkulturelle Kommunikation und Kompetenz, Stuttgart/Weimar, J. B. Metzler, 2007, S. 565–575.

Domsch, Michel; Gerpott, Torsten J.: Personalbeurteilung, in: Gaugler, Eduard; Oechsler, Walter A.; Weber, Wolfgang (Hrsg.): Handwörterbuch des Personalwesens, Stuttgart, Schäffer-Poeschel, 2004, Sp. 1431–1441

Domsch, Michel; Gerpott, Torsten J.: Verhaltensorientierte Beurteilungsskalen, in: Die Betriebswirtschaft, 45. Jg., 1985, S. 660–680.

Drumm, Hans Jürgen: Personalwirtschaftslehre, Berlin/Heidelberg, Springer, 2005.

Dülfer, Eberhard; Jöstingmeier, Bernd: Internationales Management in unterschiedlichen Kulturbereichen, München/Wien, Oldenbourg, 2008.

Eisele, Daniela; Doyé, Thomas: Praxisorientierte Personalwirtschaftslehre – Wertschöpfungskette Personal, Stuttgart, Kohlhammer, 2010.

Elias, Kriemhild; Schneider, Karl Heinrich: Kommunikation, Troisdorf, Bildungsverlag EINS, 2010.

Euler, D., Twardy, M.: Duales System oder Systemdualität. Überlegungen zu einer Intensivierung der Lernortkooperation, in: Twardy, Martin (Hrsg.): Duales System zwischen Tradition und Innovation, Köln, Botermann u. Botermann, 1991, S. 197–221.

Felfe, Jörg: Transformationale und charismatische Führung – Stand der Forschung und aktuelle Entwicklungen, in: Zeitschrift für Personalpsychologie, 5 (4), 2006, S. 163–176.

Festing, Marion; Dowling, Peter; Weber, Wolfgang; Engele, Allen D.: Internationales Personalmanagement, Wiesbaden, Gabler, 2011.

Fleishman, E. A.; Harris, E. F.: Muster des Führungsverhaltens und die Beschwerde- und Führungsrate von Arbeitnehmern, in: Kunczik, M. (Hrsg.): Führung – Theorien und Ergebnisse, Düsseldorf/Wien, Econ Verlag, 1972.

Fliegner, M.; Schönleben, M.: Anmerkungen zum Personalmanager der Zukunft, in: Maier, Walter; Fröhlich, Werner (Hrsg.): Personalmanagement in der Praxis. Konzepte für die 90er Jahre, Wiesbaden, Gabler, 1991, S. 30–35.

Franken, Swetlana: Verhaltensorientierte Führung. Handeln, Lernen und Diversity in Unternehmen, Wiesbaden, Gabler, 2010.

Gabler Verlag (Hrsg.): Gabler Wirtschaftslexikon online, Stichwort: Personalentwicklung, abgerufen am 14.02.2012 unter http://wirtschaftslexikon.gabler.de/Archiv/326724/personalentwicklung-1-v5.html.

Gaitanides, Michael; Göbel, Markus: Arbeitsstrukturierung, in: Gaugler, Eduard; Oechsler, Walter A.; Weber, Wolfgang (Hrsg.): Handwörterbuch des Personalwesens, Stuttgart, Schäffer-Poeschel, 2004, Sp. 404–414.

Geschäftsstelle KOLORIT (Hrsg.): KOLORIT. Kooperation der Lernorte im Bereich neuer Informationstechnologien. Modellversuch der Bund-Länder-Kommission. Abschlussbericht. Gelsenkirchen-Buer 1994.

Halfpap, Klaus: Ganzheitliche Umweltbildung. Lernortkooperation zwischen Betrieb und Schule, in: BbSch 44/9, 1992, S. 521–529.

Häusel, Hans-Georg: Limbic Success, Freiburg, Haufe, 2006.

Helmreich, R.: Innovation im Büro – Einführung neuer Techniken und Akzeptanzforschung, in: Rosenstiel, Lutz von; Regnet, Erika; Domsch, Michel E. (Hrsg.): Führung von Mitarbeitern, Stuttgart, Schäffer-Poeschel, 1993, S. 567–579.

Hentze, Joachim; Kammel, Andreas: Personalwirtschaftslehre, Bd. 1 u. 2, Bern/Stuttgart, Uni-Taschenbücher GmbH, 2001/2005.

Hentze, Joachim/Borse, P.: Personalführungslehre, Bern/Stuttgart, Uni-Taschenbücher GmbH, 1990.

Herzberg, F.; Mausner, B.; Snyderman, B.: The Motivation to Work, New York, Wiley, 1959.

Hettinger, T.; Kaminsky, G.; Schmale, H.: Ergonomie am Arbeitsplatz, Ludwigshafen, Kiehl, 1980.

Hilb, Martin: Integriertes Personal-Management, Köln, Luchterhand, 2009.

Himmelrath, Armin: Hört mich da draußen jemand?, veröfftl. am 15.11.2005, www.spiegel.de/unispiegel/jobundberuf/0,1518,384922,00.html.

Hopfenbeck, W.: Allgemeine Betriebswirtschaftslehre und Managementlehre, Landsberg am Lech, Verlag Moderne Industrie, 2002.

Huber, Andreas: Personalmanagement, München, Vahlen, 2010.

Jeserich, W.: Mitarbeiter auswählen und fördern – Assessment-Center-Verfahren, München/Wien, Carl Hanser Verlag, 1989.

Jochum, Eduard: „Laterale" Führung und Zusammenarbeit – Der Umgang mit Kollegen, in: Rosenstiel, Lutz von; Regnet, Erika; Domsch, Michel E. (Hrsg.): Führung von Mitarbeitern, Stuttgart, Schäffer-Poeschel, 1999, S. 429–439.

Jongebloed, H. C.; Twardy, M.: Lernzielformulierung und -präzisierung, in: Twardy, M. (Hrsg.): Kompendium Fachdidaktik Wirtschaftswissenschaften, Teil 3, Düsseldorf, Verlagsanstalt Handwerk, 1983, S. 255–349.

Jung, Hans: Personalwirtschaft, München/Wien, Oldenbourg Wissenschaftsverlag, 2008/2011.

Kador, Fritz-Jürgen; Diergarten, Dagmar: Unternehmerische Sozialpolitik, Köln, Wirtschaftsverlag Bachem, 1993.

Kaiser, F.-J.; Kaminski, H.: Methodik des Ökonomieunterrichts, Bad Heilbrunn, Verlag Julius Klinkhardt, 1999.

Kaiser, Silvia (Hrsg.): Wirtschaftsrecht, Troisdorf, Bildungsverlag EINS, 2009.

Kanning, Uwe Peter; Holling, Heinz: Potentialbeurteilung, in: Gaugler, Eduard; Oechsler, Walter A.; Weber, Wolfgang (Hrsg.): Handwörterbuch des Personalwesens, Stuttgart, Schäffer-Poeschel, 2004, Sp. 1685–1692.

Kaspar, H.; Mayrhofer, W. (Hrsg.): Organisation, Wien, Ueberreuter, 2009.

Kieser, Alfred: Einarbeitung neuer Mitarbeiter, in: Rosenstiel, Lutz von; Regnet, Erika; Domsch, Michel E. (Hrsg.): Führung von Mitarbeitern, Stuttgart, Schäffer-Poeschel, 1993, S. 183–194.

Knebel, Heinz: Das Vorstellungsgespräch: Die beliebteste Art, Mitarbeiter auszuwählen, Stuttgart, Recht Und Wirtschaft Gmbh, 2004.

König, Eckard; Volmer, Gerda: Handbuch Systemisches Coaching. Für Führungskräfte, Berater und Trainer, Weinheim, Beltz, 2009.

Kluge, H.: Arbeitsvertrag, abgerufen am 14.02.2012 unter www.kluge-recht.de/Arbeitsvertrag.pdf.

Krüger, W.: Führungsstile zum erfolgreichen Wandel, in: Bruch H.; Krummaker, S.; Vogel, B.: Leadership – Best Practices and Trends, Wiesbaden, Gabler, 2006.

Kruse, Andreas; Lehr, Ursula: Ältere Mitarbeiter, in: Rosenstiel, Lutz von; Regnet, Erika; Domsch, Michel E. (Hrsg.): Führung von Mitarbeitern, Stuttgart, Schäffer-Poeschel, 1993, S. 481–491.
Kühlmann, Torsten M.: Auslandseinsatz von Mitarbeitern, Göttingen, Hogrefe, 2004.

Kupsch, P. U.; Marr, R.: Personalwirtschaft, in: Heinen, E. (Hrsg.): Industriebetriebslehre, Wiesbaden, Gabler, 1991, S. 623–767.

Landsberg, Georg von; Weiss, Reinhold (Hrsg.): Bildungs-Controlling, Stuttgart, Schäffer-Poeschel Verlag, 1995.

Leggewie, Claus: Die 89er – Portrait einer Generation, Hamburg, Hoffmann und Campe, 1995.

Leischner, Dietmar: Berufs- und Arbeitspädagogik, Köln, Stam, 2000.

Manstetten, Rudolf: Pädagogische Beratung, in: Wirtschaftspädagogische Perspektiven, Darmstadt, Winklers, 1987.

Maul, Christian; Bönisch, Walter: Personalplanung im Mittelbetrieb, Heidelberg, Sauer Verlag, 1976.

Mentzel, Wolfgang: Unternehmenssicherung durch Personalentwicklung. Mitarbeiter motivieren, fördern und weiterbilden, Freiburg, Haufe, 1997.

Metzig, Werner; Schuster, Martin: Lernen zu lernen. Lernstrategien wirkungsvoll einsetzen, Berlin/Heidelberg, Springer, 2003.

Münzberger, E.: Modularer Lehrbrief „Einführung in die Arbeitsmedizin“, abgerufen am 14.02.2012 unter http://arbmed.med.uni-rostock.de/lehrbrief/gefstof.htm.

Neuberger, Oswald: Theorien der Arbeitszufriedenheit, Stuttgart, Kohlhammer, 1974.

Neumann-Wirsig, Heidi (Hrsg): Supervisions-Tools: Die Methodenvielfalt der Supervision in 55 Beiträgen renommierter Supervisorinnen und Supervisoren. Bonn, managerSeminare Verlag, 2009.

Olfert, Klaus: Personalwirtschaft, Herne, Kiehl, 2010.

Paus, Bettina: Unternehmen entsenden Mitarbeiter immer häufiger für kurze Zeit ins Ausland, veröfftl. am 15.09.2010 unter http://www.mercer.de/press-releases/Assignments-Survey-2010.

Pillat, Rüdiger: Neue Mitarbeiter erfolgreich anwerben, auswählen und einsetzen, Freiburg, Rudolf Haufe Verlag, 1996

Preißing, Dagmar (Hrsg.): Erfolgreiches Personalmanagement im demografischen Wandel, München, Oldenbourg, 2010.

Rausch, J.: Auswirkungen neuer Fertigungstechniken auf die Entlohnung bei Volkswagen, in: Schanz, G. (Hrsg.): Handbuch Anreizsysteme in Wirtschaft und Verwaltung, Stuttgart, Schäffer-Poeschel, 1991.

REFA – Verband für Arbeitsstudien und Betriebsorganisation e. V. (Hrsg.): Methodenlehre des Arbeitsstudiums, Teil 1 Grundlagen, München, Hanser, 1984.

REFA – Verband für Arbeitsstudien und Betriebsorganisation e. V. (Hrsg.): Methodenlehre des Arbeitsstudiums: Teil 4: Anforderungsermittlung (Arbeitsbewertung), München, Hanser, 1985.

Ridder, Hans-Gerd: Personalwirtschaftslehre, Stuttgart, Kohlhammer, 2009.

Riekhof, H. C.: Mitarbeiterbeurteilung – Es ist nicht alles echt, was glänzt, in: Betriebs-Wirtschafts-Magazin, Jg. 52, 6/1984.

RKW – Rationalisierungs-Kuratorium der Deutschen Wirtschaft (Hrsg.): RKW-Handbuch Personalplanung, Neuwied, Luchterhand, 1990.

Rosenstiel, Lutz von; Regnet, Erika; Domsch, Michel E. (Hrsg.): Führung von Mitarbeitern, Stuttgart, Schäffer-Poeschel, 1992/1999/2003.

Rudow, Bernd: Die gesunde Arbeitsgestaltung, Arbeitsorganisation und Personalführung, München, Oldenbourg, 2011.

Sattelberger, Thomas: Innovative Personalentwicklung, Wiesbaden, Gabler, 2002.

Schannewitzky, Gerhard: Zentralbegriffe der Didaktik (Wirtschaftspädagogische Perspektiven), Darmstadt, Winkler, 1986.

Schanz, Günther: Personalwirtschaftslehre, München, Vahlen Verlag, 2000.

Schaub, Günter: Arbeitsrecht von A–Z, München, C. H. Beck Juristischer Verlag, 2008.

Scherm, Ewald: Personal-Controlling: Aufgaben und Instrumente, in: Berthel, Jürgen; Groenewald, Horst (Hrsg.): Handbuch Personal-Management, 18. Nachlieferung, 5/1995, Landsberg am Lech, Verlag Moderne Industrie, 1995, S. 1–17.

Scholz, Christian: Grundzüge des Personalmanagements, München, Vahlen, 2011.

Scholz, Christian: Personalmanagement, München, Vahlen, 2000.

Scholz, Christian (Hrsg.): Vahlens Großes Personallexikon, München, Vahlen, 2010.

Schreyögg, Georg: Organisation, Grundlagen moderner Organisationsgestaltung – Mit Fallstudien, Wiesbaden, Gabler, 2008.

Schuler, Heinz: Auswahl von Mitarbeitern, in: Rosenstiel, Lutz von; Regnet, Erika; Domsch, Michel E. (Hrsg.): Führung von Mitarbeitern, Stuttgart, Schäffer-Poeschel, 2003, S. 151–182.

Schuler, Heinz: Personalauswahl, in: Gaugler, Eduard; Oechsler, Walter A.; Weber, Wolfgang (Hrsg.): Handwörterbuch des Personalwesens, Stuttgart, Schäffer-Poeschel, 2004, Sp. 1366–1379.

Skupin, Florian: Datenschutz: Bewerbungskiller Social Networks?, veröfftl. am 21.07.2009 unter www.e-recht24.de/news/arbeitsrecht/1264.html.

Spinola, Roland; Peschanel, Frank D.: Das Hirn-Dominanz-Instrument (H.D.I.). Grundlagen und Anwendung des Ned-Herrmann-Modells für die Personalentwicklung, Speyer, Gabal, 1998.

Sprenger, Reinhard K.: Mythos Motivation. Wege aus der Sackgasse, Frankfurt/New York, Campus Verlag, 2002.

Staehle, Wolfgang H.: Management, München, Vahlen, 1999.

Steckler, Brunhilde; Schmidt, Christa: Kompendium Arbeitsrecht und Sozialversicherung, Herne, Kiehl, 2004.

Stopp, Udo: Betriebliche Personalwirtschaft, Stuttgart, expert-Verlag, 2000.

Twardy, M. (Hrsg.): Beurteilung in Schule und Betrieb, WBST Sonderband 5, Köln, Botermann u. Botermann, 1994.

Ulich, Eberhard: Arbeitsstrukturierungsmodelle, in: Gaugler, Eduard; Weber, Wolfgang (Hrsg.): Handwörterbuch des Personalwesens, Stuttgart, Schäffer-Poeschel, 1992, Sp. 374–387.

Ulich, Eberhard: Arbeitspsychologie, Stuttgart, Schäffer-Poeschel, 2005.

Verfürth, C.: Einarbeitung, Integration und Anlernen neuer Mitarbeiter, in: Bröckermann, Reiner; Müller-Vorbrüggen, Michael (Hrsg.): Handbuch Personalentwicklung: Die Praxis der Personalbildung, Personalförderung und Arbeitsstrukturierung, Stuttgart, Schäffer-Poeschel, 2010, S. 157–176.

Welge, Martin K.; Peschke, Michael A.: Management Trends 2004. Die besten Praxislösungen, Wiesbaden, Gabler, 2003.

Wunderer, Rolf; Kuhn Thomas: Unternehmerisches Personalmanagement, Konzepte, Prognosen und Strategien für das Jahr 2000, Frankfurt/New York, Campus Verlag, 1993.

Wunderer, Rolf; Dick, Petra: Personalmanagement – Quo Vadis, Neuwied, Luchterhand, 2007.

Zander, Ernst: Personalwesen im gemeinsamen Binnenmarkt, in: Wagner, Dieter; Zander, Ernst; Hauke, Christoph (Hrsg.): Handbuch der Personalleitung, München, C. H. Beck, 1992.

Zander, Ernst; Popp, Gerfried J.: Taschenbuch Personalpolitik, Heidelberg, Sauer, 2000.

Sachwortverzeichnis

Bildquellenverzeichnis

Bundesagentur für Arbeit, Nürnberg: S. 120
Bundesinstitut für Berufsbildung, Bonn: S. 433
dpa infografik GmbH: S. 83
Gesellschaft für Wachdienst und Eigentumsschutz-Beratung mbH, Berlin: S. 142–145
Fotolia.com: S. 148 (Adam Gregor)
Sun Microsystems GmbH: S. 494

Zeichnungen und Karikaturen

Angelika Brauner/Bildungsverlag EINS S. 244, 245
Gerhard Mester S. 452